Jäger/Lang · Körperschaftsteuer

Steuer-Seminar

Körperschaftsteuer

45 praktische Fälle

Dipl.-Finanzwirtin (FH) Birgit Jäger,
Dipl.-Finanzwirt (FH) Friedbert Lang

11. Auflage
2011

efv ERICH FLEISCHER VERLAG · ACHIM

Bibliografische Information Der Deutschen Bibliothek

Die Deutsche Bibliothek verzeichnet diese Publikation in der Deutschen Nationalbibliografie; detaillierte bibliografische Daten sind im Internet über http://dnb.ddb.de abrufbar.

ISBN 978-3-8168-3051-1

Gesamtherstellung: iBK Druck & Service, Scheeßel

Vorwort zur 11. Auflage

Die monatlich im ERICH FLEISCHER VERLAG erscheinende Fachzeitschrift „Steuer-Seminar" enthält praktische Fälle aus den verschiedensten Steuerrechtsgebieten mit unterschiedlichen Schwierigkeitsgraden. In Ergänzung dieses Angebots werden in einer besonderen Reihe des Steuer-Seminars systematische Fallsammlungen aus einzelnen Rechtsgebieten veröffentlicht.

Die Fallsammlung „Körperschaftsteuer" richtet sich an junge Steuerbeamte im fortgeschrittenen Ausbildungsstadium und an Studenten, die einen steuerberatenden Beruf ergreifen. Sie soll es aber auch allen steuerlich befassten Praktikern ermöglichen, sich in verhältnismäßig kurzer Zeit anhand konkreter, praxisbezogener Beispielsfälle in die schwierige Materie des Körperschaftsteuerrechts einzuarbeiten.

Durch die Unternehmensteuerreform 2008 hat die Besteuerung der Körperschaften tiefgreifende Änderungen erfahren. Der Steuersatz ist auf 15 % gesunken. Mit der neu eingeführten Zinsschranke und der Verlustabzugsbeschränkung des § 8 c KStG hat der Gesetzgeber wesentliche Neuerungen auch für die Besteuerung von Körperschaften eingeführt. Auf Anteilseignerebene wurde die Abgeltungsteuer neu eingeführt und das Halb- in das Teileinkünfteverfahren umgestellt. Die genannten Gesetzesänderungen haben wir in die Fälle dieser Neuauflage ebenso eingearbeitet wie die aktuellen Körperschaftsteuer-Hinweise.

Die Neuauflage befindet sich auf dem aktuellen Rechtsstand vom Sommer 2011. Die Änderungen durch das Jahressteuergesetz 2010 vom 08.12.2010 (BStBl 2010 I S. 1394) sind berücksichtigt. Ebenso wurden die BMF-Schreiben eingearbeitet, die bis zur Drucklegung veröffentlicht wurden.

In etlichen Fällen haben wir auch die notwendige vordruckmäßige Darstellung der Lösungen eingearbeitet. Dem liegt jeweils die Fassung der Erklärungs- und Feststellungsvordrucke für den VZ 2010 zugrunde.

Für Anregungen und Kritik sind wir dankbar.

Baden-Baden/Stutensee, im August 2011

Birgit Jäger
Friedbert Lang

Rechtsgrundlagen:

AO	i. d. F. der Bekanntmachung vom 1. Oktober 2002 (BGBl I S. 3866, BStBl I S. 1056), zuletzt geändert durch das Jahressteuergesetz 2010 vom 8. Dezember 2010 (BGBl I S. 1768, BStBl I S. 1394)
EStG	i. d. F. der Bekanntmachung vom 8. Oktober 2009 (BGBl I S. 3369, BStBl I S. 1346), zuletzt geändert durch das Gesetz zur Umsetzung der Richtlinie 2009/65/EG zur Koordinierung der Rechts- und Verwaltungsvorschriften betreffend bestimmte Organismen für gemeinsame Anlagen in Wertpapieren (OGAW-IV-Umsetzungsgesetz) vom 22. Juni 2011 (BGBl I S. 1126)
GewStG 2002	i. d. F. der Bekanntmachung vom 15. Oktober 2002 (BGBl I S. 4167, BStBl I S. 1192), zuletzt geändert durch das Jahressteuergesetz 2010 vom 8. Dezember 2010 (BGBl I S. 1768, BStBl I S. 1394)
KStG 2002	i. d. F. der Bekanntmachung vom 15. Oktober 2002 (BGBl I S. 4144, BStBl I S. 1169), zuletzt geändert durch das Gesetz zur Umsetzung der Richtlinie 2009/65/EG zur Koordinierung der Rechts- und Verwaltungsvorschriften betreffend bestimmte Organismen für gemeinsame Anlagen in Wertpapieren (OGAW-IV-Umsetzungsgesetz) vom 22. Juni 2011 (BGBl I S. 1126)
KStDV	i. d. F. der Bekanntmachung vom 22. Februar 1996 (BGBl I S. 365, BStBl I S. 191), zuletzt geändert durch die Verordnung zur Änderung steuerlicher Verordnungen vom 17. November 2010 (BGBl I S. 1544, BStBl I S. 1282)
SolZG	i. d. F. der Bekanntmachung vom 15. Oktober 2002 (BGBl I S. 4131, BStBl I S. 1154), zuletzt geändert durch das Jahressteuergesetz 2010 vom 8. Dezember 2010 (BGBl I S. 1768, BStBl I S. 1394)
UmwG	Gesetz zur Bereinigung des Umwandlungsrechts vom 28. Oktober 1994 (BGBl I S. 3210), zuletzt geändert durch das Dritte Gesetz zur Änderung des Umwandlungsgesetzes vom 11. Juli 2011 (BGBl I S. 1338)

UmwStG	i. d. F. der Bekanntmachung vom 7. Dezember 2006 (BGBl I S. 2791, BStBl 2007 I S. 4), zuletzt geändert durch das Gesetz zur Beschleunigung des Wirtschaftswachstums (Wachstumsbeschleunigungsgesetz) vom 22. Dezember 2009 (BGBl I S. 3950, BStBl 2010 I S. 2)
UStG	i. d. F. der Bekanntmachung vom 21. Februar 2005 (BGBl I S. 386, BStBl I S. 505), zuletzt geändert durch das Jahressteuergesetz 2010 vom 8. Dezember 2010 (BGBl I S. 1768, BStBl I S. 1394)

Inhaltsübersicht

Teil I: Steuerpflicht und Einkommensermittlung

Fall Seite

1 Vergleich der Besteuerung von Personengesellschaften und Kapitalgesellschaften – Überblick 15
AO, ErbStG, EStG, GewStG, GrEStG, KStG, UStG

2 Subjekte der Körperschaftsteuer 23
KStG § 1

3 Unbeschränkte Steuerpflicht 29
KStG § 1; AO §§ 10, 11

4 Beschränkte Steuerpflicht (I) 30
KStG § 2 Nr. 1, § 8; AO §§ 12, 13; EStG § 49 Abs. 1 Nr. 2 a

5 Beschränkte Steuerpflicht (II) 32
KStG § 2 Nr. 2, §§ 8, 32; EStG §§ 43, 43 a, 44, 44 a, 51 a; SolZG §§ 1, 3 Abs. 1 Nr. 5, § 4

6 Beginn der Steuerpflicht 33
KStG § 1; GmbHG § 11; EStG § 15; AO §§ 41, 180

7 Betriebe gewerblicher Art von juristischen Personen des öffentlichen Rechts 36
KStG § 1 Abs. 1 Nr. 6, § 4

8 Befreiungen von der Körperschaftsteuer – wirtschaftlicher Geschäftsbetrieb – Freibetrag für bestimmte Körperschaften 43
KStG §§ 1, 5 Abs. 1, § 8 Abs. 1, §§ 23, 24, 34; AO §§ 14, 52, 64, 65, 68

9 Befreiungen von der Körperschaftsteuer – Zweckbetrieb von Sportvereinen 48
KStG §§ 5, 8, 23, 24, 34; AO §§ 14, 55, 58, 64, 65, 67 a, 68

10 Befreiungen von der Körperschaftsteuer – partielle Steuerpflicht eines Berufsverbandes – Freibetrag für bestimmte Körperschaften 52
KStG §§ 5, 8, 9, 23, 24, 34; AO § 14; EStG § 4 Abs. 6, § 20 Abs. 1 Nr. 10, §§ 43, 43 a

11 Sachliche Steuerpflicht – Ermittlung des zu versteuernden Einkommens .. 55
KStG §§ 1, 5, 7, 8, 8 b, 9, 10, 23, 24; EStG §§ 2, 3 c, 4 a, 9 a, 13, 15, 20, 21, 23; AO § 52

12 Einkommensermittlung – abziehbare und nicht abziehbare Aufwendungen 62
KStG §§ 1, 7, 8, 8 b, 9, 10; EStG §§ 3, 3 c, 4, 6, 45 a; InvZulG 2010 §§ 1, 13; UStG §§ 1, 3 Abs. 1 b, § 10 Abs. 4, § 15 Abs. 1 a; GewStG §§ 7, 8 Nr. 5, § 9 Nr. 2 a; AO § 52

13 Spendenabzug, Spendenvortrag 70
KStG § 8 Abs. 1 und 2, §§ 9, 10, 23; EStG § 4 Abs. 5 b, § 10 d Abs. 4; InvZulG 2010 § 13; AO §§ 51, 52, 54; UStG § 3 Abs. 1 b und 9 a, § 10 Abs. 4

Fall Seite

14 Zinsschranke 81
EStG § 4 h; KStG § 8 a, 14, 15; GewStG § 8

15 Einkommensermittlung – verdeckte Gewinnausschüttungen und Einlagen 88
KStG § 8 Abs. 3, § 9 Abs. 1 Nr. 2, § 27; EStG § 3 Nr. 40, §§ 8, 10 b, 11, 20, 32 d; UStG §§ 1, 3, 10

16 Verdeckte Gewinnausschüttungen bei Tantiemen und Pensionszusagen . 99
KStG § 8 Abs. 3; EStG §§ 6 a, 20; BetrAVG § 1 b

17 Korrektur einer vGA außerhalb der Steuerbilanz – vGA bei Pensionszusagen – Folgen bei Wegfall einer noch nicht ausgezahlten Ausschüttungsverpflichtung 108
KStG § 8 Abs. 3, § 27; EStG § 3 Nr. 40, § 19 Abs. 2, § 20 Abs. 1; BetrAVG § 1 b

18 Verdeckte Einlage eines Grundstücks 115
KStG § 8 Abs. 3, §§ 27, 32 a; EStG § 6 Abs. 1, §§ 17, 23

19 Verdeckte Einlagen bei Forderungsverzicht – Forderungsverzicht mit Besserungsschein – Rangrücktritt 122
KStG §§ 8, 27; EStG § 5 Abs. 2 a, §§ 6, 17

20 Verdeckte Einlage bei Verzicht auf einen Pensionsanspruch 133
KStG § 8 Abs. 3, § 27; EStG § 3 Nr. 55, § 3 Nr. 66, §§ 4 d, 4 e, 6 a, 17, 19, § 22 Nr. 5, § 34

21 Verdeckte Gewinnaussschüttungen und verdeckte Einlagen bei Schwestergesellschaften 138
KStG § 8 Abs. 3, §§ 8 b, 27, 32 a; EStG § 3 Nr. 40, §§ 3 c, 6 Abs. 1, § 20 Abs. 1, § 32 d; GewStG §§ 7, 8, 9 Nr. 2 a

22 Verlustabzug – Verlustabzugsbeschränkung nach § 8 c KStG – gesonderte Feststellung des verbleibenden Verlustabzugs (Rechtslage ab 2010) 147
KStG §§ 8 c, 34; EStG § 10 d

23 Einkommensermittlung – Verlustabzug – Verlustabzugsbeschränkung nach § 8 Abs. 4 KStG a. F. und § 8 c KStG – gesonderte Feststellung des verbleibenden Verlustabzugs (Übergangsphase bis 2012) 157
KStG § 8 Abs. 1, 2 und 4, §§ 8 c, 9, 10, 34; EStG § 4 Abs. 5, § 10 d; UStG § 15 Abs. 1 a; AO § 52

24 Steuerbefreiung von Beteiligungserträgen und Veräußerungsgewinnen nach § 8 b KStG 173
KStG § 8 Abs. 3, §§ 8 b, 14; GewStG §§ 7, 8 Nr. 1 und 5, § 9 Nr. 2 a und Nr. 7; EStG § 3 Nr. 40, §§ 3 c, 6 Abs. 1 und 6, § 20 Abs. 1 und 5, §§ 36, 43; UmwStG §§ 20, 21

25 Beteiligung einer Körperschaft an einer Personengesellschaft 189
KStG § 8 b; EStG § 3 Nr. 40, §§ 3 c, 15, 16, 34, 35, 36, 43, 45 a; GewStG §§ 7, 8 Nr. 1 und 5, § 9 Nr. 2 und 2 a, § 11

26 Körperschaftsteuer einer GmbH und Besteuerung auf der Ebene der Anteilseigner – Kapitalertragsteuer auf Ausschüttungen 203
KStG §§ 1, 8, 9, 10, 23 Abs. 1; EStG § 4 Abs. 5, §§ 20, 32 d, 36, 43, 43 a, 44, 44 a, 44 b, 45; InvZulG 2010 § 13; AO §§ 20, 52

27 Vom Jahresabschluss einer GmbH mit Körperschaftsteuer, Solidaritätszuschlag und Gewerbesteuer zu den Steuererklärungen – Auslandserträge – Beteiligungserträge – Gewinnausschüttungen – nicht abziehbare Ausgaben – Körperschaftsteuer-, Solidaritätszuschlag- und Gewerbesteuer-Rückstellung 210
KStG §§ 1, 7, 8, 8 b, 10, 24, 25, 26, 27; EStG §§ 3 c, 4 Abs. 5; GewStG §§ 2, 7, 8, 9, 11; UStG §§ 10, 15; DBA-Österreich Art. 7 und 23

Teil II: Ausschüttungen an die Anteilseigner und ihre Folgen

28 Offene und verdeckte Einlagen – Verwendung des Einlagekontos (Ebene der GmbH und des Anteilseigners) – Rangrücktritt bei einem Gesellschafterdarlehen – Forderungsverzicht – inkongruente Gewinnausschüttung – Rückzahlung einer Gewinnausschüttung – verdeckte Gewinnausschüttung – Verlustrücktrag 226
KStG §§ 8, 27; EStG §§ 10 d, 20 Abs. 1, §§ 32 d, 43

29 Verdeckte Gewinnausschüttungen bei der Abgeltungsteuer und im Teileinkünfteverfahren (Folgen und Belastungswirkungen) 243
KStG § 8 Abs. 3, §§ 27, 32 a; EStG § 3 Nr. 40, §§ 20, 23, 32 d, 50

30 Das Teileinkünfteverfahren in Fällen der Betriebsaufspaltung 250
KStG § 8; EStG § 3 Nr. 40, § 3 c Abs. 2, §§ 12, 35; GewStG § 8 Nr. 1, § 9 Nr. 2 a; ErbStG § 1

31 Kapitalertragsteuerpflicht bei Betrieben gewerblicher Art 261
EStG §§ 4, 10 d, 20 Abs. 1 Nr. 10, §§ 43, 43 a, 44 Abs. 6, § 44 a Abs. 7, § 44 b; KStG §§ 1, 4, 27

32 Auszahlung des Körperschaftsteuerguthabens (§ 37 Abs. 4 bis 7 KStG) .. 272
KStG § 36 Abs. 7, § 37

33 Ratierliche Nachzahlung des Körperschaftsteuererhöhungsbetrags (§ 38 Abs. 4 bis 10 KStG) 284
KStG §§ 27, 34 Abs. 16, § 36 Abs. 7, § 37 Abs. 6 und 7, § 38

Teil III: Besondere Besteuerungsfragen bei Körperschaften

34 Organschaft – Besteuerung der Organgesellschaft 296
KStG §§ 8 b, 9, 10, 14, 15, 16, 17, 19, 23, 27, 37; EStG § 4 Abs. 5; SolZG 1995 § 3 Abs. 1 Nr. 1, § 4; InvZulG 2010 § 13

Fall Seite

35 Organschaft – Besteuerung des Organträgers 308
KStG §§ 8 b, 10, 14, 16, 17, 19, 23, 37, 38; EStG § 3 Nr. 40, §§ 3 c, 4 Abs. 5 und 5 b, § 20, 51 a; SolZG 1995 § 3 Abs. 1 Nr. 1 und 2, § 4

36 Gescheiterte Organschaft 316
KStG § 8 Abs. 3, §§ 14, 17, 27; EStG § 15 Abs. 1 und 3; AktG §§ 301, 302

37 Spartentrennung 324
KStG § 1 Abs. 1, § 4 Abs. 3 und 6, §§ 7, 8 Abs. 1, 7 bis 9, §§ 24, 34; EStG § 10 d

38 Kapitalerhöhung aus Gesellschaftsmitteln und Kapitalherabsetzung 339
KStG §§ 8, 8 b, 10, 23, 27, 28; EStG § 3 Nr. 40, § 4 Abs. 5 und 5 b, §§ 17, 20, 32 d, 43; SolZG 1995 § 3 Abs. 1 Nr. 1 und § 4; KapErhStG § 3

39 Liquidation einer Kapitalgesellschaft 354
KStG §§ 10, 11, 23, 27, 28; EStG § 3 Nr. 40, § 4 Abs. 5 und 5 b, §§ 17, 20, 32 d, § 43 Abs. 1, § 43 a Abs. 1; EStDV § 8 b; SolZG 1995 § 3 Abs. 1 Nr. 1 und 5, § 4; InvZulG 2010 § 13

40 Liquidation einer Kapitalgesellschaft mit Körperschaftsteuerguthaben und Körperschaftsteuererhöhung (Liquidationsbeginn nach dem 31.12.2006) 364
KStG §§ 10, 11, 23, 27, 28, 37, 38; EStG § 3 Nr. 40, § 4 Abs. 5 und 5 b, §§ 11, 17, 20, 32 d; § 36 Abs. 2, § 43 Abs. 1, § 43 a Abs. 1, § 45 a Abs. 2; EStDV § 8 b; SolZG 1995 § 3 Abs. 1 Nr. 1 und 5, § 4

Teil IV: Umwandlung von Körperschaften

41 Umwandlung einer Kapitalgesellschaft in eine Personengesellschaft 386
UmwG §§ 2–9, 13, 17, 20, 24, 37, 38, 40, 46, 50; UmwStG §§ 1–9, 18, 20, 21; KStG §§ 27, 28, 29, 37; EStG § 3 Nr. 39 und Nr. 40, §§ 6, 8, 15, 17, 19, 20, 49, 50; EStG 1997 § 50 c; DBA-Schweiz Art. 7, 10, 13, 24

42 Verschmelzung von Kapitalgesellschaften 407
UmwG §§ 3, 4, 5, 8, 9, 11, 13, 16, 17, 19, 20, 24, 29, 46, 48, 49, 50, 54, 125, 207; UmwStG §§ 1, 2, 4, 11, 12, 13, 19; KStG §§ 27, 28, 29, 37, 38; EStG §§ 6, 17

43 Spaltung einer Kapitalgesellschaft – Abspaltung – Trennung von Gesellschafterstämmen 419
UmwG §§ 1, 17, 123, 125, 126, 127, 131, 136, 137, 138; UmwStG §§ 1, 2, 11, 12, 13, 15, 19; KStG §§ 27, 28, 29, 37, 38; GmbHG § 5

44 Einbringung eines Einzelunternehmens in eine Kapitalgesellschaft – verschleierte Sachgründung – Begründung einer Betriebsaufspaltung 434
GmbHG §§ 5, 7, 8, 9, 56; UmwG §§ 17, 123, 124, 125; UmwStG §§ 1, 2, 20, 22, 23, 25; KStG § 27; EStG § 3 Nr. 40, §§ 6, 16, 17, 34; GrEStG §§ 1, 6 a; UStG § 1 Abs. 1 a; AO § 175

45 Einbringung einer Beteiligung in eine Kapitalgesellschaft – Anteilstausch 454
UmwStG §§ 1, 2, 20, 21, 22, 23; KStG §§ 8 b, 8 c, 27, 34; EStG § 3 Nr. 40, §§ 17, 34; AO §§ 175, 233 a

Fall Seite

Abkürzungen 465

§§-Schlüssel 467

Stichwortverzeichnis 471

Fall 1

Vergleich der Besteuerung von Personengesellschaften und Kapitalgesellschaften – Überblick

AO, ErbStG, EStG, GewStG, GrEStG, KStG, UStG

Sachverhalt

Die Eheleute Alfred und Berta Pellmann (A und B) wollen eine Großhandelsgesellschaft gründen. Ausschlaggebend für die Entscheidung der Frage, ob eine Kapitalgesellschaft (GmbH) geeigneter ist als eine Personengesellschaft (OHG oder KG), soll neben der Zweckmäßigkeit der Rechtsform unter gesellschaftsrechtlichen und wirtschaftlichen Aspekten der Vergleich der Besteuerung sein. Sie erkundigen sich hiernach bei Ihnen.

Frage

Welche steuerrechtlichen Überlegungen werden Sie anstellen (Überblick)?

Antwort und Begründung

1. Allgemeines

Grundsätzlich knüpft die steuerrechtliche Behandlung an die zivilrechtliche Gestaltung der Rechtsbeziehungen an (Maßgeblichkeit der Rechtsform). Die Besteuerung von Gesellschaften und ihren Gesellschaftern richtet sich daher im Einzelfall nach der jeweils gewählten Rechtsform, wobei sich bei den einzelnen Steuerarten gewisse Einschränkungen aus steuerrechtlichen Prinzipien ergeben können.

Durch die Unternehmensteuerreform 2008 und die Erbschaftsteuerreform 2008 haben sich die steuerlichen Koordinaten bei der Rechtsformwahl von Unternehmen wieder einmal verschoben.[1] Allerdings kann von der teilweise propagierten einseitigen Bevorzugung der Rechtsform der Kapitalgesellschaft durch die Absenkung des Körperschaftsteuersatzes auf 15 % keine Rede sein. Vielmehr sind – und das galt schon vor der Unternehmensteuerreform 2008 – die gesamten Umstände eines Betriebs zu berücksichtigen, um zu der optimalen Rechtsform zu kommen.[2] Wie in der Vergangenheit sind natürlich auch Mischformen denkbar, die die Vorzüge von Personen- und Kapitalgesellschaften miteinander verbinden können. Hier sind insbesondere die Gestaltungsformen der Betriebsaufspaltung und der GmbH & atypisch Still zu nennen.

---

1 Unternehmensteuerreformgesetz 2008 vom 14.08.2007, BStBl I S. 630, und Erbschaftsteuerreformgesetz vom 24.12.2008, BGBl I S. 3018, BStBl 2009 I S. 140; jeweils mit Folgegesetzen.

2 Vgl. z. B. Kermelk/Kreft, GStB 2009 S. 149/191.

2. Körperschaft- und Einkommensteuer

a) GmbH

Eine **GmbH** unterliegt nach § 1 Abs. 1 Nr. 1 KStG der Körperschaftsteuer. Aufgrund der Absenkung des Körperschaftsteuersatzes ab dem Jahr 2008 unterliegt das Einkommen einer GmbH ab dem Jahr 2008 nur noch einem Steuersatz von 15 % (zzgl. Solidaritätszuschlag). Zuvor (bis zum Jahr 2007) betrug der Steuersatz noch 25 %.

Ausgeschüttete Gewinne einer Kapitalgesellschaft unterliegen bei den Gesellschaftern als Einkünfte aus Kapitalvermögen der Einkommensteuer (§ 20 Abs. 1 Nr. 1 EStG). Die Dividenden unterliegen jedoch ab dem Jahr 2009 grundsätzlich nur dem Abgeltungsteuersatz von 25 % (was i. d. R. günstiger ist als der persönliche tarifliche Einkommensteuersatz eines Gesellschafters); werden Anteile im Betriebsvermögen gehalten, gilt ab 2009 das sog. Teileinkünfteverfahren (40 % der Dividende sind nach § 3 Nr. 40 Satz 1 Buchst. d EStG von der Einkommensteuer befreit). Bis zum Jahr 2008 galt für beide Fälle das sog. Halbeinkünfteverfahren (hälftige Steuerbefreiung der Dividende). Die Doppelbesteuerung des ausgeschütteten Gewinns einer Kapitalgesellschaft wird also durch einen relativ niedrigen Körperschaftsteuersatz von 15 % i. V. m. einer günstigeren Besteuerung der Ausschüttung beim Anteilseigner (Abgeltungsteuersatz von 25 % oder teilweise Steuerbefreiung der Dividende) vermieden oder zumindest reduziert. Nach der Zielvorstellung soll die gesamte Steuerlast auf beiden Ebenen in etwa dem entsprechen, was auch die Gesellschafter eines Personenunternehmens für einen erzielten Gewinn an Steuerlast zu tragen haben.

Die auf die ausgeschütteten Gewinne einbehaltene und abgeführte Kapitalertragsteuer (25 %) hat ab dem Jahr 2009 grundsätzlich Abgeltungswirkung für die Einkommensbesteuerung beim Gesellschafter (§ 43 Abs. 5 EStG). Die Kapitalertragsteuer wird also grundsätzlich nicht mehr auf die Einkommensteuer des Gesellschafters angerechnet, sie hat Abgeltungswirkung (daher auch der Name „Abgeltungsteuer"). Im Anwendungsbereich des Teileinkünfteverfahrens wird die Kapitalertragsteuer aber nach wie vor auf die Einkommensteuer des Gesellschafters angerechnet (trotz teilweiser Steuerbefreiung in voller Höhe; vgl. den Wortlaut des § 36 Abs. 2 Satz 2 Nr. 2 EStG).

Beispiel zum Teileinkünfteverfahren:

A und B sind Gesellschafter der AB-GmbH (Beteiligung jeweils 50 %); der Jahresüberschuss (= steuerlicher Gewinn vor KSt) beträgt 100.000 €. Der Gewinn soll so weit wie möglich an A und B ausgeschüttet werden. A hält seine Anteile im Privatvermögen, B seine Anteile im Betriebsvermögen seines Einzelunternehmens. A und B haben jeweils einen persönlichen ESt-Satz von 42 %. Auswirkungen auf den SolZ und die KiSt bleiben aus Vereinfachungsgründen außer Betracht.

Ebene der GmbH:

Gewinn vor KSt	100.000 €
⁒ 15 % KSt gem. § 23 Abs. 1 KStG	⁒ 15.000 €
⁒ 15 % GewSt (abhängig vom Hebesatz; hier geschätzt)	⁒ 15.000 €
verbleiben als ausschüttungsfähige (Bar-)Dividende	70.000 €

Von der GmbH an die Anteilseigner auszuzahlender Betrag:

Dividende	70.000 €
⁒ 25 % KapSt gem. §§ 43, 43 a EStG	⁒ 17.500 €
= Nettodividende	52.500 €

Ebene des Gesellschafters A:

Die ESt des A ist durch den KapSt-Abzug i. H. von 25 % abgegolten (25 % seiner anteiligen Dividende i. H. von 35.000 € = 8.750 €), § 43 Abs. 5 Satz 1 EStG.

Soweit nicht anderweitig verbraucht, könnte A noch den Sparer-Pauschbetrag (801 €; § 20 Abs. 9 EStG) von der Bemessungsgrundlage der Abgeltungsteuer abziehen.

Ebene des Gesellschafters B:

Da B seine Anteile in einem Betriebsvermögen hält, greift die Abgeltungswirkung nicht ein (§ 43 Abs. 5 Satz 2 EStG). Es ist das Teileinkünfteverfahren anwendbar (§ 3 Nr. 40 Satz 1 Buchst. d i. V. m. Satz 2 EStG). Die Dividende ist also zu 40 % steuerbefreit.

anteilige Dividende des B	35.000 €
davon steuerbefreit nach § 3 Nr. 40 Satz 1 Buchst. d EStG 40 %	⁒ 14.000 €
verbleiben als steuerpflichtige Einnahmen aus Kapitalvermögen	21.000 €
ESt-Belastung darauf 42 %	8.820 €

Die KapSt i. H. von 8.750 € wird auf die ESt des B angerechnet (§ 36 Abs. 2 Nr. 2 EStG).

Hinweis: Der zur KSt und zur KapSt zu erhebende SolZ ist in diesem Beispiel nicht berücksichtigt. Wie sich die Erhebung des SolZ auswirkt, ist im Fall 27 erläutert.

Fallen auf Gesellschafterebene **Aufwendungen auf die Beteiligung** an der Gesellschaft an (z. B. Schuldzinsen), können diese von A nicht abgezogen werden (kein Werbungskostenabzug im Anwendungsbereich der Abgeltungsteuer; vgl. § 20 Abs. 9 EStG). Bei B wäre demgegenüber das Teilabzugsverbot des § 3 c Abs. 2 EStG anwendbar; somit könnten 60 % der Aufwendungen als Betriebsausgaben berücksichtigt werden.

Bei einer GmbH sind die **Gehälter** der mitarbeitenden Gesellschafter als Betriebsausgaben abzugsfähig. Die Gesellschafter erzielen insoweit Einkünfte aus nichtselbständiger Arbeit (§ 19 EStG). Auch die Bildung von Pensionsrückstellungen für Pensionszusagen an Gesellschafter-Geschäftsführer ist mit steuerlicher Wirkung möglich. Dies hat den Vorteil, dass auf der Ebene der Gesellschaft jährliche Betriebsausgaben entstehen, ohne dass damit zunächst ein Liquiditätsabfluss verbunden wäre. Erst bei späterer Auszahlung wird die Gesellschaft aus den Pensionsverpflichtungen wirtschaftlich belastet; die Gesellschafter-Geschäftsführer erzielen dann Versorgungsbezüge i. S. von § 19 Abs. 2 EStG.

Die **Veräußerung von GmbH-Anteilen** ist einkommensteuerpflichtig. Da Beteiligungen an einer GmbH i. d. R. mindestens 1 % betragen, richtet sich die Besteuerung im Regelfall nach § 17 EStG (bei einer Beteiligung unter 1 % käme es zu einer Besteuerung nach § 20 Abs. 2 Nr. 1 EStG im Rahmen der Abgeltungsteuer). Auf den Veräußerungsgewinn ist das Teileinkünfteverfahren anwendbar (§ 3 Nr. 40 Satz 1 Buchst. c EStG für Anteilsveräußerungen i. S. von § 17 EStG); er ist also zu 40 % steuerfrei. Umgekehrt wäre ein entstehender Veräußerungsverlust nur zu 60 % berücksichtigungsfähig.

b) OHG und KG

Personengesellschaften unterliegen selbst nicht der Einkommensteuer. Ihre Gesellschafter sind steuerrechtlich Mitunternehmer nach § 15 Abs. 1 Nr. 2 EStG. Der Gewinn einer Personengesellschaft wird zwar auf Ebene der Gesellschaft ermittelt, dann jedoch auf die Gesellschafter verteilt und bei diesen der Einkommensteuer unterworfen. Die Besteuerung der Gewinne einer Personengesellschaft richtet sich daher nach dem für den einzelnen Gesellschafter geltenden Einkommensteuersatz (zzgl. Solidaritätszuschlag und ggf. Kirchensteuer).

Der Gewinn einer Personengesellschaft wird einheitlich und gesondert festgestellt (§ 180 Abs. 1 Nr. 2 a AO).

Zwar ist auch bei Personengesellschaften eine Vermietung oder Darlehensgewährung an die Gesellschaft möglich, die gezahlten Mieten bzw. Darlehenszinsen gehören aber als „Vergütungen" zu den Gewinnanteilen des Mitunternehmers (§ 15 Abs. 1 Nr. 2 EStG) und unterliegen damit der Gewerbesteuer, die je nach Hebesatz rund 15 % beträgt. Entsprechendes gilt für Arbeitsvergütungen der Gesellschafter. Die Gewerbesteuer ist ab dem Jahr 2008 nicht mehr als Betriebsausgabe abzugsfähig (§ 4 Abs. 5 b EStG). Sie führt aber nach § 35 EStG zu einer Steuerermäßigung bei der Einkommensteuer i. H. des 3,8-Fachen des Gewerbesteuermessbetrags. In den meisten Fällen stellt die Gewerbesteuer deshalb bei Personenunternehmen keine effektive wirtschaftliche Belastung dar (dies gilt zumindest bis zu einem Hebesatz bis zu 380 %, darüber verbleibt eine gewisse Restbelastung).

Die **Zinsschranke** (§ 4 h EStG/§ 8 a KStG) ist grundsätzlich rechtsformneutral und deshalb kein entscheidender Faktor bei den Rechtsformüberlegungen. Sie greift sowieso nur ein, wenn der Zinssaldo (Zinsaufwendungen abzgl. Zinserträge) mindestens 3.000.000 € beträgt (§ 4 h Abs. 2 Satz 1 Buchst. a EStG).

Für die Besteuerung beim Gesellschafter ist es grundsätzlich unerheblich, ob die Gewinne der Personengesellschaft **entnommen** wurden oder nicht. Mit Wirkung ab 2008 hat der Gesetzgeber mit der Vorschrift des § 34 a EStG allerdings eine Möglichkeit geschaffen, thesaurierte (also nicht entnommene) Gewinne günstiger zu versteuern. Die Versteuerung erfolgt dabei auf Antrag mit 28,25 % (zzgl. Solidaritätszuschlag und ggf. Kirchensteuer). Damit soll eine gewisse Rechtsformneutralität mit Kapitalgesellschaften geschaffen werden, bei denen nicht ausgeschüttete Gewinne auch nur mit ca. 30 % (Körperschaft- und Gewerbesteuer) versteuert werden. Bei Anwendung von § 34 a EStG ist allerdings zu beachten, dass die spätere Entnahme dieser begünstigt besteuerten Gewinne zu einer sog. Nachversteuerung führt. Dazu wird jährlich ein nachversteuerungspflichtiger Betrag festgestellt.[3]

Die Veräußerung eines **Anteils** an einer Personengesellschaft unterliegt nach § 16 Abs. 1 Nr. 2 EStG der Einkommensteuer. Allerdings wird u. U. (i. d. R. nach Vollendung des 55. Lebensjahres) ein Freibetrag gewährt; außerdem ist der Veräußerungsgewinn nach § 34 Abs. 1 oder 3 EStG begünstigt und unterliegt nicht der Gewerbesteuer.

3. Gewerbesteuer

Für die **GmbH** besteht Gewerbesteuerpflicht nach § 2 Abs. 2 Satz 1 GewStG kraft Rechtsform. Ein Freibetrag wird nicht gewährt. Die Steuermesszahl beträgt 3,5 % (§ 11 Abs. 2 Nr. 2 GewStG). Die Veräußerung oder Aufgabe des Betriebs unterliegt bei Kapitalgesellschaften der Gewerbesteuer.

OHG und KG sind nach § 2 Abs. 1 GewStG i. V. m. § 15 EStG gewerbesteuerpflichtig, wenn sie eine gewerbliche Tätigkeit ausüben. Es wird ein Freibetrag von 24.500 € gewährt. Die Steuermesszahl beträgt auch hier 3,5 %. Die Betriebsveräußerung oder -aufgabe ist bei Personengesellschaften nicht gewerbesteuerpflichtig. Anders als bei der Einkommensteuer sind Personengesellschaften bei der Gewerbesteuer selbst (und nicht ihre Gesellschafter) Steuerschuldner (§ 5 Abs. 1 Satz 3 GewStG).

Hinzurechnungen und Kürzungen sind bei allen Rechtsformen zu beachten. Ebenso ist die Nichtabzugsfähigkeit der Gewerbesteuer als Betriebsausgabe unabhängig von der Rechtsform. Demgegenüber kommt eine Einkommensteuerermäßigung nach § 35 EStG i. H. des 3,8-Fachen des Gewerbesteuermessbetrags nur bei Personenunternehmen (bzw. ihren Gesellschaftern) und damit also nicht bei Kapitalgesellschaften wie der GmbH in Betracht.

---

3 Zu näheren Einzelheiten bei der Anwendung von § 34 a EStG vgl. Zimmermann/Hottmann u. a., Die Personengesellschaft im Steuerrecht, 10. Auflage, Abschn. B Tz. 1.12.

4. Umsatzsteuer

Die **GmbH** ist Unternehmer i. S. von § 2 UStG. Gegebenenfalls ist ein Organschaftsverhältnis zu beachten.

OHG und KG sind als solche Unternehmer und damit grundsätzlich umsatzsteuerpflichtig (§ 2 Abs. 1 und 2 UStG).

Im Rahmen der **Gesellschaftsgründung** stellt die Gewährung von Gesellschaftsrechten gegen Geldzahlungen bei der GmbH, OHG und KG steuerbare sonstige Leistungen dar, die aber nach § 4 Nr. 8 Buchst. f UStG steuerfrei sind. Das Gleiche gilt aus der Sicht der Gesellschaft für die Gewährung von Gesellschaftsrechten gegen Sacheinlage (Abschn. 1.6 Abs. 2 UStAE).

Die Gewährung von Gesellschaftsrechten aus der Sicht des Gesellschafters kann steuerbar sein, wenn dieser die Sacheinlage als Unternehmer im Rahmen seines Unternehmens bewirkt (tauschähnlicher Umsatz). Ob eine Steuerfreiheit nach § 4 UStG gewährt werden kann, richtet sich nach der Art des auf die Gesellschaft übertragenen Wirtschaftsguts. So ist z. B. die Übertragung eines Grundstücks nach § 4 Nr. 9 UStG umsatzsteuerfrei.

5. Grunderwerbsteuer

Der Grundstückserwerb unterliegt regelmäßig der Grunderwerbsteuer (§ 1 GrEStG). Dies gilt bei Erwerb von einem fremden Dritten unabhängig von der Rechtsform. Auch die Sachgründung von Kapitalgesellschaften führt zur Grunderwerbsteuerpflicht, wenn ein Gesellschafter im Rahmen einer solchen Sachgründung ein Grundstück auf die Gesellschaft überträgt.

Zwar stellt auch die Einbringung eines Grundstücks im Rahmen der Gründung einer Personengesellschaft einen grunderwerbsteuerpflichtigen Tatbestand dar, da auch Rechtsträgerwechsel auf gesellschaftsvertraglicher Grundlage der Grunderwerbsteuer unterliegen. Allerdings wird die Steuer nach § 5 Abs. 2 GrEStG bei einem Übergang eines Grundstücks von einem Alleineigentümer auf eine Personengesellschaft insoweit nicht erhoben, als der Veräußerer über seinen Anteil am Gesellschaftsvermögen auch nach der Veräußerung beteiligt bleibt.[4]

6. Erbschaftsteuer

Die Vererbung/Schenkung eines Anteils an einer **GmbH** unterliegt nach §§ 1, 3, 7 ErbStG der Erbschaftsteuer. Die Vererbung oder Schenkung von Personenunternehmen (Einzelunternehmen oder Anteile an Personengesellschaften) unterliegt grundsätzlich ebenso der Erbschaftsteuer wie die unentgeltliche Übertragung von Anteilen an Kapitalgesellschaften.

---

4 Nähere Einzelheiten vgl. Zimmermann/Hottmann u. a., Die Personengesellschaft im Steuerrecht, 10. Auflage, Abschn. T.

Die frühere unterschiedliche Bewertung von GmbH-Anteilen und von Anteilen an Personengesellschaften hat das Bundesverfassungsgericht als verfassungswidrig angesehen.[5] Der Gesetzgeber wurde verpflichtet, für eine **gleichmäßige Bewertung aller Vermögensarten** zu sorgen. Dem ist der Gesetzgeber mit der Erbschaftsteuerreform 2009 nachgekommen.[6] Seither werden sowohl Personenunternehmen als auch Anteile an Kapitalgesellschaften nach einem einheitlichen Verfahren bewertet (sog. vereinfachtes Ertragswertverfahren; vgl. § 11 Abs. 2, § 109 Abs. 1, §§ 199 ff. BewG). Bei allen Rechtsformen bleibt es den Steuerpflichtigen unbenommen, durch Vorlage eines Gutachtens einen abweichenden (niedrigeren) Wert des Betriebs oder der Anteile nachzuweisen.

Auch die sog. **Verschonungsregelungen** in §§ 13 a, 13 b ErbStG greifen grundsätzlich unabhängig von der Rechtsform ein. Danach kann übertragenes Unternehmensvermögen, zu dem auch Anteile an Kapitalgesellschaften gehören, unter bestimmten Voraussetzungen zu 85 % (= sog. Regelverschonung) oder auch zu 100 % (Verschonungsoption) von der Erbschaftsteuer befreit werden. Ein Unterschied besteht lediglich insofern, als diese Begünstigungen bei Anteilen an Kapitalgesellschaften i. d. R. erst ab einer Beteiligungshöhe von mehr als 25 % gewährt werden können (§ 13 b Abs. 1 Nr. 3 ErbStG). Demgegenüber sind auch kleinere Personengesellschaftsanteile (z. B. ein Anteil von 8 % an einer KG) begünstigt.

7. Zusammenfassung

Zusammenfassend ergeben sich für die einzelnen Rechtsformen folgende Vorteile; die dargelegten Aspekte sprechen jeweils im Umkehrschluss gegen die andere Rechtsform:

Gesichtspunkte für die **GmbH**	Gesichtspunkte für die **Personengesellschaft**
Begünstigung **thesaurierter** Gewinne (Steuerpflicht nur mit 15 % Körperschaftsteuer zzgl. Solidaritätszuschlag und mit Gewerbesteuer).	Günstigere Besteuerung bei **Vollauskehrung** der erzielten Gewinne (insbesondere, wenn höchstens der „normale" einkommensteuerliche Spitzensteuersatz von 42 % zur Anwendung kommt).
Gehälter, Mieten, Pacht und Zinsen an die Gesellschafter können als **Betriebsausgaben** abgezogen werden (Gewerbesteuerminderung).	Die **Steuerermäßigung** nach § 35 EStG führt zu einer (fast) vollständigen Entlastung von der Gewerbesteuer.

5 BVerfG-Beschluss vom 07.11.2006 – 1 BvL 10/02, BStBl 2007 II S. 192.

6 Erbschaftsteuerreformgesetz – ErbStRG vom 24.12.2008, BStBl 2009 I S. 140.

Gesichtspunkte für die **GmbH**	Gesichtspunkte für die **Personengesellschaft**
Aufwand auf die **Beteiligung an einer Tochter-Kapitalgesellschaft** kann voll abgezogen werden, während bei einem Personenunternehmen § 3 c Abs. 2 EStG zu beachten ist.	**Thesaurierte Gewinne** können ab 2008 auch bei Personenunternehmen begünstigt besteuert werden (§ 34 a EStG); allerdings i. d. R. ungünstige Nachversteuerung bei späterer Entnahme dieser Gewinne.
Steuerwirksame Bildung von **Pensionsrückstellungen** für Pensionszusagen an tätige Gesellschafter möglich.	**Verluste** der Gesellschaft sind einkommensteuerlich auf Gesellschafterebene mit anderen Einkunftsarten ausgleichsfähig (die Verlustausgleichsbeschränkung nach § 15 a EStG ist allerdings zu beachten).
Dividenden aus der Beteiligung an anderen Körperschaften können **steuerfrei** vereinnahmt werden (§ 8 b Abs. 1 KStG); ebenso ist die Veräußerung dieser Anteile steuerfrei (§ 8 b Abs. 2 KStG). 5 % der erhaltenen Dividenden bzw. der erzielten Veräußerungsgewinne gelten allerdings als nicht abziehbare Ausgaben.	**Aufwendungen** auf die Beteiligung (insbesondere Schuldzinsen zur Finanzierung der Anschaffungskosten) können in voller Höhe abgezogen werden; § 3 c Abs. 2 EStG ist nicht anwendbar.
	Steuerfreie **Auslandserträge** (z. B. aus einer ausländischen Betriebsstätte) können ohne inländische Steuerbelastung auf die Gesellschafterebene transferiert werden.
	Die **Übertragung** von Wirtschaftsgütern in die und aus der Gesellschaft ist i. d. R. zu **Buchwerten** möglich, soweit die Betriebsvermögenseigenschaft erhalten bleibt (§ 6 Abs. 5, § 16 Abs. 3 Satz 2 EStG).
	Verdeckte Gewinnausschüttungen mit ihren vielfältigen Nachteilen bei Gesellschaft und Gesellschafter sind bei einer Personengesellschaft **nicht** denkbar (Ausnahme – in begrenztem Umfang – bei der GmbH & Co. KG).

Fall 2

Subjekte der Körperschaftsteuer

KStG § 1

Sachverhalt

Der Prüfungskandidat Fix erhält eine Liste mit folgenden Angaben:

1. Ein-Mann-GmbH
2. GmbH & Co. KG
3. Kommanditgesellschaft auf Aktien (KGaA) mit dem Komplementär Nick Möglich
4. Genossenschaftsrechtliche Teilzahlungsbank e. G.
5. Nicht rechtsfähige Molkerei- bzw. Winzergenossenschaft
6. Landwirtschaftlicher Versicherungsverein a. G.
7. Funk-Taxi-Zentrale e. V.
8. Rechtsfähige Familienstiftung
9. Sozialdemokratische Partei Deutschlands (SPD)
10. „Investment-Klub" mit nicht geschlossener Mitgliederzahl (zurzeit vierzig)
11. Bürgerinitiative „Saubere Wolken", die gesammeltes Geld zinsbringend angelegt hatte
12. Investmentfonds
13. Unternehmergesellschaft haftungsbeschränkt
14. Organschaft
15. Schachtelbeteiligung
16. Auto SE

Frage

Fallen die genannten Gebilde unter die Körperschaftsteuersubjekte i. S. von § 1 KStG?

Antwort

Mit Ausnahme von Nr. 2 und u. U. Nr. 10 fallen alle anderen Gebilde hierunter.

Begründung

Der Körperschaftsteuerpflicht unterworfen sind die in § 1 KStG unter der Bezeichnung „Körperschaften, Personenvereinigungen und Vermögensmassen" genannten Gebilde, soweit sie sich in eine der sechs aufgezählten Gruppen einreihen lassen (vgl. § 3 KStG; R 2 KStR).

- **Ein-Mann-GmbH**

Entscheidend für die Einreihung eines Rechtsgebildes in die einzelnen Gruppen – und damit für die Körperschaftsteuerpflicht – ist seine Rechtsform. Dies dient der Rechtssicherheit. Die Rechtsform kann nicht etwa aufgrund wirtschaftlicher Betrachtungsweise außer Acht gelassen werden.[1] Die Ein-Mann-GmbH fällt daher unter § 1 Abs. 1 Nr. 1 KStG (Hinweis auf § 1 GmbHG).

- **GmbH & Co. KG**

Die GmbH & Co. KG ist trotz ihrer Mischform eine Personengesellschaft des Handelsrechts (§§ 161 ff. HGB) und nicht körperschaftsteuerpflichtig (H 2 „GmbH & Co. KG" KStH).[2] Komplementär der KG ist hier lediglich eine Kapitalgesellschaft.

Der Gewinn der KG wird einheitlich und gesondert festgestellt (§ 180 Abs. 1 Nr. 2 a AO). Die einzelnen Gesellschafter sind mit ihren Gewinnanteilen einkommen- bzw. körperschaftsteuerpflichtig (Komplementär-GmbH). Die Anteile der Kommanditisten an der Komplementär-GmbH sind Sonderbetriebsvermögen.[3] Damit sind die Erträge aus der GmbH-Beteiligung als Sonderbetriebseinnahmen, d. h. als gewerbliche Einkünfte der Kommanditisten, zu erfassen (§ 15 Abs. 1 Nr. 2 EStG). Das Teileinkünfteverfahren wirkt auch im (Sonder-)Betriebsvermögen (vgl. § 3 Nr. 40 Satz 2 EStG). Die Ausschüttungen der Komplementär-GmbH sind deshalb zu 40 % von der Einkommensteuer befreit (bis 2008: 50 %).

- **KGaA**

Die KGaA ist als Mischform zwischen Aktiengesellschaft (AG) und Kommanditgesellschaft (KG) eine Unterart der AG (§§ 278 ff. AktG) und nach § 1 Abs. 1 Nr. 1 KStG steuerpflichtig. Mindestens einer ihrer Gesellschafter haftet den Gesellschaftsgläubigern persönlich und unbeschränkt als Komplementär, während die Kommanditaktionäre nur mit Einlagen an dem in Aktien zerlegten Grundkapital der Gesellschaft beteiligt sind.

Dieser Doppelnatur der KGaA tragen das EStG und KStG Rechnung (vgl. § 15 Abs. 1 Nr. 3, § 20 Abs. 1 Nr. 1 EStG; § 9 Abs. 1 Nr. 1 KStG).[4]

Auch eine Ausprägung als GmbH & Co. KGaA ist zulässig.[5]

---

1 BFH-Urteil vom 05.05.1959, BStBl III S. 369.

2 Vgl. auch BFH-Beschluss vom 25.06.1984, BStBl II S. 751.

3 BFH-Urteil vom 25.11.2009, BStBl 2010 II S. 471; Vfg. der OFD Münster vom 06.11.2008, GmbHR 2009 S. 108.

4 Vgl. auch BFH-Urteile vom 21.06.1989, BStBl II S. 881, und vom 19.05.2010, BFH/NV 2010 S. 1919.

5 BGH-Urteil vom 24.02.1997, GmbHR 1997 S. 595; vgl. auch Halasz/Kloster/Kloster, GmbHR 2002 S. 77 und S. 310.

● **Genossenschaftliche Teilzahlungsbank e. G.**

In § 1 Abs. 1 GenG sind verschiedene Arten von Genossenschaften genannt (Beispielkatalog). Die wirtschaftliche Entwicklung hat zur Bildung weiterer Genossenschaften geführt. Hierzu gehört auch eine genossenschaftliche Teilzahlungsbank als Erwerbs- und Wirtschaftsgenossenschaft i. S. von § 1 Abs. 1 Nr. 2 KStG.

● **Nicht rechtsfähige Molkerei- bzw. Winzergenossenschaft**

Unter § 1 Abs. 1 Nr. 2 KStG fallen ferner nicht rechtsfähige Erwerbs- und Wirtschaftsgenossenschaften wie die o. a. Genossenschaften (vgl. dazu § 5 Abs. 1 Nr. 14, §§ 22, 25 KStG; R 21 KStR), nicht dagegen öffentlich-rechtliche Genossenschaften, wie z. B. Berufsgenossenschaften.

● **Landwirtschaftlicher Versicherungsverein a. G.**

Der Versicherungsverein auf Gegenseitigkeit (§ 1 Abs. 1 Nr. 3 KStG) ist ein Verein, der den Zweck verfolgt, seinen Mitgliedern unmittelbar Versicherungsschutz zu gewähren. Er erlangt durch die von der Aufsichtsbehörde erteilte Erlaubnis zum Geschäftsbetrieb die Rechtsfähigkeit (§ 15 VAG).

● **Funk-Taxi-Zentrale e. V.**

Zu den sonstigen juristischen Personen des privaten Rechts i. S. von § 1 Abs. 1 Nr. 4 KStG gehören vor allem die rechtsfähigen Vereine nach § 21 und § 22 BGB.

Die Funk-Taxi-Zentrale e. V. betreibt einen wirtschaftlichen Geschäftsbetrieb gem. § 14 AO.[6]

● **Rechtsfähige Familienstiftung**

Zu der Fallgruppe des § 1 Abs. 1 Nr. 4 KStG zählt auch die privatrechtliche Stiftung mit eigener Rechtspersönlichkeit (vgl. §§ 80 ff. BGB; R 3 KStR).

● **SPD**

Von den nicht rechtsfähigen Personenvereinigungen sind – soweit sie nicht unter eine andere Gruppe des § 1 Abs. 1 KStG fallen – nur die nicht rechtsfähigen Vereine i. S. von § 54 BGB der Körperschaftsteuerpflicht unterworfen (§ 1 Abs. 1 Nr. 5; vgl. dazu § 3 Abs. 1 KStG).

Politische Parteien sind regelmäßig nicht rechtsfähige Vereine. Sie sind aber nach § 5 Abs. 1 Nr. 7 KStG von der Körperschaftsteuer befreit.

● **Investment-Klub**

Investment-Klubs, deren Zweck das gemeinsame Wertpapiersparen ist, können sowohl als nicht rechtsfähige Vereine als auch als Gesellschaften bürgerlichen Rechts einzuordnen sein. Die Abgrenzung zwischen einem nicht rechtsfähigen Verein und einer GbR kann im Einzelfall schwierig sein.

---

6 BGH-Urteil vom 14.07.1966, BGHZ 45 S. 395.

Die Abgrenzung ist nach einzelnen Indizien vorzunehmen. Wesentliche Merkmale eines Vereins sind insbesondere:

- Keine unmittelbare Berechtigung der Mitglieder an den Einkünften des Vereins.
- Kein Anspruch der Mitglieder auf das Vereinsvermögen.
- Aufnahme und Ausscheiden von Mitgliedern haben auf das Bestehen des Vereins keinen Einfluss.
- Existenz eines Vorstands und einer Mitgliederversammlung.
- Größere Zahl von Mitgliedern.

Für die Annahme einer Personengesellschaft (GbR) sprechen demgegenüber:

- Anspruch der Gesellschafter auf Gewinn und Vermögen.
- Gesamtschuldnerische Haftung der Gesellschafter.
- Unter Umständen Auflösung bei Ausscheiden eines Gesellschafters.

Bei Investment-Klubs, deren Statuten dem von der Deutschen Schutzvereinigung für Wertpapierbesitz e.V. entwickelten Mustervertrag entsprechen, handelt es sich in aller Regel um Gesellschaften bürgerlichen Rechts.[7] Dies gilt unabhängig von der Zahl der Beteiligten. Eine größere Zahl von Beteiligten kann für sich allein nicht ausreichen, um einen nicht rechtsfähigen Verein anzunehmen, wenn die übrigen Indizien eher für eine GbR sprechen.

- **Bürgerinitiative**

Die Bürgerinitiative ist im vorliegenden Fall als Zweckvermögen des privaten Rechts einzuordnen (§ 1 Abs. 1 Nr. 5 KStG).[8] Zweckvermögen ist eine selbständige, einem bestimmten Zweck gewidmete Vermögensmasse, die aus dem Vermögen der Widmenden ausgeschieden ist und eigene Einkünfte bezieht (vgl. § 1914 BGB). Die aus dem Zweckvermögen fließenden Zinsen sind Einkünfte der selbständigen Vermögensmasse.

- **Investmentfonds**

Investmentfonds sind von einer Kapitalanlagegesellschaft verwaltete Publikums-Sondervermögen (§ 1 Abs. 1 InvG). Sondervermögen sind inländische Investmentvermögen, die von einer Kapitalanlagegesellschaft für Rechnung der Anleger verwaltet werden und bei denen die Anleger das Recht zur Rückgabe der Anteile haben (§ 1 Abs. 2 InvG). Dieses Sondervermögen kann z. B. aus Wertpapieren, Bankguthaben, Grundstücken oder auch Beteiligungen an anderen Investmentfonds bestehen. Entsprechend

---

7 Vfg. der OFD Hannover vom 19.08.2002, FR 2002 S. 1097.

8 BFH-Urteil vom 29.08.1984, BStBl II S. 844.

werden die Fonds dann als Aktienfonds, Rentenfonds, Geldmarktfonds, (offener) Immobilienfonds oder Dachfonds bezeichnet.

Ein inländisches Sondervermögen gilt nach § 11 Abs. 1 Satz 1 InvStG als Zweckvermögen i. S. von § 1 Abs. 1 Nr. 5 KStG; es ist damit also ein Körperschaftsteuersubjekt. Allerdings ist das Sondervermögen nach § 11 Abs. 1 Satz 2 InvStG von der Körperschaftsteuer und der Gewerbesteuer befreit. Die Erträge des Sondervermögens sind allerdings bei den Anteilsscheininhabern als Einkünfte aus Kapitalvermögen i. S. von § 20 Abs. 1 Nr. 1 EStG zu versteuern (§ 2 Abs. 1 InvStG); im betrieblichen Bereich liegen Betriebseinnahmen vor. Dies gilt sowohl für ausgeschüttete als auch für thesaurierte Erträge des Sondervermögens und unabhängig davon, ob es sich um Dividenden oder um Zinserträge handelt. Die steuerrechtlichen Sondervorschriften des Investmentsteuergesetzes folgen weitgehend dem Grundsatz der steuerrechtlichen Transparenz. Damit soll der Investmentanleger so gestellt werden, als hätte er unmittelbar, also ohne Zwischenschaltung des Sondervermögens, in die betreffende Kapitalanlage investiert (Direktanlage). Die Kapitalerträge des Sondervermögens werden deshalb steuerneutral an die Anteilscheininhaber weitergeleitet und bei diesen der individuellen Besteuerung unterworfen.[9]

Bei Aktienfonds kommt auf der Ebene der Anleger – je nach deren Rechtsform – auch die Anwendung von § 8 b KStG oder § 3 Nr. 40 EStG in Betracht (§ 2 Abs. 2 InvStG).

- **Unternehmergesellschaft haftungsbeschränkt**

Bei der Unternehmergesellschaft haftungsbeschränkt (Kurzform: UG haftungsbeschränkt) handelt es sich nicht um eine eigene Rechtsform. Die UG ist vielmehr eine Sonderform der GmbH, die im Jahr 2008 eingeführt wurde.[10] Die gesellschaftsrechtlichen Grundlagen sind in § 5 a GmbHG geregelt. Wesentlicher Unterschied zu einer „Normal-GmbH" ist, dass das Gesetz kein Mindeststammkapital vorschreibt. Ein Anteil kann somit auch auf 1 € lauten.

Eine UG haftungsbeschränkt muss nach § 5 a Abs. 3 GmbHG zwangsweise eine gesetzliche Rücklage von ¼ eines erzielten Jahresüberschusses bilden. Mit dieser Rücklage soll dann zu einem späteren Zeitpunkt eine Kapitalerhöhung auf das „normale" Stammkapital einer GmbH i. H. von 25.000 € ermöglicht werden; die UG kann dann ab diesem Zeitpunkt als GmbH firmieren.

Als Kapitalgesellschaft i. S. von § 1 Abs. 1 Nr. 1 KStG unterliegt eine UG haftungsbeschränkt der Körperschaftsteuerpflicht.

---

9 Zu näheren Einzelheiten bei der Besteuerung von Erträgen aus Investmentfonds vgl. BMF-Schreiben vom 18.08.2009, BStBl I S. 931. Die Änderungen bei der Besteuerung von Investmentfonds durch das JStG 2009 erläutert Ebner in NWB 2009 S. 203.

10 Gesetz zur Modernisierung des GmbH-Rechts und zur Bekämpfung von Missbräuchen (MoMiG) vom 23.10.2008, BGBl I S. 2026.

- **Organschaft**

Eine Organschaft liegt vor, wenn eine inländische Kapitalgesellschaft – Organgesellschaft – nach dem Gesamtbild der tatsächlichen Verhältnisse finanziell in ein anderes (inländisches) gewerbliches Unternehmen – Organträger – eingegliedert ist (vgl. §§ 14, 17 und 18 KStG). Die Organgesellschaft bleibt grundsätzlich für das Körperschaftsteuerrecht selbständig. Die Organschaft ist körperschaftsteuerlich nur relevant, wenn zwischen dem Organträger (Oberunternehmen) und der Organgesellschaft ein wirksamer Gewinnabführungsvertrag besteht (vgl. im Einzelnen R 56 bis 67 KStR; Fall 34).

- **Schachtelbeteiligung**

Von einer Schachtelbeteiligung spricht man, wenn eine Kapitalgesellschaft in größerem Umfang an einer anderen Kapitalgesellschaft beteiligt ist. Ausschüttungen einer in- oder ausländischen Körperschaft sind bei der Empfängerkörperschaft nach § 8 b Abs. 1 KStG von der Körperschaftsteuer befreit. Diese Schachtelvergünstigung knüpft allerdings weder an eine bestimmte Mindestbeteiligung noch an eine Mindesthaltedauer an. Demgegenüber ist für das gewerbesteuerliche Schachtelprivileg (sowohl bei Beteiligung an inländischen als auch an ausländischen Körperschaften) eine Mindestbeteiligung von 15 % erforderlich (§ 9 Nr. 2 a, Nr. 7 GewStG; bis 2007: 10 %). Auch die Schachtelvergünstigungen nach den Doppelbesteuerungsabkommen erfordern regelmäßig eine Mindestbeteiligungshöhe.

- **Auto SE**

Eine SE ist eine Europäische Aktiengesellschaft (SE = Societas Europaea). Die Rechtsform geht auf eine EU-Verordnung zurück.[11] Mit ihr wurde eine Kapitalgesellschaft geschaffen, für die in den Mitgliedstaaten der Europäischen Union ein einheitlicher rechtlicher Rahmen besteht und deren Sitz ohne Auflösung der Gesellschaft in einen anderen Mitgliedstaat verlegt werden kann. Damit sollen Unternehmen in die Lage versetzt werden, ihr Wirtschaftspotenzial durch Konzentrations- und Fusionsmaßnahmen zusammenzufassen, Produktionsaktivitäten EU-weit zu reorganisieren und dadurch die wirtschaftliche Gesamtsituation zu verbessern. Ergänzende Regelungen zur EU-Verordnung enthält das deutsche Einführungsgesetz zur SE.[12]

Die SE ist eine Handelsgesellschaft mit einem in Aktien zerlegten Grundkapital von mindestens 120.000 €. Die Gründung einer SE kann durch grenzüberschreitende Verschmelzung, durch Errichtung einer Holding-SE oder einer Tochter-SE oder durch Formwechsel (z. B. aus einer deutschen AG) erfolgen.

---

11 EU-Verordnung Nr. 2157/2001, ABl. Nr 294 vom 10.11.2001 S. 1 ff.

12 Gesetz zur Einführung der Europäischen Gesellschaft (SEEG) vom 22.12.2004, BGBl I S. 3675.

Die Besteuerung einer SE erfolgt nach dem nationalen Steuerrecht der jeweiligen Sitzstaaten. Eine SE mit Sitz in Deutschland stellt also eine Kapitalgesellschaft i. S. von § 1 Abs. 1 Nr. 1 KStG dar. Sie wird also im Ergebnis genauso behandelt wie eine AG nach dem deutschen Aktiengesetz.

Fall 3

Unbeschränkte Steuerpflicht

KStG § 1; AO §§ 10, 11

Sachverhalt

Die Golf-Import-GmbH hat ihren Sitz lt. Gesellschaftsvertrag in Vaduz (Liechtenstein). Hier werden auch alle Verwaltungsarbeiten erledigt. In Düsseldorf hat die GmbH ihr Einkaufsbüro. Dort werden alle maßgeblichen Entscheidungen durch den GmbH-Geschäftsführer G. Schultz getroffen, wohnhaft in Leverkusen.

Frage

Unterliegt die GmbH der deutschen Steuerpflicht?

Antwort

Die GmbH ist unbeschränkt steuerpflichtig.

Begründung

Unbeschränkt körperschaftsteuerpflichtig sind Kapitalgesellschaften, die ihre Geschäftsleitung oder ihren Sitz im Inland haben (§ 1 Abs. 1 Nr. 1 KStG). Als Inland gilt steuerlich die Bundesrepublik und der ihr zustehende Anteil am Festlandsockel (§ 1 Abs. 3 KStG).

Der **Sitz** einer Gesellschaft lässt sich allgemein leicht feststellen. Nach § 11 AO hat eine Körperschaft den Sitz an dem Ort, der durch Gesellschaftsvertrag bestimmt ist. Das ist im vorliegenden Fall Vaduz (Liechtenstein).

Es genügt aber, wenn eine der beiden Voraussetzungen – Sitz oder Geschäftsleitung – im Inland gegeben ist, um die unbeschränkte Steuerpflicht zu begründen.

Geschäftsleitung ist der Mittelpunkt der geschäftlichen Oberleitung (§ 10 AO). Wo sich der Mittelpunkt der geschäftlichen Oberleitung befindet, richtet sich im Einzelfall nach den tatsächlichen Gegebenheiten. Im Allgemeinen ist Mittelpunkt der geschäftlichen Oberleitung der Ort, an dem die für das Unternehmen maßgeblichen Entscheidungen wirklich getroffen zu werden pflegen, wo sich also die Büroräume der leitenden Personen befinden, die für die Geschäftsleitung bestimmt sind – bei einer GmbH notfalls die Wohnung des Geschäftsführers.[1] Das Steuerrecht stellt also auf die tatsächlichen Verhältnisse ab. Eine derartige Beziehung ist nach dem Sachverhalt in Düsseldorf gegeben. Der Ort, an dem die Verwaltungsarbeiten ausgeführt werden, ist unbeachtlich.

Die unbeschränkte Steuerpflicht erstreckt sich auf sämtliche Einkünfte (Welteinkünfte) vorbehaltlich Doppelbesteuerungsabkommen (§ 1 Abs. 2 KStG; § 2 AO).

Auch ausländische Kapitalgesellschaften unterliegen dem Körperschaftsteuersatz von 15 % (bis VZ 2007: 25 %). Dies gilt unabhängig davon, ob sie – wie im vorliegenden Fall – im Inland unbeschränkt körperschaftsteuerpflichtig sind oder ob sie nur der beschränkten Körperschaftsteuerpflicht unterliegen.

Fall 4

Beschränkte Steuerpflicht (I)

KStG § 2 Nr. 1, § 8; AO §§ 12, 13; EStG § 49 Abs. 1 Nr. 2 a

Sachverhalt

Die französische Kapitalgesellschaft Lapin S. A. mit Sitz in Paris lässt durch den Unternehmer Bolle (B) in Berlin Halbfertigfabrikate bearbeiten. Gleichzeitig ist B für zunächst drei Jahre auch in den Verkaufsprozess eingeschaltet und mit dem Vertrieb der im Auftrag der Lapin S. A. bearbeiteten Waren beauftragt worden. B ist hierbei an sachliche Weisungen gebunden. Alle Entscheidungen werden in Paris getroffen. Ein Warenlager wird von der Gesellschaft im Inland nicht unterhalten. Der nach inländischem Steuerrecht gesondert ermittelte Gewinn aus dem Vertrieb beträgt 100.000 €.

Frage

Ist die französische Kapitalgesellschaft steuerpflichtig?

Anmerkung: Auf das Doppelbesteuerungsabkommen ist nicht einzugehen.

Antwort

Die Lapin S. A. ist mit ihren inländischen Einkünften beschränkt steuerpflichtig.

---

1 BFH-Urteile vom 23.01.1991, BStBl II S. 554, und vom 16.12.1998, BStBl 1999 II S. 437.

Begründung

Kapitalgesellschaften, die weder ihre Geschäftsleitung noch ihren Sitz im Inland haben, sind beschränkt steuerpflichtig, wenn sie inländische Einkünfte haben (§ 2 Nr. 1 KStG; R 4 KStR). Nach dem Sachverhalt sind bei der Lapin S. A. (Société Anonyme = Aktiengesellschaft) weder Geschäftsleitung (§ 10 AO) noch Sitz (§ 11 AO) im Inland gegeben. Die beschränkte Steuerpflicht erstreckt sich lediglich auf inländische Einkünfte i. S. des § 49 EStG (§ 8 Abs. 1 KStG). Die Einkünfte aus dem Vertrieb der Waren sind Einkünfte aus Gewerbebetrieb. Sie unterliegen – vorbehaltlich eines Doppelbesteuerungsabkommens – gem. § 49 Abs. 1 Nr. 2 a EStG der beschränkten Körperschaftsteuerpflicht, wenn im Inland eine Betriebsstätte unterhalten wird oder ein ständiger Vertreter für den Gewerbebetrieb bestellt ist.

Der Begriff **Betriebsstätte** setzt voraus, dass eine feste örtliche Einrichtung oder Anlage der Unternehmenstätigkeit dient (vgl. § 12 AO mit Beispielen; die Doppelbesteuerungsabkommen enthalten teilweise abweichende, vorrangige Begriffsbestimmungen, die nur Bedeutung haben für die Zuweisung des Besteuerungsrechts der Einkünfte auf die Vertragsstaaten, nicht aber maßgeblich sind für das Vorliegen inländischer Einkünfte i. S. von § 49 EStG). Hierüber muss der Unternehmer – hier Lapin S. A. – eine gewisse Verfügungsmacht haben. Das ist lt. Sachverhalt nicht der Fall.

Ständiger Vertreter ist eine Person, die nachhaltig die Geschäfte eines Unternehmens besorgt und dabei dessen Sachweisungen unterliegt (§ 13 AO). Das gilt insbesondere, wenn diese Person für ein Unternehmen nachhaltig Verträge abschließt oder vermittelt oder Aufträge einholt oder einen Bestand von Gütern oder Waren unterhält und davon Auslieferungen vornimmt. Hierfür ist unschädlich, dass der ständige Vertreter die Tätigkeit im Rahmen seines eigenen Gewerbebetriebes ausübt (H 49.1 „Ständiger Vertreter" EStH).[1] Durch die Einschaltung in den Produktionsprozess wird B noch nicht zum ständigen Vertreter der Lapin S. A., wohl aber durch den Vertrieb der im Auftrag der Gesellschaft bearbeiteten Waren. Die Lapin S. A. ist daher mit ihren inländischen Einkünften beschränkt körperschaftsteuerpflichtig (§ 2 Nr. 1 KStG). Der Steuersatz beträgt 15 % (bis zum VZ 2007: 25 %).

---

1 BFH-Urteil vom 28.06.1972, BStBl II S. 785.

Fall 5

Beschränkte Steuerpflicht (II)

KStG § 2 Nr. 2, §§ 8, 32; EStG §§ 43, 43 a, 44, 44 a, 51 a; SolZG §§ 1, 3 Abs. 1 Nr. 5, § 4

Sachverhalt

Die Gemeinde A-Dorf ist mit 25 % an einer inländischen GmbH beteiligt. Ihr wird ein Gewinnanteil von 100.000 € überwiesen. Die Kapitalertragsteuer und der Solidaritätszuschlag zur Kapitalertragsteuer sind versehentlich nicht einbehalten worden.

Frage

Besteht insoweit Körperschaftsteuerpflicht für die Gemeinde?

Antwort

Sie ist gem. § 2 Nr. 2 KStG beschränkt steuerpflichtig.

Begründung

Nach § 2 Nr. 2 KStG sind „beschränkt körperschaftsteuerpflichtig sonstige Körperschaften, Personenvereinigungen und Vermögensmassen, die nicht unbeschränkt steuerpflichtig sind, mit ihren inländischen Einkünften, von denen ein Steuerabzug vorzunehmen ist".

Erfasst werden durch Nr. 2 somit lediglich inländische („... sonstige ...") Körperschaften, Personenvereinigungen und Vermögensmassen, die nach § 1 KStG nicht unbeschränkt steuerpflichtig sind. Demgegenüber bleiben Körperschaften, Personenvereinigungen und Vermögensmassen mit Sitz oder Geschäftsleitung im Inland auch bei einer Befreiung nach § 5 Abs. 1 KStG unbeschränkt steuerpflichtig (vgl. § 5 Abs. 2 KStG).

Die Gemeinde ist im vorliegenden Fall nicht unbeschränkt körperschaftsteuerpflichtig, da sie nicht unter eine der Gruppen des § 1 Abs. 1 Nr. 1 bis 6 KStG fällt. Der Besitz der GmbH-Anteile selbst stellt noch keinen Betrieb gewerblicher Art dar (Näheres dazu vgl. Fall 7).

Die beschränkte Steuerpflicht nach § 2 Nr. 2 KStG wird begründet durch den Bezug inländischer Einkünfte, von denen ein Steuerabzug vorzunehmen ist. Sie ist nicht auf die in § 49 Abs. 1 Nr. 5 EStG aufgeführten Kapitalerträge beschränkt, sondern umfasst alle inländischen Kapitalerträge, von denen ein Quellenabzug vorgenommen wird, hier nach § 43 Abs. 1 Nr. 1, Abs. 3 EStG.

Die Körperschaftsteuer für diese Einkünfte ist grundsätzlich durch den Steuerabzug abgegolten (vgl. § 32 Abs. 1 Nr. 2 KStG). Eine Veranlagung findet daher nicht statt.

Ist das Steuerabzugsverfahren nicht ordnungsgemäß durchgeführt worden, kann neben dem Schuldner der Erträge als Haftungsschuldner u. U. auch der Gläubiger der Erträge durch entsprechenden Nachforderungsbescheid in Anspruch genommen werden (vgl. § 32 Abs. 2 Nr. 3 KStG i. V. m. § 44 Abs. 5 EStG). Dies bedeutet aber nicht, dass der Gläubiger der Erträge – hier Gemeinde A-Dorf – insoweit zu veranlagen ist. Vielmehr wird mit der Geltendmachung der Abzugsteuern ihm gegenüber das Steuerabzugsverfahren abgeschlossen.

Für den Solidaritätszuschlag zur Kapitalertragsteuer gelten die den Steuerabzug vom Kapitalertrag regelnden Vorschriften des Einkommensteuergesetzes entsprechend (vgl. § 51 a Abs. 1 und 3 EStG). Deshalb wird auch der nicht einbehaltene Solidaritätszuschlag zur Kapitalertragsteuer durch Nachforderungsbescheid nacherhoben.

Ergänzender Hinweis: Nach § 44 a Abs. 8 EStG ist der Steuerabzug in diesen Fällen nur i. H. von ⅗ vorzunehmen (also mit ⅗ von 25 % = 15 %). Die Gemeinde benötigt hierfür eine Bescheinigung des für sie zuständigen Finanzamts, dass sie eine Körperschaft i. S. von § 44 a Abs. 8 Nr. 2 EStG ist. Diese Abstandnahme ist auch bei einer Haftungsinanspruchnahme nach § 44 Abs. 5 EStG möglich. Ein Abzug von Betriebsausgaben, die im Zusammenhang mit der Beteiligung an der GmbH stehen, ist nicht zulässig (§ 8 Abs. 6 KStG).

Fall 6

Beginn der Steuerpflicht

KStG § 1; GmbHG § 11; EStG § 15; AO §§ 41, 180

Sachverhalt

Die Ingenieure Klug und Weise wollen zur Auswertung ihrer Patente eine Produktions-GmbH und eine Vertriebs-GmbH gründen. Sie haben sich am 01.06.01 durch formgültigen Vorvertrag zum Abschluss der Gesellschaftsverträge verpflichtet. Am 01.09.01 meldeten sie nach Abschluss notarieller Gesellschaftsverträge die beiden GmbHs zur Eintragung in das Handelsregister an und nahmen ab 01.01.02 Produktion und Vertrieb auf. Das Amtsgericht verweigerte die Eintragung wegen inhaltlicher Unklarheiten des Vertrags bzw. der Unterlagen (§§ 3, 8, 5 Abs. 4 GmbHG). Weil das Vertriebsgeschäft nicht den erwarteten Aufschwung nahm, beschlossen die Gesellschafter am 11.11.02, von der Gründung und Eintragung der Vertriebs-GmbH Abstand zu nehmen. Für die Produktions-GmbH wurden der überarbeitete Vertrag bzw. die Unterlagen am 05.02.03 abgegeben und die

GmbH wurde am 23.03.03 in das Handelsregister eingetragen. Die jeweils angefallenen Gewinne sind ausgeschüttet worden.

Frage

Bei wem sind diese Gewinne steuerlich zu erfassen?

Antwort

Die Vertriebsgesellschaft ist als Personengesellschaft einzuordnen, deren Gesellschafter nach § 15 Abs. 1 Nr. 2 EStG einkommensteuerpflichtig sind.

Die Vorgesellschaft der Produktions-GmbH unterliegt dagegen bereits mit Aufnahme der geschäftlichen Tätigkeit wie eine GmbH der Körperschaftsteuer.

Begründung

Das Körperschaftsteuergesetz regelt nicht, wann die Steuerpflicht beginnt. In § 13 KStG sind lediglich Regelungen für den Beginn (und das Ende) einer Steuerbefreiung enthalten. Grundsätzlich beginnt die Körperschaftsteuerpflicht, sobald das Subjekt der Körperschaftsteuer entstanden ist. Obgleich eine GmbH „als solche" erst mit der Eintragung in das Handelsregister entsteht (§ 11 Abs. 1 GmbHG), haben Rechtsprechung und Verwaltungspraxis den Zeitpunkt des Beginns der Körperschaftsteuerpflicht aus Gründen der Zweckmäßigkeit und der wirtschaftlichen Betrachtungsweise vorverlegt. Danach knüpft die Körperschaftsteuer-Subjektfähigkeit einer Kapitalgesellschaft stets an deren zivilrechtlich wirksame Gründung (= Zivilrechtsfähigkeit) an.

Die Gründung einer GmbH ist ein zivilrechtlicher Vorgang, der sich in drei Stufen vollzieht. Dies ist notwendiger Ausgangspunkt für die steuerrechtliche Einordnung:

- **Vorgründungsgesellschaft**

Dem förmlichen Abschluss des GmbH-Gesellschaftsvertrages in notarieller Form (§ 2 Abs. 1 GmbHG) geht allgemein eine Vereinbarung zwischen den künftigen Gesellschaftern voraus, in der sie die Gründung der GmbH beschließen (Vorvertrag). Zum Zweck der Durchsetzbarkeit ihrer Ansprüche lassen die Beteiligten ihre Vorvereinbarungen häufig notariell beurkunden.

Die Vorgründungsgesellschaft ist weder mit der Vorgesellschaft noch mit der später entstandenen Kapitalgesellschaft identisch; sie ist eine Personengesellschaft – regelmäßig eine GbR nach §§ 705 ff. BGB, ggf. eine OHG – und folgt grundsätzlich den Besteuerungsregeln der Mitunternehmerschaft (§ 15 EStG), wenn sie gewerblich tätig wird (H 2 „Vorgründungsgesellschaft" KStH).[1]

---

1 BFH-Urteil vom 08.11.1989, BStBl 1990 II S. 91.

● Vorgesellschaft (Vor-GmbH)

Zwischen dem Abschluss des notariell beurkundeten Gesellschaftsvertrags und der Eintragung der Gesellschaft in das Handelsregister besteht eine Vorgesellschaft („GmbH in Gründung" oder „Vor-GmbH").

Zivilrechtlich ist die Vor-GmbH keine GbR, sondern als Gesamthandsvermögen ein auf die künftige juristische Person hin angelegtes Rechtsgebilde mit körperschaftlicher Struktur. Sie ist daher imstande, durch ihre Geschäftsführer als Vertretungsorgan nach außen geschlossen aufzutreten.[2] Die Gesellschafter einer Vorgesellschaft haften für die Verbindlichkeiten dieser Gesellschaft unbeschränkt (Verlustdeckungs- und Vorbelastungshaftung).[3] Mit der Handelsregistereintragung der GmbH gehen nicht automatisch Rechte und Verpflichtungen der Vor-GmbH auf diese über, sondern müssen vielmehr einzeln übertragen bzw. übernommen werden, so z. B. auch ein Organschaftsvertrag.[1] Das Gleiche gilt bei der Ein-Mann-GmbH.

Die Vorgesellschaft und die mit der Eintragung entstandene GmbH werden steuerlich als ein Rechtssubjekt behandelt. Die Vor-GmbH ist somit bereits körperschaftsteuerpflichtig (vgl. H 2 „Beginn der Steuerpflicht" KStH).[4]

Wird eine Vorgesellschaft nicht als GmbH eingetragen, ist sie zu keinem Zeitpunkt körperschaftsteuerpflichtig.[5]

● Kapitalgesellschaft mit Handelsregistereintragung

Erst mit der Eintragung in das Handelsregister entsteht die GmbH als solche (§ 11 Abs. 1 GmbHG).

Für die Behandlung der Gesellschaft als Steuersubjekt i. S. des § 1 Abs. 1 Nr. 1 KStG – und damit für den Beginn der Steuerpflicht – ist die Handelsregistereintragung eine Rechtsbedingung wie für das Entstehen der GmbH nach § 11 Abs. 1 GmbHG. Bleibt die Eintragung aus, ist das Steuersubjekt nicht entstanden („unechte Vorgesellschaft"). Sie ist zivilrechtlich allgemein als GbR zu behandeln, nur ausnahmsweise als nicht rechtsfähiger Verein (hierfür wäre eine körperschaftliche Struktur erforderlich; vgl. H 2 „Vorgründungsgesellschaft" KStH). Hat sie sich kaufmännisch betätigt, so ist sie gem. § 123 Abs. 2 HGB als OHG anzusehen.[6]

Die **Vertriebsgesellschaft** ist somit steuerrechtlich nicht als Kapitalgesellschaft zu behandeln, sondern als Personengesellschaft (hier OHG), da sie

---

2 BGH-Urteile vom 09.03.1981, DB 1981 S. 1032, vom 16.03.1981, DB 1981 S. 1036, und vom 26.10.1981, DB 1981 S. 2599.

3 BGH-Urteil vom 27.01.1997, GmbHR 1997 S. 405.

4 Vgl. auch BFH-Urteile vom 08.11.1989, a. a. O. (Fn. 1), und vom 14.10.1992, BStBl 1993 II S. 352.

5 BFH-Urteil vom 18.03.2010, BStBl II S. 991.

6 BGH-Urteil vom 09.03.1981, DB 1981 S. 1032.

eine nach außen in Erscheinung tretende kaufmännische Tätigkeit aufgenommen hatte und eine Eintragung in das Handelsregister nicht erfolgt ist.

Sie folgt daher den Besteuerungsregeln der Mitunternehmerschaft (§ 15 und § 16 EStG, § 180 Abs. 1 Nr. 2 a AO).

Demgegenüber ist die Vorgesellschaft der **Produktions-GmbH** bereits als Körperschaftsteuersubjekt zu behandeln (§ 1 Abs. 1 Nr. 1 KStG), da die Eintragung in das Handelsregister nachgefolgt ist und die Vor-GmbH eine nach außen in Erscheinung tretende geschäftliche Tätigkeit aufgenommen hat. Dies folgt aus der Identität von Vor-GmbH und GmbH (H 2 „Beginn der Steuerpflicht" KStH).[7]

Die Tatsache, dass im vorliegenden Fall die endgültige Fassung des Gesellschaftsvertrags und die erforderlichen Unterlagen erst im Jahre 03 vorlagen, steht einer Körperschaftsteuerpflicht der Vorgesellschaft nicht entgegen. Nach § 41 Abs. 1 AO ist sogar die Unwirksamkeit eines Rechtsgeschäfts unerheblich, soweit und solange die Beteiligten das wirtschaftliche Ergebnis dieses Rechtsgeschäfts eintreten und bestehen lassen. Dies gilt nur dann nicht, soweit sich aus den Steuergesetzen etwas anderes ergibt. Das ist hier aber nicht der Fall. Die Körperschaftsteuerpflicht der Vorgesellschaft beruht ebenso wie die Steuerpflicht der entstandenen GmbH im Wesentlichen darauf, dass das Steuerrecht an die handelsrechtlichen Formen dieser Gesellschaft anknüpft. Schließlich ist zu berücksichtigen, dass die Beteiligten durch formgültigen Vorvertrag vom 01.06.01 verpflichtet waren, den Gesellschaftsvertrag abzuschließen.[8]

Fall 7

Betriebe gewerblicher Art von juristischen Personen des öffentlichen Rechts

KStG § 1 Abs. 1 Nr. 6, § 4

Sachverhalt

Die Y-Stadt übt u. a. folgende wirtschaftliche Betätigungen aus:

1. sie ist alleiniger Gesellschafter einer Schlachtviehmarkt-GmbH
2. sie betreibt ein Krankenhaus in der Form einer rechtsfähigen Anstalt
3. eine land- und forstwirtschaftliche Domäne
4. einen Verkehrsbetrieb und ein Wasserwerk

---

7 BFH-Urteile vom 08.11.1989, BStBl 1990 II S. 91, und vom 13.12.1989, BStBl 1990 II S. 468.

8 BFH-Urteil vom 11.04.1973, BStBl II S. 568.

5. Parkuhren im Rahmen der StVO; Betrieb von Parkhäusern/öffentlichen Parkplätzen (Jahresumsatz 400.000 €)
6. eine Müllabfuhr mit Anschluss- und Benutzungszwang, die einen Gewinn von 10.000 € erwirtschaftet hat, u. a. aus der Abfallentsorgung
7. einen Reklamebetrieb zur Ausnutzung städtischer Plakatsäulen usw.
8. sie lässt einen ihr gehörenden Aussichtsturm gegen Entgelt besichtigen: Jahresgewinn durchschnittlich 500 €; Jahresumsatz etwa 20.000 €
9. sie verpachtet den – voll eingerichteten – städtischen „Ratskeller" an den Unternehmer Toni Schluck
10. sie vermietet ein städtisches Grundstück an die Caravan-GmbH, die hierauf einen Campingplatz errichtet
11. sie betreibt eine städtische Beschaffungsstelle, die – fast – ausschließlich ihre Lieferungen und Leistungen der Stadt gegenüber erbringt; Jahresumsatz etwa 250.000 €
12. sie betreibt ein Krematorium. Nach dem Bestattungsgesetz des Landes, in dem die Y-Stadt liegt, ist auch der Betrieb privater Krematorien zugelassen

Frage

1. Handelt es sich bei den aufgeführten Einrichtungen um Betriebe gewerblicher Art i. S. von § 1 Abs. 1 Nr. 6, § 4 KStG?
2. Wer ist Steuerpflichtiger?

Antwort

1. Als Betriebe gewerblicher Art sind die Einrichtungen der Nrn. 2, 4, 5 (außer Parkuhren), 7, 9, 11 und 12 anzusehen. Auch die Einrichtung der Nr. 8 kann u. U. ein Betrieb gewerblicher Art sein.
2. Körperschaftsteuersubjekt ist – mit Ausnahme von Nr. 1 – die Stadt als juristische Person des öffentlichen Rechts wegen jedes einzelnen Betriebes.

   Bei Nr. 1 ist Körperschaftsteuersubjekt die Schlachtviehmarkt-GmbH.

Begründung

1. Juristische Personen des öffentlichen Rechts sind nur insoweit körperschaftsteuerpflichtig, als sie **Betriebe gewerblicher Art** sind oder unterhalten. Einnahmen, die lediglich aus der Ausübung hoheitlicher Aufgaben fließen, unterliegen dagegen nicht der Besteuerung. Der Begriff „Betrieb gewerblicher Art von juristischen Personen des öffentlichen Rechts" umfasst nach § 1 Abs. 1 Nr. 6 KStG, § 4 KStG mit Ausnahme der – wettbewerbsneutralen – **Hoheitsbetriebe** alle Einrichtungen, die einer nachhaltigen wirtschaftlichen Tätigkeit zur Erzielung von Einnahmen außerhalb der

Land- und Forstwirtschaft dienen und die sich innerhalb der Gesamtbetätigung wirtschaftlich herausheben (vgl. R 6 Abs. 2 und 3 KStR, H 6 „Einrichtung" KStH). Gewinnerzielungsabsicht und Beteiligung am allgemeinen wirtschaftlichen Verkehr sind nicht erforderlich.

Eine derartige Einrichtung setzt u. a. eine Tätigkeit voraus, die eine gewisse wirtschaftliche Selbständigkeit haben muss. Dabei kann sich die wirtschaftliche Selbständigkeit in einer notwendigen organisatorischen Abgrenzung, einer besonderen Leitung, einem geschlossenen Geschäftskreis oder in der Buchführung verdeutlichen. Es kann auch allein wegen des Umfangs der Tätigkeit eine organisatorische Abgrenzung geboten erscheinen. Als Indiz hierfür gilt ein Jahresumsatz von mehr als 130.000 € (R 6 Abs. 4 KStR). Die Tätigkeit muss auch von einigem wirtschaftlichem Gewicht sein. Ein wichtiger Anhaltspunkt hierfür liegt bereits vor, wenn der Jahresumsatz 30.678 € übersteigt (vgl. R 6 Abs. 5 KStR). Nach der Rechtsprechung sind jedoch starre Gewinn- oder Umsatzgrenzen bei der Umsatzsteuer keine geeigneten, allein maßgeblichen Kriterien zur Bestimmung der Steuerpflicht der Körperschaft des öffentlichen Rechts.[1] Entscheidend ist, dass die Körperschaft mit ihrer Tätigkeit zu anderen Unternehmen unmittelbar in **Wettbewerb** tritt.

Zu den Betrieben gewerblicher Art gehören nach § 4 Abs. 5 Satz 1 KStG jedoch nicht Betriebe, die überwiegend der Ausübung öffentlicher Gewalt dienen (Hoheitsbetriebe). Unter Ausübung öffentlicher Gewalt sind Tätigkeiten zu verstehen, die der juristischen Person des öffentlichen Rechts eigentümlich und vorbehalten sind. Kennzeichnend dafür ist die Erfüllung spezifisch öffentlich-rechtlicher Aufgaben, die aus der Staatsgewalt abgeleitet sind, staatlichen Zwecken dienen und zu deren Annahme der Leistungsempfänger aufgrund gesetzlicher oder behördlicher Anordnung verpflichtet ist.[2] Für die Prüfung, ob eine der juristischen Person des öffentlichen Rechts vorbehaltene Tätigkeit vorliegt und damit eine hoheitliche Tätigkeit, sind die Abgrenzungskritierien des BMF-Schreibens vom 11.12.2009[3] zu beachten.

Einkünfte von Betrieben gewerblicher Art sind stets Einkünfte aus Gewerbebetrieb (vgl. H 33 „Einkunftsart" KStH; R 2.1 Abs. 6 GewStR). Infolge der Verselbständigung des Betriebes sind Regelungen der öffentlich-rechtlichen Körperschaft in Bezug auf den Betrieb gewerblicher Art grundsätzlich anzuerkennen (vgl. dazu R 33 Abs. 2 KStR).

- **Schlachtviehmarkt-GmbH**

Die Schlachtviehmarkt-GmbH ist nach § 1 Abs. 1 Nr. 1 KStG als Kapitalgesellschaft selbst Steuersubjekt. Sie ist kein Betrieb gewerblicher Art i. S.

1 BFH-Urteil vom 25.10.1989, BStBl 1990 II S. 868.

2 BFH-Urteil vom 29.10.2008, BStBl 2009 II S. 1022.

3 BStBl 2009 I S. 1597.

von § 4 KStG. Der in § 4 Abs. 2 KStG genannte konkrete Anwendungsfall eines Betriebes gewerblicher Art bezieht sich lediglich auf den Fall, dass dieser eine juristische Person des „öffentlichen" Rechts ist (R 6 Abs. 7 KStR).

Auch das Halten aller Geschäftsanteile an der GmbH erfüllt grundsätzlich nicht den Tatbestand eines Betriebes gewerblicher Art (R 6 Abs. 2 Satz 6 KStR; Ausnahme vgl. H 6 „Beteiligung an einer Kapitalgesellschaft" KStH i. V. m. R 16 Abs. 5 KStR).

● **Krankenhaus**

Das Krankenhaus in der Rechtsform einer rechtsfähigen Anstalt ist eine juristische Person des öffentlichen Rechts. Die mit der Behandlung und Heilung von Kranken zusammenhängende Tätigkeit ist eindeutig gewerblicher Art und kein Hoheitsbetrieb (§ 4 Abs. 2 KStG). Wegen der Frage der Gemeinnützigkeit vergleiche § 5 Abs. 1 Nr. 9 KStG; §§ 64, 65 und 67 AO; Hinweis auf R 3.20 GewStR.

● **Land- und forstwirtschaftliche Domäne**

Der land- und forstwirtschaftliche Betrieb einer juristischen Person des öffentlichen Rechts gehört begrifflich nicht zu den Betrieben gewerblicher Art. Das ergibt sich aus der Formulierung in § 4 Abs. 1 KStG („... Einrichtungen, die einer ... Tätigkeit außerhalb der Land- und Forstwirtschaft ... dienen").

● **Verkehrsbetrieb und Wasserwerk**

Zu den Betrieben gewerblicher Art gehören nach § 4 Abs. 3 KStG auch der Verkehrsbetrieb und das Wasserwerk als Versorgungsbetriebe.

Grundsätzlich handelt es sich bei dem Verkehrsbetrieb und dem Wasserwerk um jeweils eigenständige Betriebe gewerblicher Art. Da es sich hierbei um Betriebe gewerblicher Art i. S. des § 4 Abs. 3 KStG handelt, ist jedoch nach § 4 Abs. 6 Nr. 3 KStG auch eine Zusammenfassung dieser beiden Betriebe gewerblicher Art zu einem Betrieb gewerblicher Art möglich.

● **Parkuhren; Parkhäuser und Parkplätze**

Von den steuerpflichtigen Betrieben gewerblicher Art sind die Betriebe zu unterscheiden, die der Ausübung der öffentlichen Gewalt dienen (Hoheitsbetriebe gem. § 4 Abs. 5 KStG). Sie unterliegen nicht der Besteuerung (R 9 KStR, H 9 „Hoheitsbetrieb" KStH).

Unter „Ausübung der öffentlichen Gewalt" ist eine Tätigkeit zu verstehen, durch die eine juristische Person des öffentlichen Rechts Aufgaben erfüllt, die ihr in ihrer Eigenschaft als Träger der öffentlichen Gewalt „eigentümlich und vorbehalten" sind. Zwangs- und Monopolrechte reichen hierfür allein nicht aus. Die Abgrenzung lässt sich nur nach dem rechtlichen Gehalt der Aufgaben vornehmen, insbesondere unter dem Aspekt der

Wettbewerbsneutralität (vgl. R 6 Abs. 3 KStR, R 9 KStR, H 9 „Hoheitsbetrieb" KStH). Vor diesem Hintergrund ist der Betrieb von **Parkuhren** durch die Stadt im Rahmen der Straßenverkehrsordnung öffentliche Gewalt und damit ein Hoheitsbetrieb (R 10 Abs. 4 KStR).

Anders liegt der Fall bei den von der Stadt betriebenen **Parkhäusern** und öffentlichen Parkplätzen. Beide Betätigungen stellen eine wirtschaftliche Tätigkeit dar, die aufgrund des nachhaltigen Jahresumsatzes von über 30.678 € auch von einigem Gewicht ist. Damit handelt es sich bei dem Betrieb von Parkhäusern und öffentlichen Parkplätzen um einen Betrieb gewerblicher Art gem. § 4 Abs. 1 KStG.[4]

Da die Einrichtung und der Betrieb von Parkhäusern bzw. öffentlichen Parkplätzen nicht als Förderung der Allgemeinheit nach § 52 AO anzusehen ist, scheidet eine Anerkennung als gemeinnützig gem. § 5 Abs. 1 Nr. 9 KStG aus.

Eine Zusammenfassung der gewerblichen und der Hoheitsbetriebe ist unzulässig (§ 4 Abs. 6 Satz 2 KStG, H 7 „Zusammenfassung von Betrieben gewerblicher Art" KStH).

- **Müllabfuhr**

Bei der Müllabfuhr handelt es sich um einen hoheitlichen Betrieb i. S. von § 4 Abs. 5 KStG (Pflichtaufgabe der Gemeinde; vgl. R 9 Abs. 1 KStR).

Da die Hausmüllentsorgung der juristischen Person des öffentlichen Rechts als öffentliche Aufgabe zugewiesen ist (§ 15 Kreislaufwirtschafts- und Abfallgesetz), handelt es sich um eine der juristischen Person des öffentlichen Rechts vorbehaltene Tätigkeit. Dabei ist es auch unschädlich, wenn sich die Gemeinde bei ihrer Durchführung der Müllentsorgung privatwirtschaftlicher Unternehmen bedient. Insoweit sind die Dritten nur Erfüllungsgehilfe der Gemeinde. Die Müllabfuhr wird daher nicht zum Betrieb gewerblicher Art, sondern bleibt hoheitliche Tätigkeit der Gemeinde.[5]

Die entgeltliche Abgabe der Abfälle oder der aus den Abfällen gewonnenen Stoffe oder Energie ist regelmäßig als hoheitliches Hilfsgeschäft anzusehen (vgl. R 10 Abs. 6 KStR).

- **Reklamebetrieb**

Die entgeltliche Überlassung des Rechts zur Ausnutzung von gebrauchsfertigen städtischen Reklamestellen für den Plakatanschlag und sonstige Reklamezwecke begründet einen Betrieb gewerblicher Art.[6]

---

4 Vgl. auch R 6 Abs. 5 KStR, H 6 „Wirtschaftliches Gewicht" KStH, R 10 Abs. 4 KStR, H 10 „Parkraumbewirtschaftung" KStH; BMF-Schreiben vom 20.11.1979, BStBl I S. 684.

5 BMF-Schreiben vom 11.12.2009, BStBl I S. 1597.

6 BFH-Urteile vom 05.07.1972, BStBl II S. 776, vom 06.10.1976, BStBl 1977 II S. 94, und vom 02.03.1983, BStBl II S. 386.

- **Aussichtsturm**

Diese Einrichtung dient der Einnahmeerzielung i. S. von § 4 Abs. 1 Satz 1 KStG. Es handelt sich hierbei auch um eine wirtschaftliche Tätigkeit. Darüber hinaus muss sie sich innerhalb der Gesamtbetätigung wirtschaftlich herausheben. Ist das Merkmal der Gewichtigkeit nicht erfüllt, kann eine Wettbewerbssituation der öffentlichen Hand zu Privatpersonen verneint werden. Da der durchschnittliche Jahresumsatz i. S. von § 1 Abs. 1 Nr. 1 UStG 30.678 € nachhaltig nicht übersteigt, ist allein aufgrund der Umsatzgrenze die Gewichtigkeit der Einrichtung nicht gegeben (R 6 Abs. 5 KStR). Es ist jedoch zu beachten, dass die 30.678 €-Grenze nicht als starre Grenze gehandhabt wird, sodass aufgrund anderer Umstände (Art der Betätigung, Wettbewerbssituation) dennoch das Merkmal des wirtschaftlichen Heraushebens erfüllt sein kann und ein Betrieb gewerblicher Art vorliegt.

Die Zusammenfassung dieser Einrichtung mit anderen Betrieben gewerblicher Art ist nur zulässig, wenn die Voraussetzungen des § 4 Abs. 6 KStG erfüllt sind. Danach wäre eine Zusammenfassung entweder nach § 4 Abs. 6 Nr. 1 KStG mit einem gleichartigen Betrieb gewerblicher Art möglich, oder mit einem Betrieb gewerblicher Art, mit dem nach dem Gesamtbild der Verhältnisse eine enge wechselseitige technisch-wirtschaftliche Verflechtung von einigem Gewicht besteht (§ 4 Abs. 6 Nr. 2 KStG). Da es sich bei dem Betrieb des Aussichtsturms nicht um einen Betrieb gewerblicher Art i. S. des § 4 Abs. 3 KStG handelt, scheidet eine Zusammenfassung nach § 4 Abs. 6 Nr. 3 KStG aus.

- **Verpachtung „Ratskeller"**

Als Betrieb gewerblicher Art gilt auch die Verpachtung eines solchen Betriebes (§ 4 Abs. 4 KStG). Verpachtung eines Betriebs gewerblicher Art ist jede entgeltliche Überlassung von Einrichtungen, Anlagen oder Rechten, die beim Verpächter einen Betrieb gewerblicher Art darstellen würde.[7] Somit ist bei der Verpachtung dann ein Betrieb gewerblicher Art gegeben, wenn der verpachtete Betrieb im Fall der Selbstbewirtschaftung durch den Verpächter einen Betrieb gewerblicher Art darstellen würde. Im vorliegenden Fall sind die verpachteten Räumlichkeiten im Wesentlichen für die Nutzung voll eingerichtet und sie gestatten die Führung des Betriebs. Allerdings ist auch bei der Verpachtung eines Betriebs gewerblicher Art die Gewichtigkeit der Tätigkeit zu überprüfen. Dabei wird auf die Umsätze des Pächters abgestellt.[8] Es wird also geprüft, ob die juristische Person im Falle der Eigenbewirtschaftung des Betriebs die Begriffsmerkmale des Betriebs gewerblicher Art erfüllen würde. Da aber im Falle einer Eigenbewirtschaftung des Ratskellers durch die Gemeinde aufgrund der Wettbewerbssituation zu Privatpersonen ein Betrieb gewerblicher Art vorliegen würde, stellt

7 Krämer in Dötsch/Jost/Pung/Witt, Die Körperschaftsteuer, § 4 KStG, Rz. 56.

8 BFH-Urteil vom 28.10.1989, BStBl 1990 II S. 868, und R 6 Abs. 5 Sätze 6 und 7 KStR.

auch die Verpachtung dieses Betriebs gewerblicher Art einen Betrieb gewerblicher Art dar (§ 4 Abs. 4 KStG).

- **Vermietung des Grundstücks**

Die bloße Vermietung (Verpachtung) von Grundstücken – auch zu einem bestimmten Zweck – ist regelmäßig bloße Vermögensverwaltung und kein Betrieb gewerblicher Art (vgl. § 14 Satz 3 AO; R 15.7 EStR).

- **Beschaffungsstelle**

Nach § 4 Abs. 1 Satz 2 KStG ist für die Annahme eines Betriebes gewerblicher Art nicht erforderlich, dass die Stadt sich durch die in Satz 1 näher gekennzeichneten Einrichtungen am allgemeinen wirtschaftlichen Verkehr beteiligt. Da nicht Gewinn-, sondern Einnahmeerzielungsabsicht Voraussetzung für den Betrieb gewerblicher Art ist, kann ein derartiger Betrieb auch vorliegen, wenn Leistungen zum Selbstkostenpreis oder sogar mit Verlust erbracht werden. Die Eigen- oder Selbstversorgungsbetriebe, die ausschließlich oder fast ausschließlich ihre Lieferungen und Leistungen gegenüber der Trägerkörperschaft erbringen, sind als Betriebe gewerblicher Art zu beurteilen, auch wenn sie nicht gegenüber Dritten tätig werden. Dies ist unter Wettbewerbsgesichtspunkten gerechtfertigt, weil sie mit den im freien Wettbewerb stehenden steuerpflichtigen Betrieben insofern konkurrieren, als sie den Bedarf der Trägerkörperschaft, zu dessen Befriedigung sie eingerichtet sind, vom freien Markt fernhalten. Es bestehen aber keine Bedenken, die reinen Selbstversorgungsbetriebe körperschaftsteuerrechtlich nicht als Betriebe gewerblicher Art zu erfassen, da sie i. d. R. auf Selbstkostenbasis abrechnen und daher keine Gewinne erzielen.[9]

- **Krematorium**

Hier ist für die Frage, ob es sich bei dem Betrieb des Krematoriums durch die Y-Stadt um einen Hoheitsbetrieb i. S. von § 4 Abs. 5 Satz 1 KStG handelt oder ob ein Betrieb gewerblicher Art nach § 4 Abs. 1 KStG vorliegt, allein die gesetzliche Regelung des jeweiligen Bundeslandes maßgebend. Sofern nach den gesetzlichen Bestimmungen die Aufgabe (i. S. einer unmittelbaren Leistungserbringung an den „Endverbraucher") übertragen werden kann, liegt ein Betrieb gewerblicher Art vor. Sehen die Vorschriften dagegen lediglich vor, dass sich die öffentliche Hand bei der Erfüllung ihrer Aufgaben nur eines privaten Dritten als Erfüllungsgehilfen bedienen kann, dann liegt keine Aufgabenübertragung und damit kein Betrieb gewerblicher Art i. S. des § 4 Abs. 1 KStG vor.[10]

Da nach dem hier geltenden Landesrecht die Aufgaben eines Krematoriums auch durch private Dritte ausgeführt werden dürfen und Einäscherungen nicht den juristischen Personen des öffentlichen Rechts als Trägerin

9 BMF-Schreiben vom 07.10.1974, BStBl I S. 911.

10 BMF-Schreiben vom 12.11.2009, BStBl I S. 1303.

öffentlicher Gewalt eigentümlich und vorbehalten sind, handelt es sich bei dem Betrieb des Krematoriums durch die Y-Stadt um einen Betrieb gewerblicher Art.

2. Soweit sich die Körperschaftsteuerpflicht nicht unmittelbar aus § 1 Abs. 1 Nrn. 1 bis 5 KStG ergibt, ist die **juristische Person des öffentlichen Rechts** – nicht der von ihr unterhaltene Betrieb gewerblicher Art – **Subjekt der Körperschaftsteuer** i. S. von § 1 Abs. 1 Nr. 6 KStG wegen jedes einzelnen Betriebes gewerblicher Art und damit Adressat des Bescheides. Dies ändert jedoch nichts daran, dass für jeden einzelnen Betrieb gewerblicher Art – auch für mehrere zu einer Einheit zusammengefasste Betriebe – das Einkommen gesondert zu ermitteln und die Körperschaftsteuer gesondert gegen die juristische Person des öffentlichen Rechts festzusetzen ist (vgl. H 6 „Allgemeines", „Einkommensermittlung bei Betrieben gewerblicher Art" KStH, R 33 KStR).

Fall 8

Befreiungen von der Körperschaftsteuer – wirtschaftlicher Geschäftsbetrieb – Freibetrag für bestimmte Körperschaften

KStG §§ 1, 5 Abs. 1, § 8 Abs. 1, §§ 23, 24, 34; AO §§ 14, 52, 64, 65, 68

Sachverhalt

Der „Euro-Löwen e. V.", der nach Satzung und tatsächlicher Geschäftsführung unmittelbar gemeinnützigen Zwecken dient, veranstaltet jährlich in Hotels verschiedene Feste („Leo-Partys") und Konzerte für seine Mitglieder und die Angehörigen bestimmter Berufsgruppen. Zu diesen Anlässen gibt der Verein Festschriften mit Grußwort, Programm und Firmeninseraten heraus. Die Festschriften werden unentgeltlich ausgeteilt. Bei den Festen werden auch Tombolas durchgeführt, wobei es sich hier nicht um von zuständigen Behörden genehmigte Lotterien oder Ausspielungen handelt. An Einnahmen fallen somit Eintrittsgelder, Erlöse aus Tombolas und Vergütungen für die Aufnahme der Geschäftsanzeigen in der Festschrift an. Außerdem werden auch Spenden im Rahmen der Festveranstaltungen vereinnahmt. Einnahmen und Ausgaben werden gesondert erfasst und abgerechnet. Die entstehenden Überschüsse werden im Rahmen des begünstigten Satzungszwecks verwendet.

Dabei sind folgende – nicht zu beanstandende – Einnahmen und Ausgaben (jeweils einschließlich Umsatzsteuer) getätigt worden:

	01	02	03
Anzeigeneinnahmen	12.500 €	13.000 €	14.000 €
Eintrittsgelder Feste	11.000 €	17.000 €	18.000 €
Einnahmen Konzerte	4.000 €	5.000 €	6.000 €
Tombolaerlöse	6.000 €	7.000 €	8.000 €
Spenden	1.000 €	1.000 €	1.000 €
Summe der Einnahmen	34.500 €	43.000 €	47.000 €
Ausgaben:			
Kosten der Festschriften	2.000 €	2.500 €	3.000 €
Kosten Feste	14.000 €	20.000 €	20.500 €
Kosten Konzerte	2.500 €	2.500 €	2.500 €
Überschuss	16.000 €	18.000 €	21.000 €

Frage

1. Wie hoch ist der körperschaftsteuerpflichtige Gewinn?
2. Wie hoch ist das zu versteuernde Einkommen und die zu entrichtende Körperschaftsteuer?

Antwort

1. Der körperschaftsteuerpflichtige Gewinn beläuft sich auf 0 € für 01, 14.500 € für 02 und 16.500 € für 03.
2. Das zu versteuernde Einkommen beträgt nach der Rechtslage ab dem VZ 2009 9.500 € für 02 und 11.500 € für 03, nach der bis einschließlich VZ 2008 geltenden Rechtslage 10.665 € für 02 und 12.665 € für 03.

   Die Körperschaftsteuer beträgt für die zu versteuernden Einkommen ab dem VZ 2009 bei einer Tarifbelastung von 15 % 1.425 € für 02 und 1.725 € für 03. Für die bis VZ 2008 ermittelten zu versteuernden Einkommen beträgt die Körperschaftsteuer bei einer Tarifbelastung von 15 % (für VZ 2008) 1.599 € für 02 und 1.899 € für 03, bei der bis VZ 2007 geltenden Tarifbelastung von 25 % 2.666 € für 02 und 3.166 € für 03.

Begründung

1. Nach § 5 Abs. 1 Nr. 9 KStG ist der e. V. als gemeinnützige Körperschaft i. S. von § 52 AO grundsätzlich von der Körperschaftsteuer und gem. § 3 Nr. 6 GewStG auch von der Gewerbesteuer befreit. Die Steuerbefreiung ist jedoch ausgeschlossen, soweit ein „wirtschaftlicher Geschäftsbetrieb" unterhalten wird (vgl. § 64 AO; AEAO zu § 64). § 64 Abs. 3 AO enthält jedoch für die wirtschaftlichen Aktivitäten der gemeinnützigen Vereine eine **Besteuerungsgrenze** von 35.000 € Umsatz (bis einschließlich VZ 2006: 30.678 €), bis zu der keine Körperschaft- und Gewerbesteuerpflicht besteht (Hinweis auch auf § 23 a UStG wegen des Vorsteuer-Durchschnittssatzes von 7 %).

Als **steuerpflichtiger wirtschaftlicher Geschäftsbetrieb** ist eine selbständige nachhaltige (gewerbliche) Tätigkeit zu verstehen, durch die Einnahmen oder andere wirtschaftliche Vorteile erzielt werden und die über den Rahmen einer Vermögensverwaltung hinausgeht (§ 14 AO). Die Absicht, Gewinn zu erzielen, ist nicht erforderlich.

Zu den Einkünften aus dem steuerpflichtigen wirtschaftlichen Geschäftsbetrieb gehören alle Erträge, die weder im ideellen Bereich (z. B. Beiträge) noch im Rahmen der Vermögensverwaltung (z. B. Zinseinnahmen) oder eines Zweckbetriebes i. S. von § 65 AO anfallen.

Ein **steuerbegünstigter Zweckbetrieb** liegt nach § 65 AO vor, wenn

1. die wirtschaftliche Betätigung der unmittelbaren Verwirklichung der gemeinnützigen Satzungszwecke dient,
2. die wirtschaftliche Betätigung für die Zweckverwirklichung unentbehrlich ist und
3. der wirtschaftliche Geschäftsbetrieb nicht mehr als unbedingt notwendig in Wettbewerb mit anderen Steuerpflichtigen tritt.

Die Veranstaltung der **Konzerte** stellt nach § 68 Nr. 7 AO einen derartigen Zweckbetrieb dar. Dagegen sind **gesellige Veranstaltungen,** für die Eintrittsgeld erhoben wird, wie hier die Vereinsfeste für die Mitglieder, stets steuerpflichtige wirtschaftliche Geschäftsbetriebe. Die Veranstaltung von Tombolas stellt ebenfalls einen wirtschaftlichen Geschäftsbetrieb dar. Die Voraussetzungen für die Annahme eines steuerbegünstigten Zweckbetriebs i. S. des § 68 Nr. 6 AO liegen nicht vor, da es sich nicht um von den zuständigen Behörden genehmigte Lotterien und Ausspielungen handelt. Da die Tombolas jeweils anlässlich der geselligen Veranstaltungen durchgeführt werden, sind auch die Tombolaerlöse bei den steuerpflichtigen Einnahmen der geselligen Veranstaltungen zu erfassen. Insoweit besteht ein unmittelbarer innerer Zusammenhang.

Die anlässlich der Feste vereinnahmten **Spenden** fallen im ideellen Bereich an und sind nicht in den Kreis der steuerpflichtigen Einnahmen einzubeziehen. Die sachliche Körperschaftsteuerpflicht umfasst ausschließlich die Einkünfte i. S. des § 2 Abs. 1 EStG (§ 1 Abs. 2, § 8 Abs. 1 KStG). Die Spenden hängen nicht mit dem Geschäftsbetrieb wirtschaftlich zusammen, sondern dienen der Förderung des allgemeinen Vereinszwecks. Sie sind daher nicht betrieblich veranlasst.

Die **Herausgabe der Festschriften** mit Firmenanzeigen stellt hinsichtlich des Anzeigenteils einen wirtschaftlichen Geschäftsbetrieb dar. Eine Einbeziehung der anlässlich der Konzertveranstaltungen herausgegebenen Festschriften in den Zweckbetrieb „Konzerte" ist nicht möglich. Das wäre nur der Fall, wenn der Inhalt einer solchen Festschrift – etwa durch Informationen über das Konzert – ausschließlich auf die kulturelle Veranstaltung bezogen sein würde. Da die Festschrift auch Anzeigen enthält, ist in der Herausgabe der Schrift eine selbständige Tätigkeit zu sehen.

Nachhaltig ist die Tätigkeit, wenn sie auf Wiederholung angelegt ist, um daraus eine Erwerbsquelle zu machen.[1] Eine ununterbrochen andauernde Tätigkeit ist nicht erforderlich. Eine derartige nachhaltige Tätigkeit ergibt sich hier daraus, dass alljährlich Festschriften verteilt worden sind. Das Werben von Inserenten und die Anzeigenaufnahme sind daher eine nachhaltige Tätigkeit und damit ein wirtschaftlicher Geschäftsbetrieb i. S. von § 14 AO; dem objektiven Gehalt nach handelt es sich um Anzeigenwerbung.

Nach § 64 Abs. 2 AO werden alle steuerpflichtigen Aktivitäten als „ein" wirtschaftlicher Geschäftsbetrieb behandelt mit der Möglichkeit der Verrechnung der Überschüsse und der Verluste der einzelnen wirtschaftlichen Geschäftsbetriebe untereinander.

Körperschaftsteuer (Gewerbesteuer) fällt nicht an, wenn die Bruttoeinnahmen aus den wirtschaftlichen Betätigungen die **Besteuerungsgrenze** von 35.000 € (bis VZ 2006: 30.678 €) nicht überschreiten (§ 64 Abs. 3 AO). Liegen dagegen die Einnahmen aus wirtschaftlichen Aktivitäten über 35.000 €, ist die Besteuerung der Überschüsse aus den steuerpflichtigen Geschäftsbetrieben durchzuführen, d. h., die Überschüsse unterliegen insgesamt der Körperschaftsteuer und nicht nur der 35.000 € übersteigende Betrag. Für die Gewinnermittlung genügt allgemein die Überschussermittlung nach § 4 Abs. 3 EStG (Hinweis auf § 141 AO; AEAO Nr. 11 und 14 zu § 64). Im Übrigen bleibt die Steuerfreiheit des gemeinnützigen Vereins erhalten. Als Einnahmen aus den wirtschaftlichen Betätigungen sind für die Besteuerungsgrenze anzusetzen:

	01	02	03
Anzeigen	12.500 €	13.000 €	14.000 €
Feste	11.000 €	17.000 €	18.000 €
Tombola	6.000 €	7.000 €	8.000 €
	29.500 €	37.000 €	40.000 €

Der Körperschaftsteuer unterliegen somit nur die Einkünfte aus den wirtschaftlichen Betätigungen der Jahre 02 und 03. Der Gewinn ermittelt sich daher wie folgt:

	02	03
Einnahmen	37.000 €	40.000 €
Ausgaben (Kosten der Festschriften und Feste)	22.500 €	23.500 €
Gewinn aus wirtschaftlichen Geschäftsbetrieben	14.500 €	16.500 €

Diese Gewinne aus wirtschaftlichen Geschäftsbetrieben stellen jeweils das Einkommen i. S. des § 8 Abs. 1 KStG für den VZ 02 und 03 dar.

1 Vgl. BFH-Urteil vom 21.08.1985, BStBl 1986 II S. 88, 92, m. w. N.; AEAO Nr. 2 zu § 64.

2. Für die Ermittlung des zu versteuernden Einkommens ist vom Einkommen i. S. des § 8 Abs. 1 KStG ein Freibetrag von 5.000 € (bis VZ 2008: 3.835 €) gem. § 24 KStG abzuziehen (§ 7 Abs. 2 KStG, R 29 Abs. 1 KStR). Nach § 24 KStG ist der Freibetrag nur solchen steuerpflichtigen Körperschaften, Personenvereinigungen und Vermögensmassen zu gewähren, deren Leistungen bei den Empfängern nicht zu den Einnahmen i. S. des § 20 Abs. 1 Nr. 1 EStG gehören und die nicht als Vereine den Freibetrag des § 25 KStG beanspruchen können. Er gilt auch in den Fällen einer teilweisen Steuerpflicht (vgl. § 5 Abs. 1 Nr. 9 KStG, R 72 Abs. 1 Satz 2 KStR). Der Freibetrag nach § 24 KStG ist daher im Wesentlichen ideellen Vereinen, Anstalten, Stiftungen und anderen Zweckvermögen sowie wirtschaftlichen Geschäftsbetrieben steuerbefreiter Körperschaften und Betrieben gewerblicher Art von inländischen juristischen Personen des öffentlichen Rechts vorbehalten. Hierzu gehört auch der gemeinnützigen Zwecken dienende steuerbefreite Verein „Euro-Löwen e. V." mit seinem wirtschaftlichen Geschäftsbetrieb. Der Körperschaftsteuersatz beträgt 15 % gem. § 23 Abs. 1 KStG (bis VZ 2007: 25 %).

Rechtslage ab VZ 2009:

	02	**03**
Gewinn aus wirtschaftlichem Geschäftsbetrieb = Einkommen i. S. des § 8 Abs. 1 KStG	14.500 €	16.500 €
Freibetrag § 24 KStG	./. 5.000 €	./. 5.000 €
zu versteuerndes Einkommen	9.500 €	11.500 €
KSt 15 %	1.425 €	1.725 €

Rechtslage bis einschließlich VZ 2008:

	02	**03**
Gewinn aus wirtschaftlichem Geschäftsbetrieb = Einkommen i. S. des § 8 Abs. 1 KStG	14.500 €	16.500 €
Freibetrag § 24 KStG	./. 3.835 €	./. 3.835 €
zu versteuerndes Einkommen	10.665 €	12.665 €
KSt 25 % (bis VZ 2007)	2.666 €	3.166 €
KSt 15 % (für VZ 2008)	1.599 €	1.899 €

Fall 9

Befreiungen von der Körperschaftsteuer – Zweckbetrieb von Sportvereinen

KStG §§ 5, 8, 23, 24, 34; AO §§ 14, 55, 58, 64, 65, 67 a, 68

Sachverhalt

A. Der gemeinnützige Sportverein SV I hat im Jahre 01 folgende Ergebnisse erzielt:

		(Brutto-)Einnahmen	Ausgaben
1.	Mitgliedsbeiträge	25.000 €	
2.	Spenden	6.000 €	
3.	öffentliche Zuschüsse	3.000 €	
4.	Zinsen aus Bankguthaben	800 €	
5.	Überlassung von Werbeflächen/ Bandenwerbung an den Werbeunternehmer X Hinweis: X erzielt hieraus angemessene Gewinne.	10.000 €	
6.	Trikotwerbung (auf Sportkleidung), die bei den Sportveranstaltungen getragen wird (inkl. USt)	3.570 €	
7.	Stundenweise/kurzfristige Vermietung von Sportstätten an Nichtmitglieder	10.000 €	3.000 €
8.	Selbst bewirtschaftete Vereinsgaststätte mit Verkauf von Speisen und Getränken	25.000 €	20.000 €
9.	Vereinsfeste	5.000 €	7.000 €
10.	Sportveranstaltungen (ohne bezahlte Sportler)	29.000 €	38.000 €
11.	Allgemeine Vereinskosten		45.000 €

Der Sportverein stellt ggf. den Antrag auf pauschale Ermittlung des Gewinns nach § 64 Abs. 6 AO.

B. Der gemeinnützige Sportverein SV II erzielt im Jahr 01 die gleichen Ergebnisse bei den Ziffern 1 bis 9 und 11 wie der SV I im Fall A. Lediglich bei den Sportveranstaltungen mit unbezahlten Sportlern betragen die Einnahmen 37.000 € und die Ausgaben 47.000 €.

Frage

Welche körperschaftsteuerrechtlichen Folgen ergeben sich für 01 im Fall A und B?

Antwort

A. Die Betätigungen der Nrn. 6 bis 9 stellen steuerpflichtige wirtschaftliche Geschäftsbetriebe dar. Die Betätigung der Nr. 10 stellt gem. § 67 a AO einen steuerlich unschädlichen Zweckbetrieb dar. Vom körperschaftsteuerlichen Einkommen ist ein Freibetrag gem. § 24 KStG abzuziehen.

B. Hier stellen die Betätigungen der Nrn. 6 bis 10 steuerpflichtige wirtschaftliche Geschäftsbetriebe dar. Vom körperschaftsteuerpflichtigen Einkommen ist ein Freibetrag gem. § 24 KStG abzuziehen.

Begründung

A. und B. Der gemeinnützige Sportverein ist nach § 5 Abs. 1 Nr. 9 KStG von der Körperschaftsteuer befreit, soweit er nicht wirtschaftliche Geschäftsbetriebe unterhält. Die Überschüsse seiner steuerpflichtigen wirtschaftlichen Geschäftsbetriebe werden grundsätzlich zur Körperschaftsteuer (und Gewerbesteuer) herangezogen, da die Bruttoeinnahmen aller steuerpflichtigen wirtschaftlichen Geschäftsbetriebe im Jahr 01 insgesamt die **Besteuerungsgrenze** von 35.000 € (bis VZ 2006: 30.678 €) übersteigen (§ 64 Abs. 1 bis 3 AO). Wegen der sportlichen Veranstaltungen ist zusätzlich die **Zweckbetriebsgrenze** von 35.000 € (bis VZ 2006: 30.678 €) nach § 67 a AO zu beachten.

Zu den Einkünften aus steuerpflichtigen wirtschaftlichen Geschäftsbetrieben gehören alle Erträge und Ausgaben, die weder im ideellen Bereich noch im Rahmen der Vermögensverwaltung oder eines Zweckbetriebs anfallen.

Die **Mitgliedsbeiträge, Spenden** und **öffentlichen Zuschüsse** (Nrn. 1 bis 3) sind steuerfreie Einnahmen des **ideellen Bereichs** und daher weder bei der Ermittlung der Besteuerungs- noch der Zweckbetriebsgrenze zu berücksichtigen.

Die **steuerfreie Vermögensverwaltung** i. S. von § 14 Satz 3 AO umfasst Erträge aus Kapitalvermögen (hier Nr. 4: **Zinsen**) und die Einkünfte aus Vermietung und Verpachtung. Die entgeltliche Übertragung des Rechts zur Nutzung von **Werbeflächen** in – vereinseigenen oder gemieteten – Sportstätten an den Werbeunternehmer X (Nr. 5) stellt hier steuerfreie Vermögensverwaltung dar.[1] Dagegen ist die entgeltliche Nutzung von Werbeflächen auf Sportkleidung (Nr. 6) stets als ein steuerpflichtiger wirtschaftlicher Geschäftsbetrieb anzusehen. Sie gehört nicht zu den – ggf. steuerbegünstigten – sportlichen Veranstaltungen gem. § 67 a Abs. 1 AO.

Auch die laufende kurzfristige **Vermietung von Sportstätten an Nichtmitglieder** (Nr. 7) wird nicht als Zweckbetrieb behandelt, sondern als ein wirtschaftlicher Geschäftsbetrieb nach § 64 AO, da hier der Verein in größerem Umfang in Wettbewerb zu nicht begünstigten Vermietern tritt (§ 65 Nr. 3 AO).[2]

1 Vgl. AEAO Nr. 9 zu § 67 a; BFH-Urteil vom 13.03.1991, BStBl 1992 II S. 101.

2 Vgl. AEAO Nr. 11 und 12 zu § 67 a; BFH-Urteil vom 09.04.1987, BStBl II S. 659 für Greenfee klubfremder Golfspieler.

Da eine **Vereinsgaststätte** in eigener Regie (durch Angestellte oder Vereinsmitglieder) betrieben wird, handelt es sich stets um einen steuerpflichtigen wirtschaftlichen Geschäftsbetrieb, selbst wenn sich das Angebot nur an Mitglieder richten sollte (§ 67 a Abs. 1 Satz 2 AO).[3] Die Vereinsfeste als gesellige Veranstaltungen, für die ein Eintrittsgeld erhoben wird, stellen auch einen wirtschaftlichen Geschäftsbetrieb dar.

A. Die **Sportveranstaltungen** des SV I sind hier als Zweckbetrieb i. S. von § 67 a Abs. 1 AO zu behandeln, weil die Einnahmen i. H. von 29.000 € die **Zweckbetriebsgrenze** von 35.000 € nicht übersteigen (Hinweis auf § 12 Abs. 1 und 2 Nr. 8 a UStG; Abschn. 12.9 UStAE). Auch durch einen Verzicht auf die Anwendung des § 67 a Abs. 1 AO (Option gem. § 67 a Abs. 2 AO) ergibt sich keine andere steuerliche Beurteilung für die Sportveranstaltungen. An den Sportveranstaltungen haben keine bezahlten Sportler teilgenommen, sodass auch im Falle einer Option die sportlichen Veranstaltungen gem. § 67 a Abs. 3 AO als Zweckbetrieb zu behandeln sind.

Da die Sportveranstaltungen einen steuerlich unschädlichen Zweckbetrieb darstellen, kann der hierbei entstandene Verlust i. H. von 9.000 € nicht mit Gewinnen aus wirtschaftlichen Geschäftsbetrieben verrechnet werden.

Die wirtschaftlichen Geschäftsbetriebe (Trikotwerbung 3.570 €, kurzfristige Vermietung 10.000 €, Vereinsgaststätte 25.000 € und Vereinsfeste 5.000 €) werden nach § 64 Abs. 2 AO als ein wirtschaftlicher Geschäftsbetrieb behandelt. Daher ist auch für die Überprüfung der Besteuerungsgrenze nach § 64 Abs. 3 AO die Summe der Einnahmen aus allen wirtschaftlichen Geschäftsbetrieben maßgebend. Die Besteuerungsgrenze von 35.000 € wird überschritten, sodass die jeweiligen Gewinne bzw. Verluste der wirtschaftlichen Geschäftsbetriebe zu ermitteln und miteinander zu verrechnen sind.

Hierbei ist für die Trikotwerbung die Möglichkeit der pauschalen Gewinnermittlung nach § 64 Abs. 6 AO zu beachten. Da die Sportveranstaltungen als Zweckbetrieb eingeordnet wurden, findet die Trikotwerbung im Zusammenhang mit der steuerbegünstigten Tätigkeit einschließlich Zweckbetrieb statt. Die Voraussetzungen des § 64 Abs. 6 Nr. 1 AO sind damit erfüllt. Ein entsprechender Antrag für die pauschale Gewinnermittlung ist gestellt, somit wird für diesen steuerpflichtigen wirtschaftlichen Geschäftsbetrieb der Besteuerung ein Gewinn von 15 % der Einnahmen zugrunde gelegt. Als Einnahmen sind hierbei die Bruttoeinnahmen abzgl. der darin enthaltenen Umsatzsteuer anzusetzen (AEAO Nr. 35 zu § 64 Abs. 5 und 6).

Somit ergeben sich folgende Gewinne bzw. Verluste aus den steuerpflichtigen wirtschaftlichen Geschäftsbetrieben:

---

3 AEAO Nr. 6 zu § 67 a.

– Trikotwerbung Bruttoeinnahmen	3.570 €	
⁒ Umsatzsteuer 19/119	570 €	
Nettoeinnahmen	3.000 €	
davon 15 %		450 €
– Vermietung Sportstätten (10.000 € ⁒ 3.000 €)		7.000 €
– Vereinsgaststätte (25.000 € ⁒ 20.000 €)		5.000 €
– Vereinsfeste (5.000 € ⁒ 7.000 €)		⁒ 2.000 €
Einkünfte = Einkommen i. S. des § 8 Abs. 1 KStG		10.450 €
Freibetrag nach § 24 KStG (bis VZ 2008: 3.835 €)		⁒ 5.000 €
zu versteuerndes Einkommen		5.450 €

Hinsichtlich der Gewährung des Freibetrags nach § 24 KStG wird auf die Begründung zu Nr. 2 in Fall 8 hingewiesen.

Die Körperschaftsteuer für den SV I beträgt gem. § 23 Abs. 1 KStG 15 % von 5.450 € = 817 €.

Für den VZ 2008 beträgt die Körperschaftsteuer 15 % von 6.615 € (10.450 € ⁒ Freibetrag 3.835 €) = 992 €, bis VZ 2007 beträgt die Körperschaftsteuer 25 % (§ 23 Abs. 1 i. V. m. § 34 Abs. 11 a KStG) von 6.615 € = 1.653 €.

B. Die Sportveranstaltungen mit ihren Einnahmen i. H. von 37.000 € überschreiten hier die Zweckbetriebsgrenze nach § 67 a Abs. 1 AO von 35.000 € und sind daher nicht als Zweckbetrieb, sondern als ein steuerpflichtiger wirtschaftlicher Geschäftsbetrieb zu behandeln. Zugleich ist auch die **Besteuerungsgrenze** des § 64 Abs. 3 AO überschritten (Trikotwerbung 3.570 € + kurzfristige Vermietung 10.000 € + Vereinsgaststätte 25.000 € + Vereinsfeste 5.000 € + Sportveranstaltungen 37.000 €).

Der Verein hätte hier die Möglichkeit, die Sportveranstaltungen durch Option nach § 67 a Abs. 2 AO als Zweckbetrieb einzuordnen, da keine bezahlten Sportler an den Sportveranstaltungen teilgenommen haben. Allerdings ist die Behandlung der sportlichen Veranstaltungen als steuerpflichtiger wirtschaftlicher Geschäftsbetrieb nach § 67 a Abs. 1 AO für den Verein dann vorteilhaft, wenn neben den Verlust bringenden Sportveranstaltungen noch andere steuerpflichtige wirtschaftliche Geschäftsbetriebe vorhanden sind, in denen Überschüsse erzielt werden. In diesem Fall kann der Verein den Überschuss aus allen steuerpflichtigen wirtschaftlichen Betrieben ermitteln und miteinander verrechnen (§ 64 Abs. 2 AO). Hierbei ist die Gemeinnützigkeit des Vereins nach § 55 AO nur gefährdet, wenn ein Einsatz gemeinnützigkeitsrechtlich gebundener Mittel zur Abdeckung von Dauerverlusten der wirtschaftlichen Geschäftsbetriebe erfolgen würde.[4] Der Verein wird daher nicht auf die Anwendung des § 67 a Abs. 1 AO verzichten und die Sportveranstaltungen als wirtschaftlichen Geschäftsbetrieb behandeln.

4 Vgl. AEAO Nr. 4 bis 8 zu § 55 und BMF-Schreiben vom 19.10.1998, BStBl I S. 1423.

Dies hat jedoch auch Auswirkung für den wirtschaftlichen Geschäftsbetrieb Trikotwerbung. Eine pauschale Gewinnermittlung nach § 64 Abs. 6 AO kann hier nicht mehr durchgeführt werden, da die Werbung im Zusammenhang mit dem wirtschaftlichen Geschäftsbetrieb Sportveranstaltung stattfindet und somit § 64 Abs. 6 Nr. 1 AO nicht erfüllt ist.[5]

Somit ergeben sich nach § 64 Abs. 2 AO folgende Gewinne bzw. Verluste aus den steuerpflichtigen wirtschaftlichen Geschäftsbetrieben:

– Trikotwerbung	3.570 €
– Vermietung Sportstätten	7.000 €
– Vereinsgaststätte	5.000 €
– Vereinsfeste	⁒ 2.000 €
– Sportveranstaltungen (37.000 € ⁒ 47.000 €)	⁒ 10.000 €
Einkünfte = Einkommen	3.570 €
Freibetrag nach § 24 KStG von 5.000 €; höchstens	⁒ 3.570 €
zu versteuerndes Einkommen	0 €

Für den SV II fällt somit keine Körperschaftsteuer nach § 23 Abs. 1 KStG an.

Fall 10

Befreiungen von der Körperschaftsteuer – partielle Steuerpflicht eines Berufsverbandes – Freibetrag für bestimmte Körperschaften

KStG §§ 5, 8, 9, 23, 24, 34; AO § 14; EStG § 4 Abs. 6, § 20 Abs. 1 Nr. 10, §§ 43, 43 a

Sachverhalt

Der nach § 5 Abs. 1 Nr. 5 KStG steuerbefreite Berufsverband BVB hat im VZ 04 bei Einnahmen von 40.000 € einen Gewinn aus wirtschaftlichem Geschäftsbetrieb von 3.000 € erzielt (vgl. Fall 8). Die Gewinnermittlung für den wirtschaftlichen Geschäftsbetrieb erfolgt zulässigerweise durch Einnahme-Überschuss-Rechnung nach § 4 Abs. 3 EStG. Sowohl der Gewinn als auch die echten Mitgliederbeiträge i. H. von 30.000 € wurden entsprechend dem Satzungszweck des Berufsverbandes verwendet. Der Berufsverband hat aus den Einnahmen des wirtschaftlichen Geschäftsbetriebs eine Spende an die CDU i. H. von 5.000 € geleistet, die als Aufwand bei der Gewinnermittlung berücksichtigt wurde.

5 Vgl. AEAO Nr. 30 zu § 64 Abs. 6.

Frage

1. Wie hoch ist das zu versteuernde Einkommen für den VZ 04?
2. In welcher Höhe liegen kapitalertragsteuerpflichtige Einnahmen i. S. des § 20 Abs. 1 Nr. 10 Buchst. b EStG vor?
3. Wie hoch ist die Körperschaftsteuer und der Solidaritätszuschlag für den VZ 04?

Antwort

1. Das zu versteuernde Einkommen für den VZ 04 beträgt 3.000 €.
2. Es liegen keine kapitalertragsteuerpflichtigen Einnahmen i. S. des § 20 Abs. 1 Nr. 10 Buchst. b EStG vor.
3. Die festzusetzende Körperschaftsteuer beträgt 2.950 € und der Solidaritätszuschlag beträgt 162 €.

Begründung

1. Der Berufsverband BVB ist unbeschränkt steuerpflichtig nach § 1 Abs. 1 Nr. 5 KStG. Er ist grundsätzlich steuerbefreit nach § 5 Abs. 1 Nr. 5 KStG. Die Steuerbefreiung ist jedoch ausgeschlossen, soweit der Berufsverband einen wirtschaftlichen Geschäftsbetrieb unterhält oder wenn der Berufsverband Mittel von mehr als 10 % der Einnahmen für die unmittelbare oder mittelbare Unterstützung oder Förderung politischer Parteien verwendet.

Da der Berufsverband BVB einen wirtschaftlichen Geschäftsbetrieb unterhält, ist insoweit partielle Steuerpflicht gem. § 5 Abs. 1 Nr. 5 Satz 2 Buchst. a KStG gegeben. Bei der Gewinnermittlung für den wirtschaftlichen Geschäftsbetrieb bleiben die echten Mitgliedsbeiträge nach § 8 Abs. 5 KStG außer Ansatz (R 42 KStR).

Sofern der Berufsverband mehr als 10 % seiner Einnahmen für die unmittelbare oder mittelbare Unterstützung oder Förderung politischer Parteien verwendet, führt dies zum vollständigen Verlust der Steuerfreiheit des Berufsverbandes gem. § 5 Abs. 1 Nr. 5 Satz 2 Buchst. b KStG. Es spielt hierbei keine Rolle, welche Mittel des Berufsverbandes zur Parteienförderung verwendet werden.

Für die Überprüfung der 10 %-Grenze sind sämtliche Einnahmen des Berufsverbandes zugrunde zu legen. Somit gehören sowohl die Beitragseinnahmen i. H. von 30.000 € als auch die Einnahmen aus dem wirtschaftlichen Geschäftsbetrieb i. H. von 40.000 € dazu. Die gesamten Einnahmen des BVB betragen im VZ 04 insgesamt 70.000 €. Durch die Spende an die politische Partei i. H. von 5.000 € ist die 10 %-Grenze nicht überschritten. Der BVB bleibt im VZ 04 steuerbefreit nach § 5 Abs. 1 Nr. 5 KStG und ist nur mit seinem wirtschaftlichen Geschäftsbetrieb partiell steuerpflichtig.

Für Zuwendungen an politische Parteien wird nach § 5 Abs. 1 Nr. 5 Satz 4 KStG eine besondere Körperschaftsteuer i. H. von 50 % der Parteizuwendungen erhoben, und zwar unabhängig davon, ob der Berufsverband voll steuerpflichtig, ganz oder teilweise steuerbefreit ist. Allerdings hat diese besondere Körperschaftsteuer keine Auswirkung auf die Ermittlung des zu versteuernden Einkommens aufgrund der hier bestehenden partiellen Steuerpflicht für den wirtschaftlichen Geschäftsbetrieb.

Ausgangsgröße für die Einkommensermittlung des BVB für den VZ 04 ist der durch Einnahme-Überschuss-Rechnung ermittelte Gewinn des wirtschaftlichen Geschäftsbetriebs i. H. von 3.000 €. Für die Einkommensermittlung sind über § 8 Abs. 1 KStG auch die Vorschriften des § 4 EStG zu beachten. Nach § 4 Abs. 6 EStG stellt die Zuwendung an die politische Partei keine abzugsfähige Betriebsausgabe dar. Eine Berücksichtigung der Parteispende nach § 9 Abs. 1 Nr. 2 KStG ist auch nicht möglich, da es sich hier um keine nach dieser Vorschrift begünstigte Zuwendung handelt. Der Gewinn des wirtschaftlichen Geschäftsbetriebs zzgl. der Parteispende ergibt das Einkommen des BVB.

Von diesem Einkommen i. S. des § 8 Abs. 1 KStG ist gem. § 24 KStG der Freibetrag i. H. von 5.000 € (bis VZ 2008: 3.835 €) abzuziehen. Hinsichtlich der Gewährung des Freibetrags nach § 24 KStG wird auf die Begründung zu Nr. 2 in Fall 8 hingewiesen.

Das zu versteuernde Einkommen ermittelt sich wie folgt:

Gewinn aus wirtschaftlichem Geschäftsbetrieb	3.000 €
Nicht abzugsfähige Parteispende	+ 5.000 €
Einkommen	8.000 €
Freibetrag gem. § 24 KStG	./. 5.000 €
Zu versteuerndes Einkommen	3.000 €

2. Nach § 20 Abs. 1 Nr. 10 Buchst. b Satz 4 EStG finden die Regelungen der Sätze 1 und 2 auch Anwendung auf die steuerpflichtigen wirtschaftlichen Geschäftsbetriebe steuerbefreiter Körperschaften. Soweit eine steuerbefreite Körperschaft einen bilanzierenden wirtschaftlichen Geschäftsbetrieb unterhält oder die Umsatzgrenze von 350.000 € bzw. die Gewinngrenze von 30.000 € überschritten wird, sind Gewinne, die nicht den Gewinnrücklagen zugeführt werden, als Einnahmen i. S. von § 20 Abs. 1 Nr. 10 Buchst. b EStG bei der steuerbefreiten Körperschaft zu erfassen. Das hat zur Folge, dass der nach Zuführung zu den Gewinnrücklagen verbleibende Gewinn des wirtschaftlichen Geschäftsbetriebs dem Kapitalertragsteuerabzug von 15 % nach § 43 Abs. 1 Nr. 7 c i. V. m. § 43 a Abs. 1 Nr. 2 EStG (bis VZ 2008: 10 % gem. § 43 Abs. 1 Nr. 7 c i. V. m. § 43 a Abs. 1 Nr. 6 EStG) zu unterwerfen ist.

Der wirtschaftliche Geschäftsbetrieb des BVB ermittelt seinen Gewinn durch Einnahme-Überschuss-Rechnung nach § 4 Abs. 3 EStG und er überschreitet weder die Umsatz- noch die Gewinngrenze. Damit greift die Vorschrift des § 20 Abs. 1 Nr. 10 Buchst. b EStG nicht ein. Es liegen keine Einnahmen aus Kapitalvermögen vor und es ist auch kein Kapitalertragsteuerabzug von 15 % vorzunehmen.

3. Das zu versteuernde Einkommen, das sich aus dem Gewinn des wirtschaftlichen Geschäftsbetriebs ergibt, unterliegt gem. § 23 Abs. 1 KStG einer Körperschaftsteuer von 15 %. Bis einschließlich VZ 2007 beträgt die Körperschaftsteuer 25 % des zu versteuernden Einkommens (§ 23 Abs. 1 i. V. m. § 34 Abs. 11 a KStG).

Außerdem unterliegt die Parteispende des BVB der besonderen Körperschaftsteuer für Parteizuwendungen i. H. von 50 % der Zuwendung gem. § 5 Abs. 1 Nr. 5 Satz 4 KStG.

Für den VZ 04 (Rechtslage ab 2009) ergibt sich somit folgende Körperschaftsteuer:

Körperschaftsteuertarifbelastung gem. § 23 Abs. 1 KStG: 15 % von 3.000 € (zu versteuerndes Einkommen) =	450 €
Besondere Körperschaftsteuer auf Parteizuwendungen gem. § 5 Abs. 1 Nr. 5 Satz 4 KStG 50 % von 5.000 € =	+ 2.500 €
Festzusetzende Körperschaftsteuer	2.950 €
Solidaritätszuschlag 5,5 % von 2.950 € = (gerundet)	162 €

Fall 11

Sachliche Steuerpflicht – Ermittlung des zu versteuernden Einkommens

KStG §§ 1, 5, 7, 8, 8 b, 9, 10, 23, 24; EStG §§ 2, 3 c, 4 a, 9 a, 13, 15, 20, 21, 23; AO § 52

Sachverhalt

A. Der nicht steuerbegünstigte Verein Money-Maker e.V. mit Sitz in Köln macht dem Finanzamt folgende Angaben für den VZ 15:

1. Mitgliedsbeiträge aufgrund der Satzung	4.000 €
in unmittelbarem Zusammenhang hiermit stehende Ausgaben	2.900 €
2. Gewinn aus dem Betrieb einer Forstwirtschaft; zeitanteilig	./. 3.000 €
3. Gewinnanteil aus der Beteiligung (25 %) an der Raff-OHG in Bergheim	18.000 €
4. Zinseinnahmen aus Sparkonten und Anleihen	16.000 €
nachgewiesene Aufwendungen (Werbungskosten)	920 €
5. Einkünfte aus Vermietung	32.000 €
6. Gewinn aus der Veräußerung eines Mietwohngrundstücks, das bereits seit dem VZ 01 im Eigentum des Vereins stand	40.000 €
7. Erwerb aus einer nicht zweckgebundenen Erbschaft (Bargeld und Wertpapiere)	60.000 €
8. Spende an die Stiftung Deutsche Sporthilfe	600 €

B. Es handelt sich bezüglich der Nrn. 2 bis 8 um die Money-Maker GmbH.

Frage

Wie hoch ist im VZ 15 das zu versteuernde Einkommen?

Antwort

A. 56.599 € (ab VZ 2009) bzw. 56.895 (bis VZ 2008) **B.** 161.480 €

Begründung

Der e.V. unterliegt nach § 1 Abs. 1 Nr. 4 KStG der Körperschaftsteuer mit sämtlichen Einkünften (§ 1 Abs. 2 KStG); ebenso die GmbH nach § 1 Abs. 1 Nr. 1 KStG.

Die Körperschaftsteuer bemisst sich grundsätzlich nach dem zu versteuernden Einkommen (§ 7 Abs. 1, § 23 Abs. 1 KStG). Zu versteuerndes Einkommen ist gem. § 7 Abs. 2 KStG das Einkommen i. S. von § 8 Abs. 1 KStG, ggf. vermindert um die Freibeträge der §§ 24, 25 KStG. Was als Einkommen gilt und wie das Einkommen zu ermitteln ist, bestimmt sich nach den Vorschriften des Einkommensteuergesetzes und den ihnen vorgehenden speziellen Regelungen des Körperschaftsteuergesetzes (§ 8 Abs. 1 KStG; R 29 und 32 KStR).

Für die Einkommensermittlung der Körperschaften, Personenvereinigungen und Vermögensmassen ergeben sich jedoch Unterschiede daraus, dass das Körperschaftsteuergesetz auf die besonderen Verhältnisse dieser Rechtssubjekte zugeschnitten ist, während das Einkommensteuergesetz Vorschriften enthält, die nur auf natürliche Personen zugeschnitten sind (vgl. R 2 EStR). R 32 KStR enthält eine Aufzählung der Vorschriften des Einkommensteuergesetzes und der Einkommensteuerdurchführungsverordnung, die bei der Körperschaftsteuer anzuwenden sind.

Für die Ermittlung des Einkommens ist es ohne Bedeutung, ob das Einkommen verteilt wird (§ 8 Abs. 3 Satz 1 KStG).

A. Verein

Das zu versteuernde Einkommen des Vereins und die Berechnung der Körperschaftsteuer ergibt sich nach folgendem – vereinfachtem – Schema (vgl. R 29 und 32 KStR; Vordruck KSt 1 B):

I. Zu versteuerndes Einkommen
Einkünfte

1. Gewinn aus
   - Land- und Forstwirtschaft
   - Gewerbebetrieb
   - selbständiger Arbeit
2. Überschuss der Einnahmen über die Werbungskosten aus
   - Kapitalvermögen
   - Vermietung und Verpachtung
   - sonstigen Einkünften

⁒ Steuerfreie Leistungen nach § 8 b Abs. 1 KStG sowie nach § 8 b Abs. 2 KStG steuerfreie Gewinne

⁒ Ausländische Steuern vom Einkommen nach § 26 Abs. 6 KStG, § 34 c Abs. 2, 3 und 6 EStG

= **Summe der Einkünfte**

⁒ Freibetrag für Land- und Forstwirte (§ 13 Abs. 3 EStG)

⁒ Spenden und Beiträge (§ 9 Abs. 1 Nr. 2 KStG; R 47 Abs. 2 KStR)

= **Gesamtbetrag der Einkünfte**

⁒ Verlustabzug (§ 10 d EStG)

= **Einkommen**

⁒ Freibetrag nach § 24 oder § 25 KStG

= **Zu versteuerndes Einkommen** (§ 7 Abs. 2 KStG)

II. Berechnung der Körperschaftsteuer

1. Das zu versteuernde Einkommen unterliegt der Körperschaftsteuer i. H. von
   - 15 % (§ 23 Abs. 1 KStG als Regelsteuersatz)

   Bis VZ 2007 gilt ein Steuersatz von
   - 25 % (§ 23 Abs. 1 i. V. m. § 34 Abs. 11 a KStG)
2. Tarifermäßigungen
   - anzurechnende ausländische Steuern (§ 26 KStG)

= **Festzusetzende Körperschaftsteuer**

3. Anzurechnende Kapitalertragsteuer einschließlich Zinsabschlag (§ 36 Abs. 2 Nr. 2 EStG)

= **Verbleibende Körperschaftsteuer/Überzahlung**

Es sind zunächst die Einkünfte des Vereins zu ermitteln:

Mitgliedsbeiträge

Echte Mitgliedsbeiträge bleiben bei der Einkommensermittlung außer Ansatz (§ 8 Abs. 5 KStG; R 42 bis 44 KStR und H 42 bis 44 KStH mit weiteren Einzelheiten). Hinweise auf Pauschalentgelte i. S. von R 42 Abs. 3 KStR liegen nicht vor (vgl. R 43 Abs. 1; R 44 KStR). Gemäß § 3 c Abs. 1 EStG, § 8 Abs. 1 KStG bleiben auch die Ausgaben außer Ansatz, weil sie zweifelsfrei mit den Mitgliedsbeiträgen in unmittelbarem wirtschaftlichem Zusammenhang stehen.

Sonstige steuerpflichtige Einkünfte sind nach den allgemeinen steuerrechtlichen Grundsätzen zu ermitteln (vgl. R 32 Abs. 2 und 3 KStR).

Einkünfte aus Land- und Forstwirtschaft

Einkünfte sind bei Land- und Forstwirtschaft der Gewinn, der nach dem Wirtschaftsjahr zu ermitteln ist (§ 4 a Abs. 1 EStG mit § 8 c EStDV). Der Verein ist hier nicht nach § 5 Abs. 1 Nr. 14 KStG befreit (vgl. R 20 und 34 KStR).

Der zeitanteilige Gewinn (§ 4 a Abs. 2 Nr. 1 EStG) stellt zugleich die Einkünfte aus § 13 EStG i. V. m. § 8 Abs. 1 KStG dar von ⁒ 3.000 €.

Einkünfte aus Gewerbebetrieb

Es liegen Einkünfte aus Gewerbebetrieb i. S. des § 15 Abs. 1 Nr. 2 EStG vor. Anzusetzen ist der einheitlich und gesondert festgestellte Gewinnanteil (§ 2 Abs. 2 Nr. 1 EStG); Einkünfte somit 18.000 €.

Einkünfte aus Kapitalvermögen

Einkünfte aus Kapitalvermögen sind der Überschuss der Einnahmen über die Werbungskosten (§ 2 Abs. 2 Nr. 2 EStG). Ab dem VZ 2009 ist bei den Einkünften aus Kapitalvermögen grundsätzlich nur der Sparer-Pauschbetrag nach § 20 Abs. 9 EStG i. H. von 801 € zu berücksichtigen. Der Abzug von tatsächlichen Werbungskosten ist damit ausgeschlossen. Obwohl die Einkünfte aus Kapitalvermögen grundsätzlich der Abgeltungsteuer unterliegen (Ausnahmen § 32 d Abs. 2 EStG), sind sie bei Körperschaften aufgrund der Regelung in § 8 Abs. 10 Satz 1 KStG in die Einkommensermittlung mit einzubeziehen.

Einnahmen aus § 20 Abs. 1 Nr. 7 EStG		16.000 €
Sparer-Pauschbetrag § 20 Abs. 9 EStG	⁒	801 €
Einkünfte aus Kapitalvermögen		15.199 €

Bis einschließlich VZ 2008 konnten bei der Ermittlung der Einkünfte aus Kapitalvermögen die tatsächlich nachgewiesenen Werbungskosten berücksichtigt werden. Der Werbungskosten-Pauschbetrag i. H. von 51 € gem. § 9 a Nr. 2 EStG wurde nur dann angesetzt, wenn keine höheren tatsächlichen Werbungskosten nachgewiesen wurden. Ferner war der Sparer-Freibetrag nach § 20 Abs. 4 EStG a. F. i. H. von 750 € abzuziehen (R 32 Abs. 1 und 2 KStR). Das Abzugsverbot von Werbungskosten nach § 8 Abs. 6 KStG war hier nicht anzuwenden, denn es greift nur dann ein, wenn beim Empfänger der Einkünfte lediglich ein Steuerabzug vorzunehmen ist und keine weitere Besteuerung folgt. Das Abzugsverbot gilt nicht für Veranlagungsfälle.

Einnahmen aus § 20 Abs. 1 Nr. 7 EStG		16.000 €
⁒ tatsächliche Werbungskosten	⁒	920 €
⁒ Sparer-Freibetrag	⁒	750 €
= Einkünfte aus Kapitalvermögen		14.330 €

Einkünfte aus Vermietung und Verpachtung

Die Einkünfte betragen gem. § 21 EStG i. V. m. § 8 Abs. 1 KStG 32.000 €.

Sonstige Einkünfte

Überschüsse aus Veräußerungsgeschäften i. S. des § 23 EStG sind hier nicht gegeben, weil die Voraussetzungen des § 23 EStG nicht vorliegen. Der Zeitraum zwischen der Anschaffung (VZ 01) und der Veräußerung (VZ 15) des Mietwohngrundstücks beträgt mehr als 10 Jahre (§ 23 Abs. 1 Nr. 1 EStG).

Einmalige Vermögensmehrungen wie Erbschaften sind nur zu erfassen, wenn sie unter eine der Einkunftsarten des Einkommensteuerrechts fallen. Das ist hier nicht der Fall.

Spendenabzug

Die Spende an die Stiftung Deutsche Sporthilfe stellt eine Spende zur Förderung gemeinnütziger Zwecke i. S. des § 52 Abs. 2 Nr. 21 AO dar und ist somit bis zur Höhe von 20 % des Einkommens i. S. von § 9 Abs. 2 KStG abzugsfähig (§ 9 Abs. 1 Nr. 2 KStG). Dieses Einkommen entspricht hier der Summe der Einkünfte.

Zu versteuerndes Einkommen (ab VZ 2009)

Einkünfte aus Land- und Forstwirtschaft	⁒	3.000 €
Einkünfte aus Gewerbebetrieb		18.000 €
Einkünfte aus Kapitalvermögen		15.199 €
Einkünfte aus Vermietung und Verpachtung		32.000 €
Summe der Einkünfte = Einkommen i. S. des § 9 Abs. 2 KStG		62.199 €
⁒ Spendenabzug gem. § 9 Abs. 1 Nr. 2 KStG max. 20 % von 62.199 € = 12.440 €	⁒	600 €
Gesamtbetrag der Einkünfte = Einkommen		61.599 €
⁒ Freibetrag nach § 24 KStG	⁒	5.000 €
zu versteuerndes Einkommen		56.599 €

Zu versteuerndes Einkommen (bis VZ 2008)

Einkünfte aus Land- und Forstwirtschaft	⁒	3.000 €
Einkünfte aus Gewerbebetrieb		18.000 €
Einkünfte aus Kapitalvermögen		14.330 €
Einkünfte aus Vermietung und Verpachtung		32.000 €
Summe der Einkünfte = Einkommen i. S. des § 9 Abs. 2 KStG		61.330 €
⁒ Spendenabzug gem. § 9 Abs. 1 Nr. 2 EStG max. 20 % von 61.330 € = 12.266 €	⁒	600 €
Gesamtbetrag der Einkünfte = Einkommen		60.730 €
⁒ Freibetrag nach § 24 KStG	⁒	3.835 €
zu versteuerndes Einkommen		56.895 €

B. GmbH

Die GmbH hat kraft Rechtsform Einkünfte aus Gewerbebetrieb (§ 8 Abs. 2 KStG; § 2 Abs. 2 GewStG). Ausgangsgrundlage für die Einkommensermittlung und für die Körperschaftsteuerberechnung bildet der sog. Steuerbilanzgewinn, sofern die GmbH eine Steuerbilanz aufstellt. Es handelt sich hierbei um den nach steuerrechtlichen Vorschriften ermittelten Jahresüberschuss. Der Steuerbilanzgewinn ist nicht gleichzusetzen mit dem Bilanzgewinn i. S. des § 268 Abs. 1 HGB. Hierbei handelt es sich um die Zusammenfassung der Positionen „Jahresüberschuss/Jahresfehlbetrag" und „Gewinnvortrag/Verlustvortrag" unter Berücksichtigung der vollständigen oder teilweisen Verwendung des Jahresergebnisses.

Wird von der GmbH keine Steuerbilanz aufgestellt, so ist der Jahresüberschuss bzw. Jahresfehlbetrag der Handelsbilanz unter Berücksichtigung von Korrekturen nach § 60 Abs. 2 Satz 1 EStDV zugrunde zu legen.

Sowohl im Steuerbilanzgewinn/-verlust als auch im Jahresüberschuss/-verlust wirken sich grundsätzlich alle Vermögensmehrungen und -minderungen mit Ausnahme von Bewegungen auf gesellschaftsrechtlicher Ebene erfolgswirksam aus. Korrekturen erfolgen im Einzelfall durch Zu- und Abrechnungen nach dem Körperschaftsteuergesetz, Einkommensteuergesetz oder anderen Gesetzen, soweit sie den Steuerbilanzgewinn bzw. Jahresüberschuss gemindert oder erhöht haben.

Vereinfachtes Ermittlungsschema (vgl. R 29 Abs. 1 KStR; Vordruck Körperschaftsteuer 1 A mit Anlagen):

I. Einkommensermittlung

Steuerbilanzgewinn

Ist keine Steuerbilanz aufgestellt, Jahresüberschuss unter Berücksichtigung von Korrekturen nach § 60 Abs. 2 Satz 1 EStDV

\+ vGA (§ 8 Abs. 3 KStG)

\+ nicht abziehbare Aufwendungen, soweit sie den Gewinn gemindert haben:
- für satzungsmäßige Zwecke (§ 10 Nr. 1 KStG)
- nicht abziehbare Steuern einschließlich Nebenleistungen (§ 10 Nr. 2 KStG)
- Geldbußen, -strafen usw. (§ 4 Abs. 5 Nr. 8 EStG; § 10 Nr. 3 KStG)
- Hälfte der Aufsichtsratsvergütungen (§ 10 Nr. 4 KStG)
- nicht abziehbare Aufwendungen nach § 4 Abs. 5 Nrn. 1 bis 4, 7 bis 9, 10 und Abs. 6 und 7, §§ 4 c und 4 d EStG, § 160 AO
- nicht abziehbare Gewerbesteuer (§ 4 Abs. 5 b i. V. m. § 52 Abs. 12 Satz 7 EStG)
- ....

\+ sämtliche Spenden und Beiträge

⁒ nicht der KSt unterliegende Vermögensmehrungen, soweit sie den Bilanzgewinn erhöht haben:
- Einlagen der Anteilseigner, die nicht das Nennkapital erhöht haben
- Investitionszulagen (§ 12 InvZulG 2007, bzw. § 13 InvZulG 2010)

⁒ steuerfreie ausländische Einkünfte nach DBA

⁒ nach § 8 b Abs. 1 KStG steuerfreie Ausschüttungen sowie nach § 8 b Abs. 2 KStG steuerfreie Gewinne

\+ nicht abzugsfähige Betriebsausgaben gem. § 8 b Abs. 5 bzw. Abs. 3 Satz 1 KStG

\+ nicht abziehbare Gewinnminderungen und Veräußerungsverluste gem. § 8 b Abs. 3 KStG

⁒ ausländische Steuern vom Einkommen nach § 26 Abs. 6 KStG oder § 12 Abs. 3 AStG i. V. m. § 34 c Abs. 2, 3 und 6 EStG

= **Summe der Einkünfte = Einkommen i. S. des § 9 Abs. 2 KStG**

⁒ Spenden und Beiträge (§ 9 Abs. 1 Nr. 2 KStG)

= **Einkommen**

⁒ Verlustabzug (§ 8 Abs. 1 und 4 KStG, § 8 c KStG, § 10 d EStG)

= zu versteuerndes Einkommen (§ 7 Abs. 2 KStG)

II. Berechnung der Körperschaftsteuer

1. Das zu versteuernde Einkommen unterliegt einer KSt i. H. von
   - 15 % (§ 23 Abs. 1 KStG) bzw. 25 % bis einschließlich VZ 2007 (§ 23 Abs. 1 i. V. m. § 34 Abs. 11 a KStG)
2. Tarifermäßigungen
   - anzurechnende ausländische Steuern (§ 26 Abs. 1 KStG)

= **Tarifbelastung**

= **Festzusetzende Körperschaftsteuer**

3. Anzurechnende Kapitalertragsteuer einschließlich Zinsabschlag (§ 36 Abs. 2 Nr. 2 EStG)

= **Verbleibende Körperschaftsteuer/Überzahlung**

Bei der GmbH sind im vorliegenden Fall grundsätzlich alle Vorgänge einschließlich der Grundstücksveräußerung und der Erbschaft als gewerbliche Einkünfte zu behandeln. Hinsichtlich der Grundstücksveräußerung liegt eine betriebliche Vermögensmehrung vor, nämlich der Verkauf von Betriebsvermögen, eine Frist zwischen Anschaffung und Veräußerung des Betriebsvermögens ist dabei nicht zu beachten.

Da eine Kapitalgesellschaft – unabhängig vom Gegenstand der Einkunftserzielung – gem. § 8 Abs. 2 KStG ausschließlich Einkünfte aus Gewerbebetrieb hat, gilt dies auch für solche Zuflüsse, die nicht unter eine der sieben Einkunftsarten des § 2 Abs. 1 EStG fallen, wie z. B. Lottogewinne und Erbschaften.[1] Kapitalgesellschaften verfügen steuerlich gesehen über keine außerbetriebliche Sphäre, somit sind sämtliche Zuflüsse in den Einkünften aus Gewerbebetrieb der GmbH zu erfassen. Dies gilt auch für die Erbschaft.

Einkünfte aus Gewerbebetrieb			
– Gewinn Forstbetrieb		⁒	3.000 €
– Gewinnanteil OHG			18.000 €
– Zinseinnahmen	16.000 €		
⁒ Ausgaben	920 €		15.080 €
– Vermietung			32.000 €
– Grundstücksveräußerung			40.000 €
– Erbschaft			60.000 €
⁒ Stiftungsspende		⁒	600 €
Jahresüberschuss			161.480 €
+ sämtliche Spenden		+	600 €
Summe der Einkünfte = Einkommen i. S. des § 9 Abs. 2 KStG			162.080 €
⁒ Spenden (§ 9 Abs. 1 Nr. 2 KStG), max. 20 % von 162.080 € = 32.416 €		⁒	600 €
Einkommen = zu versteuerndes Einkommen			161.480 €

1 BFH-Urteil vom 04.12.1996, DStR 1997 S. 492, DB 1997 S. 707.

Fall 12

Einkommensermittlung – abziehbare und nicht abziehbare Aufwendungen

KStG §§ 1, 7, 8, 8 b, 9, 10; EStG §§ 3, 3 c, 4, 6, 45 a; InvZulG 2010 §§ 1, 13; UStG §§ 1, 3 Abs. 1 b, § 10 Abs. 4, § 15 Abs. 1 a; GewStG §§ 7, 8 Nr. 5, § 9 Nr. 2 a; AO § 52

Sachverhalt

Die Senator-GmbH (S-GmbH), deren Stammkapital 250.000 € beträgt, betreibt einen Laborgroßhandel mit Sitz in Karlsruhe und mit einer Betriebsstätte in Berlin. Gemäß § 52 GmbHG ist ein Aufsichtsrat bestellt worden. Das Wirtschaftsjahr umfasst den Zeitraum vom 01.06. bis 31.05. Die Handelsbilanz der S-GmbH auf den 31.05.05 weist einen Jahresüberschuss von 128.104 € und einen Gewinnvortrag aus dem Wirtschaftsjahr 03/04 von 22.000 € aus.

Seit dem Jahr 01 ist die S-GmbH an der Luxuria-GmbH (L-GmbH), Sitz in Baden-Baden, mit 20 % am Stammkapital beteiligt. Die L-GmbH produziert Laboreinrichtungen. Ihr Wirtschaftsjahr entspricht dem Kalenderjahr. Am 01.08.04 schüttete die L-GmbH eine Dividende von 120.000 € für das Wirtschaftsjahr 03 aus. Die S-GmbH hat die ihr überwiesene Dividende mit dem Bruttobetrag von 24.000 € als Ertrag und die davon einbehaltene Kapitalertragsteuer mit 6.000 € sowie den Solidaritätszuschlag zur Kapitalertragsteuer mit 330 € als Aufwand in der Gewinn-und-Verlust-Rechnung 04/05 erfasst. Nach der von der L-GmbH korrekt erteilten Steuerbescheinigung ergeben sich keine weiteren Besonderheiten.

Bei der Gewinnermittlung hat die S-GmbH 20.000 € Investitionszulage nach § 13 InvZulG 2010 als a. o. Ertrag berücksichtigt.

Außerdem ist in den Erträgen enthalten:

KSt-Erstattung für den VZ 02	3.000 €
SolZ-Erstattung VZ 02	165 €
Erstattungszinsen zur KSt 02	150 €

Als Aufwendungen sind u. a. folgende Beträge abgezogen worden:

1.	KSt (einschließlich Vorauszahlungen) für das Wj. 04/05	48.000 €
2.	SolZ zur KSt für das Wj. 04/05	2.640 €
3.	Säumniszuschläge zur KSt – VZ 04/05	2.400 €
4.	GewSt für das Wj. 04/05 (entspricht Erhebungszeitraum ab 2008)	42.000 €
5.	Säumniszuschläge zur GewSt 04	2.100 €
6.	GewSt-Nachzahlung für 03 (entspricht Erhebungszeitraum bis 2007)	3.100 €
7.	Nachzahlungszinsen zur GewSt 03	186 €
8.	Verspätungszuschlag wegen verspäteter Abgabe der Lohnsteueranmeldung	600 €

9.	Geschenke an Geschäftsfreunde im Wert von jeweils über 35 €	6.000 €
	darauf entfallende Vorsteuer	1.140 €
10.	Geldbuße gegen die GmbH wegen USt-Hinterziehung durch den Geschäftsführer (§ 30 OWiG)	5.000 €
	Hinterziehungszinsen zur USt	2.000 €
11.	Aufsichtsratsvergütungen (in voller Höhe)	5.000 €
	gesondert erstattete nachgewiesene tatsächliche Aufwendungen einzelner Aufsichtsratsmitglieder	1.000 €
12.	Schuldentilgung aufgrund in 02 ausgegebener Besserungsscheine	25.000 €
	damit zusammenhängende Aufwendungen	1.000 €
13.	Spenden	49.000 €

Hierzu wurden folgende Erläuterungen gegeben:

Wegen erheblicher wirtschaftlicher Anfangsschwierigkeiten hatten die Großgläubiger der S-GmbH aufgrund eines Sanierungsplans auf einen Teil ihrer Forderungen verzichtet. Der Gewinn aus dem Erlass der Forderungen war in voller Höhe steuerpflichtig. Die S-GmbH hatte sich damals verpflichtet, einen Teil der späteren Gewinne zur Tilgung der zunächst erlassenen Forderungen zu verwenden, und hierfür Besserungsscheine ausgestellt.

Bei den Spenden handelt es sich um folgende Zuwendungen:

a) an die CDU	4.000 €
b) an die Stiftung Deutsche Sporthilfe	13.000 €
c) an eine gemeinnützig anerkannte Stiftung zur Förderung des demokratischen Staatswesens	10.000 €
d) an den Theaterförderverein der Stadt Karlsruhe	6.000 €
e) an das Deutsche Rote Kreuz	8.000 €
f) Laborgeräte an das medizinische Institut der Universität Münster; Teilwert 20.000 € (= Einkaufspreis im Zeitpunkt der Spende); Buchwert	8.000 €
	49.000 €

Spendenbescheinigungen für die S-GmbH liegen vor. Die Summe der gesamten Umsätze und Löhne sowie Gehälter betrug:

vom 01.06.04 bis 31.12.04	4.160.000 €
vom 01.01.05 bis 31.05.05	3.200.000 €
vom 01.06.05 bis 31.12.05	4.480.000 €

Frage

Wie hoch ist das zu versteuernde Einkommen der S-GmbH für den VZ 05?

Antwort

202.449 €.

Begründung

Die S-GmbH ist gem. § 1 Abs. 1 Nr. 1 KStG unbeschränkt körperschaftsteuerpflichtig. Die unbeschränkte Steuerpflicht erstreckt sich auf sämtliche

Einkünfte (§ 1 Abs. 2 KStG). Die Körperschaftsteuer bemisst sich nach dem zu versteuernden Einkommen, das die S-GmbH innerhalb des Kalenderjahres bezogen hat (§ 7 Abs. 1 und 3 KStG). Nach § 8 Abs. 2 KStG hat die S-GmbH nur Einkünfte aus Gewerbebetrieb. Der Gewinn ist nach dem Wirtschaftsjahr zu ermitteln, für das die GmbH regelmäßig Abschlüsse macht (§ 7 Abs. 4 KStG). Bei einem – wie hier – vom Kalenderjahr abweichenden Wirtschaftsjahr gilt der Gewinn aus Gewerbebetrieb als in dem Kalenderjahr (= VZ) bezogen, in dem das Wirtschaftsjahr endet. Für die Körperschaftsteuerbesteuerung der S-GmbH für den VZ 05 ist deshalb von dem Gewinn des Wirtschaftsjahres 04/05 auszugehen, das am 31.05.05 endete.

Bei der Einkommensermittlung sind die Vorschriften des Einkommensteuergesetzes und des Körperschaftsteuergesetzes zu beachten (§ 8 Abs. 1 KStG). Weil die S-GmbH keine Steuerbilanz aufgestellt hat, ist Ausgangsgröße für die Einkommensermittlung der in der Handelsbilanz des Wirtschaftsjahres 04/05 ausgewiesene Jahresüberschuss von 128.104 €, der jedoch nach § 60 Abs. 2 EStDV zu berichtigen ist, wenn die handelsrechtliche Jahresbilanz Wertansätze oder Beträge enthält, die den steuerlichen Vorschriften nicht entsprechen. Zum Schema der Einkommensermittlung vgl. Fall 11, Begründung zu B.

- **Gewinnvortrag**

Der Gewinnvortrag aus 03/04 ist bereits versteuert. Er ist gem. § 4 Abs. 1 EStG, § 8 Abs. 1 KStG in die Einkommensermittlung nicht einzubeziehen, da er sonst doppelt erfasst würde, denn der Gewinnvortrag war bereits Bestandteil des Betriebsvermögens am Schluss des vorangegangenen Wirtschaftsjahres 03/04.

- **Beteiligung**

Bei der Beteiligung der S-GmbH an der L-GmbH handelt es sich um eine Schachtelbeteiligung, da sie mit mehr als 15 % am Stammkapital der L-GmbH beteiligt ist (vgl. § 9 Nr. 2 a GewStG).

Für die von der L-GmbH erhaltene Gewinnausschüttung legt die S-GmbH die folgende auszugsweise dargestellte Steuerbescheinigung (§ 45 a Abs. 2 EStG) über die Ausschüttung vor.[1]

Kapitalerträge i. S. des § 43 Abs. 1 Nr. 1 EStG	24.000 €
Summe Kapitalertragsteuer i. H. von 25 %	6.000 €
Summe Solidaritätszuschlag	330 €
Leistungen aus dem steuerlichen Einlagekonto (§ 27 Abs. 1–7 KStG)	0 €

1 Das Muster der Steuerbescheinigung ist mit BMF-Schreiben vom 18.12.2009, BStBl 2010 I S. 79, bekannt gemacht worden.

Die Gewinnausschüttung wurde von der S-GmbH korrekt verbucht. Nach § 8 b Abs. 1 KStG ist die von der L-GmbH erhaltende Gewinnausschüttung steuerfrei. Diese Steuerbefreiung wird außerbilanziell gewährt, d. h., zur Ermittlung des zu versteuernden Einkommens wird der Jahresüberschuss um den Beteiligungsertrag i. H. von 24.000 € gekürzt. Nach § 8 b Abs. 5 KStG sind 5 % der nach § 8 b Abs. 1 KStG steuerfreien Einnahmen als nicht abziehbare Ausgaben bei der Einkommensermittlung hinzuzurechnen; 5 % von 24.000 € = 1.200 €.

Die Kapitalertragsteuer i. H. von 25 % und der Solidaritätszuschlag zur Kapitalertragsteuer waren von der L-GmbH – unabhängig von der vollen Steuerbefreiung bei der Empfängerin S-GmbH – einzubehalten und an das Finanzamt abzuführen (§ 43 Abs. 1 Satz 3 EStG). Die in der Gewinn-und-Verlust-Rechnung als Aufwand erfassten Beträge sind nach § 10 Nr. 2 KStG als nicht abziehbare Aufwendungen außerbilanziell dem Jahresüberschuss hinzuzurechnen (vgl. nachfolgende Position „Nicht abziehbare Aufwendungen"). Die Kapitalertragsteuer wird bei der S-GmbH unabhängig von der Befreiung auf deren Körperschaftsteuer angerechnet (§ 31 Abs. 1 KStG i. V. m. § 36 Abs. 2 Nr. 2 EStG). Entsprechendes gilt für den Solidaritätszuschlag.[2]

Hinweis zur Gewerbesteuer: Die Steuerbefreiung nach § 8 b Abs. 1 KStG wirkt sich hier auch auf die Gewerbesteuer aus. Eine Kürzung nach § 9 Nr. 2 a GewStG ist nicht durchzuführen, da die Ausschüttung im körperschaftsteuerlich ermittelten Einkommen und damit in der Ausgangsgröße nach § 7 GewStG nicht mehr enthalten ist. Die nach § 8 b Abs. 5 KStG nicht abziehbaren Betriebsausgaben sind keine Gewinne aus Anteilen i. S. des § 9 Nr. 2 a Satz 1 GewStG, sodass auch hierfür keine Kürzung nach § 9 Nr. 2 a GewStG erfolgt. Die Hinzurechnungsvorschrift nach § 8 Nr. 5 GewStG greift hier ebenfalls nicht ein, weil die Voraussetzungen für eine Kürzung nach § 9 Nr. 2 a GewStG dem Grunde nach erfüllt sind.

- **Nicht der Körperschaftsteuer unterliegende Vermögensmehrungen**

Nicht der Körperschaftsteuer unterliegende Investitionszulagen bleiben bei der steuerlichen Einkommensermittlung unberücksichtigt (§ 8 Abs. 1 KStG, § 13 InvZulG 2010); somit Kürzung um 20.000 €.

- **Steuererstattungen**

Bei der Körperschaftsteuer handelt es sich um einen nach § 10 Nr. 2 KStG nicht abziehbaren Aufwand, d. h., die Körperschaftsteuer wurde im Wirtschaftsjahr der Zahlung bei der Einkommensermittlung als nicht abziehbarer Aufwand hinzugerechnet. Aus diesem Grund ist die als Ertrag erfasste Körperschaftsteuererstattung für 01 bei der Einkommensermittlung außerbilanziell zu kürzen. Entsprechendes gilt für den Solidaritätszuschlag zur Körperschaftsteuer.

---

2 Weitere Einzelheiten zur Steuerbefreiung nach § 8 b KStG enthält Fall 24.

Bei den Erstattungszinsen handelt es sich nicht um Nebenleistungen, die bei der Einkommensermittlung als nicht abziehbare Ausgaben hinzugerechnet wurden. Die Erstattungszinsen zur Körperschaftsteuer sind steuerpflichtige Einnahmen, eine Kürzung bei der Einkommensermittlung erfolgt insoweit nicht (R 48 Abs. 2 Satz 2 KStR).[3]

- **Nicht abziehbare Aufwendungen**

Dem Jahresüberschuss sind die nicht abziehbaren Aufwendungen hinzuzurechnen. Dazu gehören nach § 10 Nr. 2 KStG u. a. die Steuern vom Einkommen und sonstige Personensteuern. Da die S-GmbH in ihrer Gewinn-und-Verlust-Rechnung die **Körperschaftsteuer** und den Solidaritätszuschlag zur Körperschaftsteuer als Betriebsausgabe ausgewiesen hat, sind diese bei der Ermittlung des Einkommens dem Jahresüberschuss wieder hinzuzurechnen.

Der Jahresüberschuss erhöht sich demgemäß um 48.000 € und 2.640 €. Dasselbe gilt für die von der erhaltenen Gewinnausschüttung einbehaltene Kapitalertragsteuer von 6.000 € und den Solidaritätszuschlag zur Kapitalertragsteuer von 330 € = Gewinnerhöhung 6.330 €.

Säumniszuschläge sind als steuerliche Nebenleistungen, soweit sie mit nicht abziehbaren Steuern – hier Körperschaftsteuer – im Zusammenhang stehen, nicht abziehbar (§ 10 Nr. 2 KStG; R 48 Abs. 2 KStR); Erhöhung 2.400 €.

Nach § 4 Abs. 5 b EStG ist die Gewerbesteuer, die für Erhebungszeiträume ab 2008 erhoben wird, eine nicht abziehbare Ausgabe (§ 53 Abs. 12 Satz 7 EStG). Entsprechendes gilt für die steuerlichen Nebenleistungen zur Gewerbesteuer. Daher ist sowohl die Gewerbesteuer für das Wirtschaftsjahr 04/05 als auch der Säumniszuschlag zur Gewerbesteuer 04 gem. § 4 Abs. 5 b EStG bei der Ermittlung des Einkommens dem Jahresüberschuss hinzuzurechnen.

Da die Gewerbesteuernachzahlung für 03 noch der Gewerbesteuer entspricht, die bis einschließlich Erhebungszeitraum 2007 erhoben wurde, ist diese Gewerbesteuer noch eine abziehbare Betriebsausgabe. Entsprechendes gilt für die Nachzahlungszinsen zur Gewerbesteuer 03.

Die Lohnsteuer ist keine nach § 10 Nr. 2 KStG nicht abziehbare Personensteuer der GmbH. Es handelt sich hierbei um die Steuer der Arbeitnehmer,

---

3 Nach dem BFH-Urteil vom 15.06.2010, DStR 2010 S. 1829, unterliegen Erstattungszinsen nach § 233 a AO nicht der Besteuerung, soweit sie auf Steuern entfallen, die gem. § 12 Nr. 3 EStG nicht abziehbar sind. Nach Auffassung des BFH werden durch § 12 Nr. 3 EStG bestimmte Steuern dem nichtsteuerbaren Bereich zugeordnet. Für den Bereich der Körperschaftsteuer hat dieses Urteil keine Bedeutung, da die Wirkung grundsätzlich auf die Einkommensteuer begrenzt ist, denn nur hier können Einnahmen dem nichtsteuerbaren Bereich des Steuerpflichtigen zugeordnet werden. Im Übrigen wurde abweichend von dieser geänderten Rechtsprechung durch das JStG 2010 vom 08.12.2010, BStBl I S. 1394, die Steuerpflicht der Erstattungszinsen in § 20 Abs. 1 Nr. 7 EStG ausdrücklich geregelt. Danach bleibt es auch rückwirkend bei der bisherigen Rechtsanwendung.

die von der GmbH als Arbeitgeber einzubehalten und abzuführen ist. Daher ist der Verspätungszuschlag keine nicht abziehbare Nebenleistung nach § 10 Nr. 2 KStG. Der Verspätungszuschlag zur Lohnsteuer ist als Betriebsausgabe abzugsfähig.

Die Geschenke an Geschäftsfreunde im Wert von jeweils über 35 € sind nach § 4 Abs. 5 Nr. 1 EStG nicht abziehbare Betriebsausgaben. Über § 8 Abs. 1 KStG gilt diese Vorschrift auch bei der Körperschaftsteuer und damit bei der Einkommensermittlung der GmbH. Die Nettoaufwendungen für die Geschenke von 6.000 € sind somit als nicht abziehbare Betriebsausgaben hinzuzurechnen. Die für die Geschenke aufgewendete Vorsteuer ist umsatzsteuerlich nach § 15 Abs. 1 a Nr. 1 UStG nicht abziehbar. Sie wurde daher auch als Betriebsausgabe erfasst. Nach § 10 Nr. 2 KStG ist jedoch diese nicht abziehbare Vorsteuer ebenfalls eine nicht abziehbare Ausgabe und daher bei der Einkommensermittlung dem Jahresüberschuss hinzuzurechnen. Hinzurechnung insgesamt 7.140 €.

Die **Geldbuße** ist nach § 8 Abs. 1 KStG, § 4 Abs. 5 Nr. 8 EStG nicht abziehbar. Das gilt auch für die Hinterziehungszinsen zur Umsatzsteuer nach § 235 AO (§ 8 Abs. 1 KStG i. V. m. § 4 Abs. 5 Nr. 8 a EStG). Erhöhung des Jahresüberschusses zur Ermittlung des Einkommens um insgesamt 7.000 € (5.000 € und 2.000 €).

Bei den **Aufsichtsratsvergütungen** ist gem. § 10 Nr. 4 KStG zu beachten, dass hiervon 50 % nicht abziehbare Aufwendungen darstellen. Die tatsächlich nachgewiesenen und erstatteten Aufwendungen an einzelne Aufsichtsratsmitglieder fallen nicht unter das teilweise Abzugsverbot (R 50 Abs. 1 Satz 3 KStR). Dem Jahresüberschuss sind somit nur 50 % von 5.000 € = 2.500 € hinzuzurechnen.

- **Zahlungen auf Besserungsscheine**

Die nachträglichen, aus dem Gewinn des Wirtschaftsjahres 04/05 erfolgten Zahlungen an die Inhaber der Besserungsscheine einschließlich der damit zusammenhängenden Aufwendungen sind in voller Höhe als Betriebsausgaben abzugsfähig. (Nähere Einzelheiten dazu vgl. Fall 19.)

- **Spenden**

Spenden können nach § 9 Abs. 1 Nr. 2 KStG innerhalb des allgemeinen Spendenrahmens abgezogen werden, wenn die für den Spendenabzug erforderlichen Voraussetzungen erfüllt sind (R 47 Abs. 1 KStR).

Zur Ermittlung der Bemessungsgrundlage für die Berechnung des Spendenhöchstbetrages nach § 9 Abs. 1 Nr. 2 KStG sind zunächst alle als Aufwand verbuchten Spenden dem Jahresüberschuss hinzuzurechnen (§ 9 Abs. 2 KStG). Danach wird über die Abzugsfähigkeit der einzelnen Spenden nach § 9 Abs. 1 Nr. 2 KStG entschieden. Parteispenden sind keine Betriebsausgaben (§ 4 Abs. 6 EStG).

Da Spenden an politische Parteien in § 9 Abs. 1 Nr. 2 KStG nicht erwähnt sind, dürfen sie nicht als abzugsfähige Spenden bei der Einkommensermittlung berücksichtigt werden. Sie sind damit nicht abzugsfähig.

Bei den übrigen Spenden handelt es sich um Zuwendungen für gemeinnützige Zwecke i. S. des § 52 AO:

Spende an die Deutsche Sporthilfe: § 52 Abs. 2 Nr. 21 AO

Spende an die Stiftung zur Förderung des demokratischen Staatswesens: § 52 Abs. 2 Nr. 24 AO

Spende an das Deutsche Rote Kreuz: § 52 Abs. 2 Nr. 11 AO

Spende an den Theaterförderverein: § 52 Abs. 2 Nr. 5 AO

Spende an die Universität: § 52 Abs. 2 Nr. 1 AO

Alle Spenden sind somit bis zur Höhe von 20 % des Einkommens i. S. des § 9 Abs. 2 KStG bzw. bis zur Höhe von 4 ‰ der Summe der gesamten Umsätze und der im Kalenderjahr aufgewendeten Löhne und Gehälter abzugsfähig.

Bei der Sachspende an das medizinische Institut handelt es sich um eine Entnahme eines Wirtschaftsguts aus dem Betriebsvermögen. Daher ist zu prüfen, mit welchem Wert diese Entnahme bei der Gewinnermittlung anzusetzen ist. Nach § 8 Abs. 1 KStG i. V. m. § 6 Abs. 1 Nr. 4 Satz 4 EStG kann die Entnahme der Sachspende mit dem Buchwert erfolgen, wobei jedoch der Spendenabzug den bei der Entnahme angesetzten Wert nicht überschreiten darf (§ 9 Abs. 2 Satz 3 KStG i. V. m. § 6 Abs. 1 Nr. 4 Satz 4 EStG).

Auf diese Sachspende fällt auch Umsatzsteuer an. Es handelt sich hierbei um eine unentgeltliche Wertabgabe, die nach § 3 Abs. 1 b Nr. 1 UStG einer Lieferung gleichgestellt wird. Somit liegt gem. § 1 Abs. 1 Nr. 1 UStG ein steuerbarer Umsatz vor, der auch steuerpflichtig ist. Bemessungsgrundlage für diesen Umsatz ist nach § 10 Abs. 4 Nr. 1 UStG der Einkaufspreis. Die Umsatzsteuer beträgt somit 19 % von 20.000 € = 3.800 €. Diese wurde bisher noch nicht im Jahresabschluss 04/05 erfasst. Der Spendenaufwand ist um die abzuführende Umsatzsteuer zu erhöhen und in der Bilanz 31.05.05 ist eine entsprechende Umsatzsteuerverbindlichkeit auszuweisen. Dadurch vermindert sich der bisherige Jahresüberschuss um 3.800 €. Nach § 10 Nr. 2 KStG ist diese Umsatzsteuer eine nicht abziehbare Ausgabe, die bei der Einkommensermittlung dem Jahresüberschuss wieder hinzuzurechnen ist. Gleichzeitig erhöht diese Umsatzsteuer aber auch den im Rahmen des Spendenabzugs anzusetzenden Spendenbetrag (R 10 b.1 Abs. 1 Satz 4 EStR).

Die Ermittlung der abzugsfähigen Spenden mit höchstens 20 % des Einkommens kann erst im Rahmen der Einkommensermittlung erfolgen.

Für den Spendenhöchstbetrag von der Summe aus Umsätzen, Löhnen und Gehältern ist zu beachten, dass hier nicht die im abweichenden Wirtschaftsjahr angefallenen Beträge maßgebend sind. Es sind hier die Umsätze, Löhne und Gehälter des Kalenderjahres 05 zugrunde zu legen (R 47 Abs. 4 KStR).

Summe der Umsätze, Löhne und Gehälter vom 01.01. bis 31.12.05:

3.200.000 € + 4.480.000 € = 7.680.000 €
davon 4 ‰ = 30.720 €

Ermittlung des zu versteuernden Einkommens für den VZ 05

Jahresüberschuss lt. Handelsbilanz		128.104 €
Korrektur: Umsatzsteuer auf Sachspende	⁒	3.800 €
Korrigierter Jahresüberschuss		124.304 €
⁒ nicht der KSt unterliegende Vermögensmehrung (Investitionszulage)	⁒	20.000 €
⁒ steuerfreier Beteiligungsertrag (§ 8 b Abs. 1 KStG)	⁒	24.000 €
+ nicht abzugsfähige Betriebsausgabe (§ 8 b Abs. 5 KStG)	+	1.200 €
⁒ Steuererstattungen (KSt und SolZ 02)	⁒	3.165 €
+ nicht abziehbare Steuern und Nebenleistungen gem. § 10 Nr. 2 KStG		
einbehaltene anrechenbare KapSt	+	6.000 €
Solidaritätszuschlag zur KapSt	+	330 €
KSt, Solidaritätszuschlag und Säumniszuschlag (48.000 €+ 2.640 € + 2.400 €)	+	53.040 €
+ nicht abziehbare GewSt und Nebenleistungen (§ 4 Abs. 5 b EStG) (42.000 € + 2.100 €)	+	44.100 €
+ Geschenke (§ 4 Abs. 5 Nr. 1 EStG)	+	6.000 €
+ nicht abziehbare Vorsteuer (§ 10 Nr. 2 KStG)	+	1.140 €
+ Geldbuße (§ 4 Abs. 5 Nr. 8 EStG)	+	5.000 €
+ Hinterziehungszinsen zur USt (§ 4 Abs. 5 Nr. 8 a EStG)	+	2.000 €
+ Aufsichtsratsvergütung (§ 10 Nr. 4 KStG)	+	2.500 €
+ Umsatzsteuer auf Sachspende (§ 10 Nr. 2 KStG)	+	3.800 €
+ sämtliche als Aufwand gebuchte Spenden	+	49.000 €
= Einkommen i. S. des § 9 Abs. 2 KStG		251.249 €

Spendenabzug gem. § 9 Abs. 1 Nr. 2 KStG

Summe der abzugsfähigen Spenden:		
Spende an die Deutsche Sporthilfe		13.000 €
Spende an die Stiftung zur Förderung des demokratischen Staatswesens		10.000 €
Spende an das Deutsche Rote Kreuz		8.000 €
Spende an den Theaterförderverein		6.000 €
Spende an die Universität		
Buchwert	8.000 €	
Umsatzsteuer	+ 3.800 €	
	11.800 €	11.800 €
Summe		48.800 €

Spendenabzug höchstens 20 % von 251.249 € = 50.250 €	
oder: 4 ‰ der Summe der Umsätze, Löhne und Gehälter 4 ‰ von 7.680.000 € = 30.720 €	⁒ 48.800 €
zu versteuerndes Einkommen	202.449 €

Fall 13

Spendenabzug, Spendenvortrag

KStG § 8 Abs. 1 und 2, §§ 9, 10, 23; EStG § 4 Abs. 5 b, § 10 d Abs. 4; InvZulG 2010 § 13; AO §§ 51, 52, 54; UStG § 3 Abs. 1 b und 9 a, § 10 Abs. 4

Sachverhalt

Die Spendabel-GmbH, mit Sitz und Geschäftsleitung in Stuttgart, ist in der IT-Branche tätig. Ihr Unternehmen umfasst sowohl die Computerherstellung als auch den Vertrieb sowie die Beratung im Computer- und Internetbereich. Für die Wirtschaftsjahre 07 bis 09 werden die Jahresabschlüsse auf den 31.12. des jeweiligen Wirtschaftsjahres eingereicht und die folgenden Gewinn-und-Verlust-Rechnungen in gekürzter Fassung vorgelegt.

Wirtschaftsjahr 07:

Aufwand	Gewinn-und-Verlust-Rechnung 07		Ertrag
Wareneinsatz	1.700.000 €	Umsatzerlöse Verkauf	3.500.000 €
Löhne, Gehälter	1.000.000 €	Umsatzerlöse Beratung	600.000 €
Abschreibungen	52.000 €		
KSt 07	32.280 €		
SolZ 07	1.775 €		
GewSt 07	31.635 €		
Spenden und Mitgliedsbeiträge	83.200 €		
übrige Aufwendungen	1.049.000 €		
Jahresüberschuss	150.110 €		
	4.100.000 €		4.100.000 €

Die Spenden und Mitgliedsbeiträge i. H. von 83.200 € setzen sich wie folgt zusammen:

Spende an die SPD	1.500 €
Mitgliedsbeitrag an den Förderverein der Berufsfachschule	300 €
Spende an den Förderverein des Rotary Clubs Stuttgart	15.000 €
Spende an das THW	10.000 €
Spende an die evangelische Kirche	5.000 €
Spende an das DRK	15.000 €

Spende an die Uni Karlsruhe für das Forschungslabor	12.000 €
Mitgliedsbeitrag an den Stuttgarter Sportverein „Schneller Ball"	200 €
Spende an den Stuttgarter Sportverein „Schneller Ball"	6.000 €
Spende an die Wilhelmstraßen-GbR zum Bau eines Mehrgenerationenhauses	14.000 €
Sachspende an den Schulförderverein des Albert-Schweitzer-Gymnasiums	4.200 €

Im September 07 spendete die S-GmbH 10 Computer an den Schulförderverein des Albert-Schweitzer-Gymnasiums zum Buchwert von insgesamt 4.200 € für die Einrichtung eines neuen Computerraums in der Schule. Der Buchwert entsprach den Selbstkosten, der Verkaufspreis für die 10 Computer hätte brutto 7.735 € betragen. Der Schulförderverein bescheinigte in der Zuwendungsbescheinigung den Buchwert der Computer.

Für die Spende an die Wilhelmstraßen-GbR liegt keine ordnungsgemäße Spendenbescheinigung vor. Die übrigen Spenden und der Mitgliedsbeitrag an den Förderverein der Berufsfachschule sind durch ordnungsgemäße Zuwendungsbescheinigungen nachgewiesen.

Wirtschaftsjahr 08:

Gewinn-und-Verlust-Rechnung 08

Aufwand		Ertrag	
Wareneinsatz	1.350.000 €	Umsatzerlöse Verkauf	2.800.000 €
Löhne, Gehälter	1.300.000 €	Umsatzerlöse Beratung	400.000 €
Abschreibungen	54.000 €	Investitionszulage	300.000 €
Spenden und Mitgliedsbeiträge	52.000 €	KSt-Erstattung 07	5.145 €
übrige Aufwendungen	513.000 €	SolZ-Erstattung 07	283 €
Jahresüberschuss	235.628 €		
	3.505.428 €		3.505.428 €

Die Spenden und Mitgliedsbeiträge i. H. von 52.000 € setzen sich wie folgt zusammen:

Spende an die CDU	1.500 €
Mitgliedsbeitrag an den Förderverein der Berufsfachschule	300 €
Mitgliedsbeitrag an den Stuttgarter Sportverein „Schneller Ball"	200 €
Spende an den Stuttgarter Sportverein „Schneller Ball"	5.000 €
Spende an die Arbeiterwohlfahrt	20.000 €
Spende an den Verein zur Unterstützung krebskranker Kinder	10.000 €
Spende an das DRK	10.000 €
Spende an den Weißen Ring e.V.	5.000 €

Bei der Zuwendung an den Weißen Ring handelt sich hier um eine als Spende verbuchte Zahlung in Erfüllung einer vom Amtsgericht Stuttgart gem. § 153 a StPO zum Abschluss eines Strafverfahrens wegen Umweltverschmutzung ausgesprochenen Auflage.

Die übrigen Spenden und der Mitgliedsbeitrag an den Förderverein der Berufsfachschule sind durch ordnungsgemäße Zuwendungsbescheinigungen nachgewiesen.

Im Rahmen einer vom Schulförderverein des Albert-Schweitzer-Gymnasiums durchgeführten Präventionswoche zum Thema: „Gefahren im Internet und Regeln für den Umgang mit Social Networks" hielt die S-GmbH mehrere Vorträge in den verschiedenen Klassenstufen. Für diese Vorträge wurden dem Schulförderverein keine Rechnungen gestellt, da im Vorfeld vereinbart wurde, dass die S-GmbH diese Leistungen auf Spendenbasis erbringt. Im Zusammenhang mit den Vorträgen entstanden bei der GmbH Lohnaufwendungen i. H. von 1.500 €, die als Betriebsausgaben erfasst wurden. Da der Schulförderverein bisher keine Spendenbescheinigung erteilt hat, wurden keine weiteren Buchungen durchgeführt.

Wirtschaftsjahr 09:

Aufwand		Gewinn-und-Verlust-Rechnung 09	Ertrag
Wareneinsatz	2.100.000 €	Umsatzerlöse Verkauf	4.600.000 €
Löhne, Gehälter	1.600.000 €	Umsatzerlöse Beratung	700.000 €
Abschreibungen	85.000 €		
KSt 09	51.510 €		
SolZ 09	2.833 €		
GewSt 09	50.480 €		
Spenden und Mitgliedsbeiträge	46.700 €		
übrige Aufwendungen	1.095.000 €		
Jahresüberschuss	268.477 €		
	5.300.000 €		5.300.000 €

Die Spenden und Mitgliedsbeiträge i. H. von 46.700 € setzen sich wie folgt zusammen:

Spende an die FDP	1.500 €
Mitgliedsbeitrag an den Förderverein der Berufsfachschule	300 €
Mitgliedsbeitrag an den Stuttgarter Sportverein „Schneller Ball"	200 €
Spende an den Stuttgarter Sportverein „Schneller Ball"	4.700 €
Spende an die Robert Bosch Stiftung	40.000 €

Die Spenden und der Mitgliedsbeitrag an den Förderverein der Berufsfachschule sind durch ordnungsgemäße Zuwendungsbescheinigungen nachgewiesen.

Frage

1. Welche Zuwendungen können in den Wirtschaftsjahren 07 bis 09 im Rahmen der Höchstbeträge nach § 9 Abs. 1 Nr. 2 KStG berücksichtigt werden?
2. Wie hoch sind die Höchstbeträge für den Spendenabzug in den Jahren 07 bis 09?
3. Wie hoch ist das zu versteuernde Einkommen und der tatsächliche Spendenabzug in den VZ 07 bis 09?
4. Welche verbleibenden Spendenvorträge sind zum Schluss der VZ 07 bis 09 gesondert festzustellen?

Antwort

1. Die steuerbegünstigten Zuwendungen i. S. des § 9 Abs. 1 Nr. 2 KStG betragen im Wirtschaftsjahr 07: 68.298 €, im Wirtschaftsjahr 08: 45.300 €, im Wirtschaftsjahr 09: 45.000 €.
2. Die Spendenhöchstbeträge betragen:

   Wirtschaftsjahr 07: 20 % von 299.000 € = 59.800 € oder 4 ‰ von 5.100.000 € = 20.400 €

   Wirtschaftsjahr 08: keine 20 %-Grenze, da negatives Einkommen; 4 ‰ von 4.500.000 € = 18.000 €

   Wirtschaftsjahr 09: 20 % von 420.000 € = 84.000 € oder 4 ‰ von 6.900.000 € = 27.600 €
3. Das zu versteuernde Einkommen beträgt im

   VZ 07: 239.200 €
   VZ 08: ⁒ 34.300 €
   VZ 09: 339.202 €

   Der Spendenabzug beträgt im

   VZ 07: 59.800 €
   VZ 08: 18.000 €
   VZ 09: 80.798 €
4. Die verbleibenden Zuwendungsvorträge nach § 9 Abs. 1 Nr. 2 Satz 9 und 10 KStG i. V. m. § 10 d Abs. 4 EStG werden
   zum 31.12.07 mit 8.498 €,
   zum 31.12.08 mit 35.798 € und
   zum 31.12.09 mit 0 € gesondert festgestellt.

Begründung

1. Nach § 9 Abs. 1 Nr. 2 KStG können vorbehaltlich des § 8 Abs. 3 KStG Zuwendungen zur Förderung steuerbegünstigter Zwecke i. S. der §§ 52 bis 54 AO an eine juristische Person des öffentlichen Rechts oder an eine öffentliche Dienststelle oder an eine nach § 5 Abs. 1 Nr. 9 KStG steuerbefreite Körperschaft im Rahmen der in § 9 Abs. 1 Nr. 2 Satz 1 Buchst. a oder b KStG genannten Höchstbeträge bei der Ermittlung des zu versteuernden Einkommens abgezogen werden. Begünstigt sind auch Zuwendungen an eine öffentliche Dienststelle, die in einem Mitgliedstaat der Europäischen Union oder des Europäischen Wirtschaftsraums liegt. Entsprechendes gilt für Zuwendungen an Körperschaften in diesen Staaten, die nach § 5 Abs. 1 Nr. 9 KStG steuerbefreit wären.

Unter den Begriff Zuwendungen fallen Spenden und Mitgliedsbeiträge. Da für die Frage der Abziehbarkeit der Zuwendungen i. S. des § 9 Abs. 1 Nr. 2 KStG die Vorschrift des § 50 EStDV und die Anweisungen der R 10 b.1 und 10 b.3 EStR anzuwenden sind (R 47 Abs. 1 KStR), müssen die steuerbegünstigten Zuwendungen durch eine Bestätigung des Empfängers nach amtlich vorgeschriebenem Vordruck (Zuwendungsbescheinigung) nachgewiesen werden. Der notwendige Inhalt einer Zuwendungsbestätigung ergibt sich aus den amtlichen Mustern, die für Zuwendungen ab dem 01.01.2007 mit BMF-Schreiben vom 13.12.2007[1] veröffentlicht worden sind.

Für die einzelnen Zuwendungen ist zunächst zu prüfen, ob es sich um Zuwendungen für steuerbegünstigte Zwecke i. S. der §§ 52 bis 54 AO handelt. Die begünstigten Institutionen fördern folgende Zwecke:

Förderverein der Berufsfachschule:	Förderung gemeinnütziger Zwecke i. S. des § 52 Abs. 2 Nr. 7 AO
Förderverein des Rotary Clubs Stuttgart:	Förderung gemeinnütziger Zwecke i. S. des § 52 Abs. 2 Nr. 4, 5, 7, 13 AO
THW:	Förderung gemeinnütziger Zwecke i. S. des § 52 Abs. 2 Nr. 12 AO
Evangelische Kirche:	Förderung kirchlicher Zwecke i. S. des § 54 AO
DRK:	Förderung gemeinnütziger Zwecke i. S. des § 52 Abs. 2 Nr. 11 AO
Forschungslabor der Uni Karlsruhe:	Förderung gemeinnütziger Zwecke i. S. des § 52 Abs. 2 Nr. 1 AO
Sportverein „Schneller Ball":	Förderung gemeinnütziger Zwecke i. S. des § 52 Abs. 2 Nr. 21 AO
Schulförderverein Albert-Schweitzer-Gymnasium:	Förderung gemeinnütziger Zwecke i. S. des § 52 Abs. 2 Nr. 4 und 7 AO
Arbeiterwohlfahrt:	Förderung gemeinnütziger Zwecke i. S. des § 52 Abs. 2 Nr. 9 AO
Verein zur Unterstützung krebskranker Kinder:	Förderung gemeinnütziger Zwecke i. S. des § 52 Abs. 2 Nr. 3 AO
Weißer Ring e.V.:	Förderung gemeinnütziger Zwecke i. S. des § 52 Abs. 2 Nr. 20 AO
Robert Bosch Stiftung:	Förderung gemeinnütziger Zwecke i. S. des § 52 Abs. 2 Nr. 1 AO

Bei den Mitgliedsbeiträgen an steuerbegünstigte Institutionen ist zu beachten, dass Mitgliedsbeiträge an Körperschaften, die die in § 9 Abs. 1 Nr. 2 Satz 8 Nr. 1 bis 4 KStG genannten Zwecke fördern, nicht abziehbar sind. Der Mitgliedsbeitrag an den Stuttgarter Sportverein „Schneller Ball" ist ein Mitgliedsbeitrag für die Förderung gemeinnütziger Zwecke i. S. des § 52 Abs. 2 Nr. 21 AO (Förderung der Sports), der nach § 9 Abs. 1 Nr. 2 Satz 8 Nr. 1 KStG nicht abziehbar ist. Aus diesem Grund kann der Mitgliedsbeitrag an den Stuttgarter Sportverein „Schneller Ball" in den Wirtschaftsjahren 07 bis 09 nicht als steuerbegünstigte Zuwendung i. S. des § 9 Abs. 1 Nr. 2 KStG berücksichtigt werden.

Spenden an politische Parteien sind nach § 4 Abs. 6 EStG keine Betriebsausgaben. Da Zuwendungen an politische Parteien in § 9 Abs. 1 Nr. 2 KStG nicht als steuerbegünstigter Zweck genannt sind, sind sie nicht als abzugsfähige Spende bei der Einkommensermittlung zu berücksichtigen. Die Parteispenden können in den Wirtschaftsjahren 07 bis 09 ebenfalls nicht als steuerbegünstigte Zuwendung nach § 9 Abs. 1 Nr. 2 KStG angesetzt werden.

---

1 BStBl 2008 I S. 4.

Die Höhe der abzugsfähigen Zuwendungen ermittelt sich nach den im Wirtschaftsjahr geleisteten Zahlungen. Damit ergibt sich für die einzelnen Wirtschaftsjahre Folgendes:

Wirtschaftsjahr 07

Die Zuwendung an die Wilhelmstraßen-GbR (W-GbR) zum Bau eines Mehrgenerationenhauses kann nicht als steuerbegünstigte Spende berücksichtigt werden. Die W-GbR ist eine Personengesellschaft und damit keine Körperschaft i. S. des § 51 AO. Voraussetzung für den Spendenabzug i. S. des § 9 Abs. 1 Nr. 2 KStG ist, dass die Zuwendung an einen in § 9 Abs. 1 Nr. 2 Satz 2 Buchst. a bis c KStG genannten Zuwendungsempfänger geleistet wird. Die W-GbR ist aber kein Zuwendungsempfänger i. S. des § 9 Abs. 1 Nr. 2 Satz 2 Buchst. a bis c KStG. Außerdem handelt es sich bei der Zuwendung für ein Mehrgenerationenhaus nicht um eine Zuwendung für einen in § 52 Abs. 2 AO aufgeführten steuerbegünstigten Zweck, denn allein die Überlassung von Wohnraum an nicht bedürftige Personen, Gruppen oder Familien ist weder mildtätig noch unmittelbar gemeinnützig. Aus diesen Gründen konnte für diese Zuwendung auch keine ordnungsgemäße Zuwendungsbescheinigung vorgelegt werden.

Bei der Spende der 10 Computer an den Schulförderverein handelt es sich um eine Sachspende i. S. des § 9 Abs. 2 Satz 2 KStG. Der Wert dieser Sachspende ist nach § 6 Abs. 1 Nr. 4 Satz 1 und 4 EStG zu ermitteln und ist somit entweder mit dem Teilwert oder dem Buchwert anzusetzen. Die S-GmbH hat sich für den Buchwertansatz entschieden, da auf der Spendenbescheinigung der Buchwert als Sachspende bescheinigt wurde.

Diese Sachspende unterliegt auch der Umsatzsteuer. Es handelt sich hierbei um eine unentgeltliche Wertabgabe nach § 3 Abs. 1 b Nr. 1 UStG und somit um einen steuerbaren und steuerpflichtigen Umsatz. Bemessungsgrundlage für diesen Umsatz ist nach § 10 Abs. 4 Nr. 1 UStG der Einkaufspreis oder die Selbstkosten. Hier werden die Selbstkosten i. H. von 4.200 € als Bemessungsgrundlage angesetzt. Die Umsatzsteuer beträgt somit 19 % von 4.200 € = 798 €, die von der S-GmbH an das Finanzamt zu bezahlen ist. Dieser Umsatzsteueraufwand wurde im Jahresabschluss 07 bisher noch nicht berücksichtigt und mindert daher den Jahresüberschuss um 798 €. In der Bilanz zum 31.12.07 ist eine entsprechende Umsatzsteuerverbindlichkeit auszuweisen. Nach § 10 Nr. 2 KStG ist diese Umsatzsteuer eine nicht abziehbare Ausgabe, die bei der Einkommensermittlung dem Jahresüberschuss wieder hinzuzurechnen ist. Gleichzeitig erhöht diese Umsatzsteuer auch den im Rahmen des Spendenabzugs anzusetzenden Spendenbetrag (R 10 b.1 Abs. 1 Satz 4 EStR).

Die übrigen Zuwendungen – mit Ausnahme der Spende an die CDU – dienen der Förderung gemeinnütziger und kirchlicher Zwecke (§§ 52 und 54 AO) und sind – mit Ausnahme des Mitgliedsbeitrags an den Sportverein – auch durch ordnungsgemäße Zuwendungsbescheinigungen nachgewiesen. Insoweit handelt es sich um steuerbegünstigte Zuwendungen i. S. des § 9 Abs. 1 Nr. 2 KStG, die im Rahmen der Höchstbeträge bei der Einkommensermittlung abzuziehen sind. Der Mitgliedsbeitrag an den Sportverein ist (wie bereits oben ausgeführt) nach § 9 Abs. 2 Nr. 1 Satz 8 Nr. 1 KStG nicht abziehbar.

Die abzugsfähigen Zuwendungen ermitteln sich wie folgt:

Mitgliedsbeitrag an den Förderverein der Berufsfachschule		300 €
Spende an den Förderverein des Rotary Clubs Stuttgart		15.000 €
Spende an das THW		10.000 €
Spende an die evangelische Kirche		5.000 €
Spende an das DRK		15.000 €
Spende an die Uni Karlsruhe für das Forschungslabor		12.000 €
Spende an den Stuttgarter Sportverein „Schneller Ball"		6.000 €
Sachspende an den Schulförderverein Albert-Schweitzer-Gymnasium		
Buchwert	4.200 €	
Umsatzsteuer auf Sachspende	798 €	4.998 €
Summe		68.298 €

Wirtschaftsjahr 08

Spenden sind Ausgaben, die der Steuerpflichtige freiwillig und unentgeltlich (ohne Gegenleistung) zur Förderung steuerbegünstigter Zwecke leistet. Zahlungen an eine gemeinnützige Einrichtung zur Erfüllung einer Auflage nach § 153 a StPO sind nicht als Spende abziehbar, weil die Zahlung zur Einstellung des Strafverfahrens dient und damit ein wirtschaftlicher Vorteil, also eine Gegenleistung, vorliegt. Daher ist die Spende an den Weißen Ring e.V. nicht als steuerbegünstigte Zuwendung zu berücksichtigen.

Die durch die Durchführung der Vorträge im Rahmen der Präventionswoche auf Spendenbasis für den Schulförderverein des Albert-Schweitzer-Gymnasiums entstandenen Lohnaufwendungen stellen Spendenaufwand dar, sodass eine Umbuchung durchzuführen ist (Spendenaufwand an Lohnaufwand 1.500 €). Allerdings kann diese Spende durch die Abhaltung von Vorträgen nicht als Zuwendung nach § 9 Abs. 1 Nr. 2 KStG berücksichtigt werden. Nach § 9 Abs. 2 Satz 2 KStG sind als Zuwendungen auch die Zuwendungen von Wirtschaftsgütern mit Ausnahme von Nutzungen und Leistungen anzusetzen. Da es sich bei den Vorträgen um die Zuwendung von Leistungen handelt, liegt keine steuerbegünstigte Zuwendung i. S. des § 9 Abs. 1 Nr. 2 KStG vor. Der Schulförderverein hat somit richtigerweise keine Spendenbestätigung ausgestellt.

Mit der unentgeltlichen Durchführung der Vorträge hat die S-GmbH eine umsatzsteuerbare Leistung i. S. des § 3 Abs. 9 a Nr. 2 UStG erbracht, die auch umsatzsteuerpflichtig ist. Bemessungsgrundlage für diesen Umsatz sind nach § 10 Abs. 4 Nr. 3 UStG die bei der Ausführung dieser Leistung entstandenen Ausgaben, somit die Lohnkosten i. H. von 1.500 €. Die

Umsatzsteuer beträgt 19 % von 1.500 € = 285 €, die von der S-GmbH an das Finanzamt zu bezahlen ist. Dieser Umsatzsteueraufwand wurde im Jahresabschluss 08 bisher noch nicht berücksichtigt und mindert daher den Jahresüberschuss um 285 €. In der Bilanz zum 31.12.08 ist eine entsprechende Umsatzsteuerverbindlichkeit auszuweisen. Nach § 10 Nr. 2 KStG ist diese Umsatzsteuer eine nicht abziehbare Ausgabe, die bei der Einkommensermittlung dem Jahresüberschuss wieder hinzuzurechnen ist.

Die übrigen Zuwendungen – mit Ausnahme der Parteispende an die CDU und dem Mitgliedsbeitrag an den Sportverein – sind alle als steuerbegünstigte Zuwendungen i. S. des § 9 Abs. 1 Nr. 2 KStG zu berücksichtigen, da insoweit auch ordnungsgemäße Zuwendungsbescheinigungen vorliegen. Es ergeben sich damit die nachfolgenden zu berücksichtigenden Zuwendungen:

Mitgliedsbeitrag an den Förderverein der Berufsfachschule	300 €
Spende an den Stuttgarter Sportverein „Schneller Ball"	5.000 €
Spende an die Arbeiterwohlfahrt	20.000 €
Spende an den Verein zur Unterstützung krebskranker Kinder	10.000 €
Spende an das DRK	10.000 €
Summe	45.300 €

Wirtschaftsjahr 09

Alle Zuwendungen – mit Ausnahme der Parteispende und dem Mitgliedsbeitrag an den Sportverein – sind begünstigte Zuwendungen i. S. des § 9 Abs. 1 Nr. 2 KStG, die im Rahmen der Höchstbeträge bei der Einkommensermittlung zu berücksichtigen sind.

Mitgliedsbeitrag an den Förderverein der Berufsfachschule	300 €
Spende an den Stuttgarter Sportverein „Schneller Ball"	4.700 €
Spende an die Robert Bosch Stiftung	40.000 €
Summe	45.000 €

2. Der Spendenabzug beträgt entweder 20 % des Einkommens (§ 9 Abs. 1 Nr. 2 Satz 1 Buchst. a KStG) oder 4 ‰ der Summe der gesamten Umsätze und der im Kalenderjahr aufgewendeten Löhne und Gehälter (§ 9 Abs. 1 Nr. 2 Satz 1 Buchst. b KStG). Maßgebliches Einkommen i. S. des § 9 Abs. 2 Satz 1 KStG ist das Einkommen des jeweiligen VZ vor Abzug sämtlicher Spenden und Beiträge und vor Abzug des Verlustabzugs.

Der Höchstbetrag von 20 % des Einkommens kann erst im Rahmen der Einkommensermittlung berechnet werden. Er beträgt (vgl. Ermittlung bei Nr. 3):

im Wj. 07: 20 % von 299.000 € = 59.800 €
im Wj. 08: negatives Einkommen i. S. des § 9 Abs. 2 KStG, somit keine 20 %-Grenze
im Wj. 09: 20 % von 420.000 € = 84.000 €

Für den Höchstbetrag von 4 ‰ der Umsätze, Löhne und Gehälter sind die Umsätze, Löhne und Gehälter des jeweiligen Kalenderjahrs zugrunde zu legen. Der Höchstbetrag ermittelt sich in den Kalenderjahren 07 bis 09 wie folgt:

	Kj. 07	**Kj. 08**	**Kj. 09**
Umsätze	4.100.000 €	3.200.000 €	5.300.000 €
Löhne und Gehälter	1.000.000 €	1.300.000 €	1.600.000 €
Summe	5.100.000 €	4.500.000 €	6.900.000 €
davon 4 ‰	20.400 €	18.000 €	27.600 €

3. Ausgangsgröße für die Ermittlung des zu versteuernden Einkommens der S-GmbH für die VZ 07 bis 09 ist jeweils der Jahresüberschuss der Jahre 07 bis 09, da die S-GmbH ein mit dem Kalenderjahr übereinstimmendes Wirtschaftsjahr hat. Nach § 8 Abs. 2 KStG sind alle Einkünfte als Einkünfte aus Gewerbebetrieb zu behandeln.

Veranlagungszeitraum 07 = Wirtschaftsjahr 07

Jahresüberschuss lt. GuV	150.110 €
Umsatzsteueraufwand für die Sachspende an den Schulförderverein	./. 798 €
korrigierter Jahresüberschuss	149.312 €

Sowohl die Körperschaftsteuer 07 als auch der Solidaritätszuschlag 07 sind als Steuern vom Einkommen und Ertrag bei der Einkommensermittlung nach **§ 10 Nr. 2 KStG** hinzuzurechnen. Die Umsatzsteuer für die Sachspende ist ebenfalls nach § 10 Nr. 2 KStG als nicht abziehbare Ausgabe hinzuzurechnen.

KSt 07	+ 32.280 €
SolZ 07	+ 1.775 €
USt für Sachspende	+ 798 €

Der Gewerbesteuer-Aufwand, der für Erhebungszeiträume ab 2008 erhoben wird, ist nach **§ 4 Abs. 5 b** i. V. m. § 52 Abs. 12 Satz 7 **EStG** eine nicht abzugsfähige Betriebsausgabe.

GewSt 07	+ 31.635 €

Für die Ermittlung des nach § 9 Abs. 2 KStG maßgebenden Einkommens sind zunächst **sämtliche** als Aufwand gebuchten **Spenden und Mitgliedsbeiträge** bei der Einkommensermittlung hinzuzurechnen.

	+ 83.200 €
Einkommen i. S. des § 9 Abs. 2 KStG	299.000 €

Spendenabzug § 9 Abs. 1 Nr. 2 KStG

steuerbegünstigte Zuwendungen	68.298 €	
max. gem. § 9 Abs. 1 Nr. 2 Satz 1 Buchst. a KStG		
20 % von 299.000 €	= 59.800 €	
oder gem. § 9 Abs. 1 Nr. 2 Satz 1 Buchst. b KStG		
4 ‰ von 5.100.000 €	= 20.400 €	
somit abzugsfähig		⁒ 59.800 €
zu versteuerndes Einkommen		239.200 €

Die nicht abzugsfähigen Spenden i. H. von 8.498 € (68.298 € ⁒ 59.800 €) sind gem. § 9 Abs. 1 Nr. 2 Satz 9 und 10 KStG zum Ende des VZ 07 gesondert festzustellen und können im Rahmen der Höchstbeträge in den folgenden VZ berücksichtigt werden.

Veranlagungszeitraum 08 = Wirtschaftsjahr 08

Jahresüberschuss	235.628 €
Umsatzsteueraufwand für die Leistungsspende an den Schulförderverein	⁒ 285 €
korrigierter Jahresüberschuss	235.343 €
Die **Investitionszulage** ist nach § 13 InvZulG 2010 **steuerfrei.**	⁒ 300.000 €
Die USt für die Sachspende ist nach **§ 10 Nr. 2 KStG** als nicht abziehbare Ausgabe hinzuzurechnen.	
USt für Sachspende	+ 285 €
Da die Körperschaftsteuer und der Solidaritätszuschlag im Jahr der Zahlung als nicht abziehbare Ausgabe bei der Einkommensermittlung hinzugerechnet wurden, ist die als Ertrag erfasste **Körperschaftsteuer- und Solidaritätszuschlagerstattung** 07 bei der Einkommensermittlung zu kürzen.	
KSt-Erstattung 07	⁒ 5.145 €
SolZ-Erstattung 07	⁒ 283 €
Für die Ermittlung des nach § 9 Abs. 2 KStG maßgebenden Einkommens sind wie in 07 sämtliche als Aufwand gebuchten Spenden und Mitgliedsbeiträge (52.000 €) bei der Einkommensermittlung hinzuzurechnen. Dabei ist auch der durch Umbuchung als Spende erfasste Lohnaufwand für die Leistungsspende (1.500 €) zu erfassen.	+ 53.500 €
Einkommen i. S. des § 9 Abs. 2 KStG	⁒ 16.300 €

Spendenabzug § 9 Abs. 1 Nr. 2 KStG

Spendenvortrag aus 07	8.498 €
steuerbegünstigte Zuwendungen aus 08	45.300 €
zusammen	53.798 €

Da das Einkommen negativ ist, greift die 20 %-Grenze nach § 9 Abs. 1 Nr. 2 Satz 1 Buchst. a KStG nicht. Der maximale Spendenabzug ermittelt sich nach § 9 Abs. 1 Nr. 2 Satz 1 Buchst. b KStG

4 ‰ von 4.500.000 €	= 18.000 €	
somit abzugsfähig		⁒ 18.000 €
zu versteuerndes Einkommen		⁒ 34.300 €

Die nicht abzugsfähigen Spenden i. H. von 35.798 € (53.798 € ⁒ 18.000 €) sind gem. § 9 Abs. 1 Nr. 2 Satz 9 und 10 KStG zum Ende des VZ 08 gesondert festzustellen und können im Rahmen der Höchstbeträge in den folgenden VZ berücksichtigt werden.

Hinweis: Das negative zu versteuernde Einkommen i. H. von 34.300 € kann nach § 10 d Abs. 1 EStG im Wege des Verlustrücktrags in den VZ 07 zurückgetragen werden. Außerdem ist eine gesonderte Feststellung für den verbleibenden Verlustabzug nach § 10 d Abs. 4 EStG durchzuführen. Der Verlustrücktrag hat keine Auswirkung auf die Spendenberücksichtigung in 07, da der Verlustabzug erst nach dem Spendenabzug vom Einkommen gekürzt wird.

Veranlagungszeitraum 09 = Wirtschaftsjahr 09

Jahresüberschuss	268.477 €
Hinzurechnungen nach § 10 Nr. 2 KStG (wie 07)	
KSt 09	+ 51.510 €
SolZ 09	+ 2.833 €
Hinzurechnung nach § 4 Abs. 5 b EStG (wie 07)	
GewSt 09	+ 50.480 €
Hinzurechnung sämtlicher Spenden und Beiträge (wie 07)	+ 46.700 €
Einkommen i. S. des § 9 Abs. 2 KStG	420.000 €

Spendenabzug § 9 Abs. 1 Nr. 2 KStG		
Spendenvortrag aus 08	35.798 €	
steuerbegünstigte Zuwendungen aus 09	45.000 €	
zusammen	80.798 €	
max. gem. § 9 Abs. 1 Nr. 2 Satz 1 Buchst. a KStG		
20 % von 420.000 €	= 84.000 €	
oder gem. § 9 Abs. 1 Nr. 2 Satz 1 Buchst. b KStG		
4 ‰ von 6.900.000 €	= 27.600 €	
somit sind die gesamten Spenden von 80.798 € abzugsfähig		⁒ 80.798 €
zu versteuerndes Einkommen		339.202 €

Der zum 31.12.08 festgestellte Spendenvortrag konnte im VZ 09 in voller Höhe berücksichtigt werden, sodass der Spendenvortrag zum 31.12.09 mit 0 € festzustellen ist.

4. Wie bereits in Nr. 3 erwähnt, sind abziehbare Zuwendungen, die die Höchstbeträge nach § 9 Abs. 1 Nr. 2 Satz 1 KStG überschreiten, im Rahmen der Höchstbeträge in den folgenden VZ abzuziehen. Hierfür ist der nicht berücksichtigte Betrag der abziehbaren Zuwendungen zum Ende des jeweiligen VZ gesondert festzustellen (§ 9 Abs. 1 Nr. 2 Satz 9 und 10 KStG i. V. m. § 10 d Abs. 4 EStG).

Für die VZ 07 bis 09 sind somit folgende gesonderte Feststellungen für den Spendenvortrag durchzuführen:

Veranlagungszeitraum 07

Zuwendungsvortrag zum 31.12.06	0 €
steuerbegünstigte Zuwendungen des VZ 07	+ 68.298 €
davon wurden nach § 9 Abs. 1 Nr. 2 KStG berücksichtigt	./. 59.800 €
verbleibender Zuwendungsvortrag zum 31.12.07	8.498 €

Veranlagungszeitraum 08

Festgestellter Zuwendungsvortrag zum 31.12.07	8.498 €
steuerbegünstigte Zuwendungen des VZ 08	+ 45.300 €
Zwischensumme	53.798 €
davon wurden nach § 9 Abs. 1 Nr. 2 KStG berücksichtigt	./. 18.000 €
verbleibender Zuwendungsvortrag zum 31.12.08	35.798 €

Veranlagungszeitraum 09

Festgestellter Zuwendungsvortrag zum 31.12.08	35.798 €
steuerbegünstigte Zuwendungen des VZ 09	+ 45.000 €
Zwischensumme	80.798 €
davon wurden nach § 9 Abs. 1 Nr. 2 KStG berücksichtigt	./. 80.798 €
verbleibender Zuwendungsvortrag zum 31.12.09	0 €

Fall 14

Zinsschranke

EStG § 4 h; KStG § 8 a, 14, 15; GewStG § 8

Sachverhalt

Die Hamburger Schiffsbau AG (HS AG) erzielte nach ihrer Gewinn-und-Verlust-Rechnung im Jahr 04 einen Gewinn i. H. von 600.000 €. In der Buchführung wurden Aufwendungen i. S. von § 10 KStG und § 4 Abs. 5 EStG i. H. von 400.000 € als Aufwand gebucht. Außerdem sind Zinsaufwendungen i. H. von 3.200.000 € und AfA-Beträge nach § 7 EStG i. H. von 1.000.000 € angefallen (als Betriebsausgaben erfasst). Zinserträge wies die

HS AG i. H. von 100.000 € aus; aus im Anlagevermögen gehaltenen Aktien an börsennotierten Unternehmen wurden Dividenden von 200.000 € vereinnahmt. Den ganz überwiegenden Teil der Zinsaufwendungen hat die HS AG an die Elbe-Bank gezahlt. Ein Betrag von 400.000 € entfällt davon auf kurzfristige Finanzierungen (Kontokorrentzinsen); der Restbetrag von 2.800.000 € rührt aus langfristigen Darlehen.

Muttergesellschaft der HS AG ist die Norddeutsche Schiffsholding AG (NSH AG), die sämtliche Anteile hält. In ihrem HGB-Konzernabschluss weist die NSH AG für sich und ihre Tochtergesellschaften eine Eigenkapitalquote von 27 % aus. Die HS AG verfügt aufgrund der guten Gewinnsituation in den letzten Jahren über eine Eigenkapitalquote von 30 %.

Für die von der Elbe-Bank gewährten Darlehen mussten sowohl die NSH AG als auch deren Hauptaktionär R. Eder (Beteiligung 45 %) eine Bürgschaft übernehmen. Die übrigen Aktien der NSH AG befinden sich im Streubesitz. Auf diese Streubesitzaktionäre konnte und wollte die Elbe-Bank zur Sicherung ihrer Darlehen nicht zugehen.

In den Vorjahren (02 und 03) sind Zinsaufwendungen i. H. von 2.700.000 € bzw. 2.800.000 € angefallen (die Gewinne haben jeweils 2.000.000 €, die AfA jeweils 1.000.000 € betragen).

Für angepachtetes Anlagevermögen hat die HS AG im Jahr 04 Pachtzahlungen i. H. von 800.000 € geleistet (davon 500.000 € für Grundstücke und 300.000 € für Maschinen und Fahrzeuge).

Die NSH AG hat im Jahr 04 ein ausgeglichenes Zinsergebnis erzielt (Zinsaufwendungen und Zinserträge jeweils 4 Mio. €).

Frage

1. Unterliegen die Zinsaufwendungen der HS AG im Jahr 04 der Zinsschranke?
2. Welche Auswirkungen hat die Zinsschranke auf die Gewerbesteuer der HS AG?
3. Wie wäre es, wenn zwischen der HS AG und der NSH AG eine steuerlich anzuerkennende Organschaft i. S. von §§ 14 ff. KStG vorliegen würde? Das körperschaftsteuerliche Einkommen der NSH AG im Jahr 04 beträgt 12 Mio. € (einschließlich dem Einkommen der Organgesellschaft HS AG).

Antwort

1. Die Zinsschranke ist bei der HS AG anwendbar. Ein Teilbetrag der Zinsen i. H. von 1.570.000 € ist deshalb im Jahr 04 nicht abzugsfähig und wird zum 31.12.04 als Zinsvortrag gesondert festgestellt.
2. Gewerbesteuerlich ergibt sich ein Hinzurechnungsbetrag i. S. von § 8 Nr. 1 GewStG i. H. von 460.000 €.

3. Auch im Organschaftsfall kommt die Zinsschranke zur Anwendung. Sie kommt allerdings auf der Ebene der NSH AG zum Tragen, da der Organkreis als ein Betrieb i. S. der Zinsschranke gilt.

Begründung

Zu Frage 1:

Hintergrund der Zinsschranke

Mit der Unternehmensteuerreform 2008 hat der Gesetzgeber eine sog. Zinsschranke in das Einkommensteuergesetz eingefügt.[1] Diese Zinsschranke ist grundsätzlich rechtsformneutral; sie ist deshalb – anders als ihre Vorgängerregelung in § 8 a KStG a. F. – im Einkommensteuergesetz geregelt (zur Anwendung von § 8 a KStG a. F. vgl. Fall 16 der Vorauflage). § 8 a KStG n. F. enthält lediglich noch flankierende Regelungen für Kapitalgesellschaften. Die Begrenzung der Gesellschafter-Fremdfinanzierung nach § 8 a KStG a. F. hatte sich in den Augen des Gesetzgebers nicht bewährt. Sie war einerseits zu gestaltungsanfällig und konnte andererseits durch geschickte Gestaltungen auch in ihr Gegenteil, nämlich eine Steuersparregelung, verkehrt werden. § 8 a KStG a. F. führte nämlich in seiner Rechtsfolge zu vGA, für die auf Empfängerseite allerdings Steuerbefreiungen zu gewähren waren, die für „normale Zinserträge" nicht in Betracht kamen.

Grundprinzip des § 4 h Abs. 1 EStG

Nach § 4 h Abs. 1 Satz 1 EStG sind Zinsaufwendungen zunächst bis zur Höhe der Zinserträge eines Betriebs abziehbar. Darüber hinaus können die Zinsaufwendungen bis zur Höhe des verrechenbaren EBITDA abgezogen werden. Das verrechenbare EBITDA wird in § 4 h Abs. 1 Satz 2 EStG definiert: 30 % des um die Zinsaufwendungen und um die nach § 6 Abs. 2 Satz 1 EStG abzuziehenden, nach § 6 Abs. 2 a Satz 2 EStG gewinnmindernd aufzulösenden und nach § 7 EStG abgesetzten Beträge erhöhten und um die Zinserträge verminderten maßgeblichen Gewinns. Der Begriff „EBITDA" ist der Betriebswirtschaftslehre entlehnt, wird steuerlich aber eigenständig definiert. EBITDA ist die Abkürzung von „earnings before interest, taxes, depreciation and amortization" (wörtlich übersetzt: „Ertrag vor Zinsen, Steuern, Abschreibungen auf Sachanlagen und Abschreibungen auf immaterielle Vermögensgegenstände").

Über § 8 a Abs. 1 Satz 1 KStG gilt die Zinsschranke auch für Körperschaften (und damit auch für die HS AG).

Für die Anwendung der Zinsschranke kommt es nicht darauf an, ob die Zinsaufwendungen aus lang- oder kurzfristigen Finanzierungen stammen.

Prüfung der Ausnahmetatbestände in § 4 h Abs. 2 EStG

Die mit den Zinserträgen saldierten Zinsaufwendungen (3.200.000 € ./. 100.000 € = 3.100.000 €) übersteigen die **Freigrenze** von 3 Mio. € in § 4 h

---

1 Unternehmensteuerreformgesetz 2008 vom 14.08.2007, BStBl I S. 630.

Abs. 2 Satz 1 Buchst. a EStG (Hinweis: Zunächst war nur eine Freigrenze von 1 Mio. € festgelegt; der Betrag von 3 Mio. € wurde jedoch dann rückwirkend für die Jahre ab 2008 und zeitlich unbegrenzt für die Zukunft festgelegt).[2] Die Dividendenerträge i. H. von 200.000 € sind keine Zinserträge i. S. der Zinsschranke.[3] Sie sind also nicht geeignet, den Zinssaldo unter die Freigrenze von 3 Mio. € „zu drücken". Die Pachtzahlungen für das angepachtete Anlagevermögen i. H. von 800.000 € sind kein Zinsaufwand bei der Zinsschranke.[4]

Die HS AG ist auch **konzernangehörig** (100 % Tochter der NSH AG; vgl. z. B. § 290 HGB i. V. m. § 4 h Abs. 3 Satz 5 EStG; die beiden Gesellschaften müssen ihren handelsrechtlichen Jahresabschluss also konsolidieren); somit kann die Konzernklausel des § 4 h Abs. 2 Satz 1 Buchst. b EStG nicht anwendbar sein.

Allerdings könnte die **Escape-Klausel** des § 4 h Abs. 2 Satz 1 Buchst. c EStG eingreifen. Die Eigenkapitalquote der HS AG ist nämlich höher als die Eigenkapitalquote des Konzerns der NSH AG (bzw. zumindest nicht um mehr als 2 %-Punkte niedriger; bis 2009: 1 %-Punkt).[5] Allerdings ist die **Rückausnahme** des § 8 a Abs. 3 KStG zu beachten. Die Elbe-Bank hat nämlich aufgrund der Bürgschaften eine **Rückgriffsmöglichkeit** auf einen nicht konzernangehörigen, zu mehr als 25 % beteiligten Gesellschafter (Aktionär M). Die Rückgriffsmöglichkeit auf die NSH AG wäre für sich allein unschädlich, da sie konzernangehörig ist (Konzernspitze; vgl. § 8 a Abs. 3 Satz 2 KStG).[6] Da die Zinsen überwiegend an die Elbe-Bank gezahlt werden, machen sie auch mehr als 10 % des Zinssaldos aus. Somit kommt die Escape-Klausel nicht zur Anwendung.

Ergebnis: Es ist kein Ausnahmetatbestand anwendbar; die Zinsschranke kommt zur Anwendung.

Berechnung der Zinsschranke

Bemessungsgrundlage für die Berechnung der Zinsschranke ist nach § 8 a Abs. 1 Satz 2 KStG bei einer Körperschaft das Einkommen vor Anwendung des § 4 h EStG, des § 10 d EStG und des § 9 Abs. 1 Nr. 2 KStG.

Zinsaufwendungen sind zunächst **bis zur Höhe der Zinserträge** unbeschränkt abzugsfähig. Die **30 %-Regelung** für die verbleibenden Zinsen berechnet sich dann wie folgt:

---

2 Änderung durch das Bürgerentlastungsgesetz Krankenversicherung vom 16.07.2009, BStBl I S. 782, und das Wachstumsbeschleunigungsgesetz vom 22.12.2009, BStBl 2010 I S. 2.

3 Rz. 16 des BMF-Schreibens vom 04.07.2008, BStBl I S. 718.

4 Rz. 23 des BMF-Schreibens vom 04.07.2008, BStBl I S. 718 (zu einer Ausnahme im Rahmen einer Billigkeitsregelung vgl. Rz. 26 des BMF-Schreibens).

5 Zu Einzelheiten hinsichtlich der Ermittlung der Eigenkapitalquoten vgl. Rz. 69 ff. des BMF-Schreibens vom 04.07.2008, BStBl I S. 718.

6 Vgl. auch Rz. 80 des BMF-Schreibens vom 04.07.2008, BStBl I S. 718.

Gewinn laut G+V	600.000 €
+ nicht abzugsfähige Ausgaben	+ 400.000 €
= Einkommen vor Anwendung des § 4 h EStG	1.000.000 €

Korrekturen nach § 4 h EStG:

+ Zinsaufwendungen (ohne Pachtaufwendungen; siehe oben)	+ 3.200.000 €
./. Zinserträge (ohne Dividenden; siehe oben)	./. 100.000 €
+ AfA-Beträge	+ 1.000.000 €
Bemessungsgrundlage („steuerliches EBITDA")	5.100.000 €
davon 30 % = verrechenbares EBITDA	1.530.000 €
nicht abzugsfähige Zinsaufwendungen = Zinsvortrag zum 31.12.04	1.570.000 €

Ein **EBITDA-Vortrag** (Neuregelung durch das Wachstumsbeschleunigungsgesetz) aus den Jahren 02 und 03 kommt nicht in Betracht, weil in diesen Jahren die Freigrenze von 3 Mio. € nicht erreicht war.[7]

Hinweis: Nutzbar wäre ein solcher EBITDA-Vortrag erstmals im Jahr 2010. Gebildet werden kann er (rückwirkend) ab dem Jahr 2007 (§ 52 Abs. 12 d Satz 5 EStG).

Insgesamt sind also Zinsaufwendungen i. H. von (1.530.000 € + 100.000 € =) 1.630.000 € abzugsfähig und i. H. von **1.570.000 € nicht abzugsfähig.**

Einkommen vor Anwendung des § 4 h EStG (siehe oben)	1.000.000 €
+ nach § 4 h EStG nicht abzugsfähige Zinsen	+ 1.570.000 €
endgültiges Einkommen	2.570.000 €

Zu Frage 2:

Nach § 8 Nr. 1 GewStG wird dem Gewerbeertrag ¼ **der Summe aus Entgelten für Schulden und anderen Finanzierungsaufwendungen** hinzugerechnet (nach vorherigem Abzug eines Freibetrags von 100.000 €). Die von der HS AG entrichteten Zinsaufwendungen gehören dem Grunde nach unstreitig zu den Entgelten für Schulden i. S. von § 8 Nr. 1 Buchst. a GewStG. Es ist allerdings zu berücksichtigen, dass nur solche Finanzierungsaufwendungen in die Hinzurechnung nach § 8 Nr. 1 GewStG eingehen können, die den Gewinn aus Gewerbebetrieb i. S. von § 7 Satz 1 GewStG (also das körperschaftsteuerliche Einkommen) gemindert haben. Dies ist bei den Zinsaufwendungen hier insoweit nicht der Fall, wie § 4 h EStG und § 8 a KStG den Abzug dieser Zinsen begrenzt haben, also insoweit, wie die Zinsschranke eingreift.[8] Somit können hier im Jahr 04 nur Zinsaufwendungen i. H. von 1.630.000 € in die Summe der Finanzierungsentgelte des § 8 Nr. 1 GewStG eingehen. Eine Saldierung mit den erhaltenen Zinserträgen kommt nicht in Betracht (H 8.1 „Saldierung mit Guthaben" GewStH).

Ab 2008 ist es auch gewerbesteuerlich für die Zinsaufwendungen nicht mehr entscheidend, ob sie aus kurz- oder aus langfristigen Finanzierungen

7 Neuregelung durch das Wachstumsbeschleunigungsgesetz vom 22.12.2009, BStBl 2010 I S. 2.

8 Rz. 2 des Ländererlasses vom 04.07.2008, BStBl I S. 730.

stammen (vgl. H 8.1 „Allgemeines" GewStH). Die früher notwendige Abgrenzung der sog. Dauerschulden ist damit entfallen.

Allerdings ist zu beachten, dass auch ein Teil der **Pachtaufwendungen** als Finanzierungsentgelte zu behandeln ist. Nach § 8 Nr. 1 Buchst. d GewStG geht ⅕ der Miet- und Pachtzinsen (einschließlich Leasingraten) für die Benutzung von beweglichen Wirtschaftsgütern des Anlagevermögens, die im Eigentum eines anderen stehen, in die Finanzierungsentgelte ein. Aus der Grundstückspacht ist die Hälfte (bis 2009: 65 %) in die Finanzierungsentgelte einzubeziehen.[9]

Somit ergibt sich hier für 04 folgende **Berechnung** (unterstellt, dass keine weiteren Finanzierungsentgelte angefallen sind):

Entgelte für Schulden (soweit körperschaftsteuerlich abzugsfähig; § 8 Nr. 1 Buchst. a GewStG)		1.630.000 €
⅕ der Pachtaufwendungen für Maschinen und Fahrzeuge (§ 8 Nr. 1 Buchst. d GewStG)	+	60.000 €
½ der Pachtaufwendungen für Grundstücke (§ 8 Nr. 1 Buchst. e GewStG)	+	250.000 €
zusammen		1.940.000 €
⁒ Freibetrag	⁒	100.000 €
verbleiben		1.840.000 €
× ¼ = **Hinzurechnungsbetrag** i. S. von § 8 Nr. 1 GewStG		460.000 €

Die aufgrund der Zinsschranke im Jahr 04 nicht abzugsfähigen Zinsaufwendungen werden über den Zinsvortrag in folgende Jahre vorgetragen. Sind sie dann in einem späteren Jahr abzugsfähig (weil sie zusammen mit den Zinsaufwendungen des Vortragsjahres die Zinsschranke unterschreiten), führen sie **im Vortragsjahr zu abzugsfähigen Zinsaufwendungen**. Sie gehen dann in diesem Jahr in die Entgelte für Schulden i. S. von § 8 Nr. 1 Buchst. a GewStG ein.

Zu Frage 3:

In **Organschaftsfällen** gilt der **Organkreis** als Betrieb i. S. der Zinsschranke.[10] Dies wird gesetzlich dadurch erreicht, dass die Zinsschranke für Organgesellschaften nicht anzuwenden ist (§ 15 Abs. 1 Nr. 3 KStG). Es kommt dabei nicht darauf an, ob Organträger eine Kapitalgesellschaft oder ein Personenunternehmen ist. Ist Organträger eine Kapitalgesellschaft (wie im hier vorliegenden Fall), sind für den Organkreis hinsichtlich der Konzern- und der Escape-Klausel die Einschränkungen des § 8 a Abs. 2 und 3 KStG zu beachten.

Fremdfinanzierungen innerhalb des Organkreises haben grundsätzlich keine Auswirkungen auf die Zinsschranke; sie neutralisieren sich. Sind in

9 Reduzierung von 65 % auf 50 % durch das Wachstumsbeschleunigungsgesetz vom 22.12.2009, BStBl 2010 I S. 2.

10 Näheres zu den Voraussetzungen und Folgen einer Organschaft vgl. Fälle 34 bis 36.

dem Einkommen der Organgesellschaft, das dem Organträger zuzurechnen ist, Zinsaufwendungen und -erträge enthalten, so sind diese beim **Organträger in die Berechnung der Zinsschranke** einzubeziehen.

Durch den Organkreis wird also ein **größerer „Zinsschrankenbereich"** geschaffen, sodass es leichter sein kann, die Zinsschranke nicht oder nur geringfügig zu überschreiten. Andererseits wird aber auch die Freigrenze schneller überschritten. Sie wird für den Organkreis auch nur einmal gewährt (ohne Organschaft erhalten im vorliegenden Fall sowohl die HS AG als auch ihre Muttergesellschaft NSH AG die Freigrenze).

Besteht ein Konzern nur aus einem **einzigen Organkreis** (d. h. zu allen Tochter- und Enkelgesellschaften der Konzernmutter bestehen Organschaftsverhältnisse), liegt nur ein Betrieb i. S. der Zinsschranke vor. So ist es im vorliegenden Fall. Die NSH AG und die HS AG sind die einzigen Konzernunternehmen. Da sich die übrigen Aktien der NSH AG in Streubesitz befinden und der Hauptaktionär R. Eder nur zu 45 % beteiligt ist, kann die NSH AG selbst nicht zu einem Konzern gehören. Ebenso können die Aktien der HS AG an börsennotierten Unternehmen keine weiteren Konzerngesellschaften mit sich bringen.

In einem solchen Fall kann u. U. die **Konzernklausel** des § 4 h Abs. 2 Satz 1 Buchst. b EStG genutzt werden (obwohl nach den handelsrechtlichen Rechnungslegungsvorschriften, z. B. nach § 290 HGB, natürlich ein Konzern vorliegt). Hierzu ist aber erforderlich, dass keine schädliche Gesellschafterfremdfinanzierung i. S. von § 8 a Abs. 2 KStG vorliegt.

Eine **schädliche Gesellschafterfremdfinanzierung** ist aber auch hier gegeben. Wie bei der Antwort zu Frage 1 (dort hinsichtlich des nahezu identischen Wortlauts des § 8 a Abs. 3 KStG) ist nämlich auch nach § 8 a Abs. 2 KStG schädlich, wenn mehr als 10 % der Zinsaufwendungen

a) an einen zu mehr als einem Viertel unmittelbar oder mittelbar beteiligten Anteilseigner,

b) an eine ihm nahestehende Person oder

c) an einen Dritten gezahlt werden, der auf einen wesentlich beteiligten Gesellschafter oder eine ihm nahestehende Person zurückgreifen kann.

Der mit 45 % an der NSH AG beteiligte R. Eder hat für die Darlehen der Elbe-Bank an die HS AG gebürgt. Die Elbe-Bank kann deshalb auf einen wesentlich beteiligten Gesellschafter zurückgreifen; sie ist ein sog. rückgriffsberechtigter Dritter. Auf die Frage, ob R. Eder bei der Elbe-Bank eine Einlage unterhält, die rechtlich oder wirtschaftlich mit den Darlehen an die HS AG verknüpft ist, kommt es nicht (mehr) an.[11]

---

11 Rz. 83 des BMF-Schreibens vom 04.07.2008, BStBl I S. 718 (insoweit abweichend von der Rechtslage bei § 8 a KStG a. F.; vgl. dazu BMF-Schreiben vom 22.07.2005, BStBl I S. 829.

Hinweis: Unschädlich wäre es demnach gewesen, wenn nur die NSH AG für die Darlehen der HS AG bei der Elbe-Bank gebürgt hätte. Dann läge eine konzerninterne Finanzierung bzw. Bürgschaft vor, die nicht zur Anwendung von § 8 a Abs. 2 oder 3 KStG führen würde.[12]

Wie im Grundfall (Antwort zu Frage 1) kommt also auch im Organschaftsfall die **Zinsschranke grundsätzlich zur Anwendung.** Sie wird allerdings nicht auf der Ebene der HS AG, sondern der NSH AG berechnet. Im Hinblick auf das hohe körperschaftsteuerliche Einkommen der NSH AG sind die Zinsaufwendungen aber in vollem Umfang abzugsfähig (30 % von 12.000.000 € = 3.600.000 €). Da die NSH AG selbst ein ausgeglichenes Zinsergebnis erzielt hat, beträgt der Zinssaldo im Organkreis (wie im Grundfall zu Frage 1) 3.100.000 €. Dieser Betrag liegt unterhalb der Zinsschranke; er ist deshalb unabhängig von der eigentlich noch notwendigen Korrektur des körperschaftsteuerlichen Einkommens um das Zinsergebnis sowie um AfA-Beträge der Unternehmen des Organkreises (diese Beträge würden das steuerliche EBITDA noch erhöhen) in vollem Umfang abzugsfähig.

Sind die Schuldzinsen im Jahr 04 voll abzugsfähig (weil sie unterhalb der Zinsschranke liegen), führen sie **gewerbesteuerlich** allerdings in voller Höhe zu Entgelten für Schulden i. S. von § 8 Nr. 1 Buchst. a GewStG und werden – zusammen mit den anderen Finanzierungsentgelten – nach Abzug des Freibetrags zu ¼ bei der Ermittlung des Gewerbeertrags hinzugerechnet. Die körperschaftsteuerliche Organschaft wirkt auch für die Gewerbesteuer (vgl. die Verweisung in § 2 Abs. 2 Satz 2 GewStG auf §§ 14 ff. KStG). Für Unternehmen in einem Organkreis wird der Gewerbeertrag allerdings für die Organgesellschaft und den Organträger jeweils gesondert ermittelt. Der Freibetrag nach § 8 Nr. 1 GewStG ist bei jeder Ermittlung jeweils gesondert zu berücksichtigen (wird also mehrfach gewährt).[13]

Fall 15

Einkommensermittlung – verdeckte Gewinnausschüttungen und Einlagen

KStG § 8 Abs. 3, § 9 Abs. 1 Nr. 2, § 27; EStG § 3 Nr. 40, §§ 8, 10 b, 11, 20, 32 d; UStG §§ 1, 3, 10

Sachverhalt

Der ledige Berater Jochen Bockelbrink (B) ist seit der Gründung in 01 zu 75 % an der EDV-GmbH mit Sitz in Münster beteiligt. Gegenstand des

---

12 Rz. 80 des BMF-Schreibens vom 04.07.2008, BStBl I S. 718.

13 Rz. 45 des Ländererlasses vom 04.07.2008, BStBl I S. 730.

Unternehmens ist die Datenverarbeitung (u. a. Verkauf von Hard- und Software, Vermittlung von Programmierleistungen und Beratung). B ist alleiniger Geschäftsführer der GmbH und von den Beschränkungen des § 181 BGB befreit. Der Geschäftsanteil gehört zu seinem Privatvermögen. Zwischen der GmbH und ihren Gesellschaftern ist vereinbart, dass Steuerabzüge auf vGA zulasten des begünstigten Gesellschafters gehen. Die Handels- und Steuerbilanz der GmbH zum 31.12.06 schloss für das Wirtschaftsjahr 06 mit einem Gewinn von 100.000 € ab.

1. Die Gesellschafterversammlung der GmbH beschloss am 01.09.06 aufgrund einer Satzungsermächtigung und Zwischenbilanz eine sofortige Vorabausschüttung für 06 von insgesamt 42.000 €. In 06 sind keine weiteren Zahlungen an B geleistet worden. Am 01.03.07 wurde beschlossen, vom Jahresergebnis 06 insgesamt einen Betrag von 98.000 € auszuschütten und den Restbetrag auf neue Rechnung vorzutragen. Am 05.05.07 überwies die GmbH den entsprechenden Restbetrag an B. Kapitalertragsteuer und Solidaritätszuschlag zur Kapitalertragsteuer waren jeweils einbehalten worden.

2. Als Geschäftsführer der GmbH bezog B im Kalenderjahr 06 ein angemessenes Gehalt von 120.000 €. Die Lohnsteuer wurde ordnungsgemäß einbehalten und abgeführt. Für B besteht keine gesetzliche Sozialversicherungspflicht. Am 28.12.06 beschloss die GmbH eine nachträgliche Erhöhung der Gehaltsbezüge für B um 8.000 € und eine – vertraglich bisher nicht geregelte – Erhöhung des Weihnachtsgeldes um 2.000 €. Die Beträge wurden B am 30.12.06 nach Abzug der Lohnsteuer und des Solidaritätszuschlags zur Lohnsteuer überwiesen und seinem Bankkonto am 06.01.07 gutgeschrieben. Auch nach der Erhöhung sind Gehalt und Weihnachtsgeld im Rahmen der Gesamtausstattung noch angemessen.

3. Am 01.07.06 schloss die GmbH mit der vermögenslosen 68-jährigen Mutter M des B einen Beratungsvertrag ab. M, wohnhaft in Dresden, erhält hierfür ab sofort monatlich 500 €. Die Beratung beschränkt sich auf gelegentliche Besuche am Sitz der Firma.

4. Die GmbH errichtete in 03 auf einem ihr gehörenden Grundstück (Buchwert = 50.000 €) in Münster einen Bungalow mit Einliegerwohnung. Dieser wurde B bis zum 30.06.06 für monatlich 700 € zur Verfügung gestellt, um wichtige Geschäftsfreunde dort empfangen zu können. Bewohnt und genutzt wurde das Haus jedoch ausschließlich von B und seiner Familie. Der angemessene monatliche Mietwert beträgt 1.000 €, die Belastung (AfA und sonstige Aufwendungen) für die GmbH für das erste Halbjahr 6.000 €.

   Mit notariellem Vertrag vom 06.06.06 erwarb B das Haus einschließlich Grundstück zu den Buchwerten von insgesamt 350.000 € (300.000 € und 50.000 €). Der Verkehrswert belief sich zu diesem

Zeitpunkt auf mindestens 400.000 €; davon entfallen 50.000 € auf Grund und Boden. An Erwerbsnebenkosten zahlte B 9.000 €.

Die GmbH buchte für 06 neben der vereinnahmten Miete noch die Hausaufwendungen. Der Mietwert der verbilligten Überlassung wurde nicht erfasst.

5. Die GmbH räumte B zum Erwerb des Hauses ein Darlehen von 150.000 € zinslos für zehn Jahre ein. Es ist von der GmbH aktiviert worden. Mit einer Rückforderung durch die GmbH brauchte B von Anfang an nicht zu rechnen. Für ein entsprechendes Bankdarlehen hätte B 7.000 € Zinsen in 06 zahlen müssen.
6. Am 30.07.06 wurde das Stammkapital der GmbH durch Beschluss der Gesellschafterversammlung um 300.000 € durch Umbuchung dieses Betrages zulasten der offenen Gewinnrücklage (vgl. hierzu §§ 57 c bis 57 o GmbHG) erhöht. Dabei übernahm B einen Geschäftsanteil von 150.000 €, dessen gemeiner Wert 210.000 € betrug. Die Vorschriften des Gesetzes über steuerrechtliche Maßnahmen bei Erhöhung des Nennkapitals aus Gesellschaftsmitteln (KapErhStG) wurden beachtet.
7. In der Gewinn-und-Verlust-Rechnung hatte die GmbH einen Betrag von 5.000 € als Aufwand gebucht. Hierbei handelt es sich um eine Zuwendung an den Golf-Klub in Nordkirchen. Dieser ist als gemeinnützig anerkannt und hat eine Spendenbescheinigung erteilt. B hatte die Zahlung veranlasst. Auf der Überweisung war vermerkt, dass damit seine zivilrechtlich wirksam eingegangene Spendenverpflichtung als förderndes Mitglied erfüllt sei.
8. Bei der Gewinnermittlung war ein Betrag von 50.000 € als a. o. Ertrag ausgewiesen worden. In dieser Höhe hatte B Anfang Januar 06 auf Wunsch der übrigen Gesellschafter auf eine Restforderung aus einem in 05 gefassten Ausschüttungsbeschluss verzichtet, weil die GmbH durch die Insolvenz eines Kunden vorübergehend in wirtschaftliche Schwierigkeiten geraten war.
9. Die GmbH lieferte in 06 mit Rücksicht auf das Gesellschaftsverhältnis eine Computeranlage an B zum Rechnungspreis von 5.000 € zzgl. 19 % Umsatzsteuer (= 950 €). Die GmbH hatte die Computeranlage für 8.000 € zzgl. 19 % Umsatzsteuer (= 1.520 €) erworben. Für gleiche Waren beträgt der Verkaufspreis bei Lieferung an Dritte 10.000 € zzgl. 19 % Umsatzsteuer (= 1.900 €). Die GmbH hat in ihren Büchern lediglich den berechneten Kaufpreis erfasst. B entrichtete den Kaufpreis von 5.950 € sofort aus privaten Mitteln.

Frage

Wie sind diese Vorgänge bei der Ermittlung des Einkommens

1. bei der GmbH und

2. bei B

im Jahr 06 steuerlich zu behandeln?

Soweit sich Gewinnänderungen ergeben, ist die Gewerbesteuer mit 16 % der Summe dieser Änderungen zu berücksichtigen.

Antwort

1. Das steuerpflichtige Einkommen der GmbH beträgt 125.181 €.
2. Bei B sind die vGA als Einnahmen aus Kapitalvermögen nach § 20 Abs. 1 Nr. 1 EStG zu erfassen. Sie unterliegen grundsätzlich der Abgeltungsteuer von 25 %. Die Besteuerung erfolgt aber i. d. R. nicht im Wege des Steuerabzugs, sondern im Rahmen der Einkommensteuerveranlagung des B. B hat allerdings auch die Möglichkeit, über einen Antrag nach § 32 d Abs. 2 Nr. 3 EStG in das Teileinkünfteverfahren zu optieren (Wahlrecht für sog. „unternehmerische Beteiligungen"). Dann sind nur 60 % der erhaltenen vGA steuerpflichtig; dieser steuerpflichtige Teil unterliegt dann aber dem persönlichen Einkommensteuersatz des B.

Begründung

Nach § 8 Abs. 3 KStG dürfen offene und verdeckte (Gewinn-)Ausschüttungen das Einkommen nicht mindern (vgl. R 36 KStR und H 36 KStH mit Einzelheiten).

Eine verdeckte Gewinnausschüttung i. S. von § 8 Abs. 3 Satz 2 KStG (im Folgenden: vGA) ist bei einer Kapitalgesellschaft eine Vermögensminderung oder verhinderte Vermögensmehrung, die durch das Gesellschaftsverhältnis veranlasst ist, sich auf die Höhe des Unterschiedsbetrags i. S. des § 4 Abs. 1 Satz 1 EStG auswirkt und in keinem Zusammenhang mit einer offenen (d. h. einer auf einem den gesellschaftsrechtlichen Vorschriften entsprechenden Gewinnverteilungsbeschluss beruhenden) Ausschüttung steht.[1] Der Vermögensminderung bei der Kapitalgesellschaft braucht kein tatsächlicher Zufluss eines Vermögensvorteils beim Gesellschafter gegenüberzustehen. Allerdings setzt die Annahme einer vGA nach neuerer BFH-Rechtsprechung voraus, dass der Vorgang zumindest die Eignung hat, beim Gesellschafter einen sonstigen Bezug i. S. des § 20 Abs. 1 Nr. 1 Satz 2 EStG auszulösen.[2]

Die Rechtsprechung unterscheidet allgemein zwei Arten der vGA:

1. Ein ordentlicher und gewissenhafter Geschäftsführer hätte einen derartigen Vermögensvorgang nicht veranlasst.
2. Es liegen keine im Voraus getroffenen klaren und eindeutigen Vereinbarungen zwischen der Kapitalgesellschaft und ihrem beherrschenden Gesellschafter vor oder es wird nicht einer entsprechenden Vereinbarung gemäß verfahren (Verstoß gegen das sog. Rückwirkungs- oder Nachzahlungsverbot).

---

1 BFH-Urteile vom 22.08.2007, BStBl II S. 961, und vom 17.03.2010, GmbHR 2010 S. 826.

2 BFH-Urteil vom 07.08.2002, BStBl 2004 II S. 131.

Die Einkommenskorrektur nach § 8 Abs. 3 Satz 2 KStG hat außerhalb der Bilanz zu erfolgen.[3]

Das Einkommen ist nur um solche vGA zu erhöhen, die den Bilanzgewinn bzw. den Jahresüberschuss verringert haben. Dabei sind Aufwendungen, die durch die Zuführung der vGA an den Gesellschafter ausgelöst werden, keine Betriebsausgaben der Gesellschaft.[4]

VGA sind gem. § 1 Abs. 1 Nr. 1 i. V. m. § 3 Abs. 1 b und 9 a UStG steuerbar, soweit es sich dabei um Lieferungen oder sonstige Leistungen handelt (vgl. dazu § 10 Abs. 4 und 5 Nr. 1 UStG; Abschn. 1.6 Abs. 1, Abschn. 3.2 – 3.4 und 10.6 UStAE). Wird kein Entgelt vereinbart, kann auch eine unentgeltliche Wertabgabe i. S. von § 3 Abs. 1 b bzw. Abs. 9 a UStG vorliegen (einer Lieferung oder sonstigen Leistung gleichgestellter Vorgang).

Die sich aus § 27 KStG (Verwendung des Einlagekontos) ergebenden Rechtsfolgen können auch bei einer vGA eintreten.[5] Eine Körperschaftsteuerminderung aus dem Körperschaftsteuerguthaben i. S. von § 37 Abs. 1 KStG, das aus früheren versteuerten Altrücklagen gebildet wurde, konnte für eine vGA auch in den Jahren bis 2006 nicht gewährt werden. Eine solche Körperschaftsteuerminderung kam nämlich nur für Gewinnausschüttungen in Betracht, die den gesellschaftsrechtlichen Vorschriften entsprechen. Diese Voraussetzung ist bei einer vGA nicht gegeben. Ab dem Jahr 2008 wird das Körperschaftsteuerguthaben sowieso ausschüttungsunabhängig ausgezahlt, sodass es auf diese Frage nicht mehr ankommt. Allerdings kann sich ausnahmsweise in den Jahren ab 2007 noch eine Körperschaftsteuererhöhung nach § 38 KStG ergeben. Dies gilt allerdings nur in den (in der Praxis seltenen) Antragsfällen des § 34 Abs. 16 KStG (öffentlich-rechtlich beherrschte Wohnungsunternehmen/steuerbefreite Körperschaften).[6]

Die Rückzahlung einer vGA von dem begünstigten Gesellschafter an die Gesellschaft kann eine vollzogene vGA nicht rückgängig machen. Sie ist vielmehr als verdeckte Einlage zu behandeln (H 37 „Rückgängigmachung" KStH).[7]

1. GmbH

Soweit es sich bei den vGA um bereits versteuerte Beträge handelt, bleiben sie bei der Einkommensermittlung der Gesellschaft außer Betracht. Auch in anderen Fällen führt eine vGA nicht stets zu einer Gewinnerhöhung bei

---

3 BFH-Urteil vom 29.06.1994, BStBl 2002 II S. 366; BMF-Schreiben vom 28.05.2002, BStBl I S. 603.

4 BFH-Urteil vom 22.02.1989, BStBl II S. 475.

5 Vgl. dazu Fall 28.

6 Näheres zu § 38 KStG vgl. Fall 33.

7 BMF-Schreiben vom 06.08.1981, BStBl I S. 599; BFH-Urteil vom 14.07.2009, BFH/NV 2009 S. 1815.

der ausschüttenden GmbH, weil die Auswirkungen bei der Gesellschaft und die Gewinnausschüttung beim Gesellschafter zeitlich auseinanderfallen können. Soweit das Einkommen durch die vGA vermindert worden ist oder sich wegen ihr nicht erhöht hat, ist die Minderung oder fehlende Erhöhung durch eine außerbilanzielle Hinzurechnung auszugleichen (§ 8 Abs. 3 Satz 2 KStG).

Der ausgewiesene Gewinn der GmbH ist für steuerliche Zwecke um vGA zu erhöhen:

- **Gewinnausschüttung**

Der Gewinn bleibt unberührt (§ 8 Abs. 3 Satz 1 KStG).

- **Gehaltserhöhungen**

Nach den ungeschriebenen Tatbestandsmerkmalen der vGA sind Gehaltszahlungen an den Gesellschafter-Geschäftsführer grundsätzlich nur in angemessener Höhe betriebliche Aufwendungen. Unabhängig hiervon kommt eine vGA angesichts der verschiedenen Möglichkeiten, die Mitarbeit des die GmbH beherrschenden Gesellschafters B (Beteiligung mehr als 50 %) in der Geschäftsführung zu gestalten, auch dann in Betracht, wenn nicht von vornherein klar und eindeutig bestimmt ist, ob und in welcher Höhe ein Entgelt gezahlt werden soll, oder wenn nicht nach einer klaren Vereinbarung verfahren wird (H 36 „III. Veranlassung durch das Gesellschaftsverhältnis – Beherrschender Gesellschafter" KStH).[8] Die Zuordnung von Zahlungen aus einem Anstellungsverhältnis muss somit „nach Grund und Höhe" im Voraus eindeutig und klar sein.[9]

Rückwirkende Vereinbarungen sind insoweit steuerlich auch dann nicht anzuerkennen, wenn sie noch im Rahmen einer angemessenen Gesamtausstattung liegen (sog. „Nachzahlungsverbot"; anders für nicht beherrschende Gesellschafter, soweit nicht gleichgerichtete Interessen vorliegen, H 36 „III. Veranlassung durch das Gesellschaftsverhältnis – Beherrschender Gesellschafter – Gleichgerichtete Interessen" KStH).[10] Da vereinbart ist, dass Steuerabzüge auf vGA zulasten des begünstigten Gesellschafters gehen sollen, ist bei der Berechnung der vGA Kapitalertragsteuer und Solidaritätszuschlag zur Kapitalertragsteuer nicht zusätzlich anzusetzen.[11]

Somit stellen sowohl die nachträgliche Gehaltserhöhung i. H. von 8.000 € als auch die nachträgliche Erhöhung des Weihnachtsgeldes i. H. von 2.000 € vGA dar.

---

8 BFH-Beschluss vom 22.04.2009, BFH/NV 2009 S. 1458.

9 BFH-Urteil vom 10.06.1987, BStBl 1988 II S. 25.

10 BFH-Urteil vom 23.01.1980, BStBl II S. 304.

11 BFH-Urteil vom 04.07.1984, BStBl II S. 842.

- **Beratungsvertrag**

Eine vGA kann auch darin liegen, dass der Vermögensvorteil nicht unmittelbar dem Gesellschafter, sondern einer ihm nahestehenden Person zugewandt wird.

In der Überweisung des Beratungsentgelts an die Mutter des B liegt eine vGA, weil sie an einen anderen unter sonst gleichen Umständen nicht erfolgt wäre. Dem Gewinn der GmbH sind daher 3.000 € hinzuzurechnen.

Eine vGA in Form der Zuwendung eines Vermögensvorteils an eine dem Gesellschafter nahestehende Person setzt nicht voraus, dass die Zuwendung einen Vorteil für den Gesellschafter selbst zur Folge hat.[12]

- **Bungalow**

Die verbilligte Überlassung des Hauses stellt eine vGA dar. Als Wert ist mindestens von dem Betrag auszugehen, der bei Fremdvermietung anzusetzen wäre; ggf. ist für das Repräsentationsbedürfnis der Gesellschaft ein Abschlag zu machen (H 37 „Nutzungsüberlassungen" KStH).[13] Danach liegt hier in Höhe der verbilligten Miete von 1.800 € (6 × 300 €) eine vGA vor.

Eine vGA liegt ferner in der Veräußerung des Hauses durch die GmbH an B unter dem Verkehrswert. Die Gewährung dieses Vorteils beruht ebenfalls auf der Gesellschafterstellung des B. Die vGA beträgt 50.000 €.

- **Darlehen**

Bei der Darlehensgewährung an einen Gesellschafter ist zu unterscheiden, ob das Darlehen als solches bereits eine vGA darstellt, weil mit einer Rückzahlung nicht ernsthaft zu rechnen ist, oder ob das Darlehen zu einem unangemessen niedrigen Zinssatz überlassen wurde (vgl. H 36 „V. Einzelfälle – Darlehensgewährung, Darlehenszinsen" KStH; zur Darlehensgewährung siehe auch § 43 a GmbHG).[14]

Die Hingabe eines Darlehens ist für den Gesellschafter bereits als vGA anzusehen, wenn nach wirtschaftlicher Betrachtungsweise kein echtes Darlehensverhältnis gewollt ist. Aufgrund der Aktivierung des Darlehensanspruchs hat der Vorgang bei der GmbH bisher keine Gewinnauswirkung gehabt. Da mit einer Rückzahlung des Darlehens nicht zu rechnen ist, muss die GmbH die Darlehensforderung jedoch (erfolgswirksam) ausbuchen. Der dadurch entstehende Aufwand ist im Gesellschaftsverhältnis veranlasst und deshalb nach § 8 Abs. 3 Satz 2 KStG wieder außerbilanziell bei der Einkommensermittlung hinzuzurechnen. Im Ergebnis ist die Ausbuchung damit erfolgsneutral (bilanziell: Aufwand 150.000 €; außerbilanziell: Hinzurechnung 150.000 €).

---

12 BFH-Urteil vom 18.12.1996, BStBl 1997 II S. 301.

13 BFH-Urteile vom 19.04.1972, BStBl II S. 594, und vom 06.04.1977, BStBl II S. 569.

14 BFH-Urteil vom 07.12.1988, BStBl 1989 II S. 248.

Die Zinsersparnis, die grundsätzlich zwar eine vGA sein kann (vgl. H 36 „V. Einzelfälle – Darlehenszinsen" KStH), ist daneben aber nicht mehr als vGA anzusetzen.

- **Kapitalerhöhung aus Gesellschaftsmitteln**

Der Gewinn der GmbH wird hierdurch nicht berührt. In der Kapitalerhöhung ist keine Gewinnausschüttung zu sehen (Näheres dazu vgl. Fall 38).

- **Spende**

Nach § 9 Abs. 1 Nr. 2 KStG sind Spenden, die steuerlich eine vGA i. S. des § 8 Abs. 3 KStG darstellen, nicht abziehbar. Die Überweisung durch die GmbH stellt eine vGA dar. Sie hat B von seiner Verpflichtung in Höhe der Spende gegenüber dem Golf-Klub befreit. Darin liegt eine mittelbare Vorteilszuwendung an B i. H. von 5.000 € (vgl. H 36 „V. Einzelfälle – Schuldübernahme" KStH).[15] Eine Ausnahme hiervon – Kreditgewährung auf einem von vornherein geführten Verrechnungskonto – liegt lt. Sachverhalt nicht vor.[16]

- **Forderungsverzicht**

Der Forderungsverzicht ist steuerlich als verdeckte Einlage zu behandeln. Die Behandlung vGA und verdeckter Einlagen ist nicht deckungsgleich.

Voraussetzung einer verdeckten, bei der Kapitalgesellschaft den Gewinn nicht erhöhenden Einlage ist, dass ein Gesellschafter seiner Gesellschaft einlagefähige Werte zuwendet, die ein Nichtgesellschafter der Gesellschaft nicht einräumen würde. Unentgeltliche oder unangemessen niedrig vergütete Dienst-, Gebrauchs- oder Nutzungsüberlassungen führen jedoch nicht zu einer Einlage (H 40 „Nutzungsvorteile" KStH).[17] Dabei ist – analog der vGA – ein objektiver Maßstab anzulegen und zu prüfen, ob auch ein Nichtgesellschafter bei Anwendung der Sorgfalt eines ordentlichen Kaufmanns den Vorteil gewährt hätte. Im vorliegenden Fall hätte ein Nichtgesellschafter bei dieser Sachlage keinen Forderungsverzicht ausgesprochen.

Die handelsrechtlich zutreffend als a. o. Ertrag ausgewiesene verdeckte Einlage ist steuerrechtlich abzuziehen. Ein Abzug ist jedoch nur insoweit vorzunehmen, wie der Anspruch auch werthaltig ist.[16] Nähere Umstände zur Werthaltigkeit sind aus der Sachverhaltsdarstellung nicht ersichtlich. Da es sich jedoch nur um vorübergehende wirtschaftliche Schwierigkeiten gehandelt hat, kann i. d. R. von der vollen Werthaltigkeit ausgegangen werden. Wäre die Ausschüttungsforderung nicht mehr werthaltig gewesen, wäre eine außerbilanzielle Korrektur um den Teilwert von 0 € vorgenommen worden, sodass es im Ergebnis bei dem gebuchten Ertrag i. H. von 50.000 € verbliebe.

---

15 BFH-Urteil vom 04.07.1984, BStBl II S. 842.

16 BFH-Urteil vom 08.10.1985, BStBl 1986 II S. 481.

17 Beschluss des Großen Senats des BFH vom 25.10.1987, BStBl 1988 II S. 348.

- **Verbilligte Warenüberlassung**

Die vGA in Form der verbilligten Lieferung der Computeranlage an B darf das Einkommen der GmbH nicht mindern (§ 8 Abs. 3 Satz 2 KStG). Sie ist keine gewinnmindernde Betriebsausgabe, sondern beruht auf einem gewinnneutralen gesellschaftsrechtlichen Vorgang (H 36 „V. Einzelfälle – Waren" KStH). Die vGA ist mit dem gemeinen Wert anzusetzen (vgl. H 40 „Hingabe von Wirtschaftsgütern" KStH) und umfasst daher grundsätzlich auch die Umsatzsteuer, die aufgrund der nach § 10 Abs. 5 Nr. 1 UStG anzusetzenden Mindestbemessungsgrundlage geschuldet wird. Der gemeine Wert der vGA beträgt demnach hier 5.950 €. Der „Rabattfreibetrag" des § 8 Abs. 3 EStG ist nicht anwendbar, da er nur für Lieferungen an Arbeitnehmer und nicht für vGA gilt.

Umsatzsteuerrechtlich ist die Warenlieferung ein steuerpflichtiger Leistungsaustausch, dessen Bemessungsgrundlage nach § 10 Abs. 5 Nr. 1 i. V. m. Abs. 4 Nr. 1 UStG 8.000 € beträgt. Dadurch ergibt sich bei dem Steuersatz von 19 % eine Umsatzsteuer von 1.520 €, mithin zusätzlich 570 €.

Es ist allerdings zu beachten, dass der o. g. gemeine Wert der vGA (5.950 €) nicht dem außerbilanziell hinzuzurechnenden Betrag entspricht. Eine Hinzurechnung nach § 8 Abs. 3 Satz 2 KStG ist nämlich – so auch ausdrücklich die Definition der vGA in R 36 Abs. 1 Satz 1 KStR – nur insoweit vorzunehmen, wie sich ein Vorgang auf den Unterschiedsbetrag i. S. von § 4 Abs. 1 Satz 1 EStG (= bilanzieller Gewinn) ausgewirkt hat. Dies ist hier nur i. H. von 5.570 € der Fall (5.000 € fehlender Nettoertrag und 570 € zusätzlicher Umsatzsteuer-Aufwand wegen Ansatz der sog. Mindestbemessungsgrundlage). Außerhalb der Bilanz sind somit 5.570 € als vGA hinzuzurechnen. Gleichzeitig ist zu beachten, dass die zusätzlich geschuldete Umsatzsteuer Betriebsschuld ist, deren Passivierung gewinnmindernd zu erfolgen hat. Diese Umsatzsteuer ist nicht zusätzlich nach § 10 Nr. 2 KStG hinzuzurechnen (R 37 KStR). Im Ergebnis ist daher das zu versteuernde Einkommen um 5.000 € zu erhöhen.

Als Leistung i. S. von § 27 KStG (= abgeflossene vGA) ist allerdings der gemeine Wert i. H. von 5.950 € anzusetzen. Entsprechendes gilt für die Höhe des Zuflussbetrags beim Gesellschafter.

- **Gewerbesteuer-Rückstellung**

Für die Gewerbesteuer ist unter Berücksichtigung der Aufgabenstellung folgende Rückstellung zu bilden:

Gewinnänderung aus bilanziellen Änderungen vor GewSt (siehe unten)	./. 154.538 €	
Gewinnänderung aus außerbilanziellen Änderungen vor GewSt (siehe unten)	+ 229.338 €	vGA insgesamt
	./. 50.000 €	verdeckte Einlage
Mehreinkommen	24.800 €	
davon 16 %	3.968 €	

Die Gewerbesteuer ist nach § 4 Abs. 5 b EStG nicht als Betriebsausgabe abzugsfähig und wird deshalb außerbilanziell wieder korrigiert.

Berechnung des steuerpflichtigen Einkommens

Steuerbilanzgewinn lt. Erklärung	100.000 €
a) bilanzielle Änderungen	
./. Abschreibung Gesellschafterdarlehen	150.000 €
./. USt aus verbilligtem Warenverkauf	570 €
./. GewSt-Rückstellung für Einkommenserhöhung (siehe oben)	3.968 €
b) außerbilanzielle Änderungen	
+ vGA Gehaltserhöhung	10.000 €
+ vGA Beratungsvertrag	3.000 €
+ vGA Haus (1.800 € + 50.000 €)	51.800 €
+ vGA Darlehensgewährung	150.000 €
+ vGA Spende	5.000 €
+ vGA verbilligte Warenüberlassung	5.570 €
+ nicht abzugsfähige GewSt	3.968 €
./. verdeckte Einlage Forderungsverzicht	50.000 €
= körperschaftsteuerpflichtiges Einkommen	124.800 €

2. Gesellschafter-Geschäftsführer B

Soweit B von der GmbH vGA erhalten hat, sind sie von ihm als Einkünfte aus Kapitalvermögen zu versteuern (§ 20 Abs. 1 Nr. 1 Satz 2 EStG). Die Besteuerung der vGA erfolgt nach § 32 d Abs. 3 EStG im Rahmen der Einkommensteuerveranlagung des B.[18] Sie unterliegen grundsätzlich der Abgeltungsteuer von 25 %. B kann aber auch nach § 32 d Abs. 2 Nr. 3 EStG in das Teileinkünfteverfahren optieren, da er die dort genannten Voraussetzungen (Mindestbeteiligung 25 %) erfüllt. Die vGA sind dann mit 60 % steuerpflichtig, werden dann aber mit dem persönlichen Einkommensteuersatz des B versteuert. Der Sparer-Pauschbetrag des § 20 Abs. 9 EStG kann dann für die vGA nicht genutzt werden.

- **Gewinnausschüttung**

Dem B sind als Folge des Vorabausschüttungsbeschlusses Einnahmen i. S. des § 20 Abs. 1 Nr. 1 Satz 1 EStG mit Fälligkeit im VZ 06 zugeflossen (42.000 € × 75 % = Einnahmen i. H. von 31.500 € × 25 % Abgeltungsteuersatz = 7.875 €).

- **Gehaltsbezüge**

Als vGA i. S. des § 20 Abs. 1 Nr. 1 Satz 2 EStG ist für B die Nachzahlung von 10.000 € anzusetzen. Als beherrschender Gesellschafter konnte B spätestens sogleich nach der Beschlussfassung mit der Fälligkeit darüber verfügen.[19] Die Nachzahlung war mangels anderer Vereinbarung sofort fällig (§ 271 Abs. 1 BGB).[20] Die Vorschrift des § 38 a Abs. 1 EStG findet keine

18 BMF-Schreiben vom 22.12.2009, BStBl 2010 I S. 94, Rz. 144.

19 BFH-Urteil vom 11.07.1973, BStBl II S. 806.

20 BFH-Urteil vom 21.10.1981, BStBl 1982 II S. 139.

Anwendung, weil es sich nicht um Arbeitslohn handelt. Die Auszahlung in 07 stellt nur noch Verwendung bereits zugeflossener Einnahmen dar.

- **Beratungsvertrag**

In Höhe des an die Mutter gezahlten Entgelts von 3.000 € liegt ein durch die Gesellschafterstellung des B bedingter Vorteil vor, der als vGA bei B zu erfassen ist (H 36 „III. Veranlassung durch das Gesellschaftsverhältnis – Nahestehende Person – Zurechnung der vGA" KStH).

- **Bungalow**

In der verbilligten Überlassung und in der Veräußerung des Hauses liegen vGA i. H. von insgesamt 51.800 € vor.

Die versteuerte vGA aus dem verbilligten Grundstücksverkauf wird von B für das erworbene Grundstück verbraucht. Die Anschaffungskosten für das Grundstück erhöhen sich deshalb um den Betrag der vGA (50.000 €). Dieser sog. Vorteilsverbrauch hat allerdings so lange keine Wirkung, wie das Grundstück selbst genutzt wird. Auswirkungen ergeben sich erst, wenn das Grundstück zu einem späteren Zeitpunkt vermietet werden sollte.

- **Darlehen**

Die Darlehenshingabe ist in voller Höhe eine vGA, weil die 150.000 € von Anfang an als ein endgültig zugewandter Vorteil anzusehen sind. Der Ansatz einer Zinsersparnis als vGA muss daher hier unterbleiben.

- **Freianteile**

Die mit der nominellen Kapitalerhöhung aus Gesellschaftsmitteln verbundene Zuteilung neuer Geschäftsanteile unterliegt nicht der Einkommensteuer, da die Kapitalerhöhung in der begünstigten Form des Kapitalerhöhungssteuergesetzes vorgenommen worden ist.

- **Spende**

Der Betrag von 5.000 € ist bei B als Einnahme aus Kapitalvermögen zu erfassen (§ 20 Abs. 1 Nr. 1 EStG). Die EDV-GmbH hat durch eine Zahlung eine Verpflichtung des B erfüllt. B wurde von seiner (privaten) Zahlungsverpflichtung befreit; ihm ist damit ein Vermögensvorteil zugeflossen.

B kann den Betrag aber nicht als Sonderausgabe nach § 10 b EStG abziehen. Es handelt sich nämlich nicht um eine Spende, sondern um einen (verdeckten) Mitgliedsbeitrag als Fördermitglied des Golf-Klubs. Der Golf-Klub fördert den Sport. Nach § 10 b Abs. 1 EStG begünstigt sind jedoch nur Spenden an Sportvereine. Mitgliedsbeiträge an Körperschaften, die den Sport fördern, sind nach § 10 b Abs. 1 Satz 8 EStG nicht abziehbar.

- **Verdeckte Einlage**

Die verdeckte Einlage berührt bei B nur die Vermögensebene, da der Verzicht nur noch Verwendung bereits zugeflossener Einnahmen darstellt. Ein Abzug als negative Einnahme ist ausgeschlossen.[21] Die Anschaffungskosten der Anteile des B erhöhen sich aber entsprechend.

- **Verbilligter Warenbezug**

Die vGA ist dem B in Form von geldwerten Vorteilen i. H. von 5.950 € als Einnahme aus Kapitalvermögen zugeflossen (§ 20 Abs. 1 Nr. 1, § 8 Abs. 2, § 11 Abs. 1 EStG).

Einkünfte aus Kapitalvermögen im VZ 06

Die Einnahmen i. S. des § 20 Abs. 1 Nr. 1 EStG betragen insgesamt	257.250 €
⁄. Sparer-Pauschbetrag (§ 20 Abs. 9 EStG)	⁄. 801 €
= Einkünfte aus Kapitalvermögen	256.449 €
× Steuersatz 25 % (§ 32 d Abs. 1 EStG)	64.112 €

Stellt B einen Antrag nach § 32 d Abs. 2 Nr. 3 EStG („Unternehmerische Beteiligung"), ergibt sich folgende Berechnung:

Einnahmen aus der Beteiligung an der EDV-GmbH	257.250 €
⁄. steuerfrei nach § 3 Nr. 40 Satz 1 Buchst. d EStG 40 %	⁄. 102.900 €
steuerpflichtiger Teil der Ausschüttungen	154.350 €

Dieser Betrag wird mit dem persönlichen Steuersatz des B versteuert. Ein Sparer-Pauschbetrag wird hier nicht gewährt (vgl. Wortlaut des § 32 d Abs. 2 Nr. 3 Satz 2 EStG: Insoweit findet (neben anderen Vorschriften) § 20 Abs. 9 EStG keine Anwendung).

Fall 16

Verdeckte Gewinnausschüttungen bei Tantiemen und Pensionszusagen

KStG § 8 Abs. 3; EStG §§ 6 a, 20; BetrAVG § 1 b

Sachverhalt

Die Travemünder Teebeutel GmbH (T-GmbH) entstand am 01.07.07 durch rückwirkende Umwandlung der Teebeutel-OHG (T-OHG) zum 01.01.07. Die T-OHG hatte bereits seit dem Jahr 01 erfolgreich einen Versandhandel mit indischem Tee betrieben. Gesellschafter der T-GmbH sind (ebenso wie zuvor bei der T-OHG) Alfred Assam (A) zu 60 % und Bernd Beutel (B) zu

21 BFH-Urteil vom 14.07.2009, BFH/NV 2009 S. 1815.

40 %. Beide werden auch zu Geschäftsführern bestellt. A ist im Juli 07 54 Jahre, B 58 Jahre alt.

Bei Abschluss der Anstellungsverträge mit A und B im Juli 07 sollen neben einem Festgehalt auch Gewinntantiemen für die beiden Gesellschafter-Geschäftsführer vereinbart werden. Nach den Erfahrungen bei der T-OHG gehen die beiden Gesellschafter für die T-GmbH von einem durchschnittlich erzielbaren Gewinn vor Ertragsteuern und Tantiemen von 400.000 € aus. Das gesamte Geschäftsführergehalt für A und B („Gesamtausstattung") soll jeweils 100.000 € p. a. betragen (obwohl auch noch ein höherer Betrag angemessen wäre).

Außerdem ist vorgesehen, dass die beiden Gesellschafter-Geschäftsführer jeweils eine Pensionszusage i. H. von 75 % ihrer letzten Aktivbezüge auf das 65. Lebensjahr zugesagt bekommen. Im Invaliditätsfall sollen 60 % der letzten Aktivbezüge als Rente gezahlt werden. Die Pensionszusagen werden bei einem Versicherungsunternehmen rückgedeckt.

Frage

1. Wie hoch ist in diesem Fall der i. d. R. höchstzulässige Tantiemesatz, wenn die Gesellschafter-Geschäftsführer sich streng nach der BFH-Rechtsprechung richten wollen?
2. Welche Konsequenzen ergeben sich, wenn der tatsächliche Gewinn vor Ertragsteuern und Tantiemen im Jahr 08 1 Mio. € beträgt?
3. Können die Pensionszusagen in der vorgesehenen Form anerkannt werden?

Antwort

1. Der höchstzulässige Tantiemesatz beträgt 6,25 %.
2. Die Tantieme ist jeweils mit 6,25 % von 1 Mio. € = 62.500 € zu berechnen. Dass der Tantiemeanteil dann mehr als 25 % der Gesamtbezüge beträgt, ist unerheblich.
3. Die Pensionszusage für A kann anerkannt werden; demgegenüber führt die Zusage an B zu einer vGA i. S. von § 8 Abs. 3 Satz 2 KStG.

Begründung

1. Gewinntantiemen, die eine Kapitalgesellschaft ihrem Gesellschafter-Geschäftsführer verspricht, sind vGA, wenn sie dem Grunde und der Höhe nach nicht dem entsprechen, was ein ordentlicher und gewissenhafter Geschäftsleiter der Kapitalgesellschaft deren Geschäftsführer als Tätigkeitsentgelt versprechen würde. Die Vereinbarung von Gewinntantiemen ist bei Gesellschafter-Geschäftsführern dem Grunde nach in aller Regel kein Problem, da erfolgsabhängige Vergütungen bei Geschäftsführern übliche Gehaltsbestandteile darstellen. Etwas anderes könnte allenfalls dann gelten, wenn im Betrieb gleichzeitig auch noch ein Fremdgeschäftsführer angestellt wäre, der keine Tantiemen erhält. Dies ist im vorliegenden Sachverhalt jedoch nicht der Fall.

Bei der Vereinbarung von Tantiemen ist darauf zu achten, dass – zumindest bei beherrschenden Gesellschafter-Geschäftsführern – die Bemessungsgrundlage klar und eindeutig festgelegt ist. Die Berechnungsgrundlagen müssen so bestimmt sein, dass allein durch Rechenvorgänge die Höhe der Vergütung ermittelt werden kann, ohne dass es noch der Ausübung irgendwelcher Ermessensakte seitens der Geschäftsführung oder der Gesellschafterversammlung bedarf.[1] Als Bemessungsgrundlage kommen verschiedene Größen in Betracht. In der Praxis bewährt hat sich die Berechnung der Tantieme aus dem handelsrechtlichen Jahresüberschuss vor Abzug der Gewinntantieme und der ertragsabhängigen Steuern. Dadurch wird eine komplizierte In-sich-Rechnung vermieden. Legt man den endgültigen Jahresüberschuss zugrunde, würden Tantieme und Ertragsteuern nämlich die Bemessungsgrundlage der Tantieme beeinflussen, könnten aber erst ermittelt werden, wenn die Tantieme endgültig feststeht.

Bei Festlegung der Tantiemehöhe sind zwei Begrenzungen zu beachten:

Zunächst darf der Tantiemesatz nicht über 50 % des Jahresüberschusses vor Abzug der Gewinntantieme und der ertragsabhängigen Steuern betragen.[2] Dies gilt auch, wenn – wie im vorliegenden Fall – mehrere Gesellschafter-Geschäftsführer in der Gesellschaft tätig sind. A und B kann deshalb jeweils höchstens eine Tantieme i. H. von 25 % der o. g. Bemessungsgrundlage zugesagt werden.

Außerdem sollen von dem Gesamtgehalt nach der BFH-Rechtsprechung i. d. R. wenigstens **75 %** aus **festen** und höchstens **25 %** aus **erfolgsabhängigen** Bestandteilen bestehen.[3] Allerdings sind von dieser sog. 75/25%-Grenze Abweichungen möglich (z. B. in der Gründungsphase der Gesellschaft, in Phasen vorübergehender wirtschaftlicher Schwierigkeiten, bei Tätigkeiten in stark risikobehafteten Geschäftszweigen) oder bei stark schwankenden Gewinnen.[4] In seiner neueren Rechtsprechung wendet der BFH seinen eigenen Grundsatz jedoch faktisch selbst nicht mehr an, wenn er – ohne nähere Prüfung – Tantiemeanteile von 87 % bzw. 89 % anerkennt.[5] Auch die Finanzverwaltung geht mit der Begrenzung nicht mehr restriktiv um und hat zumindest in einigen Bundesländern angewiesen, dass Fallgestaltungen, in denen eine Gewinntantieme gewährt wird und die variablen Vergütungsbestandteile 25 % der Gesamtvergütung über-

---

1 Vgl. z. B. BFH-Urteil vom 17.12.1997, BStBl 1998 II S. 545, und H 36 „III. Veranlassung durch das Gesellschaftsverhältnis – Beherrschender Gesellschafter – Klare und eindeutige Vereinbarung" KStH.

2 BMF-Schreiben vom 01.02.2002, BStBl I S. 219, Tz. 1.

3 BMF-Schreiben vom 01.02.2002, a. a. O., Tz. 2.

4 BMF-Schreiben vom 01.02.2002, a. a. O., Tz. 3.

5 BFH-Urteile vom 27.02.2003, BStBl 2004 II S. 132, und vom 04.06.2003, BStBl 2004 II S. 136.

schreiten, nur noch aufzugreifen sind, wenn zusätzlich Zweifel an der Angemessenheit der Gesamtausstattung bestehen oder das Abweichen vom Regelaufteilungsmaßstab aus anderen Gründen ausnahmsweise als vGA-Indiz zu werten ist.[6] Nachfolgend wird jedoch davon ausgegangen, dass die T-GmbH diese Grenze beachten will, um jegliche vGA-Risiken zu vermeiden. Formell aufgehoben hat der BFH die Begrenzung nämlich bisher noch nicht.[7]

Zur Ermittlung des höchstmöglichen Tantiemesatzes für A und B unter Einhaltung der 75/25%-Grenze ist zunächst die Höhe der Gesamtbezüge festzulegen, die die Kapitalgesellschaft bei der zu erwartenden Geschäftsentwicklung ihren Gesellschafter-Geschäftsführern zu zahlen in der Lage und bereit ist (Kriterien insbesondere: Fremdvergleich, Gewinnsituation der GmbH).[8] Im nächsten Schritt ist aus diesen Gesamtbezügen die betragsmäßige Höhe der Gewinntantieme zu ermitteln (maximal 25 % der Gesamtbezüge). Der Betrag der Tantieme ist dann zum durchschnittlich erwarteten Jahresgewinn ins Verhältnis zu setzen und daraus der zulässige Tantiemesatz zu berechnen. Anschließend muss ggf. noch die o. g. Begrenzung auf höchstens 50 % des Jahresüberschusses vor Abzug der Tantieme und der ertragsabhängigen Steuern vorgenommen werden. Der so ermittelte Tantiemesatz ist dann im Anstellungsvertrag festzuschreiben.

Im vorliegenden Sachverhalt ist demnach wie folgt zu rechnen:

vorgesehenes Gesamtgehalt je Gesellschafter-Geschäftsführer	100.000 €
davon 25 % =	25.000 €
im Verhältnis zum erwarteten Jahresüberschuss vor Ertragsteuern und Tantiemen (400.000 €) sind dies	6,25 %

Damit kann für A und B eine Gewinntantieme von jeweils 6,25 % des Jahresüberschusses vor Abzug der Gewinntantieme und der ertragsabhängigen Steuern vereinbart werden (zusammen also 12,5 %; die Höchstgrenze von 50 % ist bei weitem nicht erreicht). Das Festgehalt ist jeweils mit 75.000 € zu vereinbaren.

Im vorliegenden Fall ist aber für das Jahr 07 ergänzend zu beachten, dass die Tantiemevereinbarungen erst im Juli 07 geschlossen worden sind. Der BFH verlangt in einem solchen Fall, dass der Tantiemebetrag im Erstjahr nur zeitanteilig gewährt wird.[9] Ansonsten liegt ein Verstoß gegen das Rückwirkungsverbot vor. Sowohl A als auch B sind nämlich als beherrschende Gesellschafter anzusehen und dürfen deshalb nicht rückwirkend für bereits geleistete Dienste eine Vergütung erhalten, die zuvor nicht vereinbart war. Bei A ergibt sich die Beherrschung bereits aus seiner Mehr-

6 Vgl. z. B. Verfügung der OFD Düsseldorf vom 17.06.2004, DStR 2004 S. 1386.

7 Zur Kritik an dieser Inkonsequenz des BFH vgl. Lang in Dötsch/Jost/Pung/Witt, Die Körperschaftsteuer, § 8 Abs. 3 KStG, Teil D Tz. 481 ff.

8 BMF-Schreiben vom 14.10.2002, BStBl I S. 972.

9 BFH-Urteil vom 17.12.1997, BStBl 1998 II S. 545.

heitsbeteiligung von 60 %. B hält zwar nur 40 % der Anteile, hat aber gleichgerichtete Interessen mit A, da beide Geschäftsführer sind und beide eine Tantieme erhalten sollen.[10] Das Problem des Rückwirkungsverbots stellt sich im vorliegenden Fall unabhängig davon, dass im Juli 07 eine rückwirkende Umwandlung der T-OHG in die T-GmbH erfolgt ist. Diese Rückwirkung ist zwar nach dem UmwStG zulässig (§ 20 Abs. 5 und 6 UmwStG); sie führt aber nicht dazu, dass auch zivilrechtliche Verträge zwischen den Gesellschaftern und der (neuen) Kapitalgesellschaft als rückwirkend abgeschlossen gelten. Erfolgt deshalb im Jahr 07 keine Zwölftelung der Tantiemen, sind 6/12 der Tantiemebeträge als vGA zu behandeln.

In die Anstellungsverträge sollte außerdem eine Regelung aufgenommen werden, wonach entstandene Jahresfehlbeträge in künftigen Jahren die Bemessungsgrundlage der Tantieme mindern müssen.[11] Dies gilt selbst dann, wenn ein Jahresfehlbetrag bilanziell mit einem Gewinnvortrag aus den Vorjahren ausgeglichen werden könnte (und somit kein bilanzieller Verlustvortrag entsteht).[12] Der BFH verlangt nämlich, dass jeder Jahresfehlbetrag, für den ein Gesellschafter-Geschäftsführer verantwortlich ist (der also in der Zeit seiner Geschäftsführertätigkeit entstanden ist), sich in einem späteren Jahr mindernd auf die Bemessungsgrundlage einer Gewinntantieme auswirken muss.

2. Nach der Rechtsprechung des BFH bleibt der im Anstellungsvertrag festgelegte Tantiemesatz auch dann anwendbar, wenn sich der tatsächliche Gewinn anders entwickelt als erwartet. Dies gilt zumindest bis zur nächsten Gehaltsanpassung; spätestens muss aber nach Ablauf von drei Jahren eine Überprüfung und ggf. eine Anpassung vorgenommen werden.

Beträgt der tatsächliche Gewinn (vor Ertragsteuern und Tantiemen) im Jahr 08 1 Mio. €, so ist die Tantieme wie folgt zu berechnen:

6,25 % von 1.000.000 € =	62.500 € =	ca. 45,5 %
Das Festgehalt beträgt (gewinnunabhängig)	75.000 € =	ca. 54,5 %
Gesamtgehalt damit	137.500 € =	100 %

Der Tantiemeanteil in der Gesamtausstattung beträgt damit weit über 25 %. Dies ist aber unschädlich, weil das Tantiemeverhältnis im Zeitpunkt der Vereinbarung der Tantieme entsprechend der 75-/25-%-Grenze ermittelt worden ist.

Dauert diese positive Gewinnentwicklung allerdings bis zum Ende des Jahres 09 an, muss ab dem Jahr 10 eine Anpassung des Tantiemesatzes erfolgen, um die 75-/25-%-Grenze zukünftig wieder einzuhalten. Geht man dabei z. B. von einer weiteren Angemessenheit des Gesamtgehalts von 137.500 € aus, dürften höchstens 25 % davon = 34.375 € Tantiemeanteil vereinbart werden. Dies entspricht bezogen auf den zu erwartenden Jah-

10 H 36 „III. Veranlassung durch das Gesellschaftsverhältnis – Beherrschender Gesellschafter – Gleichgerichtete Interessen" KStH.

11 H 39 „Verlustvorträge" KStH.

12 BFH-Urteil vom 18.09.2007, BStBl 2008 II S. 314.

resüberschuss vor Ertragsteuern und Tantiemen i. H. von 1 Mio. € einem Satz von 3,44 %. Das Festgehalt müsste dann mit 103.125 € vereinbart werden.

3. Pensionszusagen können nur anerkannt werden, wenn die Voraussetzungen des § 6 a EStG erfüllt sind und die Zusagen ernsthaft, erdienbar, finanzierbar und angemessen sind (R 38 KStR). Außerdem dürfen die Zusagen grundsätzlich nicht im zeitlichen Zusammenhang mit der Gründung der Gesellschaft erteilt werden.

Die **Voraussetzungen des § 6 a EStG** liegen hier vor. A und B haben einen Rechtsanspruch auf spätere laufende Pensionsleistungen (§ 6 a Abs. 1 Nr. 1 EStG). Außerdem enthalten die Pensionszusagen keine schädlichen Widerrufsvorbehalte (§ 6 a Abs. 1 Nr. 3 EStG); sie sind auch schriftlich erteilt (§ 6 a Abs. 1 Nr. 3 EStG). Auf die Schriftform kann im Übrigen trotz der gelockerten BFH-Rechtsprechung zur Anerkennung von Verträgen zwischen einer Kapitalgesellschaft und ihrem beherrschenden Gesellschafter nicht verzichtet werden.[13]

Auch die **Ernsthaftigkeit** ist gegeben, da die Zusagen mindestens auf das 60. Lebensjahr (hier: 65. Lebensjahr) erteilt wurden (R 38 Satz 8 KStR).

Die Erteilung von Pensionszusagen unmittelbar nach Gründung der Gesellschaft ist i. d. R. nicht zulässig (H 38 „Warte-/Probezeit" KStH).[14] In **Neugründungsfällen** ist regelmäßig eine fünfjährige **Probezeit** erforderlich. Der BFH begründet das Erfordernis einer Probezeit damit, dass ein ordentlicher und gewissenhafter Geschäftsleiter sich zunächst angemessene Zeit nehmen würde, um

- die Eignung, Befähigung und fachliche Leistung des Geschäftsführers sowie
- die Ertragsentwicklung der Gesellschaft

beurteilen zu können. Die Finanzverwaltung verlangt bei **Eintritt** in eine bestehende Gesellschaft eine Probezeit von **2 bis 3 Jahren** (kürzer als in Neugründungsfällen, da hier die Ertragsentwicklung leichter überschaubar ist). Unter Probezeit ist im Übrigen die Zeit zwischen Dienstbeginn und Pensionsvereinbarung zu verstehen (im Unterschied zur versorgungsfreien Zeit, die den Zeitraum zwischen der Pensionsvereinbarung und der erstmaligen Anspruchsberechtigung bezeichnet).

BFH und Finanzverwaltung lassen allerdings bei Umwandlungen eine Ausnahme von dem Erfordernis der Probezeit zu, da hier sowohl die Ertragssituation des Unternehmens als auch die Leistungsfähigkeit der Geschäftsführer bekannt ist.[15] Ein solcher Fall ist hier gegeben.

---

13 BMF-Schreiben vom 28.08.2001, BStBl I S. 594.

14 Vgl. auch BMF-Schreiben vom 14.05.1999, BStBl I S. 512, Tz. 1, und BFH-Urteil vom 17.03.2010, BFH/NV 2010 S. 1310.

15 BFH-Urteil vom 29.10.1997, BStBl 1999 II S. 318; BMF-Schreiben vom 14.05.1999, BStBl I S. 512, Tz. 1.1.

Die Pensionszusagen sind auch **finanzierbar,** da sie in vollem Umfang über eine Rückdeckungsversicherung abgesichert sind. Aber auch unabhängig vom Abschluss einer Rückdeckungsversicherung hat der BFH die Bedeutung des Merkmals „Finanzierbarkeit" schon vor längerer Zeit stark relativiert.[16] Die Finanzverwaltung folgt dieser Rechtsprechung.[17]

Die Finanzierbarkeit einer Pensionszusage wäre nach Auffassung des BFH (nur) dann zu verneinen, wenn die Zusage zu einer **Überschuldung im insolvenzrechtlichen Sinne** führen würde (§ 19 InsO). Dem liegt der Gedanke zugrunde, dass ein ordentlicher und gewissenhafter Geschäftsleiter wegen der Pensionszusage gegenüber einem fremden Arbeitnehmer (auch wenn dieser Geschäftsführer ist) nicht das Risiko einer Insolvenz der Kapitalgesellschaft in Kauf nehmen würde. Besteht ein solches Risiko, würde die Zusage gegenüber einem Dritten nicht erteilt werden. Erhält ein Gesellschafter-Geschäftsführer in einer solchen Situation dennoch eine Pensionszusage, ist diese im Gesellschaftsverhältnis veranlasst. Der BFH folgt dabei aber nicht dem früheren Gedanken der Finanzverwaltung hinsichtlich des sog. Bilanzsprungrisikos. Nach seiner Auffassung darf kein „Worst-Case-Szenario" unterstellt werden, wonach der Gesellschafter-Geschäftsführer nach einem zugesagten Invaliditätsschutz kurze Zeit nach dem Zusagezeitpunkt erwerbsunfähig werden könnte (in einem solchen Fall würde die Höhe der zu bildenden Pensionsrückstellung extrem in die Höhe schnellen). Ist die Pensionszusage – wie im vorliegenden Fall – rückgedeckt, kommt es sowieso nur noch darauf an, dass die monatlichen Beiträge zur Rückdeckungsversicherung finanzierbar sind.[18] Dies ist regelmäßig der Fall.

Für die Frage der **Erdienbarkeit** ist zunächst zu prüfen, ob es sich bei A und B um beherrschende oder nicht beherrschende Gesellschafter handelt. A hält 60 % der Anteile und ist deshalb auf jeden Fall als beherrschender Gesellschafter anzusehen (H 36 „III. Veranlassung durch das Gesellschaftsverhältnis – Beherrschender Gesellschafter – Begriff" KStH). Aber auch für B gelten die Regeln für beherrschende Gesellschafter, da er bezüglich der Erteilung von Pensionszusagen gleichgerichtete Interessen mit A hat (H 36 „III. Veranlassung durch das Gesellschaftsverhältnis – Beherrschender Gesellschafter – Gleichgerichtete Interessen" KStH). Für beide Gesellschafter gilt damit eine 10-jährige Erdienbarkeitsfrist. Zwischen dem Zeitpunkt der Pensionsvereinbarung und dem voraussichtlichen Eintritt in den Ruhestand muss demnach noch zumindest eine Dienstzeit von **10 Jahren** liegen. Diese Voraussetzung kann hier zwar von A (54 Jahre alt), jedoch nicht mehr von B erfüllt werden (58. bis 65. Lebensjahr = 7 Jahre). Damit führt die

---

16 Vgl. z. B. BFH-Urteile vom 08.11.2000, BStBl 2005 II S. 653, und vom 31.03.2004, BStBl 2005 II S. 664.

17 H 38 „Finanzierbarkeit" KStH und BMF-Schreiben vom 06.09.2005, BStBl I S. 875.

18 BFH-Urteil vom 17.05.1995, BStBl 1996 II S. 204.

Pensionszusage an B mangels Erdienbarkeit zu einer vGA. Dies gilt unabhängig davon, dass bei Vereinbarung eines Pensionsalters von z. B. 70 Jahren die Pensionszusage an B noch erdienbar gewesen wäre. Zu beurteilen ist die tatsächliche Vereinbarung und nicht eine mögliche – steuerunschädliche – Alternativgestaltung. Die Zusage an A ist demgegenüber erdienbar.

Hinweis: Im Rahmen der Rentenreform 2002 wurden die allgemeinen Fristen für die Unverfallbarkeit von Anwartschaften bei einer durch den Arbeitgeber finanzierten Versorgungszusage von zehn auf fünf Jahre und vom 35. auf das 30. Lebensjahr verkürzt (§ 1 b Abs. 1 BetrAVG).[19] Für arbeitnehmerfinanzierte Pensionszusagen tritt sogar eine sofortige Unverfallbarkeit ein. Unabhängig davon hat die Finanzverwaltung entschieden, dass diese Verkürzung keine Auswirkungen auf die Erdienbarkeitsfrist von Pensionszusagen an beherrschende Gesellschafter-Geschäftsführer haben soll.[20] Allerdings ist ein Unterschreiten der Fristen (10-Jahres-Frist bei beherrschenden Gesellschafter-Geschäftsführern und 12-Jahres-Frist bei nicht beherrschenden Gesellschafter-Geschäftsführern, davon mindestens 3 Jahre in der Zukunft)[21] nur noch als Indiz dafür anzusehen, dass die Zusage ihre Ursache im Gesellschaftsverhältnis hat.[22] Andererseits wendet der BFH die Erdienbarkeitsfristen auch auf Erhöhungsbeträge für bereits bestehende Pensionszusagen an.[23]

Der Höhe nach ist die Pensionszusage gegenüber A auch **angemessen,** da sie 75 % der Aktivbezüge nicht übersteigt.[24] Eine sog. Überversorgung liegt demnach nicht vor. Auch bei Versorgungszusagen gegenüber fremden Arbeitnehmern hat der BFH die Passivierung von Pensionsrückstellungen nur anerkannt, soweit die Pensionszusage dazu diente, eine nach der gesetzlichen Rentenversicherung verbleibende Versorgungslücke von 20 bis 30 % der letzten Aktivbezüge zu schließen.[25] Im Anschluss wurde die Rechtsprechung dann auf Ehegatten-Arbeitsverhältnisse und auf Arbeitsverhältnisse zwischen einem Gesellschafter-Geschäftsführer und „seiner" Kapitalgesellschaft übertragen.[26]

Die Pensionszusage an A ist damit sowohl dem Grunde als auch der Höhe nach anzuerkennen. Gegebenenfalls wäre allerdings noch zu prüfen, ob

---

19 Altersvermögensgesetz vom 26.06.2001, BStBl I S. 420.

20 BMF-Schreiben vom 09.12.2002, BStBl I S. 1393, Tz. 2; vom BFH mit Urteil vom 19.11.2008, BFH/NV 2009 S. 608, bestätigt.

21 BMF-Schreiben vom 01.08.1996, BStBl I S. 1138, und vom 07.03.1997, BStBl I S. 637.

22 Zur Indizwirkung vgl. auch das BFH-Urteil vom 24.04.2002, DB 2002 S. 2248.

23 BFH-Urteil vom 23.09.2008, DB 2009 S. 95.

24 BFH-Urteil vom 17.05.1995, BStBl 1996 II S. 204, und BMF-Schreiben vom 03.11.2004, BStBl I S. 1045, Rz. 7.

25 BFH-Urteil vom 13.11.1975, BStBl 1976 II S. 142/148.

26 Zur Überversorgung bei Ehegatten-Arbeitsverhältnissen vgl. BFH-Urteil vom 08.10.1986, BStBl 1987 II S. 205; zur Übertragung auf Gesellschafter-Geschäftsführer vgl. BFH-Urteil vom 17.05.1995, BStBl 1996 II S. 204.

die Gesamtausstattung der Geschäftsführerbezüge an A angemessen ist. In diese Angemessenheitsprüfung ist auch die erhaltene Pensionszusage mit ihrer fiktiven Jahresnettoprämie einzubeziehen (H 38 „Angemessenheit" KStH). Fiktive Jahresnettoprämie ist der Betrag, der an ein Versicherungsunternehmen für eine entsprechende (Renten-)Versicherung gezahlt werden müsste (abzgl. etwaiger Abschluss- und Verwaltungskosten).

Aus der vGA bezüglich der Pensionszusage an B ergeben sich folgende Rechtsfolgen:

Die Pensionsrückstellung in der Steuerbilanz der T-GmbH wird durch den Ansatz der vGA nicht berührt. Die vGA erschöpft sich vielmehr in einer außerhalb der Steuerbilanz vorzunehmenden Gewinnkorrektur.[27] Die Zuführungen zur Pensionsrückstellung sind deshalb – soweit sie die Zusage an B betreffen – bei der Einkommensermittlung ab dem Jahr 07 jeweils außerbilanziell hinzuzurechnen.

Mit den Einkommensteuer-Richtlinien 2008 hat die Finanzverwaltung allerdings die Berechnungsaltersgrenze für Pensionsrückstellungen bei Gesellschafter-Geschäftsführern erhöht.[28] Die Erhöhung ist – ähnlich wie die Anhebung des sozialversicherungsrechtlichen Renteneintrittsalters – nach Geburtsjahrgängen gestaffelt:

Geburtsjahrgänge	**Nichtbehinderte**	**Behinderte**
bis 1952	65 (wie bisher)	60 (wie bisher)
1953 – 1961	66	61
ab 1962	67	62

Ein Zufluss beim Gesellschafter-Geschäftsführer B ist noch nicht anzunehmen, da Pensionszahlungen noch nicht erfolgen.

Auf die abgeschlossene **Rückdeckungsversicherung** hat die vGA keine Auswirkung. Der Anspruch ist weiterhin zu aktivieren; die Beiträge sind nach wie vor als Betriebsausgaben abzugsfähig; eine vGA liegt insoweit nicht vor.[29] Der Anspruch aus der Rückdeckungsversicherung stellt ein von der Pensionsrückstellung unabhängiges Wirtschaftsgut dar. Nach Auffassung des BFH sind die Beiträge für die Rückdeckungsversicherung auch nicht geeignet, beim Gesellschafter einen sonstigen Bezug i. S. von § 20 Abs. 1 Nr. 1 Satz 2 EStG auszulösen. Dies ist jedoch Voraussetzung für die Annahme einer vGA i. S. von § 8 Abs. 3 Satz 2 KStG. Der BFH hat damit ein weiteres Tatbestandsmerkmal für das Vorliegen einer vGA geschaffen.[30]

---

27 BMF-Schreiben vom 28.05.2002, BStBl I S. 603; nähere Einzelheiten dazu vgl. Fall 17.

28 R 6 a Abs. 8 EStR; zwingend sind die neuen Werte nach dem BMF-Schreiben vom 03.07.2009, BStBl I S. 712, allerdings erst ab 2009.

29 BFH-Urteil vom 07.08.2002, BStBl 2004 II S. 131, und H 38 „Rückdeckungsversicherung" KStH.

30 Vgl. auch Wassermeyer, DB 2002 S. 2668.

Fall 17

Korrektur einer vGA außerhalb der Steuerbilanz – vGA bei Pensionszusagen – Folgen bei Wegfall einer noch nicht ausgezahlten Ausschüttungsverpflichtung

KStG § 8 Abs. 3, § 27; EStG § 3 Nr. 40, § 19 Abs. 2, § 20 Abs. 1; BetrAVG § 1 b

Sachverhalt

Die Passauer Pferdesattel-GmbH (P-GmbH) hat ihrem beherrschenden Gesellschafter-Geschäftsführer Paul Pappel (P; Beteiligung 70 %) im Januar 08 eine Pensionszusage auf das 65. Lebensjahr erteilt. Der ledige P war zu diesem Zeitpunkt bereits 61 Jahre alt. Ab Januar 12 (Monat des 65. Geburtstags des P) wird die Pension an P i. H. von monatlich 2.000 € gezahlt (fällig jeweils am 15. des Monats). In den Steuerbilanzen 08 bis 12 der P-GmbH hat sich die Pensionsrückstellung wie folgt entwickelt (zahlenmäßig vereinfachte Darstellung):

Stichtag	Zuführungsbetrag	Rückstellungsbetrag
31.12.08	+ 40.000 €	40.000 €
31.12.09	+ 40.000 €	80.000 €
31.12.10	+ 40.000 €	120.000 €
31.12.11	+ 40.000 €	160.000 €
31.12.12	./. 16.000 €	144.000 €

Am 02.01.13 stirbt P.

Variante A:

Das zuständige Finanzamt hat von Anfang an erkannt, dass die Pensionszusage zu einer vGA führt, und hat die Zuführungsbeträge zur Pensionsrückstellung deshalb nach § 8 Abs. 3 Satz 2 KStG hinzugerechnet.

Variante B:

Eine Hinzurechnung als vGA wurde bisher noch nicht vorgenommen. Die Jahre 08 bis 11 sind bestandskräftig veranlagt und können verfahrensrechtlich nicht mehr geändert werden. Die Veranlagung des Jahres 12 ist noch nicht durchgeführt (weder für die P-GmbH noch für P).

Frage

1. Kann die Pensionszusage steuerlich anerkannt werden?
2. Welche Konsequenzen ergeben sich in den Jahren 08 bis 11 in den Varianten A und B, wenn die Pensionszusage gesellschaftsrechtlich veranlasst ist?
3. Wie ist die Zahlung der Pension im Jahr 12 steuerlich zu behandeln?
4. Welche bilanziellen und außerbilanziellen Folgen treten durch den Tod des P im Jahr 13 ein?

Antwort

1. Die Pensionszusage an P ist nicht erdienbar und kann deshalb steuerlich nicht anerkannt werden.
2. Die Zuführungen zur Pensionsrückstellung sind außerbilanziell nach § 8 Abs. 3 Satz 2 KStG bei der Einkommensermittlung hinzuzurechnen (jährlich 40.000 €). In der Variante B ist diese Hinzurechnung jedoch nicht mehr möglich, da die Steuerbescheide der P-GmbH verfahrensrechtlich nicht mehr geändert werden können. Eine Bilanzberichtigung im ersten noch offenen Jahr 12 ist nicht möglich.
3. Der Ertrag aus der teilweisen Auflösung der Pensionsrückstellung im Jahr 12 ist in der Variante A in voller Höhe (16.000 €) außerbilanziell zu korrigieren; in der Variante B erfolgt keine Korrektur. In der Variante A wird der Aufwand aus den laufenden Pensionszahlungen i. H. von 24.000 €, in der Variante B nur i. H. von 8.000 € hinzugerechnet.
4. Durch den Tod des P ist die Pensionsverpflichtung für die P-GmbH entfallen. Die Pensionsrückstellung ist deshalb erfolgswirksam auszubuchen. Der entstehende Ertrag i. H. von 144.000 € ist in der Variante A in voller Höhe und in der Variante B überhaupt nicht außerbilanziell zu korrigieren.

Begründung

1. Pensionszusagen können nur anerkannt werden, wenn die Voraussetzungen des § 6 a EStG erfüllt sind und die Zusagen ernsthaft, erdienbar, finanzierbar und angemessen sind (R 38 KStR). Außerdem dürfen die Zusagen grundsätzlich nicht im zeitlichen Zusammenhang mit der Gründung der Gesellschaft erteilt werden.

Im vorliegenden Fall scheitert die Anerkennung der Pensionszusage an der fehlenden Erdienbarkeit. Für einen beherrschenden Gesellschafter-Geschäftsführer wie P ist die Anerkennung einer Pensionszusage nämlich davon abhängig, dass

- der Geschäftsführer im Zeitpunkt der Zusage das 60. Lebensjahr noch nicht vollendet hat und
- der Zeitraum, in dem die Zusage durch eine aktive Tätigkeit erdient werden kann, noch mindestens zehn Jahre ab Erteilung der Zusage beträgt.[1]

Beide Voraussetzungen sind im vorliegenden Sachverhalt nicht erfüllt, sodass die Pensionszusage eindeutig zu einer vGA i. S. von § 8 Abs. 3 Satz 2 KStG führt.

Die Pensionszusage an P führt demnach zu einer vGA.

2. Die Zuführungen zur Pensionsrückstellung sind außerbilanziell bei der Einkommensermittlung hinzuzurechnen. Das Vorliegen einer vGA berührt die Passivierung der Pensionsrückstellung nicht. Das Finanzamt darf des-

1 Vgl. H 38 „Erdienbarkeit" KStH sowie BFH-Urteil vom 19.11.2008, GmbHR 2009 S. 440.

halb die Steuerbilanz nicht korrigieren; die Pensionsrückstellung bleibt eine betrieblich veranlasste Schuld (Gewinnermittlung 1. Stufe).[2]

Wäre eine Bilanzberichtigung zulässig, müsste die Pensionsrückstellung in der Steuerbilanz zum 31.12.12 mit 0 € ausgewiesen werden (Gewinnauswirkung: + 144.000 € = voller bisheriger Aufwand aus der Bildung der Pensionsrückstellung saldiert mit der Minderung aus der Auflösung im Jahr 12; außerdem wäre der Aufwand aus den laufenden Pensionszahlungen mit 24.000 € bei der bilanziellen Gewinnermittlung nicht anerkannt worden). Damit wäre über die Bilanzberichtigungsgrundsätze auch noch eine nachträgliche Korrektur der Zuführungsbeträge in den in der Variante B eigentlich schon bestandskräftigen Jahren 08 bis 11 möglich. Diese Möglichkeit ist dem Finanzamt jedoch versperrt.

Bilanzberichtigungsgrundsätze sind nach BFH-Rechtsprechung und Verwaltungsauffassung bei einer vGA nämlich nicht anwendbar.[2] Damit ist es auch nicht mehr möglich, die Gewinnminderung in bestandskräftig veranlagten Jahren noch nachträglich zu korrigieren. Das Finanzamt kann deshalb in der Variante B lediglich noch im Jahr 12 die außerbilanziellen Konsequenzen aus der vorliegenden vGA ziehen (siehe dazu die Antwort zu Frage 3). In der Steuerbilanz zum 31.12.12 bleibt die Pensionsrückstellung somit in beiden Varianten noch mit 144.000 € passiviert; die Rückstellung ist also im Hinblick auf die vGA nicht zu korrigieren.

Nach Verwaltungsauffassung ist zum Zwecke der weiteren steuerlichen Behandlung der vGA eine Nebenrechnung durchzuführen.[3] In Höhe der vGA ist ein Teilbetrag I zu bilden. Die Höhe des Teilbetrags I ist nicht davon abhängig, dass ein entsprechender Betrag im Rahmen der Einkommensermittlung der Gesellschaft hinzugerechnet worden ist. Ergänzend ist festzuhalten, in welchem Umfang der Teilbetrag I bei der Einkommensermittlung dem Steuerbilanzgewinn hinzugerechnet worden ist (= Teilbetrag II). Die beiden Teilbeträge sind entsprechend der Entwicklung des Passivpostens in der Steuerbilanz fortzuschreiben.

Danach entwickeln sich die Teilbeträge I und II in den Varianten A und B bis zum 31.12.11 wie folgt:

Stichtag	**Teilbetrag I**		**Teilbetrag II**	
	Variante A	**Variante B**	**Variante A**	**Variante B**
31.12.08	40.000 €	40.000 €	40.000 €	0 €
31.12.09	80.000 €	80.000 €	80.000 €	0 €
31.12.10	120.000 €	120.000 €	120.000 €	0 €
31.12.11	160.000 €	160.000 €	160.000 €	0 €

2 BFH-Urteil vom 29.06.1994, BStBl 2002 II S. 366, und BMF-Schreiben vom 28.05.2002, BStBl I S. 603.

3 BMF-Schreiben vom 28.05.2002, BStBl I S. 603, Rz. 8; bestätigt durch das BFH-Urteil vom 21.08.2007, BStBl 2008 II S. 277.

Der Teilbetrag I entwickelt sich in beiden Varianten identisch, da es hierbei nicht darauf ankommt, ob und inwieweit die vGA tatsächlich bei der Einkommensermittlung hinzugerechnet worden ist. Ein Unterschied ergibt sich jedoch hinsichtlich der Höhe des Teilbetrags II, da hier nur die tatsächlich hinzugerechneten Beträge erfasst werden (in der Variante B also 0 €).

Ein Abfluss der vGA bei der P-GmbH und ein Zufluss beim Gesellschafter liegt in den Jahren 08 bis 11 in beiden Varianten nicht vor. Die Frage der Anwendung des § 27 KStG auf der Ebene der GmbH bzw. der Versteuerung nach § 20 Abs. 1 Nr. 1 Satz 2 EStG stellt sich deshalb in diesen Jahren noch nicht.

3. Behandlung im Jahr der Pensionszahlung (Jahr 12)

a) Auflösung der Pensionsrückstellung

Im Jahr des Eintritts des Versorgungsfalles (hier: Jahr 12) kommt es in der Steuerbilanz der P-GmbH zu einer teilweisen Auflösung der Rückstellung und damit zu einer Gewinnerhöhung i. H. von 16.000 €. Diese Gewinnerhöhung ist im vorliegenden Sachverhalt in voller Höhe im Gesellschaftsverhältnis veranlasst, da auch die Pensionszusage in voller Höhe gesellschaftsrechtlich veranlasst war. Sie ist deshalb im Rahmen der Einkommensermittlung für den VZ 12 außerhalb der Steuerbilanz bis zur Höhe des Teilbetrags II zu mindern.

Damit ergibt sich in der **Variante A** eine außerbilanzielle Minderung um 16.000 €, da der Teilbetrag II zum 31.12.11 160.000 € betragen hatte. Der Teilbetrag II vermindert sich entsprechend auf 144.000 €.[4] Ebenso beträgt der Teilbetrag I zum 31.12.12 144.000 € (Minderung um 16.000 €).

Demgegenüber verbleibt es in der **Variante B** bei dem gebuchten Ertrag. Eine außerbilanzielle Korrektur kommt nicht in Betracht, da der Teilbetrag II zum 31.12.11 0 € betragen hatte. Der Teilbetrag II beträgt auch zum 31.12.12 unverändert 0 €. Der Teilbetrag I beläuft sich zum 31.12.12 wie in der Variante A auf 144.000 €.

Dieser Differenzierung liegt der Gedanke zugrunde, dass es sich bei der außerbilanziellen Kürzung des entstehenden Ertrags aus der Auflösung einer „vGA-Verpflichtung" um eine sachliche Billigkeitsregelung handelt. Die Finanzverwaltung will die sachliche Billigkeit jedoch nur anwenden, wenn und soweit die vGA in früheren Jahren auch tatsächlich zu einer Hinzurechnung nach § 8 Abs. 3 Satz 2 KStG geführt hat. Ist dies nicht der Fall, besteht für eine Steuerfreistellung des jetzt entstehenden Ertrags kein Anlass. Ansonsten würde sich eine Doppelbegünstigung ergeben (keine Hinzurechnung in den Jahren der aufwandswirksamen Rückstellungsbildung aus verfahrensrechtlichen Gründen und Steuerfreistellung des sich später ergebenden Ertrags aus der Rückstellungsauflösung).[5]

---

4 Rz. 9 und 31 f. des BMF-Schreibens vom 28.05.2002, a. a. O. (Fn. 3).

5 Ebenso Wassermeyer, DB 2002 S. 2668; vgl. auch BFH-Urteil vom 21.08.2007, BStBl 2008 II S. 277.

b) Pensionszahlungen

Die Pensionszahlungen führen im Jahr 12 zunächst in voller Höhe (24.000 €) zu laufenden Betriebsausgaben. Auch diese sind jedoch durch das Gesellschaftsverhältnis veranlasst, da die gesamte Pensionszusage nicht erdienbar war. Der Betrag von 24.000 € ist dem Steuerbilanzgewinn insoweit hinzuzurechnen, wie er die Differenz aus aufzulösendem Teilbetrag I und aufzulösendem Teilbetrag II übersteigt. Damit ergibt sich in den Varianten A und B folgendes Ergebnis:

Variante A:

Aufwand aus laufenden Pensionszahlungen			24.000 €
./. Differenz	aufzulösender Teilbetrag I (s. o. unter a)	16.000 €	
	aufzulösender Teilbetrag II (s. o. unter a)	16.000 €	
	ergibt	0 €	0 €
Hinzurechnung			24.000 €

Variante B:

Aufwand aus laufenden Pensionszahlungen			24.000 €
./. Differenz	aufzulösender Teilbetrag I (s. o. unter a)	16.000 €	
	aufzulösender Teilbetrag II (s. o. unter a)	0 €	
	ergibt	16.000 €	16.000 €
Hinzurechnung nach § 8 Abs. 3 Satz 2 KStG			8.000 €

Nach Auffassung des BMF kann damit in der Variante B nur der Saldo aus dem Ertrag aus der Auflösung der Rückstellung und dem laufenden Pensionsaufwand hinzugerechnet werden („Saldobetrachtung").[6] Dies ist auch zutreffend, da im Ergebnis nur der Saldo aus dem laufenden Pensionsaufwand und dem Ertrag aus der Auflösung der Rückstellung den Steuerbilanzgewinn der P-GmbH gemindert hat. Somit ist auch nur dieser Betrag einer Hinzurechnung nach § 8 Abs. 3 Satz 2 KStG zugänglich.

Zusammengefasst ergibt sich im Jahr 12 bei der P-GmbH in den beiden Varianten A und B folgendes Ergebnis **(Einkommensauswirkung):**

	Variante A	**Variante B**
Ertrag aus Auflösung der Rückstellung (bilanziell)	+ 16.000 €	+ 16.000 €
außerbilanzielle Korrektur	./. 16.000 €	0 €
Aufwand aus Pensionszahlungen (bilanziell)	./. 24.000 €	./. 24.000 €
außerbilanzielle Korrektur	+ 24.000 €	+ 8.000 €
insgesamt	0 €	0 €

Fazit:

Es ergibt sich in beiden Varianten dieselbe Auswirkung auf das Einkommen. Die Führung der Teilbeträge I und II muss dennoch weiterhin erfolgen, da sich eine Auswirkung beim späteren Wegfall der Pensions-

6 Vgl. Wassermeyer, GmbHR 2002 S. 617 unter VIII.

verpflichtung ergeben kann (insbesondere bei Tod des Berechtigten oder bei Verzicht auf den Pensionsanspruch; vgl. Antwort zur Frage 4).

Die Teilbeträge I und II entwickeln sich damit (einschließlich dem Jahr 12) wie folgt:

Stichtag	**Teilbetrag I**		**Teilbetrag II**	
	Variante A	**Variante B**	**Variante A**	**Variante B**
31.12.08	40.000 €	40.000 €	40.000 €	0 €
31.12.09	80.000 €	80.000 €	80.000 €	0 €
31.12.10	120.000 €	120.000 €	120.000 €	0 €
31.12.11	160.000 €	160.000 €	160.000 €	0 €
31.12.12	144.000 €	144.000 €	144.000 €	0 €

Die Hinzurechnung der laufenden Pensionszahlungen (in der Variante A: 24.000 €; in der Variante B: 8.000 €) berührt die Teilbeträge I und II nicht, da insoweit kein Bilanzposten berührt wird. Die Teilbeträge I und II stellen nämlich nur Nebenrechnungen für einen Passivposten in der Steuerbilanz dar.[7]

c) Versteuerung beim Gesellschafter P

Beim Gesellschafter ist in beiden Varianten der Betrag von 24.000 € als vGA zu versteuern. Diese vGA unterliegt grundsätzlich der Abgeltungsteuer von 25 % (§ 32 d Abs. 1 EStG). Alternativ wäre das Teileinkünfteverfahren anwendbar, wenn P die Anteile in einem Betriebsvermögen gehalten hätte (§ 3 Nr. 40 Satz 2 EStG) oder er (bzw. seine Rechtsnachfolger) einen Antrag nach § 32 d Abs. 2 Nr. 3 EStG gestellt hätte (unternehmerische Beteiligung). In diesem Fall wären 40 % der erhaltenen vGA steuerfrei; der steuerpflichtige Teil wäre mit dem persönlichen Einkommensteuersatz des P zu versteuern.

Die erhaltene vGA wird also grundsätzlich günstiger besteuert als Versorgungsbezüge i. S. von § 19 Abs. 2 EStG. In der Variante B gibt es für die Begünstigung der vGA allerdings Einschränkungen, da die vGA bei der P-GmbH in den Jahren 08 bis 11 nicht hinzugerechnet wurde (und nun aus verfahrensrechtlichen Gründen auch nicht mehr hinzugerechnet werden kann):

- Bei Anteilen im Privatvermögen ohne Option nach § 32 d Abs. 2 Nr. 3 EStG ist der Abgeltungsteuersatz von 25 % nach § 32 d Abs. 2 Nr. 4 EStG insoweit ausgeschlossen, wie zuvor keine Hinzurechnung der vGA auf Ebene der P-GmbH erfolgt ist. Die Regelung des § 32 d Abs. 2 Nr. 4 EStG wurde durch das Jahressteuergesetz 2010 in das Gesetz aufgenommen.[8] Sie gilt ab dem VZ 2011; in den Jahren 2009 und 2010 gilt diese Einschränkung also nicht.

---

7 Vgl. den Wortlaut von Rz. 8 des BMF-Schreibens vom 28.05.2002, a. a. O. (Fn 3).

8 JStG 2010 vom 08.12.2010, BStBl I S. 1394.

- Bei Anteilen im Betriebsvermögen oder für Anteile mit Option nach § 32 d Abs. 2 Nr. 3 EStG schließt § 3 Nr. 40 Satz 1 Buchst. d Satz 2 EStG die 40 %ige Steuerbefreiung insoweit aus, wie die vGA das Einkommen der leistenden Körperschaft (hier: P-GmbH) gemindert hat (also nicht außerbilanziell hinzugerechnet wurde).

In beiden Fällen muss allerdings in der Variante B eine Aufteilung der Pensionszahlungen vorgenommen werden. Im Jahr 12 wurde nämlich eine (außerbilanzielle) Korrektur vorgenommen; in den Vorjahren 08 bis 11 demgegenüber nicht. Die Aufteilung hat im Verhältnis der hinzugerechneten zu den nicht hinzugerechneten Aufwandsbeträgen der P-GmbH zu erfolgen.[9]

4. Folgen aus dem Tod des P im Januar 13

Aufgrund des Todes des P im Januar 13 ist die Pensionsrückstellung in der Bilanz zum 31.12.13 nicht mehr auszuweisen und daher gewinnerhöhend aufzulösen (bilanzieller Ertrag i. H. von 144.000 €). Die Teilbeträge I und II sind ebenfalls in voller Höhe aufzulösen. Es erfolgt ein außerbilanzieller Abzug bis zur Höhe des aufzulösenden Teilbetrags II:[10]

	Variante A	Variante B
Bilanzieller Ertrag aus der Auflösung der Pensionsrückstellung	144.000 €	144.000 €
⁒ außerbilanzieller Abzug bis zur Höhe des aufzulösenden Teilbetrags II	⁒ 144.000 €	⁒ 0 €
verbleibende Einkommenserhöhung im Jahr 13	0 €	144.000 €

Damit wirkt sich jetzt die unterschiedliche Behandlung der Zuführungen zur Pensionsrückstellung aus (anders als im Ergebnis bei den laufenden Pensionszahlungen bei Frage 3). Faktisch wird damit in der Variante B die in der Vergangenheit unterlassene Hinzurechnung der vGA-Beträge nach § 8 Abs. 3 Satz 2 KStG doch noch nachgeholt.

Eine Versteuerung bei dem (verstorbenen) P ergibt sich im Jahr 13 in beiden Varianten nicht mehr.

---

9 Zum Problem der Aufteilung bei teilweiser vorheriger Korrektur nach § 8 Abs. 3 Satz 2 KStG und den damit verbundenen praktischen Schwierigkeiten vgl. auch Neumann, GmbH-StB 2007 S. 112.

10 Rz. 9 und 38 des BMF-Schreibens vom 28.05.2002, a. a. O. (Fn. 3).

Fall 18

Verdeckte Einlage eines Grundstücks

KStG § 8 Abs. 3, §§ 27, 32 a; EStG § 6 Abs. 1, §§ 17, 23

Sachverhalt

Bruno Bark (B) ist Alleingesellschafter der Bamberger Baustoff GmbH (BB-GmbH). Im Mai 06 übertrug B ein unbebautes Grundstück unentgeltlich auf die BB-GmbH. Die BB-GmbH benötigte dieses Grundstück als Lagerplatz für Baumaterialien, da die bisherigen Flächen zu klein geworden waren. Im Zeitpunkt der Einlage hatte das Grundstück einen Verkehrswert von 200.000 €. B hatte das Grundstück im Januar 01 für 160.000 € erworben. Er hatte das Grundstück seit dem Erwerb lediglich als Abstellplatz für seinen alten Wohnwagen verwendet; der übrige Teil des Grundstücks wurde nicht genutzt.

Die BB-GmbH hat den Vorgang im Jahr 06 wie folgt verbucht:

Grundstücke	an	a. o. Ertrag	200.000 €

Abwandlung 1

Wie Grundfall; die Anschaffung des Grundstücks durch B ist aber erst im Januar 04 erfolgt.

Abwandlung 2

Wie Grundfall; B hat das Grundstück vor der Übertragung auf die BB-GmbH jedoch als Lagerplatz in seinem Einzelunternehmen genutzt, das er (mit einem anderen Geschäftszweck) neben der GmbH führt. Die Anteile an der BB-GmbH gehören zum Privatvermögen des B.

Abwandlung 3

Wie Abwandlung 2 (bisherige Nutzung des Grundstücks im Einzelunternehmen des B); zwischen der BB-GmbH und dem Einzelunternehmen des B bestehen jedoch umfangreiche Geschäftsbeziehungen, sodass die Anteile an der BB-GmbH zum notwendigen Betriebsvermögen des Einzelunternehmens gehören.

Abwandlung 4

Wie Abwandlung 3 (GmbH-Anteile im Betriebsvermögen des Einzelunternehmens). Im Einzelunternehmen und bei der BB-GmbH wurde das Grundstück bei der Überführung jedoch mit dem bisherigen Buchwert von 160.000 € angesetzt. Im Rahmen einer Betriebsprüfung bei dem Einzelunternehmen wird der Sachverhalt näher geprüft und von dem Betriebsprüfer bei dem Einzelunternehmen die zutreffenden Konsequenzen gezogen. Die Bescheide der BB-GmbH für das Jahr 06 sind jedoch bestandskräftig und können nach den Vorschriften der AO nicht mehr geändert werden.

Abwandlung 5

Wie Abwandlung 3 (GmbH-Anteile im Betriebsvermögen des Einzelunternehmens). Im Einzelunternehmen und bei der BB-GmbH wurde das Grundstück bei der Überführung jedoch mit dem bisherigen Buchwert von 160.000 € angesetzt. Im Rahmen einer Betriebsprüfung bei der BB-GmbH wird der Sachverhalt geprüft. Die Bescheide des Einzelunternehmers B für das Jahr 06 sind jedoch bestandskräftig und können nach den Vorschriften der AO nicht mehr geändert werden.

Frage

Welche ertragsteuerlichen Folgen ergeben sich aus der Grundstücksübertragung im Grundfall und in den Abwandlungen 1 bis 5

a) auf der Ebene der BB-GmbH,

b) bei B?

Antwort

1. Im **Grundfall** liegt eine verdeckte Einlage des B in die BB-GmbH vor. Diese ist bei der BB-GmbH mit dem Teilwert im Zeitpunkt der Einlage zu bewerten (200.000 €). Der sich ergebende bilanzielle Ertrag wird außerbilanziell nach § 8 Abs. 3 Satz 3 KStG steuerbefreit. In Höhe von 200.000 € ergibt sich ein Zugang im steuerlichen Einlagekonto. Bei B ergibt sich ein Gewinn aus einem privaten Veräußerungsgeschäft i. S. von § 23 EStG i. H. von 40.000 €. Die Anschaffungskosten des B für die Anteile an der BB-GmbH erhöhen sich um 200.000 €.
2. Das Ergebnis ändert sich in der **Abwandlung 1** gegenüber dem Grundfall nicht, obwohl die (verdeckte) Einlage innerhalb von drei Jahren nach Anschaffung des Grundstücks erfolgt.
3. Bei der **Abwandlung 2** ergibt sich im Einzelunternehmen des B ein Entnahmegewinn i. H. von 40.000 €. Bei der BB-GmbH ändert sich gegenüber dem Grundfall nichts. Bei B entstehen wieder nachträgliche Anschaffungskosten auf die Beteiligung an der BB-GmbH i. H. von 200.000 €.
4. **Abwandlung 3:** Die verdeckte Einlage führt nach § 6 Abs. 6 Satz 2 EStG im Einzelunternehmen zu einer Gewinnrealisierung.
5. Im Fall der **Abwandlung 4** kann die Steuerbefreiung der verdeckten Einlage bei der BB-GmbH nach § 8 Abs. 3 Satz 3 KStG noch nachträglich gewährt werden. Die Bescheide der BB-GmbH können nach § 32 a Abs. 2 KStG geändert werden.
6. Bei der **Abwandlung 5** können die Folgen der verdeckten Einlage im Einzelunternehmen des B verfahrensrechtlich nicht mehr nachvollzogen werden. Bei der BB-GmbH wird deshalb nach § 8 Abs. 3 Satz 4 KStG die Steuerfreiheit der verdeckten Einlage versagt. Ein Zugang im steuerlichen Einlagekonto ist u. E. aber dennoch zu erfassen.

Lösung:

1. Grundfall

Die unentgeltliche Übertragung des Grundstücks von B auf die BB-GmbH stellt eine verdeckte Einlage i. S. von § 8 Abs. 3 Satz 3 KStG dar. Eine Definition der verdeckten Einlage ist im Gesetz allerdings nicht enthalten; es handelt sich um einen sog. unbestimmten Rechtsbegriff (wie auch bei der vGA). Die in R 40 Abs. 1 KStR enthaltene Definition ist deshalb aus der Rechtsprechung des BFH abgeleitet. Danach liegt eine verdeckte Einlage vor, wenn

- ein Gesellschafter
- außerhalb der gesellschaftsrechtlichen Einlagen
- der Gesellschaft einen einlagefähigen Vermögensvorteil
- zuwendet und
- diese Zuwendung durch das Gesellschaftsverhältnis veranlasst ist (vgl. R 40 Abs. 1 KStR).

Diese Voraussetzungen sind im vorliegenden Fall gegeben. Ein Grundstück stellt einen einlagefähigen Vermögensvorteil dar, weil sich ein Aktivposten erhöht hat (H 40 „Einlagefähiger Vermögensvorteil" KStH). Ein fremder Dritter hätte der BB-GmbH das Grundstück nicht unentgeltlich übertragen, sodass der Vorgang nur in der gesellschaftlichen Verbundenheit von B mit seiner BB-GmbH erklärbar ist. Die Zuwendung ist also durch das Gesellschaftsverhältnis veranlasst.

Ebene der BB-GmbH:

Die verdeckte Einlage ist mit dem Teilwert zu bewerten. Nach Auffassung des BFH gilt nämlich die Regelung des § 6 Abs. 1 Nr. 5 EStG auch für verdeckte Einlagen in Kapitalgesellschaften entsprechend (R 40 Abs. 4 Satz 1 KStR).

Auf der Ebene der GmbH ist der gebuchte Ertrag als verdeckte Einlage außerbilanziell wieder zu korrigieren (./. 200.000 €; Bewertung mit dem Teilwert = Verkehrswert, R 40 Abs. 2 und 4 KStR). Gleichzeitig ergibt sich ein Zugang im steuerlichen Einlagekonto i. H. von 200.000 € (§ 27 KStG).

Auf Gesellschafterebene wird die verdeckte Einlage einer Veräußerung gleichgestellt und führt deshalb zu einem steuerpflichtigen privaten Veräußerungsgeschäft nach § 23 EStG (vgl. § 23 Abs. 1 Satz 5 Nr. 2 EStG). Die Einlage erfolgt innerhalb eines Zeitraums von zehn Jahren seit der Anschaffung durch B. Das Grundstück ist hierbei mit seinem gemeinen Wert anzusetzen (§ 23 Abs. 3 Satz 2 2. Halbsatz EStG = 200.000 €).

Der entstehende Einlagegewinn von 40.000 € ist von B im Jahr der Einlage (06) zu versteuern. Gleichzeitig erhöhen sich die Anschaffungskosten seiner Beteiligung um 200.000 €.

2. Abwandlung 1

Die (verdeckte) Einlage erfolgt nunmehr innerhalb eines Zeitraums von drei Jahren nach der Anschaffung. Nach § 6 Abs. 1 Nr. 5 Buchst. a EStG ist die Einlage in diesem Fall höchstens mit den Anschaffungskosten (hier: 160.000 €) zu bewerten. Dies ändert aber nichts daran, dass die verdeckte Einlage bei B zu einem steuerpflichtigen Veräußerungsgeschäft führt (Gewinn 40.000 € wie im Grundfall). Würde bei der GmbH nunmehr aber der Einlagewert (und damit der Buchwert) lediglich mit 160.000 € angesetzt werden, ergäbe sich insoweit bei späterer Veräußerung durch die R-GmbH eine Doppelbesteuerung. Aus diesem Grund ist eine sog. teleologische Reduktion vorzunehmen und das Grundstück bei der GmbH abweichend von § 6 Abs. 1 Nr. 5 Buchst. a EStG mit 200.000 € anzusetzen (Umkehrschluss aus R 40 Abs. 4 Satz 3 KStR).

Es ergibt sich somit in diesem Fall die identische Lösung wie im Grundfall. Dies gilt sowohl für die Ebene des B (privates Veräußerungsgeschäft i. S. von § 23 EStG mit einem Gewinn von 40.000 €; nachträgliche Anschaffungskosten auf die Beteiligung i. H. von 200.000 €) als auch für die Ebene der BB-GmbH (Ansatz des Grundstücks mit 200.000 € über Ertrag; außerbilanzielle Korrekur um ⁒ 200.000 €; Zugang im steuerlichen Einlagekonto + 200.000 €).

Die Nichtanwendung von § 6 Abs. 1 Nr. 5 Buchst. a EStG erfolgt aber nur dann, wenn die verdeckte Einlage bei dem einlegenden Gesellschafter zu einem Tatbestand i. S. von § 23 Abs. 1 Satz 1 i. V. m. Satz 5 Nr. 2 EStG führt. Liegt eine steuerpflichtige Einlage in diesem Sinne nicht vor, muss § 6 Abs. 1 Nr. 5 Buchst. a EStG angewandt werden; der Ansatz bei der aufnehmenden GmbH wäre dann auf die früheren Anschaffungskosten zu begrenzen. Ein solcher Fall kann insbesondere dann auftreten, wenn

a) ein Grundstück innerhalb von drei Jahren nach der Anschaffung eingelegt wird, dieses aber vor der Einlage durch den Gesellschafter ausschließlich zu eigenen Wohnzwecken genutzt wurde oder

b) es sich um ein Wirtschaftsgut nach § 23 Abs. 1 Satz 1 Nr. 2 EStG handelt, das zwar innerhalb von drei Jahren nach der Anschaffung, aber nach Ablauf der Jahresfrist der Nr. 2 eingelegt wird. Hierbei kann es sich insbesondere um Wertpapiere handeln. Dies müssten aber Wertpapiere sein, die vor dem 01.01.2009 erworben wurden; für ab 2009 erworbene Wertpapiere besteht eine dauernde Steuerverhaftung nach § 20 Abs. 2 EStG (vgl. § 52 a Abs. 10 Satz 1 EStG). Für solche Wertpapiere gilt die verdeckte Einlage nach § 20 Abs. 2 Satz 2 EStG ebenfalls als Veräußerung.

3. Abwandlung 2

In diesem Fall gehörte das eingelegte Wirtschaftsgut vor der verdeckten Einlage zu einem Betriebsvermögen. Die Anteile an der BB-GmbH stellen demgegenüber Privatvermögen dar. Wenn das Grundstück nun zu einer

Werterhöhung für ein Wirtschaftsgut des Privatvermögens entnommen wird (nämlich zur Entstehung von nachträglichen Anschaffungskosten auf die Anteile an der BB-GmbH), muss es vor der verdeckten Einlage in das Privatvermögen entnommen werden. Dabei entsteht ein Entnahmegewinn i. H. von 40.000 €. Die stillen Reserven werden also über einen Entnahmetatbestand des § 6 Abs. 1 Nr. 4 EStG realisiert.

Bei der BB-GmbH ergibt sich gegenüber dem Grundfall keine Änderung (Ansatz des Grundstücks mit 200.000 €).

Durch die (verdeckte) Einlage entstehen bei B nachträgliche Anschaffungskosten auf die Beteiligung an der BB-GmbH i. H. von 200.000 €. Für B gilt der Entnahmewert des Grundstücks als dessen Anschaffungskosten.

Steuersystematisch wird bei B auch in diesem Fall ein Besteuerungstatbestand nach § 23 Abs. 1 Satz 5 Nr. 2 EStG realisiert. Es liegt nämlich eine verdeckte Einlage in eine Kapitalgesellschaft innerhalb von 10 Jahren nach der Anschaffung des Grundstücks vor. Die Entnahme aus dem Betriebsvermögen gilt für Zwecke des § 23 EStG als Anschaffung (§ 23 Abs. 1 Satz 2 EStG). Die (verdeckte) Einlage in das Vermögen der BB-GmbH nach der Entnahme würde somit auch dann zu einem Veräußerungstatbestand i. S. von § 23 EStG führen, wenn sich das Grundstück zuvor schon lange Zeit (also länger als 10 Jahre) im Betriebsvermögen befunden hätte. Allerdings ergibt sich aus § 23 EStG hier kein (zusätzlicher) privater Veräußerungsgewinn. Die stillen Reserven wurden bereits (eine logische Sekunde) zuvor durch die Entnahme realisiert. Der bei der Entnahme angesetzte Wert von 200.000 € gilt nach § 23 Abs. 3 Satz 3 EStG als Anschaffungspreis. Somit ergibt sich folgende Berechnung nach § 23 EStG:

Veräußerungspreis (= gemeiner Wert nach § 23 Abs. 3 Satz 2 2. Halbsatz EStG)	200.000 €
⁒ Anschaffungskosten (= Entnahmewert)	200.000 €
Gewinn aus privatem Veräußerungsgeschäft	0 €

4. Abwandlung 3

Anders als bei der Abwandlung 2 wird das Grundstück vor der verdeckten Einlage nun nicht in das Privatvermögen entnommen. Es wird nämlich dafür verwendet, um ein (anderes) Wirtschaftsgut des Betriebsvermögens (nämlich die Beteiligung an der BB-GmbH) wertvoller zu machen und für dieses Wirtschaftsgut nachträgliche Anschaffungskosten entstehen zu lassen. Dies ist kein privater, sondern ein betrieblicher Zweck. Unabhängig davon führt aber auch diese Variante zur Gewinnrealisierung. Mit der verdeckten Einlage wird nämlich der Tatbestand des § 6 Abs. 6 Satz 2 EStG verwirklicht. Danach erhöhen sich bei einer verdeckten Einlage die Anschaffungskosten der Beteiligung um den Teilwert des eingelegten Wirtschaftsguts. Auf den ersten Blick erschließt sich aus dem Wortlaut der Vorschrift nicht, dass und wie dies zu einer Gewinnrealisierung führen soll.

Deutlich wird dies allerdings, wenn man sich den sich aus der gesetzlichen Aussage ergebenden Buchungssatz vor Augen führt:

Beteiligung BB-GmbH	200.000 € (= Teilwert des eingelegten Wirtschaftsguts)			
		an	Grundstück	160.000 €
			Ertrag	40.000 €

In der Differenz zwischen den (gesetzlich mit dem Teilwert festgelegten) Anschaffungskosten für die Beteiligung und dem Buchwert des eingelegten Grundstücks ergibt sich somit die Gewinnrealisierung (hier: 40.000 €). Es handelt sich dabei natürlich um einen laufenden Gewinn des Einzelunternehmens, der auch der Gewerbesteuer unterliegt.

Bei der BB-GmbH sind die Rechtsfolgen wiederum identisch mit den vorherigen Abwandlungen (Ansatz des Grundstücks mit 200.000 €; außerbilanzielle Korrektur des sich ergebenden Ertrags; Zugang im steuerlichen Einlagekonto i. H. von 200.000 €).

Wäre das Grundstück demgegenüber innerhalb von **drei Jahren** nach der Anschaffung verdeckt in die BB-GmbH eingelegt worden, ergäbe sich aufgrund der Sonderregelung in § 6 Abs. 6 Satz 3 EStG eine andere Lösung. Nach dieser Vorschrift erhöhen sich die Anschaffungskosten in den Fällen des § 6 Abs. 1 Nr. 5 Buchst. a EStG (nur) um den Einlagewert des Wirtschaftsguts. Dieser Einlagewert beträgt 160.000 € (Begrenzung auf die Anschaffungskosten des Wirtschaftsguts). Der Buchungssatz würde in diesem Fall dann wie folgt lauten:

Beteiligung BB-GmbH	160.000 €	an	Grundstück	160.000 €

Eine Gewinnrealisierung ergäbe sich somit nicht.

In der Folge dürfte die BB-GmbH das Grundstück in diesem Fall auch nur mit 160.000 € aktivieren. In dieser Höhe ergäbe sich auch ein entsprechender Ertrag, der nach § 8 Abs. 3 Satz 3 KStG außerbilanziell zu korrigieren wäre. Der Zugang im steuerlichen Einlagekonto wäre ebenfalls (nur) mit 160.000 € anzusetzen.

5. Abwandlung 4

Der Betriebsprüfer wird im Einzelunternehmen des B die bereits in der Abwandlung 3 dargestellte Gewinnrealisierung i. H. von 40.000 € vornehmen und einen entsprechenden laufenden Gewinn ansetzen.

Bei der BB-GmbH wurde das Grundstück bisher zu Unrecht nur mit 160.000 € angesetzt. Nach der Sachverhaltsdarstellung lassen die Vorschriften der AO eine Änderung der Bescheide der BB-GmbH nicht mehr zu. Allerdings kommt eine Änderung nach § 32 a Abs. 2 KStG in Betracht. Danach kann ein Steuerbescheid gegenüber einer Körperschaft, welcher der Vermögensvorteil zugewendet wurde, erlassen, aufgehoben oder geändert werden, soweit gegenüber dem Gesellschafter ein Steuerbescheid oder ein Feststellungsbescheid hinsichtlich der Berücksichtigung einer verdeckten Einlage erlassen, aufgehoben oder geändert wird. Diese Voraussetzungen sind hier grundsätzlich gegeben. Allerdings ist zu berücksichtigen, dass der Körperschaftsteuerbescheid der BB-GmbH (ebenso wie der Gewerbesteuermessbescheid) bei der Einlage eines unbebauten Grundstücks (oder eines anderen nicht abnutzbaren Wirtschaftsguts) überhaupt nicht geändert werden muss. Es ergibt sich zwar nach der Aufdeckung des Sachverhalts durch die Betriebsprüfung bei B ein um 40.000 € höherer Ertrag bei der BB-GmbH (200.000 € statt zuvor 160.000 €). Ebenso erhöht sich aber auch der außerbilanzielle Abzug nach § 8 Abs. 3 Satz 3 KStG um 40.000 € auf 200.000 €, sodass sich im Ergebnis das Einkommen der BB-GmbH nicht ändert (anders wäre es bei Einlage eines abnutzbaren Wirtschaftsguts; hier ergäbe sich eine Auswirkung der verdeckten Einlage über eine höhere AfA). Hinsichtlich der Änderung des Bilanzansatzes für das unbebaute Grundstück wäre eine Korrektur (Ansatz 200.000 € statt 160.000 €) auch noch im ersten offenen Folgejahr über den Weg der Bilanzberichtigung möglich (vgl. R 4.4 Abs. 1 Satz 9 EStR). Diese Korrektur hat dann erfolgswirksam zu erfolgen. Der sich dabei in diesem Folgejahr ergebende Ertrag könnte aber auch noch über § 8 Abs. 3 Satz 3 KStG steuerfrei gestellt werden. Die außerbilanzielle Korrektur einer verdeckten Einlage hat nämlich im Jahr der sich aus der Einlage ergebenden Ertragsbuchung zu erfolgen.

Benötigt wird eine Korrekturvorschrift aber für den Feststellungsbescheid über das steuerliche Einlagekonto. Der Zugang im steuerlichen Einlagekonto kann nämlich nur im Jahr des Zuflusses der verdeckten Einlage erfasst werden; eine Nachholung in einem Folgejahr über Bilanzberichtigungsgrundsätze ist hier nicht möglich.[1] Allerdings sieht der Wortlaut des § 32 a Abs. 2 KStG eigentlich nur eine Änderung eines Steuerbescheids vor; Feststellungsbescheide sind in der Rechtsfolge der Vorschrift nicht genannt. Dennoch können über § 32 a Abs. 2 KStG auch Feststellungsbescheide über das steuerliche Einlagekonto geändert werden. Begründet wird dies damit, dass die Vorschriften über die Besteuerung nach § 181 Abs. 1 Satz 1 AO sinngemäß auch für die gesonderte Feststellung Anwendung finden.[2] Der Zugang im steuerlichen Einlagekonto kann also noch von 160.000 € auf 200.000 € erhöht werden.

6. Abwandlung 5

Materiell-rechtlich sind die Rechtsfolgen eigentlich identisch mit der Lösung zu Abwandlung 3. Aus verfahrensrechtlichen Gründen ist nun aber die sich nach § 6 Abs. 6 Satz 2 EStG ergebende Gewinnrealisierung i. H. von 40.000 € im Einzelunternehmen des B nicht mehr umsetzbar. Hierfür hat der Gesetzgeber – anders als bei der Abwandlung 4 – auch keine verfahrensrechtliche Korrekturmöglichkeit geschaffen.

---

1 BMF-Schreiben vom 04.06.2003, BStBl I S. 366, Rz. 26.

2 Dötsch/Jost/Pung/Witt, Die Körperschaftsteuer, § 32 a Rz. 58; Gosch, KStG, § 32 a Rz. 44; a. A. aber Ernst & Young, KStG, § 32 a Rz. 57.

Für einen solchen Fall findet sich aber in § 8 Abs. 3 Satz 4 KStG eine Sonderregelung. Danach wird die Steuerfreiheit der verdeckten Einlage ausnahmsweise versagt; § 8 Abs. 3 Satz 3 KStG ist also nicht anwendbar. Die Kapitalgesellschaft wird also dafür bestraft, dass die sich aus der verdeckten Einlage beim Gesellschafter ergebende Gewinnrealisierung aus verfahrensrechtlichen Gründen nicht mehr besteuert werden kann.

§ 8 Abs. 3 Satz 4 KStG schließt allerdings nur die außerbilanzielle Korrektur bei der Einkommensermittlung aus. In § 27 KStG ist eine vergleichbare Regelung für den Zugang im steuerlichen Einlagekonto nicht enthalten. Ein Zugang im steuerlichen Einlagekonto ist u. E. deshalb unabhängig von der Regelung des § 8 Abs. 3 Satz 4 KStG zu erfassen. Eine Auslegung der Regelung über ihren Wortlaut hinaus zulasten der Steuerpflichtigen ist nicht zulässig.[3]

Fall 19

Verdeckte Einlagen bei Forderungsverzicht – Forderungsverzicht mit Besserungsschein – Rangrücktritt

KStG §§ 8, 27; EStG § 5 Abs. 2 a, §§ 6, 17

Sachverhalt

Gesellschafter Gerald Groß (G) verzichtete im Jahr 03 gegenüber der Groß-GmbH (G-GmbH), an der er mit 70 % beteiligt ist, auf eine Darlehensforderung i. H. von 100.000 €. Die G-GmbH befand sich seinerzeit in einer wirtschaftlichen Krise und konnte ihren Zahlungsverpflichtungen nur äußerst schleppend nachkommen. Der Wirtschaftsprüfer der G-GmbH hatte G seinerzeit den Darlehensverzicht empfohlen, da G sowieso nicht mit einer Rückzahlung hätte rechnen können. G hatte das Darlehen zwei Jahre zuvor im Zusammenhang mit der Gründung der G-GmbH gewährt, um die Erstinvestitionen finanzieren zu können. Die GmbH-Anteile werden von G im Privatvermögen gehalten.

Andere Gläubiger haben im Jahr 03 nicht auf ihre Ansprüche verzichtet. Im Rahmen des Darlehensverzichts hatte G mit der G-GmbH allerdings vereinbart, dass seine Forderung dann wieder aufleben sollte, sobald sich die wirtschaftliche Situation der Gesellschaft verbessern und das Betriebsvermögen der GmbH das Stammkapital wieder um 100.000 € überschreiten würde. Außerdem wurde vereinbart, dass in diesem Fall die auflebende Forderung rückwirkend ab dem Verzichtszeitpunkt mit 6 % verzinst werden soll.

3 Ebenso vgl. Dötsch/Jost/Pung/Witt, Die Körperschaftsteuer, § 8 Abs. 3 KStG Teil B Rz. 158.

Aufgrund der Neuentwicklung verschiedener Produktlinien konnte die G-GmbH neue Märkte erschließen und ihre wirtschaftliche Situation zum Guten wenden. Im Herbst 06 war offensichtlich, dass durch den entstehenden Gewinn das tatsächliche Eigenkapital das Stammkapital um weit mehr als 100.000 € übersteigen wird.

Abwandlung

Nach den Feststellungen des Wirtschaftsprüfers war die Darlehensforderung des G im Verzichtszeitpunkt im Jahr 03 noch zu 50 % werthaltig.

Frage

1. Welche Konsequenzen ergeben sich im Grundfall aus dem Forderungsverzicht im Jahr 03 auf der Ebene der G-GmbH?
2. Was passiert bei Besserung der wirtschaftlichen Situation im Jahr 06?
3. Wie wirkt sich der Forderungsverzicht und das Wiederaufleben der Verbindlichkeit bei der G-GmbH in der Abwandlung aus?
4. Welche Folgen ergeben sich jeweils einkommensteuerlich auf der Ebene des G?
5. Wie wäre es, wenn G nur einen sog. Rangrücktritt und keinen Forderungsverzicht ausgesprochen hätte?

Antwort

1. Der Forderungsverzicht (Jahr 03) stellt eine verdeckte Einlage des G in die G-GmbH dar, die mit 0 € zu bewerten ist. Die Ausbuchung der Verbindlichkeit bei der GmbH führt zu einem Ertrag i. H. von 100.000 €, der außerbilanziell um den Wert der verdeckten Einlage von 0 € (also überhaupt nicht) zu korrigieren ist. Ein Zugang im steuerlichen Einlagekonto i. S. von § 27 KStG ergibt sich nicht.
2. Im Besserungszeitpunkt (Jahr 06) ist die Verbindlichkeit bei der G-GmbH wieder über Aufwand einzubuchen. Eine außerbilanzielle Korrektur dieses Aufwands erfolgt nicht.
3. Im Jahr 03 liegt eine verdeckte Einlage vor, die zu einer außerbilanziellen Korrektur des Ertrags aus der Auflösung der Verbindlichkeit i. H. von 50.000 € führt (50 % von 100.000 €). Im Jahr 06 wird der sich aus der (Wieder-)Einbuchung der Verbindlichkeit ergebende Aufwand außerbilanziell um 50.000 € korrigiert. Das Einlagekonto erhöht sich im Jahr 03 um 50.000 € und verringert sich im Jahr 06 wieder um 50.000 €.
4. Der Forderungsverzicht führt bei G zu nachträglichen Anschaffungskosten auf die Beteiligung, da es sich um ein sog. Finanzplandarlehen handelt. Dies gilt unabhängig von der Werthaltigkeit des Darlehensanspruchs. Bei Wiederaufleben der Forderung vermindern sich die Anschaffungskosten des G wieder entsprechend.

5. Bei einem Rangrücktritt wird die bestehende Verbindlichkeit i. d. R. nicht ausgebucht. Die Frage nach dem Vorliegen einer verdeckten Einlage stellt sich deshalb nicht.

Begründung

1. Forderungsverzicht im Jahr 03 (Ebene der G-GmbH; Grundfall)

Der Forderungsverzicht des G im Jahr 03 führt aus Sicht der Gesellschaft zum Erlöschen der Verbindlichkeit (§ 397 Abs. 1 BGB). Die Vereinbarung, dass die Forderung bei Eintritt der im Besserungsschein genannten Bedingungen wieder auflebt, beeinflusst dies nicht.[1] Die bisher bei der G-GmbH passivierte Verbindlichkeit ist deshalb auszubuchen. Dies führt bei der Gesellschaft in Höhe des Nennwerts der Verbindlichkeit (100.000 €) zu einer (bilanziellen) Vermögensmehrung.

Der Forderungsverzicht des G ist durch das Gesellschaftsverhältnis veranlasst, da ein nicht beteiligter Gläubiger der GmbH den Forderungsverzicht nicht ausgesprochen hätte. Dies zeigt sich im vorliegenden Fall bereits daran, dass andere, nicht an der Gesellschaft beteiligte Gläubiger nicht auf ihre Forderungen verzichtet haben. Der Verzicht stellt deshalb eine verdeckte Einlage dar. G hat der G-GmbH einen einlagefähigen Vermögensvorteil zugewendet. Einlagefähiger Vermögensvorteil kann auch der Wegfall eines Passivpostens bei der GmbH sein (= Verminderung von Schulden; H 40 „Einlagefähiger Vermögensvorteil" KStH).

Die verdeckte Einlage ist mit dem Teilwert der Forderung im Zeitpunkt des Verzichts zu bewerten.[2] Da die Forderung im vorliegenden Fall nach den Feststellungen des Wirtschaftsprüfers sowieso nicht hätte zurückgezahlt werden können, muss von einem Teilwert von 0 € ausgegangen werden. G konnte im Zeitpunkt des Verzichts nicht mit einer Rückzahlung rechnen. Der sich aus der Ausbuchung der Darlehensverpflichtung bei der G-GmbH ergebende Ertrag wird damit außerbilanziell um eine verdeckte Einlage i. H. von 0 € korrigiert, sodass es im Ergebnis beim gebuchten Ertrag von 100.000 € verbleibt. Ein Zugang im steuerlichen Einlagekonto i. S. von § 27 KStG ergibt sich nicht.

2. Besserung der wirtschaftlichen Situation im Jahr 06

Im **Besserungszeitpunkt** im Jahr 06 ist die Verbindlichkeit bei der G-GmbH erfolgswirksam wieder einzubuchen. Der dabei entstehende Aufwand bleibt eine bei der G-GmbH abzugsfähige Betriebsausgabe; er neutralisiert den sich im Jahr 03 aus der Ausbuchung der Verbindlichkeit ergebenden Ertrag. Eine Auswirkung auf die Höhe des steuerlichen Einlagekontos ergibt sich nicht, da auch der Forderungsverzicht im Jahr 03 das Einlagekonto nicht erhöht hatte.

---

1 BFH-Urteil vom 30.05.1990, BStBl II S. 588; H 40 „Forderungsverzicht gegen Besserungsschein"; BMF-Schreiben vom 02.12.2003, BStBl I S. 648.

2 BFH-Beschluss vom 09.06.1997, BStBl 1998 II S. 307.

Ab dem Zeitpunkt der (Wieder-)Einbuchung zu zahlende Zinsen stellen Betriebsausgaben der Gesellschaft dar. Dies gilt auch für den Teil der Zinsen, der nach den Vereinbarungen der Parteien für die Dauer der Krise (nachträglich) zu zahlen ist und der damit wirtschaftlich auf die Zeitspanne entfällt, in der zivil- und steuerrechtlich keine Fremdverbindlichkeit vorlag; insoweit liegt auch kein Verstoß gegen das Rückwirkungsverbot vor. Allerdings kann aufgrund des Rückwirkungsverbots eine Anerkennung nur dann erfolgen, wenn die (rückwirkende) Zinszahlung – wie hier – bereits im Besserungsschein vereinbart war.

Hinweis: Hat sich zwischen dem Verzichtszeitpunkt und dem Eintritt des Besserungsfalles ein Gesellschafterwechsel ergeben, hat die Finanzverwaltung im zeitlichen Anwendungsbereich von § 8 Abs. 4 KStG a. F. (der noch bis 2012 reicht; vgl. § 34 Abs. 6 Satz 3 KStG) den sich aus der (Wieder-) Einbuchung ergebenden steuerlichen Aufwand dem Wirtschaftsjahr zugerechnet, in dem die Verbindlichkeit ausgebucht worden ist (hier: Jahr 03). Der aus der Einbuchung entstehende Aufwand fiel deshalb (ebenso wie die übrigen, „normalen" Verluste bis zum Wegfall der wirtschaftlichen Identität) unter § 8 Abs. 4 KStG a. F. Die Finanzverwaltung wollte mit dieser Regelung offensichtlich verhindern, dass das Instrument des Forderungsverzichts mit Besserungsschein zur Vermeidung der Rechtsfolgen des § 8 Abs. 4 KStG a. F. genutzt wird. Es ist durchaus denkbar, dass die Finanzverwaltung diese Rechtsauffassung auch auf die aktuelle Verlustabzugsbeschränkung des § 8 c KStG übertragen wird.

Sachverhaltsergänzung:

Die G-GmbH verfügte im Jahr 03 über einen Verlustvortrag i. H. von 100.000 €. Im Jahr 04 veräußerte G seine Anteile für 1 € an K. Der Besserungsschein ging ebenfalls mit auf K über. Der Geschäftsbetrieb war in diesem Zeitpunkt eingestellt. K führte überwiegend neues Betriebsvermögen zu und brachte die Gesellschaft im Jahr 06 wieder in die Gewinnzone.

Durch den Forderungsverzicht vor der Anteilsübertragung wird § 8 c KStG „ausgehebelt". Der Verzicht hat zu einem Ertrag i. H. von 100.000 € geführt; der Verlustvortrag wurde dadurch aufgebraucht. Die verdeckte Einlage ist mit 0 € zu bewerten, da der Anspruch wertlos war (Folge: keine außerbilanzielle Korrektur). Bei dem Anteilserwerb durch K war damit kein Verlustvortrag vorhanden, der nach § 8 c KStG versagt werden könnte.

Es ist nicht auszuschließen, dass die Finanzverwaltung versuchen wird, den im Jahr 06 entstehenden Aufwand aus der Einbuchung der Verbindlichkeit unter die Verlustabzugsbeschränkung des § 8 c Abs. 1 Satz 2 KStG zu bringen. Er müsste dann i. H. von 100.000 € außerbilanziell wieder hinzugerechnet werden. Unseres Erachtens ist dies aber weder vom Gesetzeswortlaut des § 8 c KStG noch von Sinn und Zweck der Regelung gedeckt. Die Rechtslage ist auch nicht mehr vergleichbar mit § 8 Abs. 4 KStG a. F., wo man argumentieren konnte, dass zwischenzeitlich die wirtschaftliche

Identität entfallen sei und der Verlust noch der Zeit vor dem Wegfall der wirtschaftlichen Identität zuzurechnen sei. Bei § 8 c KStG kommt es auf den Wegfall der wirtschaftlichen Identität nicht mehr an; die Vorschrift stellt allein auf die Anteilsübertragung ab und begrenzt die Abzugsfähigkeit der bis zu diesem Zeitpunkt entstandenen Verluste.

3. Auswirkungen im Abwandlungsfall (50 %ige Werthaltigkeit des Darlehensanspruchs)

Forderungsverzicht im Jahr 03

Die verdeckte Einlage aufgrund des Forderungsverzichts ist aufgrund der 50%igen Werthaltigkeit mit 50.000 € zu bewerten. Der sich aus der Ausbuchung der Verbindlichkeit bei der G-GmbH im Jahr 03 ergebende Ertrag i. H. von 100.000 € ist damit außerbilanziell um die verdeckte Einlage von 50.000 € zu korrigieren, sodass per Saldo eine Einkommenserhöhung i. H. von 50.000 € verbleibt. Die verdeckte Einlage i. H. von 50.000 € ist als Zugang im steuerlichen Einlagekonto i. S. von § 27 KStG zu erfassen.

Wiedereinbuchung im Jahr 06

Im Besserungszeitpunkt im Jahr 06 ist die Hälfte des buchmäßigen Aufwands aus der (Wieder-)Einbuchung der Verbindlichkeit als abzugsfähige Betriebsausgabe zu behandeln. In Höhe der seinerzeit steuerfreien verdeckten Einlage i. H. von 50.000 € (werthaltiger Teil des damaligen Forderungsverzichts) steht der gebuchte Aufwand im Zusammenhang mit der früheren Einlage; die Einlage gilt als zurückgewährt. Der Aufwand ist damit insoweit steuerlich nicht abzugsfähig (außerbilanzielle Erhöhung des Einkommens). Der Forderungsverzicht wird aufgrund des Besserungsscheins im Ergebnis so behandelt, als sei er nie erklärt worden. Diese Einkommenserhöhung ist dem steuerlichen Einlagekonto zu entnehmen.[3] Die Verwendungsfiktion des § 27 Abs. 1 Satz 3, 5 KStG ist auf diesen Vorgang nicht anwendbar; auf die Höhe des ausschüttbaren Gewinns zum 31.12.05 kommt es deshalb nicht an.[4] Das steuerliche Einlagekonto kann durch diesen Vorgang auch negativ werden.

Diese Rechtsauffassung ist aber nicht unstreitig, da der Gesetzgeber mit dem SEStEG die Fälle des Direktzugriffs auf das Einlagekonto begrenzt hat.[5] Nach § 27 Abs. 1 Satz 3 KStG kommt es danach **unabhängig von der handelsrechtlichen Einordnung** der Leistung (= alle Arten von Auskehrungen an die Gesellschafter) nur dann zu einer Verwendung des steuerlichen

---

3 BFH-Urteil vom 30.05.1990, BStBl 1991 II S. 588; dieses Urteil ist allerdings noch zur vergleichbaren Problematik beim früheren EK 04 ergangen, in dem im Rahmen der Gliederung des verwendbaren Eigenkapitals ebenfalls die Einlagen der Gesellschafter festgehalten wurden.

4 BMF-Schreiben vom 04.06.2003, BStBl I S. 366, Rz. 29.

5 Gesetz über steuerliche Begleitmaßnahmen zur Einführung der Europäischen Gesellschaft (SE) und zur Änderung weiterer steuerrechtlicher Vorschriften (SEStEG) vom 07.12.2006, BStBl 2007 I S. 4.

Einlagekontos, soweit die Summe der Leistungen den ausschüttbaren Gewinn zum Ende des Vorjahres übersteigt. Unseres Erachtens hat diese Gesetzesergänzung hier keine Auswirkung, da die Wiedereinbuchung einer Verbindlichkeit keine „Leistung" i. S. von § 27 KStG darstellt. Nach Auffassung des BFH soll lediglich dieselbe Situation wie vor dem Forderungsverzicht wieder hergestellt werden; der frühere Zugang im Einlagekonto wird rückgängig gemacht. Dann kann es nicht auf die Höhe des ausschüttbaren Gewinns bei der späteren Wiedereinbuchung (hier im Jahr 06) ankommen.

Auch in diesem Fall stellen die ab dem Zeitpunkt der (Wieder-)Einbuchung zu zahlenden Zinsen Betriebsausgaben der Gesellschaft dar (vgl. die Begründung zu Frage 2).

4. Einkommensteuerliche Auswirkungen auf der Ebene des G

4.1 Allgemeines

Die verdeckte Einlage eines Wirtschaftsguts in das Betriebsvermögen einer Kapitalgesellschaft führt auf der Ebene der Gesellschafter grundsätzlich zu nachträglichen Anschaffungskosten auf die Beteiligung an dieser Gesellschaft. Das gilt auch, wenn der Gesellschafter auf eine ihm gegen die Gesellschaft zustehende Forderung verzichtet.[6]

Nach Auffassung des BFH sind die steuerlichen Folgen eines Forderungsverzichts auf der Ebene der Kapitalgesellschaft und des Gesellschafters aber nach unterschiedlichen Kriterien zu prüfen. Differenzierungen ergeben sich vor allem bei der Bewertung der verdeckten Einlage einerseits (Ebene der Gesellschaft) und der nachträglichen Anschaffungskosten andererseits (Ebene des Gesellschafters).[7]

Für die Berücksichtigung des Forderungsverzichts auf der Ebene des G als nachträgliche Anschaffungskosten auf die Beteiligung (§ 17 EStG) ist entscheidend, zu welchem Zeitpunkt und unter welchen Umständen das Darlehen gewährt wurde.[8] Ein Darlehen ist nach Auffassung des BFH u. a. dann durch das Gesellschaftsverhältnis veranlasst, wenn im Zeitpunkt seiner Gewährung oder Weitergewährung die Gesellschaft entweder insolvenzreif ist oder wenn die Insolvenzreife zwar noch nicht eingetreten ist, die Rückzahlung des Darlehens aber angesichts der finanziellen Situation der Gesellschaft in dem Maße gefährdet ist, dass ein ordentlicher Kaufmann das Risiko einer Kreditgewährung zu denselben Bedingungen wie der Gesellschafter nicht mehr eingegangen wäre (sog. Krise). Nach Auffassung des BFH ist dies im Anschluss an die Rechtsprechung des Bundesgerichtshofs (BGH) zu kapitalersetzenden Gesellschafterdarlehen danach zu

6 BFH-Urteil vom 29.07.1997, BStBl 1998 II S. 652, m. w. N.

7 Vgl. z. B. BFH-Beschluss vom 16.05.2001, BStBl 2002 II S. 436, m. w. N.

8 Nähere Einzelheiten vgl. BMF-Schreiben vom 21.10.2010, BStBl I S. 832.

beurteilen, ob die Gesellschaft unter den bestehenden Verhältnissen von einem Dritten noch einen Kredit zu marktüblichen Bedingungen erhalten hätte.[9]

Was im Fall der Hingabe des Darlehens in der Krise der Gesellschaft gilt, gilt nach Auffassung des BFH auch bei einem der Gesellschaft vor der Krise gewährten Darlehen, wenn der Gesellschafter das Darlehen stehen lässt, obwohl er es hätte abziehen können und es angesichts der veränderten finanziellen Situation der Gesellschaft absehbar war, dass die Rückzahlung gefährdet sein wird. Im Einzelnen unterscheidet der BFH für die Frage des Umfangs der nachträglichen Anschaffungskosten vier Fallgruppen:

a) Hingabe des Darlehens in der Krise

Im Falle der Hingabe des Darlehens in der Krise ist nach Auffassung des BFH für die Höhe der Anschaffungskosten dessen Nennwert maßgeblich.

b) Stehen gelassene Darlehen

Im Falle eines stehen gelassenen Darlehens ist grundsätzlich der gemeine Wert in dem Zeitpunkt maßgeblich, in dem es der Gesellschafter mit Rücksicht auf das Gesellschaftsverhältnis nicht abzieht; dies kann ein Wert erheblich unter dem Nennwert des Darlehens, im Einzelfall sogar ein Wert von 0 € sein.

c) Krisenbestimmte Darlehen

Auf die Prüfung, wann die Krise eingetreten ist und wann der Gesellschafter hiervon Kenntnis erlangt hat, kann nach Auffassung des BFH verzichtet werden, wenn der Gesellschafter schon in einem früheren Zeitpunkt mit bindender Wirkung gegenüber der Gesellschaft oder den Gesellschaftsgläubigern erklärt, dass er das Darlehen auch in der Krise stehen lassen werde (sog. „krisenbestimmtes" Darlehen). Das gilt jedenfalls dann, wenn die Erklärung im Rahmen einer vertraglichen Vereinbarung abgegeben wurde. Denn zu einer solchen Erklärung wäre ein Darlehensgeber, der nicht auch Gesellschafter ist, mit Rücksicht auf das ihm bei Gefährdung des Rückzahlungsanspruchs regelmäßig zustehende außerordentliche Kündigungsrecht im Allgemeinen nicht bereit. Fällt der Gesellschafter bei Auflösung der Gesellschaft mit einem solchen „krisenbestimmten" Darlehen aus, führt das regelmäßig zu nachträglichen Anschaffungskosten auf die Beteiligung in Höhe des Nennwerts des Darlehens. Das beruht nach Auffassung des BFH auf der Erwägung, dass bei den „krisenbestimmten" Darlehen die Bindung bereits mit dem Verzicht auf eine ordentliche und außerordentliche Kündigung im Zeitpunkt der Krise eintritt und deshalb der Verlust des Darlehens auf diesem Verzicht und nicht nur auf den später eintretenden gesetzlichen Rechtsfolgen der Krise beruht, womit sich diese

9 BFH-Urteile vom 24.04.1997, BStBl 1999 II S. 339, vom 04.11.1997, BStBl 1999 II S. 339, vom 10.11.1998, BStBl 1999 II S. 348, und vom 19.08.2008, BStBl 2009 II S. 5.

Fallgruppe wesentlich von derjenigen der „stehen gelassenen" Darlehen unterscheidet.

d) Finanzplandarlehen

Auf die Prüfung, wann die Krise der Gesellschaft eingetreten ist und wann die Gesellschafter hiervon Kenntnis erlangt haben, kann nach Auffassung des BFH außer bei einem auf Krisenfinanzierung hin angelegten Darlehen auch bei einem Darlehen verzichtet werden, das von vornherein in die Finanzplanung der Gesellschaft in der Weise einbezogen ist, dass die zur Aufnahme der Geschäfte erforderliche Kapitalausstattung der Gesellschaft durch eine Kombination von Eigen- und Fremdfinanzierung erreicht werden soll. Solche von den Gesellschaftern gewährten „finanzplanmäßigen" Kredite zur Finanzierung des Unternehmenszwecks (sog. Finanzplandarlehen) waren nach Gesellschaftsrecht bis zur Aufhebung des § 32 a GmbHG durch das MoMiG den Einlagen gleichgestellt. Liegt ein in diesem Sinne krisenunabhängiges Finanzplandarlehen vor, ist für die einkommensteuerrechtliche Beurteilung davon auszugehen, dass es mit Rücksicht auf das Gesellschaftsverhältnis gewährt wurde. Dementsprechend erhöhen sich im Falle seines Verlustes die Anschaffungskosten der Beteiligung nicht nur in Höhe seines Wertes im Zeitpunkt der Krise, sondern in Höhe seines Wertes im Zeitpunkt der Gründung der Gesellschaft, also seines Nennwertes.

Für die Annahme eines Finanzplandarlehens sprechen insbesondere folgende Indizien; eine Wertung der einzelnen Indizien ist jeweils nach den Umständen des Einzelfalles vorzunehmen:

- Das Darlehen war für die Verwirklichung des Gesellschaftszwecks unentbehrlich.
- Ein außenstehender Dritter hätte bei Errichtung der Gesellschaft kein entsprechendes Fremdkapital zur Verfügung gestellt.
- Aufgrund fehlender Sicherheiten ist die Kapitalgesellschaft im Zeitpunkt der Darlehensgewährung nicht kreditwürdig.
- Das Darlehen soll erkennbar nicht nur einen vorübergehenden Geldbedarf ausgleichen, sondern der Gesellschaft dauernd zur Verfügung stehen.
- Die Darlehensgewährung erfolgte nicht zu marktüblichen Bedingungen.
- Das Darlehen ist auf unbestimmte Zeit geschlossen. Es fehlen einseitige Kündigungsmöglichkeiten, was sich entweder ausdrücklich aus dem Darlehensvertrag oder konkludent aus der Verbindung von Darlehens- und Gesellschaftsvertrag unter dem Gesichtspunkt der Funktionsfähigkeit der Kapitalgesellschaft ergibt.
- Vereinbarung eines Rangrücktritts kurze Zeit nach Abschluss des Darlehensvertrages.

- Unverändertes Stehenlassen des Darlehens bei Verschärfung der Krise.

Nach Verwaltungsauffassung ist an diesen Grundsätzen auch trotz Aufhebung des Eigenkapitalersatzrechts im GmbHG durch das MoMiG festzuhalten.[10] Es wird also weiterhin zwischen den o.g. vier Darlehensarten unterschieden.[11]

4.2 Auswirkungen auf den hier vorliegenden Fall

Im vorliegenden Fall wurde das Darlehen des G gewährt, um im Zusammenhang mit der Gründung der Gesellschaft die Erstinvestitionen finanzieren zu können. Es kann nicht davon ausgegangen werden, dass zu diesem Zeitpunkt bereits eine Krisensituation bestand. Ein (erst) in der Krise hingegebenes Darlehen liegt demnach nicht vor.

Allerdings sind die Voraussetzungen für die Annahme eines Finanzplandarlehens erfüllt. Hierfür spricht insbesondere die Gewährung des Darlehens zur Finanzierung der Erstinvestitionen im Zusammenhang mit der Gesellschaftsgründung und Betriebseröffnung. Mit dem Darlehen sollte die zur Aufnahme der Geschäfte erforderliche Kapitalausstattung der Gesellschaft erreicht werden.

Damit führt der Forderungsverzicht des G im Jahr 03 zu nachträglichen Anschaffungskosten auf seine Beteiligung an der G-GmbH i. H. von 100.000 €. Dies gilt sowohl im Grundfall (Wertlosigkeit des Darlehensanspruchs im Verzichtszeitpunkt) als auch bei der Abwandlung (Werthaltigkeit bei Verzicht von 50 %). Auf die näheren Umstände im Verzichtszeitpunkt (insbesondere die Werthaltigkeit) kommt es nämlich für die einkommensteuerliche Beurteilung – anders als auf der Ebene der Kapitalgesellschaft für die Bewertung der körperschaftsteuerlichen verdeckten Einlage – nicht an.

Bei Wiederaufleben der Forderung im Besserungszeitpunkt (Jahr 06) sind die Anschaffungskosten auf die Beteiligung wieder um 100.000 € zu vermindern. Dies gilt sowohl im Grundfall als auch bei der Abwandlung.

5. Behandlung bei Rangrücktritt

Ein Rangrücktritt stellt eine zivilrechtliche Vereinbarung dar, bei der ein Gläubiger einer Forderung erklärt, dass er im Rang hinter die Forderungen aller anderen Gläubiger in der Weise zurücktritt, dass Zins- und Tilgungszahlungen nur erfolgen können, wenn bestimmte Voraussetzungen erfüllt sind (z. B. dass in einer nach handelsrechtlichen Grundsätzen aufgestellten Bilanz der Gesellschaft die Summe des Eigenkapitals mindestens den

---

10 Gesetz zur Modernisierung des GmbH-Rechts und zur Bekämpfung von Missbräuchen vom 23.10.2008, BGBl I S. 2026 (am 01.11.2008 in Kraft getreten).

11 BMF-Schreiben vom 21.10.2010, BStBl I S. 832.

Betrag des gezeichneten Kapitals erreicht). Rangrücktrittserklärungen sind in verschiedenen Ausgestaltungen denkbar:[12]

Bei einem **einfachen Rangrücktritt** vereinbaren Schuldner und Gläubiger, dass eine Rückzahlung der Verbindlichkeit nur dann zu erfolgen habe, wenn der Schuldner dazu aus künftigen Gewinnen, aus einem Liquidationsüberschuss oder aus anderem – freien – Vermögen künftig in der Lage ist und der Gläubiger mit seiner Forderung im Rang hinter alle anderen Gläubiger zurücktritt. Bei einer solchen Formulierung handelt es sich um einen (einfachen) Rangrücktritt, der mit einer Besserungsabrede verbunden wird.

Bei einem qualifizierten Rangrücktritt tritt der Gesellschafter nicht nur hinter die Forderungen sämtlicher Gesellschaftsgläubiger zurück, sondern erklärt zusätzlich, dass er bis zur Abwendung der Krise nicht vor, sondern nur zugleich mit den Einlagerückgewähransprüchen seiner Mitgesellschafter berücksichtigt werden wolle. In der Vergangenheit war ein solcher qualifizierter Rangrücktritt notwendig, um die Verbindlichkeit in der handelsrechtlichen Überschuldungsbilanz der Gesellschaft nicht ausweisen zu müssen. Diese (insolvenzrechtliche) Rechtslage hat sich durch das MoMiG geändert.[13] Seit dem 01.11.2008 ist danach auch ein einfacher Rangrücktritt für diesen Zweck ausreichend (§ 19 Abs. 2 Satz 2 InsO).[14]

Bei beiden Varianten des Rangrücktritts ist die Verbindlichkeit aus dem Gesellschafterdarlehen grundsätzlich sowohl in der Handels- als auch in der Steuerbilanz weiterhin zu passivieren. Das Darlehen wird also trotz des Rangrücktritts nicht zu bilanziellem Eigenkapital. Im Gegensatz zu einem Forderungsverzicht mindert sich oder erlischt die Verbindlichkeit nämlich nicht. Diese wird weiterhin geschuldet und stellt für die Gesellschaft eine wirtschaftliche Belastung dar; lediglich die Rangfolge der Tilgung ändert sich.[15]

Allerdings kann bei einem einfachen Rangrücktritt (und nur bei diesem) die Regelung des § 5 Abs. 2 a EStG zur Anwendung kommen. Danach sind Verbindlichkeiten oder Rückstellungen für Verpflichtungen, die nur zu erfüllen sind, soweit künftig Einnahmen oder Gewinne anfallen, erst anzusetzen, wenn die Einnahmen oder Gewinne angefallen sind.

Dies ist aber nur dann der Fall, wenn bei dem einfachen Rangrücktritt eine Bezugnahme auf die Möglichkeit einer Tilgung auch aus sonstigem freien Vermögen fehlt. Dann ist der Ansatz der Verbindlichkeit in der Steuerbilanz ausgeschlossen.[16] Sie muss in der Steuerbilanz als sonstiger betrieb-

---

12 BMF-Schreiben vom 08.09.2006, BStBl I S. 497, Rz. 1 und 2.

13 Gesetz zur Modernisierung des GmbH-Rechts und zur Bekämpfung von Missbräuchen (MoMiG) vom 23.10.2008, BGBl I S. 2026.

14 Vgl. dazu auch Haas, DStR 2009 S. 326.

15 BMF-Schreiben vom 08.09.2006, BStBl I S. 497, Rz. 4.

16 BMF-Schreiben vom 08.09.2006, BStBl I S. 497, Rz. 6.

licher Ertrag ausgebucht werden. Die Entstehung eines Ertrags kann also dadurch verhindert werden, indem eine Tilgungsmöglichkeit auch aus sonstigem freien Vermögen vereinbart wird.

Der im **Anwendungsfall des § 5 Abs. 2 a EStG** entstehende steuerbilanzielle Ertrag kann nicht außerbilanziell als verdeckte Einlage korrigiert werden. Es fällt zwar ein Passivposten (nämlich das Gesellschafterdarlehen) aus gesellschaftlichen Gründen weg (ein fremder Dritter würde i. d. R. keinen Rangrücktritt aussprechen). Es fehlt allerdings an einer Zuwendung des Gesellschafters an seine Gesellschaft, da die Verpflichtung nach wie vor besteht. Damit ist eines der Tatbestandsmerkmale einer verdeckten Einlage i. S. von § 8 Abs. 3 Satz 3 KStG (vgl. R 40 Abs. 1 Satz 1 KStR) nicht erfüllt.

Die wesentlichen Unterschiede in den steuerlichen Rechtsfolgen bei Rangrücktritt und Forderungsverzicht mit Besserungsschein sind in der nachfolgenden Vergleichstabelle dargestellt:

Rangrücktritt	**Forderungsverzicht mit Besserungsschein**
• Die Verbindlichkeit bleibt bestehen und ist weiter zu passivieren (Schuld bleibt Fremdkapital; dies gilt auch bei einem sog. qualifizierten Rangrücktritt; eine Ausbuchung erfolgt aber in den Fällen des § 5 Abs. 2 a EStG bei einem einfachen Rangrücktritt). • Zinsen dürfen weiterhin verbucht und als Betriebsausgabe behandelt werden. • Es liegt keine verdeckte Einlage vor. • Auf der Ebene des Gesellschafters ergibt sich durch die Rangrücktrittserklärung (zunächst) keine Auswirkung. Nachträgliche Anschaffungskosten auf die Beteiligung z. B. für die Anwendung des § 17 EStG kommen erst bei einem eventuellen Darlehensverlust in Betracht.	• Die Verbindlichkeit ist aus der Bilanz auszubuchen über Ertrag. • Es erfolgt eine außerbilanzielle Korrektur um den Teilwert der Forderung im Zeitpunkt des Verzichts (i. d. R. 0 €). • (Zunächst) ist keine Verzinsung mehr möglich. • Ob nachträgliche Anschaffungskosten beim Gesellschafter auf die Beteiligung entstehen, ist nach den vom BFH zu § 17 EStG entwickelten Kriterien zu prüfen. • Bei Wiederaufleben der Verbindlichkeit: – Erfolgswirksame Einbuchung (über Aufwand). – Korrektur des Aufwands insoweit, wie zuvor eine verdeckte Einlage angesetzt wurde; in gleicher Höhe Abgang aus dem steuerlichen Einlagekonto. – Rückwirkende Zinsen für die Sanierungszeit als Aufwand (wenn bei Verzicht vereinbart). – Verminderung der Anschaffungskosten des Gesellschafters.

Fall 20

Verdeckte Einlage bei Verzicht auf einen Pensionsanspruch

KStG § 8 Abs. 3, § 27; EStG § 3 Nr. 55, § 3 Nr. 66, §§ 4 d, 4 e, 6 a, 17, 19, § 22 Nr. 5, § 34

Sachverhalt

Die Monika Milberg GmbH (M-GmbH) hat ihrer alleinigen Gesellschafter-Geschäftsführerin Monika Milberg (M) im Januar 01 eine Pensionszusage auf das 67. Lebensjahr erteilt. M war im Zeitpunkt der Zusage 47 Jahre alt und zuvor schon sieben Jahre für die M-GmbH als Geschäftsführerin tätig. Die M-GmbH hat für die Pensionszusage nach § 6 a EStG eine Pensionsrückstellung in zutreffender Höhe gebildet. Das zuständige Finanzamt hat die Pensionszusage steuerlich anerkannt.

Anfang des Jahres 11 erhält die nun 57-jährige M ein Angebot, die Anteile an der gewinnträchtigen M-GmbH für einen guten Preis zu veräußern. Der potenzielle Käufer Kurt Koller (K) ist zu einem Erwerb der Anteile allerdings nur dann bereit, wenn die M-GmbH zuvor von ihrer Pensionsverpflichtung entbunden wird.

M überlegt sich deshalb, vor dem Verkauf der Anteile auf ihren Pensionsanspruch zu verzichten.

Zum 31.12.10 war die Pensionsverpflichtung in der Steuerbilanz der M-GmbH mit dem zutreffend nach § 6 a Abs. 3 EStG berechneten Teilwert von 150.000 € passiviert. In der Handelsbilanz war die Pensionsrückstellung mit dem versicherungsmathematisch zutreffend ermittelten Barwert von 180.000 € ausgewiesen.

Frage

1. Welche ertragsteuerlichen Konsequenzen ergeben sich aus dem geplanten Verzicht der M auf ihren Pensionsanspruch?
2. Gibt es ggf. steuergünstigere Alternativlösungen?

Antwort

1. Der Pensionsverzicht führt zu einer verdeckten Einlage. Bei der M-GmbH wird der sich aus der Ausbuchung der Pensionsrückstellung ergebende Ertrag außerbilanziell steuerfrei gestellt. Im Ergebnis entsteht daneben ein zusätzlicher steuerlich abzugsfähiger Aufwand i. H. von 30.000 €. Im steuerlichen Einlagekonto ist ein Zugang i. H. von 180.000 € zu erfassen. Bei M führt der Pensionsverzicht zu nachträglichen Anschaffungskosten auf ihre Anteile an der M-GmbH i. H. von 180.000 €. In gleicher Höhe führt der Verzicht jedoch auch zu einem Zufluss von Arbeitslohn i. S. von § 19 EStG.

2. Alternativ ist zu überlegen, den Pensionsanspruch abzufinden, ihn auf eine Schwestergesellschaft oder auf einen externen Träger der Altersversorgung zu übertragen. Jede dieser Möglichkeiten hat allerdings auch ihre steuerlichen oder sonstigen Nachteile. Eine völlig problemlose „Entsorgung" einer Pensionszusage ist also nicht möglich.

Begründung

1. Folgen eines Pensionsverzichts

Der Verzicht auf eine Pensionszusage stellt eine verdeckte Einlage dar. Eine verdeckte Einlage i. S. von § 8 Abs. 3 Satz 3 KStG kann entweder in einer Erhöhung eines Aktivpostens oder im Wegfall oder der Verminderung eines Passivpostens bestehen (H 40 „Einlagefähiger Vermögensvorteil" KStH). Die Zuwendung in Form des Pensionsverzichts ist im Gesellschaftsverhältnis veranlasst. Ein nicht beteiligter Geschäftsführer hätte nämlich gegenüber einem gewinnträchtigen Arbeitgeber nicht auf einen Pensionsanspruch verzichtet.

Die verdeckte Einlage ist mit dem Teilwert zu bewerten (R 40 Abs. 4 Satz 1 KStR). Bei einem Pensionsverzicht ist dies allerdings nicht der sich aus § 6 a EStG ergebende Wert, sondern die sog. Wiederbeschaffungskosten der Pensionsanwartschaft. Demnach kommt es darauf an, welchen Betrag der Gesellschafter zu dem Zeitpunkt des Verzichtes hätte aufwenden müssen, um eine gleich hohe Pensionsanwartschaft gegen einen vergleichbaren Schuldner zu erwerben. Dabei kann die Bonität des Forderungsschuldners berücksichtigt werden. Außerdem kann von Bedeutung sein, ob die Pension unverfallbar ist oder ob sie voraussetzt, dass der Berechtigte bis zum Pensionsfall für den Verpflichteten nichtselbständig tätig ist. Ist die Kapitalgesellschaft zahlungsfähig, lassen sich die Wiederbeschaffungskosten dadurch ermitteln, in welcher Höhe eine Einmal-Versicherungsprämie an ein Versicherungsunternehmen zur Erlangung einer gleich hohen Anwartschaft zu leisten wäre. Diese Wiederbeschaffungskosten werden sich hier in etwa mit dem versicherungsmathematischen Barwert (180.000 €) decken. Liegt der Teilwert der Pensionsanwartschaft über dem Buchwert der Pensionsrückstellung, so ist der Differenzbetrag zum Stichtag des Forderungsverzichtes gleichzeitig als Aufwand der Kapitalgesellschaft und als Einlage zu behandeln.[1]

Somit ergeben sich bei der **M-GmbH** aus dem Pensionsverzicht folgende Rechtsfolgen:

Zusätzlicher Aufwand aus der Differenz zwischen Pensionsrückstellung und Teilwert der Zusage	./. 30.000 €
Ertrag in gleicher Höhe	+ 30.000 €

1 BFH-Urteil vom 15.10.1997, BStBl 1998 II S. 305.

Ertrag aus der Ausbuchung der Pensionsrückstellung	+ 150.000 €
Bilanzielle Auswirkungen per saldo	+ 150.000 €
Außerbilanzielle Korrektur	⁒ 180.000 €
Zugang im steuerlichen Einlagekonto	+ 180.000 €

Im Ergebnis ergibt sich somit auf Ebene der M-GmbH eine zusätzliche Einkommensminderung i. H. von 30.000 €.

Nach der Rechtsprechung des BFH führt ein Pensionsverzicht zu einem Zufluss bei der verzichtenden Gesellschafterin. Der Pensionsanspruch wird für die Beteiligung verwendet.[2] Durch den Verzicht erhöhen sich gleichzeitig die Anschaffungskosten der Beteiligung der M an der M-GmbH. Der Zufluss erfolgt in Höhe des Barwerts des Pensionsanspruchs von 180.000 €.

M hat sich den Anspruch über mehrere Jahre erdient; es handelt sich also um eine Vergütung für eine mehrjährige Tätigkeit i. S. von § 34 Abs. 2 Nr. 4 EStG. Der zugeflossene Betrag ist also einkommensteuerlich mit der sog. Fünftelregelung des § 34 Abs. 1 EStG begünstigt.

Auf den ersten Blick scheinen sich die Wirkungen der verdeckten Einlage bei M auszugleichen, wenn die Anteile kurz nach einem Pensionsverzicht veräußert werden (Arbeitslohn + 180.000 €; Anschaffungskosten für die Anteile + 180.000 €). Der Arbeitslohn ist allerdings voll steuerpflichtig; die Besteuerung wird lediglich durch die Fünftelregelung leicht gemindert. Die höheren Anschaffungskosten für die Anteile wirken sich im Teileinkünfteverfahren allerdings nur mit 60 % (= 108.000 €) aus. Ein vollständiger steuerlicher Ausgleich erfolgt somit nicht. Im Übrigen ist zu berücksichtigen, dass die Anteile an der M-GmbH aufgrund des vorherigen Pensionsverzichts wertvoller werden und somit der Kaufpreis für die Anteile eigentlich höher sein müsste als ohne einen Verzicht. Wirtschaftlich betrachtet werden die höheren Anschaffungskosten dann durch einen höheren Kaufpreis wieder ausgeglichen. Ob der Käufer diesen Aspekt bei seinem Kaufpreisangebot allerdings berücksichtigen wird, ist eine andere Frage.

Wäre der Pensionsanspruch der M nicht werthaltig (z. B. wenn sich – anders als im hier vorliegenden Fall – die Kapitalgesellschaft in einer schweren wirtschaftlichen Krise befindet), müsste die verdeckte Einlage ggf. mit 0 € bewertet werden. Zu einem Zufluss von Arbeitslohn würde es dann nicht kommen; auch Anschaffungskosten auf die GmbH-Anteile würden nicht entstehen. Andererseits wäre aber bei der Kapitalgesellschaft weder eine außerbilanzielle Korrektur i. S. von § 8 Abs. 3 Satz 3 KStG vorzunehmen noch ergäbe sich ein Zugang im steuerlichen Einlagekonto.

2 BFH-Beschluss vom 09.06.1997, BStBl 1998 II S. 307; H 40 „Verzicht auf Pensionsansprüche" KStH.

2. Alternativlösungen

2.1 Abfindung des Pensionsanspruchs

M könnte sich auch überlegen, dass die M-GmbH ihren Pensionsanspruch abfindet. Eine solche Abfindung ist steuerlich zulässig, wenn ein wirtschaftlicher Grund dafür vorliegt. Dann ist in der Abfindung keine vGA zu sehen. Ein bevorstehender Anteilsverkauf ist als wirtschaftlicher Grund in diesem Sinne anzuerkennen (ebenso wie z. B. eine ernsthaft geplante Liquidation der Gesellschaft oder ihre vorgesehene Umwandlung in ein Personenunternehmen).

Die Abfindung darf aber nur in Höhe des erdienten Werts des Pensionsanspruchs erfolgen. Höhere Beträge führen insoweit zu einer vGA, wie sie den Teilwert des erdienten Anspruch übersteigen. Der BFH hält deshalb (nur) eine Abfindung in Höhe des ratierlich gekürzten Barwerts der Altersversorgung zum Zeitpunkt der Vereinbarung für zulässig (= sog. m/n-tel Anwartschaftsbarwert).[3] Dieser Wert wird hier etwa 180.000 € betragen.

Somit ergibt sich bei der M-GmbH folgender Buchungssatz:

Pensionsrückstellung	150.000 €	an	Bank	180.000 €
Lohnaufwand	30.000 €			

Bei der M-GmbH entsteht somit aus der Abfindung ein laufender Aufwand i. H. von 30.000 €.

Bei M ist der zugeflossene Betrag als Arbeitslohn zu versteuern. M hat sich den Anspruch über mehrere Jahre erdient; es handelt sich also um eine Vergütung für eine mehrjährige Tätigkeit i. S. von § 34 Abs. 2 Nr. 4 EStG. Der zugeflossene Betrag ist somit einkommensteuerlich mit der sog. Fünftelregelung des § 34 Abs. 1 EStG begünstigt.

2.2 Übertragung der Verpflichtigung auf eine Pensions-GmbH

M kann auch eine neue GmbH („Pensions-GmbH") gründen und ihren Pensionsanspruch auf diese Gesellschaft übertragen. Als Gegenleistung dafür muss die M-GmbH an die Pensions-GmbH eine Gegenleistung i. H. von 180.000 € entrichten. Bei einer davon abweichenden Gegenleistung läge eine vGA bzw. verdeckte Einlage vor (vgl. dazu Fall 21).

Bei der **M-GmbH** ergibt sich derselbe Buchungssatz wie im o. g. Abfindungsfall; es entsteht also ein zusätzlicher Lohnaufwand i. H. von 30.000 €. Eine außerbilanzielle Korrektur dieses Aufwands erfolgt nicht.

Die Übertragung der Pensionsverpflichtung führt bei **M** zu einem Zufluss von Arbeitslohn.[4] M erhält nämlich gegenüber einem Dritten – der Pensions-GmbH – einen unmittelbaren Anspruch. Dies führt bei ihr zu einem Zufluss. Allerdings kann der zufließende Arbeitslohn nach § 3 Nr. 55 EStG

3 BFH-Urteil vom 28.04.2010, BFH/NV 2010 S. 1709.

4 BFH-Urteil vom 12.04.2007, BStBl II S. 581.

steuerbefreit werden. Diese Vorschrift ist nämlich auch auf (beherrschende) Gesellschafter-Geschäftsführer anzuwenden. Dies gilt allerdings nur dann, wenn der ursprüngliche Pensionsvertrag noch kein Abfindungswahlrecht enthielt.[5] Die späteren Pensionszahlungen der Pensions-GmbH unterliegen dann aber natürlich als Versorgungsbezüge bei M voll der Besteuerung.

Bei der Pensions-GmbH ist streitig, wie die Passivierung der übernommenen Pensionsverpflichtung in der Steuerbilanz zu erfolgen hat. Nach Verwaltungslinie soll hier in der ersten Schlussbilanz nach der Übernahme der Verpflichtung in der Differenz zum Rückstellungswert nach § 6 a EStG ein steuerpflichtiger Ertrag entstehen.[6] Es wird allerdings auch die Auffassung vertreten, dass entsprechend der Rechtsprechung des BFH zur Übernahme einer Drohverlustverpflichtung kein steuerpflichtiger Ertrag entstehe.[7]

2.3 Übertragung der Verpflichtigung auf einen Pensionsfonds

Nach § 4 e Abs. 1 EStG könnte die M-GmbH die Pensionsverpflichtungen auch auf einen **Pensionsfonds** übertragen. Die Prämienzahlungen an den Fonds stellen Betriebsausgaben, die Auflösung der Rückstellung Betriebseinnahmen dar. Nach § 4 e Abs. 3 EStG kann auf Antrag der Teil der Prämienzahlung, der den Auflösungsbetrag übersteigt, auf zehn Jahre als Betriebsausgabe verteilt werden.

Im Falle des Antrages nach § 4 e Abs. 3 EStG (und nur dann) ist der Zuführungsbetrag an den Pensionsfonds bei M nach § 3 Nr. 66 EStG steuerfrei.

Die späteren Leistungen des Pensionsfonds werden nach § 22 Nr. 5 EStG („nachgelagert") besteuert.

M trägt bei dieser Alternative allerdings das sog. „Frühversterbensrisiko". Sollte sie früh sterben, käme der in den Pensionsfonds eingezahlte Betrag zu weiten Teilen „der Versichertengemeinschaft zugute" und wäre dann auch für die Erben der M verloren.

2.4 Übertragung der Verpflichtigung auf eine Unterstützungskasse

Der M-GmbH entsteht auch in diesem Fall ein Ertrag aus der Ausbuchung der Pensionsrückstellung. Der Betriebsausgabenabzug für eine Einmaleinzahlung in die Unterstützungskasse ist nach § 4 d EStG allerdings stark eingeschränkt, da diese Vorschrift nur einen laufenden Betriebsausgabenabzug zulässt. Hier besteht die Gefahr, dass ein größerer Teil der Einzahlung steuerlich verloren geht.

Da Unterstützungskassen keinen Rechtsanspruch auf künftige Leistungen gewähren, führen die Einzahlungen bei M noch nicht zum Zufluss von

---

5 BMF-Schreiben vom 31.03.2010, BStBl I S. 270, Rz. 283 und 286.

6 BMF-Schreiben vom 24.06.2011, BStBl I S. 627.

7 BFH-Urteil vom 16.12.2009, BStBl 2011 II S. 566.

Arbeitslohn. Spätere Leistungen der Kasse sind allerdings nach § 19 EStG nachgelagert zu versteuern.

Das sog. „Frühversterbensrisiko" besteht auch in diesem Fall.

Fall 21

Verdeckte Gewinnaussschüttungen und verdeckte Einlagen bei Schwestergesellschaften

KStG § 8 Abs. 3, §§ 8 b, 27, 32 a; EStG § 3 Nr. 40, §§ 3 c, 6 Abs. 1, § 20 Abs. 1, § 32 d; GewStG §§ 7, 8, 9 Nr. 2 a

Sachverhalt

Einzelunternehmer Markus Maier (M) ist jeweils Alleingesellschafter der Maier1-GmbH (M1-GmbH) und der Maier2-GmbH (M2-GmbH). Beide GmbH-Beteiligungen gehören zum Betriebsvermögen seines bilanzierenden Einzelunternehmens. Die M1-GmbH veräußert im Jahr 04 ein Grundstück im Wert von 200.000 € für 100.000 € an die M2-GmbH. Gewinnausschüttungen haben die Gesellschafterversammlungen der beteiligten Gesellschaften im Jahr 04 nicht beschlossen.

Abwandlung 1

Statt dem verbilligten Grundstücksverkauf hat die M1-GmbH der M2-GmbH am 02.01.04 auf unbestimmte Zeit ein zinsloses Darlehen über 1 Mio. € gewährt. Banküblicher Zins wären 10 %.

Abwandlung 2

Wie Grundfall und Abwandlung 1; die Anteile an der M1-GmbH und der M2-GmbH werden nicht von M, sondern von der M-AG gehalten.

Frage

1. Welche ertragsteuerlichen Konsequenzen ergeben sich aus dem verbilligten Grundstücksverkauf bzw. der verbilligten Darlehensgewährung bei der M1-GmbH?
2. Welche Folgen treten im Einzelunternehmen des M ein?
3. Was ergibt sich bei der M2-GmbH?
4. Was ändert sich, wenn die Anteile an der M1-GmbH und an der M2-GmbH nicht von M, sondern von der M-AG gehalten werden (Abwandlung 2)?
5. Wie wäre es, wenn die Steuerbescheide der M1-GmbH und ggf. des M bzw. der M-AG bestandskräftig wären (ohne Vorbehalt der Nachprüfung und ohne Änderungsmöglichkeit nach den Vorschriften der AO)?

Antwort

1. Sowohl bei der verbilligten Grundstücksveräußerung als auch bei der zinslosen Darlehensgewährung liegt bei der M1-GmbH eine vGA i. H. von 100.000 € vor, die nach § 8 Abs. 3 Satz 2 KStG außerbilanziell hinzuzurechnen ist.
2. Im Einzelunternehmen des M ist die vGA jeweils als Beteiligungsertrag zu erfassen, wird jedoch nach § 3 Nr. 40 EStG zu 40 % steuerbefreit. Bei der Grundstücksveräußerung liegen außerdem 100.000 € nachträgliche Anschaffungskosten auf die Beteiligung an der M2-GmbH vor, die zu aktivieren sind. Demgegenüber hat M bei der zinslosen Darlehensgewährung einen laufenden Aufwand i. H. von 100.000 €, der aber nach § 3 c Abs. 2 EStG nur zu 60 % abzugsfähig ist.
3. Bei der M2-GmbH ist das Grundstück im Grundfall mit 200.000 € zu aktivieren (davon 100.000 € über die verdeckte Einlage). Im steuerlichen Einlagekonto ergibt sich ein Zugang i. H. von 100.000 €. Bei der zinslosen Darlehensgewährung liegt demgegenüber keine verdeckte Einlage vor, sodass keine bilanzielle oder außerbilanzielle Korrektur zu erfolgen hat.
4. Bei der M1-GmbH und der M2-GmbH ändert sich gegenüber den Lösungen zu den Fragen 1 bis 3 nichts. Die erhaltene vGA wird bei der Muttergesellschaft M-AG jedoch in voller Höhe (und nicht nur zu 40 %) nach § 8 b Abs. 1 KStG steuerbefreit (mit 5 %-Pauschale). Die übrigen Auswirkungen bei der M-AG (nachträgliche Anschaffungskosten auf die Beteiligung im Grundfall bzw. laufender Aufwand auf die Beteiligung an der M2-GmbH in der Abwandlung 1) ergeben sich wie in der Lösung zur Frage 2. Der laufende Aufwand ist allerdings voll abzugsfähig.
5. Sind die Steuerbescheide der M1-GmbH und des M bzw. der M-AG bestandskräftig, wird die Steuerbefreiung der verdeckten Einlage nach § 8 Abs. 3 Satz 5 KStG versagt. Bei M bzw. der M-AG entstehen in diesem Fall auch keine nachträglichen Anschaffungskosten auf die Beteiligung an der M2-GmbH (§ 8 Abs. 3 Satz 6 KStG). Wäre demgegenüber zwar der Steuerbescheid der M1-GmbH bestandskräftig, aber die Bescheide des M bzw. der M-AG noch offen, könnte die vGA bei den Gesellschaftern noch besteuert werden. Allerdings wird in diesem Fall keine teilweise oder volle Steuerbefreiung der vGA gewährt. Bei der M2-GmbH wäre die erhaltene verdeckte Einlage in diesem Fall aber steuerfrei; § 8 Abs. 3 Satz 5 KStG ist nicht anwendbar.

Begründung

Allgemeines zu den steuerlichen Folgen bei Vorteilsgewährungen zwischen Schwestergesellschaften

Eine vGA ist eine

- Vermögensminderung oder verhinderte Vermögensmehrung,

- die durch das Gesellschaftsverhältnis veranlasst ist,
- sich auf die Höhe des Unterschiedsbetrags i. S. von § 4 Abs. 1 Satz 1 EStG auswirkt und
- nicht auf einem den gesellschaftsrechtlichen Vorschriften entsprechenden Gewinnverteilungsbeschluss beruht.[1]

Nach neuerer BFH-Rechtsprechung muss der Vorgang außerdem geeignet sein, beim Gesellschafter einen sonstigen Bezug i. S. von § 20 Abs. 1 Nr. 1 Satz 2 EStG auszulösen.[2] Eine vGA ist auch anzunehmen, wenn die Vorteilsziehung nicht unmittelbar durch den Gesellschafter, sondern durch eine ihm nahestehende Person erfolgt.[3] Auch Schwestergesellschaften können nahestehende Personen zum (gemeinsamen) Gesellschafter sein.

Als Schwestergesellschaften werden Kapitalgesellschaften bezeichnet, an denen ein und derselbe Gesellschafter oder eine Gesellschaftergruppe jeweils maßgeblich beteiligt ist; sie sind dem Gesellschafter nahestehende Personen. Dies gilt unabhängig davon, ob es sich bei dem Gesellschafter um eine natürliche Person oder um eine andere Kapitalgesellschaft (Muttergesellschaft) handelt.

Überträgt eine Kapitalgesellschaft einer Schwestergesellschaft ein Wirtschaftsgut unentgeltlich oder zu einem unangemessen niedrigen Preis, so liegt bei der übertragenden Kapitalgesellschaft in Höhe des Unterschiedsbetrags zwischen dem berechneten und dem angemessenen Preis eine vGA vor, um die ihr Einkommen zu erhöhen ist. Der Vorteil, der der Schwestergesellschaft eingeräumt worden ist, gilt als dem Gesellschafter zugeflossen und ist von diesem als vGA zu versteuern.[4] Der Vorgang ist aber so zu sehen, als sei der erhaltene Vorteil von dem gemeinsamen Gesellschafter in Form einer verdeckten Einlage weitergeleitet worden. Die Annahme einer Einlage führt bei der Schwestergesellschaft zu einer erfolgsneutralen Erhöhung des Buchwertes des (unter Preis) erworbenen Wirtschaftsgutes in Höhe der angenommenen Preisdifferenz. Bei dem Gesellschafter erhöht sich der Buchwert der Anteile um den Betrag der unterstellten Einlage, wenn die Anteile an der Schwestergesellschaft zum Betriebsvermögen des Gesellschafters gehören. Bei einer zum Privatvermögen gehörenden Beteiligung tritt eine entsprechende Erhöhung der Anschaffungskosten ein.[5]

Eine verdeckte Einlage in die Schwestergesellschaft kann allerdings nicht angenommen werden, wenn der gewährte Vorteil nicht ein einlagefähiges Wirtschaftsgut, sondern die Überlassung des Gebrauchs oder der Nutzung

1 R 36 Abs. 1 Satz 1 KStR.

2 BFH-Urteil vom 07.08.2002, DB 2002 S. 2686.

3 R 36 Abs. 1 Satz 2 KStR.

4 Beschluss des Großen Senats des BFH vom 26.10.1987, BStBl 1988 II 348.

5 BFH-Urteile vom 06.04.1977, BStBl II S. 571, und vom 28.01.1981, BStBl II S. 612.

eines Wirtschaftsguts ohne angemessenes Entgelt betrifft (vgl. H 40 „Nutzungsvorteile" KStH).

1. Folgen bei der M1-GmbH

a) Verbilligter Grundstücksverkauf (Grundfall)

Die M2-GmbH ist eine nahestehende Person zu M, dem Gesellschafter der M1-GmbH. Der verbilligte Verkauf ist im Gesellschaftsverhältnis zu M veranlasst. Es liegt deshalb eine vGA der M1-GmbH an M i. H. von 100.000 € vor.

Das Einkommen der M1-GmbH ist außerbilanziell nach § 8 Abs. 3 Satz 2 KStG um 100.000 € zu erhöhen.[6] Bilanziell ergibt sich ein höherer Aufwand wegen der zu bildenden Körperschaftsteuer- und Gewerbesteuer-Rückstellung. Der sich dadurch ergebende Aufwand ist jedoch nicht abzugsfähig (§ 10 Nr. 2 KStG für die Körperschaftsteuer; § 4 Abs. 5 b EStG für die Gewerbesteuer). Hinsichtlich des Vermögensabflusses aus der vGA ist zu prüfen, ob eine Verwendung des Einlagekontos i. S. von § 27 KStG erfolgt.

Bei der M1-GmbH treten damit dieselben Folgen ein, wie wenn der verbilligte Grundstücksverkauf nicht an die M2-GmbH, sondern an den Gesellschafter M erfolgt wäre.

b) Zinslose Darlehensgewährung (Abwandlung 1)

Auch bei der zinslosen Darlehensgewährung liegt bei der M1-GmbH eine vGA i. S. von § 8 Abs. 3 Satz 2 KStG vor. Der Zinsvorteil von 100.000 € ist außerbilanziell hinzuzurechnen. Auch die übrigen Folgen bei der M1-GmbH sind identisch mit denen bei einem verbilligten Grundstücksverkauf.

2. Folgen bei M

a) Verbilligter Grundstücksverkauf (Grundfall)

Beim Gesellschafter M ist die vGA der M1-GmbH als Beteiligungsertrag (= Betriebseinnahme) zu erfassen (100.000 €). Davon sind im Teileinkünfteverfahren allerdings nur 60 % steuerpflichtig (= 60.000 €); der andere Teil ist nach § 3 Nr. 40 Satz 1 Buchst. d EStG steuerbefreit. Die Steuerbefreiung wird außerbilanziell berücksichtigt.

Die vGA führt aber gleichzeitig zu einer verdeckten Einlage in die M2-GmbH und ist daher i. H. von 100.000 € als nachträgliche Anschaffungskosten auf die Beteiligung an der M2-GmbH zu aktivieren. Der Buchwert der Beteiligung wird dabei zunächst unabhängig von der teilweisen Steuerbefreiung der Ausschüttung um die volle Höhe der verdeckten Einlage erhöht; bei einer späteren Veräußerung wird der Buchwert allerdings nach § 3 c Abs. 2 EStG nur noch zu 60 % berücksichtigt.

---

6 BMF-Schreiben vom 28.05.2002, BStBl I S. 603, Rz. 2.

Buchungssatz

Beteiligung M2-GmbH 100.000 € an Beteiligungsertrag M1-GmbH 100.000 €

Außerbilanziell wird der Beteiligungsertrag mit 40.000 € steuerbefreit.

Der Gewerbeertrag des Einzelunternehmens wird um den noch verbleibenden Beteiligungsertrag gekürzt (60.000 €; § 9 Nr. 2 a GewStG). Für den bereits einkommensteuerlich befreiten Teil der vGA schlägt die Steuerbefreiung nach § 3 Nr. 40 EStG über § 7 GewStG auch auf die Gewerbesteuer durch. Eine Hinzurechnung nach § 8 Nr. 5 GewStG hat nicht zu erfolgen, da die Voraussetzungen für eine Kürzung nach § 9 Nr. 2 a GewStG gegeben sind (Beteiligung von mindestens 15 % am 01.01. des Erhebungszeitraums).

b) Zinslose Darlehensgewährung (Abwandlung 1)

Wie beim verbilligten Grundstücksverkauf ist M auch bei der zinslosen Darlehensgewährung Empfänger einer vGA. Diese führt zu Betriebseinnahmen in seinem Einzelunternehmen (100.000 €). Außerbilanziell wird die vGA wiederum teilweise von der Einkommensteuer und Gewerbesteuer befreit (40.000 €). Für den verbleibenden steuerpflichtigen Teil (60.000 €) wird gewerbesteuerlich die Kürzung nach § 9 Nr. 2 a GewStG gewährt; die Hinzurechnungsregelung des § 8 Nr. 5 GewStG ist nicht anwendbar.

Allerdings stellt eine unentgeltliche Nutzungsüberlassung keine verdeckte Einlage in die M2-GmbH dar (H 40 „Nutzungsvorteile" KStH). Somit können aus der vGA auf der Ebene des M auch keine nachträglichen Anschaffungskosten auf die Beteiligung an der M2-GmbH entstehen. Die vGA wurde von M jedoch für die Beteiligung an der M2-GmbH verwendet und verbraucht.[7] In Höhe der versteuerten vGA liegt deshalb (fiktiver) laufender Aufwand auf die Beteiligung an der M2-GmbH vor. Früher wurde dieses Ergebnis auch mit der sog. Fiktionstheorie begründet.[8]

Buchungssatz

Aufwand Beteiligung M2-GmbH 100.000 € an
Beteiligungsertrag M1-GmbH 100.000 €

Außerbilanziell wird jedoch nicht nur der Beteiligungsertrag aus der M1-GmbH, sondern auch der Aufwand auf die Beteiligung an der M2-GmbH um 40.000 € korrigiert. Der Aufwand steht nämlich im Zusammenhang mit einer Beteiligung an einer Kapitalgesellschaft, sodass er nach § 3 c Abs. 2 EStG nur zu 60 % abzugsfähig ist. Dies gilt unabhängig davon, ob M im Jahr 04 von der M2-GmbH eine Ausschüttung erhält oder nicht.

---

7 Beschluss des Großen Senats des BFH vom 26.10.1987, BStBl 1988 II S. 348.

8 Vgl. Grüne Reihe, Band 6 KSt, 18. Auflage, S. 241; vgl. auch ausführlich zu vGA zwischen Schwestergesellschaften Dötsch/Jost/Pung/Witt, Die KSt, § 8 Abs. 3 KStG, Teil C, Rz. 830 ff.

3. Folgen bei der M2-GmbH

a) Verbilligter Grundstücksverkauf (Grundfall)

Die M2-GmbH hat das verbilligt erhaltene Grundstück mit dem Teilwert von 200.000 € zu aktivieren. Zwar hat sie nur 100.000 € als Entgelt entrichtet. Den übrigen Teil des Wertes hat sie jedoch über die verdeckte Einlage erhalten, die ebenfalls zu einer Aktivierung führt. Verdeckte Einlagen sind nach § 8 Abs. 1 KStG i. V. m. § 6 Abs. 1 Nr. 5 EStG grundsätzlich mit dem Teilwert des eingelegten Wirtschaftsguts im Einlagezeitpunkt zu bewerten. Der Teilwert der verdeckten Einlage ermittelt sich hier als Differenz zwischen dem Wert des gesamten Grundstücks (200.000 €) und dem von der M2-GmbH zu entrichtenden Entgelt (100.000 €). Buchungstechnisch wird diese Differenz zunächst über Ertrag erfasst (1. Gewinnermittlungsstufe).

Buchungssatz

Grundstücke	200.000 €	an	Bank	100.000 €
			a. o. Ertrag	100.000 €

Außerbilanziell erfolgt dann nach § 8 Abs. 3 Satz 3 KStG ein Abzug in Höhe der verdeckten Einlage vom Gewinn (./. 100.000 €; 2. Gewinnermittlungsstufe).

Die verdeckte Einlage i. H. von 100.000 € ist als Zugang auf dem steuerlichen Einlagekonto i. S. von § 27 KStG zu erfassen.

Es ergibt sich dasselbe Ergebnis, wie wenn M das Grundstück selbst verbilligt an die M2-GmbH veräußert hätte.

b) Zinslose Darlehensgewährung (Abwandlung 1)

Da keine verdeckte Einlage vorliegt, hat auf der Ebene der M2-GmbH keine Gewinnkorrektur zu erfolgen. Insbesondere erfolgt kein Abzug der ersparten Aufwendungen vom Gewinn. Dies gilt unabhängig davon, dass sich durch die zinslose Darlehensgewährung bei der M2-GmbH ein höherer Gewinn ergeben hat und diese Auswirkung ihre Ursache im Gesellschaftsverhältnis hat.

Da keine verdeckte Einlage vorliegt, kann auch kein Zugang auf dem steuerlichen Einlagekonto erfolgen. Auch dieses Ergebnis deckt sich mit der Situation bei zinsloser Darlehensgewährung durch M selbst.

Hinweis: Bilanzsteuerlich ist noch zu prüfen, ob eine Abzinsung der Verbindlichkeit nach § 6 Abs. 1 Nr. 3 EStG vorzunehmen ist. Dabei kommt es entscheidend darauf an, ob die (Rest-)Laufzeit der Schuld am Bilanzstichtag noch mindestens 12 Monate beträgt. Dabei ist nicht entscheidend auf die (frühestmögliche) zivilrechtliche Kündigungsmöglichkeit, sondern auf die voraussichtliche wirtschaftliche Laufzeit des Darlehens abzustellen.[9] Ist

9 BFH-Urteil vom 27.01.2010, BStBl II S. 478; ebenso schon BMF-Schreiben vom 26.05.2005, BStBl I S. 699.

eine Abzinsung vorzunehmen, kann der sich dabei ergebende Ertrag nicht als verdeckte Einlage nach § 8 Abs. 3 Satz 3 KStG steuerfrei gestellt werden, weil es sich um einen Nutzungsvorteil handelt, der nicht Gegenstand einer verdeckten Einlage sein kann.[10]

Zusammenfassendes Schaubild zu den Fragen 1 bis 3:

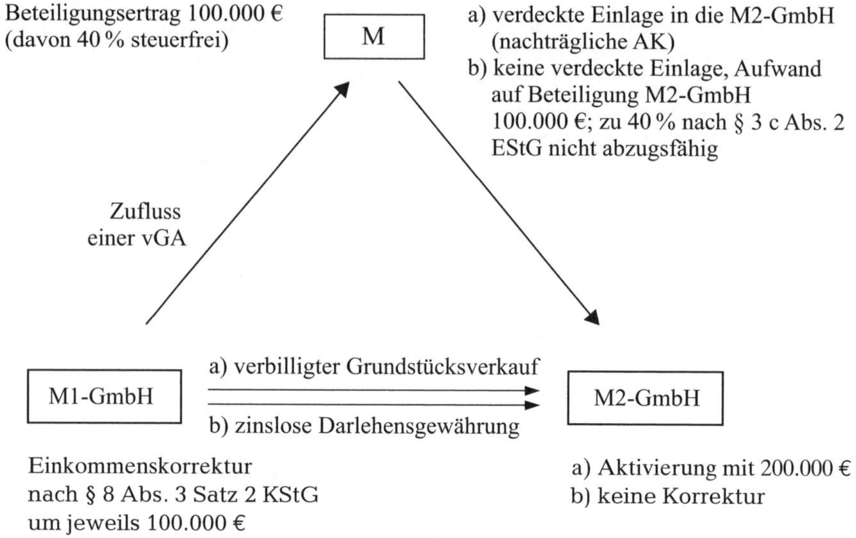

4. M-AG als Gesellschafterin der M1-GmbH und der M2-GmbH (Abwandlung 2)

Die als Antwort zu Frage 1 dargestellten Rechtsfolgen bei der **M1-GmbH** treten unabhängig davon ein, wer Gesellschafter der (verdeckt) ausschüttenden Gesellschaft ist. Somit ist bei der M1-GmbH sowohl im Grundfall als auch bei der Abwandlung 1 eine außerbilanzielle Einkommenskorrektur um 100.000 € vorzunehmen. Außerdem ist zu prüfen, ob es zu einer Verwendung des Einlagekontos i. S. von § 27 KStG kommt.

Allerdings wird die **M-AG** als Empfängerin der vGA anders behandelt als die natürliche Person M. Auch vGA sind nämlich in voller Höhe nach § 8 b Abs. 1 KStG steuerfrei (und nicht nur zu 40 % wie bei natürlichen Personen), wenn sie einer Körperschaft zufließen. Dies gilt unabhängig davon, ob es sich bei der vGA um eine verbilligte Veräußerung (Grundfall) oder um eine unentgeltliche Nutzungsüberlassung (Abwandlung 1) handelt. Allerdings sind nach § 8 b Abs. 5 Satz 1 KStG 5 % der erhaltenen (verdeck-

10 BFH-Beschluss vom 06.10.2009, BStBl 2010 II S. 177.

ten) Ausschüttung als nicht abzugsfähige Betriebsausgaben zu behandeln (und somit außerbilanziell im Rahmen der Einkommensermittlung hinzuzurechnen). Die Steuerfreiheit nach § 8 b Abs. 1 KStG schlägt auch auf die Gewerbesteuer durch; die Voraussetzungen für eine Hinzurechnung nach § 8 Nr. 5 GewStG sind nicht gegeben. Der Ansatz der 5 %-Pauschale kann gewerbesteuerlich nicht zu einer Kürzung nach § 9 Nr. 2 a GewStG führen (vgl. § 9 Nr. 2 a Satz 4 GewStG).

Trotz der Steuerfreiheit der vGA führt die gleichzeitig vorliegende verdeckte Einlage in die M2-GmbH im Grundfall (verbilligte Grundstücksveräußerung) zu nachträglichen Anschaffungskosten auf die Beteiligung i. H. von 100.000 €.

In der Abwandlung 1 (zinslose Darlehensgewährung) kann auch hier gegenüber der M2-GmbH eine verdeckte Einlage nicht vorliegen. Es entsteht deshalb wiederum ein laufender Aufwand i. H. von 100.000 € (vgl. die Begründung zu Frage 2). § 3 c Abs. 1 EStG kommt nicht zur Anwendung; ebensowenig § 8 b Abs. 3 KStG.

Bei der **M2-GmbH** ergeben sich gegenüber der Antwort zu Frage 3 durch die abweichende Rechtsform der Gesellschafterin keine Änderungen (Aktivierung des Grundstücks im Grundfall mit 200.000 €; keine Korrektur bei der Abwandlung 1).

5. Bestandskraft der Bescheide der M1-GmbH und des M bzw. der M-AG

Die o. g. materiellen Rechtsfolgen lassen sich dann nicht vollständig ziehen, wenn Bescheide gegenüber einigen der Beteiligten bestandskräftig sind und verfahrensrechtlich nicht mehr geändert werden können. Sind die Bescheide der **M1-GmbH** bestandskräftig, ist bei ihr eine (außerbilanzielle) Einkommenskorrektur der vGA nach § 8 Abs. 3 Satz 2 KStG aus verfahrensrechtlichen Gründen nicht möglich. Die Prüfung einer Einlagenrückgewähr nach § 27 KStG kommt nicht mehr in Betracht. Ebenso kann die vGA beim Gesellschafter **M** nicht angesetzt werden. Hieran ändert auch die Regelung des § 32 a Abs. 1 KStG nichts. Diese setzt für die Änderungsmöglichkeit auf der Ebene des Gesellschafters nämlich voraus, dass ein Steuerbescheid gegenüber der Körperschaft (hier: M1-GmbH) hinsichtlich der Berücksichtigung einer vGA erlassen, aufgehoben oder geändert wird. Dies ist hier jedoch gerade nicht der Fall. Es kommt dabei auch nicht darauf an, ob Gesellschafter der M1-GmbH eine natürliche Person (M) oder eine Körperschaft ist (M-AG).

Bei der **M2-GmbH** liegt eine verdeckte Einlage vor (vgl. Antwort zu Frage 3). Die Steuerbefreiung der verdeckten Einlage wird jedoch nach § 8 Abs. 3 Satz 4 ff. KStG u. U. eingeschränkt. Im vorliegenden Fall greift der Ausnahmetatbestand des § 8 Abs. 3 Satz 5 KStG ein. Danach wird die verdeckte Einlage nicht bei der Einkommensermittlung mindernd abgezogen, wenn die verdeckte Einlage auf einer vGA einer dem Gesellschafter nahestehenden Person (hier: M1-GmbH) beruht und bei der Besteuerung des Gesellschafters nicht berücksichtigt wurde. Diese Voraussetzungen sind hier erfüllt, da eine Korrektur bei der M1-GmbH nicht mehr erfolgen kann. Das Gesetz enthält allerdings noch einen Ausnahmetatbestand: Die verdeckte Einlage wird doch steuerfrei gestellt, wenn sie bei der leistenden Körperschaft das Einkommen nicht gemindert hat. Im vorliegenden Fall liegt jedoch eine Einkommensminderung bei der M1-GmbH vor, die auch nicht mehr korrigiert werden kann. Somit ergibt sich bei der M2-GmbH keine außerbilanzielle Korrektur aufgrund der verdeckten Einlage. § 8 Abs. 3 Satz 6 KStG schließt auch beim Gesellschafter (unabhängig davon, ob M oder M-AG) die Entstehung von (nachträglichen) Anschaffungskosten auf die Beteiligung des Gesellschafters an der M2-GmbH aus. In den meisten Fällen wird sich diese zusätzliche Einschränkung nicht sofort im Jahr der verdeckten Einlage, sondern erst bei einer späteren Veräußerung der Anteile auswirken. Keine Einschränkung ergibt sich u. E. allerdings für den sich aus der verdeckten Einlage ergebenden Zugang im steuerlichen Einlagekonto i. S. von § 27 KStG. Weder enthält § 27 KStG eine einschränkende Regelung für diesen Sachverhalt noch erfolgt eine Verweisung auf § 8 Abs. 3 Satz 4 ff. KStG.[11]

Hinweis: Im Fall der Abwandlung 1 (vgl. Antwort zu Frage 3) stellt sich die Frage der Steuerbefreiung der verdeckten Einlage nicht, da die Nutzungsüberlassung überhaupt nicht zu einer verdeckten Einlage führt. Damit kann sich für den Vorgang auch keine Steuerbefreiung nach § 8 Abs. 3 Satz 3 KStG ergeben.

Weitere Sachverhaltsabwandlungen:

- Wären die **Körperschaftsteuerbescheide der M1-GmbH und der M2-GmbH noch änderbar** (z. B. nach § 164 AO) und würde eine solche Änderung tatsächlich erfolgen, ergäbe sich in der Folge auch eine Änderungsmöglichkeit der Bescheide des Gesellschafters (M oder M-AG) nach § 32 a Abs. 1 KStG. In der Folge könnte dann natürlich im Grundfall auch eine Steuerbefreiung der verdeckten Einlage bei der M2-GmbH nach § 8 Abs. 3 Satz 3 KStG erfolgen; die Einschränkung in § 8 Abs. 3 Satz 5 KStG wäre nicht anwendbar.
- Im umgekehrten Fall **(Bestandskraft der Bescheide der M1-GmbH; Änderbarkeit des Bescheids des Gesellschafters)** ergibt sich folgende Rechtslage: Bei dem jeweiligen Gesellschafter kann der Steuerbescheid geändert und die vGA noch angesetzt werden. Allerdings kann für die erhaltene vGA in diesem Fall keine Steuerbefreiung gewährt werden. Für **M** als natürliche Person ergibt sich dies aus § 3 Nr. 40 Satz 1 Buchst. d Satz 2 EStG. Danach gilt die Steuerbefreiung von 40 % nur, soweit die vGA das Einkommen der leistenden Körperschaft nicht gemindert hat. Befinden sich die Anteile des M im Privatvermögen, wird in einem sol-

11 Lang in Dötsch/Jost/Pung/Witt, Die Körperschaftsteuer, § 8 Abs. 3 KStG, Teil B, Tz. 158.

chen Fall ab dem Jahr 2011 nach § 32 d Abs. 2 Nr. 4 EStG auch die Anwendung des Abgeltungsteuersatzes von 25 % versagt.[12] Die erhaltene vGA wird in diesen Fällen also auch bei Anteilen im Privatvermögen mit dem persönlichen Einkommensteuersatz des Gesellschafters versteuert (ohne Teileinkünfteverfahren!). Ist Gesellschafterin die M-AG, tritt bei ihr eine vergleichbare Rechtsfolge ein: Nach § 8 b Abs. 1 Satz 2 KStG ist die Steuerbefreiung der erhaltenen vGA ausgeschlossen, soweit die vGA das Einkommen der leistenden Körperschaft nicht gemindert hat. Wird die vGA beim Gesellschafter besteuert (unabhängig von dessen Rechtsform), kann bei der M2-GmbH die Steuerbefreiung der verdeckten Einlage gewährt werden.

- Wäre zwar der **Körperschaftsteuerbescheid der M1-GmbH unter dem Vorbehalt der Nachprüfung** ergangen, nicht aber die Bescheide gegenüber dem Gesellschafter und der M2-GmbH, können die Bescheide des Gesellschafters wiederum nach § 32 a Abs. 1 KStG geändert werden (mit Ansatz der vGA). Die Steuerbefreiungen nach § 3 Nr. 40 Satz 1 Buchst. d EStG (M) bzw. § 8 b Abs. 1 KStG (M-AG) werden gewährt; bei Anteilen im Privatvermögen kommt bei einer natürlichen Person auch ab 2011 der Abgeltungsteuersatz von 25 % zur Anwendung (keine Anwendung von § 32 d Abs. 2 Nr. 4 EStG). Gleichzeitig entstehen im Grundfall nachträgliche Anschaffungskosten auf die Anteile an der M2-GmbH. Bei der M2-GmbH kann der Körperschaftsteuerbescheid im Grundfall nach § 32 a Abs. 2 KStG geändert und die erhaltene verdeckte Einlage (außerbilanziell) steuerfrei gestellt werden, da beim Gesellschafter ein Bescheid (auch) wegen einer verdeckten Einlage geändert wird.

Fall 22

Verlustabzug – Verlustabzugsbeschränkung nach § 8 c KStG – gesonderte Feststellung des verbleibenden Verlustabzugs (Rechtslage ab 2010)

KStG §§ 8 c, 34; EStG § 10 d

Sachverhalt

Am Stammkapital der Creme-Seife-Holding GmbH (CS-GmbH) mit Sitz und Geschäftsleitung in Freiburg sind die Gesellschafter Sascha Schaum (SS) und Franz Fettig (FF) zu jeweils 50 % beteiligt. Das Stammkapital der CS-GmbH beträgt 100.000 €. Gesellschaftszweck der GmbH ist das Halten und die Verwaltung von Beteiligungen.

---

12 Eingefügt durch das JStG 2010 vom 08.12.2010, BStBl I S. 1394.

Die CS-GmbH ist u. a. alleinige Gesellschafterin der Duft-GmbH (D-GmbH, Stammkapital 40.000 €) und der Cosmetique GmbH (C-GmbH, Stammkapital 60.000 €). Außerdem hält sie 20 % der Anteile der Monsieur-Elexier-GmbH (ME-GmbH, Stammkapital 80.000 €), die anderen 80 % werden von einem Konkurrenzunternehmer Nick Neid (NN) gehalten.

Die C-GmbH hält 60 % der Anteile an der Finesse-GmbH (F-GmbH), deren Stammkapital 25.000 € beträgt, die anderen 40 % werden von der D-GmbH gehalten.

Alle GmbHs haben als Wirtschaftsjahr das Kalenderjahr.

Für die F-GmbH wurde zum 31.12.04 ein verbleibender Verlustvortrag nach § 10 d EStG i. H. von 40.000 € festgestellt. Die F-GmbH ist in der Entwicklung neuer Cosmetique-Produkte tätig und überlässt die entwickelten Herstellungsverfahren der D-GmbH bzw. C-GmbH zu einem angemessenen fremdüblichen Preis. In der Bilanz 31.12.04 ist ein Bilanzverlust i. H. von 35.000 € ausgewiesen. Die im Anlagevermögen enthaltenen stillen Reserven betragen unstreitig 20.000 €.

Im Rahmen einer konzerninternen Umstrukturierung veräußert die D-GmbH am 01.08.05 ihre 40 %ige Beteiligung an der F-GmbH für angemessene 3.000 € an die C-GmbH. Die F-GmbH erwirtschaftet im Wirtschaftsjahr 05 einen Verlust von 15.000 €.

Zum 01.01.07 veräußert die CS-GmbH ihre Beteiligung an der D-GmbH zu einem angemessenen Kaufpreis von 25.000 € (gemeiner Wert der Anteile) an die C-GmbH. In der Bilanz 31.12.06 ist ein Verlustvortrag i. H. von 20.000 € ausgewiesen, der zum 31.12.06 festgestellte verbleibende Verlustvortrag nach § 10 d EStG beträgt 9.000 €. Die D-GmbH erwirtschaftet in 07 ein Einkommen vor Verlustabzug i. H. von 8.000 €.

Da die ME-GmbH aufgrund der Wirtschaftskrise in den Jahren 04 bis 07 erhebliche Verluste erwirtschaftete und NN sich von der finanziell überschuldeten GmbH trennen wollte, nutzte die CS-GmbH diese Gelegenheit und erwarb am 01.01.08 die restlichen 80 % der Anteile von NN für 5.000 €. Zum 31.12.07 wurde folgende Bilanz für die ME-GmbH vorgelegt:

Aktiva	Bilanz 31.12.07		Passiva
Anlagevermögen	30.000 €	Stammkapital	80.000 €
Beteiligung Innovativ-GmbH	50.000 €	Bilanzverlust	(-)130.000 €
Umlaufvermögen	20.000 €	Darlehen	150.000 €
	100.000 €		100.000 €

Der zum 31.12.07 festgestellte verbleibende Verlustvortrag nach § 10 d EStG beträgt 115.000 €. Der gemeine Wert des Anlagevermögens beträgt 52.000 €, der gemeine Wert der Innovativ-GmbH beträgt 65.000 €, der gemeine Wert des Umlaufvermögens entspricht dem Buchwert.

In 08 erzielt die ME-GmbH ein Einkommen vor Verlustabzug i. H. von 10.000 €.

Frage

1. In welchen Fällen liegt aufgrund des Gesellschafterwechsels ein schädlicher Beteiligungserwerb nach § 8 c Abs. 1 KStG vor?
2. In welchen Fällen greift die Konzernklausel nach § 8 c Abs. 1 Satz 5 KStG?
3. In welchen Fällen greift die Verschonungsregelung nach § 8 c Abs. 1 Satz 6 bis 9 KStG?
4. In welchem Umfang kann ein ggf. verbleibender Verlustabzug bei der Ermittlung des zu versteuernden Einkommens berücksichtigt werden und wie hoch sind die jeweiligen zu versteuernden Einkommen für die F-GmbH im VZ 05, für die D-GmbH im VZ 07 und für die ME-GmbH im VZ 08?
5. Welche verbleibenden Verlustvorträge sind für die F-GmbH zum 31.12.05, für die D-GmbH zum 31.12.07 und für die ME-GmbH zum 31.12.08 gesondert festzustellen?

Antwort

1. Die Anteilsveräußerung von 40 % der Anteile an der F-GmbH am 01.08.05 von der D-GmbH auf den Erwerber C-GmbH stellt einen schädlichen Beteiligungserwerb i. S. des § 8 c Abs. 1 Satz 1 KStG dar.

   Die 100 %ige Anteilsübertragung der Beteiligung an der D-GmbH am 01.01.07 von der CS-GmbH auf die C-GmbH ist ein schädlicher Beteiligungserwerb i. S. des § 8 c Abs. 1 Satz 2 KStG.

   Ebenso ist die Anteilsübertragung an der ME-GmbH i. H. von 80 % der Anteile von NN auf die CS-GmbH ein schädlicher Beteiligungserwerb nach § 8 c Abs. 1 Satz 2 KStG.

2. Die Konzernklausel nach § 8 c Abs. 1 Satz 5 KStG greift nur bei der Anteilsübertragung der Anteile der F-GmbH von der D-GmbH an die C-GmbH, da die CS-GmbH sowohl am übertragenden Rechtsträger D-GmbH als auch am übernehmenden Rechtsträger C-GmbH zu 100 % beteiligt ist.

3. Die Verschonungsregelung in Höhe der im Inland steuerpflichtigen stillen Reserven greift bei der Anteilsveräußerung der Anteile an der D-GmbH. Der Wert der im Inland steuerpflichtigen stillen Reserven beträgt nach § 8 c Abs. 1 Satz 7 KStG 5.000 €, sodass in dieser Höhe die Verlustabzugsbeschränkung nach § 8 c Abs. 1 KStG nicht eingreift.

   Auch bei der Veräußerung der Anteile an der ME-GmbH greift die Verschonungsregelung in Höhe der im Inland steuerpflichtigen stillen Reserven. Diese ermitteln sich nach § 8 c Abs. 1 Satz 8 KStG, da das Eigenkapital der ME-GmbH negativ ist. Sie betragen 22.000 €, sodass in dieser Höhe der Verlustabzug weiter genutzt werden kann.

Wegen der Ermittlung der stillen Reserven vgl. die Begründung zu Nr. 3.

4. Aufgrund der Ausführungen zu Nr. 3 und Nr. 4 können folgende verbleibende Verlustabzüge bei der Ermittlung des zu versteuernden Einkommens berücksichtigt werden:

   Bei der F-GmbH kann der zum 31.12.04 festgestellte verbleibende Verlustvortrag in voller Höhe weiter genutzt werden. Das zu versteuernde Einkommen für den VZ 05 beträgt ./. 15.000 €.

   Für die D-GmbH kann der zum 31.12.06 festgestellte verbleibende Verlustabzug von insgesamt 9.000 € i. H. von 5.000 € genutzt werden. Das zu versteuernde Einkommen für den VZ 07 beträgt 3.000 €.

   Für die ME-GmbH kann der zum 31.12.07 festgestellte verbleibende Verlustabzug von insgesamt 115.000 € i. H. von 22.000 € genutzt werden. Das zu versteuernde Einkommen für den VZ 08 beträgt 0 €.

5. Es werden folgende verbleibende Verlustvorträge gem. § 10 d Abs. 4 EStG gesondert festgestellt:

F-GmbH zum 31.12.05	55.000 €
D-GmbH zum 31.12.07	0 €
ME-GmbH zum 31.12.08	12.000 €

Begründung

1. Nach § 8 c Abs. 1 KStG liegt ein schädlicher Beteiligungserwerb vor, wenn

- innerhalb von fünf Jahren
- mittelbar oder unmittelbar mehr als 25 % (Satz 1) bzw. mehr als 50 % (Satz 2)
- des gezeichneten Kapitals, der Mitgliedschaftsrechte, Beteiligungsrechte oder der Stimmrechte an einer Körperschaft
- an einen Erwerber oder diesem nahestehenden Personen

übertragen werden oder wenn ein vergleichbarer Sachverhalt vorliegt.

Sofern mehr als 25 % und weniger als 50 % der Anteile übertragen werden, geht der Verlustabzug anteilig entsprechend der Übertragungsquote unter (§ 8 c Abs. 1 Satz 1 KStG). Werden mehr als 50 % des gezeichneten Kapitals usw. an einen Erwerber übertragen, ist der Verlust bzw. Verlustvortrag in voller Höhe nicht mehr abziehbar (§ 8 c Abs. 1 Satz 2 KStG).

Ein schädlicher Anteilseignerwechsel i. S. des § 8 c Abs. 1 KStG liegt nur dann vor, wenn die Anteilsübertragung innerhalb eines Zeitraums von fünf Jahren an einen bestimmten Erwerberkreis erfolgt. Dabei kann der Erwerberkreis ein einzelner Erwerber sein, aber auch ein Erwerber und eine diesem nahestehende Person oder mehrere Erwerber, wenn diese gleichgerichtete Interessen haben.

Bei der Ermittlung der Quote der übertragenen Anteile bezieht sich dies auf das gezeichnete Kapital, somit auf das Stammkapital der jeweiligen GmbH.

Am 01.08.05 werden 40 % der Anteile an der F-GmbH vom Gesellschafter D-GmbH auf den Erwerber C-GmbH übertragen. Es handelt sich hierbei um einen schädlichen Anteilserwerb i. S. des § 8 c Abs. 1 Satz 1 KStG, der grundsätzlich zum quotalen Untergang des bestehenden Verlustabzugs sowie zum quotalen Untergang des bis zum schädlichen Anteilserwerb erwirtschafteten laufenden Verlustes des VZ 05 i. H. von jeweils 40 % führt, es sei denn, dass aufgrund der sog. Konzernklausel nach § 8 c Abs. 1 Satz 5 KStG (vgl. Begründung zu Nr. 2) kein schädlicher Beteiligungserwerb vorliegt oder aufgrund der Verschonungsregelung nach § 8 c Abs. 1 Satz 6 bis 9 KStG (vgl. Begründung zu Nr. 3) der Verlustabzug weiterhin genutzt werden kann.

Die 100 %ige Anteilsübertragung der Beteiligung an der D-GmbH am 01.01.07 von der CS-GmbH auf die C-GmbH ist ein schädlicher Anteilserwerb i. S. des § 8 c Abs. 1 Satz 2 KStG, der grundsätzlich zum vollständigen Untergang des bestehenden Verlustabzugs führt. Auch hier ist sowohl die Konzernklausel (§ 8 c Abs. 1 Satz 5 KStG) als auch die Verschonungsregelung (§ 8 c Abs. 1 Satz 6 bis 9 KStG) zu überprüfen.

Die Anteilsübertragung an der ME-GmbH i. H. von 80 % der Anteile von NN auf die CS-GmbH stellt ebenfalls einen schädlichen Beteiligungserwerb i. S. des § 8 c Abs. 1 Satz 2 KStG dar, der grundsätzlich zum vollständigen Untergang des bestehenden Verlustabzugs führt (Ausnahme Konzernklausel oder Verschonungsregelung).

2. Durch das Wachstumsbeschleunigungsgesetz[1] wurde in § 8 c Abs. 1 KStG eine sog. Konzernklausel eingefügt. Nach § 8 c Abs. 1 Satz 5 KStG liegt ein schädlicher Anteilserwerb nicht vor, wenn an dem übertragenden und an dem übernehmenden Rechtsträger dieselbe Person jeweils zu 100 % mittelbar oder unmittelbar beteiligt ist. Diese Regelung gilt für alle Beteiligungserwerbe nach dem 31.12.2009 (§ 34 Abs. 7 b Satz 2 KStG).

Übertragender und übernehmender Rechtsträger kann jede Person, Gesellschaft oder sonstiges Rechtsgebilde sein, das rechtlich in der Lage ist, einen dem Grunde nach schädlichen Vorgang für Zwecke des § 8 c Abs. 1 Satz 1 bis 4 KStG zu verwirklichen. Somit könnten dies sowohl Kapitalgesellschaften, Körperschaften des öffentlichen Rechts, Personengesellschaften oder natürliche Personen sein. Da nach § 8 c Abs. 1 Satz 5 KStG jedoch weitere Voraussetzung ist, dass an diesem Rechtsträger eine Person zu 100 % beteiligt ist, kann es sich nur um solche Rechtsträger handeln, an denen eine Beteiligung möglich ist. Rechtsträger ohne Beteiligungsmöglichkeit, wie natürliche Personen oder Körperschaften des öffentlichen Rechts, werden somit von der Anwendung der Konzernklausel ausgeschlossen. Bei der Person, die zu 100 % an dem übertragenden und übernehmenden Rechtsträger beteiligt ist, kann es sich um eine einzelne natürliche Person, um eine juris-

1 WachstumsBG vom 22.12.2009, BStBl 2010 I S. 2.

tische Person oder auch um eine Personengesellschaft handeln. Voraussetzung ist nur, dass diese „Person" 100 % der Anteile hält.[2]

Anteilsübertragung am 01.08.05 an der F-GmbH

Bei dem Anteilsverkauf von 40 % an der F-GmbH ist der übertragende Rechtsträger die D-GmbH und übernehmender Rechtsträger die C-GmbH. Sowohl an der D-GmbH als auch an der C-GmbH ist jeweils alleiniger Gesellschafter zu 100 % die CS-GmbH. Damit sind die Voraussetzungen des § 8 c Abs. 1 Satz 5 KStG erfüllt und es handelt sich nicht um einen schädlichen Beteiligungserwerb. Die Verlustabzugsbeschränkung nach § 8 c Abs. 1 KStG greift daher aufgrund der Konzernklausel nicht ein.

Anteilsübertragung am 01.01.07 an der D-GmbH

Hier werden 100 % der Anteile an der D-GmbH von der CS-GmbH an die C-GmbH veräußert. Alleiniger Gesellschafter der übernehmenden C-GmbH ist die CS-GmbH. Am übertragenden Rechtsträger CS-GmbH sind Gesellschafter die natürlichen Personen SS und FF zu jeweils 50 %. Da am übertragenden Rechtsträger nicht dieselbe Person wie am übernehmenden Rechtsträger beteiligt ist, greift hier die Konzernklausel nach § 8 c Abs. 1 Satz 5 KStG für diese Anteilsübertragung nicht ein. Daher liegt ein schädlicher Beteiligungserwerb nach § 8 c Abs. 1 KStG vor, für den allerdings noch die Verschonungsregelung des § 8 c Abs. 1 Satz 6 bis 9 KStG zu überprüfen ist (vgl. Ausführungen zu Nr. 3).

Anteilsübertragung am 01.01.08 an der ME-GmbH

Übertragender Rechtsträger bei der Anteilsveräußerung der ME-GmbH ist die natürliche Person NN. Die Konzernklausel braucht hier nicht weiter überprüft zu werden, da an einer natürlichen Person keine 100 %ige Beteiligung bestehen kann. Somit greift auch bei dieser Anteilsübertragung von 80 % der Anteile an der ME-GmbH die Konzernklausel nach § 8 c Abs. 1 Satz 5 KStG nicht ein. Für diesen schädlichen Anteilserwerb i. S. des § 8 c Abs. 1 KStG ist wiederum die Verschonungsregelung in § 8 c Abs. 1 Satz 6 bis 9 KStG zu überprüfen (vgl. Ausführungen zu Nr. 3).

3. Durch das Wachstumsbeschleunigungsgesetz[1] wurde neben der Konzernklausel auch eine Verschonungsregelung bei stillen Reserven in § 8 c Abs. 1 KStG aufgenommen. Nach dem ursprünglichen Wortlaut des § 8 c Abs. 1 Satz 6 KStG kann ein nicht abziehbarer und noch nicht genutzter Verlust abweichend von den Regelungen in § 8 c Abs. 1 Satz 1 und 2 KStG abgezogen werden, soweit er bei einem schädlichen Beteiligungserwerb

---

2 Die Frage, ob es sich bei der am übertragenden und übernehmenden Rechtsträger zu 100 % beteiligten Person auch um eine Personengesellschaft handeln kann, die die Anteile in ihrem Gesamthandsvermögen hält, ist derzeit von Seiten der Finanzverwaltung noch nicht endgültig entschieden. Sofern die Personengesellschaft als transparent behandelt wird, wäre die Voraussetzung nach § 8 c Abs. 1 Satz 5 KStG nicht erfüllt. Vgl. hierzu auch Dötsch in Dötsch/Jost/Pung/Witt, Die Körperschaftsteuer, § 8 c KStG Rz. 59 d.

i. S. von § 8 c Abs. 1 Satz 1 KStG die anteiligen und bei einem schädlichen Beteiligungserwerb i. S. von § 8 c Abs. 1 Satz 2 KStG die gesamten stillen Reserven des inländischen Betriebsvermögens der Körperschaft nicht übersteigt. Dabei ist auf die im Zeitpunkt des schädlichen Beteiligungserwerbs vorhandenen stillen Reserven abzustellen. Durch das JStG 2010[3] wurde § 8 c Abs. 1 Satz 6 KStG in seinem Wortlaut umformuliert, dass auf die im Zeitpunkt des schädlichen Beteiligungserwerbs vorhandenen **im Inland steuerpflichtigen** stillen Reserven des Betriebsvermögens abzustellen ist. Die Definition der stillen Reserven ergibt sich aus § 8 c Abs. 1 Satz 7 KStG und wurde ebenfalls durch das JStG 2010 durch einen Satz 8 für den Fall des negativen Eigenkapitals der Körperschaft ergänzt.

Die Verschonungsregelung bei stillen Reserven gilt für alle Beteiligungserwerbe nach dem 31.12.2009, wobei die Änderungen aufgrund des JStG 2010 ebenfalls erstmals für Beteiligungserwerbe nach dem 31.12.2009 anzuwenden sind (§ 34 Abs. 7 b Satz 2 KStG und § 34 Abs. 1 KStG i. d. F. des JStG 2010).

Voraussetzung für die Anwendung des § 8 c Abs. 1 Satz 6 KStG ist, dass der Tatbestand des § 8 c Abs. 1 Satz 1 oder 2 KStG vorliegt und die Konzernklausel nach § 8 c Abs. 1 Satz 5 KStG nicht eingreift. Es bedarf also eines schädlichen Anteilserwerbs an einer Verlustgesellschaft, der grundsätzlich zu einem quotalen oder totalen Verlustuntergang führen würde. Die Verschonungsregelung lässt eine Verlustnutzung dennoch zu, soweit die Verluste

- bei einem schädlichen Anteilsübergang von mehr als 25 % bis einschließlich 50 % die anteiligen im Inland steuerpflichtigen stillen Reserven,
- bei einem schädlichen Anteilserwerb von mehr als 50 % die gesamten im Inland steuerpflichtigen stillen Reserven

des Betriebsvermögens nicht überschreiten.

Die Frage, wie die stillen Reserven zu ermitteln sind, ergibt sich aus § 8 c Abs. 1 Satz 7 und 8 KStG. Nach § 8 c Abs. 1 Satz 7 KStG ermitteln sich die stillen Reserven durch Gegenüberstellung

- des auf den Beteiligungserwerb entfallenden in der steuerlichen Gewinnermittlung ausgewiesenen Eigenkapitals und
- dem auf dieses Eigenkapital entfallenden gemeinen Wert der erworbenen Beteiligung.

Dabei ist wie folgt zu differenzieren:

Bei einem Anteilsübergang von mehr als 25 % bis 50 % und dem daraus folgenden quotalen Verlustuntergang ist ein entsprechender Anteil des steuerlichen Eigenkapitals der Körperschaft zu bewerten.

---

2 Jahressteuergesetz 2010 vom 08.12.2010, BStBl I S. 1394.

Werden mehr als 50 % der Anteile übertragen und folgt daraus der vollständige Untergang der Verluste, so ist eine Bewertung des gesamten Eigenkapitals vorzunehmen und nicht nur anteilig entsprechend der übertragenen Quote.

Der gemeine Wert der Anteile wird i. d. R. aus dem gezahlten Entgelt (Veräußerungspreis) abgeleitet. Sollte kein fremdüblicher Preis vereinbart worden sein, ist eine Unternehmensbewertung durchzuführen.

Ist das Eigenkapital der Verlustkörperschaft negativ, so bestimmt § 8 c Abs. 1 Satz 8 KStG, dass die stillen Reserven der Unterschiedsbetrag zwischen

- dem anteiligen bzw. gesamten in der steuerlichen Gewinnermittlung ausgewiesenen Eigenkapital und
- dem diesem Anteil entsprechenden gemeinen Wert des Betriebsvermögens der Körperschaft

entsprechen.

Die zunächst in § 8 c Abs. 1 Satz 6 KStG genannten „stillen Reserven des inländischen Betriebsvermögens" wurden durch das JStG 2010 durch die Formulierung „im Inland steuerpflichtige stillen Reserven des Betriebsvermögens" ersetzt. Dadurch wird der Inlandsbezug neu definiert. Zum einen können auch stille Reserven für solches ausländisches Betriebsvermögen berücksichtigt werden, für das der Bundesrepublik Deutschland das Besteuerungsrecht zusteht und die damit in Deutschland besteuert werden können. Klargestellt wurde durch diese Formulierung, dass stille Reserven, die aufgrund von Steuerbefreiungsvorschriften nicht der Besteuerung unterliegen, bei der Ermittlung der Höhe der stillen Reserven nicht berücksichtigt werden. Aus diesem Grund sind stille Reserven, die in Anteilen an Kapitalgesellschaften enthalten sind, bei der Ermittlung der im Inland steuerpflichtigen stillen Reserven zu 100 % zu kürzen, da insoweit die Steuerbefreiung nach § 8 b Abs. 2 KStG eingreift.

Anteilserwerb 01.08.05 an der F-GmbH

Da dieser Anteilserwerb unter die Konzernklausel nach § 8 c Abs. 1 Satz 5 KStG fällt und damit kein schädlicher Anteilserwerb i. S. des § 8 c Abs. 1 Satz 1 KStG vorliegt, kann die Verschonungsregelung nach § 8 c Abs. 1 Satz 6 bis 9 KStG nicht mehr eingreifen.

Anteilserwerb 01.01.07 an der D-GmbH

Hier liegt ein schädlicher Beteiligungserwerb i. H. von 100 % vor, der nach § 8 c Abs. 1 Satz 2 KStG zu einem vollständigen Verlustuntergang führt. Das in der steuerlichen Gewinnermittlung und damit in der Steuerbilanz ausgewiesene Eigenkapital beträgt 20.000 € (Stammkapital 40.000 € ⁒ Verlustvortrag 20.000 €). Somit ist der Wert der stillen Reserven nach § 8 c Abs. 1 Satz 7 KStG zu ermitteln.

gemeiner Wert der Anteile = angemessener Veräußerungspreis für 100 %	25.000 €
Eigenkapital lt. Steuerbilanz	⁒ 20.000 €
im Inland steuerpflichtige stille Reserven	5.000 €

Für den nach § 8 c Abs. 1 Satz 2 KStG durch die Verlustabzugsbeschränkung untergehenden Verlustabzug hat dies folgende Auswirkung:

Der nach § 8 c Abs. 1 Satz 2 KStG grundsätzlich untergehende Verlustabzug i. H. von 9.000 € (= zum 31.12.06 festgestellter verbleibender Verlustabzug) kann in Höhe der im Inland steuerpflichtigen stillen Reserven (5.000 €) weiterhin genutzt werden. Somit geht der Verlustabzug nur in Höhe des Differenzbetrags von 4.000 € nach § 8 c Abs. 1 KStG unter.

Anteilserwerb am 01.01.08 an der ME-GmbH

Da hier ein schädlicher Beteiligungserwerb i. H. von 80 % vorliegt, führt dies zu einem vollständigen Verlustuntergang nach § 8 c Abs. 1 Satz 2 KStG. Nach der vorliegenden Bilanz 31.12.07 ist das Eigenkapital der ME-GmbH negativ (Stammkapital 80.000 € ⁒ Bilanzverlust 130.000 € = ⁒ 50.000 €). Daher sind bei der Überprüfung der Verschonungsregelung nach § 8 c Abs. 1 Satz 6 KStG die im Inland steuerpflichtigen stillen Reserven nach § 8 c Abs. 1 Satz 8 KStG zu ermitteln. Maßgebend ist damit nicht der gemeine Wert der Anteile, sondern der gemeine Wert des Betriebsvermögens der Körperschaft.

Aufgrund der Anwendung des § 8 c Abs. 1 Satz 2 KStG ist auf das gesamte in der steuerlichen Gewinnermittlung ausgewiesene Eigenkapital und damit auch auf die gemeinen Werte des gesamten Betriebsvermögens abzustellen.

Eigenkapital in der Steuerbilanz 31.12.07:		
Stammkapital	80.000 €	
Bilanzverlust	⁒ 130.000 €	
Eigenkapital	⁒ 50.000 €	⁒ 50.000 €
Gemeiner Wert des Betriebsvermögens:		
Anlagevermögen	52.000 €	
Innovativ-GmbH	+ 65.000 €	
Umlaufvermögen	+ 20.000 €	
Darlehen	⁒ 150.000 €	
gemeiner Wert des Betriebsvermögens	⁒ 13.000 €	⁒ 13.000 €
stille Reserven insgesamt		37.000 €
nach § 8 b Abs. 2 KStG steuerfreie stille Reserven		
gemeiner Wert Innovativ-GmbH	65.000 €	
Buchwert Innovativ-GmbH	⁒ 50.000 €	
stille Reserven	15.000 €	⁒ 15.000 €
im Inland steuerpflichtige stille Reserven		22.000 €

Der zum 31.12.07 festgestellte verbleibende Verlustvortrag i. H. von 115.000 €, der grundsätzlich nach § 8 c Abs. 1 Satz 2 KStG der Verlustabzugsbeschränkung in vollem Umfang unterliegt, kann aufgrund der Verschonungsregelung nach § 8 c Abs. 1 Satz 6 bis 9 KStG i. H. von 22.000 € weiter genutzt werden. Es geht damit nur ein Verlustabzug i. H. von 93.000 € unter.

4. Für die einzelnen Gesellschaften ergeben sich die folgenden zu versteuernden Einkommen:

F-GmbH VZ 05

Aufgrund der Konzernklausel lag hier kein schädlicher Beteiligungserwerb nach § 8 c Abs. 1 KStG vor.

Das zu versteuernde Einkommen 05 beträgt ⁒ 15.000 €.

Der zum 31.12.04 festgestellte verbleibende Verlustvortrag erhöht sich um den im VZ 05 erwirtschafteten steuerlichen Verlust von 15.000 €.

D-GmbH VZ 07

Nach § 8 c Abs. 1 Satz 6 bis 9 KStG kann der zum 31.12.06 festgestellte verbleibende Verlustabzug von insgesamt 9.000 € noch i. H. von 5.000 € genutzt werden. Somit ergibt sich folgendes zu versteuernde Einkommen für 07:

Einkommen	8.000 €
Verlustabzug § 10 d EStG i. V. m. § 8 c KStG	⁒ 5.000 €
zu versteuerndes Einkommen	3.000 €

ME-GmbH VZ 08

Nach § 8 c Abs. 1 Satz 6 bis 9 KStG kann der zum 31.12.07 festgestellte verbleibende Verlustabzug von insgesamt 115.000 € noch i. H. von 22.000 € genutzt werden. Somit ergibt sich folgendes zu versteuernde Einkommen für 08:

Einkommen	10.000 €
Verlustabzug § 10 d EStG i. V. m. § 8 c KStG	⁒ 10.000 €
zu versteuerndes Einkommen	0 €

5. Gemäß § 10 d Abs. 4 EStG ist der am Schluss eines VZ verbleibende Verlustvortrag gesondert festzustellen. Für die einzelnen Gesellschaften ergeben sich folgende gesonderte Verlustfeststellungen:

F-GmbH VZ 05

verbleibender Verlustvortrag zum 31.12.04	40.000 €
steuerlicher Verlust 05	+ 15.000 €
verbleibender Verlustvortrag zum 31.12.05	55.000 €

D-GmbH VZ 07

verbleibender Verlustvortrag zum 31.12.06	9.000 €
nicht zu berücksichtigender Verlustabzug nach § 8 c KStG	./. 4.000 €
Verlustabzug nach § 10 d EStG in 07	./. 5.000 €
verbleibender Verlustvortrag zum 31.12.07	0 €

ME-GmbH VZ 08

verbleibender Verlustvortrag zum 31.12.07	115.000 €
nicht zu berücksichtigender Verlustabzug nach § 8 c KStG	./. 93.000 €
Verlustabzug nach § 10 d EStG in 08	./. 10.000 €
verbleibender Verlustvortrag zum 31.12.08	12.000 €

Fall 23

Einkommensermittlung – Verlustabzug – Verlustabzugsbeschränkung nach § 8 Abs. 4 KStG a. F. und § 8 c KStG – gesonderte Feststellung des verbleibenden Verlustabzugs (Übergangsphase bis 2012)

KStG § 8 Abs. 1, 2 und 4, §§ 8 c, 9, 10, 34; EStG § 4 Abs. 5, § 10 d; UStG § 15 Abs. 1 a; AO § 52

Sachverhalt

Am 01.03.2005 (Abschluss des notariell beurkundeten Gesellschaftsvertrags) wurde die Medicus-Event-GmbH (M-GmbH) mit Sitz und Geschäftsleitung in Baden-Baden gegründet und am 15.05.2005 in das Handelsregister eingetragen. Das Wirtschaftsjahr der M-GmbH entspricht dem Kalenderjahr. Gesellschaftszweck der M-GmbH ist die Vermittlung von Leasinggeschäften aller Art.

Das Stammkapital von 50.000 € haben die Gesellschafter

Markus Medicus (M) i. H. von 20.000 € (= 40 %),
Fritz Fröhlich (F) i. H. von 15.000 € (= 30 %) und
Egon Egoist (E) i. H. von 15.000 € (= 30 %),

alle wohnhaft in Baden-Baden, übernommen.

Für das Wirtschaftsjahr 2005 erzielte die M-GmbH ein zu versteuerndes Einkommen von ./. 50.000 €.

Auch im Wirtschaftsjahr 2006 entwickelten sich die Geschäfte nicht so, wie es sich die Gesellschafter erhofft hatten. Die GmbH schloss mit einem Jahresfehlbetrag von 62.400 € ab. Nach der vorliegenden Gewinn-und-Verlust-Rechnung hat die M-GmbH eine Spende an das Deutsche Rote Kreuz i. H. von 2.000 € getätigt. Eine ordnungsgemäße Spendenbescheinigung für die M-GmbH liegt vor. Die Summe der Umsätze, Löhne und Gehälter betrug 580.000 € im Kalenderjahr 2006.

Am 01.06.2007 veräußerte F seine GmbH-Beteiligung (15.000 €) für 5.000 € an Harald Hoffnung (H), nachdem die GmbH im Wirtschaftsjahr 2007 bis zu diesem Stichtag einen Verlust i. H. von 23.000 € erwirtschaftet hatte. Das Aktivvermögen der GmbH betrug zu diesem Zeitpunkt 18.000 € (Teilwert). H brachte sein bisheriges Einzelunternehmen „Werbung und Managementberatung" mit einer Aktiva im Teilwert von 25.000 € in die M-GmbH ein und erweiterte das Betätigungsfeld der M-GmbH um diesen Geschäftsbereich. Hierdurch und aufgrund neuer Geschäftsideen für den bestehenden Geschäftsbetrieb gab es im zweiten Halbjahr 2007 einen Umsatzaufschwung und die Bilanz schloss mit einem Jahresüberschuss von 12.000 € ab. In der Gewinn-und-Verlust-Rechnung 2007 sind Geschenke an Geschäftsfreunde im Wert von jeweils über 35 € mit einem Bruttobetrag von 5.300 € als Aufwand enthalten. Sonstige nicht abziehbare Ausgaben und steuerfreie Einnahmen sind in 2007 keine angefallen.

Da sich E mit dem neuen Gesellschafter H überhaupt nicht verstand und E auch mit dem neuen erweiterten Betätigungsfeld der M-GmbH nicht einverstanden war, veräußerte E seinen Gesellschaftsanteil (15.000 €) mit Wirkung vom 01.07.2008 für 15.000 € an Rudi Ratlos (R). Das zum 01.07.2008 vorhandene Aktivvermögen hatte einen Teilwert von 39.000 €.

Im Wirtschaftsjahr 2008 erwirtschaftete die GmbH einen Jahresfehlbetrag von 20.000 €, in dem keine steuerfreien Einnahmen oder nicht abziehbare Ausgaben enthalten waren.

Aus Repräsentationsgründen wurden am 03.01.2009 zwei neue Betriebs-PKW für insgesamt 90.000 € angeschafft, die durch ein von H an die M-GmbH gewährtes Gesellschafterdarlehen finanziert wurden. Die GmbH hatte bisher nur einen PKW in ihrem Anlagevermögen, der in 2005 gebraucht gekauft worden war und daher am 31.12.2008 auf den Restbuchwert von 1 € abgeschrieben war. Der PKW wurde am 03.01.2009 für 2.000 € (netto) in Zahlung gegeben.

Das Wirtschaftsjahr 2009 schloss mit einem Jahresüberschuss von 35.600 € ab. Darin waren Geschenke an Geschäftsfreunde im Wert von jeweils über 35 € mit einem Bruttobetrag von 4.500 € als Aufwand enthalten. Außerdem hatte die GmbH an den als gemeinnützig anerkannten Verein zur Förderung junger Künstler 4.000 € und an die SPD 3.000 € gespendet. Diese Spenden wurden ebenfalls als Betriebsausgaben gebucht. Ordnungsgemäße Spendenbescheinigungen für die M-GmbH liegen vor. Die Summe der Umsätze, Löhne und Gehälter betrug im Kalenderjahr 2009 1.200.000 €.

Frage

1. Wann liegt aufgrund der Gesellschafterwechsel ein Verlust der wirtschaftlichen Identität bei der M-GmbH nach § 8 Abs. 4 KStG a. F. vor bzw. wann liegt ein schädlicher Beteiligungserwerb i. S. des § 8 c KStG vor?
2. Wie hoch sind die Einkommen der VZ 2005 bis 2009 (vor Verlustabzug)?
3. In welchem Umfang kann ggf. ein Verlustabzug berücksichtigt werden?
4. Wie hoch sind die zu versteuernden Einkommen der VZ 2005 bis 2009?
5. Welche verbleibenden Verlustvorträge sind zum Schluss der VZ gesondert festzustellen?

Antwort

1. Durch die Anteilsveräußerung am 01.07.2008 von Gesellschafter E an R i. H. von 30 % liegt ein schädlicher Beteiligungserwerb i. S. des § 8 c Abs. 1 Satz 1 KStG vor, der zu einem quotalen Verlustuntergang von 30 % führt. Allerdings liegt durch diese Anteilsveräußerung und der am 03.01.2009 schädlichen Betriebsvermögenszuführung auch der Verlust der wirtschaftlichen Identität nach § 8 Abs. 4 KStG a. F. mit Wirkung vom 01.07.2008 vor.

2. Die Einkommen betragen für den

VZ 2005	./. 50.000 €
VZ 2006	./. 61.560 €
VZ 2007	17.300 €
VZ 2008	./. 20.000 €
VZ 2009	43.100 €

3. Ein Verlustabzug kann bei der Ermittlung des zu versteuernden Einkommens 2007 i. H. von 17.300 € berücksichtigt werden.

   Aufgrund des Verlustes der wirtschaftlichen Identität nach § 8 Abs. 4 KStG a. F. mit Wirkung vom 01.07.2008 geht der zum 31.12.2007 festgestellte Verlustabzug in voller Höhe unter. Der in 2008 bis zum 01.07.2008 erwirtschaftete Verlust darf nach § 8 Abs. 4 Satz 4 KStG ebenfalls nicht berücksichtigt werden. Somit ergibt sich zum 31.12.2008 ein Verlustvortrag i. H. von 10.000 €, der bei der Einkommensermittlung 2009 als Verlustabzug berücksichtigt werden kann.

4. Die zu versteuernden Einkommen betragen für den

VZ 2005	./. 50.000 €
VZ 2006	./. 61.560 €
VZ 2007	0 €
VZ 2008	./. 10.000 €
VZ 2009	33.100 €

5. Es werden folgende verbleibende Verlustvorträge gem. § 10 d Abs. 4 EStG gesondert festgestellt:

zum 31.12.2005	50.000 €
zum 31.12.2006	111.560 €
zum 31.12.2007	94.260 €
zum 31.12.2008	10.000 €
zum 31.12.2009	0 €

Begründung

Allgemeines zum Verlustabzug

Nach § 10 d Abs. 1 EStG, der über § 8 Abs. 1 KStG auch für die Körperschaftsteuer gilt, sind Verluste (= negative Einkünfte), die bei der Ermittlung des Gesamtbetrags der Einkünfte nicht ausgeglichen werden, bis zu einem Betrag von 511.500 € vom Gesamtbetrag der Einkünfte des unmittelbar vorangegangenen VZ vorrangig vor Sonderausgaben, außergewöhnlichen Belastungen und sonstigen Abzugsbeträgen abzuziehen (Verlustrücktrag).

Soweit ein Verlustrücktrag nicht möglich ist oder auf Antrag des Steuerpflichtigen (§ 10 d Abs. 1 Satz 5 und 6 EStG) nicht vorgenommen wird, wird der verbleibende Verlust auf die folgenden Jahre zeitlich unbefristet vorgetragen. Dabei ist zu beachten, dass der Verlustvortrag nach § 10 d Abs. 2 EStG beschränkt wird (sog. Mindestbesteuerung). Bis zu einem Gesamtbetrag der Einkünfte von 1 Mio. € ist der Verlustvortrag unbeschränkt möglich. Soweit der Gesamtbetrag der Einkünfte den Betrag von 1 Mio. € übersteigt, ist ein Verlustabzug nur noch i. H. von 60 % des 1 Mio. € übersteigenden Betrags möglich.[1]

Bei der Einkommensermittlung einer GmbH, bei der nach § 8 Abs. 2 KStG alle Einkünfte als Einkünfte aus Gewerbebetrieb zu behandeln sind, wird der Verlustabzug für körperschaftsteuerliche Zwecke nach dem Spendenabzug gem. § 9 Abs. 1 Nr. 2 KStG als letzter Schritt zur Ermittlung des zu versteuernden Einkommens vorgenommen.[2] Die Vorschrift des § 10 d Abs. 1 und 2 EStG, wonach der Abzug nicht ausgeglichener negativer Einkünfte vom Gesamtbetrag der Einkünfte vorrangig vor Sonderausgaben, außergewöhnlichen Belastungen und sonstigen Abzugsbeträgen vorzunehmen ist, hat für diese Körperschaften keine Bedeutung.

Nach dem Sinn und Zweck des § 10 d EStG kann ein Verlustabzug nur von der Person geltend gemacht werden, die den Verlust erlitten hat. Bei einer Kapitalgesellschaft ist diese Voraussetzung der sog. rechtlichen Identität im Regelfall gegeben. Auch wenn sämtliche Anteile einer Kapital-

1 Mit Beschluss vom 26.08.2010, BFH/NV 2010 S. 2356, hat der BFH entschieden, dass die sog. Mindestbesteuerung in bestimmten Situationen zu einer verfassungsrechtlich unangemessenen Besteuerung führen kann. Die weitere Rechtsentwicklung bleibt abzuwarten.

2 Vgl. Einkommensermittlungsschema im Fall 11 B.

gesellschaft auf neue Gesellschafter übertragen werden und/oder der Geschäftsbetrieb völlig umgestaltet wird, wird der Verlust von der Rechtsperson der Kapitalgesellschaft geltend gemacht, bei der er auch entstanden ist. Durch die Regelung in § 8 Abs. 4 KStG a. F., die letztmals bei Anteilsveräußerungen vor dem 31.12.2007 anzuwenden ist (§ 34 Abs. 6 Satz 3 KStG), sollte sichergestellt werden, dass zwischen der Kapitalgesellschaft, die den Verlust erlitten hat, und der Kapitalgesellschaft, bei der der Verlustabzug berücksichtigt werden soll, nicht nur rechtliche, sondern auch wirtschaftliche Identität besteht. Dabei wird in § 8 Abs. 4 KStG a. F. nicht definiert, wann die wirtschaftliche Identität vorliegt. Es wird vielmehr anhand einiger Merkmale negativ abgegrenzt, wann eine wirtschaftliche Identität insbesondere nicht mehr gegeben ist. Das Gesetz enthält hierzu lediglich einen Hauptanwendungsfall.

Der Verlustabzug ist nach § 8 Abs. 4 KStG a. F. insbesondere dann zu versagen, wenn folgende Tatbestandsmerkmale erfüllt sind:

- Es sind mehr als 50 % der Anteile der Kapitalgesellschaft übertragen worden

und

- die Kapitalgesellschaft führt ihren Geschäftsbetrieb mit überwiegend neuem Betriebsvermögen fort oder nimmt ihn wieder auf.

Diese beiden Voraussetzungen müssen **kumulativ** vorliegen, damit der Verlustabzug versagt werden kann. Ist nur eine der beiden Voraussetzungen erfüllt, bleibt der Verlustabzug erhalten.

Die Zuführung von neuem Betriebsvermögen ist jedoch unschädlich, wenn

- sie allein der Sanierung des Geschäftsbetriebs dient, der den verbleibenden Verlustabzug i. S. des § 10 d EStG verursacht hat,

und

- die Kapitalgesellschaft den Geschäftsbetrieb in einem nach dem Gesamtbild der wirtschaftlichen Verhältnisse vergleichbaren Umfang in den folgenden fünf Jahren fortführt.

Es handelt sich hierbei um den Ausnahmetatbestand für Sanierungsfälle.

Einzelheiten zur Vorschrift des § 8 Abs. 4 KStG a. F. enthält das BMF-Schreiben vom 16.04.1999.[3]

Durch das Unternehmensteuerreformgesetz 2008[4] wurde die sog. Mantelkaufregelung des § 8 Abs. 4 KStG abgeschafft. Durch einen neuen § 8 c KStG wurde eine Beschränkung des Verlustabzugs eingeführt, nach der allein die Übertragung von Anteilen an der Kapitalgesellschaft zu einer teil-

3 BStBl 1999 I S. 455.

4 UntStRefG 2008 vom 14.08.2007, BStBl I S. 630.

weisen oder ganzen Versagung des Verlustabzugs führen sollte. Die Vorschrift des § 8 c KStG wurde jedoch bereits durch das Wachstumsbeschleunigungsgesetz[5] und das Jahressteuergesetz 2010[6] ergänzt und beinhaltet nun durch die sog. Konzernklausel und Verschonungsregelung Ausnahmen von der Beschränkung des Verlustabzugs. Das durch das Bürgerentlastungsgesetz Krankenversicherung[7] in § 8 c Abs. 1 a KStG eingefügte **Sanierungsprivileg** ist nach dem Beschluss der EU-Kommission (C 7/201) vom 26.01.2011 als staatliche Beihilfe anzusehen und damit unvereinbar mit den EU-Beihilferegeln. § 8 c Abs. 1 a KStG ist daher nicht mehr anzuwenden.[8]

Nach § 8 c Abs. 1 KStG liegt ein schädlicher Beteiligungserwerb vor, wenn

- innerhalb von fünf Jahren
- mittelbar oder unmittelbar mehr als 25 %
- des gezeichneten Kapitals, der Mitgliedschaftsrechte, Beteiligungsrechte oder der Stimmrechte an einer Körperschaft
- an einen Erwerber oder diesem nahestehende Personen übertragen werden.

Sofern mehr als 25 % und bis zu 50 % der Anteile übertragen werden, geht der Verlustabzug anteilig entsprechend der Übertragungsquote unter (§ 8 c Abs. 1 Satz 1 KStG). Werden mehr als 50 % des gezeichneten Kapitals usw. an einen Erwerber übertragen, ist der Verlust bzw. Verlustvortrag in voller Höhe nicht mehr abziehbar (§ 8 c Abs. 1 Satz 2 KStG).

Nach der **Konzernklausel** (§ 8 c Abs. 1 Satz 5 KStG) bleibt der Verlust bei lediglich konzerninternen Umgliederungen erhalten. In den sonstigen Fällen, die nicht unter die Konzernklausel fallen und in denen die Verluste untergehen würden, bleiben die nicht genutzten Verluste in Höhe der stillen Reserven erhalten (sog. **Verschonungsregelung** gem. § 8 c Abs. 1 Satz 6 ff. KStG).

§ 8 c KStG ist nach § 34 Abs. 7 b Satz 1 KStG erstmals für den VZ 2008 und auf Anteilsübertragungen nach dem 31.12.2007 anzuwenden.

Nach § 34 Abs. 6 KStG ist § 8 Abs. 4 KStG a. F. neben § 8 c KStG letztmals anzuwenden, wenn mehr als die Hälfte der Anteile an einer Kapitalgesellschaft innerhalb eines Zeitraums von fünf Jahren übertragen werden, der vor dem 01.01.2008 beginnt, und der Verlust der wirtschaftlichen Identität vor dem 01.01.2013 eintritt.

Erfolgt eine Anteilsübertragung von bis zu 50 % vor dem 01.01.2008 und ist daher noch nach § 8 Abs. 4 KStG a. F. innerhalb eines Fünf-Jahres-Zeit-

5 WachstumsBG vom 22.12.2009, BStBl 2010 I S. 2.

6 JStG 2010 vom 08.12.2010, BStBl I S. 1394.

7 Bürgerentlastungsgesetz Krankenversicherung vom 16.07.2009, BStBl I S. 782.

8 BMF-Schreiben vom 30.04.2010, BStBl I S. 488.

raums zu überwachen, ob durch weitere Anteilsveräußerungen die 50 %-Grenze überschritten wird, kann sich eine Überschneidung mit der Vorschrift des § 8 c Abs. 1 KStG ergeben. Die Vorschriften sind in diesem Fall parallel zu überwachen und anzuwenden.

Sowohl die Konzernklausel als auch die Verschonungsregelung des § 8 c Abs. 1 KStG sind erstmals auf schädliche Beteiligungserwerbe nach dem 31.12.2009 anzuwenden (§ 34 Abs. 7 b Satz 2 KStG).

Erläuterungen und Einzelheiten zur Verlustabzugsbeschränkung nach § 8 c Abs. 1 KStG bei Körperschaften enthält das BMF-Schreiben vom 04.07.2008.[9]

Im Einzelnen

1. Am 01.06.2007 wurden 30 % der Anteile an der M-GmbH veräußert. Da die Anteilsveräußerung noch vor dem 01.01.2008 erfolgt ist, ist hier die Vorschrift des § 8 Abs. 4 KStG a. F. anzuwenden. Durch die Anteilsveräußerung von 30 % liegt noch keine schädliche Anteilsübertragung i. S. des § 8 Abs. 4 KStG a. F. vor. Es ist jedoch zu beachten, dass sich eine nach § 8 Abs. 4 KStG a. F. schädliche Anteilsübertragung von mehr als 50 % auch durch mehrere aufeinander folgende Anteilsübertragungen ergeben kann, sofern die Anteilsübertragungen in einem zeitlichen Zusammenhang stehen. Hiervon ist regelmäßig auszugehen, wenn innerhalb eines Zeitraums von fünf Jahren mehr als 50 % der Anteile an der M-GmbH übertragen werden.[10] Somit muss ab dem 01.06.2007 fünf Jahre lang überwacht werden, ob weitere Geschäftsanteile der M-GmbH übertragen werden. Lediglich die Übertragung des nämlichen Anteils wäre nicht mehr zu berücksichtigen.[11]

Durch die Einbringung des bisherigen Einzelunternehmens des H wurde der M-GmbH in 2007 neues Betriebsvermögen zugeführt. Da aber am 01.06.2007 noch keine schädliche Anteilsübertragung i. S. des § 8 Abs. 4 KStG a. F. gegeben ist, ist auch die Zuführung des neuen Betriebsvermögens durch den neuen Gesellschafter H insoweit steuerlich unbeachtlich.

Die Anteilsübertragung im Wirtschaftsjahr 2007 führt nicht zum Verlust der wirtschaftlichen Identität bei der M-GmbH.

Am 01.07.2008 fand eine weitere Anteilsübertragung i. H. von 30 % der Geschäftsanteile statt. Da diese Anteilsübertragung nach dem 31.12.2007 erfolgt, ist die Verlustabzugsbeschränkung nach § 8 c Abs. 1 KStG zu überprüfen. Gleichzeitig liegt diese Anteilsübertragung innerhalb eines Zeitraums von fünf Jahren seit der ersten Anteilsübertragung von 30 %, sodass auch die Vorschrift des § 8 Abs. 4 KStG a. F. zu überwachen ist.

9 BStBl 2008 I S. 736.

10 BMF-Schreiben vom 16.04.1999, BStBl I S. 455, Rz. 6.

11 BMF-Schreiben vom 16.04.1999, BStBl I S. 455, Rz. 5.

§ 8 c Abs. 1 KStG

Die Anteilsveräußerung vom Gesellschafter E an R i. H. von 30 % stellt einen schädlichen Beteiligungserwerb i. S. des § 8 c Abs. 1 KStG dar, denn es werden unmittelbar mehr als 25 % des gezeichneten Kapitals an einen Erwerber übertragen. Dieser schädliche Beteiligungserwerb führt nach § 8 c Abs. 1 Satz 1 KStG zu einem quotalen Verlustuntergang von 30 % der bis zu diesem Zeitpunkt nicht ausgeglichenen oder abgezogenen Verluste. Somit fällt der auf den 31.12.2007 festgestellte Verlustabzug i. H. von 30 % weg und kann nicht mehr von einem künftigen positiven Gesamtbetrag der Einkünfte abgezogen werden. Da der schädliche Beteiligungserwerb während des Wirtschaftsjahres erfolgt, unterliegt auch ein bis zu diesem Zeitpunkt erzielter Verlust der Verlustabzugsbeschränkung nach § 8 c KStG.[12] Der Verlust des gesamten Wirtschaftsjahres, in dem das schädliche Ereignis eingetreten ist, ist zeitanteilig aufzuteilen, sofern die M-GmbH keine andere wirtschaftlich begründete Aufteilung darlegt.[13] Sowohl die Konzernklausel nach § 8 c Abs. 1 Satz 5 KStG als auch die Verschonungsregelung nach § 8 c Abs. 1 Satz 6 ff. KStG sind erstmals auf schädliche Beteiligungserwerbe nach dem 31.12.2009 anzuwenden (§ 34 Abs. 7 b Satz 2 KStG) und sind daher nicht zu überprüfen.

§ 8 Abs. 4 KStG a. F.

Im Gegensatz zu § 8 c Abs. 1 KStG kommt es nach § 8 Abs. 4 KStG a. F. nicht darauf an, dass die Anteilsübertragung an einen bestimmten Erwerber bzw. Erwerberkreis erfolgt. Für die Feststellung, ob innerhalb eines Zeitraums von fünf Jahren mehr als die Hälfte der Anteile veräußert wurden, sind alle Anteilsveräußerungen zusammenzurechnen, unabhängig davon, wer der jeweilige Erwerber der Anteile ist. Durch die Veräußerung der Gesellschaftsanteile von E an R i. H. von 30 % wird die 50 %-Grenze des § 8 Abs. 4 KStG a. F. überschritten. Es liegt damit eine schädliche Anteilsübertragung von mehr als 50 % der Anteile gem. § 8 Abs. 4 KStG a. F. vor. Für den Verlust der wirtschaftlichen Identität muss aber kumulativ auch die Zuführung von überwiegend neuem Betriebsvermögen hinzukommen. Dabei muss zwischen der Übertragung der Anteile und der Zuführung des neuen Betriebsvermögens ein zeitlicher und sachlicher Zusammenhang bestehen. Nach dem BMF-Schreiben vom 02.08.2007[14] ist von einem schädlichen zeitlichen und sachlichen Zusammenhang regelmäßig auszugehen, wenn zwischen Anteilsübertragung und Betriebsvermögenszuführung nicht mehr als zwei Jahre vergangen sind. Maßgebend ist dabei der Zeitpunkt der Anteilsübertragung, der zu einem Überschreiten der 50 %-Grenze geführt hat. Dies ist in diesem Fall der 01.07.2008.

---

12 BMF-Schreiben vom 04.07.2008, BStBl I S. 736, Rz. 31.

13 BMF-Schreiben vom 04.07.2008, BStBl I S. 736, Rz. 32.

14 BStBl 2007 I S. 624.

Im Wirtschaftsjahr 2008 wurde der GmbH kein neues Betriebsvermögen zugeführt. Somit liegt im Wirtschaftsjahr 2008 zunächst auch kein Verlust der wirtschaftlichen Identität der M-GmbH vor.

Durch den Erwerb der neuen PKW am 03.01.2009 wurde der M-GmbH neues Betriebsvermögen zugeführt. Für die Überprüfung, ob die Zuführung des neuen Betriebsvermögens überwiegt, ist auf das im Zeitpunkt der (schädlichen) Anteilsübertragung vorhandene Aktivvermögen abzustellen. Diesem ist das über Einlagen und Fremdmittel neu zugeführte bzw. finanzierte Aktivvermögen gegenüberzustellen. Die Vermögenszuführung muss nicht durch den neuen Gesellschafter erfolgen; auch mit Darlehensaufnahmen finanzierte Investitionen können zur Erfüllung des Merkmals führen, obwohl bilanztechnisch lediglich eine schlichte Bilanzverlängerung vorliegt. Ebenso sind Ersatzbeschaffungen steuerschädlich.

Entgegen der früheren Verwaltungsauffassung, nach der unter Zuführung von Betriebsvermögen die Verbringung von Vermögen von außerhalb der Gesellschaft in die Gesellschaft hinein verstanden wurde,[15] entschied der BFH,[16] dass das neue Betriebsvermögen nicht stets von außen, d. h. über Einlagen oder Fremdkapital finanziert werden muss, sondern grundsätzlich auch im Weg der Anschaffung von Aktivvermögen aus selbst erwirtschafteten Mitteln erworben werden kann. Der Zuführungstatbestand kann somit auch durch eine reine Innenfinanzierung verwirklicht werden. Eine Einschränkung machte der BFH insoweit, als die rein innenfinanzierten Vermögensgegenstände in die Betrachtung einzubeziehen sind, wenn es zu einem **Branchenwechsel** gekommen ist. Nach dem BMF-Schreiben vom 04.12.2008[17] folgt die Verwaltung den Ausführungen des BFH hinsichtlich der Frage, unter welchen Voraussetzungen überwiegend neues Betriebsvermögen i. S. des § 8 Abs. 4 Satz 2 KStG a. F. als zugeführt gelten kann, und wendet die Rz. 9 des BMF-Schreibens vom 16.04.1999 insoweit nicht mehr an. Damit kann nunmehr auch die reine Innenfinanzierung zu einer schädlichen Betriebsvermögenszuführung führen. Dies gilt allerdings nur in Fällen des Branchenwechsels.

Bewertungsmaßstab sowohl für das vorhandene als auch für das zugeführte Vermögen ist der Teilwert.[18]

Für die Feststellung, ob das neu zugeführte Betriebsvermögen das im Zeitpunkt der Anteilsübertragung vorhandene Betriebsvermögen übersteigt, ist aufgrund der Rechtsprechung des BFH[19] und dem daraufhin ergange-

---

15 BMF-Schreiben vom 16.04.1999, BStBl I S. 455, Rz. 9.

16 BFH-Urteil vom 05.06.2007, BStBl 2008 II S. 986.

17 BStBl 2008 I S. 1033.

18 BMF-Schreiben vom 16.04.1999, BStBl I S. 455, Rz. 9.

19 BFH-Urteil vom 08.08.2001, BStBl 2002 II S. 392, nachdem für die Zuführung neuen Betriebsvermögens die individuell gegenständliche Betrachtungsweise maßgebend ist; BFH-Urteile vom 05.06.2007, BStBl 2008 II S. 988 und S. 986, in der der BFH die gegenständliche Betrachtungsweise für die Zugangsbetrachtung bestätigte.

nen BMF-Schreiben vom 04.12.2008[20] beim Anlagevermögen nicht mehr die saldenmäßige Betrachtungsweise, sondern die gegenständliche Betrachtungsweise maßgebend. Beim Umlaufvermögen gilt dies nur in den Fällen des Branchenwechsels. Sofern die Übertragung von mehr als 50 % der Anteile vor dem 01.01.2009 stattgefunden hat, kann auf Antrag aus Gründen des Vertrauensschutzes zugunsten des Steuerpflichtigen weiterhin die saldenmäßige Betrachtung angewandt werden.

Das Aktivvermögen im Zeitpunkt der schädlichen Anteilsübertragung (01.07.2008) hatte einen Teilwert von 39.000 €. Durch den Erwerb der neuen PKW wurde nach der gegenständlichen Betrachtungsweise neues Betriebsvermögen i. H. von 90.000 € zugeführt. Würde man aufgrund der Vertrauensschutzregelung nach dem BMF-Schreiben vom 04.12.2008[20] die saldenmäßige Betrachtungsweise anwenden, so ergäbe sich unter Berücksichtigung des Anlagenabgangs eine Betriebsvermögenszuführung i. H. von 88.000 € (Wert neue PKW 90.000 € ·/· Abgang alter PKW mit Teilwert von 2.000 €). In beiden Fällen liegt damit eine Zuführung von überwiegend neuem Betriebsvermögen vor.

Nach § 8 Abs. 4 Satz 3 KStG a. F. ist die Zuführung von neuem Betriebsvermögen unschädlich, wenn sie allein der **Sanierung des Geschäftsbetriebs** dient, der den verbleibenden Verlustabzug verursacht hat, und die Körperschaft den Geschäftsbetrieb in einem nach dem Gesamtbild der wirtschaftlichen Verhältnisse vergleichbaren Umfang in den folgenden fünf Jahren fortführt (Sanierungsklausel). Die Zuführung neuen Betriebsvermögens dient dann der Sanierung, wenn die M-GmbH sanierungsbedürftig ist und das zugeführte Betriebsvermögen den für das Fortbestehen des Geschäftsbetriebs notwendigen Umfang nicht wesentlich überschreitet.[21] Zusätzlich zur Sanierungs**bedürftigkeit** sollte aber auch eine Sanierungs**absicht** vorliegen. Indiz hierfür ist, dass die Gläubiger in der Absicht handeln, die geschäftliche und finanzielle Gesundung des Unternehmens herbeizuführen. Außerdem sollte die Sanierungsmaßnahme geeignet sein, das sanierungsbedürftige Unternehmen vor dem Zusammenbruch zu bewahren und wieder ertragsfähig zu machen (Sanierungs**fähigkeit**).[22]

Die Frage der Sanierungsbedürftigkeit braucht im Fall der M-GmbH nicht weiter geprüft zu werden, da die Betriebsvermögensaufstockung nur dann eine Zuführung zum Zwecke der Sanierung ist, wenn sie eine Verbesserung der Ertragsstruktur der Verlust-GmbH herbeiführen kann.[23] Davon kann aber bei der Anschaffung von neuen PKW aus Repräsentationsgründen nicht ausgegangen werden. Im Übrigen ist aus dem Sachverhalt auch

20 BStBl 2008 I S. 1033.

21 BMF-Schreiben vom 16.04.1999, BStBl I S. 455, Rz. 14.

22 Vgl. Dötsch in Dötsch/Eversberg/Jost/Witt, Die Körperschaftsteuer, § 8 Abs. 4 KStG Rz. 146.

23 Vgl. Dötsch in Dötsch/Eversberg/Jost/Witt, Die Körperschaftsteuer, § 8 Abs. 4 KStG Rz. 152.

nicht ersichtlich, dass überhaupt ein Sanierungskonzept für die M-GmbH erarbeitet worden war.

Damit sind die Voraussetzungen der Sanierungsklausel nach § 8 Abs. 4 Satz 3 KStG a. F. nicht erfüllt. Die Zuführung von überwiegend neuem Betriebsvermögen führt zum Verlust der wirtschaftlichen Identität nach § 8 Abs. 4 KStG a. F. bei der M-GmbH. Nach früherer Verwaltungsmeinung durften Verluste, die bis zum Zeitpunkt des Verlusts der wirtschaftlichen Identität entstanden waren, mit danach entstandenen Gewinnen weder ausgeglichen noch von ihnen abgezogen werden. Der Verlust der wirtschaftlichen Identität ist erst mit der Zuführung schädlichen Betriebsvermögens am 03.01.2009 gegeben, sodass ein zum 31.12.2008 bestehender Verlustabzug ab dem VZ 2009 nach § 8 Abs. 4 KStG a. F. nicht mehr berücksichtigt werden könnte.

Mit dem Urteil vom 05.06.2007[24] hat der BFH entschieden, dass nur diejenigen Verluste vom Abzug ausgeschlossen werden, die bis zum Zeitpunkt des schädlichen Anteilseignerwechsels entstanden sind. Allerdings sind diese Verluste dann aber auch vom Zeitpunkt der Anteilsübertragung an zu versagen, somit regelmäßig rückwirkend.

Mit BMF-Schreiben vom 04.12.2008[25] hat sich die Verwaltung der Auffassung des BFH angeschlossen. Somit dürfen nur die bis zum **Zeitpunkt der schädlichen Anteilsübertragung** entstandenen Verluste nach § 8 Abs. 4 Satz 2 KStG a. F. von den danach entstehenden Gewinnen oder positiven Einkünften nicht mehr abgezogen oder ausgeglichen werden. Nach der schädlichen Anteilsübertragung entstehende Verluste bleiben ausgleichs- und abzugsfähig. Rz. 33 des BMF-Schreibens vom 16.04.1999 wird aufgehoben.

Sofern die Übertragung von mehr als 50 % der Anteile vor dem 01.01.2009 stattgefunden hat, kann auf Antrag aus Gründen des Vertrauensschutzes zugunsten des Steuerpflichtigen weiterhin für den Verlustuntergang auf den Zeitpunkt des Verlusts der wirtschaftlichen Identität abgestellt werden.

Die Überprüfung, ob für die Frage der Verlustuntergangs nach dem o. a. BMF-Schreiben der Zeitpunkt der schädlichen Anteilsübertragung zugrunde gelegt wird oder ob auf Antrag des Steuerpflichtigen die Vertrauensschutzregelung anzuwenden ist, wird in der Begründung zu Nr. 4 durchgeführt.

2. Die M-GmbH ist gem. § 1 Abs. 1 Nr. 1 KStG unbeschränkt körperschaftsteuerpflichtig. Die unbeschränkte Steuerpflicht erstreckt sich auf sämtliche Einkünfte (§ 1 Abs. 2 KStG). Die Körperschaftsteuer bemisst sich nach

24 BStBl 2008 II S. 988.

25 BStBl 2008 I S. 1033.

dem zu versteuernden Einkommen, das die M-GmbH innerhalb eines Kalenderjahres bezogen hat.

Nach § 8 Abs. 2 KStG hat die M-GmbH nur Einkünfte aus Gewerbebetrieb. Der Gewinn ist nach dem Wirtschaftsjahr zu ermitteln, für das die GmbH regelmäßig Abschlüsse macht (§ 7 Abs. 4 KStG). Hier entspricht das Wirtschaftsjahr dem Kalenderjahr.

Im Kalenderjahr 2005 beginnt die unbeschränkte Steuerpflicht am 01.03.2005 mit dem Abschluss des notariell beurkundeten Gesellschaftsvertrags (sog. Vorgesellschaft).[26] Nach § 7 Abs. 2 KStG wird der Einkommensermittlung für das Kalenderjahr 2005 der Zeitraum des Rumpfwirtschaftsjahres 01.03. bis 31.12.2005 zugrunde gelegt.

Bei der Einkommensermittlung sind die Vorschriften des Einkommensteuergesetzes und des Körperschaftsteuergesetzes zu beachten (§ 8 Abs. 1 KStG). Dabei gelten für die Ermittlung eines steuerlichen Verlustes die gleichen Grundsätze wie für die Ermittlung eines positiven Einkommens. Ausgangsgröße für die Einkommensermittlung ist der Jahresüberschuss bzw. Jahresfehlbetrag. Nicht abziehbare Aufwendungen nach § 4 Abs. 5 und Abs. 5 b EStG oder nach § 10 Nr. 2 KStG vermindern einen steuerlichen Verlust. Andererseits sind in die Berechnung des steuerlichen Verlustes bei Kapitalgesellschaften – anders als bei natürlichen Personen – auch die nach § 9 Abs. 1 Nr. 2 KStG abziehbaren Spenden einzubeziehen. Sie erhöhen den entstandenen Verlust.

VZ 2005 = Rumpfwirtschaftsjahr 2005

Hier hat die M-GmbH lt. Sachverhalt ein zu versteuerndes Einkommen von ⁒ 50.000 € erzielt.

VZ 2006 = Wirtschaftsjahr 2006

Bei der Ermittlung des zu versteuernden Einkommens sind zunächst die als Aufwand gebuchten Spenden dem Jahresfehlbetrag hinzuzurechnen. Da das Einkommen i. S. des § 9 Abs. 2 KStG negativ ist, kann der Spendenhöchstbetrag nicht mit 5 % des Einkommens errechnet werden (§ 9 Abs. 1 Nr. 2 KStG in der für 2006 geltenden Fassung). Die abzugsfähigen Spenden sind hier bis zur Höhe von 2 ‰ der Summe der Umsätze, Löhne und Gehälter zu ermitteln. Somit ergibt sich ein maximaler Spendenabzug i. H. von 2 ‰ von 580.000 € = 1.160 €.

Ermittlung des zu versteuernden Einkommens

Jahresfehlbetrag	⁒ 62.400 €
sämtliche Spenden	+ 2.000 €
Einkommen i. S. des § 9 Abs. 2 KStG	⁒ 60.400 €

26 Vgl. hierzu die Ausführungen in der Begründung zu Fall 6.

Spendenabzug gem. § 9 Abs. 1 Nr. 2 KStG	
Spende für gemeinnützige Zwecke 2.000 €, max.	⁒ 1.160 €
Gesamtbetrag der Einkünfte = Einkommen	⁒ 61.560 €

Hinweis: Nach dem für den VZ 2006 geltenden Spendenabzug war ein Spendenvortrag für nicht berücksichtigte Spenden grundsätzlich nicht vorgesehen. Lediglich sog. Großspenden zur Förderung wissenschaftlicher, mildtätiger oder kultureller Zwecke konnten im Rahmen eines zeitlich begrenzten Großspendenvortrags berücksichtigt werden (§ 9 Abs. 1 Nr. 2 Satz 4 und 5 KStG in der für 2006 geltenden Fassung).

VZ 2007 = Wirtschaftsjahr 2007

Für die Einkommensermittlung 2007 spielt die Tatsache, dass die M-GmbH bis zum Zeitpunkt des Gesellschafterwechsels am 01.06.2007 einen Verlust erwirtschaftet hatte, keine Rolle, da im Wirtschaftsjahr 2007 kein Verlust der wirtschaftlichen Identität gem. § 8 Abs. 4 KStG a. F. vorliegt.

Die Geschenke an Geschäftsfreunde im Wert von jeweils über 35 € sind nach § 4 Abs. 5 Nr. 1 EStG nicht abziehbare Betriebsausgaben. Über § 8 Abs. 1 KStG gilt diese Vorschrift auch bei der Körperschaftsteuer und damit bei der Einkommensermittlung der GmbH. Die für die Geschenke aufgewendete Vorsteuer ist umsatzsteuerlich nach § 15 Abs. 1 a Nr. 1 UStG nicht abziehbar und ist nach § 10 Nr. 2 KStG eine nicht abziehbare Ausgabe. Da die Aufwendungen für die Geschenke brutto (inkl. nicht abziehbarer Vorsteuer) als Aufwand verbucht wurden, erfolgt die Hinzurechnung bei der Einkommensermittlung in einem Betrag nach § 4 Abs. 5 Nr. 1 EStG i. V. m. § 10 Nr. 2 KStG.

Jahresüberschuss	12.000 €
nicht abziehbare Geschenke	+ 5.300 €
Einkommen	17.300 €

Hinsichtlich der Berücksichtigung eines Verlustabzugs nach § 10 d EStG wird auf die Ausführungen zu Nr. 4 hingewiesen.

VZ 2008 = Wirtschaftsjahr 2008

Hier entspricht der Jahresfehlbetrag von 20.000 € dem Einkommen, da sich keine Zu- oder Abrechnungen ergeben.

VZ 2009 = Wirtschaftsjahr 2009

Bei der Ermittlung des Einkommens für den VZ 2009 sind die Geschenke an Geschäftsfreunde im Wert von jeweils über 35 € mit dem Bruttobetrag von 4.500 € gem. § 4 Abs. 5 Nr. 1 EStG i. V. m. § 10 Nr. 2 KStG hinzuzurechnen.

Zur Ermittlung der Bemessungsgrundlage für die Berechnung des Spendenhöchstbetrages nach § 9 Abs. 1 Nr. 2 KStG sind zunächst alle als Aufwand verbuchten Spenden hinzuzurechnen (§ 9 Abs. 2 KStG). Danach wird über die Abzugsfähigkeit der einzelnen Spenden nach § 9 Abs. 1 Nr. 2 KStG entschieden.

Die Parteispende ist keine Betriebsausgabe (§ 4 Abs. 6 EStG). Sie ist auch keine abzugsfähige Spende nach § 9 Abs. 1 Nr. 2 KStG und wird somit nicht einkommensmindernd berücksichtigt.

Die Spende an den Verein zur Förderung junger Künstler ist eine Spende zur Förderung gemeinnütziger Zwecke i. S. des § 52 Abs. 2 Nr. 5 AO und damit nach § 9 Abs. 1 Nr. 2 Satz 1 und 2 KStG bis zur Höhe von 20 % des maßgebenden Einkommens oder bis zur Höhe von 4 ‰ der Summe der Umsätze, Löhne und Gehälter abzugsfähig.

Jahresüberschuss	35.600 €
nicht abziehbare Geschenke	+ 4.500 €
sämtliche Spenden	+ 7.000 €
Einkommen i. S. des § 9 Abs. 2 KStG	47.100 €
Spendenabzug gem. § 9 Abs. 1 Nr. 2 KStG	
Spende für gemeinnützige Zwecke 4.000 €	
max. 20 % des Einkommens: 20 % von 47.100 € = 9.420 €	⁒ 4.000 €
Einkommen	43.100 €

3. Das negative zu versteuernde Einkommen 2005 i. H. von 50.000 € ist als Verlustvortrag nach § 10 d Abs. 4 EStG gesondert festzustellen (siehe Begründung zu Nr. 5).

Das negative Einkommen des VZ 2006 i. H. von 61.560 € erhöht den nach § 10 d Abs. 4 EStG festzustellenden verbleibenden Verlustabzug.

Da im Wirtschaftsjahr 2007 kein Verlust der wirtschaftlichen Identität gem. § 8 Abs. 4 KStG a. F. gegeben ist, kann bei der Ermittlung des zu versteuernden Einkommens 2007 der zum 31.12.2006 bestehende Verlustvortrag nach § 10 d Abs. 2 EStG berücksichtigt werden. Der für 2007 in Anspruch genommene Verlustabzug i. H. von 17.300 € ist bei der Feststellung des verbleibenden Verlustabzugs nach § 10 d Abs. 4 EStG zu berücksichtigen (vgl. Begründung zu Nr. 5).

Durch die Anteilsveräußerung am 01.07.2008 liegt ein schädlicher Beteiligungserwerb gem. § 8 c Abs. 1 Satz 1 KStG vor (vgl. Begründung zu Nr. 1), sodass die Verlustabzugsbeschränkung eingreift. Der zum 31.12.2007 festgestellte verbleibende Verlustabzug ist zu 30 % nicht mehr abziehbar. Ebenso ist der in 2008 erwirtschaftete Verlust i. H. von 30 % nach § 8 c Abs. 1 Satz 1 KStG nicht zu berücksichtigen. Dabei wird der Verlust des gesamten Wirtschaftsjahrs zeitanteilig aufgeteilt. Somit würde sich für 2008 zunächst folgendes zu versteuerndes Einkommen ergeben:

Verlust 20.000 €, davon 6/12 (bis 01.07.2008) = 10.000 €, davon nach § 8 c Abs. 1 KStG nicht zu berücksichtigen 30 % = 3.000 €

Einkommen	⁒ 20.000 €
⁒ nicht zu berücksichtigender Verlust § 8 c Abs. 1 KStG	3.000 €
zu versteuerndes Einkommen	⁒ 17.000 €

Neben § 8 c Abs. 1 KStG ist aber auch die Vorschrift des § 8 Abs. 4 KStG a. F. zu beachten. Wie bereits unter Nr. 1 ausgeführt, führt der Anteilseignerwechsel am 01.07.2008 noch nicht zum Verlust der wirtschaftlichen Identität nach § 8 Abs. 4 KStG a. F., da in 2008 noch keine schädliche Betriebsvermögenszuführung erfolgt ist. Erst durch die Betriebsvermögenszuführung am 03.01.2009 tritt der Verlust der wirtschaftlichen Identität nach § 8 Abs. 4 KStG a. F. ein.

Aufgrund des BMF-Schreibens vom 04.12.2008[27] ergeben sich folgende Möglichkeiten hinsichtlich der Versagung des Verlustabzugs:

Anwendung des BMF-Schreibens vom 04.12.2008:

Durch den Verlust der wirtschaftlichen Identität nach § 8 Abs. 4 KStG a. F., der mit der schädlichen Betriebsvermögenszuführung am 03.01.2009 eintritt, werden nur die Verluste vom Abzug ausgeschlossen, die bis zum Zeitpunkt des schädlichen Anteilseignerwechsels (01.07.2008) entstanden sind. Somit geht nach § 8 Abs. 4 KStG a. F. der zum 31.12.2007 festgestellte Verlustvortrag in voller Höhe unter. Ebenso ist der bis zum schädlichen Anteilseignerwechsel am 01.07.2008 entstandene Verlust nach § 8 Abs. 4 Satz 4 KStG a. F. nicht zu berücksichtigen (50 % von ⁒ 20.000 €). Für das Wirtschaftsjahr 2008 ergibt sich damit ein zu versteuerndes Einkommen von ⁒ 10.000 €.

Zum 31.12.2008 ist ein verbleibender Verlustabzug nach § 10 d EStG i. H. von 10.000 € gesondert festzustellen. Dieser kann bei der Einkommensermittlung 2009 berücksichtigt werden.

Wahlrecht des Steuerpflichtigen auf Anwendung der früheren Verwaltungsauffassung:

Nach der früheren Verwaltungsauffassung durften Verluste, die bis zum Verlust der wirtschaftlichen Identität entstanden sind, mit danach entstehenden Gewinnen nicht mehr ausgeglichen oder von ihnen abgezogen werden. Dabei war der Zeitpunkt des Verlustes der wirtschaftlichen Identität erst mit der schädlichen Betriebsvermögenszuführung anzunehmen. Somit war hier der Verlust der wirtschaftlichen Identität am 03.01.2009 eingetreten und alle bis zu diesem Zeitpunkt entstandenen Verluste sind nicht abzuziehen. In diesem Fall würde der zum 31.12.2008 festgestellte verbleibende Verlustabzug (inkl. des Verlustes von 2008 nach dem 01.07.2008) in voller Höhe untergehen.

Da die Anwendung der früheren Verwaltungsauffassung für die M-GmbH ungünstiger ist, wird sie keinen Antrag auf Anwendung der früheren Verwaltungsauffassung stellen.

4. Aufgrund der Ausführungen zu Nr. 2 und Nr. 3 ergeben sich folgende zu versteuernde Einkommen:

---

27 BStBl 2008 I S. 1033.

2005:		./. 5.000 €
2006:		./. 61.560 €
2007:	Einkommen	17.300 €
	Verlustabzug § 10 d EStG	./. 17.300 €
	zu versteuerndes Einkommen	0 €
2008:	Verlust	./. 20.000 €
	nach § 8 Abs. 4 KStG a. F. nicht zu berücksichtigender Verlust des laufenden VZ	10.000 €
	zu versteuerndes Einkommen	./. 10.000 €
2009:	Einkommen	43.100 €
	Verlustabzug aus 2008	./. 10.000 €
	zu versteuerndes Einkommen	33.100 €

5. Gemäß § 10 d Abs. 4 EStG ist der am Schluss eines VZ verbleibende Verlustvortrag gesondert festzustellen. Für die einzelnen VZ ergeben sich folgende gesonderte Verlustfeststellungen:

VZ 2005	
steuerlicher Verlust 2005	50.000 €
Verlustrücktrag nach 2004	./. 0 €
verbleibender Verlustvortrag zum 31.12.2005	50.000 €
VZ 2006	
verbleibender Verlustvortrag zum 31.12.2005	50.000 €
steuerlicher Verlust 2006	+ 61.560 €
verbleibender Verlustvortrag zum 31.12.2006	111.560 €
VZ 2007	
verbleibender Verlustvortrag zum 31.12.2006	111.560 €
Verlustabzug in 2007	./. 17.300 €
verbleibender Verlustvortrag zum 31.12.2007	94.260 €
VZ 2008	
verbleibender Verlustvortrag zum 31.12.2007	94.260 €
nicht zu berücksichtigender Verlustabzug gem. § 8 Abs. 4 KStG a. F.	./. 94.260 €
steuerlicher Verlust 2008	+ 10.000 €
verbleibender Verlustvortrag zum 31.12.2008	10.000 €
VZ 2009	
verbleibender Verlustvortrag zum 31.12.2008	10.000 €
Verlustabzug in 2009	./. 10.000 €
verbleibender Verlustvortrag zum 31.12.2009	0 €

Fall 24

Steuerbefreiung von Beteiligungserträgen und Veräußerungsgewinnen nach § 8 b KStG

KStG § 8 Abs. 3, §§ 8 b, 14; GewStG §§ 7, 8 Nr. 1 und 5, § 9 Nr. 2 a und Nr. 7; EStG § 3 Nr. 40, §§ 3 c, 6 Abs. 1 und 6, § 20 Abs. 1 und 5, §§ 36, 43; UmwStG §§ 20, 21

Sachverhalt

Die Münchner Mode-Holding AG (M-AG) betreibt einen florierenden Groß- und Einzelhandel mit Bekleidungsartikeln. Neben ihrer eigenen Geschäftstätigkeit hält sie zahlreiche Beteiligungen. Bei den verschiedenen Anteilen sind im Laufe des Jahres 09 folgende Sachverhalte eingetreten, die in steuerlicher Hinsicht beurteilt werden müssen:

1. Anteile an der Trendy-Kleidung GmbH, Karlsruhe (T-GmbH)

Die M-AG erwarb Ende des Jahres 08 100 % der Anteile an der T-GmbH für 800.000 € von einem Konkurrenzunternehmen. Die T-GmbH hatte in den letzten Jahren vor der Anteilsübertragung sämtliche Erträge thesauriert. Im März 09 schüttete die T-GmbH für das Jahr 08 500.000 € an die M-AG aus. Da sich der Wert der Beteiligung an der T-GmbH nach der Ausschüttung auf Dauer unter die Anschaffungskosten und den bisherigen Buchwert gemindert hatte, nahm die M-AG in ihrer Bilanz zum 31.12.09 eine Teilwertabschreibung i. H. von 200.000 € vor.

Die Anschaffung der Beteiligung hat die M-AG mit einem Bankdarlehen refinanziert. Im Jahr 09 sind für dieses Darlehen Schuldzinsen i. H. von 60.000 € angefallen.

2. Anteile an der Italia Moda SpA, Mailand (I-SpA)

Im Oktober 09 veräußerte die M-AG ihre 30 %ige Beteiligung an der I-SpA für 500.000 €. Die SpA unterhält in Mailand ein Textilunternehmen. Die M-AG hatte die Anteile im Jahr 01 für 700.000 € erworben. In den Jahren 03 bis 07 ging es der I-SpA jedoch wirtschaftlich sehr schlecht; mit einer Besserung war mittelfristig nicht zu rechnen. Die M-AG hatte auf die Beteiligung deshalb im Jahr 06 eine Teilwertabschreibung i. H. von 400.000 € wegen dauerhaft anhaltender Verluste vornehmen müssen. Das Finanzamt hatte diese Teilwertabschreibung jedoch seinerzeit nach § 8 b Abs. 3 KStG steuerlich nicht zum Abzug zugelassen. Im Laufe des Jahres 08 konnte sich die I-SpA wieder wirtschaftlich erholen. Diese Gelegenheit nutzte die M-AG dann im Dezember 09 zur Veräußerung der Beteiligung.

Im September 09 hatte die M-AG noch eine Ausschüttung der I-SpA i. H. von 24.000 € erhalten. Aufwendungen auf die Beteiligung sind im Jahr 09 lediglich i. H. von 200 € angefallen (Reisekosten eines Vorstandsmitglieds der M-AG zur Gesellschafterversammlung in Mailand im Mai 09).

3. Anteile an der Pullover-AG (P-AG)

Im Oktober 09 veräußerte die M-AG eine Beteiligung von 60 % an der inländischen P-AG für 150.000 €. Diese Beteiligung hatte die M-AG im Jahr 05 im Rahmen einer Kapitalerhöhung von ihrem Gesellschafter M erhalten. M hatte die Anteile zuvor im Privatvermögen gehalten. Als Gegenleistung wurden dem M seinerzeit neue Anteile im Nennwert von 20.000 € sowie in der Differenz zu seinen früheren Anschaffungskosten ein Darlehensanspruch i. H. von 180.000 € gewährt. Dementsprechend hat die M-AG die Anteile an der P-AG bisher mit 200.000 € aktiviert.

4. Anteile an der Naturfaser-GmbH (N-GmbH)

Zum 31. Oktober 09 veräußerte die M-AG sämtliche Anteile an der N-GmbH an Siegfried Schurwolle (S). Diese Anteile waren im Jahr 01 aus der Einbringung der Naturfaserabteilung der M-AG in die im Wege der Sachgründung neu gegründete Tochtergesellschaft entstanden. Diese Abteilung war zuvor bei der M-AG weitgehend selbständig geführt worden. Zur N-GmbH bestand seit dem Jahr 06 eine körperschaft- und gewerbesteuerliche Organschaft. Der Gewinnabführungsvertrag war auf fünf Jahre abgeschlossen. Die Anteile an der N-GmbH waren bei der M-AG mit 120.000 € aktiviert (= Buchwert des im Jahr 01 eingebrachten Teilbetriebs). Der Veräußerungserlös aus dem Verkauf an S im Jahr 09 betrug 280.000 €. Im Kaufvertrag mit dem Käufer S wurde vereinbart, dass der anteilige Gewinn für die Zeit vom 01.01. bis 31.10.09 noch der M-AG zusteht. Nach Aufstellung des Jahresabschlusses der N-GmbH im April 10 überwies S das anteilige Jahresergebnis i. H. von 40.000 € auf das Konto der M-AG (Ausschüttungsbeschluss über 48.000 €, davon $^{10}/_{12}$).

Im Zusammenhang mit der Anteilsveräußerung wurde der zwischen der M-AG und der N-GmbH abgeschlossene Gewinnabführungsvertrag mit Wirkung ab dem Jahr 09 gekündigt.

5. Anteile an der Bademoden-GmbH (B-GmbH)

Bereits seit dem Jahr 01 hielt die M-AG 60 % der Anteile an der B-GmbH (Buchwert 60.000 €). Mit Vertrag vom 10. Dezember 09 veräußerte die M-AG die Hälfte dieser Beteiligung (30 %) an ihren Gesellschafter M. Nach dem Gutachten eines Wirtschaftsprüfers hatten die veräußerten Anteile im Veräußerungszeitpunkt objektiv einen Wert von 80.000 €. Als Kaufpreis wurde jedoch lediglich ein Betrag i. H. von 50.000 € vereinbart und gezahlt.

Die übrigen 30 % der Beteiligung an der B-GmbH übertrug die M-AG unentgeltlich auf die Ende des Jahres 08 erworbene T-GmbH (vgl. oben Tz. 1).

6. Aktien an der Dirndl AG, Wien (D-AG)
Seit dem Jahr 07 hält die M-AG 4 % der Aktien an der D-AG. Im Juli 09 erhielt die M-AG eine Gewinnausschüttung der D-AG i. H. von 10.000 €. Aus der Finanzierung des Beteiligungskaufs sind im Jahr 09 Schuldzinsen i. H. von 3.000 € angefallen.

Die D-AG hat bei Auszahlung der Dividende österreichische Kapitalertragsteuer i. H. von 15 % einbehalten. Der Nettobetrag der Ausschüttung i. H. von 8.500 € wurde auf das Konto der M-AG überwiesen. Die Abzugsteuer i. H. von 1.500 € hat die M-AG über Steueraufwand verbucht (Bank 8.500 €/Steueraufwand 1.500 € an Beteiligungserträge 10.000 €).

7. Beteiligung an der Ringelsocken-GmbH (R-GmbH)
Die M-AG hält seit mehreren Jahren eine Beteiligung von 40 % an der R-GmbH, die sie für 10.000 € erworben hatte. Zum Zeitpunkt des Erwerbs befand sich die R-GmbH in einer schweren wirtschaftlichen Krise. Schon vor dem Anteilserwerb durch die M-AG hatten die Altgesellschafter erhebliche Finanzspritzen in Form verdeckter Einlagen geleistet. Bei der R-GmbH ergaben sich dadurch hohe Zugänge im steuerlichen Einlagekonto.

Im Jahr 09 hatte sich die wirtschaftliche Lage der R-GmbH durch neue Großaufträge überraschend wieder gebessert, sodass eine Dividende beschlossen werden konnte. Die M-AG erhielt eine Dividende i. H. von 50.000 €, für die nach der ausgestellten Steuerbescheinigung in voller Höhe Beträge aus dem steuerlichen Einlagekonto verwendet wurden.

8. Anteile an der Seidenimport-GmbH (S-GmbH)
In den letzten Jahren hatte sich die M-AG mit mäßigem geschäftlichem Erfolg über ihre 100 %ige Tochtergesellschaft im Import von Seidengarnen versucht. Seit der Gründung im Jahr 04 erzielte die S-GmbH jeweils nur Verluste. Im Februar 08 beschloss die Gesellschafterversammlung dann die Liquidation der S-GmbH. Die Liquidation war am 31.10.09 beendet. Das in die S-GmbH eingezahlte Stammkapital i. H. von 100.000 € (= bisheriger Buchwert der Beteiligung) war dabei für die M-AG verloren; eine Liquidationsauskehrung konnte nicht erfolgen. Im Gegenteil – die M-AG musste aufgrund einer im Jahr 07 übernommenen Bürgschaft noch eine Zahlung an ein Kreditinstitut i. H. von 80.000 € leisten.

Frage

Welche körperschaftsteuerlichen und gewerbesteuerlichen Folgen ergeben sich hinsichtlich der zu den einzelnen Beteiligungen dargestellten Vorgänge?

Antwort

- Die Ausschüttung der **T-GmbH** ist bei der M-AG nach § 8 b Abs. 1 KStG steuerfrei. Die Teilwertabschreibung ist nicht abzugsfähig. 5 % der steuerfreien Dividende gelten als nicht abzugsfähige Ausgaben und sind außerbilanziell hinzuzurechnen. Die tatsächlichen Schuldzinsen werden nicht korrigiert. Diese Konsequenzen treten auch für die Gewerbesteuer ein.

- Die Beteiligung an der **I-SpA** kann trotz der früheren Teilwertabschreibung steuerfrei verkauft werden. Die erhaltene Dividende ist nach § 8 b Abs. 1 KStG steuerfrei. 5 % der Dividende und des steuerfreien Veräußerungsgewinns gelten als nicht abziehbare Aufwendungen.
- Der Verlust aus der Veräußerung der Anteile an der **P-AG** ist nach § 8 b Abs. 3 KStG nicht abzugsfähig.
- Die Veräußerung der Anteile an der **N-GmbH** ist nach § 8 b Abs. 2 KStG steuerfrei (mit 5 %-Pauschale). Dies gilt unabhängig von der zuvor bestehenden Organschaft. Die von S weitergeleitete Ausschüttung erhöht den (steuerfreien) Veräußerungsgewinn.
- Soweit die Anteile an der **B-GmbH** verbilligt an den Gesellschafter M veräußert wurden, liegt eine vGA vor. Auch diese ist nach § 8 b Abs. 2 KStG steuerbefreit. Ebenso unterliegt der Gewinn aus der verdeckten Einlage der übrigen Anteile an der B-GmbH in die T-GmbH der Steuerbefreiung des § 8 b Abs. 2 KStG (jeweils mit 5 %-Pauschale).
- Die Dividende aus den Aktien der **D-AG** ist nach § 8 b Abs. 1 KStG steuerfrei. 5 % der Dividende gelten als nicht abziehbare Ausgaben. Gewerbesteuerlich ist eine Hinzurechnung nach § 8 Nr. 5 GewStG vorzunehmen.
- Soweit die Ausschüttung aus dem steuerlichen Einlagekonto der **R-GmbH** den Buchwert der Beteiligung übersteigt, ist der entstehende Ertrag nach Verwaltungsauffassung nach § 8 b Abs. 2 KStG steuerbefreit. Diese Steuerbefreiung schlägt auch auf die Gewerbesteuer durch.
- Der Verlust aus der Liquidation der **S-GmbH** ist nach § 8 b Abs. 3 KStG nicht abzugsfähig. Der Aufwand aus der Bürgschaftsinanspruchnahme kann ebenfalls nicht abgezogen werden.

Begründung

Allgemeines zu den Steuerbefreiungen nach § 8 b KStG

§ 8 b KStG soll eine Überbesteuerung von Gewinnen in Beteiligungsketten mit Körperschaften verhindern. Das Teileinkünfteverfahren bzw. die Abgeltungsteuer haben zum Ziel, den Gewinn einer Körperschaft auf deren Ebene mit einem (niedrigen) Körperschaftsteuersatz zu besteuern (15 %) und auf der Ebene einer beteiligten natürlichen Person nur eine teilweise bzw. ermäßigte Besteuerung vorzunehmen. Zusammen soll die Steuerbelastung des ausgeschütteten Gewinns in etwa dem entsprechen, was ein Einzelunternehmer oder ein Gesellschafter einer Personengesellschaft für seinen Gewinn(anteil) an Einkommensteuer zu entrichten hat. An diesem Grundprinzip soll sich auch dann nichts ändern, wenn natürliche Personen nicht unmittelbar an der Gewinn erzielenden Körperschaft, sondern nur mittelbar über eine oder mehrere andere Körperschaft(en) beteiligt sind. Ohne die Steuerbefreiungen des § 8 b KStG würde sich ansonsten in Beteiligungsketten eine zu hohe Steuerlast ergeben. Auch Gewinne aus der Veräußerung von Anteilen werden steuerbefreit, da in den Veräußerungserlösen auch (thesaurierte) Gewinne enthalten sind, die bei der Tochtergesellschaft bereits versteuert wurden, und da bei Weiterausschüttung dieser Erlöse an beteiligte natürliche Personen auf Anteilseignerebene eine Teileinkünftebesteuerung oder die Abgeltungsteuer eingreift.

§ 8 b KStG ist wie folgt aufgebaut:

- **Abs. 1** regelt die Freistellung vor allem von in- und ausländischen Dividendenerträgen.
- Nach **Abs. 2** werden Gewinne aus der Veräußerung in- und ausländischer Beteiligungen steuerfrei gestellt.
- **Absatz 3** regelt die Nichtabzugsfähigkeit vor allem von Veräußerungsverlusten und Teilwertabschreibungen bei Beteiligungen, die unter § 8 b KStG fallen.
- Durch **Absatz 4** a. F. wurde die Steuerbefreiung von Veräußerungsgewinnen nach Abs. 2 in bestimmten Fällen eingeschränkt (Missbrauchsregelung). Diese Regelung wurde allerdings zwischenzeitlich aufgehoben. Sie gilt aber für Anteile, die auf Einbringungen vor dem 13.12.2006 beruhen, weiter (vgl. § 34 Abs. 11 a KStG) und kann deshalb noch für Veräußerungen bis zum 12.12.2013 eine negative steuerliche Wirkung entfalten.
- In **Absatz 5** ist ein pauschales Abzugsverbot für Betriebsausgaben im Zusammenhang mit steuerfreien Auslandsdividenden geregelt.
- **Absatz 6** erklärt die Absätze 1 bis 5 auch bei Durchleitung durch eine zwischengeschaltete Personengesellschaft oder eine juristische Person des öffentlichen Rechts für anwendbar.
- Nach **Absatz 7** sind die vorherigen Absätze bei Kreditinstituten und Finanzdienstleistungsinstituten nur sehr eingeschränkt anwendbar.
- Eine ähnliche Einschränkung regelt **Absatz 8** für bestimmte Anteile, die von Lebens- und Krankenversicherungsunternehmen gehalten werden.
- **Absatz 9** enthält dann aus EU-rechtlichen Gründen Ausnahmen von den Einschränkungen der Absätze 7 und 8.
- **Absatz 10** will missbräuchliche Steuergestaltungen zur Umgehung von Regelungen des § 8 b KStG durch Wertpapierleihen und Wertpapierpensionsgeschäfte verhindern.

Zu den einzelnen Beteiligungen:

1. Beteiligung an der T-GmbH

Die Ausschüttung der T-GmbH für das Jahr 08 ist bei der M-AG bilanziell im Jahr 09 als Beteiligungsertrag zu erfassen. Die früher in Konzernfällen praktizierte sog. phasengleiche Aktivierung von Gewinnausschüttungen ist nach der neueren BFH-Rechtsprechung nicht mehr zulässig.[1]

Die erhaltene Gewinnausschüttung ist bei der M-AG allerdings nach § 8 b Abs. 1 KStG in voller Höhe steuerfrei. Diese Steuerbefreiung wird außerbilanziell gewährt (vgl. Zeile 44 b des Vordrucks Körperschaftsteuer 1 A). Eine Mindesthaltedauer ist für die Gewährung der Steuerbefreiung nicht erforderlich.

Unabhängig von der vollen Steuerbefreiung bei der Empfängerin hat die T-GmbH für die Ausschüttung Kapitalertragsteuer i. H. von 25 % (= 125.000 €) einzubehalten und an das zuständige Finanzamt abzuführen. Trotz der Steuerbefreiung kann auf den Kapitalertragsteuerabzug nicht verzichtet werden (vgl. § 43 Abs. 1 Satz 3 EStG: „Der Steuerabzug ist ungeachtet des § 3 Nr. 40 EStG und des § 8 b KStG vorzunehmen"). Die Kapitalertragsteuer wird dann aber bei der M-AG auch unabhängig von der Befreiung auf deren Körperschaftsteuer angerechnet (vgl. § 36 Abs. 2 Nr. 2 EStG: „Auf die Einkommensteuer werden angerechnet: Die durch Steuerabzug erhobene Einkommensteuer, soweit sie auf die bei der Veranlagung erfassten Einkünfte oder auf die nach § 3 Nr. 40 dieses Gesetzes oder nach § 8 b Abs. 1 und 6 Satz 2 des KStG bei der Ermittlung des Einkommens außer Ansatz bleibenden Beträge entfällt ..."). Die einkommensteuerlichen Anrechnungsregeln gelten über § 31 Abs. 1 KStG auch für Körperschaften.

Die **ausschüttungsbedingte Teilwertabschreibung** auf die Beteiligung an der T-GmbH bei der M-AG kann körperschaftsteuerlich nicht anerkannt werden. Bei einer gegebenen dauernden Wertminderung ist die Teilwertabschreibung zwar bilanzsteuerlich zulässig (§ 6 Abs. 1 Nr. 2 Satz 2 EStG). Die Teilwertabschreibung stellt jedoch eine Gewinnminderung dar, die im Zusammenhang mit einem Anteil an einer Körperschaft steht (§ 8 b Abs. 3 KStG). Sie ist deshalb bei der Gewinnermittlung nicht zu berücksichtigen; es erfolgt eine außerbilanzielle Hinzurechnung i. H. von 200.000 € (Zeile 44 h des Vordrucks KSt 1 A).

Die **Schuldzinsen** für die Finanzierung der Beteiligung fallen als laufende Aufwendungen nicht unter § 8 b Abs. 3 KStG. Sie sind mit der sog. 5 %-Pauschale des § 8 b Abs. 5 Satz 1 KStG abgegolten. Danach werden 5 % der steuerfreien Bezüge i. S. von § 8 b Abs. 1 KStG als nicht abziehbare Ausgaben behandelt (hier: 5 % von 500.000 € = 25.000 €). Dieser Betrag wird außerbilanziell bei der Einkommensermittlung hinzugerechnet (vgl.

1 Beschluss des Großen Senats des BFH vom 07.08.2000, BStBl II S. 632.

Zeile 44 c des Vordrucks KSt 1 A). Die tatsächlichen Schuldzinsen werden nicht korrigiert; sie bleiben also im Ergebnis abzugsfähig. § 3 c Abs. 1 EStG ist auf diese Aufwendungen nicht abziehbar. Die 5 %-Pauschale ist auch dann verfassungsmäßig, wenn auf die Beteiligung keine tatsächlichen Aufwendungen angefallen sind.[2]

Hinweis zur Gewerbesteuer: Die Steuerbefreiung nach § 8 b Abs. 1 KStG schlägt in diesem Fall auch auf die Gewerbesteuer durch. Die Kürzungsvorschrift des § 9 Nr. 2 a GewStG wird hierfür zunächst nicht benötigt, da die Ausschüttung bereits in der Ausgangsgröße nach § 7 GewStG nicht mehr enthalten ist. Als Ausgangsgröße für die Ermittlung des Gewerbeertrags i. S. von § 7 GewStG ist nach § 7 Satz 1 GewStG nämlich das körperschaftsteuerliche zu versteuernde Einkommen zugrunde zu legen (vgl. auch R 7.1 Abs. 4 GewStR). Die sog. 5 %-Pauschale ist kein Kürzungsgegenstand (§ 9 Nr. 2 a Satz 4 GewStG). Auch die Hinzurechnungsvorschrift des § 8 Nr. 5 GewStG greift hier nicht ein, da die Voraussetzungen für eine Kürzung nach § 9 Nr. 2 a GewStG erfüllt sind (Mindestbeteiligung von 15 % am 01.01.09). Hätte die M-AG die Beteiligung allerdings nicht bereits Ende des Jahres 08, sondern erst im Januar 09 erworben, wäre die Hinzurechnung vorzunehmen (gemindert um die 5 %-Pauschale i. H. von 25.000 €; Hinzurechnungsbetrag also 475.000 €). Am 01.01.09 wäre in diesem Fall nämlich die Mindestbeteiligung von 15 % nicht erreicht.

Für Zwecke der Gewerbesteuer ist bei Inlandsbeteiligungen demnach wie folgt zu unterscheiden:

---

2 Beschluss des BVerfG vom 12.10.2010 – 1 BvL 12/07, DB 2010 S. 2590.

Erhaltene Dividende

Die Voraussetzungen für eine **Kürzung** nach § 9 Nr. 2 a GewStG sind erfüllt (sog. gewerbesteuerliches Schachtelprivileg, wenn die Beteiligung am 01.01. mindestens 15 % betragen hat).	Die Voraussetzungen für eine Kürzung nach § 9 Nr. 2 a GewStG sind **nicht erfüllt** (Streubesitz unter 15 % oder nach dem 01.01. erworbene Anteile)
↓	↓
Keine Kürzung nach § 9 Nr. 2 a GewStG, da die Dividende bereits in der Ausgangsgröße i. S. von § 7 GewStG nicht enthalten ist. Die Voraussetzungen für eine **Hinzurechnung** nach § 8 Nr. 5 GewStG liegen **nicht** vor.	**Hinzurechnung** der nach § 8 b Abs. 1 KStG steuerbefreiten Dividende nach § 8 Nr. 5 GewStG; nicht abzugsfähige Aufwendungen auf die Beteiligung mindern den Hinzurechnungsbetrag (bei Körperschaften: 5 %-Pauschale).
↓	↓
Die Dividende unterliegt insgesamt **nicht** der Gewerbesteuer.	Die Dividende unterliegt **voll** der Gewerbesteuer.

Die ausschüttungsbedingte Teilwertabschreibung ist auf jeden Fall über § 7 GewStG gewerbesteuerlich nicht abzugsfähig.

2. Beteiligung an der I-SpA

Die Steuerbefreiung für **erhaltene Dividenden** nach § 8 b Abs. 1 KStG gilt sowohl für in- als auch für ausländische Beteiligungen. Somit ist auch die erhaltene Ausschüttung der I-SpA steuerfrei (außerbilanzielle Korrektur). Es kommt bei ausländischen Beteiligungen körperschaftsteuerlich nicht darauf an, ob auch nach dem jeweiligen Doppelbesteuerungsabkommen (hier: DBA-Italien) die Voraussetzungen für eine Steuerbefreiung vorliegen (sog. internationales Schachtelprivileg).

Hinsichtlich der **Aufwendungen auf die Beteiligung** ist § 8 b Abs. 5 KStG anwendbar. Danach gelten 5 % der Bezüge als Ausgaben, die nicht als Betriebsausgaben abgezogen werden dürfen. Auf die Höhe der tatsächlichen Aufwendungen im Zusammenhang mit der Beteiligung kommt es auch bei ausländischen Beteiligungen nicht an. Die Hinzurechnung von 5 % der Auslandsdividende (hier: 5 % von 24.000 € = 1.200 €) wäre auch dann vorzunehmen, wenn überhaupt keine Aufwendungen auf die Beteiligung entstanden wären.

Sowohl die Steuerbefreiung der Ausschüttung als auch die pauschale Hinzurechnung der nicht abzugsfähigen Ausgaben schlagen über § 7 GewStG auch auf die **Gewerbesteuer** durch. Eine Hinzurechnung nach § 8 Nr. 5 GewStG ist nicht vorzunehmen, da die Beteiligung an der I-SpA die Voraussetzungen für das Schachtelprivileg nach § 9 Nr. 7 GewStG erfüllt hatte (Mindestbeteiligung von 10 % seit dem 01.01.09). Anders als bei Inlandsbeteiligungen gilt für Beteiligungen an Kapitalgesellschaften in anderen EU-Staaten nur eine Mindestbeteiligungsgrenze von 10 % (vgl. § 9 Nr. 7 Satz 1 2. Halbsatz GewStG). Dies hängt mit der sog. Mutter-Tochter-Richtlinie der EU zusammen, die eine Mindestbeteiligung von 10 % vorschreibt. In EU-Fällen reicht es dabei auch – anders als bei Beteiligungen an Gesellschaften in Drittstaaten – aus, wenn die Mindestbeteiligungsgrenze am 01.01. des jeweiligen Jahres erfüllt wird. In Drittstaatenfällen muss die Mindestbeteiligungsgrenze (dort: 15 %) demgegenüber ganzjährig erfüllt werden; außerdem muss es sich um eine aktive Gesellschaft i. S. von § 8 Abs. 1 AStG handeln. Somit ergibt sich folgende **Übersicht** (Rechtslage ab 2008):

Kriterien	Beteiligung im Inland	 EU-Bereich	 Drittstaat
Mindestbeteiligung	15 %	10 %	15 % (oder niedrigere Grenze nach DBA)
Zeitliche Prüfung	01.01.	01.01.	durchgängig vom 01.01. bis zum 31.12.
Aktivitätsklausel	nein	nein	ja

Befände sich die hier vorliegende Beteiligung in einem Drittstaat, könnte die Voraussetzung des § 9 Nr. 7 GewStG also nicht erfüllt werden, da die Beteiligung noch im Jahr der Ausschüttung veräußert wurde. Daraus folgt dann aber nicht zwingend eine Hinzurechnung nach § 8 Nr. 5 GewStG. Diese wird nämlich u. U. durch das jeweilige Doppelbesteuerungsabkommen verhindert, wenn das Doppelbesteuerungsabkommen auch für die Gewerbesteuer gilt und die Voraussetzungen für eine sog. Schachtelbeteiligung vorliegen.[3]

Die **Veräußerung der Beteiligung** ist grundsätzlich nach § 8 b Abs. 2 KStG steuerbefreit. Allerdings ist die Regelung des § 8 b Abs. 2 Satz 2 KStG zu prüfen. Danach greift die Steuerbefreiung nicht ein, soweit der Anteil in früheren Jahren steuerwirksam auf den niedrigeren Teilwert abgeschrieben und die Gewinnminderung nicht durch den Ansatz eines höheren Werts ausgeglichen worden ist. Im vorliegenden Fall war die im Jahr 06 vorgenommene verlustbedingte Teilwertabschreibung jedoch nach § 8 b Abs. 3 KStG nicht abzugsfähig. Es handelte sich deshalb nicht um eine frühere steuerwirksame Teilwertabschreibung i. S. von § 8 b Abs. 2 Satz 2 KStG. Von dieser Ausnahmeregelung können nur Teilwertabschreibungen aus

3 Vgl. dazu BFH-Urteil vom 23.06.2010, GmbHR 2010 S. 1062.

dem zeitlichen Anwendungsbereich vor Einführung des § 8 b KStG n. F. durch die Unternehmensteuerreform 2001 betroffen sein.

Hinweis: Wurden in der Vergangenheit mehrere Teilwertabschreibungen vorgenommen, ist zunächst die letzte Teilwertabschreibung gegenzurechnen.[4] War diese nicht steuerlich abzugsfähig, steht sie der Steuerbefreiung nach § 8 b Abs. 2 KStG nicht entgegen. Nur wenn der Veräußerungsgewinn höher ist als die letzte Teilwertabschreibung, wird die weitere Teilwertabschreibung gegengerechnet und dann insoweit die Steuerfreiheit nach § 8 b Abs. 2 Satz 4 KStG versagt, sofern diese Teilwertabschreibung steuerwirksam war.

Es kommt im vorliegenden Fall auch nicht entscheidend darauf an, dass nach der Sachverhaltsdarstellung möglicherweise bereits zum 31.12.08 die Voraussetzungen für eine Zuschreibung nach § 6 Abs. 1 Nr. 2 Satz 3 i. V. m. Nr. 1 Satz 4 EStG vorgelegen haben. Auch diese Zuschreibung im Jahr 08 wäre nämlich nach § 8 b Abs. 2 KStG steuerfrei gewesen.

Somit ergibt sich aus der Veräußerung der Beteiligung folgendes Ergebnis:

Veräußerungserlös	500.000 €
⁒ Buchwert (AK 700.000 € ⁒ Teilwertabschreibung im Jahr 06 400.000 € =)	⁒ 300.000 €
bilanzieller Veräußerungsgewinn	200.000 €

Dieser Veräußerungsgewinn wird außerbilanziell steuerfrei gestellt (vgl. Zeile 44 e des Vordrucks KSt 1 A). 5 % des steuerfreien Veräußerungsgewinns (10.000 €) gelten als nicht abziehbare Ausgaben und sind außerbilanziell hinzuzurechnen (§ 8 b Abs. 3 Satz 1 KStG; Zeile 44 f des Vordrucks KSt 1 A).

Die Steuerbefreiung des Veräußerungsgewinns gilt über § 7 GewStG auch für die Gewerbesteuer. Die Hinzurechnungsregelung des § 8 Nr. 5 GewStG kann für Veräußerungsgewinne nicht eingreifen.

3. Veräußerung der Anteile an der P-AG

Aus der Veräußerung der Anteile ist ein Verlust i. H. von 50.000 € entstanden. Dieser ist nach § 8 b Abs. 3 KStG körperschaftsteuerlich nicht abzugsfähig. Es kommt dabei nicht darauf an, ob die Veräußerung als Missbrauchsfall i. S. von § 8 b Abs. 4 KStG a. F. anzusehen ist. Veräußerungsverluste sind nämlich auch in den Fällen des § 8 b Abs. 4 KStG a. F. generell nicht abzugsfähig.[5] Die Versagung der Steuerbefreiung für Veräußerungsgewinne nach § 8 b Abs. 4 KStG a. F. kann also bei entstandenen Verlusten nicht zu einer Abzugsfähigkeit dieser Verluste führen. Für die Nichtabzugsfähigkeit der Verluste ist nicht entscheidend, auf welchen Ursachen die Verlustentstehung beruht.

---

4 BFH-Urteil vom 19.08.2009, BStBl 2010 II S. 760.

5 BMF-Schreiben vom 28.04.2003, BStBl I S. 292, Rz. 27.

§ 8 b Abs. 3 KStG gilt über § 7 GewStG auch für die Ermittlung des **Gewerbeertrags.** Der Veräußerungsverlust ist damit auch gewerbesteuerlich nicht abzugsfähig.

Hinweis: Wäre aus der Veräußerung ein Gewinn entstanden, wäre dessen Steuerbefreiung u. U. nach § 8 b Abs. 4 KStG a. F. zu versagen. Dies gilt allerdings nur, wenn die Einbringung der Anteile an der P-AG vor dem 13.12.2006 erfolgt ist (§ 34 Abs. 7 a KStG). Es handelt sich bei der Beteiligung an der P-AG nämlich um eingebrachte Anteile i. S. von § 8 b Abs. 4 Satz 1 Nr. 2 KStG a. F. Die Anteile wurden von einer natürlichen Person (= M), also einem nicht von § 8 b Abs. 2 KStG begünstigten Steuerpflichtigen, zu einem Wert unter dem Teilwert (nämlich seinerzeit zu Anschaffungskosten des M) erworben (sog. persönliche Sperre). Die Einbringung der Anteile durch M war nach § 20 Abs. 1 Satz 2 UmwStG a. F. begünstigt. Die zeitliche Rückausnahme in § 8 b Abs. 4 Satz 2 Nr. 1 KStG a. F. greift nicht ein, da die Veräußerung innerhalb von sieben Jahren nach der früheren Einbringung erfolgt ist. Auch § 8 b Abs. 4 Satz 2 Nr. 2 KStG a. F. (sachliche Rückausnahme) wäre nicht anwendbar, da die Einbringung zwar nicht auf § 20 Abs. 1 Satz 1 UmwStG a. F. (sondern auf Satz 2) beruhte, aber die Einbringung durch eine natürliche Person (nämlich M) erfolgt ist. Aufgrund der 7-Jahres-Frist des § 8 b Abs. 4 Satz 2 Nr. 1 KStG a. F. kann die Einschränkung des § 8 b Abs. 4 KStG a. F. noch längstens bis zum 12.12.2013 Anwendung finden. Wäre die Einbringung der Anteile durch M in die M-AG nach dem 12.12.2006 erfolgt, käme im Gewinnfall § 8 b Abs. 4 KStG a. F. nicht mehr zur Anwendung. Die Steuerbefreiung für die Veräußerung der Anteile durch die M-AG wäre also nicht eingeschränkt. Allerdings ergäbe sich in diesem Fall eine rückwirkende Korrektur der früheren Einbringung nach § 22 UmwStG; der Buchwertansatz für die Einbringung wäre also rückwirkend zu versagen (vgl. dazu Fall 45).

4. Anteile an der N-GmbH

Zwischen der M-AG und der N-GmbH bestand eine körperschaftsteuerliche Organschaft. Nach § 8 b Abs. 2 KStG ist grundsätzlich auch die Veräußerung von Beteiligungen an Organgesellschaften begünstigt. Allerdings kann die körperschaftsteuerliche Organschaft im Jahr 09 sowieso nicht mehr anerkannt werden, da die finanzielle Eingliederung der N-GmbH zur M-AG nicht das gesamte Wirtschaftsjahr über gegeben war (vgl. Wortlaut des § 14 Abs. 1 Nr. 1 KStG). Die Kündigung des Gewinnabführungsvertrags schließt die Anerkennung der Organschaft bis zum Jahr 08 nicht aus. Zwar hatte der Gewinnabführungsvertrag aufgrund der Kündigung tatsächlich keine Laufzeit von mindestens fünf Jahren. Bei einer Veräußerung der Organbeteiligung vor Ablauf der 5-Jahres-Frist liegt i. d. R. ein wichtiger Grund vor, sodass der Gewinnabführungsvertrag für die Zeit zuvor wirksam bleibt (hier: bis zum Jahr 08; R 60 Abs. 6 Satz 2 KStR).

Hinweis: Es wäre auch möglich gewesen, für die Zeit bis zum 31.10.09 ein Rumpf-Wirtschaftsjahr zu bilden. Dann hätte die Organschaft zur M-AG bis zum 31.10.09 anerkannt werden können. Die T-GmbH hätte dann anschließend wieder zum normalen Abschlussstichtag 31.12. zurückkehren können (vgl. R 59 Abs. 3 KStR).

Die Einbringung der Naturfaserabteilung ist im Jahr 01 erfolgt, also vor mehr als sieben Jahren. Es kann somit weder die Steuerbefreiung des § 8 b Abs. 2 KStG nach § 8 b Abs. 4 KStG a. F. versagt werden (wenn die Einbringung vor dem 13.12.2006 erfolgt wäre; vgl. § 34 Abs. 7 a KStG) noch kann ein Anwendungsfall des § 22 Abs. 1 UmwStG vorliegen (wenn die Einbringung nach dem 12.12.2006 erfolgt wäre). Der Veräußerungsgewinn ist also nach § 8 b Abs. 2 KStG steuerfrei.

Bei der Ermittlung des Veräußerungsgewinns ist allerdings zu beachten, dass die im Jahr 10 von S an die M-AG weitergeleitete Ausschüttung aus der Sicht der M-AG Bestandteil des Veräußerungspreises ist. Es liegt keine Gewinnausschüttung vor, die nach § 8 b Abs. 1 KStG steuerbefreit werden könnte. Nach § 20 Abs. 5 EStG sind Dividendenerträge i. S. von § 20 Abs. 1 Nr. 1 EStG vom Anteilseigner zu versteuern. Anteilseigner ist derjenige, dem die Anteile an der ausschüttenden Körperschaft nach § 39 AO im Zeitpunkt des Gewinnverteilungsbeschlusses zuzurechnen sind. Dies ist hier S. Die Weiterleitung von $\frac{10}{12}$ der Gewinnausschüttung von S an die M-AG ändert damit nichts daran, dass S die volle Dividende von 48.000 € als Einnahmen aus Kapitalvermögen i. S. von § 20 Abs. 1 Nr. 1 EStG zu versteuern hat. Die Kapitalertragsteuer kann allenfalls bei ihm (und nicht bei der M-AG) angerechnet werden (sofern bei S nicht sowieso die Abgeltungswirkung der Kapitalertragsteuer nach § 43 Abs. 5 EStG eintritt).

Die weitergeleiteten 40.000 € stellen einen zusätzlichen Veräußerungspreis für die Übertragung der Anteile dar; bei S erhöhen sie die Anschaffungskosten der Beteiligung. Sie stellen keine negativen Einnahmen oder Werbungskosten aus Kapitalvermögen dar. Aus Sicht der M-AG ist der Veräußerungspreis um 40.000 € zu erhöhen. Damit ergibt sich folgender Veräußerungsgewinn:

Veräußerungspreis lt. Vertrag	280.000 €
+ weitergeleitete Ausschüttung	+ 40.000 €
Veräußerungspreis insgesamt	320.000 €
⁒ Buchwert der Anteile bei Veräußerung	⁒ 120.000 €
Veräußerungsgewinn	200.000 €

Der Veräußerungsgewinn ist nach § 8 b Abs. 2 KStG steuerfrei und deshalb außerbilanziell abzuziehen. Allerdings gelten 5 % des steuerfreien Veräußerungsgewinns nach § 8 b Abs. 3 Satz 1 KStG als nicht abziehbare Betriebsausgaben (= 10.000 €) und sind außerbilanziell hinzuzurechnen. Gewerbesteuerlich ergibt sich keine Korrektur dieses Ergebnisses; die

Steuerbefreiung (von im Ergebnis 95 %) schlägt also auch auf die Gewerbesteuer durch.

5. Anteile an der B-GmbH

a) Veräußerung an M

Die Veräußerung der Hälfte der Beteiligung (30 %) an den Gesellschafter M ist verbilligt erfolgt. Diese verbilligte Veräußerung erfüllt die Voraussetzungen einer vGA i. S. von § 8 Abs. 3 Satz 2 KStG. Durch den Vorgang ist nämlich eine verhinderte Vermögensmehrung eingetreten, die durch das Gesellschaftsverhältnis veranlasst ist und sich auf den Unterschiedsbetrag i. S. von § 4 Abs. 1 Satz 1 EStG ausgewirkt hat (R 36 Abs. 1 KStR). Der Vorgang beruht auch nicht auf einem den gesellschaftsrechtlichen Vorschriften entsprechenden Gewinnverteilungsbeschluss. Eine Veranlassung durch das Gesellschaftsverhältnis ist gegeben, weil die Anteile an einen Fremden zum tatsächlichen Wert von 80.000 € veräußert worden wären.

Die Einkommenserhöhung bei der M-AG aufgrund der vGA fällt jedoch ebenfalls unter § 8 b Abs. 2 KStG.[6] Die Ermittlung der vGA geht dabei der Anwendung des § 8 b KStG vor. Damit ist wie folgt zu rechnen:

Bilanzielles Ergebnis bei der M-AG:

Veräußerungserlös	50.000 €
⁒ anteiliger Buchwert (½ von 60.000 € =)	⁒ 30.000 €
bilanzieller Gewinn	20.000 €

Außerbilanzielle Korrekturen:

Hinzurechnung der vGA (§ 8 Abs. 3 Satz 2 KStG)	+ 30.000 €
Gewinn insgesamt	50.000 €
davon steuerfrei nach § 8 b Abs. 2 KStG	⁒ 50.000 €
zzgl. 5 %-Pauschale (§ 8 b Abs. 3 Satz 1 KStG)	+ 2.500 €
steuerpflichtiger Gewinn (= Erhöhung des Gewerbeertrags)	2.500 €

Die vGA unterliegt beim Anteilseigner M grundsätzlich der Abgeltungsteuer von 25 % (Versteuerung im Rahmen der Einkommensteuerveranlagung nach § 32 d Abs. 3 EStG). Hält M seine Anteile in einem Betriebsvermögen oder hat er einen Antrag nach § 32 d Abs. 2 Nr. 3 EStG gestellt, greift die Teileinkünftebesteuerung für die vGA ein (40 % steuerfrei nach § 3 Nr. 40 Satz 1 Buchst. d EStG = 12.000 €; 60 % steuerpflichtig = 18.000 €).

M hat die versteuerte vGA für seine Beteiligung an der B-GmbH verbraucht. Die vGA erhöht deshalb seine Anschaffungskosten auf diese Beteiligung (30.000 €; die Reduzierung der Anschaffungskosten nach § 3 c Abs. 2 EStG wirkt sich erst bei einer späteren Veräußerung aus).

---

6 Vgl. auch BMF-Schreiben vom 28.04.2003, BStBl I S. 292, Rz. 21.

b) Unentgeltliche Übertragung auf die T-GmbH

Die unentgeltliche Übertragung der anderen Hälfte der Anteile auf die T-GmbH stellt eine verdeckte Einlage dar. Eine verdeckte Einlage liegt vor, wenn ein Gesellschafter der Kapitalgesellschaft einen einlagefähigen Vermögensvorteil zuwendet und diese Zuwendung durch das Gesellschaftsverhältnis veranlasst ist (R 40 Abs. 1 KStR). Die Veranlassung durch das Gesellschaftsverhältnis ist gegeben, wenn ein Nichtgesellschafter bei Anwendung der Sorgfalt eines ordentlichen Kaufmanns den Vermögensvorteil der Gesellschaft nicht eingeräumt hätte (R 40 Abs. 3 KStR). Diese Voraussetzungen sind hier erfüllt. Ob einlegender Gesellschafter eine natürliche Person oder – wie hier – eine andere Körperschaft ist, ist nicht entscheidend.

Die verdeckte Einlage ist mit dem Teilwert zu bewerten (§ 6 Abs. 1 Nr. 5 Satz 1 EStG). Nach § 6 Abs. 6 Satz 2 EStG führt die verdeckte Einlage auf der Ebene des Gesellschafters (hier: der M-AG) zu einer Gewinnrealisierung. Der Buchwert der Beteiligung an der T-GmbH erhöht sich um den Wert der verdeckten Einlage. Der entstehende Einlagegewinn ist nach § 8 b Abs. 2 Satz 6 KStG ebenfalls steuerbefreit.[7]

Es ergibt sich damit bei der M-AG folgende Berechnung:

Bilanzielle Behandlung:

Buchung:

Beteiligung T-GmbH	80.000 €	an	Beteiligung B-GmbH	30.000 €
			a. o. Ertrag	50.000 €

Somit entsteht ein bilanzieller Ertrag i. H. von	50.000 €
Außerbilanzielle Korrektur:	
Steuerfreistellung nach § 8 b Abs. 2 Satz 6 KStG	⁒ 50.000 €
zzgl. 5 %-Pauschale (§ 8 b Abs. 3 Satz 1 KStG)	+ 2.500 €
steuerpflichtiger Gewinn (= Erhöhung des Gewerbeertrags)	2.500 €

Auf der Ebene der aufnehmenden T-GmbH ist die Beteiligung mit ihrem Teilwert von 80.000 € zu aktivieren (bilanzielle Einbuchung über a. o. Ertrag, der außerbilanziell als verdeckte Einlage wieder korrigiert wird). Das steuerliche Einlagekonto der T-GmbH erhöht sich entsprechend um 80.000 €.

6. Aktien an der D-AG

Die erhaltene Dividende der D-AG ist nach § 8 b Abs. 1 KStG steuerfrei (außerbilanzielle Einkommenskorrektur in Zeile 13 der Anlage AE zur Körperschaftsteuererklärung i. H. von 10.000 €).

Der gebuchte Steueraufwand i. H. von 1.500 € ist nach § 10 Nr. 2 KStG außerbilanziell hinzuzurechnen (Zeile 10 der Anlage A zur Körperschaftsteuererklärung KSt 1 A).

---

7 BMF-Schreiben vom 28.04.2003, BStBl I S. 292, Rz. 20.

Hinsichtlich der Abzugsfähigkeit der übrigen Aufwendungen auf die Beteiligung gilt die Pauschalierungsregelung in § 8 b Abs. 5 KStG. Danach gelten 5 % der (steuerfreien) Bezüge als Ausgaben, die nicht als Betriebsausgaben behandelt werden dürfen (Eintrag in Zeile 14, Spalte 4 der Anlage AE: 500 €). Damit ergibt sich ein Unterschiedsbetrag in Zeile 15, Spalte 4, der Anlage AE i. H. von 9.500 €, der mit umgekehrten Vorzeichen (⁒ 9.500 €) in Spalte 5 von Zeile 15 zu übertragen ist. Die Gesamtsumme in Zeile 33 der Anlage AE (hier: ⁒ 9.500 €) ist dann nach Zeile 41 der Körperschaftsteuererklärung KSt 1 A zu übertragen. Die Hinzurechnung nach § 8 b Abs. 5 KStG ist unabhängig davon vorzunehmen, ob und ggf. in welcher Höhe tatsächlich Aufwendungen auf die Beteiligung angefallen sind.

Gewerbesteuerlich ist eine Kürzung nach § 9 Nr. 7 GewStG nicht erforderlich, da die Dividendenerträge bereits körperschaftsteuerlich in voller Höhe steuerbefreit wurden (§ 7 GewStG). Allerdings ist die Hinzurechnungsregelung des § 8 Nr. 5 GewStG zu beachten. Danach sind (u. a.) die nach § 8 b Abs. 1 KStG außer Ansatz bleibenden Gewinnanteile (Dividenden) hinzuzurechnen, soweit sie nicht die Voraussetzungen des § 9 Nr. 2 a oder 7 GewStG erfüllen. Die mit diesen Einnahmen in wirtschaftlichem Zusammenhang stehenden Betriebsausgaben, soweit sie nach § 3 c EStG und § 8 b Abs. 5 KStG unberücksichtigt bleiben, mindern den Hinzurechnungsbetrag. Im vorliegenden Fall liegen die Voraussetzungen für eine Kürzung nach § 9 Nr. 7 GewStG nicht vor, da keine Mindestbeteiligung von 10 % gegeben ist. Somit ist die Dividende unter Berücksichtigung der nach § 8 b Abs. 5 KStG nicht abziehbaren Betriebsausgaben gewerbesteuerlich hinzuzurechnen (9.500 €). Die Hinzurechnung wird auch nicht durch das DBA-Österreich verhindert.[8] Die dortige Schachtelbeteiligungsgrenze von 10 % ist im vorliegenden Fall nämlich ebenfalls nicht erreicht.[9]

Außerdem ist gewerbesteuerlich zu beachten, dass aufgrund der Pauschalierungsregelung des § 8 b Abs. 5 KStG im Ergebnis nur ein Teil der tatsächlich angefallenen Schuldzinsen nach § 8 b Abs. 5 KStG als nicht abzugsfähig behandelt wurde (500 € von insgesamt 3.000 €). Somit ist für die nach Anwendung des § 8 b Abs. 5 KStG noch abzugsfähigen Schuldzinsen (2.500 €) § 8 Nr. 1 Buchst. a GewStG anzuwenden. Die Schuldzinsen sind also in die Summe der Finanzierungsentgelte des § 8 Nr. 1 GewStG einzubeziehen (Hinzurechnung dann mit ¼ nach Abzug des Freibetrags von 100.000 €). Zwar haben sich aufgrund der Gegenrechnung in § 8 Nr. 5 GewStG alle Schuldzinsen (3.000 €) mindernd auf die Gewerbesteuer ausgewirkt. Die Einbeziehung in die Finanzierungsentgelte ist allerdings dennoch auf die Schuldzinsen zu begrenzen, die sich mindernd auf die Ausgangsgröße nach § 7 GewStG ausgewirkt haben. Dies sind hier nur 2.500 €.

8 Vgl. dazu BFH-Urteil vom 23.06.2010, GmbHR 2010 S. 1062.

9 Art. 23 Abs. 1 Buchst. a Satz 3 DBA-Österreich.

7. Beteiligung an der R-GmbH

Die Dividende i. H. von 50.000 € aus dem steuerlichen Einlagekonto stellt eine Rückzahlung früherer Einlagen dar. Sie ist deshalb zunächst mit dem Buchwert der Beteiligung zu verrechnen (bis 0 €, also i. H. von 10.000 €). Ein negativer Buchwert ist nicht denkbar. Der übersteigende Betrag i. H. von 40.000 € führt deshalb in der Bilanz zu steuerpflichtigen Betriebseinnahmen.

Buchung:

Bank	50.000 €	an	Beteiligung R-GmbH	10.000 €
			Beteiligungsertrag R-GmbH	40.000 €

Die sich dadurch ergebende Gewinnerhöhung ist jedoch nach § 8 b KStG steuerbefreit. Dabei ist eine Steuerbefreiung nach § 8 b Abs. 2 KStG und nicht nach § 8 b Abs. 1 KStG zu gewähren.[10] Diese Einordnung hätte vor allem dann eine Auswirkung, wenn die M-AG in der Vergangenheit eine ausschüttungsbedingte Teilwertabschreibung vorgenommen hätte, die steuerlich noch abzugsfähig war (also im zeitlichen Geltungsbereich vor der Unternehmensteuerreform 2001). Dies ist hier jedoch nicht der Fall. Andererseits hat die Steuerbefreiung nach § 8 b Abs. 2 KStG (statt nach Abs. 1) den Vorteil, dass eine gewerbesteuerliche Hinzurechnung nach § 8 Nr. 5 GewStG nicht in Betracht kommen kann. Die Steuerbefreiung schlägt damit auf jeden Fall auch auf die Gewerbesteuer durch. Die Regelung in H 9.3 „Ausschüttungen ..." GewStH, wonach Ausschüttungen aus dem steuerlichen Einlagekonto nicht unter die Kürzungsregelung des § 9 Nr. 2 a GewStG fallen, geht hier ins Leere.[11]

8. Beteiligung an der S-GmbH

Im Rahmen der Liquidation der S-GmbH ist für die M-AG ein Verlust entstanden. Da keine Auskehrung eines Liquidationserlöses erfolgt, muss die Beteiligung im Jahr 09 erfolgswirksam ausgebucht werden. Die sich dabei ergebende Gewinnminderung ist jedoch nicht abzugsfähig. Von § 8 b Abs. 3 KStG werden nämlich auch Gewinnminderungen bei Auflösung der (Tochter-)Gesellschaft erfasst und körperschaftsteuerlich nicht zum Abzug zugelassen. Der in Höhe des auszubuchenden Stammkapitals entstehende bilanzielle Aufwand i. H. von 100.000 € wird deshalb wieder außerbilanziell korrigiert. Über § 7 GewStG gilt die Nichtabzugsfähigkeit des Liquidationsverlustes auch für die Gewerbesteuer.

---

10 BMF-Schreiben vom 28.04.2003, BStBl I S. 292, Rz. 6, und BFH-Urteil vom 28.10.2009, DB 2010 S. 256.

11 **Hinweis:** Sie wirkt sich aber bei beteiligten Einzelunternehmen nach wie vor aus, da dort einkommensteuerlich nur eine teilweise Steuerbefreiung gewährt wird; der andere Teil der Einlagenrückzahlung ist in der Ausgangsgröße nach § 7 GewStG noch enthalten. Für diesen einkommensteuerlich steuerpflichtigen Teil wird die Kürzung nach § 9 Nr. 2 a GewStG nicht gewährt.

Ebenso verhält es sich mit dem Aufwand aus der Bürgschaftsinanspruchnahme. Die Zahlung an das Kreditinstitut führt nicht zu nachträglichen Anschaffungskosten auf die Beteiligung.[12] Sie stellt vielmehr laufenden Beteiligungsaufwand dar. Dieser fällt aber unter § 8 b Abs. 3 Satz 4 KStG. Danach gehören zu den nicht abzugsfähigen Gewinnminderungen auch Gewinnminderungen im Zusammenhang mit einer Darlehensforderung oder aus der Inanspruchnahme von Sicherheiten, die für ein Darlehen hingegeben wurden, wenn das Darlehen oder die Sicherheit von einem Gesellschafter gewährt wird, der zu mehr als einem Viertel unmittelbar oder mittelbar am Grund- oder Stammkapital der Körperschaft, der das Darlehen gewährt wurde, beteiligt ist oder war. Die M-AG war an der S-GmbH zu 100 % beteiligt (und damit zu mehr als einem Viertel). Bei ihr ist eine Gewinnminderung aus der Inanspruchnahme von Sicherheiten (hier: Bürgschaft) eingetreten. Zwar besteht nach § 8 b Abs. 3 Satz 6 KStG die Möglichkeit eines Fremdvergleichs. Dieser kann jedoch hier nicht geführt werden, da für den Fremdvergleich nur die eigenen Sicherungsmittel der Gesellschaft zu berücksichtigen sind. Dass die eigenen Sicherungsmittel hier nicht ausgereicht haben, zeigt der Umstand, dass das Kreditinstitut bei Darlehensgewährung auf einer Bürgschaft der M-AG als Muttergesellschaft der S-GmbH bestanden hatte. Auch diese Nichtabzugsfähigkeit schlägt auf die Gewerbesteuer durch.

Hinweis: Wäre die Gewinnminderung allerdings vor 2008 eingetreten, könnte § 8 b Abs. 3 Satz 4 ff. KStG noch nicht angewandt werden (vgl. § 34 Abs. 1 KStG i. d. F. des Jahressteuergesetzes 2008). Für diese Jahre hat der BFH entschieden, dass Darlehensverluste und Gewinnminderungen aufgrund der Inanspruchnahme aus eingeräumten Sicherheiten noch abzugsfähig sind.[13] Durch die Gesetzesergänzung ist diese Rechtsprechung aber ab 2008 überholt.

Fall 25

Beteiligung einer Körperschaft an einer Personengesellschaft

KStG § 8 b; EStG § 3 Nr. 40, §§ 3 c, 15, 16, 34, 35, 36, 43, 45 a;
GewStG §§ 7, 8 Nr. 1 und 5, § 9 Nr. 2 und 2 a, § 11

Sachverhalt

An der Katz & Maus OHG, Düsseldorf (KM-OHG), sind beteiligt:

- die Katz-GmbH (K-GmbH) mit 60 % und

12 BFH-Urteil vom 18.12.2001, BStBl 2002 II S. 733.

13 BFH-Urteil vom 14.01.2009, BStBl II S. 674.

- Manfred Maus (M) mit 40 %.

Die KM-OHG produziert und vertreibt Tiernahrung. Die KM-OHG hält in ihrem Gesamthandsvermögen eine Beteiligung von 100 % an der Viehfutter-GmbH (V-GmbH).

Alle Beteiligten haben als Wirtschaftsjahr das Kalenderjahr.

Die V-GmbH schüttete im Jahr 05 für 04 eine Dividende von 120.000 € an ihre Anteilseignerin, die KM-OHG, aus. Für die V-GmbH wurde zum 31.12.04 das steuerliche Einlagekonto i. S. von § 27 KStG mit 0 € festgestellt.

Für die langfristige Finanzierung der Beteiligung an der V-GmbH sind bei der KM-OHG im Jahr 05 Finanzierungskosten i. H. von 160.000 € angefallen.

Die KM-OHG veräußerte zum 30.12.05 ihre Beteiligung an der V-GmbH für 2.200.000 € an die L-AG. Der Buchwert der Beteiligung betrug bis dahin 1.900.000 €.

Zusätzlich zur Beteiligung an der V-GmbH hält die KM-OHG auch einige Aktien an börsennotierten Unternehmen, für die sie im Jahr 05 für 04 eine Dividende i. H. von 5.000 € erhalten hat.

Die KM-OHG erzielte im Jahr 05 in ihrem Gesamthandsvermögen einen Gewinn i. S. von § 15 EStG i. H. von 800.000 € (einschließlich der genannten Beteiligungserträge und des Veräußerungsgewinns).

In der Handelsbilanz der K-GmbH ist die Beteiligung an der KM-OHG seit Jahren unverändert mit ihren Anschaffungskosten i. H. von 1.000.000 € ausgewiesen. Demgegenüber ist die Beteiligung in der Steuerbilanz der K-GmbH zum 31.12.05 mit 1.800.000 € aktiviert (= Kapitalkonto der K-GmbH bei der KM-OHG). Einschließlich des Ertrags aus der Beteiligung an der KM-OHG hat die K-GmbH in ihrer Steuerbilanz für das Jahr 05 einen Gewinn i. H. von 700.000 € ausgewiesen. Die körperschaftsteuerlich nicht abziehbaren Ausgaben (§ 10 Nr. 2 KStG usw.) betragen 260.000 €.

Der Gewerbesteuer-Hebesatz beträgt 440 %. Weitere als die im Sachverhalt ggf. genannten Finanzierungsentgelte i. S. von § 8 Nr. 1 GewStG sind nicht angefallen.

Schaubild zu den Beteiligungsverhältnissen:

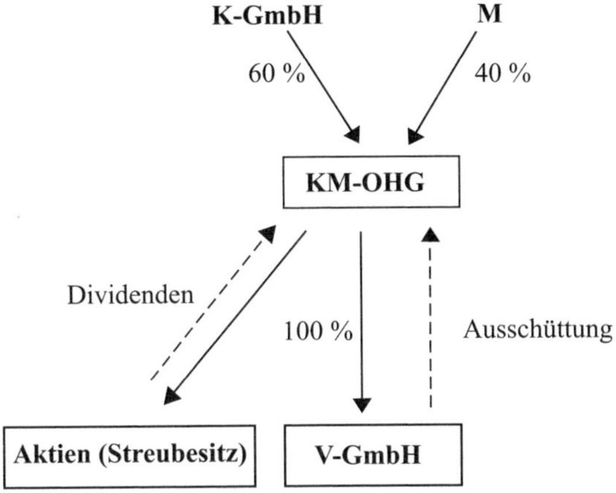

Frage

1. Welche Konsequenzen hat die V-GmbH für die Ausschüttung an die KM-OHG zu beachten?
2. Erläutern Sie die durchzuführende einheitliche und gesonderte Gewinnfeststellung bei der KM-OHG! Stellen Sie dabei auch die notwendigen Eintragungen auf den Feststellungsvordrucken dar.
3. Welche gewerbesteuerlichen Folgen ergeben sich bei der KM-OHG für die dargestellten Beteiligungserträge und den Gewinn aus der Veräußerung der Beteiligung an der V-GmbH?
4. Wie wird die Beteiligung an der KM-OHG bei der K-GmbH behandelt?

Antwort

1. Für die von der V-GmbH getätigte Ausschüttung ergibt sich keine Verwendung des steuerlichen Einlagekontos. Sie hat deshalb bei der Ausschüttung Kapitalertragsteuer i. H. von 25 % (zzgl. Solidaritätszuschlag) einzubehalten.
2. Vor Berücksichtigung der § 8 b KStG, § 3 Nr. 40 EStG und § 3 c EStG beträgt der Gewinn aus Gewerbebetrieb der KM-OHG 800.000 €. Unter Berücksichtigung der genannten Regelungen beträgt der Gewinn 515.350 €. Davon entfallen auf die K-GmbH 237.750 € und auf M 277.600 €.
3. Ausgangsgröße für die Ermittlung des Gewerbeertrags i. S. von § 7 GewStG ist nach Verwaltungsauffassung der „Netto-Gewinn" i. H. von 515.350 €. Eine Kürzung nach § 9 Nr. 2 a GewStG für die Gewinnausschüttung der V-GmbH erfolgt wegen der notwendigen Gegenrechnung von Schuldzinsen nicht. Auch für den Gewinn aus der Veräußerung der

Anteile an der V-GmbH und die Dividenden aus Streubesitzanteilen ist eine Kürzung nicht vorzunehmen. Allerdings ergeben sich Hinzurechnungen nach § 8 Nr. 5 GewStG i. H. von 3.650 € und nach § 8 Nr. 1 GewStG i. H. von 500 €.

4. Die anteiligen Dividenden aus der V-GmbH und den Streubesitzanteilen sind nach § 8 b Abs. 1 KStG bei der K-GmbH von der Körperschaftsteuer befreit. Ebenso wird nach § 8 b Abs. 2 KStG eine Steuerbefreiung für den anteiligen erzielten Veräußerungsgewinn erzielt. Für die steuerbefreiten Beträge kommt jeweils die 5 %-Pauschale in § 8 b Abs. 3 Satz 1 bzw. Abs. 5 Satz 1 KStG zum Ansatz. Gewerbesteuerlich wird der Gewinnanteil aus der KM-OHG nach § 9 Nr. 2 GewStG in voller Höhe gekürzt.

Begründung

1. Ebene der V-GmbH

Die V-GmbH hat zunächst zu prüfen, ob für die Ausschüttung eine Verwendung des steuerlichen Einlagekontos zu erfolgen hat (§ 27 KStG). Dies ist jedoch nicht der Fall, weil zum 31.12.04 kein Bestand im steuerlichen Einlagekonto vorhanden war. Damit unterliegt die Ausschüttung in vollem Umfang der Kapitalertragsteuer von 25 %. Dies gilt unabhängig davon, dass die Ausschüttung bei den Mitunternehmern der KM-OHG ganz bzw. teilweise nach § 8 b Abs. 1 KStG bzw. § 3 Nr. 40 EStG steuerbefreit ist (vgl. § 43 Abs. 1 Satz 3 EStG). Die einbehaltene Kapitalertragsteuer wird auf die Körperschaft- bzw. Einkommensteuer der Mitunternehmer angerechnet. Für die Anrechnung ist allerdings erforderlich, dass die V-GmbH eine Steuerbescheinigung über die einbehaltene Kapitalertragsteuer ausstellt (§ 36 Abs. 2 Nr. 2 Satz 2 EStG). Die Ausstellung der Steuerbescheinigung ist in § 45 a Abs. 2 EStG geregelt. Die Bescheinigung hat nach amtlich vorgeschriebenem Muster zu erfolgen:[1]

Kapitalerträge im Sinne des § 43 Abs. 1 Satz 1 Nr. 1 EStG	120.000 €
...	
Summe Kapitalertragsteuer in Höhe von 25 %	30.000 €
...	
Summe Solidaritätszuschlag	1.650 €
...	
Leistungen aus dem steuerlichen Einlagekonto (§ 27 Abs. 1 – 7 KStG)	0 €

Das steuerliche Einlagekonto i. S. von § 27 KStG ist zum 31.12.05 mit 0 € festzustellen.

1 Das Muster hat die Finanzverwaltung mit BMF-Schreiben vom 18.12.2009, BStBl 2010 I S. 79, bekannt gemacht.

2. Ebene der KM-OHG (Gewinnfeststellung)

Allgemeines

Die KM-OHG ist eine gewerblich tätige Mitunternehmerschaft i. S. von § 15 Abs. 1 Nr. 2, Abs. 2 EStG. Sie unterliegt nach § 2 Abs. 1 GewStG auch der Gewerbesteuer.

Der Gewinn einer Personengesellschaft wird einheitlich und gesondert festgestellt und bei den Gesellschaftern – je nach deren Rechtsform – der Einkommensteuer oder Körperschaftsteuer unterworfen. Die Ermittlung und Aufteilung des Gewinns erfolgt demnach auf der Ebene der Gesellschaft, dessen Versteuerung aber bei den Gesellschaftern. Für die Gewerbesteuer ist die Personengesellschaft allerdings selbst Steuerschuldnerin (§ 5 Abs. 1 Satz 3 GewStG).

Behandlung der erhaltenen Dividenden

Die erhaltenen Dividenden (zusammen 125.000 €) sind in der Buchführung der KG in voller Höhe als Ertrag zu behandeln. Die einbehaltenen Steuerabzugsbeträge (Kapitalertragsteuer und Solidaritätszuschlag) sind als Entnahmen der Gesellschafter zu verbuchen. Diese Behandlung gilt sowohl für die Ausschüttung der V-GmbH als auch für die Aktienerträge. Die Steuerbefreiungen nach § 3 Nr. 40 EStG (für M) bzw. nach § 8 b Abs. 1 KStG (für die K-GmbH) werden zwar grundsätzlich erst auf Gesellschafterebene gewährt. Nach § 7 Satz 4 GewStG schlagen sie jedoch auch bereits auf die Ermittlung des Gewerbeertrags der Mitunternehmerschaft (hier: der KM-OHG) durch (= sog. „Netto-Methode"). Unabhängig davon stellt die Finanzverwaltung die Beteiligungserträge in der einheitlichen und gesonderten Feststellung des Gewinns der Mitunternehmerschaft vor Anwendung von § 3 Nr. 40, § 3 c Abs. 2 EStG und § 8 b KStG fest (also „brutto").

Veräußerung von Beteiligungen (§ 8 b Abs. 2 KStG)

Nach § 8 b Abs. 2 KStG bleiben Gewinne einer Körperschaft aus der Veräußerung eines Anteils an einer anderen (in- oder ausländischen) Körperschaft außer Ansatz; sie sind damit steuerfrei. Veräußerungsverluste sind nicht abzugsfähig (§ 8 b Abs. 3 KStG). Auch diese Steuerbefreiung ist bei **mittelbarer Beteiligung über eine Personengesellschaft** anwendbar (§ 8 b Abs. 6 KStG).

Der entstehende Veräußerungsgewinn i. H. von 300.000 € entfällt zu 60 % (180.000 €) auf die K-GmbH und zu 40 % (120.000 €) auf M.

Der anteilig auf die K-GmbH entfallende Veräußerungsgewinn ist bei dieser nach § 8 b Abs. 2 KStG steuerfrei. Diese Steuerbefreiung wird nach § 8 b Abs. 6 KStG wiederum systematisch erst auf Gesellschafterebene gewährt; wirkt sich jedoch nach § 7 Satz 4 GewStG wiederum auch bereits auf die Gewerbesteuer der KM-OHG (mindernd) aus.

Bei M unterliegt der Gewinn nach § 3 Nr. 40 Satz 1 Buchst. b i. V. m. § 3 c Abs. 2 EStG zu 60 % der Besteuerung (72.000 €). Die Veräußerung stellt eine fiktive Teilbetriebsveräußerung dar (§ 16 Abs. 1 Nr. 1 Satz 2 EStG), sodass grundsätzlich die Begünstigungen der §§ 16, 34 EStG eingreifen. Allerdings ist die Anwendung von § 34 EStG ausgeschlossen, soweit das Teileinkünfteverfahren anwendbar ist (§ 34 Abs. 2 Nr. 1 EStG).

Aufwendungen

Aufwendungen auf Beteiligungen sind bei beteiligten Körperschaften mit der 5 %-Pauschale in § 8 b Abs. 3 Satz 1 KStG (für Veräußerungsgewinne) bzw. in § 8 b Abs. 5 Satz 1 KStG (für erhaltene Dividenden) abgegolten. Die tatsächlichen Beteiligungsaufwendungen (hier: anteilige Finanzierungskosten i. H. von 96.000 €) werden nicht korrigiert; sie bleiben also abzugsfähig. Für beteiligte natürliche Personen gilt (anteilig) § 3 c Abs. 2 EStG (nur teilweiser Abzug der Aufwendungen unabhängig vom Anfallen der Gewinnausschüttungen).

Soweit die Schuldzinsen anteilig auf M entfallen (40 % von 160.000 € = 64.000 €), greift das teilweise Abzugsverbot des § 3 c Abs. 2 EStG generell ein. Die Aufwendungen sind damit nur zu 60 % (= 38.400 €) abzugsfähig.

Dividendenerträge aus Aktien

Die Dividenden sind bei der KM-OHG wiederum in voller Höhe als Betriebseinnahme zu verbuchen. Bei den Gesellschaftern greifen die Steuerbefreiungen nach § 8 b Abs. 1 KStG (K-GmbH) bzw. § 3 Nr. 40 EStG (M) ein.

Gewerbesteuerlich greift bei Streubesitzanteilen (unter 15 % am 01.01.) die Kürzung nach § 9 Nr. 2 a GewStG nicht ein. Die nach Anwendung von § 3 Nr. 40 EStG und § 8 b KStG verbleibenden steuerpflichtigen Teile der Dividende aus diesen Anteilen werden also nicht gekürzt. Im Gegenteil: Der steuerbefreite Teil der Dividende wird nach § 8 Nr. 5 GewStG hinzugerechnet, da die Voraussetzungen des § 9 Nr. 2 a GewStG nicht vorliegen. Damit unterliegen die erhaltenen Dividenden aus den Streubesitzanteilen grundsätzlich in voller Höhe der Gewerbesteuer. Allerdings mindern die nach § 3 c Abs. 2 EStG bzw. § 8 b Abs. 5 KStG nicht abzugsfähigen Ausgaben den Hinzurechnungsbetrag (Berechnung siehe unten Antwort zu Frage 3).

Zusammenfassende Gewinnermittlung und -verteilung der KM-OHG:

	KM-OHG insgesamt	Anteil K-GmbH (60 %)	Anteil M (40 %)
Gewinn lt. G + V	800.000 €	480.000 €	320.000 €
⁒ steuerfreier Teil Ausschüttung V-GmbH (anteilig für die K-GmbH nach § 8 b Abs. 1 KStG, für M nach § 3 Nr. 40 EStG)	– 91.200 €	– 72.000 €	– 19.200 €
⁒ steuerfreier Teil des Gewinns aus der Veräußerung der Anteile an der V-GmbH (anteilig für die K-GmbH nach § 8 b Abs. 2 KStG, für M nach § 3 Nr. 40 EStG)	– 228.000 €	– 180.000 €	– 48.000 €
⁒ steuerfreier Teil der Aktienerträge	– 3.800 €	– 3.000 €	– 800 €
+ nicht abzugsfähige Aufwendungen (pauschal für K-GmbH nach § 8 b Abs. 3 und 5 KStG, für M nach § 3 c Abs. 2 EStG)	+ 38.350 €	+ 12.750 €	+ 25.600 €
verbleiben	515.350 €	237.750 €	277.600 €

	KM-OHG insgesamt	Anteil K-GmbH (60 %)	Anteil M (40 %)
begünstigter Gewinn i. S. von § 16 EStG (steuerpflichtiger Teil)	72.000 €	– €	72.000 €
anrechenbare KapSt 25 %	31.250 €	18.750 €	12.500 €
anrechenbarer SolZ (5,5 % der KapSt)	1.719 €	1.031 €	688 €

Vordruckmäßige Behandlung bei der KM-OHG

Die für die Steuerbefreiungen notwendigen Daten sind bereits im Rahmen der Feststellungserklärung zu erklären und werden auch in den Feststellungsbescheiden der Finanzämter ausgewiesen. Es sind folgende Eintragungen in den Feststellungsvordrucken erforderlich (die Zeilennummern können in den einzelnen Jahren abweichen):

Anlage FE 1 – Aufteilung von Besteuerungsgrundlagen:

Zeile		Summe €	K-GmbH €	M €
5	Laufende Einkünfte, die nach Schlüssel zu verteilen sind	500.000	300.000	200.000
12	Einkünfte, für die das Teileinkünfteverfahren gilt oder für die § 8 b KStG oder § 4 Abs. 7 UmwStG Anwendung findet – nach Schlüssel zu verteilen (in Zeile 5 enthalten)[2]	61.000	75.000	✗ 14.000
22	Gewerbesteuer-Messbetrag der Gesellschaft i. S. des § 35 EStG	17.325		
23	Für 05 tatsächlich zu zahlende Gewerbesteuer, die auf den Gewerbesteuer-Messbetrag lt. Zeile 22 entfällt	76.230		

Anlage FE 2 – Aufteilung von Besteuerungsgrundlagen:

Zeile		Summe €	K-GmbH €	M €
5	Veräußerungs-/Aufgabegewinne aus dem Gesamthandsvermögen	300.000	180.000	120.000
8	Veräußerungs-/Aufgabegewinne, für die das Teileinkünfteverfahren gilt oder für die § 8 b KStG Anwendung findet – nach Schlüssel zu verteilen (in Zeile 5 enthalten)	300.000	180.000	120.000
19	In den Zeilen 5 bis 7 enthaltener gewerbesteuerpflichtiger Veräußerungs-/Aufgabegewinn ohne Gewinne i. S. des § 18 Abs. 3 UmwStG	300.000	180.000	120.000

Bei Beteiligung von Körperschaften an Mitunternehmerschaften sind außerdem zusätzlich zu den Anlagen FB, FE-VM, FE 1, FE 2, FE 3, FE 4, FE-KAP, FE-AUS 1 bzw. FE-AUS 2 die Anlage FE-K 1 und/oder Anlage FE-K 2 auszufüllen und abzugeben. Die Abgabepflicht besteht dann, wenn an der Gesellschaft/Gemeinschaft

- Körperschaften oder
- Personengesellschaften/Gemeinschaften beteiligt sind (doppelstöckige Mitunternehmerschaften), an denen wiederum Körperschaften beteiligt sind.

2 Für die K-GmbH sind hier die gesamten Erträge ohne Hinzurechnung der 5 %-Pauschale auszuweisen; für M sind es die Nettoerträge unter Abzug der anteiligen Finanzierungskosten (vor Anwendung des § 3 Nr. 40 EStG).

Auf der **Anlage FE-K 1** ergeben sich folgende Eintragungen:

Zeile		Summe €	K-GmbH €
5	Inländische Bezüge i. S. des § 8 b Abs. 1 KStG (Gesamthandsbilanz)	75.000	75.000
7	Inländische Gewinne i. S. des § 8 b Abs. 2 KStG (Gesamthandsbilanz)	180.000	180.000

Anlage FE-K 2:

Zeile		Summe €	K-GmbH €
4	In einem Veräußerungsgewinn nach § 16 EStG enthaltene inländische Veräußerungsgewinne i. S. des § 8 b Abs. 2 KStG lt. Gesamthandsbilanz	180.000	180.000

3. Gewerbesteuer bei der KM-OHG
Ausgangsgröße

Gewerbesteuerlich beträgt die Ausgangsgröße i. S. von § 7 GewStG 580.150 € (Nettogewinn unter Berücksichtigung der Regelungen des § 8 b KStG bzw. § 3 Nr. 40 EStG und § 3 c Abs. 2 EStG; vgl. § 7 Satz 4 GewStG).

Anschließend ist zu prüfen, ob für die Beteiligungserträge die Kürzung nach § 9 Nr. 2 a GewStG oder die Hinzurechnung nach § 8 Nr. 5 GewStG eingreift.

Dividende der V-GmbH/Schuldzinsen

Für die Dividende der V-GmbH greift die Kürzungsregelung des § 9 Nr. 2 a GewStG ein. Die KM-OHG war am 01.01.05 nämlich zu mindestens 15 % an der V-GmbH beteiligt. Die Kürzung kann allerdings nur insoweit erfolgen, wie die Dividende in der Ausgangsgröße nach § 7 GewStG (Gewinn aus Gewerbebetrieb) noch enthalten ist. Außerdem ist die Regelung des § 9 Nr. 2 a Satz 3 GewStG zu beachten. Danach mindern im unmittelbaren Zusammenhang mit den Gewinnanteilen stehende Aufwendungen den Kürzungsbetrag. Eine Einbeziehung in die Finanzierungsentgelte des § 8 Nr. 1 Buchst. a GewStG entfällt allerdings insoweit. Zusätzlich ist zu berücksichtigen, dass die 5 %-Pauschale des § 8 b Abs. 5 Satz 1 KStG nicht zur Kürzung führt (§ 9 Nr. 2 a Satz 4 GewStG).

Für die Kürzung der Dividende der V-GmbH ergibt sich bei der KM-OHG somit folgende Berechnung:

Gewinnausschüttung insgesamt	120.000 €
./. davon steuerfrei nach § 8 b Abs. 1 KStG (Anteil K-GmbH = 60 %)	72.000 €
./. davon steuerfrei nach § 3 Nr. 40 EStG (Anteil M i. H. von 40 % = 48.000 €, davon 40 %)	19.200 €
verbleibender steuerpflichtiger Teil der Dividende	28.800 €

⁒ abzugsfähiger Teil der Beteiligungsaufwendungen; nur Anteil M 160.000 € × 40 %; davon 60 % = 38.400 €, höchstens aber	28.800 €
verbleibt als Kürzungsbetrag	0 €

Im Ergebnis erfolgt doch keine Kürzung nach § 9 Nr. 2 a GewStG. Eine Hinzurechnung nach § 8 Nr. 5 GewStG für die Gewinnausschüttung der V-GmbH erfolgt nicht, da die Kürzungsvoraussetzungen dem Grunde nach vorliegen (und sich nur der Höhe nach eine Kürzung i. H. von 0 € ergibt).

Veräußerungsgewinn

Gewerbesteuerlich unterliegt der Veräußerungsgewinn insoweit der Besteuerung, wie er auch in der Ausgangsgröße i. S. von § 7 GewStG enthalten ist. Berechnung:

Veräußerungsgewinn insgesamt	300.000 €
⁒ davon steuerfrei nach § 8 b Abs. 2 KStG (Anteil K-GmbH = 60 %)	180.000 €
⁒ davon steuerfrei nach § 3 Nr. 40 EStG (Anteil M i. H. von 40 % = 120.000 €, davon 40 %)	48.000 €
verbleibender steuerpflichtiger Teil des Veräußerungsgewinns	72.000 €

Für den Veräußerungsgewinn ergibt sich weder eine Kürzung des verbleibenden steuerpflichtigen Teils nach § 9 Nr. 2 a GewStG (vgl. H 9.3 „Veräußerungsgewinne" GewStH) noch kommt eine Hinzurechnung des steuerbefreiten Teils nach § 8 Nr. 5 GewStG in Betracht. Von beiden Vorschriften sind nur laufende Gewinnanteile, also Dividenden und vergleichbare Bezüge, betroffen.

Eine weitere Gewerbesteuerfreiheit des verbleibenden Veräußerungsgewinns ergibt sich auch nicht nach § 7 Satz 2 GewStG. Danach gehört zwar (u. a.) der Gewinn aus der Veräußerung eines Teilbetriebs nicht zum Gewerbeertrag, soweit er auf eine natürliche Person als unmittelbar beteiligter Mitunternehmer entfällt. Die 100 %-Beteiligung gilt zwar einkommensteuerlich als Teilbetrieb (§ 16 Abs. 1 Nr. 1 Satz 2 EStG). Diese sog. Teilbetriebsfiktion gilt jedoch nicht für die Gewerbesteuer; hier handelt es sich bei einer solchen Veräußerung um einen laufenden Geschäftsvorfall (vgl. auch H 7.1 Abs. 3 „Gewinn aus der Veräußerung einer 100 %igen Beteiligung an einer Kapitalgesellschaft" GewStH).

Streubesitzdividenden

Für den steuerpflichtigen Teil dieser **Dividenden** wird keine Kürzung nach § 9 Nr. 2 a GewStG gewährt, da die Mindestbeteiligung von 15 % offensichtlich nicht erreicht wird (lt. Sachverhalt: „einige Aktien an börsennotierten Unternehmen"). Somit greift § 8 Nr. 5 GewStG insoweit ein, wie bei der Ermittlung der Ausgangsgröße nach § 7 GewStG Steuerbefreiungen nach § 3 Nr. 40 EStG bzw. § 8 b Abs. 1 KStG gewährt wurden (saldiert mit nach § 3 c Abs. 2 EStG bzw. § 8 b Abs. 5 KStG nicht abzugsfähigen Betriebsausgaben). Es ergibt sich folgende Berechnung der Hinzurechnung nach § 8 Nr. 5 GewStG:

steuerbefreit nach § 8 b Abs. 1 KStG (Anteil K-GmbH)	
60 % von 5.000 € =	3.000 €
+ steuerbefreit nach § 3 Nr. 40 EStG (Anteil M)	
40 % von 5.000 € = 2.000 €, davon 40 % =	800 €
zusammen	3.800 €
abzgl. nicht abzugsfähige Ausgaben (hier nur die 5 %-Pauschale nach § 8 b Abs. 5 Satz 1 KStG für den Anteil der K-GmbH, da keine tatsächlichen Aufwendungen angefallen sind)	150 €
Hinzurechnungsbetrag nach § 8 Nr. 5 GewStG	3.650 €

Die Zinsen zur Finanzierung der Beteiligung an der V-GmbH sind in die Finanzierungsentgelte nach **§ 8 Nr. 1 Buchst. a GewStG** einzubeziehen, soweit sie die Ausgangsgröße i. S. von § 7 GewStG gemindert haben und nicht bereits den Kürzungsbetrag nach § 9 Nr. 2 a GewStG gemindert haben.

Zinsen zur Finanzierung der Beteiligung an der V-GmbH insgesamt	160.000 €
⁒ nicht abzugsfähig, soweit Anteil der M-GmbH (§ 8 b Abs. 5 KStG) 5 % von 72.000 € =	3.600 €
(aus dem Sachverhalt ist nicht ersichtlich, dass weitere Aufwendungen vorhanden sind, die mit der Betriebsausgaben-Pauschale abgegolten sein könnten)[3]	
⁒ nicht abzugsfähig, soweit Anteil des M (§ 3 c Abs. 2 EStG) 40 % von 160.000 € = 64.000 € × 40 % =	25.600 €
abgezogener Teil der Schuldzinsen	130.800 €
⁒ davon gegengerechnet nach § 9 Nr. 2 a Satz 4 GewStG (s. o.)	28.800 €
verbleibende Finanzierungsentgelte	102.000 €
⁒ Freibetrag für die Finanzierungsentgelte nach § 8 Nr. 1 GewStG	100.000 €
verbleiben	2.000 €
davon ¼	500 €

In der Gewerbesteuererklärung der KM-OHG (Vordruck GewSt 1 A) stellen sich diese Sachverhalte wie folgt dar:

Zeile		€
33	Gewerbeertrag Gewinn aus Gewerbebetrieb, der nach den Vorschriften des EStG bzw. KStG ermittelt worden ist	515.350
36	Hinzurechnungen: Finanzierungsanteile nach § 8 Nr. 1 GewStG Entgelte für Schulden (§ 8 Nr. 1 Buchst. a GewStG)	102.000

3 Teilweise wird hier aber auch die Auffassung vertreten, dass das pauschale Abzugsverbot nach § 8 b Abs. 5 KStG sich nicht mindernd auf die Hinzurechnung nach § 8 Nr. 1 GewStG auswirkt.

Zeile		€
49	Gewinnanteile (Dividenden) und die diesen gleichgestellten Bezüge und erhaltenen Leistungen aus Anteilen an einer Körperschaft, Personenvereinigung oder Vermögensmasse i. S. des KStG (§ 8 Nr. 5 (GewStG)	3.650
62	Kürzungen: Gewinne aus Anteilen an nicht steuerbefreiten inländischen Kapitalgesellschaften ... (§ 9 Nr. 2 a GewStG)	0

Der Gewerbesteuermessbetrag der KM-OHG ist damit wie folgt zu ermitteln:

Gewinn aus Gewerbebetrieb (§ 7 GewStG)	515.350 €
+ Hinzurechnung der Finanzierungsentgelte (s. o., § 8 Nr. 1 GewStG)	500 €
+ Hinzurechnung nach § 8 Nr. 5 GewStG	3.650 €
Gewerbeertrag	519.500 €
./. Freibetrag	24.500 €
verbleiben	495.000 €
× Messzahl 3,5 % = GewSt-Messbetrag	17.325 €
× Hebesatz 440 %	76.230 €

4. Ebene der K-GmbH

Grundsätzliches

Der Gewinnanteil der K-GmbH aus ihrer Beteiligung an der KM-OHG unterliegt bei der K-GmbH der Körperschaftsteuer. Der Bescheid über die einheitliche und gesonderte Feststellung des Gewinns ist dabei **Grundlagenbescheid** für die Besteuerung auf der Ebene der K-GmbH.

Die Beteiligung an der KM-OHG wird in der Steuerbilanz nach der sog. **Spiegelbild-Theorie** aktiviert. Das aktivierte Beteiligungskonto muss dabei mit dem in der KG für die Mitunternehmerin ausgewiesenen Kapitalkonto (bzw. der Summe der Kapitalkonten) deckungsgleich sein. Handelsrechtlich gilt demgegenüber das Anschaffungskostenprinzip.

Der dem Kapitalkonto der K-GmbH bei der KM-OHG gutgeschriebene Gewinnanteil i. H. von 480.000 € muss damit bei der K-GmbH als Ertrag erfasst werden (Buchung: Beteiligung KM-OHG an Beteiligungserträge KM-OHG 480.000 €).

Eine Steuerermäßigung nach § 35 EStG für den anteiligen Gewerbesteuermessbetrag der KM-OHG kommt für beteiligte Körperschaften nicht in Betracht. Die K-GmbH kann deshalb keine entsprechende Ermäßigung ihrer Körperschaftsteuer erhalten.[4] Der auf die K-GmbH entfallende Anteil am Gewerbesteuermessbetrag der KM-OHG (hier: 10.395 €) kann auch nicht auf die beteiligte natürliche Person (hier: M) übertragen und von die-

4 BMF-Schreiben vom 24.02.2009, BStBl I S. 440, Rz. 1.

ser steuermindernd genutzt werden. Die Steuerermäßigung nach § 35 EStG geht damit insoweit ins Leere, als Körperschaften an Mitunternehmerschaften beteiligt sind.

Steuerbefreiung der Ausschüttungen und des Veräußerungsgewinns

Ist eine Körperschaft Empfängerin einer Ausschüttung von einer anderen Körperschaft, wird diese Ausschüttung nach § 8 b Abs. 1 KStG in **vollem Umfang steuerbefreit**. Nach § 8 b Abs. 6 KStG gilt die Steuerbefreiung für erhaltene Ausschüttungen auch, soweit sie einer Körperschaft **im Rahmen des Gewinnanteils aus einer Mitunternehmerschaft** zugerechnet werden. Unabhängig von dieser Steuerbefreiung bei der Empfängerin ist von der ausschüttenden Gesellschaft Kapitalertragsteuer einzubehalten und abzuführen (§ 43 Abs. 1 Satz 3 EStG); nach § 36 Abs. 2 Nr. 2 EStG wird diese Kapitalertragsteuer bei der Empfängerin angerechnet.

Auch die Steuerbefreiung nach § 8 b Abs. 2 KStG für den (anteiligen) Veräußerungsgewinn der K-GmbH aus dem Verkauf der Anteile an der V-GmbH durch die KM-OHG (180.000 €) wird nach § 8 b Abs. 6 KStG für die Mitunternehmerin gewährt.

Für die steuerbefreiten Beträge kommt jeweils die 5 %-Pauschale in § 8 b Abs. 3 Satz 1 bzw. Abs. 5 Satz 1 KStG zum Ansatz (3.750 € für die anteiligen Dividenden und 9.000 € für den anteiligen Veräußerungsgewinn).

Somit ergibt sich für die K-GmbH folgende **Einkommensermittlung** (dargestellt anhand der Zeilen des Vordrucks Körperschaftsteuer 1 A):

Zeile		€	€
20	**Steuerbilanzgewinn/-verlust**	700.000	
29	Dazu: **nicht abziehbare Aufwendungen** lt. Zeile 15 oder Anlage A	260.000	
44 b	Inländische Bezüge i. S. des § 8 b Abs. 1 KStG	75.000	
44 c	Davon ab: Nicht abziehbare Ausgaben (5 % des Betrags lt. Zeile 44 b – § 8 b Abs. 5 KStG)	3.750	
44 d	Unterschiedsbetrag (Übertrag in Hauptspalte mit umgekehrtem Vorzeichen)	71.250	./. 71.250
44 e	Inländische Gewinne i. S. des § 8 b Abs. 2 KStG	180.000	
44 f	Davon ab: Nicht abziehbare Ausgaben (5 % des Betrags lt. Zeile 44 e – § 8 b Abs. 3 Satz 1 KStG)	9.000	
44 g	Unterschiedsbetrag (Übertrag in Hauptspalte mit umgekehrtem Vorzeichen)	171.000	./. 171.000
75	**Zu versteuerndes Einkommen**		**717.750**
75 a	**Körperschaftsteuer:** 15 % des Betrags lt. Zeile 75 (§ 23 Abs. 1 KStG)		107.662

Hinweis:
In der Praxis werden die Korrekturen nach § 8 b KStG aus einem Anteil an einer Mitunternehmerschaft (Zeilen 44 b bis 44 g) häufig auch über die Zeile 22 des Vordrucks KSt 1 A korrigiert (als Korrektur nach § 60 Abs. 2 EStDV). Im vorliegenden Fall wäre dabei der Gewinnanteil laut Bilanz (480.000 €) dem steuerlichen Gewinnanteil laut Mitteilung des Feststellungs-Finanzamts (237.750 €) gegenüberzustellen (und somit in Zeile 22 eine Korrektur von ⁒ 242.250 € vorzunehmen).

Die anrechenbare Kapitalertragsteuer i. H. von 18.750 € und der Solidaritätszuschlag hierzu i. H. von 1.031 € sind in Zeile 5 bzw. 6 der Anlage WA zu erklären.

Gewerbesteuer

Gewerbesteuerlich wird der Gewinnanteil der K-GmbH aus der Beteiligung an der KM-OHG nach § 9 Nr. 2 GewStG gekürzt (Zeile 61 des Vordrucks GewSt 1 A). Dieser Gewinnanteil hat bereits bei der KG der Gewerbesteuer unterlegen und muss deshalb bei der beteiligten K-GmbH von der Gewerbesteuer befreit werden. Diese Kürzungsregelung greift unabhängig von der Beteiligungshöhe und der Beteiligungsdauer ein. Sie gilt damit z. B. auch insoweit, als in dem aus der KM-OHG bezogenen Gewinnanteil Dividendenerträge aus den Streubesitzaktien enthalten sind.

Hinsichtlich der Höhe des Kürzungsbetrags ist allerdings zu beachten, dass eine Kürzung nur insoweit möglich ist, als der Gewinnanteil aus der KM-OHG in der gewerbesteuerlichen Ausgangsgröße der K-GmbH noch enthalten ist (vgl. den Wortlaut von § 9 Nr. 2 GewStG: „..., wenn die Gewinnanteile bei Ermittlung des Gewinns (§ 7) angesetzt worden sind"). Hierbei ist zu berücksichtigen, dass die in dem Gewinnanteil enthaltenen Erträge i. S. von § 8 b KStG bereits das körperschaftsteuerliche Einkommen und damit den Gewinn aus Gewerbebetrieb i. S. von § 7 GewStG gemindert haben. Der Gewinn aus der Beteiligung an der KM-OHG ist damit nur i. H. von 237.750 € in der gewerbesteuerlichen Ausgangsgröße enthalten. Der Kürzungsbetrag nach § 9 Nr. 2 GewStG beträgt damit 237.750 €.

Fall 26

Körperschaftsteuer einer GmbH und Besteuerung auf der Ebene der Anteilseigner – Kapitalertragsteuer auf Ausschüttungen

KStG §§ 1, 8, 9, 10, 23 Abs. 1; EStG § 4 Abs. 5, §§ 20, 32 d, 36, 43, 43 a, 44, 44 a, 44 b, 45; InvZulG 2010 § 13; AO §§ 20, 52

Sachverhalt

Am 02.01.01 wurde die Adelheid Arnold GmbH (= A-GmbH) ordnungsgemäß gegründet und im März 01 in das Handelsregister eingetragen. Sitz und Geschäftsleitung der A-GmbH sind in Potsdam (Brandenburg). Geschäftszweck der Gesellschaft ist die Herstellung und der Vertrieb chemischer Baustoffe. Das Wirtschaftsjahr der Gesellschaft entspricht dem Kalenderjahr. Alleingesellschafterin der A-GmbH ist Adelheid Arnold (A). A ist auch gleichzeitig Geschäftsführerin der Gesellschaft.

Nach einer vorläufigen Gewinnermittlung, bei der die endgültige Höhe der Körperschaftsteuer noch nicht berücksichtigt wurde, erwirtschaftete die A-GmbH im Jahr 01 einen Gewinn i. H. von 60.000 €. Die Eröffnungsbilanz und die vorläufige Steuerbilanz der A-GmbH, die einen Gewinnausweis vor Berechnung der Körperschaftsteuer-Rückstellung enthält, zeigen das folgende Bild:

Aktiva	Eröffnungsbilanz zum 02.01.01		Passiva
Bank	150.000 €	Gezeichnetes Kapital	150.000 €
	150.000 €		150.000 €

Aktiva	Vorläufige Steuerbilanz zum 31.12.01		Passiva
Anlagevermögen	300.000 €	Gezeichnetes Kapital	150.000 €
Umlaufvermögen	100.000 €	Vorläufiger Jahresüberschuss (vor KSt-Rückstellung)	60.000 €
		KSt-Rückstellung 01	??? €
		Verbindlichkeiten	190.000 €
	400.000 €		400.000 €

Bei Ermittlung des vorläufigen Jahresüberschusses wurden u. a. folgende Vorgänge gebucht:

- An das zuständige Finanzamt Potsdam musste die A-GmbH vierteljährlich Vorauszahlungen zur Körperschaftsteuer i. H. von jeweils 3.000 € entrichten.
- Für ihre Neuinvestitionen hat die A-GmbH eine Investitionszulage nach § 3 InvZulG i. H. von 10.000 € erhalten und als Ertrag verbucht.
- Im Dezember 01 hat die A-GmbH eine Spende i. H. von 400 € an den Musikverein Potsdam e. V. geleistet und als Aufwand verbucht. Der Ver-

ein ist als gemeinnützigen Zwecken dienend anerkannt; eine ordnungsgemäße Spendenbescheinigung liegt der A-GmbH vor.

- Wegen Verstoß gegen Umweltschutzbestimmungen musste die A-GmbH im Oktober 01 ein Bußgeld i. H. von 5.000 € entrichten. Auch das Bußgeld wurde als Aufwand gebucht.

Im Zusammenhang mit der Feststellung des Jahresabschlusses im Mai 02 fasste die Gesellschafterversammlung der A-GmbH den Beschluss, von dem erzielten Jahresüberschuss 01 einen Teilbetrag i. H. von 15.000 € an die Gesellschafterin A auszuschütten. Die Gewinnausschüttung wurde im Juni 02 an die Gesellschafterin A unter Abzug von Kapitalertragsteuer ausgezahlt. Der übrige Teil des Gewinns soll auf neue Rechnung vorgetragen werden. A hält die Anteile an der A-GmbH im Privatvermögen.

Anmerkung: Aus Vereinfachungsgründen sind die Gewerbesteuer und der Solidaritätszuschlag bei der Lösung nicht zu berücksichtigen.

Frage

1. Mit welchem Betrag ist die Körperschaftsteuer-Rückstellung in der Steuerbilanz der A-GmbH zum 31.12.01 auszuweisen?
2. Stellen Sie die endgültige Steuerbilanz der A-GmbH zum 31.12.01 und die notwendigen Eintragungen in den Erklärungsvordrucken „KSt 1 A" und „Anlage A" dar.
3. Wie ist die Gewinnausschüttung im Jahr 02 bei der Gesellschafterin A zu behandeln?

Antwort

1. In der Steuerbilanz der A-GmbH ist ein Körperschaftsteuer-Rückforderungsanspruch i. H. von 1.950 € zu aktivieren.
2. Siehe Begründung zu 2.
3. Die Gewinnausschüttung unterliegt bei A der Abgeltungsteuer von 25 % (= 3.750 €). Alternativ kann A einen Antrag nach § 32 d Abs. 2 Nr. 3 EStG stellen, da eine sog. unternehmerische Beteiligung vorliegt. In diesem Fall erfolgt die Besteuerung im sog. Teileinkünfteverfahren.

Begründung

1. Ermittlung der Körperschaftsteuer-Rückstellung

Zunächst ist das zu versteuernde Einkommen der A-GmbH zu ermitteln. Was als Einkommen gilt und wie das Einkommen zu ermitteln ist, bestimmt sich nach den Vorschriften des Einkommensteuergesetzes und des Körperschaftsteuergesetzes (vgl. § 8 Abs. 1 Satz 1 KStG). Die A-GmbH erzielt ausschließlich Einkünfte aus Gewerbebetrieb, da sie nach § 1 Abs. 1 Nr. 1 KStG unbeschränkt steuerpflichtig ist (§ 8 Abs. 2 KStG).

Ausgangsgröße für diese Berechnung ist der in der vorläufigen Steuerbilanz ausgewiesene Jahresüberschuss i. H. von 60.000 €.

Dieser Betrag ist wie folgt zu korrigieren:

- Die als Aufwand gebuchten Körperschaftsteuer-Vorauszahlungen i. H. von (4 x 3.000 € =) 12.000 € stellen nicht abziehbare Ausgaben i. S. von § 10 Nr. 2 KStG dar. Sie sind deshalb bei der Einkommensermittlung hinzuzurechnen.
- Die erhaltene Investitionszulage ist nach § 13 InvZulG 2010 steuerfrei. Sie wird deshalb bei der Einkommensermittlung außerbilanziell abgezogen.
- Die geleistete Spende ist im Rahmen der Höchstbeträge des § 9 Abs. 1 Nr. 2 KStG körperschaftsteuerlich abzugsfähig. Zur Ermittlung des Höchstbetrags ist die Spende bei der Ermittlung der Summe der Einkünfte zunächst hinzuzurechnen. Der Spendenabzug erfolgt dann von der Summe der Einkünfte bei der Ermittlung des Gesamtbetrags der Einkünfte (vgl. das Ermittlungsschema in R 29 Abs. 1 KStR). Bei der Spende an den Musikverein handelt es sich um eine Zuwendung für gemeinnützige Zwecke nach § 52 Abs. 2 Nr. 5 AO. Die Spende ist bis zum Höchstbetrag von 20 % des Einkommens abzugsfähig (§ 9 Abs. 1 Nr. 2 Satz 1 Buchst. a KStG). Das maßgebende Einkommen ist in § 9 Abs. 2 Satz 1 KStG gesondert definiert.
- Das geleistete Bußgeld i. H. von 5.000 € stellt nach § 8 Abs. 1 KStG i. V. m. § 4 Abs. 5 Nr. 8 EStG eine nicht abzugsfähige Ausgabe dar. Es ist deshalb bei der Einkommensermittlung hinzuzurechnen.

Somit ergibt sich folgende **Berechnung:**

Vorläufiger Jahresüberschuss		60.000 €
+ KSt-Vorauszahlungen (§ 10 Nr. 2 KStG)	+	12.000 €
+ Geldbuße (§ 4 Abs. 5 Nr. 8 EStG)	+	5.000 €
⁒ steuerfreie Investitionszulage (§ 13 InvZulG 2010)	⁒	10.000 €
+ Hinzurechnung der Spende (§ 9 Abs. 2 Satz 1 KStG)	+	400 €
Summe der Einkünfte		67.400 €
⁒ Spendenabzug		
Höchstbetrag 20 % von 67.400 €[1] = 13.480 €		
Damit ist die Spende voll abzugsfähig	⁒	400 €
Gesamtbetrag der Einkünfte		67.000 €
= Einkommen = zu versteuerndes Einkommen (§ 7 Abs. 1 und 2 KStG)		

Ein Freibetrag nach § 24 KStG kommt nicht zur Anwendung, weil es sich bei der A-GmbH um eine sog. „Ausschüttungskörperschaft" handelt, deren Leistungen (= Ausschüttungen) bei den Empfängern (= den Gesellschaf-

1 Das in § 9 Abs. 2 Satz 1 KStG für Zwecke des Spendenabzugs gesondert definierte Einkommen entspricht i. d. R. der Summe der Einkünfte.

tern) zu den Einnahmen i. S. des § 20 Abs. 1 Nr. 1 oder 2 EStG gehören (§ 24 Satz 2 Nr. 1 KStG; vgl. auch Fälle 8 bis 10).

Die Körperschaftsteuer beträgt nach § 23 Abs. 1 KStG 15 % des zu versteuernden Einkommens. Somit ergibt sich folgende Körperschaftsteuer:

15 % von 67.000 € =	10.050 €
Zur Ermittlung der KSt-Rückstellung sind die geleisteten Vorauszahlungen noch gegenzurechnen	./. 12.000 €
KSt-Rückforderungsanspruch	1.950 €

Der Rückforderungsanspruch ist aufwandsmindernd einzubuchen (Körperschaftsteuerforderung an Körperschaftsteueraufwand). Alternativ kommt auch eine Buchung über Ertrag in Betracht (Ertrag aus Körperschaftsteuererstattungen), der dann aber im Rahmen des Jahresabschlusses mit dem gebuchten Aufwand aus den Körperschaftsteuer-Vorauszahlungen saldiert wird.

Die im Jahr 02 für das Jahr 01 beschlossene und vollzogene Gewinnausschüttung hat keine Auswirkung auf die Höhe der Körperschaftsteuer. Die Körperschaftsteuer i. H. von 15 % wird definitiv. Körperschaftsteuer-Änderungen durch Ausschüttungen können sich allenfalls noch in den Sonderfällen des § 38 KStG ergeben (vgl. dazu Fall 33). Auch eine Verwendung des steuerlichen Einlagekontos i. S. von § 27 KStG kommt nicht in Betracht, da dieses noch keine Bestände ausweist. Im Übrigen hätte eine Verwendung von Beträgen aus dem steuerlichen Einlagekonto sowieso keine Auswirkung auf die Höhe der Körperschaftsteuer der Gesellschaft. Ausschüttungen aus dem Einlagekonto wirken sich lediglich auf Gesellschafterebene steuermindernd aus (§ 20 Abs. 1 Nr. 1 Satz 3 EStG: keine Steuerpflicht von Ausschüttungen aus dem steuerlichen Einlagekonto).

2. Endgültige Steuerbilanz/Vordrucke

Unter Berücksichtigung der unter 1. berechneten Körperschaftsteuer-Rückforderung ergibt sich zum 31.12.01 folgende endgültige Steuerbilanz:

Aktiva — Steuerbilanz zum 31.12.01 — Passiva

Aktiva		Passiva	
Anlagevermögen	300.000 €	gezeichnetes Kapital	150.000 €
KSt-Forderung	1.950 €	Jahresüberschuss	61.950 €
übriges Umlaufvermögen	100.000 €	Verbindlichkeiten	190.000 €
	401.950 €		401.950 €

Durch die Einbuchung der Körperschaftsteuer-Forderung hat sich der Jahresüberschuss (61.950 €) gegenüber dem Betrag in der vorläufigen Steuerbilanz (60.000 €) erhöht. Der Betrag von 60.000 € wurde zwar als Ausgangsgröße für die Einkommensermittlung angesetzt. Das zu versteuernde Einkommen der A-GmbH verändert sich durch die Einbuchung der Körperschaftsteuer-Rückforderung dennoch nicht mehr, da der eingebuchte Ertrag bzw. verminderte Aufwand nach § 10 Nr. 2 KStG außerbilanziell wieder korrigiert wird. Dies zeigt folgende Kontrollrechnung (= endgültige Einkommensermittlung; dargestellt anhand der notwendigen Eintragungen im Vordruck Körperschaftsteuer 1 A):

Zeile		€
20	**Steuerbilanzgewinn/-verlust**	61.950
29	Dazu: **nicht abziehbare Aufwendungen** lt. Zeile 15 oder Anlage A	+ 15.450
36	Davon ab/Dazu: **nicht der Körperschaftsteuer unterliegende inländische Vermögensmehrungen und -minderungen** – Investionszulage	./. 10.000
54	**Summe der Einkünfte**	67.400
56	Abziehbare Zuwendungen für steuerbegünstigte Zwecke	./. 400
67	**Gesamtbetrag der Einkünfte**	67.000
73	**Einkommen**	67.000
75	**Zu versteuerndes Einkommen**	67.000
75 a	15 % des Betrags lt. Zeile 75 (§ 23 Abs. 1 KStG)	10.050

Die nicht abziehbaren Ausgaben sind auf der Anlage A wie folgt zu erklären:

Zeile		€
3	**Körperschaftsteuer** (nach Anrechnung von Kapitalertragsteuer verbleibender Körperschaftsteuer-Aufwand lt. Gewinn-und-Verlust-Rechnung)	10.050
4	Davon Zuführung zur Körperschaftsteuer-Rückstellung für den laufenden Veranlagungszeitraum – 1.950	
13	**Sonstige nicht abziehbare Aufwendungen** insbes. nach § 4 Abs. 5 Satz 1 Nr. 1 bis 4, 7, 8, 8 a, 10 und Abs. 6 bis 8 EStG, §§ 4 c und 4 d EStG, § 160 Abs. 1 AO, § 10 Nr. 3 KStG	5.000
14	**Sämtliche Spenden** und nicht als Betriebsausgaben abziehbare Beiträge	400
15	Zusammen **(Übertrag nach Zeile 29 der Körperschaftsteuer-erklärung KSt 1A)**	15.450

3. Besteuerung der Ausschüttung bei der Gesellschafterin A

Die im Jahr 02 beschlossene und vollzogene Gewinnausschüttung für 01 ist bei der Gesellschafterin A im Jahr 02 als Einnahme aus Kapitalvermögen i. S. von § 20 Abs. 1 Nr. 1 EStG zu versteuern. Die Dividende unterliegt bei A der Abgeltungsteuer von 25 %. Mit dem gegenüber dem normalen Einkommensteuer-Tarif (bis 45 %; vgl. § 32 a Abs. 1 EStG) i. d. R. weit niedrigeren Steuersatz soll die Doppelbesteuerung des ausgeschütteten Gewinns, der bereits auf der Ebene der A-GmbH der Körperschaftsteuer unterlag, abgemildert werden.

Die Abgeltungsteuer ist keine eigenständige Steuerart. Es handelt sich vielmehr um die Kapitalertragsteuer, die lediglich eine besondere Erhebungsform der Einkommensteuer darstellt. Für die Ausschüttung hat die A-GmbH Kapitalertragsteuer i. H. von 25 % (= 3.750 €) einzubehalten (§ 43 Abs. 1 Satz 1 Nr. 1, § 43 a Abs. 1 Nr. 1 EStG). Die einbehaltene Kapitalertragsteuer hat für Anteile im Privatvermögen grundsätzlich abgeltende Wirkung (§ 43 Abs. 5 Satz 1 EStG); d. h., die Kapitalerträge sind nicht mehr im Rahmen der Einkommensteuererklärung zu erklären und gehen nicht in den Einkommensteuerbescheid ein.

Die Kapitalertragsteuer entsteht nach § 44 Abs. 1 Satz 2 EStG in dem Zeitpunkt, in dem die Kapitalerträge dem Gläubiger zufließen. Dividenden fließen dem Gläubiger der Kapitalerträge (hier: Gesellschafterin A) an dem Tag zu, der im Beschluss als Tag der Auszahlung bestimmt worden ist. Wurde ein solcher Auszahlungstag nicht bestimmt, gilt der Tag nach der Beschlussfassung als Zeitpunkt des Zuflusses (§ 44 Abs. 2 EStG).

Die einbehaltene Kapitalertragsteuer ist am Zuflusstag an das Finanzamt abzuführen, das für die Besteuerung des Schuldners der Kapitalerträge zuständig ist (§ 44 Abs. 1 Satz 5 EStG). Im vorliegenden Fall ist dies das für die Besteuerung der A-GmbH zuständige Finanzamt (§ 20 AO). Die Anmeldung der Kapitalertragsteuer hat auf elektronischem Weg nach amtlich vorgeschriebenem Vordruck zu erfolgen (§ 45 a Abs. 1 Satz 1 EStG).

Die A-GmbH hat ihrer Anteilseignerin auf Verlangen eine Steuerbescheinigung über die Ausschüttung und die einbehaltene Kapitalertragsteuer wie folgt zu erteilen (§ 45 a Abs. 2 EStG):[2]

Kapitalerträge i. S. des § 43 Abs. 1 Nr. 1 EStG	15.000 €
......	
Summe Kapitalertragsteuer i. H. von 25 %	3.750 €
......	
Summe Solidaritätszuschlag	206 €

Hinweis zur Kirchensteuer: Hat A der A-GmbH ihre Religionszugehörigkeit mitgeteilt und einen Antrag auf Einbehalt von Kirchensteuer gestellt, muss die A-GmbH auch Kirchensteuer zur Kapitalertragsteuer einbehalten (§ 51 a Abs. 2 c EStG). Die Höhe des Kapitalertragsteuersatzes reduziert sich in diesem Fall allerdings nach der Formel in § 32 d Abs. 1 EStG. Der Kapitalertrag (hier: Dividende von 15.000 €) wird dabei durch den Divisor 4+Kirchensteuersatz dividiert. Bei einem Kirchensteuersatz von 8 % (derzeit Baden-Württemberg und Bayern) beträgt der Divisor somit 4,08 (somit Kapitalertragsteuer i. H. von 15.000 € : 4,08 = 3.676,47 €), bei einem Steuersatz von 9 % (übrige Bundesländer) 4,09 (somit Kapitalertragsteuer i. H. von

2 Das Muster der Steuerbescheinigung ist mit BMF-Schreiben vom 18.12.2009, BStBl 2010 I S. 79, bekannt gemacht worden.

15.000 € : 4,09 = 3.667,48 €). Sowohl die Kirchensteuer als auch der Solidaritätszuschlag ermitteln sich dann aus diesen Beträgen. Mit dem nach § 32 d Abs. 1 EStG reduzierten Kapitalertragsteuersatz wird die Abzugsfähigkeit der Kirchensteuer bereits bei der Bemessung der Kapitalertragsteuer berücksichtigt. Die Kirchensteuer ist dann aber nicht mehr nach § 10 Abs. 1 Nr. 4 EStG als Sonderausgabe abzugsfähig.

Aufgrund der Abgeltungswirkung der Kapitalertragsteuer ist diese bei der Einkommensteuerveranlagung der A grundsätzlich nicht auf deren Einkommensteuer anrechenbar.

A hat allerdings auch die Möglichkeit, die Abgeltungswirkung der Kapitalertragsteuer durch einen Antrag nach § 32 d Abs. 2 Nr. 3 EStG zu vermeiden. Bei der Beteiligung an der A-GmbH handelt es sich nämlich um eine sog. **unternehmerische Beteiligung,** da A zu mindestens 25 % an der A-GmbH beteiligt ist (bei dieser Beteiligungshöhe kommt es nicht darauf an, ob A für die A-GmbH auch beruflich tätig ist). Stellt A einen entsprechenden Antrag spätestens zusammen mit der Einkommensteuererklärung für das Jahr 02, hat der Kapitalertragsteuerabzug keine abgeltende Wirkung (vgl. den Wortlaut von § 43 Abs. 5 Satz 2 EStG: „Dies gilt nicht in den Fällen des § 32 d Abs. 2 ..."). Auch § 20 Abs. 9 EStG ist in diesem Fall nicht anwendbar; es besteht also kein Werbungskostenabzugsverbot. Andererseits wird für die Dividendenerträge der Sparer-Pauschbetrag dann nicht gewährt. Bei Einbeziehung der Dividendenerträge in die Einkommensteuerveranlagung kommt das Teileinkünfteverfahren zur Anwendung (vgl. den Wortlaut von § 32 d Abs. 2 Nr. 3 Satz 2 EStG: „Insoweit finden § 3 Nummer 40 Satz 2 und § 20 Absatz 6 und 9 keine Anwendung"). Die Dividende wird also zu 40 % nach § 3 Nr. 40 Satz 1 Buchst. d EStG steuerbefreit; nur 60 % unterliegen der Besteuerung und werden zum normalen Einkommensteuertarif in die Besteuerung einbezogen. Die einbehaltene Kapitalertragsteuer wird auf die Einkommensteuer der A angerechnet (§ 36 Abs. 2 Nr. 2 EStG); hierfür benötigt A eine Steuerbescheinigung der A-GmbH. Ein solcher Antrag ist regelmäßig dann sinnvoll, wenn für die Beteiligung Werbungskosten angefallen sind (Hauptfall: Finanzierungskosten; im konkreten Sachverhalt ergeben sich hierfür aber keine Anhaltspunkte) oder wenn die Besteuerung von 60 % der Dividende mit dem persönlichen Steuersatz günstiger ist als die Pauschalbesteuerung von 100 % der Dividende mit dem Abgeltungsteuersatz von 25 %. Dies ist vor allem bei Grenzsteuersätzen von bis ca. 41 % der Fall (41 % von 60 % = 24,6 % < 25 %). Bei einem Grenzsteuersatz von 42 % (oder höher) ist die Abgeltungsteuer günstiger (42 % von 60 % = 25,2 % > 25 %). Die Ermittlung der steuergünstigeren Lösung kann allerdings jeweils nur anhand des jeweiligen Einzelfalles mit einer Vergleichsrechnung der Steuerbelastungen mit und ohne Einbeziehung der Dividendenerträge in die Einkommensteuerveranlagung erfolgen.

Eine weitere Möglichkeit der Einbeziehung der Kapitalerträge in die Einkommensteuerveranlagung der A ergibt sich bei der sog. **„Überprüfung des Steuereinbehalts"** (§ 43 Abs. 5 Satz 3 i. V. m. § 32 d Abs. 4 EStG). In diesem Fall werden die Kapitalerträge allerdings nicht mit dem persönlichen Einkommensteuersatz, sondern mit dem „Abgeltungsteuersatz" des § 32 d Abs. 1 EStG angesetzt (grundsätzlich 25 %; bei Kirchensteuerpflicht reduziert). Dieser Antrag kann für A vor allem dann sinnvoll sein, wenn sie ihren Sparer-Pauschbetrag ganz oder teilweise nicht für andere Kapitalerträge ausnutzen konnte. Die Erteilung eines Freistellungsauftrags durch A an die A-GmbH ist nämlich gesetzlich nicht zulässig (vgl. den Wortlaut von § 44 a Abs. 1 Satz 1 EStG, in dem Kapitalerträge i. S. von § 43 Abs. 1 Satz 1 Nr. 1 EStG nicht genannt sind). Auch das Erstattungsverfahren nach § 44 b EStG ist nicht anwendbar. Die Freistellung von Dividendenerträgen in Höhe des Sparer-Pauschbetrags (§ 20 Abs. 9 EStG) kann somit nur im Rahmen des Veranlagungsverfahrens erfolgen.

Fall 27

Vom Jahresabschluss einer GmbH mit Körperschaftsteuer, Solidaritätszuschlag und Gewerbesteuer zu den Steuererklärungen – Auslandserträge – Beteiligungserträge – Gewinnausschüttungen – nicht abziehbare Ausgaben – Körperschaftsteuer-, Solidaritätszuschlag- und Gewerbesteuer-Rückstellung

KStG §§ 1, 7, 8, 8 b, 10, 24, 25, 26, 27; EStG §§ 3 c, 4 Abs. 5; GewStG §§ 2, 7, 8, 9, 11; UStG §§ 10, 15; DBA-Österreich Art. 7 und 23

Sachverhalt

Die Armbrust & Bauklotz-GmbH (A&B-GmbH) mit Sitz in Nürnberg betreibt seit dem 01.01.02 eine Spielwarenfabrik. Gesellschafter sind Alfred Armbrust (A) und Bernd Bauklotz (B) mit Geschäftsanteilen im Nennwert von je 25.000 €. Zum 31.12.08 wurde in gekürzter Fassung die folgende, vorläufige Bilanz mit vorläufiger Gewinn-und-Verlust-Rechnung erstellt (vor Ermittlung der Steuerrückstellungen):

Aktiva	**Steuerbilanz zum 31.12.08**		**Passiva**
Anlagevermögen	500.000 €	gezeichnetes Kapital	50.000 €
Umlaufvermögen	200.000 €	Gewinnrücklagen	57.000 €
		vorläufiger Jahresüberschuss	150.000 €
		GewSt-Rückstellung 08	—
		KSt-Rückstellung 08	—
		SolZ-Rückstellung 08	—
		Verbindlichkeiten	443.000 €
	700.000 €		700.000 €

Soll	vorläufige G+V 08		Haben
Materialaufwand	510.000 €	Umsatzerlöse Inland	1.600.000 €
Personalaufwand	700.000 €	Erträge Betriebsstätte Salzburg	200.000 €
Abschreibungen	20.000 €	sonstige betriebliche Erträge	40.000 €
sonstige betriebliche Aufwendungen (Inland)	89.130 €		
Aufwendungen Betriebsstätte Salzburg	270.000 €		
Zinsaufwand	34.000 €		
GewSt-Aufwand 08 (Vz)	30.000 €		
KSt-Aufwand 08 (Vz)	31.000 €		
KapSt-Aufwand	3.000 €		
SolZ-Aufwand 08 (zur KSt und KapSt)	1.870 €		
Geldbußen	1.000 €		
vorläufiger Jahresüberschuss	150.000 €		
	1.840.000 €		1.840.000 €

Erläuterungen:

1. Im Januar 08 hat die A&B-GmbH eine Betriebsstätte in Salzburg/Österreich eröffnet, um von dort aus den österreichischen Spielzeugmarkt erschließen zu können. Im Erstjahr ergab sich aus dieser Betriebsstätte ein Verlust i. H. von 70.000 €. Ertragsteuern mussten in Österreich nicht entrichtet werden.
2. In den sonstigen betrieblichen Aufwendungen sind zwei betrieblich veranlasste Geschenke i. H. von je 250 € enthalten (Buchung: sonstiger betrieblicher Aufwand 500 €/Vorsteuer 95 € an Bank 595 €). Weitere Konsequenzen wurden aus dem Vorgang bisher nicht gezogen. Die bedachten Personen waren nicht Arbeitnehmer der GmbH.
3. Gesellschafter B hat im November 08 im Interesse der Gesellschaft auf die Rückzahlung eines der GmbH gewährten Darlehens i. H. von 15.000 € förmlich verzichtet (Buchung: Darlehensschuld an sonstige betriebliche Erträge 15.000 €).
4. Der mit der Überwachung der Geschäftsführung beauftragte Beirat, dem die Väter von A und B sowie Arbeitnehmervertreter angehören, hat eine Vergütung i. H. von 4.000 € erhalten, die über Personalaufwand gebucht wurde.
5. Für den Kontokorrentkredit bei der Z-Bank hat die GmbH im Jahr 08 Zinsen i. H. von 24.000 € entrichtet. Das Kontokorrentkonto stand fast das ganze Jahr 08 über im Soll; lediglich im Dezember 08 konnte die GmbH das Konto im Plus halten.
6. Das Unternehmen wird in gemieteten Räumen betrieben. Die Jahresmiete 08 betrug 60.000 €. Außerdem war ein LKW von der X-Leasing AG angemietet worden. Die Summe der in 08 angefallenen Leasingraten betrug

6.000 € zzgl. Umsatzsteuer. Die Mieten sind in den sonstigen betrieblichen Aufwendungen enthalten.

7. In den in der Bilanz zum 31.12.08 ausgewiesenen Verbindlichkeiten ist u. a. eine Rentenschuld i. H. von 172.000 € enthalten. Zum 31.12.07 war die Verpflichtung noch mit 193.000 € ausgewiesen.

   Die Rentenverpflichtung ist aus der Anschaffung eines neuen Lagergrundstücks im Jahr 04 entstanden. Verkäuferin V, die das Grundstück zuvor von ihrer Tante geerbt hatte, legte seinerzeit Wert darauf, aus dem Grundstücksverkauf eine finanzielle Absicherung ihres Lebensabends zu erhalten. Es wurde deshalb – ausgehend vom Grundstückswert und der Lebenserwartung der V – eine monatliche Rente i. H. von 3.000 € vereinbart. Die monatlichen Rentenzahlungen buchte die GmbH jeweils als Aufwand.

   Das Grundstück hat die GmbH allerdings bereits im Jahr 07 für 400.000 € wieder veräußert, da es für die betrieblichen Bedürfnisse als nicht mehr brauchbar erschien. Die Rente an V muss die GmbH jedoch dennoch weiter entrichten.

8. Die A&B-GmbH hält seit einigen Jahren einige Aktien an der Schweizer Spiele AG, Basel/Schweiz (Beteiligung 2,8 %). Im Jahr 08 erhielt die GmbH eine Dividende i. H. von (umgerechnet) 2.000 €. Die depotführende Schweizer Bank hat eine Bescheinigung über umgerechnet 300 € anrechenbare Schweizer Quellensteuer erteilt (Auszahlungsbetrag damit 1.700 €). Diese Dividende wurde wie folgt gebucht:

Bank	1.700 €	an	sonstige betriebliche Erträge	1.700 €

9. Vor einigen Jahren hat die A&B-GmbH eine Beteiligung von 20 % an der Schachmatt-GmbH, Bamberg, erworben. Im November 08 erhielt die GmbH eine Gewinnausschüttung für 07 i. H. von 12.000 € (ebenfalls in den sonstigen betrieblichen Erträgen enthalten). Da die Beteiligung beim Erwerb über ein Bankdarlehen langfristig finanziert worden war, fielen im Jahr 08 10.000 € Finanzierungskosten an, die als Aufwand gebucht wurden. Bei Auszahlung der Dividende hat die Schachmatt-GmbH Kapitalertragsteuer i. H. von 3.000 € zzgl. Solidaritätszuschlag i. H. von 165 € einbehalten. Diese Steuerbeträge wurden über Kapitalertragsteuer-Aufwand bzw. Solidaritätszuschlag-Aufwand verbucht.

10. Nach dem Gewinnverwendungsvorschlag für 08 soll im Jahr 09 eine Dividende i. H. von 50.000 € ausgeschüttet werden. Die Geschäftsführung schlägt vor, den übrigen Gewinn auf neue Rechnung vorzutragen. Für 07 sind im Juni 08 aufgrund Gesellschafterbeschluss vom 31.05.08 35.000 € ausgeschüttet worden.

11. Das steuerliche Einlagekonto der A&B-GmbH wies zum 31.12.07 keinen Bestand aus.

Frage

1. Ermitteln Sie das zu versteuernde Einkommen der GmbH für 08 sowie die Höhe der Körperschaftsteuer- und Solidaritätszuschlag-Rückstellung.
2. Wie hoch ist die Gewerbesteuer-Rückstellung der A&B-GmbH? Der Hebesatz der Stadt Nürnberg für 08 soll 450 % betragen.
3. Wie hoch ist der endgültige Jahresüberschuss 08? Stellen Sie dazu die endgültige Bilanz zum 31.12.08 sowie die G+V 08 dar.
4. Erläutern Sie die notwendigen Eintragungen in den Körperschaftsteuer- und Gewerbesteuervordrucken!

Antwort

1. Das zu versteuernde Einkommen der A&B-GmbH beträgt 261.370 €. Die A&B-GmbH hat zum 31.12.08 eine Körperschaftsteuer-Rückstellung i. H. von 5.205 € und eine Solidaritätszuschlag-Rückstellung i. H. von 286 € zu bilden.
2. Es ergibt sich eine Gewerbesteuer-Rückstellung i. H. von 11.454 €.
3. Der endgültige Jahresüberschuss für 08 beträgt 132.960 €.
4. Siehe Begründung zu 4.

Begründung

Die A&B-GmbH ist nach § 1 Abs. 1 Nr. 1 KStG unbeschränkt körperschaftsteuerpflichtig (Kapitalgesellschaft mit Sitz/Geschäftsleitung im Inland). Die Körperschaftsteuer bemisst sich nach dem zu versteuernden Einkommen (§ 7 Abs. 1 KStG). Bei einer GmbH entspricht das zu versteuernde Einkommen dem Einkommen, da Freibeträge nach §§ 24, 25 KStG nicht zu gewähren sind. Zur Ermittlung des Einkommens sind die Vorschriften des EStG und des KStG zu beachten (§ 8 Abs. 1 Satz 1 KStG). Die A&B-GmbH erzielt nach § 8 Abs. 2 KStG ausschließlich gewerbliche Einkünfte, da sie unter § 1 Abs. 1 Nr. 1 KStG fällt. Nach § 2 Abs. 2 Satz 1 GewStG gilt ihre Tätigkeit auch für die Gewerbesteuer stets und in vollem Umfang (kraft Rechtsform) als Gewerbebetrieb.

Ab dem Jahr 2008 ist die Gewerbesteuer keine abzugsfähige Betriebsausgabe mehr (§ 4 Abs. 5 b EStG). Der Aufwand aus der Bildung einer Gewerbesteuer-Rückstellung beeinflusst also nicht mehr die Höhe der Körperschaftsteuer. Es ist somit – anders als früher – nicht mehr zwingend, die Höhe der Gewerbesteuer-Rückstellung vor der Körperschaftsteuer-Rückstellung zu bilden. Es bietet sich vielmehr an, erst die Höhe des körperschaftsteuerlichen Einkommens und der Körperschaftsteuer-Rückstellung zu ermitteln. Das körperschaftsteuerliche Einkommen stellt nämlich die Ausgangsgröße für die Ermittlung des Gewerbeertrags dar (vgl. R 7.1 Abs. 4 GewStR).

1. Berechnung des körperschaftsteuerlichen Einkommens

Vorläufiger Jahresüberschuss		150.000 €
Der **Körperschaftsteuer-Aufwand** (31.000 €) einschließlich der Kapitalertragsteuer (3.000 €) (s. G+V) ist eine nicht abziehbare Personensteuer i. S. von § 10 Nr. 2 KStG. Es erfolgt eine außerbilanzielle Korrektur:	+	34.000 €
Ebenso ist der gebuchte **Solidaritätszuschlags-Aufwand** (s. G+V) als Ergänzungsabgabe zu einer Personensteuer nach § 10 Nr. 2 KStG als nicht abziehbar zu behandeln. Außerbilanzielle Korrektur:	+	1.870 €
Nach § 4 Abs. 5 b EStG ist auch die als Aufwand gebuchte Gewerbesteuer nicht abzugsfähig. Außerbilanzielle Korrektur:	+	30.000 €
Die **Geldbußen** (s. G+V) i. H. von 1.000 € sind nach § 8 Abs. 1 KStG i. V. m. § 4 Abs. 5 Nr. 8 EStG als nicht abziehbare Ausgaben zu behandeln. Auch insoweit ergibt sich eine außerbilanzielle Korrektur:	+	1.000 €

Nach dem Welteinkommensprinzip unterliegt die A&B-GmbH zwar grundsätzlich mit ihren gesamten in- und ausländischen Einkünften im Inland der Besteuerung. Für ausländische Einkünfte wird dies jedoch durch die Doppelbesteuerungsabkommen eingeschränkt. Der Verlust aus der **Betriebsstätte in Salzburg** (Tz. 1; 200.000 € ⁒ 270.000 € = ⁒ 70.000 €) ist deshalb bei der inländischen Besteuerung nicht zu berücksichtigen. Nach Art. 7 Abs. 1 DBA-Österreich dürfen Gewinne eines Unternehmens eines Vertragsstaats (hier: Deutschland) nur in diesem Staat besteuert werden, es sei denn, das Unternehmen übt seine Tätigkeit im anderen Vertragsstaat (hier: Österreich) durch eine dort gelegene Betriebsstätte aus. Soweit die Gewinne dieser Betriebsstätte zugerechnet werden können, dürfen sie im anderen Staat (hier: Österreich) besteuert werden. Nach Art. 23 Abs. 1 Buchst. a DBA-Österreich werden Einkünfte aus der Republik Österreich von der Bemessungsgrundlage der deutschen Steuer ausgenommen, die nach dem DBA in der Republik Österreich besteuert werden dürfen. Damit werden die Gewinne der österreichischen Betriebsstätte in Deutschland von der Besteuerung freigestellt (sog. Freistellungsmethode). Ein Progressionsvorbehalt ist danach zwar ausdrücklich zulässig; bei Körperschaften geht dieser aufgrund des einheitlichen Steuersatzes jedoch ins Leere. Die Freistellung gilt nicht nur für Gewinne, sondern auch für Verluste. Die A&B-GmbH kann den Verlust der Betriebsstätte in Salzburg nach Maßgabe des österreichischen

Steuerrechts dort im Rahmen des Verlustvortrags geltend machen. Eine Berücksichtigung in Deutschland kommt nicht in Betracht.[1] Außerbilanzielle Hinzurechnung: + 70.000 €

Die beiden **Geschenke** (Tz. 2) stellen nicht abziehbare Ausgaben i. S. von § 8 Abs. 1 KStG i. V. m. § 4 Abs. 5 Nr. 1 EStG dar. Der Nettoaufwand (500 €) ist deshalb außerbilanziell hinzuzurechnen. Allerdings ist zu beachten, dass die gebuchte Vorsteuer umsatzsteuerlich nicht abzugsfähig ist (§ 15 Abs. 1 a Nr. 1 UStG). Dadurch erhöht sich die Umsatzsteuer-Schuld der A&B-GmbH um 95 € (Buchung: Umsatzsteuer-Aufwand an Steuerverbindlichkeiten). Dieser Aufwand ist nach § 10 Nr. 2 KStG jedoch wieder außerbilanziell hinzuzurechnen. Somit ergibt sich im Ergebnis eine Einkommenserhöhung um 500 € (+ 500 € nach § 4 Abs. 5 Nr. 1 EStG, ⁒ 95 € wegen Umsatzsteuer-Aufwand, + 95 € wegen Hinzurechnung des Umsatzsteuer-Aufwands): + 500 €

Der **Forderungsverzicht** des B (Tz. 3) führt zu einer verdeckten Einlage. B wendet der A&B-GmbH mit dem Verzicht auf seine Forderung einen einlagefähigen Vermögensvorteil zu; diese Zuwendung ist durch das Gesellschaftsverhältnis veranlasst (R 40 Abs. 1 KStR). Die Veranlassung durch das Gesellschaftsverhältnis ist gegeben, wenn ein Nichtgesellschafter bei der Anwendung der Sorgfalt eines ordentlichen Kaufmanns den Vermögensvorteil der Gesellschaft nicht eingeräumt hätte. Der Darlehensanspruch des B war im Zeitpunkt des Verzichts im Hinblick auf die gute Gewinnsituation der A&B-GmbH voll werthaltig; der Teilwert des Anspruchs entspricht deshalb dem Nennwert der Forderung.

Der aufgrund des Wegfalls der Gesellschafterverbindlichkeit gebuchte Ertrag ist außerbilanziell zu korrigieren: ⁒ 15.000 €

In entsprechender Höhe ergibt sich ein Zugang auf dem steuerlichen Einlagekonto i. S. von § 27 KStG (+ 15.000 €).

Die Hälfte der **Beiratsvergütung** (Tz. 4) ist nach § 10 Nr. 4 KStG nicht abzugsfähig.

Außerbilanzielle Korrektur: + 2.000 €

Die **Zins- und Mietzahlungen** (Tz. 5 und 6) sind körperschaftsteuerlich abzugsfähig (vgl. aber unten zur Gewerbe-

---

1 Hinweis: Dies gilt zumindest so lange, wie der Verlust in Österreich genutzt werden kann, er also nicht final wird (vgl. EuGH-Urteil vom 15.05.2008, Rs. C-414/06 „Lidl Belgium", BStBl 2009 II S. 692, sowie die Folgeurteile des BFH vom 17.07.2008 – I R 84/04, BStBl 2009 II S. 630, vom 09.06.2010 – I R 100/09, BStBl II S. 1065, und vom 09.06.2010 – I R 107/09, BFH/NV 2010 S. 1044).

steuer). Entsprechendes gilt für den Zinsanteil aus der **Kaufpreisrente** (Tz. 7), der körperschaftsteuerlich trotz der Veräußerung des Grundstücks als Betriebsausgabe abzugsfähig bleibt.

Die **Dividende der Schweizer Spiele AG** (Tz. 8) ist körperschaftsteuerlich nach § 8 b Abs. 1 KStG steuerfrei. Allerdings wurden in der Buchführung zu Unrecht nur 1.700 € als Betriebseinnahmen erfasst. Richtigerweise hätte der Dividendenertrag mit 2.000 € ausgewiesen und die ausländische Quellensteuer als Steueraufwand gebucht werden müssen (Nachbuchung: Steueraufwand 300 € an Dividendenertrag 300 €; diese Buchung ist im Ergebnis erfolgsneutral).

Außerbilanzielle Korrektur zur Steuerfreistellung nach § 8 b Abs. 1 KStG:	./. 2.000 €
Allerdings ist § 8 b Abs. 5 KStG zu beachten; danach gelten 5 % der Dividende als nicht abzugsfähige Betriebsausgaben. Auf die Höhe der tatsächlichen Aufwendungen auf die Beteiligung kommt es nicht an. Außerbilanzielle Korrektur:	+ 100 €
Die Schweizer Quellensteuer kann wegen der Steuerbefreiung nicht nach § 26 Abs. 1 KStG angerechnet werden, da keine deutsche Körperschaftsteuer auf die ausländischen Einkünfte entfällt. Der (nach)gebuchte Steueraufwand für die Quellensteuer ist aber nach § 10 Nr. 2 KStG außerbilanziell hinzuzurechnen. Diese Hinzurechnung ist nicht mit § 8 b Abs. 5 KStG abgegolten.	+ 300 €
Auch die **Gewinnausschüttung der Schachmatt GmbH** (Tz. 9) ist nach § 8 b Abs. 1 KStG körperschaftsteuerlich steuerbefreit. Außerbilanzielle Korrektur:	./. 12.000 €
Auch für diese Ausschüttung ist die 5 %-Pauschale des § 8 b Abs. 5 KStG anzuwenden. Es gelten also 5 % der steuerfreien Dividende als nicht abzugsfähige Ausgaben. Auf die Höhe der tatsächlichen Aufwendungen für die Beteiligung (hier: Schuldzinsen) kommt es nicht an. Außerbilanzielle Korrektur:	+ 600 €
Weder die Gewinnausschüttung für 07 im Juni 08 noch die vorgesehene Gewinnausschüttung für 08 (Tz. 10) haben Auswirkung auf die Einkommensermittlung.	– €
Körperschaftsteuerliches Einkommen	261.370 €
× 15 % Körperschaftsteuer = sog. Tarifbelastung	+ 39.205 €
./. anrechenbare Kapitalertragsteuer aus der Ausschüttung der Schachmatt-GmbH	./. 3.000 €
./. Körperschaftsteuer-Vorauszahlungen	./. 31.000 €
Körperschaftsteuer-Rückstellung	5.205 €

Solidaritätszuschlag 5,5 % der Körperschaftsteuer		2.156 €
./. anrechenbarer Solidaritätszuschlag zur Kapitalertragsteuer (5,5 % von 3.000 €)	./.	165 €
./. Solidaritätszuschlag-Vorauszahlungen	./.	1.705 €
Solidaritätszuschlag-Rückstellung		286 €

Es ist noch zu prüfen, ob die in 08 abgeflossene Ausschüttung für 07 zu einer Verwendung von Beträgen aus dem steuerlichen Einlagekonto i. S. von § 27 KStG führt. Dies ist jedoch nicht der Fall, da das steuerliche Einlagekonto zum 31.12.07 einen Bestand i. H. von 0 € auswies. Zugänge des laufenden Jahres (hier: 15.000 € aus dem Forderungsverzicht des B) können nach Verwaltungsauffassung nicht mehr im selben Jahr für eine Gewinnausschüttung verwendet werden.[2] Auf die Höhe des ausschüttbaren Gewinns zum 31.12.07 kommt es deshalb hier nicht an.[3] Unabhängig davon hätte auch die Verwendung von Beträgen aus dem steuerlichen Einlagekonto keine Auswirkung auf die Höhe der Körperschaftsteuer und des Solidaritätszuschlags. Die Führung des Einlagekontos stellt eine reine Serviceleistung für die Gesellschafter dar, damit diese die Rückzahlung früherer Einlagen nicht als Dividende versteuern müssen. Das Einlagekonto weist zum 31.12.08 einen Bestand i. H. von 15.000 € aus.

2. Ermittlung der Gewerbesteuer-Rückstellung

Das körperschaftsteuerliche Einkommen ist die **Ausgangsgröße für die Ermittlung des Gewerbeertrags** (§ 7 GewStG) für Zwecke der Gewerbesteuer-Rückstellung. + 261.370 €

Anschließend sind die gewerbesteuerlichen Hinzurechnungen (§ 8 GewStG) und Kürzungen (§ 9 GewStG) vorzunehmen.

Finanzierungsentgelte (§ 8 Nr. 1 GewStG):

Nach § 8 Nr. 1 GewStG sind bestimmte Finanzierungsentgelte zu einem Viertel bei der Ermittlung des Gewerbeertrags hinzuzurechnen (nach Abzug eines Freibetrags von 100.000 €). Im vorliegenden Sachverhalt ergibt sich folgende Summe der Finanzierungsentgelte:

Entgelte für Schulden nach § 8 Nr. 1 Buchst. a GewStG:

---

2 BMF-Schreiben vom 04.06.2003, BStBl I S. 366, Rz. 15.

3 Nähere Einzelheiten zur Verwendung von Beträgen aus dem steuerlichen Einlagekonto vgl. Fall 28.

Zinsen für das Kontokorrentkonto bei der Z-Bank; auf die Laufzeit der Schuld kommt es ab 2008 nicht mehr an. Es ist also unerheblich, dass das Kontokorrentkonto im Jahr 08 teilweise einen positiven Stand auswies.	24.000 €
Zinsen für die Finanzierung der Beteiligung an der Schachmatt-GmbH (10.000 €); hier ist allerdings zu berücksichtigen, dass ein Betrag i. H. von 600 € über § 8 b Abs. 5 KStG als nicht abzugsfähig behandelt wurde. Somit haben sich im Ergebnis nur 9.400 € mindernd auf das körperschaftsteuerliche Einkommen ausgewirkt. Aus dem Sachverhalt ist nicht ersichtlich, dass weitere Aufwendungen auf die Beteiligung an der Schachmatt-GmbH angefallen sind.[4]	9.400 €

Renten und dauernde Lasten nach § 8 Nr. 1 Buchst. b GewStG:

Der Zinsanteil aus der Kaufpreisrente aus dem Erwerb des Grundstücks ist als Finanzierungsentgelt zu behandeln. Es kommt dabei nicht darauf an, dass die Rentenverpflichtung nicht mit dem Erwerb eines Betriebs zusammenhängt und dass das Grundstück bereits im Jahr 07 wieder veräußert worden ist. Der Zinsanteil ist wie folgt zu ermitteln (vgl. R 8.1 Abs. 2 Satz 2 GewStR):

laufende Rentenzahlungen 12 × 3.000 € =		36.000 €	
Höhe der Rentenschuld am 31.12.07	193.000 €		
⁒ Höhe der Rentenschuld am 31.12.08	172.000 €		
Verminderung des Passivpostens	21.000 €	⁒ 21.000 €	
einzubeziehender Zinsanteil		15.000 €	15.000 €

Finanzierungsanteil in den Miet- und Pachtzinsen für bewegliche Wirtschaftsgüter nach § 8 Nr. 1 Buchst. d GewStG:

⅕ der Miete für den LKW sind als Finanzierungsentgelt anzusetzen 6.000 € × ⅕ =	1.200 €

Finanzierungsanteil in der Grundstücksmiete nach § 8 Nr. 1 Buchst. d GewStG:

½ der Miete für das Grundstück 60.000 € × ½ =	30.000 €
Finanzierungsentgelte insgesamt	79.600 €
⁒ Freibetrag 100.000 €, höchstens aber	79.600 €
verbleiben	0 €

Somit ergibt sich keine Hinzurechnung nach § 8 Nr. 1 GewStG.

4 Teilweise wird auch die Auffassung vertreten, dass die 5 %-Pauschale des § 8 b Abs. 5 KStG sich nicht mindernd auf die Höhe der hinzuzurechnenden Finanzierungsentgelte auswirkt.

Dividende (§ 8 Nr. 5 GewStG):

Die **Dividende der Schweizer Spiele AG** (Tz. 8) wurde körperschaftsteuerlich in voller Höhe steuerbefreit (§ 8 b Abs. 1 KStG). Nach § 8 Nr. 5 GewStG sind die nach § 3 Nr. 40 EStG oder § 8 b Abs. 1 KStG außer Ansatz bleibenden Gewinnanteile (Dividenden) bei der Ermittlung des Gewerbeertrags hinzuzurechnen, soweit sie nicht die Voraussetzungen des § 9 Nr. 2 a oder 7 GewStG erfüllen. Der Hinzurechnungsbetrag wird dabei um die mit den Einnahmen in wirtschaftlichem Zusammenhang stehenden Betriebsausgaben gemindert, soweit sie nach § 3 c EStG oder § 8 b Abs. 5 KStG unberücksichtigt bleiben.

Die Aktien an der Schweizer Spiele AG erfüllen die Voraussetzungen des § 9 Nr. 7 GewStG nicht (keine Mindestbeteiligung i. H. von 15 %), sodass eine Hinzurechnung vorzunehmen ist. Die nach § 8 b Abs. 5 KStG pauschal nicht abzugsfähigen Betriebsausgaben sind bei Ermittlung des Hinzurechnungsbetrags gegenzurechnen:

steuerbefreite Dividende	2.000 €	
⁒ nicht abzugsfähige Betriebsausgaben (§ 8 b Abs. 5 KStG)	⁒ 100 €	
Hinzurechnungsbetrag	1.900 €	+ 1.900 €

Für die **Dividende der Schachmatt-GmbH** (Tz. 9) ist keine Hinzurechnung nach § 8 Nr. 5 GewStG vorzunehmen, da für diese Beteiligung die Voraussetzungen des § 9 Nr. 2 a GewStG erfüllt sind (Mindestbeteiligung von 15 % am 01.01.08). – €

Gewerbeertrag für die Rückstellungsermittlung	263.270 €
abgerundet/kein Freibetrag (§ 11 Abs. 1 GewStG)	263.200 €
Steuermesszahl 3,5 % (§ 11 Abs. 2 GewStG)	9.212 €
× Hebesatz 450 % = voraussichtlicher Gewerbesteueraufwand	41.454 €

3. Endgültiger Jahresüberschuss 08 / Endgültige Bilanz und G+V

Nun kann der endgültige Jahresüberschuss für das Jahr 08 ermittelt werden:

vorläufiger Jahresüberschuss lt. Sachverhalt	150.000 €
⁒ KSt-Rückstellung	⁒ 5.205 €
⁒ SolZ-Rückstellung	⁒ 286 €
⁒ GewSt-Rückstellung	⁒ 11.454 €
⁒ zusätzliche Umsatzsteuerschuld wegen Geschenken (Tz. 2 des Sachverhalts)	⁒ 95 €
endgültiger Jahresüberschuss 08	132.960 €

Somit ergibt sich folgende endgültige Bilanz zum 31.12.08 und G+V 08:

Aktiva		Bilanz zum 31.12.08	Passiva
Anlagevermögen	500.000 €	gezeichnetes Kapital	50.000 €
Umlaufvermögen	200.000 €	Gewinnrücklagen	57.000 €
		Jahresüberschuss	132.960 €
		GewSt-Rückstellung 08	11.454 €
		KSt-Rückstellung 08	5.205 €
		SolZ-Rückstellung 08	286 €
		USt-Schuld	95 €
		Verbindlichkeiten	443.000 €
	700.000 €		700.000 €

Soll		G+V 08	Haben
Materialaufwand	510.000 €	Umsatzerlöse Inland	1.600.000 €
Personalaufwand	700.000 €	Erträge Betriebsstätte Salzburg	200.000 €
Abschreibungen	20.000 €	sonstige betriebliche Erträge	40.000 €
sonstige betriebliche Aufwendungen (Inland)	89.130 €		
Aufwendungen Betriebsstätte Salzburg	270.000 €		
Zinsaufwand	34.000 €		
GewSt-Aufwand 08	41.454 €		
KSt-Aufwand 08	36.205 €		
KapSt-Aufwand	3.000 €		
SolZ-Aufwand 08	2.156 €		
USt-Aufwand	95 €		
Geldbußen	1.000 €		
Jahresüberschuss	132.960 €		
	1.840.000 €		1.840.000 €

Die Kontrollrechnung zur Ermittlung des zu versteuernden Einkommens anhand der Beträge aus dem endgültigen Jahresabschluss zum 31.12.08 ist nachfolgend unter Verwendung der Körperschaftsteuervordrucke dargestellt (vgl. Begründung zu Frage 4, Vordruck KSt 1 A).

4. Notwendige Eintragungen in den Körperschaftsteuer- und Gewerbesteuer-Vordrucken

4.1 Körperschaftsteuer

Für Zwecke der Körperschaftsteuer sind im vorliegenden Fall folgende Vordrucke abzugeben:

- KSt 1 A – Körperschaftsteuererklärung (für unbeschränkt Steuerpflichtige, bei denen alle Einkünfte als solche aus Gewerbebetrieb zu behandeln sind)
- Anlage A (Nicht abziehbare Aufwendungen)
- Anlage WA (Weitere Angaben – Anträge)

- Anlage AE (Ausländische Einkünfte/Nicht zu berücksichtigende Gewinnminderungen bei Auslandsbeteiligungen)
- Körperschaftsteuer 1 F (Erklärung zur gesonderten Feststellung)

Es bietet sich an, zunächst die Anlagen A, WA und AE auszufüllen, da deren Ergebnisse im Vordruck KSt 1 A zur Ermittlung des zu versteuernden Einkommens benötigt werden. Anschließend können die Feststellungserklärung KSt 1 F und die Gewerbesteuererklärung GewSt 1 A erstellt werden.

Hinweis: Die in den nachfolgend dargestellten Vordruckauszügen aufgeführten Zeilennummern können in den einzelnen Jahren abweichen.

Anlage A

Die nicht abziehbaren Ausgaben sind auf der **Anlage A** wie folgt zu erklären:

Zeile			€
3	**Körperschaftsteuer** (nach Anrechnung von Kapitalertragsteuer verbleibender Körperschaftsteuer-Aufwand lt. Gewinn-und-Verlust-Rechnung)		36.205
4	Davon Zuführung zur Körperschaftsteuer-Rückstellung für den laufenden Veranlagungszeitraum	5.205	
5	**Solidaritätszuschlag**		2.156
6	Anzurechnende **Kapitalertragsteuer** auf vereinnahmte Kapitalerträge		3.000
7 a	**Gewerbesteuer ab Erhebungszeitraum 2008**		41.454
9	**Nach § 10 Nr. 2 KStG nicht abziehbarer Teil der Umsatzsteuer und Vorsteuerbeträge**		95
10	**Ausländische Personensteuern i. S. von § 10 Nr. 2 KStG**		300
12	**Die Hälfte der Aufsichtsratsvergütungen**		2.000
13	**Sonstige nicht abziehbare Aufwendungen** insbesondere nach § 4 Abs. 5 Satz 1 Nr. 1 bis 4, 7, 8, 8 a, 10 und Abs. 6 bis 8 EStG, §§ 4 c und 4 d EStG, § 160 Abs. 1 AO, § 10 Nr. 3 KStG		1.500
15	Zusammen **(Übertrag nach Zeile 29 der Körperschaftsteuererklärung KSt 1 A)**		86.710

Anlage WA

Zeile		€	Ct
5	**Anzurechnende Beträge/Steuerabzug** Kapitalertragsteuer (25 %)	3.000	00
6	Solidaritätszuschlag zur Kapitalertragsteuer	165	00
13	**Gewinnausschüttungen** I. Im Wirtschaftsjahr erfolgte Gewinnausschüttungen, die auf einem den gesellschaftsrechtlichen Vorschriften entsprechenden Gewinnverteilungsbeschluss beruhen	€ 35.000	
20b	**Angaben zu ausgestellten Steuerbescheinigungen** Für Gewinnausschüttungen und Leistungen im Wirtschaftsjahr wurden folgende Beträge bescheinigt: Das Einlagekonto mindernde Leistung	0	
20c	Die **Kapitalertragsteueranmeldung** zu X Zeile 13 X liegt dem Finanzamt vor		

Anlage AE

Zeile					
	B. **Ausländische Einkünfte,** die aufgrund von Doppelbesteuerungsabkommen steuerfrei sind (ohne Beträge nach § 8 b KStG), z. B. positive oder negative Einkünfte aus ausländ. Betriebsstätten				
	Staat	Nettobetrag €	Darauf entfallende ausl. Steuer vom Einkommen €	Bruttobetrag (einschließlich ausl. Steuer) €	€
	1	2	3	4	5
5	Österreich	⁒ 70.000	0	⁒ 70.000	
10	Zusammen			⁒ 70.000	
11	Davon ab: nicht abziehbare inländische Ausgaben, die mit den Einkünften lt. Zeile 10 zusammenhängen			0	
12	Unterschiedsbetrag (Übertrag nach Spalte 5 mit umgekehrtem Vorzeichen)			⁒ 70.000	+ 70.000

	C. **Ausländische Sachverhalte nach § 8 b KStG**				
		Nettobetrag €	Darauf entfallende ausl. Steuer vom Einkommen €	Bruttobetrag (einschließlich ausl. Steuer) €	€
	1	2	3	4	5
13	Bezüge i. S. des § 8 b Abs. 1 KStG	1.700	300	2.000	
14	Davon ab: nicht abziehbare Ausgaben (5 % des Betrages lt. Zeile 13 Spalte 4 – § 8 b Abs. 5 Satz 1 KStG)			⁒ 100	
15	Unterschiedsbetrag (Übertrag nach Spalte 5 mit umgekehrtem Vorzeichen)			1.900	⁒ 1.900
33	Zusammen (Übertrag nach Zeile 41 der Körperschaftsteuererklärung KSt 1 A)				68.100

Vordruck Körperschaftsteuer 1 A (Haupterklärungsvordruck zur KSt)

Zeile			€
20	**Steuerbilanzgewinn / -verlust**		132.960
29	Dazu: **nicht abziehbare Aufwendungen** lt. Zeile 15 der Anlage A		+ 86.710
33	Davon ab/Dazu: **nicht der Körperschaftsteuer unterliegende inländische Vermögensmehrungen und -minderungen** – Einlagen der Gesellschafter, die nicht das Nennkapital erhöht haben: Davon sind bis zum Ende des Wirtschaftsjahres geleistet		⁒ 15.000
41	Davon ab/Dazu: Ausländische Einkünfte/Ausländische Steuern (Betrag lt. Zeile 33 der Anlage AE)		+ 68.100
44b	Inländische Bezüge i. S. von § 8 b Abs. 1 KStG	12.000	
44c	Davon ab: nicht abziehbare Ausgaben (5 % des Betrags lt. Zeile 44b – § 8 b Abs. 5 KStG)	⁒ 600	
44d	Unterschiedsbetrag (Übertrag in die Hauptspalte mit umgekehrtem Vorzeichen)	11.400	⁒ 11.400
54	**Summe der Einkünfte**		261.370

67	**Gesamtbetrag der Einkünfte**	261.370
73	**Einkommen**	261.370
75	**Zu versteuerndes Einkommen**	261.370
75a	15 % des Betrags lt. Zeile 75 (§ 23 Abs. 1 KStG)	39.205

Körperschaftsteuer 1 F (Erklärung zur gesonderten Feststellung des steuerlichen Einlagekontos, des durch Umwandlung von Rücklagen entstandenen Nennkapitals und des fortgeschriebenen Endbetrags aus dem Teilbetrag EK 02)

Vorderseite:

Zeile		€
5	**Festzustellende Beträge** **Steuerliches Einlagekonto** (Betrag lt. Zeile 36 Spalte 3 dieses Vordrucks oder Betrag lt. Zeile 56 Spalte 3 des Vordrucks KSt 1 F – 27/28)	15.000
6	**Durch Umwandlung von Rücklagen entstandenes Nennkapital** (Betrag lt. Zeile 56 Spalte 4 des Vordrucks KSt 1 F – 27/28)	0
10	**Ermittlung des ausschüttbaren Gewinns (§ 27 Abs. 1 Satz 5 KStG)** Eigenkapital lt. Steuerbilanz zum Schluss des vorangegangenen Wirtschaftsjahrs	142.000
11	Nennkapital zum Schluss des vorangegangenen Wirtschaftsjahrs	50.000
12	Positiver Bestand des steuerlichen Einlagekontos zum Schluss des vorangegangenen Wirtschaftsjahrs	0
13	Ausschüttbarer Gewinn (§ 27 Abs. 1 Satz 5 KStG; wenn negativ, dann „0" eintragen)	92.000

Hinweis zu Zeile 10: Das Eigenkapital zum Ende des vorangegangenen Wirtschaftsjahres 07 setzt sich aus dem Stammkapital (50.000 €), den Gewinnrücklagen (57.000 €) und der im Jahr 08 abgeflossenen Ausschüttung für 07 (35.000 €) zusammen. Der Ausschüttungsbetrag von 35.000 € war nämlich zum 31.12.07 noch als Bestandteil des Eigenkapitals vorhanden.

Rückseite

		Vorspalte €	Steuerliches Einlagekonto €
	1	2	3
14	Bestände zum Schluss des vorangegangenen Wirtschaftsjahres	0	0
16a	Im Wirtschaftsjahr erbrachte Leistungen	35.000	
19	Betrag lt. Zeile 16a	35.000	
20	Ausschüttbarer Gewinn	– 92.000	
21	Summe	– 57.000	
22	Wenn Summe lt. Zeile 21 positiv: Betrag lt. Zeile 21, höchstens Betrag lt. Zeile 14	0	0
31	Einlagen, die in diesem Wirtschaftsjahr einkommensmindernd berücksichtigt worden sind (Betrag lt. Zeile 33 des Vordrucks KSt 1 A)		+ 15.000
36	Endbestand zum Schluss des Wirtschaftsjahres (zu übertragen nach Zeile 5)		15.000

4.2 Gewerbesteuer
GewSt 1A (Gewerbesteuer-Erklärung)

Zeile		€
33	**Gewerbeertrag** **Gewinn aus Gewerbebetrieb,** der nach den Vorschriften des Körperschaftsteuergesetzes ermittelt worden ist	261.370
36	**Hinzurechnungen** Finanzierungsanteile nach § 8 Nr. 1 GewStG (in voller Höhe eintragen) Entgelte für Schulden (§ 8 Nr. 1 Buchst. a GewStG)	33.400
37	Renten und dauernde Lasten (§ 8 Nr. 1 Buchst. b GewStG)	15.000
39	Miet- und Pachtzinsen (einschließlich Leasingraten) für die Benutzung fremder beweglicher Betriebsanlagegüter (§ 8 Nr. 1 Buchst. d GewStG)	6.000
40	Miet- und Pachtzinsen (einschließlich Leasingraten) für die Benutzung fremder unbeweglicher Betriebsanlagegüter (§ 8 Nr. 1 Buchst. e GewStG)	60.000
49	Gewinnanteile (Dividenden) und die diesen gleichgestellten Bezüge und erhaltenen Leistungen aus Anteilen an einer Körperschaft, Personenvereinigung oder Vermögensmasse i. S. des KStG (§ 8 Nr. 5 GewStG)	1.900

Fall 28

Offene und verdeckte Einlagen – Verwendung des Einlagekontos (Ebene der GmbH und des Anteilseigners) – Rangrücktritt bei einem Gesellschafterdarlehen – Forderungsverzicht – inkongruente Gewinnausschüttung – Rückzahlung einer Gewinnausschüttung – verdeckte Gewinnausschüttung – Verlustrücktrag

KStG §§ 8, 27; EStG §§ 10 d, 20 Abs. 1, §§ 32 d, 43

Sachverhalt

Die Flensburger Fensterbau GmbH (F-GmbH) wurde am 25. Januar 01 gegründet. Gründungsgesellschafter waren Friedrich Frei (F) mit einer Beteiligung i. H. von 60 %, Gerda Geiger (G) mit 30 % und Hilde Hamm (H) mit 10 %. Das gezeichnete Kapital der F-GmbH beträgt lt. Gesellschaftsvertrag vom 05.01.01 100.000 €. Es wurde noch im Januar 01 in voller Höhe eingezahlt. Alleiniger Geschäftsführer der F-GmbH ist F. Alle Gesellschafter halten ihre Anteile im Privatvermögen.

Da die Gesellschaft zur Ingangsetzung des Geschäftsbetriebs neben dem gezeichneten Kapital weitere Geldmittel benötigte, verpflichteten sich die Gesellschafter im Gesellschaftsvertrag, ein Aufgeld (Agio) zu entrichten. F leistete ein Aufgeld i. H. von 60.000 €, G i. H. von 30.000 € und H i. H. von 10.000 €. In ihrer Bilanz zum 31.12.01 hat die F-GmbH die geleisteten Aufgelder als Kapitalrücklage ausgewiesen.

Außerdem gewährte F der F-GmbH zur Anschubfinanzierung ein unverzinsliches Gesellschafterdarlehen i. H. von 200.000 €. Bereits bei Darlehensgewährung erklärte F, mit der Darlehensforderung im Falle der wirtschaftlichen Krise der Gesellschaft im Rang hinter alle übrigen Gesellschaftsgläubiger zurückzutreten. Die anderen Gesellschafter leisteten keine vergleichbaren Darlehen, da ihnen keine entsprechenden finanziellen Mittel zur Verfügung standen.

Aufgrund der Entwicklung eines neuartigen Wärmedämmungsverfahrens für Fensterglas, das sich schnell am Markt durchsetzte, konnte die F-GmbH bereits im Erstjahr einen Jahresüberschuss i. H. von 80.000 € erzielen. Im Dezember 01 beschloss die Gesellschafterversammlung, für das Jahr 01 eine Vorabausschüttung i. H. von 40.000 € vorzunehmen. Es wurde allerdings vereinbart, dass F als Gegenleistung für seine zinslose Darlehensgewährung hiervon nicht nur 60 %, sondern 80 % erhalten sollte (= 32.000 €). G erhielt 15 % der Ausschüttung (= 6.000 €), H 5 % (= 2.000 €). Bereits im Gesellschaftsvertrag ist geregelt, dass Gewinnausschüttungen durch einstimmigen Gesellschafterbeschluss auch abweichend von den Beteiligungsverhältnissen vereinbart werden können.

In der Gesellschafterversammlung vom 10.05.02 beschlossen die Gesellschafter, für das Jahr 01 zusätzlich zu der bereits vorgenommenen Vorabausschüttung eine Gewinnausschüttung i. H. von 80.000 € vorzunehmen. Die Ausschüttung wurde am 20.05.02 – diesmal entsprechend dem Beteiligungsverhältnis – an die Gesellschafter F, G und H ausgezahlt. Außerdem fasste die Gesellschafterversammlung den Beschluss, dem Gesellschafter-Geschäftsführer F als Anerkennung für den überaus erfolgreichen Unternehmensstart für das Jahr 01 eine Gewinntantieme i. H. von 20.000 € zu gewähren. Auch dieser Betrag wurde am 20.05.02 ausgezahlt und auf das Bankkonto des F überwiesen. Trotz dieser Gewinntantieme ist das Gehalt des F noch als angemessen anzusehen. Da der Jahresabschluss zum 31.12.01 zum Zeitpunkt des Beschlusses bereits fertig gestellt war, hat die GmbH diese Tantieme erst im Jahr 02 als Aufwand gebucht.

In ihrer Steuerbilanz zum 31.12.02 wies die F-GmbH einen Jahresüberschuss i. H. von 120.000 € aus.

Im Lauf des Jahres 03 geriet die F-GmbH aufgrund des konjunkturellen Niedergangs der Baubranche in eine ernste wirtschaftliche Krise. Außerdem hatte ein Konkurrenzunternehmen zwischenzeitlich ein technisch gleichwertiges, aber preisgünstigeres Wärmedämmungsverfahren entwickelt. Auf Druck der Banken musste F im Dezember 03 zur Verbesserung des Bilanzbildes auf sein im Jahr 01 gewährtes Gesellschafterdarlehen i. H. von 200.000 € verzichten. Nach Auffassung des Wirtschaftsprüfers der F-GmbH hätte F in dieser Situation nicht mit einer Rückzahlung des Darlehens rechnen können.

Trotz der ertragswirksamen Ausbuchung des Gesellschafterdarlehens des F wies die F-GmbH zum 31.12.03 einen Jahresfehlbetrag i. H. von 150.000 € aus.

Noch in Unkenntnis der sich anbahnenden negativen Entwicklung hatte die Gesellschafterversammlung am 05.03.03 eine Gewinnausschüttung für 02 i. H. von 90.000 € beschlossen, die drei Tage später an die Gesellschafter ausgezahlt wurde. Mit Gesellschafterbeschluss vom 02.12.03 verpflichteten sich die Gesellschafter jedoch, diese erhaltene Ausschüttung aufgrund der zwischenzeitlichen Krisensituation wieder in voller Höhe an die Gesellschaft zurückzuzahlen. Die Rückzahlung ist noch im Dezember 03 erfolgt. Die GmbH hat die Rückzahlungsbeträge als Kapitalrücklage gebucht.

Im Jahr 05 führte das Finanzamt Flensburg bei der F-GmbH eine Außenprüfung durch. Der Betriebsprüfer erhöhte dabei den Bilanzansatz der aktivierten halbfertigen Arbeiten zum 31.12.01, zum 31.12.02 und zum 31.12.03 jeweils um 40.000 €. Das Finanzamt hatte zuvor alle Steuer- und Feststellungsbescheide ab dem Jahr 01 nach § 164 Abs. 1 AO unter dem Vorbehalt der Nachprüfung erlassen.

Frage

1. Warum muss ein steuerliches Einlagekonto geführt werden?
2. Welche körperschaftsteuerlichen Konsequenzen ergeben sich im Gründungsjahr 01 für die Gesellschaft und ihre Gesellschafter?
3. Wie wirken sich die Gewinnausschüttung im Jahr 02 und die Tantiemezahlung an F aus?
4. Welche Auswirkungen ergeben sich aus der im März 03 beschlossenen und vollzogenen Ausschüttung sowie deren Rückzahlung im Dezember 03?
5. Welche Folgen hat der Forderungsverzicht des F im Jahr 03?
6. Wie wirkt sich ein eventueller Verlustrücktrag aus dem Jahr 03 nach 02 auf das steuerliche Einlagekonto aus?
7. Welche Folgen ergeben sich aus der Erhöhung des Bilanzansatzes für die halbfertigen Arbeiten durch die Betriebsprüfung?

Antwort

1. Die Führung des steuerlichen Einlagekontos ist notwendig, um die Steuerfreistellung zurückgezahlter Einlagen auf Anteilseignerebene zu gewährleisten.
2. Das Agio stellt eine Einlage der Gesellschafter dar, die das steuerliche Einlagekonto erhöht. Das Gesellschafterdarlehen des F führt demgegenüber nicht zu einer Einlage. Für die Vorabausschüttung im Dezember 01 erfolgt eine Verwendung des Einlagekontos i. H. von 40.000 €. Die inkongruente Gewinnausschüttung kann steuerlich anerkannt werden.
3. Die Tantiemezahlung im Jahr 02 führt zu einer vGA (20.000 €). Zusammen mit der offenen Gewinnausschüttung (80.000 €) übersteigen die Ausschüttungen den ausschüttbaren Gewinn um 20.000 €, sodass insoweit eine Verwendung von Beträgen aus dem steuerlichen Einlagekonto erfolgt.
4. Für die im März 03 beschlossene und vollzogene Gewinnausschüttung erfolgt keine Verwendung des steuerlichen Einlagekontos. Durch die Rückzahlung der Ausschüttung werden deren Folgen nicht rückgängig gemacht; insbesondere liegen keine negativen Einnahmen bei den Gesellschaftern vor.
5. Der Forderungsverzicht des F führt zu einer verdeckten Einlage. Diese ist jedoch mit 0 € zu bewerten. Somit ergibt sich auch kein Zugang auf dem steuerlichen Einlagekonto.
6. Der Verlustrücktrag hat auf die Entwicklung und Fortschreibung des steuerlichen Einlagekontos der F-GmbH in den Jahren 02 und 03 keine Auswirkung.
7. Nach den Feststellungen der Betriebsprüfung kann keine Verwendung des steuerlichen Einlagekontos für die im Jahr 02 getätigten Ausschüt-

tungen erfolgen. Eine sog. Verwendungsfestschreibung tritt in diesem Fall nicht ein (§ 27 Abs. 5 KStG). Die Steuer auf den bescheinigten Betrag der Einlagenrückgewähr (25 % von 20.000 €) wird entweder im Haftungswege von der A-GmbH oder durch eine Änderung der Steuerbescheide der Anteilseigner nacherhoben. Der Bescheid über die gesonderte Feststellung des Einlagekontos wird entsprechend korrigiert.

Begründung

1. Notwendigkeit der Führung des steuerlichen Einlagekontos

Die Rückzahlung von Einlagen an die Anteilseigner soll nicht zu steuerpflichtigen Dividenden führen (vgl. § 20 Abs. 1 Nr. 1 Satz 3 EStG: „Die Bezüge gehören nicht zu den Einnahmen, soweit sie aus Ausschüttungen einer Körperschaft stammen, für die Beträge aus dem steuerlichen Einlagekonto i. S. des § 27 des Körperschaftsteuergesetzes als verwendet gelten."). Um die Steuerfreistellung auf Gesellschafterebene sicherzustellen, ist es notwendig, auf der Ebene der Gesellschaft die Einlagen der Gesellschafter **gesondert zu erfassen** und bei Rückgewähr entsprechend zu verwenden. Dies ist in § 27 KStG geregelt. Die Erfassung der nicht in das Nennkapital geleisteten Einlagen erfolgt danach außerbilanziell auf einem besonderen Konto (steuerliches Einlagekonto). Das steuerliche Einlagekonto stellt kein Buchführungskonto dar.

Ausschüttungen aus dem steuerlichen Einlagekonto haben keine Auswirkung auf die Höhe der Körperschaftsteuer der Gesellschaft. Das Führen des steuerlichen Einlagekontos durch die Gesellschaft stellt lediglich eine Serviceleistung für die Anteilseigner dar, um auf deren Ebene die zutreffenden steuerlichen Konsequenzen ziehen zu können. Eine gewisse Auswirkung für die Gesellschaft selbst ergibt sich allerdings dadurch, dass sie für Ausschüttungen aus dem steuerlichen Einlagekonto **keine Kapitalertragsteuer** einbehalten und abführen muss, da die Ausschüttungen insoweit nicht dem Kapitalertragsteuerabzug unterliegen.

Das Einlagekonto ist jährlich um die jeweiligen Zu- und Abgänge **fortzuschreiben** und gesondert festzustellen (§ 27 Abs. 1 Satz 1, Abs. 2 Satz 1 KStG). Die Kapitalgesellschaften sind verpflichtet, jährlich auf den Schluss des Wirtschaftsjahres Erklärungen zur gesonderten Feststellung von Besteuerungsgrundlagen abzugeben (§ 27 Abs. 2 Satz 4 KStG; Vordrucke KSt 1 F und KSt 1 F – 27/28). In einfachen Fällen ist die Ermittlung der Bestände im steuerlichen Einlagekonto auch auf der Rückseite des Vordrucks KSt 1 F möglich.

Bei den Anteilseignern führen Ausschüttungen aus dem steuerlichen Einlagekonto zwar nicht zu steuerpflichtigen Bezügen i. S. von § 20 Abs. 1 Nr. 1 EStG. Allerdings mindern sich die **Anschaffungskosten** bzw. der Buchwert der Beteiligung um die zurückgezahlten Einlagen. Dies hat Auswirkungen vor allem bei einer späteren Veräußerung der Anteile.

Die Verwendung von Beträgen aus dem Einlagekonto hat die Kapitalgesellschaft ihren Anteilseignern nach amtlich vorgeschriebenem Muster zu **bescheinigen** (§ 27 Abs. 3 KStG).

2. Folgerungen für die F-GmbH und ihre Anteilseigner im Jahr 01

Sowohl die **Einzahlung des gezeichneten Kapitals** als auch das **Aufgeld** stellen (offene) Einlagen der Gesellschafter dar. Sie führen in der Buchführung der Gesellschaft nicht zu einer Gewinnauswirkung (erfolgsneutrale Buchungen über Stammkapital bzw. Kapitalrücklagen). Eine außerbilanzielle Einkommenskorrektur ist insoweit nicht erforderlich. Die Aufgelder sind als Zugang auf dem steuerlichen Einlagekonto zu erfassen. Das Einlagekonto wird allerdings nicht gesellschafterbezogen geführt. Die Aufgelder sind also insgesamt i. H. von 100.000 € dem steuerlichen Einlagekonto gutzuschreiben.

Die **Darlehensgewährung** des F führt nicht zu einer Einlage in die F-GmbH. Dies gilt unabhängig von dem ausgesprochenen Rangrücktritt des F. Der Rangrücktritt ändert nämlich nichts daran, dass das Darlehen bei der F-GmbH als Verbindlichkeit auszuweisen ist. Anders könnte sich die Rechtslage allenfalls dann darstellen, wenn der Rangrücktritt zu einem Anwendungsfall von § 5 Abs. 2 a EStG führt. Dies ist nach Verwaltungsauffassung dann der Fall, wenn der Rangrücktritt mit einer Besserungsabrede verbunden wird und dabei eine Tilgungsmöglichkeit auch aus sonstigem freien Vermögen fehlt.[1]

Auch die **Zinslosigkeit der Darlehensgewährung** führt nicht zu einer (verdeckten) Einlage. Eine verdeckte Einlage kann nach H 40 „Einlagefähiger Vermögensvorteil" KStH nur vorliegen, wenn sich entweder ein Aktivposten erhöht oder wenn ein Passivposten wegfällt. Die Zinslosigkeit der Darlehensgewährung ist jedoch nicht bilanzierungsfähig (weder aktiv noch passiv; vgl. H 40 „Nutzungsvorteile" KStH). Somit kann eine unentgeltliche Nutzungsüberlassung nicht zu einer verdeckten Einlage führen. Ein Zugang im steuerlichen Einlagekonto ist daher nicht zu erfassen.

Zunächst ist zu prüfen, ob die **Vorabausschüttung** im Dezember 01 zu einer Verwendung des steuerlichen Einlagekontos führt. Die Gesellschaft wurde zwar erst im Jahr 01 gegründet, sodass zum Ende des Vorjahres kein Bestand im steuerlichen Einlagekonto vorhanden sein konnte. Nach § 27 Abs. 2 Satz 3 KStG ist allerdings bei Eintritt in die unbeschränkte Steuerpflicht der zum Zeitpunkt des Eintritts in die Steuerpflicht vorhandene Bestand der nicht in das Nennkapital geleisteten Einlagen gesondert festzustellen. Der gesondert festgestellte Bestand gilt als Bestand des steuerlichen Einlagekontos am Ende des vorangegangenen Wirtschaftsjahrs.

---

1 BMF-Schreiben vom 08.09.2006, BStBl I S. 497, Rz. 1 und 6.

Im vorliegenden Sachverhalt wurde im sachlichen und zeitlichen Zusammenhang mit der Gründung der F-GmbH ein Aufgeld von 100.000 € in die Gesellschaft eingezahlt. Dieser Betrag war somit im Zeitpunkt des Eintritts in die Steuerpflicht bereits vorhanden.

Nach § 27 Abs. 1 Satz 3 KStG mindern Leistungen (= Oberbegriff für alle Arten von Auskehrungen an die Gesellschafter) das steuerliche Einlagekonto nur, soweit die Summe der im Wirtschaftsjahr erbrachten Leistungen den auf den Schluss des vorangegangenen Wirtschaftsjahrs ermittelten **ausschüttbaren Gewinn** übersteigt. Im vorliegenden Fall erfolgt die Ermittlung des ausschüttbaren Gewinns allerdings (ausnahmsweise) nicht auf den Schluss des vorangegangenen Wirtschaftsjahrs, sondern auf den Zeitpunkt des Eintritts in die Körperschaftsteuerpflicht. Als ausschüttbarer Gewinn gilt das um das gezeichnete Kapital geminderte, in der Steuerbilanz ausgewiesene Eigenkapital abzgl. des Bestands des steuerlichen Einlagekontos (§ 27 Abs. 1 Satz 5 KStG):

gesamtes Eigenkapital zum 25.01.01	200.000 €
gezeichnetes Kapital	./. 100.000 €
Bestand im steuerlichen Einlagekonto zum 25.01.01	./. 100.000 €
ausschüttbarer Gewinn	0 €

Die Vorabausschüttung ist allerdings nicht entsprechend den Beteiligungsverhältnissen erfolgt. Es handelt sich deshalb um eine sog. **inkongruente Gewinnausschüttung**. Der BFH hat gegen die steuerliche Anerkennung solcher Ausschüttungen keine Bedenken.[2] Die Finanzverwaltung wendet diese Rechtsprechung aber nur eingeschränkt an.[3] Für die inkongruente Ausschüttung müssen wirtschaftliche Gründe vorliegen; rein steuerlich motivierte inkongruente Ausschüttungen werden also nach Verwaltungsauffassung nicht akzeptiert. Im vorliegenden Fall ist dies allerdings unproblematisch, da der Gesellschafter F mit der höheren Gewinnausschüttung einen Ausgleich für seine zinslose Darlehensgewährung erhält. Es liegt also ein wirtschaftlicher Hintergrund vor. Auf Ebene der Gesellschaft ist es im Übrigen sowieso unerheblich, welcher Gesellschafter die Ausschüttung erhält. Die Frage ist also nur für die einkommensteuerliche Zuordnung der Gewinnausschüttung auf der Ebene der Anteilseigner von Bedeutung.

---

2 BFH-Urteil vom 19.08.1999, BStBl 2001 II S. 43.

3 BMF-Schreiben vom 07.12.2000, BStBl 2001 I S. 47.

Das steuerliche Einlagekonto der F-GmbH entwickelt sich im Jahr 01 wie folgt (Vordruck KSt 1 F – 27/28):

Zeile	Sp. 1	Vorspalte € Sp. 2	Steuerliches Einlagekonto € Sp. 3	Sonderausweis € Sp. 4
1	Bei Eintritt in die unbeschränkte Steuerpflicht am 25.01.01 zum Zeitpunkt des Eintritts in die unbeschränkte Steuerpflicht vorhandener Bestand: – der nicht in das Nennkapital geleisteten Einlagen, vgl. § 27 Abs. 2 Satz 3 KStG (Betrag lt. Zeile 9a des Vordrucks KSt 1 F; einzutragen in Spalte 3)		100.000	
	B. Verrechnung von Leistungen mit dem steuerlichen Einlagekonto			
3	Im Wirtschaftsjahr erbrachte Leistungen **ohne** Leistungen aus der Rückzahlung von Nennkapital	40.000		
4	Ausschüttbarer Gewinn (§ 27 Abs. 1 Satz 5 KStG) – Betrag lt. Zeile 13 des Vordrucks KSt 1 F	– 0		
5	Summe	40.000		
6	**Abzug vom steuerlichen Einlagekonto** - positiver Betrag lt. Zeile 5, höchstens Betrag lt. Zeile 1 **oder** - nach § 27 Abs. 5 KStG zu berücksichtigender Betrag		– 40.000	
7	**Zwischensumme**		60.000	
	D. Im Wirtschaftsjahr geleistete Einlagen			
15	Einlagen, die in diesem Wirtschaftsjahr einkommensmindernd berücksichtigt worden sind (Betrag lt. Zeile 33 und 34a des Vordrucks KSt 1 A)		+ 0	
	K. Endbestände zum Schluss des Wirtschaftsjahrs			
56	(Übertrag nach Zeile 5 bzw. 6 des Vordrucks KSt 1 F)		60.000	

Die Vorabausschüttung im Jahr 01 kann also in voller Höhe aus dem steuerlichen Einlagekonto erfolgen. Die Ausschüttung unterliegt deshalb nicht der Kapitalertragsteuer, da keine Dividende i. S. von § 43 Abs. 1 Nr. 1 EStG vorliegt (Verweis in § 43 Abs. 1 Nr. 1 EStG auf § 20 Abs. 1 Nr. 1 EStG; Ausschüttungen aus dem steuerlichen Einlagekonto stellen nach § 20 Abs. 1 Nr. 1 Satz 3 EStG aber keine Bezüge i. S. dieser Vorschrift dar). Auch bei der Einkommensteuerveranlagung der Anteilseigner wird die Ausschüttung nicht als Kapitalertrag erfasst (kein Anwendungsfall von § 32 d Abs. 3 EStG). Allerdings mindern sich die Anschaffungskosten der Beteiligungen um den jeweiligen Auszahlungsbetrag aus dem steuerlichen Einlagekonto:

	F	G	H
AK aus Einzahlung des gezeichneten Kapitals	60.000 €	30.000 €	10.000 €
+ Agio/Aufgeld bei Gründung	+ 60.000 €	+ 30.000 €	+ 10.000 €
AK nach Gründungsvorgang	120.000 €	60.000 €	20.000 €
./. Einlagenrückgewähr	./. 32.000 €	./. 6.000 €	./. 2.000 €
Verbleibende AK nach Vorabausschüttung	88.000 €	54.000 €	18.000 €

3. Ausschüttung im Jahr 02 und Tantiemezahlung

Für die im Mai 02 beschlossene und vollzogene **Gewinnausschüttung** (80.000 €) ist zu prüfen, ob eine Verwendung des steuerlichen Einlagekontos i. S. von § 27 KStG erfolgt.

Zunächst sind allerdings die Konsequenzen aus der **Tantiemenachzahlung** an F (20.000 €) für das Jahr 01 zu betrachten. F ist mit 60 % an der F-GmbH beteiligt und damit ihr beherrschender Gesellschafter. Für ihn gilt das sog. Rückwirkungsverbot (H 36 „Beherrschender Gesellschafter" KStH). Ein beherrschender Gesellschafter muss Entgelte für Leistungen an die Gesellschaft zivilrechtlich wirksam im Voraus klar und eindeutig vereinbaren. Die Tantiemenachzahlung für das Jahr 01 i. H. von 20.000 € stellt somit eine vGA dar, da es an einer im Voraus abgeschlossenen Vereinbarung hierüber zwischen F und der F-GmbH mangelt. Auf die Angemessenheit des Gesamtgehalts kommt es dabei nicht an. Der gebuchte Tantiemeaufwand ist nach § 8 Abs. 3 Satz 2 KStG bei der Einkommensermittlung für 02 (= Jahr der Aufwandsbuchung) außerbilanziell hinzuzurechnen.

Somit ist im Jahr 02 nicht nur die offene Gewinnausschüttung, sondern auch die vGA bei der F-GmbH erfolgt. Insgesamt sind im Jahr 02 damit Ausschüttungen i. H. von 100.000 € abgeflossen.

Werden in einem Wirtschaftsjahr mehrere Ausschüttungen geleistet, ist die Frage, ob sich das Einlagekonto mindert, **gemeinsam für alle Ausschüttun-**

gen zu prüfen. Eine Verwendung des Einlagekontos ist dann den einzelnen Ausschüttungen anteilig zuzurechnen.[4]

Aufgrund der Anknüpfung an die Bestände am Ende des Vorjahres (sowohl bei der Höhe des Einlagekontos als auch bei der Ermittlung des ausschüttbaren Gewinns i. S. von § 27 Abs. 1 Satz 5 KStG) haben **Vorgänge im laufenden Jahr** keinen Einfluss auf die Verwendung des Einlagekontos.

Nach § 27 Abs. 1 Satz 3 KStG mindern Leistungen (= Oberbegriff für alle Arten von Auskehrungen an die Gesellschafter) das steuerliche Einlagekonto nur, soweit die Summe der im Wirtschaftsjahr erbrachten Leistungen den auf den Schluss des vorangegangenen Wirtschaftsjahrs ermittelten **ausschüttbaren Gewinn** übersteigt. Als ausschüttbarer Gewinn gilt das um das gezeichnete Kapital geminderte, in der Steuerbilanz ausgewiesene Eigenkapital abzgl. des Bestands des steuerlichen Einlagekontos (§ 27 Abs. 1 Satz 5 KStG).

Für die Prüfung, ob für die Ausschüttungen im Jahr 02 ganz oder teilweise Beträge aus dem steuerlichen Einlagekonto verwendet werden, ist der ausschüttbare Gewinn zum 31.12.01 somit wie folgt zu ermitteln:

Eigenkapital zum 31.12.01 insgesamt	240.000 €
gezeichnetes Kapital	./. 100.000 €
Bestand im steuerlichen Einlagekonto zum 31.12.01	./. 60.000 €
ausschüttbarer Gewinn	80.000 €

Die Ausschüttungen i. H. von insgesamt 100.000 € übersteigen diesen ausschüttbaren Gewinn um 20.000 €; damit gilt dieser Betrag als aus dem steuerlichen Einlagekonto verwendet. ⅕ jeder Ausschüttung wurde somit aus dem Einlagekonto verwendet (16.000 € der offenen Gewinnausschüttung und 4.000 € der vGA).

Auf den Steuerbescheinigungen für die beiden Ausschüttungen hat die F-GmbH dies entsprechend auszuweisen. Hinsichtlich der vGA ist zu beachten, dass insoweit i. d. R. keine Kapitalertragsteuer erhoben wird, da sie zeitgleich nach ihrer Aufdeckung wieder beim Gesellschafter angerechnet werden müsste. Diesen sog. Vorrang des Veranlagungs- vor dem Abzugsverfahren will die Finanzverwaltung auch im Anwendungsbereich der Abgeltungsteuer gelten lassen.[5] Wird kein Steuerabzug vorgenommen, hat der begünstigte Gesellschafter die erhaltene vGA deshalb bei seiner Einkommensteuererklärung zu deklarieren.

Die aus dem steuerlichen Einlagekonto verwendeten Beträge werden den Gesellschaftern unabhängig davon zugewiesen, wer zuvor die Einlagen erbracht hat. Eine gesellschafterbezogene Betrachtung des Einlagekontos ist vom Gesetzgeber nicht vorgesehen. Es ist deshalb in der Praxis durchaus

---

4 BMF-Schreiben vom 04.06.2003, BStBl I S. 366, Rz. 12.

5 BMF-Schreiben vom 22.12.2010, BStBl 2010 I S. 94, Rz. 144.

denkbar, dass die aus dem Einlagekonto verwendeten Beträge im Rahmen der Ausschüttungen anderen Gesellschaftern zugewiesen werden als denjenigen, die sie früher erbracht haben.

Nach Verwaltungsauffassung ist die Verwendung des Einlagekontos den einzelnen Ausschüttungen („Leistungen") anteilig zuzurechnen.[6] Die Besteuerung stellt sich für die einzelnen Gesellschafter somit unter Berücksichtigung dieser Prämisse wie folgt dar:[7]

	F	G	H
offene Gewinnausschüttung	48.000 €	24.000 €	8.000 €
vGA	+ 20.000 €	– €	– €
zusammen	68.000 €	24.000 €	8.000 €
davon aus dem steuerlichen Einlagekonto	⁒ 13.600 €	⁒ 4.800 €	⁒ 1.600 €
verbleiben	54.400 €	19.200 €	5.400 €
steuerpflichtig mit 25 %	13.600 €	4.800 €	1.350 €

In der Praxis wird es allerdings häufig so sein, dass die Steuerbescheinigungen für die offene Ausschüttung bereits seit längerem ausgestellt sind, bis es zur Aufdeckung der vGA kommt. Im vorliegenden Fall hätte sich dann aber für die offene Gewinnausschüttung keine Verwendung des Einlagekontos ergeben, da sie für sich betrachtet den ausschüttbaren Gewinn zum Ende des Vorjahres nicht übersteigt (80.000 €). Erst durch die Zusammenrechnung mit der vGA kommt es zu einer Verwendung des Einlagekontos i. H. von 20.000 €. Für die offene Gewinnausschüttung ist die Minderung des Einlagekontos dann zu niedrig bescheinigt; diese zu niedrige Bescheinigung wird aber nach § 27 Abs. 5 Satz 1 KStG festgeschrieben. Somit wird die Verwendung des Einlagekontos in diesem Fall in voller Höhe der vGA und damit dem Gesellschafter F zugerechnet. Die vGA unterliegt dann bei dieser Konstellation nicht der Besteuerung; dafür ist die offene Gewinnausschüttung bei den Gesellschaftern F, G und H in vollem Umfang steuerpflichtig. Diese Vorgehensweise ist aber nur dann möglich, wenn die Aufdeckung der vGA noch vor dem Ergehen des Bescheids über die Feststellung des steuerlichen Einlagekontos erfolgt. Ist der Bescheid bereits ergangen, gilt der Betrag der Einlagenrückgewähr als mit 0 € bescheinigt (§ 27 Abs. 5 Satz 2 KStG).

Das steuerliche Einlagekonto der F-GmbH entwickelt sich im Jahr 02 wie folgt (Vordruck KSt 1 F – 27/28):

---

6 BMF-Schreiben vom 04.06.2003, BStBl I S. 366, Rz. 12.

7 Es wird dabei davon ausgegangen, dass die Gesellschafter jeweils keinen Antrag auf Anwendung des Teileinkünfteverfahrens nach § 32 d Abs. 2 Nr. 3 EStG gestellt haben (für H wäre ein solcher Antrag sowieso nicht möglich).

Zeile	Sp. 1	Vorspalte € Sp. 2	Steuerliches Einlagekonto € Sp. 3	Sonderausweis € Sp. 4
1	Bestand gem. § 27 Abs. 2 Satz 1 KStG zum Schluss des vorangegangenen Wirtschaftsjahrs		60.000	
	B. Verrechnung von Leistungen mit dem steuerlichen Einlagekonto			
3	Im Wirtschaftsjahr erbrachte Leistungen ohne Leistungen aus der Rückzahlung von Nennkapital	100.000		
4	Ausschüttbarer Gewinn (§ 27 Abs. 1 Satz 5 KStG) – Betrag lt. Zeile 13 des Vordrucks KSt 1 F	– 80.000		
5	Summe	20.000		
	Abzug vom steuerlichen Einlagekonto - positiver Betrag lt. Zeile 5, höchstens Betrag lt. Zeile 1 oder			
6	- nach § 27 Abs. 5 KStG zu berücksichtigender Betrag		– 20.000	
7	**Zwischensumme**		40.000	
	D. Im Wirtschaftsjahr geleistete Einlagen			
15	Einlagen, die in diesem Wirtschaftsjahr einkommensmindernd berücksichtigt worden sind (Betrag lt. Zeile 33 des Vordrucks KSt 1 A)		0	
16	Sonstige Einlagen im Wirtschaftsjahr		0	
56	**K. Endbestände zum Schluss des Wirtschaftsjahrs** (Übertrag nach Zeile 5 bzw. 6 des Vordrucks KSt 1 F)		40.000	

4. Ausschüttung im Jahr 03 und deren Rückzahlung

Die Ausschüttung im März 03 ist an die Gesellschafter abgeflossen. Die Folgen einer abgeflossenen Ausschüttung können durch deren spätere Rückzahlung nicht rückgängig gemacht werden. Dies gilt für die Ebene der Kapitalgesellschaft ebenso wie für die des Gesellschafters und unabhängig von der Art der Ausschüttung (offene oder vGA).[8]

8 BFH-Urteil vom 01.04.2003, BStBl II S. 779.

Damit sind auf der Ebene der F-GmbH die üblichen Konsequenzen einer Ausschüttung zu prüfen. Insbesondere ist zu ermitteln, ob eine Verwendung des steuerlichen Einlagekontos erfolgt. Die Ausschüttung unterliegt unabhängig von der späteren Rückzahlung der Kapitalertragsteuer,[9] soweit keine Beträge aus dem steuerlichen Einlagekonto verwendet wurden.

Zur Prüfung, ob für die Ausschüttung i. H. von 90.000 € Beträge aus dem Einlagekonto verwendet werden, ist zunächst der ausschüttbare Gewinn zum Ende des Vorjahres (31.12.02) zu ermitteln (Vordruck KSt 1 F, Vorderseite, Zeilen 10 bis 13):

Eigenkapital lt. Steuerbilanz zum 31.12.02 (240.000 € am 31.12.01 + 120.000 € Jahresüberschuss 02 ⁒ 80.000 € Gewinnausschüttung im Jahr 02 für 01)	280.000 €
⁒ Nennkapital zum Schluss des vorangegangenen Wirtschaftsjahrs	⁒ 100.000 €
⁒ positiver Bestand des steuerlichen Einlagekontos zum 31.12.02	⁒ 40.000 €
ausschüttbarer Gewinn (§ 27 Abs. 1 Satz 5 KStG)	140.000 €

Die Ausschüttung i. H. von 90.000 € übersteigt den ausschüttbaren Gewinn am Ende des Vorjahres nicht; somit hat keine Verwendung des Einlagekontos zu erfolgen.

Die Ausschüttung unterliegt somit bei Auszahlung in voller Höhe dem Kapitalertragsteuerabzug von 25 % (zzgl. Solidaritätszuschlag und ggf. Kirchensteuer), der nach § 43 Abs. 5 EStG grundsätzlich abgeltende Wirkung hat. F, G und H müssen ihren jeweiligen Ausschüttungsbetrag also nicht mehr in ihrer Einkommensteuererklärung erfassen.

Die Rückzahlung der Ausschüttung im Dezember 03 führt zu verdeckten Einlagen der Gesellschafter. Es liegen keine negativen Einnahmen aus Kapitalvermögen bei den Gesellschaftern vor. Da die Rückzahlung nicht als Ertrag verbucht wurde, ist eine außerbilanzielle Einkommenskorrektur nicht erforderlich. Allerdings ergibt sich ein Zugang auf dem steuerlichen Einlagekonto i. S. von § 27 KStG i. H. von 90.000 €.

9 BFH-Urteil vom 05.09.2001, BFH/NV 2002 S. 222.

Das Einlagekonto entwickelt sich damit im Jahr 03 wie folgt (Vordruck KSt 1 F – 27/28):

Zeile	Sp. 1	Vorspalte € Sp. 2	Steuerliches Einlagekonto € Sp. 3	Sonderausweis € Sp. 4
1	Bestand gem. § 27 Abs. 2 Satz 1 KStG zum Schluss des vorangegangenen Wirtschaftsjahrs		40.000	0
	B. Verrechnung von Leistungen mit dem steuerlichen Einlagekonto			
3	Im Wirtschaftsjahr erbrachte Leistungen ohne Leistungen aus der Rückzahlung von Nennkapital	90.000		
4	Ausschüttbarer Gewinn (§ 27 Abs. 1 Satz 5 KStG) – Betrag lt. Zeile 13 des Vordrucks KSt 1 F	– 140.000		
5	Summe	– 50.000		
	Abzug vom steuerlichen Einlagekonto			
6	- positiver Betrag lt. Zeile 5, höchstens Betrag lt. Zeile 1 oder - nach § 27 Abs. 5 KStG zu berücksichtigender Betrag		– 0	
7	**Zwischensumme**		40.000	
	D. Im Wirtschaftsjahr geleistete Einlagen			
15	Einlagen, die in diesem Wirtschaftsjahr einkommensmindernd berücksichtigt worden sind (Betrag lt. Zeile 33 des Vordrucks KSt 1 A)		0	
16	Sonstige Einlagen im Wirtschaftsjahr		+ 90.000	
56	**K. Endbestände zum Schluss des Wirtschaftsjahrs** (Übertrag nach Zeile 5 bzw. 6 des Vordrucks KSt 1 F)		130.000	0

5. Forderungsverzicht des F

Aufgrund des von F ausgesprochenen Forderungsverzichts ist die zugrunde liegende Gesellschafterforderung nicht mehr existent. Die bisher bei der F-GmbH passivierte Darlehensverpflichtung ist erfolgswirksam (über Ertrag) auszubuchen.

Der Forderungsverzicht ist in der Gesellschafterstellung des F und damit gesellschaftlich veranlasst. Ein Nichtgesellschafter hätte in dieser Situation keinen endgültigen Forderungsverzicht ausgesprochen. Dies zeigt sich vor allem daran, dass Dritte im Jahr 03 nicht auf ihre Forderungen gegenüber der F-GmbH verzichtet haben. Es liegt deshalb eine verdeckte Einlage vor. Der Verzicht auf eine Forderung stellt auch einen einlagefähigen Vermögensvorteil dar (Wegfall eines Passivpostens; vgl. H 40 „Einlagefähiger Vermögensvorteil" KStH).

Die Bewertung des Forderungsverzichts hat mit dem Teilwert der Forderung im Verzichtszeitpunkt zu erfolgen.[10] Auf die Umstände der Darlehensgewährung kommt es hierbei nicht an. Da es sich im vorliegenden Fall im Verzichtszeitpunkt um ein Darlehen gehandelt hat, das sowieso nicht hätte an F zurückgezahlt werden dürfen, muss von einem Teilwert i. H. von 0 € ausgegangen werden. Der Ertrag aus der Ausbuchung der Verbindlichkeit kann damit nicht außerbilanziell korrigiert werden. Es ergibt sich durch den Verzicht auch kein Zugang im steuerlichen Einlagekonto der F-GmbH.

Die Bewertung des Forderungsverzichts auf der Ebene des Gesellschafters F weicht jedoch von derjenigen bei der Gesellschaft ab. Für die Höhe der nachträglichen Anschaffungskosten beim Gesellschafter kommt es nämlich nicht entscheidend auf die Werthaltigkeit der Darlehensforderung im Verzichtszeitpunkt, sondern darauf an, zu welchem Zeitpunkt und unter welchen Abreden der Gesellschafter das Darlehen gewährt hat.[11] Der BFH hält es für systematisch notwendig, für die Bewertung der verdeckten Einlage bei der Kapitalgesellschaft einerseits und der nachträglichen Anschaffungskosten des Gesellschafters andererseits unterschiedliche Kriterien aufzustellen.[12]

Auf Gesellschafterebene erfüllt das Darlehen des F sowohl die Voraussetzungen eines krisenbestimmten Darlehens als auch eines Finanzplandarlehens. Ein krisenbestimmtes Darlehen liegt vor, wenn der Gesellschafter von vornherein, also bereits bei Darlehensgewährung, zu erkennen gegeben hat, dass er das Darlehen nach Eintritt der Krise weiterhin der Gesellschaft zur Verfügung stellen wird. Dies ist hier durch den von vornherein ausgesprochenen Rangrücktritt der Fall. Ein Finanzplandarlehen ist ein Darlehen, das von vornherein in die Finanzplanung der Gesellschaft in der Weise einbezogen ist, dass die zur Aufnahme der Geschäfte erforderliche Kapitalausstattung der Gesellschaft durch eine Kombination von Eigen- und Fremdkapital erreicht wird. Auch diese Voraussetzungen sind hier gegeben. Der Darlehensverlust des F ist damit auf dessen Ebene mit dem Nennwert des Darlehens (= 200.000 €) zu bewerten. In dieser Höhe liegen nachträgliche Anschaffungskosten des F auf seine Beteiligung vor.

---

10 Beschluss des GrS des BFH vom 09.06.1997, BStBl 1998 II S. 307.

11 BMF-Schreiben vom 21.10.2010, BStBl I S. 832.

12 BFH-Beschluss vom 16.05.2001, BStBl 2002 II S. 436.

6. Verlustrücktrag

Die F-GmbH hat nach § 8 Abs. 1 KStG i. V. m. § 10 d Abs. 1 EStG ein Wahlrecht, bis zum Höchstbetrag von 511.500 € einen Verlustrücktrag in das Vorjahr vorzunehmen. Auf Antrag ist es jedoch auch möglich, auf den Verlustrücktrag zugunsten des Verlustvortrages ganz oder teilweise zu verzichten (§ 10 d Abs. 1 Satz 5 EStG).

Ein Verlustrücktrag aus dem Jahr 03 in das Jahr 02 hat auf die Entwicklung und Fortschreibung des bei der F-GmbH zu führenden Einlagekontos in den Jahren 02 und 03 keine Auswirkung.

Durch den Verlustrücktrag ändert sich zwar das körperschaftsteuerliche Einkommen der F-GmbH im Jahr 02. Eine Änderung in der Handels- und Steuerbilanz zum 31.12.02 ergibt sich dadurch jedoch nicht. Insbesondere ist der sich aufgrund des Verlustrücktrags ergebende Körperschaftsteuererstattungsanspruch noch nicht in der Bilanz zum 31.12.02 zu aktivieren. Der Erstattungsanspruch ist nämlich durch den erst im Jahr 03 entstandenen Verlust verursacht und deshalb wirtschaftlich nicht dem Jahr 02 zuordenbar. Eine Aktivierung ist erst im Jahr 03 möglich. Dadurch erhöht sich erst das (bilanzielle) Eigenkapital zum 31.12.03. Auswirkungen hat dies für die Verwendung des Einlagekontos für Ausschüttungen im Jahr 04.

7. Erhöhung des Bilanzansatzes durch die Betriebsprüfung

Durch die Erhöhung des Bilanzansatzes der halbfertigen Arbeiten zum 31.12.01 erhöht sich auch das bilanzielle Eigenkapital der F-GmbH um 40.000 €.[13] Damit ergibt sich grundsätzlich eine geänderte Berechnung des ausschüttbaren Gewinns i. S. von § 27 Abs. 1 Satz 5 KStG, der für die Verwendung des Einlagekontos hinsichtlich der im Jahr 02 getätigten Ausschüttungen von Bedeutung ist (vgl. die Antwort zu Frage 3).

Der ausschüttbare Gewinn ermittelt sich wie folgt:

Eigenkapital zum 31.12.01 insgesamt	280.000 €
⁒ Nennkapital zum 31.12.01	⁒ 100.000 €
⁒ Bestand im steuerlichen Einlagekonto zum 31.12.01	⁒ 60.000 €
ausschüttbarer Gewinn	120.000 €

Die Ausschüttungen i. H. von 100.000 € sind nunmehr niedriger als der neu ermittelte ausschüttbare Gewinn. Somit müsste nach den Ergebnissen der Betriebsprüfung keine Verwendung des Einlagekontos mehr erfolgen.

Ändert sich nachträglich (z. B durch eine Betriebsprüfung wie im hier vorliegenden Fall)

a) die Höhe des ausschüttbaren Gewinns oder

b) der Bestand im steuerlichen Einlagekonto,

13 Hinweis: Die Folgewirkungen aus den ggf. ebenfalls zu erhöhenden Steuerrückstellungen für Körperschaftsteuer und Gewerbesteuer bleiben hier aus Vereinfachungsgründen außer Betracht.

ist allerdings zu berücksichtigen, dass der Steuerabzug für die Ausschüttung schon im Zeitpunkt der Ausschüttung erfolgt ist, dabei die Frage der Einlagenrückgewähr geprüft und entsprechend verfahren wurde (Vornahme des Steuerabzugs oder auch nicht; je nachdem, ob es nach den im Ausschüttungszeitpunkt bekannten Verhältnissen zu einer Einlagenrückgewähr kam oder nicht). In der Regel wurde dieses Ergebnis den Anteilseignern dann auch bereits im Ausschüttungszeitpunkt (oder spätestens nach Ablauf des Jahres) über die **ausgestellte Steuerbescheinigung** mitgeteilt. Die Anteilseigner haben diese Steuerbescheinigung dann ggf. zur Grundlage für die auch im Zeitalter der Abgeltungsteuer ggf. immer noch notwendige Deklaration ihrer Kapitalerträge auf der Anlage KAP ihrer Steuererklärung gemacht. Vor allem bei Publikumsgesellschaften ist eine nachträgliche Korrektur einer ausgestellten Steuerbescheinigung oftmals nicht mehr möglich bzw. wäre nicht praktikabel. Die Anteilseigner sind zu einem späteren Zeitpunkt oftmals nicht mehr bekannt und eine Kontaktaufnahme mit ihnen in Form einer berichtigten Bescheinigung ist deshalb nicht mehr möglich. Selbst wenn eine berichtigte Bescheinigung noch übersandt werden könnte, wäre aber auch damit nicht sichergestellt, dass es tatsächlich zu einer Korrektur im Einkommensteuerbescheid des Anteilseigners kommt.

In der Vergangenheit hat der Gesetzgeber diese Problematik mit einer allgemeinen Verwendungsfestschreibung gelöst. Nach § 27 Abs. 1 Satz 5 KStG a. F. war festgelegt, dass die der Bescheinigung zugrunde gelegte Verwendung des Einlagekontos unverändert bleibt, wenn für eine Leistung der Kapitalgesellschaft die Minderung des Einlagekontos bescheinigt worden ist. Diese Aussage sollte nach Verwaltungsauffassung unabhängig davon gelten, in welche Richtung sich die Berechnung der Einlagenrückgewähr verändert.[14]

Mit dem SEStEG[15] hat der Gesetzgeber diese Problematik aber mit Wirkung ab 2006 in **§ 27 Abs. 5 KStG** wesentlich umfassender und differenzierter geregelt, als dies zuvor der Fall war. Danach ist zu unterscheiden, ob die Verwendung des Einlagekontos zu niedrig oder zu hoch bescheinigt wurde.

- Wurde die Einlagenrückgewähr **zu niedrig bescheinigt,** greift nach § 27 Abs. 5 Satz 1 KStG nach wie vor eine Verwendungsfestschreibung ein. In diesem Fall wurde vom Anteilseigner zu viel Steuer bezahlt (Einkommen- bzw. Kapitalertragsteuer); dabei soll es nun auch bleiben, wenn sich eigentlich eine nachträgliche Änderung zugunsten des Gesellschafters ergeben müsste. Diese Verwendungsfestschreibung greift auch ohne

---

14 Zu Problemstellungen in diesem Zusammenhang vgl. BFH-Urteil vom 10.06.2009, BStBl II S. 974.

15 Gesetz über steuerliche Begleitmaßnahmen zur Einführung der Europäischen Gesellschaft und zur Änderung weiterer steuerrechtlicher Vorschriften vom 07.12.2006, BStBl 2007 I S. 4.

Ausstellung einer Steuerbescheinigung ein, sobald der (erstmalige) Bescheid über die gesonderte Feststellung des steuerlichen Einlagekontos für das Ausschüttungsjahr bekannt gegeben ist. Der Betrag der Einlagenrückgewähr gilt in diesem Fall als mit 0 € bescheinigt (§ 27 Abs. 5 Satz 2 KStG).

- Hat die ausschüttende Gesellschaft die Einlagenrückgewähr demgegenüber **zu hoch bescheinigt,** tritt keine Verwendungsfestschreibung mehr ein. Das Gesetz sieht für einen solchen Sachverhalt einen verschuldensunabhängigen Haftungstatbestand vor. Die ausschüttende Kapitalgesellschaft muss also die zu niedrig angemeldete Kapitalertragsteuer im Haftungsweg nachentrichten. Es ist allerdings möglich, in diesem Fall die Steuerbescheinigungen zu berichtigen.

Im vorliegenden Fall wurde für das Jahr 02 zu Unrecht eine Einlagenrückgewähr von 20.000 € angenommen. Nach den Feststellungen der Betriebsprüfung ist dies nun nicht mehr zutreffend. Die A-GmbH hat also die Kapitalertragsteuer auf diesen Betrag (25 % = 5.000 € zzgl. Solidaritätszuschlag und ggf. Kirchensteuer) im Haftungsweg an das Finanzamt abzuführen. Da es sich bei der A-GmbH nicht um eine Publikumsgesellschaft handelt, wird es hier allerdings möglich sein, die ausgestellten Steuerbescheinigungen zu berichtigen. Dies reicht allein aber noch nicht aus, um die A-GmbH aus ihrer Haftung zu befreien. Sie muss auch noch nachweisen, dass die Gesellschafter die fraglichen Beträge bei ihrer Einkommensteuerveranlagung nachversteuert haben (also deren Einkommensteuerbescheide geändert wurden). Wurde die Einlagenrückgewähr nur der vGA an den Gesellschafter F zugeordnet (vgl. dazu Antwort zu Frage 3), reicht es aus, wenn der Betrag von 20.000 € bei der Einkommensteuerveranlagung des F nachversteuert wird (mit 25 %; Rechtsgrundlage für den Ansatz der Ausschüttung im Einkommensteuerbescheid ist § 32 d Abs. 3 EStG).

Hinweis: Im Haftungsfall muss die A-GmbH die Steuer wieder von ihren Gesellschaftern zurückfordern. Tut sie dies nicht, liegt in der Steuerübernahme eine vGA!

Unabhängig davon, zu welcher Lösung man kommt (Nachentrichtung der 25 % über Haftungsbescheid oder über geänderte Einkommensteuerbescheide der Gesellschafter), muss die gesonderte Feststellung des steuerlichen Einlagekontos zum 31.12.02 geändert werden. Für den Betrag von 20.000 € darf nun nämlich keine Verwendung des steuerlichen Einlagekontos mehr vorgenommen werden. Der Bestand im steuerlichen Einlagekonto zum 31.12.02 erhöht sich somit nach der Betriebsprüfung um 20.000 € auf 60.000 €.

Entsprechend erhöht sich dann auch der Bestand im steuerlichen Einlagekonto zum 31.12.03 um 20.000 € auf 150.000 € (vor Betriebsprüfung: 130.000 €). Für die im Jahr 03 vorgenommene Gewinnausschüttung i. H.

von 90.000 € war bereits vor den Feststellungen der Bp ein ausreichend hoher ausschüttbarer Gewinn vorhanden, sodass es nicht zu einer Einlagenrückgewähr kam. Hieran ändert sich nun auch duch die Betriebsprüfung nichts.

Fall 29

Verdeckte Gewinnausschüttungen bei der Abgeltungsteuer und im Teileinkünfteverfahren (Folgen und Belastungswirkungen)

KStG § 8 Abs. 3, §§ 27, 32 a; EStG § 3 Nr. 40, §§ 20, 23, 32 d, 50

Sachverhalt

Die Ludwig Lohmann GmbH (L-GmbH) mit Sitz und Geschäftsleitung in Wuppertal hat im Jahr 05 ihrem alleinigen Gesellschafter Ludwig Lohmann (L) ein unbebautes Grundstück zum Buchwert von 400.000 € veräußert (Buchung: Bank 400.000 € an unbebaute Grundstücke 400.000 €). Der Verkehrswert des Grundstücks betrug im Veräußerungszeitpunkt 500.000 €.

Das Wirtschaftsjahr der L-GmbH entspricht dem Kalenderjahr.

Die Gesellschafterversammlung der GmbH hat im Jahr 05 keine Gewinnausschüttung beschlossen. Zum 31.12.04 wies die GmbH in ihrer Steuerbilanz ein Eigenkapital von 200.000 € aus (davon 50.000 € Stammkapital, 60.000 € Kapitalrücklage und 90.000 € Bilanzgewinn).

Das steuerliche Einlagekonto i. S. von § 27 Abs. 1 KStG zum 31.12.04 betrug 60.000 €.

Im Jahr 05 hat die GmbH einen Jahresüberschuss i. H. von 0 € erzielt. Die weiteren Folgen aus dem o. g. Grundstücksverkauf sind dabei noch nicht berücksichtigt. Vorauszahlungen zur Körperschaft- und Gewerbesteuer hat die L-GmbH für das Jahr 05 nicht entrichtet.

L hat einen Einkommensteuersatz von 42 %. Der Gewerbesteuer-Hebesatz der Stadt Wuppertal soll 440 % betragen.

Frage

1. Welche Folgen hat der verbilligte Grundstücksverkauf auf die Einkommensermittlung und die Tarifbelastung der L-GmbH?
2. Wie wirkt sich der Grundstücksverkauf auf das steuerliche Einlagekonto i. S. von § 27 KStG aus?
3. Welche einkommensteuerlichen Folgen treten beim Gesellschafter L ein? Der Sparer-Pauschbetrag des L ist anderweitig verbraucht.

4. Stellen Sie die ertragsteuerliche Gesamtbelastung des verbilligten Grundstücksverkaufs auf den verschiedenen Ebenen dar!
5. Welche Änderungen ergäben sich, wenn L seine Beteiligung an der L-GmbH im Betriebsvermögen seines Einzelunternehmens halten würde?
6. Wie wäre es, wenn der Einkommensteuerbescheid des L bei Aufdeckung der näheren Umstände des Grundstücksverkaufs bereits bestandskräftig wäre und nach den Vorschriften der AO nicht mehr geändert werden könnte?

Auf den Solidaritätszuschlag und die Kirchensteuer ist jeweils aus Vereinfachungsgründen nicht einzugehen.

Antwort

1. Es liegt eine vGA vor, die zu einer außerbilanziellen Einkommenskorrektur um + 100.000 € führt. Dadurch ergibt sich eine höhere Körperschaft- und Gewerbesteuer. Hierfür sind (bilanziell) Rückstellungen in der Steuerbilanz zum 31.12.05 zu bilden (Körperschaftsteuer: 15.000 €, Gewerbesteuer: 15.400 €).
2. Es gilt ein Betrag i. H. von 10.000 € als aus dem steuerlichen Einlagekonto verwendet.
3. Beim Gesellschafter L ergibt sich eine Abgeltungsteuer i. H. von 22.500 €. Die Anschaffungskosten des erworbenen Grundstücks sind mit 500.000 € (und nicht nur mit 400.000 €) anzunehmen.
4. Die Mehrbelastung aus der festgestellten vGA beträgt 52.900 € (ohne Solidaritätszuschlag und ggf. Kirchensteuer).
5. Befinden sich die Anteile im Betriebsvermögen, kommt auf Ebene des Gesellschafters L bei der Besteuerung der vGA nicht die Abgeltungsteuer, sondern das Teileinkünfteverfahren zur Anwendung (Steuerbefreiung von 40 %; Versteuerung der verbleibenden 60 % mit dem persönlichen Steuersatz des L). Eine wesentliche Änderung der Steuerbelastung ergibt sich dadurch im vorliegenden Fall jedoch nicht.
6. Der Einkommensteuerbescheid des L kann in diesem Fall nach § 32 a Abs. 1 KStG geändert werden. Es ist somit nicht entscheidend, dass die Vorschriften der AO eine Änderung des Einkommensteuerbescheids nicht ermöglichen.

Begründung

1. Einkommensermittlung und Tarifbelastung der L-GmbH

Der verbilligte Grundstücksverkauf an den Gesellschafter L erfüllt die Voraussetzungen einer vGA i. S. von § 8 Abs. 3 Satz 2 KStG. Es handelt sich um eine verhinderte Vermögensmehrung, die sich auf den Unterschiedsbetrag i. S. von § 4 Abs. 1 Satz 1 EStG (= bilanzieller Gewinn) ausgewirkt und ihre Veranlassung im Gesellschaftsverhältnis hat (R 36 Abs. 1 KStR). Ein Zusammenhang mit einer offenen Gewinnausschüttung besteht nicht.

Eine Veranlassung durch das Gesellschaftsverhältnis ist deshalb gegeben, weil ein ordentlicher und gewissenhafter Geschäftsleiter das Grundstück an einen Nichtgesellschafter nicht zu einem Preis unter dem Verkehrswert veräußert hätte.

Die vGA ist mit dem gemeinen Wert zu bewerten. Dieser ist hier in der Differenz zwischen dem Verkehrswert des Grundstücks i. H. von 500.000 € (= gemeiner Wert) und dem vereinbarten Kaufpreis i. H. von 400.000 € zu ermitteln (H 37 „Hingabe von Wirtschaftsgütern" KStH). Somit ergibt sich eine vGA i. H. von 100.000 €, die dem Steuerbilanzgewinn außerhalb der Steuerbilanz im Rahmen der Ermittlung des Einkommens hinzuzurechnen ist.[1] Diese Korrektur führt dazu, dass das Einkommen (vor Steueraufwand) dieselbe Höhe hat, wie wenn die GmbH das Grundstück zu einem angemessenen Preis an einen Dritten (oder auch an L) verkauft hätte.

Allerdings ist zu berücksichtigen, dass die dadurch bedingte Einkommenserhöhung auch zu einer höheren Körperschaft- und Gewerbesteuer führt, was durch die Bildung von Steuerrückstellungen in der Steuerbilanz zum 31.12.05 zu berücksichtigen ist. Eine Auswirkung auf das Einkommen der L-GmbH hat die Bildung dieser Rückstellungen allerdings nicht. Sowohl die Körperschaftsteuer als auch die Gewerbesteuer sind nämlich nicht abziehbare Steuern (vgl. § 10 Nr. 2 KStG für die Körperschaftsteuer und § 4 Abs. 5 b EStG für die Gewerbesteuer). Es ist demnach auch unerheblich, in welcher Reihenfolge die Rückstellungen berechnet werden. Weder hat die Höhe der Körperschaftsteuer Auswirkungen auf die Gewerbesteuer noch umgekehrt (anders als bei der bis 2007 geltenden Rechtslage, nach der die Gewerbesteuer noch eine abzugsfähige Betriebsausgabe war).

Somit ergeben sich folgende **Berechnungen:**

Einkommen vor Berücksichtigung der vGA	0 €
+ außerbilanzielle Hinzurechnung der vGA	+ 100.000 €
Einkommen unter Berücksichtigung der vGA	100.000 €

1 BMF-Schreiben vom 28.05.2002, BStBl I S. 603, Rz. 3.

KSt 15 %	15.000 €
= Höhe der KSt-Rückstellung (vorher keine Rückstellung gebildet, da Einkommen von 0 €; keine Vorauszahlung entrichtet)	
GewSt: Messzahl 3,5 % von 100.000 € = 3.500 €	
× Hebesatz 440 % =	15.400 €
= Höhe der GewSt-Rückstellung	

Durch die aufwandswirksame Bildung dieser Rückstellungen vermindert sich zwar nicht das Einkommen, wohl aber das bilanzielle Ergebnis der L-GmbH:

Jahresüberschuss vor Berücksichtigung der vGA	0 €
⁒ KSt-Rückstellung	⁒ 15.000 €
⁒ GewSt-Rückstellung	⁒ 15.400 €
Jahresfehlbetrag nach Berücksichtigung der vGA	⁒ 30.400 €

Die endgültige Einkommensermittlung der L-GmbH sieht dann wie folgt aus:

Jahresfehlbetrag nach Berücksichtigung der vGA	⁒ 30.400 €
+ außerbilanzielle Hinzurechnung der vGA	+ 100.000 €
+ Hinzurechnung der nicht abziehbaren KSt (§ 10 Nr. 2 KStG)	+ 15.000 €
+ Hinzurechnung der nicht abziehbaren GewSt (§ 4 Abs. 5 b EStG)	+ 15.400 €
Einkommen unter Berücksichtigung der vGA	100.000 €

2. Auswirkungen auf das steuerliche Einlagekonto

Es ist zu prüfen, ob es zu einer Verwendung des steuerlichen Einlagekontos i. S. von § 27 KStG kommt. Dies ist dann der Fall, wenn die Leistungen (hier: die vGA) im laufenden Jahr 05 den ausschüttbaren Gewinn zum 31.12.04 übersteigen.[2]

Berechnung:

Ermittlung des ausschüttbaren Gewinns:	
Eigenkapital am 31.12.04 insgesamt	200.000 €
⁒ gezeichnetes Kapital	⁒ 50.000 €
⁒ Bestand im steuerlichen Einlagekonto zum 31.12.04	⁒ 60.000 €
= ausschüttbarer Gewinn i. S. von § 27 Abs. 1 Satz 5 KStG	90.000 €
Leistungen im Wj. 05	100.000 €
⁒ ausschüttbarer Gewinn (siehe oben)	⁒ 90.000 €
Verwendung Einlagekonto für die vGA	10.000 €

Das steuerliche Einlagekonto der L-GmbH entwickelt sich somit im Jahr 05 wie folgt:

Bestand zum 31.12.04	60.000 €
⁒ Verwendung für vGA im Jahr 05	⁒ 10.000 €
Bestand zum 31.12.05	50.000 €

---

2 Nähere Einzelheiten zur Verwendung von Beträgen aus dem steuerlichen Einlagekonto vgl. Fall 28.

3. Besteuerung beim Gesellschafter

Der Gesellschafter L erzielt mit der vGA im Jahr 05 Einnahmen aus Kapitalvermögen i. S. von § 20 Abs. 1 Nr. 1 Satz 2 EStG. Soweit für die vGA allerdings Beträge aus dem steuerlichen Einlagekonto i. S. von § 27 KStG als verwendet gelten, unterliegt sie beim Gesellschafter nicht der Steuerpflicht (§ 20 Abs. 1 Nr. 1 Satz 3 EStG). Insoweit vermindern sich jedoch die Anschaffungskosten des Anteilseigners auf die Beteiligung. Der übrige Teil der Ausschüttung unterliegt der Abgeltungsteuer von 25 % (25 % von 90.000 € = 22.500 €). Eine Versteuerung mit dem persönlichen Steuersatz erfolgt ab dem Jahr 2009 auch für vGA grundsätzlich nicht mehr. Zwar ist es für einen zu mehr als 25 % beteiligten Gesellschafter ohne weitere Voraussetzung möglich, nach § 32 d Abs. 2 Nr. 3 EStG in das Teileinkünfteverfahren zu optieren (L = Alleingesellschafter). Dieses Wahlrecht für sog. unternehmerische Beteiligungen kann jedoch nach dem eindeutigen Gesetzeswortlaut nur bis zur Abgabe der Einkommensteuererklärung ausgeübt werden. Da vGA regelmäßig erst zu einem späteren Zeitpunkt aufgedeckt werden, geht dieses Wahlrecht zumindest dann ins Leere, wenn nicht bereits zuvor für eine offene Gewinnausschüttung in das Teileinkünfteverfahren optiert wurde. Die Höhe des persönlichen Steuersatzes des L ist deshalb hier unerheblich.

Auch im Anwendungsbereich der Abgeltungsteuer werden vGA i. d. R. weiterhin im Rahmen der Änderung des Einkommensteuerbescheids des Gesellschafters besteuert. Zwar unterliegen auch vGA nach § 43 Abs. 1 Nr. 1 EStG grundsätzlich dem Kapitalertragsteuerabzug, der nach § 43 Abs. 5 EStG grundsätzlich abgeltende Wirkung hat. Über die gesetzliche Regelung des § 32 d Abs. 3 EStG hält die Finanzverwaltung es jedoch für möglich, die Versteuerung über eine Änderung des Steuerbescheids des Gesellschafters nachzuholen.[3] Es muss deshalb nicht zwingend eine Nachholung des Kapitalertragsteuerabzugs erfolgen (bei Nachholung müsste die Kapitalertragsteuer auch wieder vom Gesellschafter zurückgefordert werden; ansonsten wäre die Übernahme der Kapitalertragsteuer eine weitere vGA).

Die Anschaffungskosten des Grundstücks sind beim Gesellschafter L mit 500.000 € anzusetzen. Er hat die (nunmehr versteuerte) vGA nämlich für dieses Grundstück verwendet, sodass sich die Anschaffungskosten entsprechend um 100.000 € erhöhen müssen (sog. Verbrauchstheorie/Vorteilsverbrauch). Bedeutung hat die Höhe der Anschaffungskosten für L dann, wenn er das Grundstück innerhalb der 10-Jahres-Frist des § 23 Abs. 1 Satz 1 Nr. 1 EStG veräußert. Ohne die Erhöhung der Anschaffungskosten um die vGA würde es bei einem späteren steuerpflichtigen Verkauf zu einer Doppelbesteuerung kommen. Unabhängig von der mit der Abgeltungsteuer begünstigten Versteuerung der vGA und der teilweisen Ver-

3 BMF-Schreiben vom 22.12.2009, BStBl 2010 I S. 94.

wendung von Beträgen aus dem steuerlichen Einlagekonto sind die Anschaffungskosten des Grundstücks u. E. um 100.000 € zu erhöhen.

4. Gesamte Ertragsteuerbelastung aus der verdeckten Gewinnausschüttung

Durch die vGA sind damit insgesamt folgende Steuerbelastungen eingetreten (ohne Solidaritätszuschlag und ggf. Kirchensteuer):

Gewerbesteuer (vgl. Antwort zu Frage 1)	15.400 €
festzusetzende Körperschaftsteuer der L-GmbH (vgl. Antwort zu Frage 1)	15.000 €
Einkommensteuer bei L (vgl. Antwort zu Frage 3)	22.500 €
insgesamt	52.900 €

Dieses Ergebnis zeigt, dass vGA zu erheblichen steuerlichen Mehrbelastungen führen können (hier: ca. 53 % bezogen auf den Betrag der vGA). Dies gilt insbesondere dann, wenn der Gesellschafter den Betrag der vGA bisher noch nicht im Rahmen einer anderen Einkunftsart erfasst hat.

Wesentlich geringere Gesamtsteuerbelastungen ergeben sich deshalb dann, wenn die vGA beim Anteilseigner nur von einer anderen Einkunftsart umqualifiziert wird (z. B. bei einem überhöhten Geschäftsführergehalt des Gesellschafters). Betrachtet man in diesen Fällen nur isoliert den Gesellschafter, kann eine vGA bei der Abgeltungsteuer oder im Teileinkünfteverfahren sogar steuerlich vorteilhaft sein (Verminderung des Arbeitslohns in voller Höhe des überhöhten Geschäftsführergehalts; Versteuerung bei den Einkünften aus Kapitalvermögen nur mit dem niedrigen Abgeltungsteuersatz von 25 % oder mit dem Ansatz von 60 % der vGA). Insgesamt ist die Gesamtsteuerbelastung jedoch in aller Regel höher, da der Vorteil beim Gesellschafter den Nachteil der Nichtabzugsfähigkeit als Betriebsausgaben bei der Gesellschaft nicht vollständig aufwiegt.[4]

5. Halten der Beteiligung im Betriebsvermögen

Für die steuerlichen Folgen der vGA auf Ebene der L-GmbH ist es unerheblich, ob der Gesellschafter seine GmbH-Anteile im Privat- oder im Betriebsvermögen hält (ebenso ist unerheblich, welche Rechtsform der Anteilseigner hat).

Auswirkungen ergeben sich jedoch auf Ebene des Gesellschafters L. Hier kommt für Anteile im Betriebsvermögen nicht die Abgeltungsteuer, sondern das Teileinkünfteverfahren zur Anwendung (vgl. den Wortlaut von § 43 Abs. 5 Satz 2 EStG: „Dies gilt nicht ... für Kapitalerträge, die zu den Einkünften aus ... Gewerbebetrieb ... gehören" sowie von § 3 Nr. 40 Satz 2 EStG: „Dies gilt für Satz 1 Buchst. d bis h nur i. V. m. § 20 Abs. 8 EStG"). Eines Antrags nach § 32 d Abs. 2 Nr. 3 EStG bedarf es bei Anteilen im Betriebsvermögen nicht, um in den Anwendungsbereich des Teileinkünfte-

4 Zu den Belastungswirkungen einer vGA vgl. Dötsch/Jost/Pung/Witt, Die Körperschaftsteuer, § 8 Abs. 3 Teil C Tz. 721 ff.

verfahrens zu gelangen. Somit ergibt sich für L in diesem Fall folgende Berechnung (Abweichung zur Antwort auf Frage 3):

Einnahmen aus der erhaltenen vGA	100.000 €
⁒ davon aus dem steuerlichen Einlagekonto	⁒ 10.000 €
verbleiben als Kapitaleinnahmen i. S. von § 20 Abs. 1 Nr. 1 EStG	90.000 €
davon 40 % steuerfrei nach § 3 Nr. 40 Satz 1 Buchst. d EStG	⁒ 36.000 €
steuerpflichtig	54.000 €
Einkommensteuer darauf (42 %)	22.680 €

Ergebnis: Die Einkommensteuerbelastung der vGA weicht in diesem Fall nur unerheblich von dem Betrag ab, der bei der Abgeltungsteuer entsteht (22.500 €; vgl. Antwort zur Frage 3). Größere Abweichungen würden sich bei anderen Einkommensteuersätzen ergeben:

- Liegt der persönliche Steuersatz unterhalb von 40 %, ist das Teileinkünfteverfahren regelmäßig günstiger als die Abgeltungsteuer (je niedriger der persönliche Steuersatz ist, desto größer ist die Steuerdifferenz).
- Fällt der Gesellschafter in den Anwendungsbereich der sog. „Reichensteuer" (Steuersatz von 45 %; vgl. § 32 a Abs. 1 Satz 2 Nr. 5 EStG), ist demgegenüber die Abgeltungsteuer günstiger.

6. Bestandskraft des Einkommensteuerbescheids des L

Für solche Fälle hat der Gesetzgeber die **Regelung des § 32 a Abs. 1 KStG** geschaffen. Danach kann ein Steuerbescheid gegenüber dem Gesellschafter, dem die vGA zuzurechnen ist (hier: L), erlassen, aufgehoben oder geändert werden, soweit gegenüber einer Körperschaft (hier: L-GmbH) ein Steuerbescheid hinsichtlich der Berücksichtigung einer vGA erlassen, aufgehoben oder geändert wird (= sog. formelle Korrespondenz). Es kommt also nicht darauf an, ob der Einkommensteuerbescheid des Gesellschafters nach den Vorschriften der AO noch geändert werden kann (in der Praxis wird allerdings oftmals eine Änderung nach § 173 Abs. 1 AO möglich sein). Der Gesetzgeber wollte mit der Vorschrift des § 32 a Abs. 1 KStG zwar vor allem sicherstellen, dass die günstigere Besteuerung einer vGA auf Gesellschafterebene noch erfolgen kann (Umqualifizierungsfälle). Die Vorschrift greift nach ihrem Wortlaut allerdings auch dann ein, wenn sich der vGA-Ansatz – wie im hier vorliegenden Fall – zulasten des Anteilseigners auswirkt.

Für den umgekehrten Fall (Bestandskraft des Körperschaftsteuerbescheids der GmbH, Änderbarkeit des Bescheids des Gesellschafters) hat der Gesetzgeber ein sog. materielles Korrespondenzprinzip vorgesehen:

- Für Anteile im Privatvermögen versagt § 32 d Abs. 2 Nr. 4 EStG die Anwendung des (i. d. R. günstigen) Abgeltungsteuersatzes von 25 %, wenn die vGA auf Ebene der Körperschaft das Einkommen gemindert hat (also nicht hinzugerechnet wurde und auch nicht mehr hinzugerechnet werden kann). Diese Regelung gilt allerdings erst mit Wirkung ab 2011 (§ 52 a Abs. 15 Satz 2 EStG).[5]

- Entsprechend versagt § 3 Nr. 40 Satz 1 Buchst. d Satz 2 f. EStG die Gewährung der 40 %igen Steuerbefreiung für Anteile im Betriebsvermögen. Dies gilt auch für die Antragsfälle des § 32 d Abs. 2 Nr. 3 EStG.

Fall 30

Das Teileinkünfteverfahren in Fällen der Betriebsaufspaltung

KStG § 8; EStG § 3 Nr. 40, § 3 c Abs. 2, §§ 12, 35; GewStG § 8 Nr. 1, § 9 Nr. 2 a; ErbStG § 1

Sachverhalt

Viktor Volkert (V) ist zu 60 % an der Volkert Dreirad GmbH (V-GmbH), Mönchengladbach, beteiligt. Die restlichen Anteile werden von seinem Sohn Siegfried (S) und seiner Tochter Tanja (T) mit jeweils 20 % gehalten. Die V-GmbH betreibt einen Fabrikationsbetrieb für Kinderdreiräder.

V überlässt der V-GmbH unentgeltlich ein Fabrikationsgrundstück. An ein fremdes Unternehmen hätte V das Grundstück für 5.000 € monatlich verpachten können. Aufgrund ihrer guten Gewinnsituation nimmt die V-GmbH im Mai 05 an ihre Gesellschafter eine Gewinnausschüttung für 04 i. H. von insgesamt 200.000 € vor.

Im Jahr 05 sind bei V folgende Grundstücksaufwendungen angefallen:

Gebäude-AfA	20.000 €
Schuldzinsen (langfristiges Darlehen)	15.000 €
Erhaltungsaufwendungen	13.000 €
Sonstige Aufwendungen (Grundsteuer usw.)	2.000 €

Abwandlung 1

V überlässt das Grundstück zu 60 % der ortsüblichen Pacht der V-GmbH (also für 3.000 € monatlich).

Abwandlung 2

V überlässt das Grundstück zur ortsüblichen Pacht von 5.000 € monatlich der V-GmbH.

---

5 In das EStG eingefügt durch das JStG 2010 vom 08.12.2010, BStBl I S. 1394.

Frage

1. Welche Folgen ergeben sich aus der Nutzungsüberlassung bei der V-GmbH im Grundfall?
2. Wie sind die Pachtzahlungen bei der V-GmbH bei den beiden Abwandlungen zu behandeln?
3. Stellen Sie im Grundfall die Folgen für die Einkunftsermittlung bei V, S und T dar.
4. Welche Folgen ergeben sich bei V, S und T in den beiden Abwandlungen?
5. Welche Konsequenzen sind aus den Antworten zu den Fragen 1 bis 4 für die Praxis zu ziehen? Ergeben sich Gestaltungsmöglichkeiten?

Antwort

1. Die unentgeltliche Nutzungsüberlassung stellt keine verdeckte Einlage dar. Eine Gewinnkorrektur bei der V-GmbH findet deshalb nicht statt.
2. Die Pachtzahlungen führen bei der V-GmbH zu abzugsfähigen Betriebsausgaben. In der Abwandlung 1 liegt eine teilentgeltliche Nutzungsüberlassung vor. Der unentgeltliche Teil führt dabei nicht zu einer verdeckten Einlage.
3. Zwischen V und der V-GmbH liegt trotz der unentgeltlichen Nutzungsüberlassung eine Betriebsaufspaltung vor. Die Aufwendungen auf das Grundstück sind bei V nur anteilig mit 60 % berücksichtigungsfähig, da es sich um eine sog. disquotale Nutzungsüberlassung handelt. Der dem V zuzuordnende Teil der Aufwendungen fällt unter § 3 c Abs. 2 EStG und ist deshalb nur zu 60 % abzugsfähig. Die auf V entfallende Ausschüttung führt in seinem Besitzunternehmen zu Betriebseinnahmen; sie ist im Teileinkünfteverfahren begünstigt und deshalb nach § 3 Nr. 40 EStG zu 40 % steuerbefreit. S und T erzielen aus der Ausschüttung der V-GmbH Einkünfte aus Kapitalvermögen, die der Abgeltungsteuer unterliegen.
4. V erzielt in der Abwandlung 1 in seinem Besitzunternehmen einen Gewinn aus Gewerbebetrieb i. H. von 70.800 €. In der Abwandlung 2 ergibt sich ein Gewinn i. H. von 82.000 €. Bei S und T ergeben sich gegenüber dem Grundfall keine Änderungen.
5. Die BFH-Rechtsprechung zu den disquotalen Nutzungsüberlassungen sowie die Anwendung des § 3 c Abs. 2 EStG sprechen dafür, Nutzungsüberlassungen gegenüber Kapitalgesellschaften, an denen der Überlassende beteiligt ist, stets vollentgeltlich zu vereinbaren. Nur in diesem Fall können die Aufwendungen in voller Höhe abgezogen werden.

Begründung

1. Behandlung bei der V-GmbH (Grundfall)

Die V-GmbH muss für die Überlassung des Fabrikationsgrundstücks trotz ihrer guten Gewinnsituation kein Entgelt entrichten. Diese unentgeltliche

Nutzungsüberlassung ist durch das Gesellschaftsverhältnis des V veranlasst. Eine Veranlassung durch das Gesellschaftsverhältnis ist gegeben, wenn ein Nichtgesellschafter bei Anwendung der Sorgfalt eines ordentlichen Kaufmanns den Vermögensvorteil der Gesellschaft nicht eingeräumt hätte (Fremdvergleich; vgl. R 40 Abs. 3 KStR). Ein Fremder hätte der V-GmbH das Grundstück nicht unentgeltlich überlassen. Dennoch liegt keine verdeckte Einlage des V in die V-GmbH vor, da die unentgeltliche Überlassung eines Grundstücks kein einlagefähiges Wirtschaftsgut darstellt (H 40 „Nutzungsvorteile" KStH). Ein einlagefähiger Vermögensvorteil könnte entweder in der Vermehrung von Aktiven oder einer Verminderung von Schulden der V-GmbH bestehen (H 40 „Einlagefähiger Vermögensvorteil" KStH). Eine unentgeltliche Nutzungsüberlassung ist aber weder aktivierungsfähig noch führt sie zum Wegfall oder zur Verminderung eines Passivpostens in der Bilanz der V-GmbH.

Da keine verdeckte Einlage vorliegt, kann auch keine Einkommenskorrektur bei der V-GmbH um die angemessene Pacht von 60.000 € erfolgen. Es ist also aufgrund der unentgeltlichen Nutzungsüberlassung weder bilanziell noch außerbilanziell ein (fiktiver) Aufwand bei der V-GmbH zu erfassen. Durch die unentgeltliche Überlassung ergibt sich somit ein um 60.000 € höherer Gewinn, als dies bei einer voll entgeltlichen Überlassung der Fall wäre (abzgl. der darauf entstehenden Steuerbelastung). Somit erhöht sich dadurch auch das an die Gesellschafter ausschüttungsfähige Eigenkapital.

Die bei V entstandenen Aufwendungen können bei der V-GmbH nicht als Aufwand berücksichtigt werden, da die V-GmbH weder zum Tragen dieser Aufwendungen verpflichtet war noch sie tatsächlich getragen hat.

2. Pachtzahlungen in der Abwandlung 1 und 2

Die Pachtzahlungen stellen bei der V-GmbH abzugsfähige Betriebsausgaben dar. In der Abwandlung 1 können nur die tatsächlichen Aufwendungen i. H. von 3.000 € abgezogen werden. Hinsichtlich des unentgeltlich überlassenen Teils liegt wie bei der voll unentgeltlichen Überlassung keine verdeckte Einlage vor (Begründung vgl. Antwort zu Frage 1). Durch die Pachtzahlungen ergibt sich bei der V-GmbH jedoch ein niedrigeres zu versteuerndes Einkommen als im Grundfall.

Gewerbesteuerlich sind 50 % des Pachtaufwands bei der V-GmbH in die Finanzierungsentgelte des § 8 Nr. 1 GewStG einzubeziehen (§ 8 Nr. 1 Buchst. e GewStG). Nach der Addition mit den übrigen Finanzierungsentgelten und dem Abzug des Freibetrags von 100.000 € sind ¼ der Entgelte bei der Ermittlung des Gewerbeertrags hinzuzurechnen.

3. Folgen bei V, S und T im Grundfall

3.1 Zwischen V und der V-GmbH liegt eine **Betriebsaufspaltung** vor. Eine Betriebsaufspaltung ist gegeben, wenn ein Unternehmen **(Besitzunterneh-**

men) eine **wesentliche Betriebsgrundlage** an eine gewerblich tätige Personen- oder Kapitalgesellschaft **(Betriebsunternehmen)** zur Nutzung überlässt **(sachliche Verflechtung)** und eine Person oder mehrere Personen zusammen (Personengruppe) sowohl das Besitzunternehmen als auch das Betriebsunternehmen in dem Sinne beherrschen, dass sie in der Lage sind, in beiden Unternehmen einen einheitlichen geschäftlichen Betätigungswillen durchzusetzen **(personelle Verflechtung)**; vgl. H 15.7 Abs. 4 „Allgemeines" EStH. Liegen die Voraussetzungen einer personellen und sachlichen Verflechtung vor, ist die Vermietung oder Verpachtung keine Vermögensverwaltung mehr, sondern eine gewerbliche Vermietung oder Verpachtung. Das Besitzunternehmen ist Gewerbebetrieb.[1]

Das von V an die V-GmbH überlassene Fabrikationsgrundstück stellt eine wesentliche Betriebsgrundlage für die V-GmbH dar (vgl. H 15.7 Abs. 5 „Wesentliche Betriebsgrundlage/Fabrikationsgrundstücke" EStH). Die sachliche Verflechtung ist damit gegeben. Da V sowohl im Besitzunternehmen (Verpachtung) als auch bei der V-GmbH über die Mehrheit der Stimmrechte verfügt, liegt auch eine personelle Verflechtung vor (H 15.7 Abs. 6 „Mehrheit der Stimmrechte" EStH).

Die unentgeltliche Überlassung des Fabrikationsgrundstücks an die V-GmbH schließt die Annahme einer Betriebsaufspaltung nicht aus (H 15.7 Abs. 5 „Leihe" EStH). Trotz der unentgeltlichen Überlassung wird das Besitzunternehmen mit Einkünfteerzielungsabsicht betrieben; „Liebhaberei" liegt nicht vor. Die GmbH-Anteile des V (60 %) stellen nämlich notwendiges Betriebsvermögen im Besitzunternehmen des V dar. Durch die unentgeltliche Überlassung wird die V-GmbH – wie bereits unter Tz. 1 dargestellt – einen höheren ausschüttungsfähigen Gewinn erzielen. Die Ausschüttungen fließen dem gewerblichen Besitzunternehmen des V zu, sodass sich Einnahmen im Besitzunternehmen in anderer Weise als über ein Entgelt für die Überlassung ergeben. Deshalb ist auch der auf V entfallende Anteil der Ausschüttung im Mai 05 für 04 (60 % von 200.000 € = 120.000 €) als Betriebseinnahme zu erfassen. Unabhängig davon ist die Ausschüttung nach § 3 Nr. 40 Satz 1 Buchst. d, Satz 2 EStG im Teileinkünfteverfahren zu 40 % von der Einkommensteuer befreit. Die Steuerbefreiung wird außerbilanziell gewährt.

Die Ausschüttung im Mai 05 für 04 ist im Jahr 05 als Betriebseinnahme im Besitzunternehmen des V zu erfassen.

Das Besitzunternehmen unterliegt auch der Gewerbesteuer. Eine ggf. entstehende Gewerbesteuer führt allerdings nach § 35 EStG zu einer Steuerermäßigung bei der Einkommensteuer des V. Daneben ist die Gewerbesteuer als Betriebsausgabe abzugsfähig. Gewerbesteuerlich wird der nach Anwendung des § 3 Nr. 40 EStG noch verbleibende steuerpflichtige Teil

1 BFH-Urteil vom 12.11.1985, BStBl 1986 II S. 296.

der Gewinnausschüttung nach § 9 Nr. 2 a GewStG gekürzt (sog. gewerbesteuerliches Schachtelprivileg). Die Schuldzinsen für die Finanzierung des Grundstücks sind in die Finanzierungsentgelte des § 8 Nr. 1 GewStG einzubeziehen (hier: Buchst. a). Dies gilt allerdings nur, soweit die Schuldzinsen die Ausgangsgröße i. S. von § 7 GewStG auch gemindert haben (60 % wegen Anwendung von § 3 c Abs. 2 EStG) und soweit sie nicht bei Ermittlung des Kürzungsbetrags nach § 9 Nr. 2 a GewStG abzuziehen waren (vgl. § 9 Nr. 2 a Satz 3 GewStG).

3.2 Nach der Rechtsprechung des BFH zur sog. **„disquotalen Nutzungsüberlassung"** können die Aufwendungen des V für die überlassenen Wirtschaftsgüter i. d. R. aber nur anteilig (nämlich mit 60 %) als Betriebsausgaben abgezogen werden. Dies gilt zumindest dann, wenn man gegenüber einem fremden Mitgesellschafter einen Ausgleich für die verbilligte Nutzungsüberlassung verlangt hätte.[2] Davon kann im vorliegenden Fall ausgegangen werden. Weder war die Gesellschaft auf die Unentgeltlichkeit der Nutzungsüberlassung aufgrund ihrer wirtschaftlichen Situation angewiesen noch haben die anderen Gesellschafter (S und T) entsprechend ihrem Beteiligungsverhältnis vergleichbare unentgeltliche Gesellschafterbeiträge erbracht. Diese Rechtsprechung ist auch in Fällen der Betriebsaufspaltung anwendbar.[3]

Von den gesamten Aufwendungen des V i. H. von 50.000 € sind damit nur 60 % = 30.000 € durch die Anteile des V und damit betrieblich veranlasst. Der restliche Teil der Aufwendungen fällt unter § 12 Nr. 1 bzw. 2 EStG.

Erbschaftsteuer

Außerdem stellt die unentgeltliche Nutzungsüberlassung durch V einen erbschaftsteuerpflichtigen Tatbestand i. S. von § 1 ErbStG dar.

Für die Annahme einer freigebigen Zuwendung ist nicht Voraussetzung, dass der Zuwendungsgegenstand einlagefähig i. S. des Handels- oder Steuerbilanzrechts ist. Deshalb können auch Zuwendungen von Nutzungsvorteilen schenkungsteuerbare Leistungen sein.

Hinsichtlich des subjektiven Tatbestands ist zu unterscheiden, ob es sich bei den verschiedenen Gesellschaftern um fremde Dritte oder um nahestehende Personen handelt. Im Ergebnis besteht bei fremden Dritten die Vermutung, dass die Nutzungsüberlassung allein dem Gesellschaftszweck dienen soll, somit subjektiv keine freigebige Zuwendung darstellt, während bei nahestehenden Personen davon auszugehen ist, dass neben die gesellschaftsfördernde Zielsetzung das Motiv der Vermögensübertragung tritt und somit eine freigebige Zuwendung gewollt ist.

---

2 BFH-Urteile vom 28.03.2000, DB 2000 S. 1738, und vom 25.07.2000, BStBl 2001 II S. 698.

3 Vgl. dazu auch bereits das BFH-Urteil vom 14.01.1998, BFH/NV 1998 S. 1160.

3.3 Die Aufwendungen des V für das überlassene Grundstück stehen in wirtschaftlichem Zusammenhang mit der Beteiligung des V an der V-GmbH.[4] Sie können deshalb nach § 3 c Abs. 2 EStG nur zu 60 % abgezogen werden (60 % von 30.000 € = 18.000 €). Es kommt hierbei nicht darauf an, ob dem V im jeweiligen Jahr tatsächlich Beteiligungserträge i. S. von § 3 Nr. 40 EStG zugeflossen sind. § 3 c Abs. 2 EStG wäre demnach auch dann anwendbar, wenn V im Jahr 05 keine Ausschüttung von der V-GmbH erhalten hätte. Im vorliegenden Fall wirken sich damit im Ergebnis nur 36 % der Ausgaben steuermindernd aus (60 % von 60 %). Dies gilt auch für die Gewerbesteuer (allerdings mindern sich dort ggf. auch die hinzuzurechnenden Finanzierungsentgelte i. S. von § 8 Nr. 1 GewStG anteilig).

3.4 Damit ergibt sich für das Besitzunternehmen des V folgende Gewinnermittlung:

Pachteinnahmen			0 €
+ Dividende für 04 (anteilig für V 60 %)	120.000 €		
davon steuerfrei nach § 3 Nr. 40 EStG	./. 48.000 €		
steuerpflichtiger Teil der Dividende	72.000 €	==>	72.000 €
steuerpflichtige Betriebseinnahmen			72.000 €
Aufwendungen für das überlassene Grundstück	50.000 €		
davon entfallen auf den Anteil des V 60 % =	30.000 €		
davon abzugsfähig nach § 3 c Abs. 2 EStG 60 %	18.000 €	==>	18.000 €
Gewinn			54.000 €
Ermittlung der GewSt-Rückstellung:			
Gewinn (siehe oben; § 7 GewStG)			54.000 €
./. Kürzung für steuerpflichtigen Teil der Dividende der V-GmbH (§ 9 Nr. 2 a GewStG); die abzugsfähigen Aufwendungen auf die Beteiligung mindern allerdings nach § 9 Nr. 2 a Satz 3 GewStG den Kürzungsanspruch; Kürzungsbetrag somit 72.000 € ./. 18.000 € =			./. 54.000 €
Eine gesonderte Hinzurechnung der Finanzierungsentgelte unterbleibt insoweit, wie die Schuldzinsen den Kürzungsanspruch gemindert haben. Somit erfolgt in diesem Fall keine Hinzurechnung nach § 8 Nr. 1 GewStG.			
Gewerbeertrag			0 €

Da kein positiver Gewerbeertrag entstanden ist, ergibt sich keine Gewerbesteuer; die Gewerbesteuer-Rückstellung beträgt damit 0 €. Selbst bei einem positiven Gewerbeertrag würde sich aus der sich ergebenden Gewerbesteuer-Rückstellung keine Änderung des einkommensteuerlichen Gewinns ergeben, da die Gewerbesteuer seit dem Jahr 2008 keine abzugsfähige Betriebsausgabe mehr darstellt (§ 4 Abs. 5 b EStG). Der bilanzielle Auf-

4 Vgl. BMF-Schreiben vom 08.11.2010, BStBl I S. 1292, Tz. 1.

wand aus der Gewerbesteuer-Rückstellung wäre deshalb außerbilanziell wieder hinzuzurechnen.

3.5 Auf der **Anlage G** des V für das Jahr 05 sind folgende Eintragungen vorzunehmen:

Zeile		€
4	Gewinn als Einzelunternehmer	54.000
13	In den Zeilen 4 bis 11 enthaltener steuerpflichtiger Teil der Einkünfte, für die das Teileinkünfteverfahren gilt	54.000
16	Für 05 festzusetzender Gewerbesteuer-Messbetrag	0
17	Für 05 tatsächlich zu zahlende Gewerbesteuer	0

3.6 Bei S und T ist die Gewinnausschüttung als Einnahmen aus Kapitalvermögen i. S. von § 20 Abs. 1 Nr. 1 EStG zu erfassen. Auf S und T entfallen jeweils 40.000 € der gesamten Dividende (jeweils 20 %); die Dividenden unterliegen bei S und T der Abgeltungsteuer von 25 % (10.000 € zzgl. Solidaritätszuschlag und ggf. Kirchensteuer). Ein Wahlrecht in das Teileinkünfteverfahren nach § 32 d Abs. 2 Nr. 3 EStG besteht für S und T nicht, da sie nicht zu mindestens 25 % an der V-GmbH beteiligt und offensichtlich auch nicht für die Gesellschaft beruflich tätig sind (bei beruflicher Tätigkeit würde eine Beteiligung von 1 % bereits ausreichen, um die Optionsmöglichkeit zu eröffnen). S und T werden von der im Verhältnis zu V bestehenden Betriebsaufspaltung nicht berührt. Anders als bei einem Nur-Besitzgesellschafter (vgl. dazu H 15.7 Abs. 4 „Nur-Besitzgesellschafter" EStH) wirkt sich eine bestehende Betriebsaufspaltung auf einen Nur-Betriebsgesellschafter nicht aus.

4. Auswirkungen bei V, S und T in den beiden Abwandlungen

4.1 In der **Abwandlung 1** liegt zu 60 % eine entgeltliche Nutzungsüberlassung vor. Somit sind auch 60 % der Aufwendungen (= 30.000 €) voll abzugsfähig. Sie stehen nicht im Zusammenhang mit der Beteiligung an der V-GmbH. Damit greift insoweit weder die BFH-Rechtsprechung zur disquotalen Nutzungsüberlassung noch § 3 c Abs. 2 EStG ein.

Die übrigen Aufwendungen (20.000 € = 40 %) entfallen auf die unentgeltliche Nutzungsüberlassung; sie sind aufgrund der disquotalen Nutzungsüberlassung nur zu 60 % = 12.000 € der Beteiligung des V zuzuordnen (60 % von 40 % = 24 % bezogen auf die gesamten Aufwendungen von 50.000 €). Diese 12.000 € können nach § 3 c Abs. 2 EStG dann nur zu 60 % abgezogen werden (14,4 % bezogen auf die gesamten Aufwendungen = 7.200 €).

Hinsichtlich der Aufwendungen, die den Anteilen von S und T zuzuordnen sind (40 % von 40 % = 16 % bezogen auf die gesamten Aufwendungen von 50.000 €), greift wie im Grundfall § 12 Nr. 1 bzw. 2 EStG ein.

Damit sind im Ergebnis 30.000 € + 7.200 € = 37.200 € als Betriebsausgaben abzugsfähig (= 74,4 % der gesamten Betriebsausgaben). 12.800 € können aufgrund der disquotalen Nutzungsüberlassung bzw. aufgrund der Anwendung des § 3 c Abs. 2 EStG nicht abgezogen werden.

Hinweis: Der Umstand, dass die tatsächliche Miete mindestens 56 % der ortsüblichen Miete beträgt, ändert an diesem Ergebnis nichts. § 21 Abs. 2 EStG ist nämlich auf die Überlassung gewerblicher Räume nicht anwendbar (mit dem Steuervereinfachungsgesetz 2011 wurde diese Grenze sowieso auf 66 % angehoben).

Schaubild zum ertragsteuerlichen Schicksal der Aufwendungen:

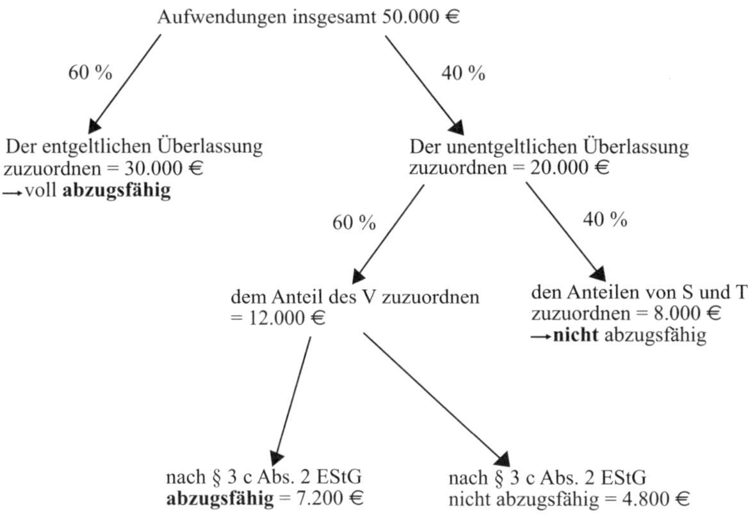

Der erbschaftsteuerliche Vorteil bei S und T vermindert sich gegenüber dem Grundfall entsprechend, da die Nutzungsüberlassung nur noch zu 40 % unentgeltlich erfolgt.

Gewinnermittlung im Besitzunternehmen des V:

Pachteinnahmen (12 × 3.000 €)		36.000 €
+ Dividende für 04 (anteilig für V 60 %)	120.000 €	
davon steuerfrei nach § 3 Nr. 40 EStG	⁒ 48.000 €	
steuerpflichtiger Teil der Dividende	72.000 €	+ 72.000 €
steuerpflichtige Betriebseinnahmen		108.000 €

Aufwendungen für das überlassene Grundstück	50.000 €	
davon entfallen auf die entgeltliche Überlassung (60 %)	⁒ 30.000 €	⁒ 30.000 €
verbleiben	20.000 €	
davon entfallen auf den Anteil des V 60 % =	12.000 €	
davon abzugsfähig nach § 3 c Abs. 2 EStG 60 %	7.200 €	⁒ 7.200 €
Gewinn		70.800 €

Ermittlung der **Gewerbesteuer-Rückstellung:** **Gewinn** (siehe oben; § 7 GewStG)	70.800 €
+ Finanzierungsentgelte nach § 8 Nr. 1 GewStG; unter Buchst. a fallen hier nur Zinsen, die auf die entgeltliche Nutzungsüberlassung entfallen; die übrigen Zinsen werden nach § 9 Nr. 2 a Satz 3 gegengerechnet (siehe unten); 60 % von 15.000 € = 9.000 €. Dieser Betrag liegt aber unter dem Freibetrag von 100.000 €, sodass es nicht zu einer Hinzurechnung kommt (weitere Finanzierungsentgelte sind aus dem Sachverhalt nicht ersichtlich).	+ 0 €
Kürzung für Dividende der V-GmbH (steuerpflichtiger Teil; § 9 Nr. 2 a GewStG); gekürzt um die Aufwendungen auf die Beteiligung nach § 9 Nr. 2 a Satz 3 GewStG: 72.000 € ⁒ 7.200 € =	⁒ 64.800 €
Gewerbeertrag	6.000 €
Freibetrag (§ 11 Abs. 1 GewStG) 24.500 €, höchstens	⁒ 6.000 €
verbleibender Gewerbeertrag	0 €

Es ergibt sich wiederum keine Gewerbesteuer; die Gewerbesteuer-Rückstellung beträgt damit 0 €.

Darstellung auf der **Anlage G** des V:

Zeile		€
4	Gewinn als Einzelunternehmer	70.800
13	In den Zeilen 4 bis 11 enthaltener steuerpflichtiger Teil der Einkünfte, für die das Teileinkünfteverfahren gilt	64.800
16	Für 05 festzusetzender Gewerbesteuer-Messbetrag	0
17	Für 05 tatsächlich zu zahlende Gewerbesteuer	0

4.2 In der **Abwandlung 2** liegt eine vollentgeltliche Nutzungsüberlassung vor. Die Aufwendungen des V auf das überlassene Grundstück sind damit in voller Höhe abzugsfähig. Es greift weder die BFH-Rechtsprechung zur disquotalen Nutzungsüberlassung ein, noch ist § 3 c Abs. 2 EStG anwendbar.

Der Gewinn aus Gewerbebetrieb im Besitzunternehmen des V ermittelt sich damit wie folgt:

Pachteinnahmen (12 × 5.000 €)		60.000 €
+ Dividende für 04 (anteilig für V 60 %)	120.000 €	
davon steuerfrei nach § 3 Nr. 40 EStG	./. 48.000 €	
steuerpflichtiger Teil der Dividende	72.000 €	+ 72.000 €
steuerpflichtige Betriebseinnahmen		132.000 €
Aufwendungen für das überlassene Grundstück (voll abzugsfähig)		./. 50.000 €
Gewinn aus Gewerbebetrieb		82.000 €
Ermittlung der GewSt-Rückstellung:		
vorläufiger Gewinn (siehe oben; § 7 GewStG)		82.000 €
+ Finanzierungsentgelte (§ 8 Nr. 1 GewStG); wie bei Abwandlung 1		+ 0 €
./. Kürzung für Dividende der V-GmbH (steuerpflichtiger Teil; § 9 Nr. 2 a GewStG)		./. 72.000 €
Gewerbeertrag		10.000 €
./. Freibetrag (§ 11 Abs. 1 GewStG) 24.500 €, höchstens		./. 10.000 €
verbleibender Gewerbeertrag		0 €

Es ergibt sich wiederum keine Gewerbesteuer; die Gewerbesteuer-Rückstellung beträgt damit 0 €.

Ein erbschaftsteuerpflichtiger Vorgang kann in diesem Fall nicht vorliegen.

4.3 Auf S und T haben die Änderungen in den Varianten 1 und 2 keine Auswirkungen. Die anteiligen Ausschüttungen sind wie im Grundfall mit der Abgeltungsteuer von 25 % als Einnahmen aus Kapitalvermögen zu versteuern.

5. Praxishinweise/Gestaltungsüberlegungen

Nach der BFH-Rechtsprechung und dem Teileinkünfteverfahren ergeben sich bei verbilligter Überlassung von Wirtschaftsgütern an eine Betriebsgesellschaft im Rahmen einer Betriebsaufspaltung zwei Gefahren für den Betriebsausgabenabzug im Besitzunternehmen:

- Nach der BFH-Rechtsprechung zur **disquotalen Nutzungsüberlassung** können bei einer unentgeltlichen oder teilentgeltlichen Nutzungsüberlassung Aufwendungen auf die überlassenen Wirtschaftsgüter u. U. nur noch teilweise als Werbungskosten oder Betriebsausgaben abgezogen werden. Kommen (höhere) Ausschüttungen sowie Wertsteigerungen, die sich aufgrund der verbilligten Überlassung ergeben, nämlich nicht nur dem Überlassenden, sondern auch anderen Gesellschaftern aus dem Familienbereich zugute, führt dies nach Auffassung des BFH (anteilig) zu einem Abzugsverbot nach § 12 Nr. 1 oder 2 EStG. Dieses teilweise Abzugsverbot greift nach der BFH-Rechtsprechung allerdings dann nicht ein, wenn die Nutzungsüberlassung einem Fremdvergleich standhält oder auch von einem Gesellschafter, der den übrigen Gesellschaftern der GmbH fern steht, zu den gleichen Konditionen bewilligt worden wäre.

- Nach **§ 3 c Abs. 2 EStG** sind Betriebsausgaben usw., die mit den nach § 3 Nr. 40 EStG teilweise steuerfreien Betriebsvermögensmehrungen und Einnahmen in Zusammenhang stehen, nur noch zu 60 % abzugsfähig. Dies gilt unabhängig davon, in welchem Jahr die Einnahmen tatsächlich anfallen.

Die zu den Fragen 3 und 4 dargestellten Ergebnisse sprechen in der Praxis dafür, unentgeltliche oder teilentgeltliche Nutzungsüberlassungen umzustellen und eine **marktübliche Pacht zu verlangen**. Diese Vorgehensweise ist allerdings vor allem in den Fällen problematisch, in denen sich die Betriebs-GmbH in einer wirtschaftlich schwierigen (Verlust-)Situation befindet. Der Verlust der GmbH wird durch die Pachtvereinbarung noch erhöht, während sich möglicherweise im Besitzunternehmen ein sofort zu versteuernder Gewinn ergibt. Der Betriebs-GmbH werden notwendige Mittel entzogen, die eigentlich für Investitionen usw. benötigt werden. Bei einem Stehenlassen der Pachtverbindlichkeiten besteht die Gefahr der Annahme einer vGA wegen Nichtdurchführung des Pachtvertrages.

Im Übrigen ist gleichzeitig darauf zu achten, dass die Pacht nicht überhöht festgelegt wird, da ansonsten bezüglich des Betrags, der die angemessene Pacht übersteigt, eine vGA vorliegen würde.

Diese Situation stellt einen erheblichen **Nachteil in Betriebsaufspaltungsfällen** dar. Bei Personengesellschaften (z. B. der GmbH & Co. KG) besteht eine vergleichbare Problematik nicht. Hier kann Sonderbetriebsvermögen ohne schädliche Auswirkungen auf den Betriebsausgabenabzug unentgeltlich oder verbilligt überlassen werden; § 3 c Abs. 2 EStG ist nicht anwendbar. Noch nicht ganz geklärt ist allerdings die Frage, inwieweit die BFH-Rechtsprechung zu disquotalen Nutzungsüberlassungen auch bei Personengesellschaften anwendbar ist (u. E. sind disquotale Nutzungsüberlassungen bei Familienpersonengesellschaften bei der Gewinnverteilung durch Vorabgewinn zu berücksichtigen).[5]

Begegnet werden kann der Problematik bei der Betriebsaufspaltung durch die **Begründung eines Organschaftsverhältnisses;** im Rahmen einer Organschaft greift § 3 c Abs. 2 EStG nicht ein. Auch die Frage der Betriebsausgabenkürzung wegen disquotaler Nutzungsüberlassung stellt sich bei einer Organschaft i. d. R. nicht, da der gesamte Gewinn der Betriebs-GmbH an den Organträger (= Besitzunternehmen) abgeführt werden muss. Allerdings ist zu beachten, dass eine Organschaft zu einer Personengesellschaft als Organträger nur dann anerkannt wird, wenn die Beteiligung an der Organgesellschaft zum Gesamthandsvermögen gehört (§ 14 Abs. 1 Satz 1 Nr. 2 Satz 3 KStG).[6] Die weitere Voraussetzung, dass eine Personengesell-

---

5 Vgl. auch Zimmermann u. a., Die Personengesellschaft im Steuerrecht, 10. Aufl., Teil F, Rz. 54 (S. 773 f.).

6 Vgl. auch BMF-Schreiben vom 10.11.2005, BStBl I S. 1038, Rz. 13.

schaft nur dann als Organträger in Betracht kommt, wenn sie eine aktive gewerbliche Tätigkeit i. S. von § 15 Abs. 1 Nr. 1 EStG ausübt (§ 14 Abs. 1 Satz 1 Nr. 1 Satz 2 KStG), ist bei einer Betriebsaufspaltung erfüllt. Der Besitzpersonengesellschaft wird nämlich die gewerbliche Tätigkeit der Betriebsgesellschaft zugerechnet.[7]

Fall 31

Kapitalertragsteuerpflicht bei Betrieben gewerblicher Art

EStG §§ 4, 10 d, 20 Abs. 1 Nr. 10, §§ 43, 43 a, 44 Abs. 6, § 44 a Abs. 7, § 44 b; KStG §§ 1, 4, 27

Sachverhalt

Die Gemeinde Großsteinfeld (Gemeinde G) unterhält seit dem Jahr 01 einen Wasserversorgungsbetrieb. Das Wirtschaftsjahr entspricht dem Kalenderjahr. Der bilanzierende Betrieb erzielt jährlich Jahresüberschüsse i. H. von 100.000 €. Die Gewinne werden tatsächlich nicht entnommen. Größere Investitionsmaßnahmen sind in dem Wasserversorgungsbetrieb weder kurz- noch mittelfristig geplant.

Abwandlung 1

Wie Grundfall; im Jahr 02 wurde jedoch (ausnahmsweise) ein Verlust i. H. von 100.000 € erzielt. In den übrigen Jahren (01 und 03 bis 05) wurden jeweils Gewinne i. H. von 100.000 € erzielt.

Abwandlung 2

Der Wasserversorgungsbetrieb wird als Eigenbetrieb i. S. des Eigenbetriebsgesetzes Baden-Württemberg geführt. Der Eigenbetrieb muss in den nächsten Jahren Investitionsmaßnahmen in die maroden Wasserversorgungssysteme der Gemeinde Großsteinfeld in Millionenhöhe aufwenden. Entsprechende Beschlüsse der zuständigen Gremien liegen bereits vor; die Realisierung wird sich wegen Problemen bei der Finanzierung zeitlich noch etwas verzögern.

Frage

1. Welchen Zweck hat die Regelung des § 20 Abs. 1 Nr. 10 EStG?
2. Ist die Gemeinde G im Grundfall für ihren Betrieb gewerblicher Art verpflichtet, in den Jahren 01 bis 05 Kapitalertragsteuer einzubehalten? Wie hoch ist ggf. der Abzugsbetrag?

---

7 BMF-Schreiben vom 10.11.2005, BStBl I S. 1038, Rz. 16.

3. Welche Änderung ergibt sich, wenn im Fall der Abwandlung 1 im Jahr 02 ein Verlust erzielt wird?
4. Wie ist der Sachverhalt zu behandeln, wenn der Wasserversorgungsbetrieb als Eigenbetrieb geführt wird (Abwandlung 2)?

Antwort

1. § 20 Abs. 1 Nr. 10 EStG soll sicherstellen, dass auch bei Körperschaften, die keine „Ausschüttungskörperschaften" sind (insbesondere Betriebe gewerblicher Art von Körperschaften des öffentlichen Rechts), keine Besteuerungslücken eintreten. Insbesondere soll eine Besserstellung dieser Körperschaften gegenüber Kapitalgesellschaften vermieden werden.
2. Für das Jahr 01 entsteht Kapitalertragsteuer i. H. von 15.000 €, die im Jahr 02 im Zeitpunkt der Bilanzerstellung anzumelden und abzuführen ist (spätestens am 31.08.02). Für den Gewinn des Jahres 02 ergibt sich eine Einlagenrückgewähr i. S. von § 27 KStG, sodass hier keine Kapitalertragsteuerpflicht besteht. Für die Folgejahre 03 bis 05 entsteht dann aber wieder jeweils eine Kapitalertragsteuer i. H. von 15.000 € (fällig jeweils bei Bilanzerstellung im Folgejahr).
3. Für 01 besteht auch in diesem Fall Kapitalertragsteuerpflicht (wie bei der Antwort zu Frage 2); für die Jahre 02 bis 04 jedoch nicht. Erst für den Gewinn 05 ist wieder Kapitalertragsteuer i. H. von 15.000 € zu entrichten (fällig im Jahr 06).
4. Da keine tatsächliche Gewinnauskehrung erfolgt ist und der Betrieb gewerblicher Art konkrete Investitionsmaßnahmen plant, fällt bei dem Eigenbetrieb keine Kapitalertragsteuer an.

Begründung

1. Sinn und Zweck der Regelung des § 20 Abs. 1 Nr. 10 EStG/Allgemeines

Nach § 1 Abs. 1 Nr. 6 i. V. m. § 4 KStG unterliegen juristische Personen des öffentlichen Rechts nur mit ihren Betrieben gewerblicher Art der unbeschränkten Körperschaftsteuerpflicht. Der Wasserversorgungsbetrieb der Gemeinde G stellt einen solchen Betrieb gewerblicher Art dar.

§ 20 Abs. 1 Nr. 10 EStG ergänzt die körperschaftsteuerlichen Regelungen zur Besteuerung von Betrieben gewerblicher Art. Die gesetzliche Regelung betrifft steuerpflichtige Betriebe gewerblicher Art mit eigener Rechtspersönlichkeit (§ 20 Abs. 1 Nr. 10 Buchst. a EStG; z. B. Sparkassen) und solche ohne eigene Rechtspersönlichkeit (§ 20 Abs. 1 Nr. 10 Buchst. b EStG). Außerdem sind Spezialfragen für Einbringungsfälle und die Besteuerung von öffentlich-rechtlichen Rundfunkanstalten geregelt, auf die im Folgenden nicht mehr eingegangen wird.

Leistungen der Betriebe gewerblicher Art an ihre Trägerkörperschaften unterliegen nach dieser Norm der Kapitalertragsteuer, soweit sie mit einer

Gewinnausschüttung vergleichbar sind bzw. wenn **Gewinne** des Betriebs gewerblicher Art für Zwecke außerhalb des partiell steuerpflichtigen Bereichs **verwendet** werden. Die kapitalertragsteuerpflichtigen Tatbestände wurden eingeführt, um die wirtschaftliche Betätigung einer juristischen Person des öffentlichen Rechts unabhängig davon, ob sie in der Form eines Betriebs gewerblicher Art oder einer Kapitalgesellschaft ausgeübt wird, im Ergebnis der gleichen Steuerbelastung zu unterwerfen. Schütten Kapitalgesellschaften an ihre Anteilseigner aus, so unterliegen die Ausschüttungen bei diesen im Rahmen der Abgeltungsteuer oder des Teileinkünfteverfahrens der Einkommensteuer. Entsprechend wird der Gewinn eines Betriebs gewerblicher Art, der für Leistungen zur Verfügung steht, zusätzlich zur Körperschaftsteuer i. H. von 15 % mit 15 % Kapitalertragsteuer belastet. Mit dieser Kapitalertragsteuerpflicht wird also die Besteuerung auf der Ebene der Anteilseigner, dem „zweiten Standbein" des Teileinkünfteverfahrens, sichergestellt.

Die Kapitalertragsteuerpflicht tritt allerdings nur bei solchen Betrieben gewerblicher Art ein,

a) die ihren Gewinn durch Betriebsvermögensvergleich ermitteln oder

b) deren Umsätze über 350.000 € oder deren Gewinne über 30.000 € betragen.

Mit BMF-Schreiben vom 11.09.2002 hat die Finanzverwaltung zur Auslegung von § 20 Abs. 1 Nr. 10 EStG Stellung genommen, soweit es sich bei den Schuldnern der Kapitalerträge um Betriebe gewerblicher Art handelt.[1]

Betriebe gewerblicher Art ohne eigene Rechtspersönlichkeit können als Regiebetriebe oder als Eigenbetriebe einer Körperschaft des öffentlichen Rechts geführt werden. In beiden Fällen handelt es sich um rechtlich unselbständige Einheiten der Trägerkörperschaft, jedoch ist der **Eigenbetrieb** als finanzwirtschaftliches Sondervermögen der Körperschaft des öffentlichen Rechts aus der allgemeinen Haushaltsrechnung ausgenommen (§ 12 Abs. 1 Eigenbetriebsgesetz Baden-Württemberg).[2] Eigenbetriebe sind verpflichtet Jahresabschlüsse zu erstellen, sie unterliegen der Prüfungspflicht und der Gemeinderat beschließt über die Verwendung des Jahresergebnisses im Rahmen der Abschlussfeststellung (§ 16 Abs. 4 Eigenbetriebsgesetz Baden-Württemberg). **Regiebetriebe** dagegen sind Teil des allgemeinen Haushalts, sodass Gewinne oder Verluste eines Regiebetriebs unmittelbar in die Haushaltsrechnung der Körperschaft des öffentlichen Rechts eingehen. Nach haushaltsrechtlichen Grundsätzen kann ein Regiebetrieb keine Rücklagen bilden. Dennoch lässt es die Finanzverwaltung

1 BStBl 2002 I S. 935; teilweise geändert durch das BMF-Schreiben vom 08.08.2005, BStBl I S. 831.

2 In anderen Bundesländern bestehen vergleichbare Regelungen.

auch bei Regiebetrieben unter bestimmten Voraussetzungen zu, für steuerliche Zwecke Rücklagen zu bilden.[3]

Ausgenommen von der Abzugsverpflichtung sind Betriebe gewerblicher Art, deren Trägerkörperschaft gemeinnützigen, mildtätigen oder kirchlichen Zwecken dient. Nach § 44 a Abs. 7 Satz 1 Nr. 2 und 3 EStG unterbleibt in diesen Fällen der Kapitalertragsteuerabzug.[4]

Leistungen eines Betriebs gewerblicher Art an seine Trägerkörperschaft gem. § 20 Abs. 1 Nr. 10 EStG sind nur insoweit kapitalertragsteuerpflichtig, als **keine Einlagenrückgewähr** vorliegt. Auch Betriebe gewerblicher Art sind deshalb verpflichtet, ein steuerliches Einlagekonto zu führen und eine entsprechende Feststellungserklärung abzugeben (§ 27 Abs. 7 KStG). Ob eine Einlagenrückgewähr gegeben ist, wird auch in diesen Fällen nach § 27 Abs. 1 KStG abgegrenzt. Die Finanzverwaltung hat für die gesonderte Feststellung des steuerlichen Einlagekontos bei Betrieben gewerblicher Art ohne eigene Rechtspersönlichkeit den eigenständigen Vordruck KSt 1 Fa entwickelt.

Die Gewinne eines Regiebetriebs, die der Trägerkörperschaft nach haushaltsrechtlichen Grundsätzen mit Entstehung zuzurechnen sind, aber im Betrieb gewerblicher Art verbleiben, sind bilanziell als Einlage und als Zugang im steuerlichen Einlagekonto zu erfassen. Dies gilt allerdings nur dann, wenn die Rücklagen – wie im vorliegenden Fall – ohne konkreten Investitionszweck gebildet werden. Die Finanzverwaltung lässt eine Rücklagenbildung insoweit zu, wie die Zwecke des Betriebs gewerblicher Art ohne die Rücklagenbildung nachhaltig nicht erfüllt werden können. Das Bestreben, ganz allgemein die Leistungsfähigkeit des Betriebs gewerblicher Art zu erhalten, reicht für eine unschädliche Rücklagenbildung nicht aus. Es muss vielmehr glaubhaft gemacht werden, dass zumindest mittelfristig eine konkrete Investition geplant ist.[5] Dies ist hier nicht der Fall.

Kapitalertragsteuer entsteht, soweit eine Leistung mit einer Gewinnausschüttung vergleichbar ist, der Gewinn nicht den Rücklagen zugeführt wird oder Rücklagen für Zwecke außerhalb des Betriebs gewerblicher Art verwendet werden. Dazu gehören auch vGA. Soweit nach § 27 Abs. 1 KStG für die Leistung das Einlagekonto als verwendet gilt, fällt keine Kapitalertragsteuer an.

Der **Begriff Gewinn** entspricht dem handelsrechtlichen **Jahresüberschuss** bzw., wenn nur eine Steuerbilanz aufgestellt wird, dem Gewinn nach § 4 Abs. 1 EStG (Unterschiedsbetrag nach § 4 Abs. 1 Satz 1 EStG). Eine Korrektur nach Einkommensermittlungsvorschriften (nicht abzugsfähige Betriebsausgaben oder steuerfreie Erträge) findet nicht statt. Allerdings sind

---

3 Fn. 1, Rz. 23.

4 Fn. 1, Rz. 4.

5 Fn. 1, Rz. 23.

Beträge für den Ausgleich von (bilanziellen) Fehl- oder Verlustvorträgen aus früheren Wirtschaftsjahren zu kürzen.[6] Ein **steuerlicher** Verlustvortrag i. S. von § 10 d EStG wirkt sich aber nicht auf die Bemessungsgrundlage der Kapitalertragsteuer aus.

Eine Gewinnverwendung für Zwecke **außerhalb** des Betriebs gewerblicher Art ist gegeben, wenn Gewinne

- im hoheitlichen Bereich der Trägerkörperschaft oder
- in einem anderen nicht rechtsfähigen BgA derselben Trägerkörperschaft oder
- in einer Eigengesellschaft (z. B. einer GmbH)

verwendet oder diesen **zugeführt** werden. Bei einem Regiebetrieb gilt bereits das Stehenlassen des Gewinns als Überführung in den hoheitlichen Bereich.

Die für Leistungen nach § 20 Abs. 1 Nr. 10 Buchst. a und b EStG erhobene Kapitalertragsteuer (§ 43 Abs. 1 Satz 1 Nr. 7 Buchst. b und c EStG) kann auch nicht teilweise erstattet werden. Auch eine Erstattung nach § 44 b Abs. 1 EStG ist nicht möglich.

2. Ermittlung der Kapitalertragsteuer für den Wasserversorgungsbetrieb der Gemeinde G (Grundfall)

Da der Wasserversorgungsbetrieb der Gemeinde G keine konkreten Investitionen plant, wird die Bildung von Rücklagen nach den als Antwort zu Frage 1 dargestellten Grundsätzen steuerlich nicht anerkannt, sondern eine Auskehrung der Gewinne und deren Wiedereinlage unterstellt.

Die Kapitalertragsteuer wird i. H. von 15 % der Kapitalerträge erhoben (§ 43 a Abs. 1 Nr. 6 EStG).

Nach § 44 Abs. 6 EStG entsteht die Kapitalertragsteuer auf den Gewinn im Zeitpunkt der Bilanzerstellung, spätestens jedoch acht Monate nach Ablauf des Wirtschaftsjahrs. Als Zeitpunkt der Bilanzerstellung in diesem Sinne ist der Zeitpunkt der Bilanzfeststellung zu verstehen.

Die Kapitalertragsteuer für das **Jahr 01** (15 % von 100.000 €) entsteht deshalb erst im Jahr 02 (spätestens am 31.08.02). Die Frage, ob es für den Gewinn des Jahres 01 zu einer Einlagenrückgewähr kommt, ist allerdings nach den Verhältnisssen des Jahres 01 zu prüfen. Gegebenenfalls wäre also eine Einlagenrückgewähr mit dem steuerlichen Einlagekonto zum Ende des der Gewinnentstehung vorangehenden Wirtschaftsjahres des BgA zu verrechnen.[7] Für den Gewinn des Jahres 01 kommt somit eine Einlagenrückgewähr nicht in Betracht. Weder war zum Ende des Vorjahres ein Bestand im steuerlichen Einlagekonto vorhanden (der BgA wurde nämlich erst im Jahr 01 begründet) noch ergibt sich aus dem Sachverhalt ein vorhandener Bestand bei Eintritt in die Steuerpflicht i. S. von § 27 Abs. 2 Satz 3 KStG. Der Gewinn des Jahres 01 gilt als im Jahr 01 ausgekehrt. Da eine

6 Fn. 1, Rz. 22.

7 Krämer in Dötsch/Jost/Pung/Witt, Die Körperschaftsteuer, § 4 KStG Rz. 324a.

tatsächliche Überführung des Gewinns in das Hoheitsvermögen der Gemeinde G aber nicht stattgefunden hat, gilt der Gewinn als sofort wieder in den BgA eingelegt.[8] Dadurch ergibt sich im Jahr 01 gleichzeitig ein Zugang im steuerlichen Einlagekonto i. H. von 100.000 €.

Für das Jahr 01 wird die Entwicklung nachfolgend in Anlehnung an den **Vordruck KSt 1 Fa** dargestellt. In diesem Vordruck wird der ausschüttbare Gewinn i. S. von § 27 Abs. 1 Satz 5 KStG als „Neurücklagen" (vgl. Spalte 4) bezeichnet. Die Spalte 5 des Vordrucks (Sonderausweis) ist allerdings nicht dargestellt, da es sich insoweit um ein Sonderproblem handelt, das sich im hier vorliegenden Fall nicht stellt.

Zeile	1	**Vorspalte** **€** **2**	**Steuerliches Einlagekonto** **€** **3**	**Neurücklagen** **€** **4**
7	Bestände zum Schluss des vorangegangenen Wirtschaftsjahres		0	0
17	Maßgeblicher Gewinn bzw. Jahresüberschuss des laufenden Wirtschaftsjahres	100.000		
24	Zwischensumme: Als ausgeschüttet geltender Gewinn des laufenden Wirtschaftsjahres	100.000		
25	Abzug des Betrags, höchstens in Höhe eines positiven Betrags der Neurücklagen	– 0		– 0
27	Abzug des verbleibenden Betrags, höchstens in Höhe eines positiven Betrags im steuerlichen Einlagekonto	– 0	– 0	
28	Abzug des verbleibenden Betrags von den Neurücklagen	100.000		– 100.000
38a	Steuerbilanzgewinn des laufenden Wirtschaftsjahres			+ 100.000
38b	In steuerlich unzulässige Rücklagen eingestellter Gewinn des laufenden Jahres		+ 100.000	
65	Endbestände zum Schluss des Wirtschaftsjahres		100.000	0
66	**Ermittlung der kapitalertragsteuerpflichtigen Leistungen** Summe der Beträge lt. Zeile 24 Spalte 2 (u. a.)			100.000
67	Verwendung des steuerlichen Einlagekontos (Summe der Beträge lt. Zeile 27 Spalte 3, Zeile 31d Spalte 3, Zeile 37 Spalte 3 und Zeile 55d Spalte 3)			– 0
68	**Kapitalertragsteuerpflichtige Leistungen,** sofern die sonstigen Voraussetzungen des § 20 Abs. 1 Nr. 10 Buchst. b EStG erfüllt sind			100.000

8 Krämer, a. a. O. (Fn. 7), Rz. 311.

Die in Zeile 68 ausgewiesenen kapitalertragsteuerpflichtigen Leistungen beziehen sich auf den Gewinn des Jahres 01; die Kapitalertragsteuer dafür entsteht jedoch dennoch erst bei Bilanzaufstellung im Jahr 02 (15 % von 100.000 € = 15.000 €).

Zu Beginn des Jahres 02 ergibt sich somit ein Anfangsbestand im steuerlichen Einlagekonto i. H. von 100.000 € (entspricht dem stehen gelassenen Gewinn aus dem Jahr 01). Ein ausschüttbarer Gewinn in Form von „Neurücklagen" war jedoch zum 31.12.01 nicht vorhanden (bilanzielles Eigenkapital 100.000 € ⁒ Bestand im steuerlichen Einlagekonto 100.000 € = 0 €).

Deshalb kommt es nun für den Gewinn des Jahres 02 zu einer Einlagenrückgewähr. Eine Kapitalertragsteuerpflicht für den Gewinn 02 besteht somit nicht. Im Ergebnis wird die Einlage des Jahres 01 aus dem Stehen lassen des Gewinns nun wieder in Form einer Einlagenrückgewähr verwendet.

Zeile	**1**	**Vorspalte € 2**	**Steuerliches Einlagekonto € 3**	**Neurücklagen € 4**
7	Bestände zum Schluss des vorangegangenen Wirtschaftsjahres		100.000	0
17	Maßgeblicher Gewinn bzw. Jahresüberschuss des laufenden Wirtschaftsjahres	100.000		
24	Zwischensumme: als ausgeschüttet geltender Gewinn des laufenden Wirtschaftsjahres	100.000		
25	Abzug des Betrags, höchstens in Höhe eines positiven Betrags der Neurücklagen	– 0		– 0
27	Abzug des verbleibenden Betrags, höchstens in Höhe eines positiven Betrags im steuerlichen Einlagekonto	– 100.000	– 100.000	
28	Abzug des verbleibenden Betrags von den Neurücklagen	0		0
38a	Steuerbilanzgewinn des laufenden Wirtschaftsjahres			+ 100.000
38b	In steuerlich unzulässige Rücklagen eingestellter Gewinn des laufenden Jahres		+ 100.000	
65	Endbestände zum Schluss des Wirtschaftsjahres		100.000	100.000
66	**Ermittlung der kapitalertragsteuerpflichtigen Leistungen** Summe der Beträge lt. Zeile 24 Spalte 2 (u. a.)			100.000

67	Verwendung des steuerlichen Einlagekontos (Summe der Beträge lt. Zeile 27 Spalte 3, Zeile 31d Spalte 3, Zeile 37 Spalte 3 und Zeile 55d Spalte 3)	– 100.000
68	**Kapitalertragsteuerpflichtige Leistungen,** sofern die sonstigen Voraussetzungen des § 20 Abs. 1 Nr. 10 Buchst. b EStG erfüllt sind	0

Ein anderes Ergebnis würde sich ergeben, wenn der Gewinn des Jahres 01 tatsächlich in das Hoheitsvermögen überführt worden wäre. Dann läge nämlich im Jahr 01 kein Zugang im steuerlichen Einlagekonto vor, sodass es auch für den Gewinn des Jahres 02 zu einer Kapitalertragsteuerpflicht käme.

Für den Gewinn **des Jahres 03** stehen dann aber wieder (vorrangig zu verwendende) Neurücklagen i. H. von 100.000 € zur Verfügung (vgl. den Endbestand zum 31.12.02 in Zeile 65, Spalte 4, des oben dargestellten Vordrucks), sodass der Gewinn 03 wieder der Kapitalertragsteuer unterliegt (15 % von 100.000 € = 15.000 €). Die Verwendung der Neurücklagen (= ausschüttbarer Gewinn) geht der Einlagenrückgewähr vor (vgl. § 27 Abs. 1 Satz 5 KStG). Der Bestand im steuerlichen Einlagekonto erhöht sich durch das Stehen lassen des Gewinns 03 auf 200.000 €.

Darstellung für 03 im Vordruck KSt 1 Fa:

Zeile	1	**Vorspalte** € 2	**Steuerliches Einlagekonto** € 3	**Neurücklagen** € 4
7	Bestände zum Schluss des vorangegangenen Wirtschaftsjahres		100.000	100.000
17	Maßgeblicher Gewinn bzw. Jahresüberschuss des laufenden Wirtschaftsjahres	100.000		
24	Zwischensumme: als ausgeschüttet geltender Gewinn des laufenden Wirtschaftsjahres	100.000		
25	Abzug des Betrags, höchstens in Höhe eines positiven Betrags der Neurücklagen	– 100.000		– 100.000
27	Abzug des verbleibenden Betrags, höchstens in Höhe eines positiven Betrags im steuerlichen Einlagekonto	0	– 0	
28	Abzug des verbleibenden Betrags von den Neurücklagen	0		0
38a	Steuerbilanzgewinn des laufenden Wirtschaftsjahres			+ 100.000
38b	In steuerlich unzulässige Rücklagen eingestellter Gewinn des laufenden Jahres		+ 100.000	

65	Endbestände zum Schluss des Wirtschaftsjahres		100.000	100.000
66	**Ermittlung der kapitalertragsteuerpflichtigen Leistungen** Summe der Beträge lt. Zeile 24 Spalte 2 (u. a.)			100.000
67	Verwendung des steuerlichen Einlagekontos (Summe der Beträge lt. Zeile 27 Spalte 3, Zeile 31d Spalte 3, Zeile 37 Spalte 3 und Zeile 55d Spalte 3)			– 0
68	**Kapitalertragsteuerpflichtige Leistungen,** sofern die sonstigen Voraussetzungen des § 20 Abs. 1 Nr. 10 Buchst. b EStG erfüllt sind			100.000

Auch in den **Jahren 04 und 05** stehen Neurücklagen für die jeweiligen Gewinne von 100.000 € zur Verfügung, sodass es auch für die Gewinne dieser Jahre zur Kapitalertragsteuerpflicht von jeweils 15.000 € kommt. Die vordruckmäßige Entwicklung entspricht derjenigen für 03; sie ist deshalb hier nicht mehr gesondert dargestellt.

3. Abwandlung 1: Verlust in Jahr 02 i. H. von 100.000 €

Durch den Verlust vermindert sich das bilanzielle Eigenkapital zum 31.12.02 um 100.000 € auf 0 €. Auf die Kapitalertragsteuer im Jahr 03 hat dies allerdings keine Auswirkung, da im Jahr 03 die Ausschüttungsfiktion mangels Gewinn im Vorjahr 02 sowieso nicht eingreifen kann. Zum Jahresende 03 entspricht das bilanzielle Eigenkapital jedoch dem Bestand im Einlagekonto, sodass kein ausschüttbarer Gewinn vorhanden ist und somit ein Betrag aus dem steuerlichen Einlagekonto als verwendet gilt. Die Frage, ob die Gemeinde G für den Verlust ihres Betriebs gewerblicher Art einen Verlustrücktrag in das Jahr 01 oder einen Verlustvortrag in das Jahr 03 in Anspruch nimmt, hat auf die Entstehung der Kapitalertragsteuer keine Auswirkung.

Die Neurücklagen zum 31.12.02 werden durch den Verlust negativ (der Bestand zum 31.12.01 beträgt – wie im Grundfall – 0 €). Kapitalertragsteuer für 02 kann aber hier bereits deshalb nicht entstehen, weil die Ausschüttungsfiktion für dieses Jahr mangels Gewinn sowieso nicht eingreifen kann. Es ist allerdings zu berücksichtigen, dass der Verlust 02 in irgendeiner Form getragen werden muss. Fraglich ist dabei, ob der Verlust des Jahres 02 als aus dem Hoheitsvermögen getragen gilt (und damit im Jahr 02 ein Zugang im Einlagekonto i. H. von 100.000 € angenommen werden muss) oder eine Verlusttragung durch den stehen gelassenen Gewinn des Jahres 01 unterstellt werden kann (und sich somit kein weiterer Zugang im steuerlichen Einlagekonto ergibt). Unseres Erachtens ist der zweiten Auffassung zu folgen; eine Verwaltungsauffassung dazu ist jedoch nicht ersichtlich.

Im **Vordruck KSt 1 Fa** ändert sich für das Jahr 01 gegenüber der Antwort zu Frage 2 nichts. Im Jahr 02 ist der Vordruck unter Berücksichtigung der o. g. Auffassung zur Verlusttragung wie folgt auszufüllen:

Zeile	1	Vorspalte € 2	Steuerliches Einlagekonto € 3	Neurücklagen € 4
7	Bestände zum Schluss des vorangegangenen Wirtschaftsjahres		100.000	0
17	Maßgeblicher Gewinn bzw. Jahresüberschuss des laufenden Wirtschaftsjahres	– 100.000		
24	Zwischensumme: als ausgeschüttet geltender Gewinn des laufenden Wirtschaftsjahres	– 100.000		
25	Abzug des Betrags, höchstens in Höhe eines positiven Betrags der Neurücklagen	– 0		– 0
26	Abzug des verbleibenden Betrags, höchstens in Höhe eines positiven Betrags im steuerlichen Einlagekonto	– 0	– 0	
27	Abzug des verbleibenden Betrags von den Neurücklagen	– 0		– 0
38a	Steuerbilanzgewinn des laufenden Wirtschaftsjahres			– 100.000
38b	In steuerlich unzulässige Rücklagen eingestellter Gewinn des laufenden Jahres			
65	Endbestände zum Schluss des Wirtschaftsjahres		100.000	– 100.000
66	**Ermittlung der kapitalertragsteuerpflichtigen Leistungen** Summe der Beträge lt. Zeile 24 Spalte 2 (u. a.)			0
67	Verwendung des steuerlichen Einlagekontos (Summe der Beträge lt. Zeile 27 Spalte 3, Zeile 31d Spalte 3, Zeile 37 Spalte 3 und Zeile 55d Spalte 3)			– 0
68	**Kapitalertragsteuerpflichtige Leistungen,** sofern die sonstigen Voraussetzungen des § 20 Abs. 1 Nr. 10 Buchst. b EStG erfüllt sind			0

Der **Gewinn des Jahres 03** wird dann aus dem steuerlichen Einlagekonto genommen (Folge: Keine Kapitalertragsteuerpflicht für 03). Das Einlagekonto zum 31.12.03 beträgt dann wiederum 100.000 € (Abgang 100.000 € und Zugang i. H. von 100.000 € aus dem Stehen lassen des Gewinns 03). Die Neurücklagen betragen zum 31.12.03 dann 0 € (Anfangsbestand ⁒ 100.000 € + Steuerbilanzgewinn des Wirtschaftsjahres 03 i. H. von 100.000 €).

Auch für den **Gewinn 04** entsteht noch keine Kapitalertragsteuerpflicht, da zum Ende des Vorjahres (31.12.03) keine Neurücklagen vorhanden waren. Zum 31.12.04 betragen die Neurücklagen dann aber 100.000 € (Anfangsbestand 0 € + Steuerbilanzgewinn des Wirtschaftsjahres 04 i. H. von

100.000 €). Das Einlagekonto erhöht sich zum 31.12.04 auf 200.000 € (Bestand zum 31.12.03 i. H. von 100.000 € zzgl. Zugang i. H. von 100.000 € aus dem Stehen lassen des Gewinns 04).

Der **Gewinn des Jahres 05** unterliegt dann allerdings der Kapitalertragsteuerpflicht (15 % = 15.000 €), da für seine (fiktive) Auskehrung zunächst die Neurücklagen zum 31.12.04 (100.000 €) als verwendet gelten. Der Bestand im steuerlichen Einlagekonto erhöht sich zum 31.12.05 auf 300.000 €.

4. Abwandlung 2 – Wasserversorgungsbetrieb als Eigenbetrieb

Bei einem Eigenbetrieb kam es in der Vergangenheit nur dann zu einer Kapitalertragsteuerpflicht, wenn Gewinne tatsächlich (offen oder verdeckt) an die Trägerkörperschaft oder an ihr nahestehende Personen ausgekehrt wurden.[9] Eine Rücklagenbildung wurde bei einem Eigenbetrieb ohne weitere Voraussetzungen anerkannt. Zwischenzeitlich werden Regie- und Eigenbetriebe jedoch gleich behandelt.[10] Dies bedeutet, dass auch bei einem Eigenbetrieb eine Rücklagenbildung nur zugelassen wird, wenn die Zwecke des Betriebs gewerblicher Art ohne die Rücklagenbildung nachhaltig nicht erfüllt werden könnten. Die Mittel müssen dabei für bestimmte Vorhaben (z. B. die Anschaffung von Anlagevermögen) angesammelt werden, für deren Durchführung bereits konkrete Zielvorstellungen bestehen. Dies ist nach dem hier dargestellten Sachverhalt der Fall. Somit entsteht keine Kapitalertragsteuerpflicht für die erzielten Gewinne, da diese auch tatsächlich nicht ausgekehrt wurden.

Wären demgegenüber keine Investitionen geplant, ergäben sich gegenüber dem Grundfall und der Abwandlung 1 keine abweichenden Lösungen. Die erzielten Gewinne würden dann jeweils auch bei einem Eigenbetrieb als ausgeschüttet gelten (Eintragung in Zeile 38b des Vordrucks KSt 1 Fa).

---

9 So noch Rz. 23 des BMF-Schreibens vom 11.09.2002, BStBl I S. 935.

10 Neufassung der o. g. Rz. 23 durch das BMF-Schreiben vom 08.08.2005, BStBl I S. 831.

Fall 32

Auszahlung des Körperschaftsteuerguthabens (§ 37 Abs. 4 bis 7 KStG)

KStG § 36 Abs. 7, § 37

Sachverhalt

Variante A

Für die Ingenieur Innovativ GmbH mit Sitz und Geschäftsleitung in Ingolstadt wurde zum 31.12.2006 ein Körperschaftsteuerguthaben i. H. von 12.630 € ermittelt.

Der Bescheid über die Festsetzung des Körperschaftsteuerguthabens wurde am 27.10.2008 bekanntgegeben.

Aufgrund einer Außenprüfung für die Jahre 2005 bis 2007 wurde auf den 31.12.2006 ein Körperschaftsteuerguthaben i. H. von 16.780 € ermittelt. Der geänderte Bescheid zum 31.12.2006 über die gesonderte Feststellung der Besteuerungsgrundlagen gem. § 27 Abs. 2, § 28 Abs. 1 Satz 3 und § 38 Abs. 1 KStG, in dem die Ermittlung des geänderten Körperschaftsteuerguthabens enthalten ist, wird am 14.10.2011 bekanntgegeben.

Variante B

Das zum 31.12.2006 ermittelte Körperschaftsteuerguthaben, das durch Festsetzungsbescheid am 15.01.2009 bekanntgegeben wurde, beträgt 17.330 €. Aufgrund der Änderung durch die Außenprüfung wird in 2011 ein Körperschaftsteuerguthaben von 6.500 € ermittelt (Bekanntgabe des geänderten Feststellungsbescheides am 14.10.2011 wie in Variante A).

Variante C

Das zum 31.12.2006 ermittelte Körperschaftsteuerguthaben, das durch Festsetzungsbescheid am 28.11.2008 bekanntgegeben wurde, beträgt 980 €. Aufgrund der Änderung durch die Außenprüfung wird in 2011 ein Körperschaftsteuerguthaben von 1.430 € ermittelt (Bekanntgabe des geänderten Feststellungsbescheides am 14.10.2011 wie in Variante A).

Frage

1. Welchen Inhalt hat der Bescheid über die (erstmalige) Festsetzung des Anspruchs auf Auszahlung des Körperschaftsteuerguthabens?
2. Wie erfolgt die Auszahlung des Körperschaftsteuerguthabens?
3. Wie ist das Körperschaftsteuerguthaben in den Steuerbilanzen 31.12.2006 bis 31.12.2010 auszuweisen? Der Barwert ermittelt sich am 31.12.2006 mit 80 % des Nennwerts, am 31.12.2007 mit 81 %, am 31.12.2008 mit

83,5 %, am 31.12.2009 mit 85,5 % und am 31.12.2010 mit 88 % des Nennwerts.

4. Welche Korrekturen sind bei der Einkommensermittlung in den Jahren 2006 bis 2010 vorzunehmen?
5. Welche Auswirkungen ergeben sich durch die geänderte Ermittlung des Körperschaftsteuerguthabens auf den 31.12.2006 aufgrund der Außenprüfung? Der Barwert der Forderung „Körperschaftsteuerguthaben" beträgt am 31.12.2011 90 % des Nennwerts.

Antwort

1. In dem Bescheid über die Festsetzung des Anspruchs auf Auszahlung des Körperschaftsteuerguthabens nach § 37 KStG wird der Auszahlungsanspruch des Körperschaftsteuerguthabens in voller Höhe sowie die einzelnen Jahresbeträge für die Jahre 2008 bis 2017 i. H. von jeweils $\frac{1}{10}$ des Gesamtbetrags festgesetzt. Beträgt das zum 31.12.2006 ermittelte Körperschaftsteuerguthaben nicht mehr als 1.000 €, enthält der Bescheid über die Festsetzung des Anspruchs auf Auszahlung des Körperschaftsteuerguthabens keine Aufteilung auf die Jahresbeträge 2008 bis 2017, da das Körperschaftsteuerguthaben gem. § 37 Abs. 5 Satz 6 KStG in einem Betrag ausbezahlt wird.

   Variante A: Körperschaftsteuerguthaben 12.630 €, Jahresbeträge 2008 bis 2017: 1.263 €

   Variante B: Körperschaftsteuerguthaben 17.330 €, Jahresbeträge 2008 bis 2017: 1.733 €

   Variante C: Körperschaftsteuerguthaben 980 €, keine Jahresbeträge
2. Die Auszahlung des Körperschaftsteuerguthabens erfolgt in den Jahren 2008 bis 2017 jeweils am 30.09. (§ 37 Abs. 5 Satz 4 KStG). Erfolgt die Bekanntgabe des Bescheides über die Festsetzung des Körperschaftsteuerguthabens nach dem 31.08.2008, wird der Jahresbetrag des Körperschaftsteuerguthabens für das Jahr der Bekanntgabe und die vorangegangenen Jahre innerhalb eines Monats nach Bekanntgabe des Bescheids ausbezahlt. Beträgt das zum 31.12.2006 ermittelte Körperschaftsteuerguthaben nicht mehr als 1.000 €, so wird der festgesetzte Anspruch in einem Betrag ausbezahlt. Bei Bekanntgabe des Festsetzungsbescheides nach dem 31.08.2008 erfolgt die Auszahlung innerhalb eines Monats nach Bekanntgabe des Bescheides, andernfalls frühestens zum 30.09.2008. Einzelheiten zu den Varianten A bis C vgl. Begründung zu Nr. 2.
3. Vergleiche Begründung zu 3.
4. Nach § 37 Abs. 7 KStG gehören Erträge und Gewinnminderungen der Körperschaft, die sich aus dem Anspruch auf Auszahlung des Körperschaftsteuerguthabens ergeben, nicht zu den Einkünften i. S. des Einkommensteuergesetzes. Soweit sich der Jahresüberschuss in den VZ 2006

bis 2010 durch die Einbuchung bzw. Aufzinsung der Forderung auf Auszahlung des Körperschaftsteuerguthabens erhöht hat, erfolgt bei der Einkommensermittlung eine außerbilanzielle Korrektur. Einzelheiten zu den Varianten A bis C vgl. Begründung zu Nr. 4.

5. Wird das Körperschaftsteuerguthaben nachträglich geändert, so wird der geänderte Betrag, soweit er die Summe der bereits ausbezahlten Jahresbeträge übersteigt, auf die verbleibenden Fälligkeitstermine des Auszahlungszeitraums verteilt (§ 37 Abs. 6 Satz 1 KStG). Ist der gesamte Auszahlungsanspruch nach der Änderung niedriger als die bereits bisher ausgezahlten Raten, muss der Unterschiedsbetrag innerhalb eines Monats nach Bekanntgabe des geänderten Bescheids über die Festsetzung des Körperschaftsteuerguthabens zurückgezahlt werden (§ 37 Abs. 6 Satz 3 KStG). Sofern das Körperschaftsteuerguthaben von bis zu 1.000 € in einem Betrag ausbezahlt wurde, wird auch ein Erhöhungsbetrag nach § 37 Abs. 6 Satz 2 KStG in einer Summe ausbezahlt, wenn der Änderungsbetrag nicht mehr als 1.000 € beträgt. Andernfalls wird der Änderungsbetrag auf die verbleibenden Fälligkeitstermine des Auszahlungszeitraums verteilt. Einzelheiten zu den Varianten A bis C vgl. Begründung zu Nr. 5.

Begründung

Allgemeines zur Entwicklung des Körperschaftsteuerguthabens bis zum 31.12.2006

Aufgrund des Übergangs vom Anrechnungsverfahren zum Halbeinkünfteverfahren durch das Steuersenkungsgesetz[1] wurde aus dem nach § 36 Abs. 7 KStG festgestellten Endbestand im EK 40 gem. § 37 Abs. 1 KStG zum Schluss des folgenden Wirtschaftsjahres ein Körperschaftsteuerguthaben ermittelt. Es errechnete sich mit ⅙ des Endbestandes im EK 40 und wurde erstmals zum Schluss des auf die erstmalige Ermittlung folgenden Wirtschaftsjahres gesondert festgestellt.[2] Bei Körperschaften, deren Wirtschaftsjahr mit dem Kalenderjahr übereinstimmte, erfolgte die Ermittlung des Körperschaftsteuerguthabens auf den 31.12.2001 und die erstmalige gesonderte Feststellung auf den 31.12.2002. Bei Körperschaften mit abweichendem Wirtschaftsjahr, bei denen die Feststellung der Endbestände nach § 36 Abs. 7 KStG auf den abweichenden Abschlusszeitpunkt in 2001 erfolgte, wurde das Körperschaftsteuerguthaben auf den Schluss des

1 Steuersenkungsgesetz vom 23.10.2000, BStBl I S. 1428.

2 Nachdem das BVerfG mit Beschluss vom 17.11.2009 – 1 BvR 2192/05, DStR 2010 S. 434, die Schlussrechnung gem. § 36 KStG teilweise für verfassungswidrig erklärt hat, wurde durch das JStG 2010 vom 08.12.2010, BStBl I S. 1394, die Ermittlung der Endbestände nach § 36 KStG für alle noch nicht bestandskräftig festgestellten Endbestände in § 34 Abs. 13 f KStG neu geregelt. Durch die geänderte Umgliederungsregelung kann es auch zu einem Endbestand im EK 45 kommen. Mit der ebenfalls durch das JStG 2010 erfolgten Änderung in § 37 Abs. 1 KStG durch den neuen § 34 Abs. 13 g KStG wird aus diesem Endbestand ein Körperschaftsteuerguthaben mit $^{15}/_{55}$ des Endbestands EK 45 errechnet.

abweichenden Wirtschaftsjahres in 2002 ermittelt und auf den Schluss des abweichenden Wirtschaftsjahres in 2003 erstmals gesondert festgestellt.

Nach § 37 Abs. 2 KStG führte das Körperschaftsteuerguthaben in den VZ nach seiner erstmaligen Ermittlung bei Gewinnausschüttungen, die auf einem den gesellschaftsrechtlichen Vorschriften entsprechenden Gewinnverteilungsbeschluss beruhten, zu einer Körperschaftsteuerminderung i. H. von ⅙ der jeweiligen Gewinnausschüttung. Die Berücksichtigung dieser Körperschaftsteuerminderung aufgrund ordentlicher Gewinnausschüttungen war für einen Übergangszeitraum von zunächst 15 Jahren vorgesehen. Durch das Steuervergünstigungsabbaugesetz[3] wurde mit § 37 Abs. 2 a KStG sowohl eine zeitliche Streckung des Körperschaftsteuerguthabens als auch eine Begrenzung der Körperschaftsteuerminderung eingeführt. Nach § 37 Abs. 2 a Nr. 1 KStG führten Gewinnausschüttungen, die nach dem 11.04.2003 und vor dem 01.01.2006 erfolgten und die nicht vor dem 21.11.2002 beschlossen worden waren, nicht mehr zur Berücksichtigung einer Körperschaftsteuerminderung (= sog. Moratorium). Aufgrund des dreijährigen Moratoriums wurde der Übergangszeitraum zur Berücksichtigung der ausschüttungsbedingten Körperschaftsteuerminderung auf 18 Jahre verlängert.

Im Anschluss an das dreijährige Moratorium wurde das Körperschaftsteuerguthaben durch eine ausschüttungsabhängige jährlich begrenzte Körperschaftssteuerminderung gestreckt. Die Körperschaftsteuerminderung betrug für Gewinnausschüttungen, die nach dem 31.12.2005 erfolgten, grundsätzlich ⅙ der Gewinnausschüttung, höchstens jedoch den Betrag, der sich bei gleichmäßiger Verteilung des Körperschaftsteuerguthabens auf die verbleibenden Wirtschaftsjahre des 18-jährigen Übergangszeitraums ergab.

Mit dem SEStEG[4] wurde die ausschüttungsabhängige Körperschaftsteuerminderung nach § 37 Abs. 1 bis 3 KStG in eine ausschüttungsunabhängige Auszahlung des Körperschaftsteuerguthabens nach Maßgabe des § 37 Abs. 4 bis 7 KStG umgestaltet. Daher sind nach § 37 Abs. 4 Satz 4 KStG die Vorschriften des § 37 Abs. 1 bis 3 KStG letztmals auf Ausschüttungen anzuwenden, die vor dem 01.01.2007 erfolgt sind.

1. Nach § 37 Abs. 4 Satz 1 KStG ist das Körperschaftsteuerguthaben letztmalig auf den 31.12.2006 zu ermitteln. Diese letztmalige Ermittlung des Körperschaftsteuerguthabens auf den 31.12.2006 erfolgt unabhängig vom jeweiligen Abschlusszeitpunkt der GmbH, also auch bei Kapitalgesellschaften mit abweichendem Wirtschaftsjahr. Verfahrenstechnisch erfolgt die letztmalige Ermittlung des Körperschaftsteuerguthabens im Bescheid über die gesonderte Feststellung der Besteuerungsgrundlagen gem. § 27

3 Gesetz zum Abbau von Steuervergünstigungen und Ausnahmeregelungen vom 16.05.2003, BStBl I S. 321.

4 Gesetz über steuerliche Begleitmaßnahmen zur Einführung der Europäischen Gesellschaft und zur Änderung weiterer steuerrechtlicher Vorschriften vom 07.12.2006, BStBl 2007 I S. 4.

Abs. 2, § 28 Abs. 1 Satz 3 und § 38 KStG auf den 31.12.2006 oder bei abweichendem Wirtschaftsjahr im Feststellungsbescheid auf den Schluss des abweichenden Wirtschaftsjahres in 2007.

Das auf den Stichtag 31.12.2006 ermittelte Körperschaftsteuerguthaben ist die Ausgangsgröße für die in § 37 Abs. 5 KStG geregelte ratierliche Auszahlung in zehn gleichen Jahresbeträgen. Der Anspruch auf Auszahlung des Körperschaftsteuerguthabens, der nach § 37 Abs. 5 Satz 2 KStG mit Ablauf des 31.12.2006 entsteht, wird für den gesamten Auszahlungszeitraum durch einen Bescheid festgesetzt. Gleichzeitig werden auch die Auszahlungsbeträge für die Jahre 2008 bis 2017 ausgewiesen.

Beträgt das zum 31.12.2006 ermittelte Körperschaftsteuerguthaben nicht mehr als 1.000 €, so wird der festgesetzte Anspruch gem. § 37 Abs. 5 Satz 6 KStG in einem Betrag ausbezahlt. In diesem Fall enthält der Bescheid über die Festsetzung des Anspruchs auf Auszahlung des Körperschaftsteuerguthabens keine Aufteilung auf die Jahresbeträge 2008 bis 2017.

Variante A

In dem Bescheid über die Festsetzung des Anspruchs auf Auszahlung des Körperschaftsteuerguthabens nach § 37 KStG wird der Anspruch i. H. von 12.630 € festgesetzt. Außerdem werden die einzelnen Jahresbeträge für die Jahre 2008 bis 2017 i. H. von jeweils ⅒ des Gesamtbetrags, somit i. H. von 1.263 €, festgesetzt.

Variante B

Hier wird im Bescheid über die Festsetzung des Anspruchs auf Auszahlung des Körperschaftsteuerguthabens nach § 37 KStG der Anspruch i. H. von 17.330 € sowie die einzelnen Jahresbeträge für die Jahre 2008 bis 2017 in Höhe von jeweils 1.733 € festgesetzt.

Variante C

Da das zum 31.12.2006 ermittelte Körperschaftsteuerguthaben nur 980 € beträgt, greift hier die Sonderregelung des § 37 Abs. 5 Satz 6 KStG ein. In dem Bescheid über die Festsetzung des Anspruchs auf Auszahlung des Körperschaftsteuerguthabens nach § 37 KStG wird hier nur der Gesamtanspruch i. H. von 980 € festgesetzt. Eine Aufteilung auf den 10-jährigen Auszahlungszeitraum von 2008 bis 2017 erfolgt nicht, da die Auszahlung in einer Summe erfolgt.

2. Die Auszahlung des Körperschaftsteuerguthabens, welches durch Bescheid festgesetzt wird, erfolgt in den Jahren 2008 bis 2017 jeweils am 30.09. (§ 37 Abs. 5 Satz 4 KStG). Sofern die Bekanntgabe des Bescheides über die Festsetzung des Körperschaftsteuerguthabens nach dem 31.08.2008 erfolgt, ist der Anspruch auf Auszahlung des Körperschaftsteuerguthabens für das Jahr der Bekanntgabe und die vorangegangenen

Jahre innerhalb eines Monats nach Bekanntgabe des Bescheids auszubezahlen.

Beträgt das zum 31.12.2006 ermittelte Körperschaftsteuerguthaben nicht mehr als 1.000 €, so wird der festgesetzte Anspruch in einem Betrag ausbezahlt. Bei Bekanntgabe des Festsetzungsbescheides nach dem 31.08.2008 erfolgt die Auszahlung innerhalb eines Monats nach Bekanntgabe des Bescheides, andernfalls frühestens zum 30.09.2008.

Variante A

Da der Bescheid über die Festsetzung des Anspruchs auf Auszahlung des Körperschaftsteuerguthabens nach § 37 KStG am 27.10.2008 bekanntgegeben wird, erfolgt die Auszahlung des Jahresbetrags 2008 i. H. von 1.263 € einen Monat nach Bekanntgabe des Bescheides. Die übrigen Jahresbeträge von jeweils 1.263 € werden in 2009 bis 2017 jeweils am 30.09. ausbezahlt.

Variante B

Der Bescheid über die Festsetzung des Anspruchs auf Auszahlung des Körperschaftsteuerguthabens nach § 37 KStG, in dem der Auszahlungsanspruch i. H. von insgesamt 17.330 € festgesetzt wird, wird erst am 15.01.2009 bekanntgegeben. Nach § 37 Abs. 5 Satz 5 KStG wird daher einen Monat nach Bekanntgabe des Bescheides sowohl der Jahresbetrag 2008 als auch der Jahresbetrag 2009 i. H. von jeweils 1.733 €, somit insgesamt 3.466 €, ausbezahlt. Die übrigen Jahresbeträge ab 2010 bis 2017 von jeweils 1.733 € werden jeweils am 30.09. ausbezahlt.

Variante C

Der Anspruch auf Auszahlung des Körperschaftsteuerguthabens wird mit Bescheid vom 28.11.2008 bekanntgegeben. Da der Betrag nicht mehr als 1.000 € beträgt, erfolgt die Auszahlung des Körperschaftsteuerguthabens i. H. von 980 € gem. § 37 Abs. 5 Satz 6 KStG in einer Summe einen Monat nach Bekanntgabe des Bescheides.

3. Der Anspruch auf Auszahlung des Körperschaftsteuerguthabens entsteht – unabhängig von der erst späteren Fälligkeit – gem. § 37 Abs. 5 Satz 2 KStG in voller Höhe mit Ablauf des 31.12.2006. Dies gilt unabhängig vom Wirtschaftsjahr der Kapitalgesellschaft.

Da der Anspruch mit Ablauf des 31.12.2006 entsteht und nicht verzinst wird, muss er in der Handels- und Steuerbilanz zu diesem Zeitpunkt mit dem Barwert als Forderung aktiviert werden. Dabei ist der Barwert auf der Grundlage des Marktzinses am Bilanzstichtag zu ermitteln. Als Orientierungshilfe kann z. B. die Verzinsung von Bundesanleihen herangezogen werden.[5] Die Einbuchung der Forderung auf Auszahlung des Körperschaftsteuerguthabens führt zu einem Ertrag, der den Jahresüberschuss

5 BMF-Schreiben vom 14.01.2008, BStBl I S. 280.

erhöht. In der Bilanz zum 31.12.2007 ist die Forderung auf Auszahlung des Körperschaftsteuerguthabens mit dem zu diesem Stichtag maßgeblichen Barwert zu bewerten. Da der Barwert i. d. R. gestiegen ist, ergibt sich wiederum ein Ertrag durch die Aufzinsung der Forderung.

Die Auszahlung der Jahresbeträge des Körperschaftsteuerguthabens in den Jahren ab 2008 bis 2017 wird mit der Forderung Körperschaftsteuerguthaben verrechnet. Zum Bilanzstichtag ist die verbleibende Forderung mit dem jeweiligen Barwert zu bewerten, was zu einer jährlichen Aufzinsung und damit zu einem Zinsertrag führt.

Im Einzelnen ergeben sich somit folgende Bilanzansätze in den Steuerbilanzen 31.12.2006 bis 31.12.2010:

	Variante A		Variante B		Variante C	
	Forderung KSt-Guthaben Nennwert	Ansatz in der Bilanz mit dem Barwert (gerundet)	Forderung KSt-Guthaben Nennwert	Ansatz in der Bilanz mit dem Barwert (gerundet)	Forderung KSt-Guthaben Nennwert	Ansatz in der Bilanz mit dem Barwert (gerundet)
31.12.2006	12.630 €		17.330 €		980 €	
Barwert 80 %		10.104 €		13.864 €		784 €
31.12.2007	12.630 €		17.330 €		980 €	
Barwert 81 %		10.230 €		14.037 €		794 €
31.12.2008	11.367 €		17.330 €		0 €	
Barwert 83 %		9.435 €		14.384 €		0 €
31.12.2009	10.104 €		13.864 €			
Barwert 86 %		8.689 €		11.923 €		0 €
31.12.2010	8.841 €		12.131 €			
Barwert 88 %		7.780 €		10.675 €		0 €

4. Nach § 37 Abs. 7 KStG gehören Erträge und Gewinnminderungen der Körperschaft, die sich aus dem Anspruch auf Auszahlung des Körperschaftsteuerguthabens ergeben, nicht zu den Einkünften i. S. des Einkommensteuergesetzes. Der Ertrag aus der Aktivierung des Körperschaftsteuerguthabens bzw. die Auszahlung des Körperschaftsteuerguthabens ist keine steuerpflichtige Betriebseinnahme. Entsprechendes gilt für den Zinsanteil bei der Vereinnahmung der Jahresraten. Eine Rückzahlung des Körperschaftsteuerguthabens ist nicht als Betriebsausgabe abzugsfähig.

Soweit sich der Jahresüberschuss in den VZ 2006 bis 2010 durch die Einbuchung bzw. Aufzinsung der Forderung auf Auszahlung des Körperschaftsteuerguthabens erhöht hat, ist dieser Betrag bei der Einkommensermittlung nach § 37 Abs. 7 KStG außerbilanziell zu kürzen.

Im VZ 2006 führt die Einbuchung der Forderung Körperschaftsteuerguthaben mit dem Barwert zu einem Ertrag, der bei der Einkommensermittlung nach § 37 Abs. 7 KStG zu kürzen ist.

Die Erhöhung der Forderung Körperschaftsteuerguthaben in der Bilanz 31.12.2007 auf den Barwert führt hinsichtlich des Differenzbetrags zu einem Zinsertrag, der bei der Einkommensermittlung nach § 37 Abs. 7 KStG zu kürzen ist.

Sofern in 2008 bereits der erste Jahresbetrag des Körperschaftsteuerguthabens ausbezahlt wird, vermindert sich zunächst die Forderung Körperschaftsteuerguthaben um diesen Betrag. Da das Körperschaftsteuerguthaben in der Bilanz 31.12.2008 mit dem dann maßgebenden Barwert auszuweisen ist, führt die Differenz zwischen Restforderung und Barwert zu einem Zinsertrag.

In den Jahren ab 2009 ergibt sich jeweils das gleiche Berechnungsschema:

- Verrechnung des ausbezahlten Jahresbetrags mit der aktivierten Forderung,
- Differenz zwischen Restforderung und höherem Barwert zum Bilanzstichtag ist als Zinsertrag zu erfassen.

Somit ergeben sich in den Varianten A und B folgende Einkommenskorrekturen nach § 37 Abs. 7 KStG:

Variante A

	Auswirkung auf den Jahresüberschuss	Korrektur bei der Einkommensermittlung nach § 37 Abs. 7 KStG
31.12.2006 Einbuchung der Forderung von 10.104 €	+ 10.104 €	⁒ 10.104 €
31.12.2007 Erhöhung der Forderung auf den Barwert von 10.230 €	+ 126 €	⁒ 126 €

31.12.2008			
Forderung am 31.12.2007	10.230 €		
Auszahlung des Jahresbetrags	⁒ 1.263 €		
verbleibende Forderung	8.967 €		
Ansatz in der Bilanz 31.12.2008 mit dem Barwert von	9.435 €		
Aufzinsungsbetrag	468 €	+ 468 €	⁒ 468 €
31.12.2009			
Forderung am 31.12.2008	9.435 €		
Auszahlung des Jahresbetrags	⁒ 1.263 €		
verbleibende Forderung	8.172 €		
Ansatz in der Bilanz 31.12.2009 mit dem Barwert von	8.689 €		
Aufzinsungsbetrag	517 €	+ 517 €	⁒ 517 €
31.12.2010			
Forderung am 31.12.2009	8.689 €		
Auszahlung des Jahresbetrags	⁒ 1.263 €		
verbleibende Forderung	7.426 €		
Ansatz in der Bilanz 31.12.2010 mit dem Barwert von	7.780 €		
Aufzinsungsbetrag	354 €	+ 354 €	⁒ 354 €

Variante B

		Auswirkung auf den Jahresüberschuss	Korrektur bei der Einkommensermittlung nach § 37 Abs. 7 KStG
31.12.2006 Einbuchung der Forderung von 13.864 €		+ 13.864 €	⁒ 13.864 €
31.12.2007 Erhöhung der Forderung auf den Barwert von 14.037 €		+ 173 €	⁒ 173 €
31.12.2008 Erhöhung der Forderung auf den Barwert von 14.384 €		+ 347 €	⁒ 347 €
31.12.2009			
Forderung am 31.12.2008	14.384 €		
Auszahlung der Jahresbeträge 2008 und 2009	⁒ 3.466 €		
verbleibende Forderung	10.918 €		
Ansatz in der Bilanz 31.12.2009 mit dem Barwert von	11.923 €		
Aufzinsungsbetrag	1.005 €	+ 1.005 €	⁒ 1.005 €

31.12.2010			
Forderung am 31.12.2009	11.923 €		
Auszahlung des Jahresbetrags	./. 1.733 €		
verbleibende Forderung	10.190 €		
Ansatz in der Bilanz 31.12.2010 mit dem Barwert von	10.675 €		
Aufzinsungsbetrag	485 €	+ 485 €	./. 485 €

Variante C

Auch hier führt die Einbuchung der Forderung Körperschaftsteuerguthaben mit dem Barwert in 2006 sowie die Aufzinsung des Barwerts in 2007 zu einem Ertrag, der jeweils bei der Einkommensermittlung gem. § 37 Abs. 7 KStG zu kürzen ist. In 2006 beträgt die Kürzung 784 € und in 2007 10 €.

In 2008 wird das gesamte Körperschaftsteuerguthaben im Nennwert von 980 € an die GmbH ausbezahlt. Nach Verrechnung mit der aktivierten Forderung Körperschaftsteuerguthaben von 794 € ergibt sich somit in 2008 ein Ertrag aus der Auszahlung des Körperschaftsteuerguthabens i. H. von 186 €. Dieser Betrag wird gem. § 37 Abs. 7 KStG bei der Einkommensermittlung 2008 außerbilanziell gekürzt.

5. Aufgrund der geänderten Ermittlung des Körperschaftsteuerguthabens auf den 31.12.2006 ist nach § 37 Abs. 5 Satz 9 KStG der Bescheid über die Festsetzung des Anspruchs auf Auszahlung des Körperschaftsteuerguthabens entsprechend zu ändern. Dabei ist für den Fall der Änderung des Festsetzungsbescheides über das Körperschaftsteuerguthaben die Vorschrift des § 37 Abs. 6 KStG zu beachten. Hier ist geregelt, wie der höhere oder niedrigere Betrag des Körperschaftsteuerguthabens auf die restlichen Fälligkeitstermine des Auszahlungszeitraums zu verteilen ist.

Wird das Körperschaftsteuerguthaben nachträglich erhöht, so wird der Erhöhungsbetrag auf die noch verbleibenden Auszahlungszeiträume gleichmäßig verteilt (§ 37 Abs. 6 Satz 1 KStG).

Eine Besonderheit gilt in den Fällen der Kleinbetragsregelung, nach der ein Körperschaftsteuerguthaben von nicht mehr als 1.000 € als Einmalbetrag ausbezahlt wird. Erhöht sich in diesen Fällen das Körperschaftsteuerguthaben auf einen Betrag von mehr als 1.000 €, so wird der bereits ausbezahlte Betrag nicht zurückgefordert, damit der Vereinfachungseffekt nicht beeinträchtigt wird. Sofern sich aus der geänderten Festsetzung des Körperschaftsteuerguthabens ein Auszahlungsanspruch ergibt, der den bisher ausgezahlten Einmalbetrag um nicht mehr als 1.000 € übersteigt, so wird auch dieser übersteigende Betrag in einer Summe ausbezahlt (§ 37 Abs. 6 Satz 2 KStG). Ein höherer übersteigender Betrag wird nach § 37 Abs. 6 Satz 1 KStG auf die verbleibenden Fälligkeitstermine des Auszahlungszeitraums verteilt.[6]

---

6 BMF-Schreiben vom 21.07.2008, BStBl I S. 741.

Vermindert sich der Anspruch auf Auszahlung des Körperschaftsteuerguthabens, so wird der verbleibende verminderte Auszahlungsbetrag auf die noch verbleibenden Auszahlungszeiträume gleichmäßig verteilt (§ 37 Abs. 7 Satz 1 KStG). Ist jedoch der gesamte Auszahlungsanspruch nach der Änderung niedriger als die bereits bisher ausgezahlten Raten, muss der Unterschiedsbetrag innerhalb eines Monats nach Bekanntgabe des geänderten Bescheids über die Festsetzung des Körperschaftsteuerguthabens zurückgezahlt werden (§ 37 Abs. 6 Satz 3 KStG).

Somit ergibt sich in den einzelnen Varianten Folgendes:

Variante A

Durch die Außenprüfung erfolgt hier eine Erhöhung des Körperschaftsteuerguthabens von ursprünglich 12.630 € auf 16.780 €. Da der geänderte Bescheid über die Festsetzung des Anspruchs auf Auszahlung des Körperschaftsteuerguthabens am 14.10.2011 bekanntgegeben wird, ist der Erhöhungsbetrag auf die verbleibenden Auszahlungszeiträume 2012 bis 2017 zu verteilen (§ 37 Abs. 6 Satz 1 KStG). Die Auszahlungsbeträge für 2012 bis 2017 ermitteln sich wie folgt:

Körperschaftsteuerguthaben nach Änderung durch die Ap	16.780 €
⁒ bereits ausbezahlte Jahresbeträge 2008 bis 2011:	
4 × 1.263 €	⁒ 5.052 €
Differenz	11.728 €
zu verteilen auf die noch verbleibenden Auszahlungsjahre 2012 bis 2017 (6 Jahre) jährlicher Auszahlungsbetrag ab 30.09.2012:	(rd.) 1.955 €

In der Bilanz zum 31.12.2011 ist das Körperschaftsteuerguthaben mit dem Barwert von abgerundet 10.555 € (90 % von 11.728 €) zu aktivieren. In der Bilanz 31.12.2010 war das Körperschaftsteuerguthaben mit dem Barwert von 7.780 € ausgewiesen. Nach Berücksichtigung der Auszahlung am 30.09.2011 von 1.263 € ist somit im Jahresabschluss 2011 eine Ertragsbuchung i. H. von 4.038 € auf den Barwert von 10.555 € vorzunehmen, die bei der Einkommensermittlung außerbilanziell nach § 37 Abs. 7 KStG wieder zu kürzen ist.

Variante B

Hier vermindert sich das Körperschaftsteuerguthaben durch die Feststellung der Außenprüfung von ursprünglich 17.330 € auf 6.500 €. Da die in den Jahren 2009 bis 2011 für die Jahre 2008 bis 2011 ausbezahlten Jahresbeträge des Körperschaftsteuerguthabens i. H. von 6.932 € (4 × 1.733 €) den verminderten Gesamtbetrag des Körperschaftsteuerguthabens übersteigen, ist der Unterschiedsbetrag von 432 € nach § 37 Abs. 6 Satz 3 KStG innerhalb eines Monats nach Bekanntgabe des geänderten Bescheids zu entrichten. Somit sind die 432 € zum 14.11.2011 zu bezahlen.

In der Bilanz zum 31.12.2011 ist kein verbleibendes Körperschaftsteuerguthaben mehr auszuweisen. Die Auszahlung des Jahresbetrags 2011 i. H. von 1.733 € wurde zunächst mit dem am 31.12.2010 aktivierten Körperschaftsteuerguthaben von 10.675 € verrechnet, sodass ein Körperschaftsteuerguthaben von 8.942 € verblieb. Dieses Körperschaftsteuerguthaben ist über Aufwand auszubuchen, ebenso führt die Rückzahlung des zu hoch ausbezahlten Körperschaftsteuerguthabens von 432 € zu einem Aufwand in der Gewinn-und-Verlust-Rechnung 2011. Bei der Einkommensermittlung ist dieser Aufwand von insgesamt 9.374 € (8.942 € + 432 €) nach § 37 Abs. 7 KStG außerbilanziell hinzuzurechnen.

Variante C

In diesem Fall erhöht sich das Körperschaftsteuerguthaben von ursprünglich 980 € auf 1.430 €. Da das ursprüngliche Körperschaftsteuerguthaben nicht mehr als 1.000 € betrug, erfolgte die Auszahlung des Körperschaftsteuerguthabens nach § 37 Abs. 5 Satz 6 KStG in einem Betrag. Der Erhöhungsbetrag des Körperschaftsteuerguthabens beträgt 450 € (1.430 € ·/· 980 €). Nach § 37 Abs. 6 Satz 2 KStG wird dieser Erhöhungsbetrag wiederum in einer Summe ausbezahlt, da er nicht mehr als 1.000 € beträgt und auf die vorangegangene Auszahlung § 37 Abs. 5 Satz 6 KStG angewandt worden war.

Im Jahresabschluss 2011 wird somit der Auszahlungsbetrag von 450 € als Ertrag erfasst. Dieser ist nach § 37 Abs. 7 KStG außerbilanziell bei der Einkommensermittlung zu kürzen.

Fall 33

Ratierliche Nachzahlung des Körperschaftsteuererhöhungsbetrags (§ 38 Abs. 4 bis 10 KStG)

KStG §§ 27, 34 Abs. 16, § 36 Abs. 7, § 37 Abs. 6 und 7, § 38

Sachverhalt

Für die Autohaus Avanti GmbH mit Sitz und Geschäftsleitung in Achern (A-GmbH) wurden zum 31.12.2006 folgende Beträge gesondert festgestellt:

Fortgeschriebener Endbetrag EK 02 (§ 38 KStG)	65.000 €
Steuerliches Einlagekonto i. S. des § 27 KStG	0 €

In der Bilanz zum 31.12.2006 waren außer dem Stammkapital i. H. von 100.000 € folgende Positionen ausgewiesen:

Variante A

Gewinnrücklage	20.000 €
Bilanzgewinn	472.000 €

Variante B

Bilanzverlust 104.000 €

Der Bescheid über die Festsetzung des Körperschaftsteuererhöhungsbetrags nach § 38 Abs. 5 und 6 KStG wurde am 30.10.2008 bekanntgegeben.

Aufgrund einer Betriebsprüfung für die Jahre 2005 bis 2007 wird der fortgeschriebene Teilbetrag EK 02 gem. § 38 Abs. 1 Satz 1 KStG auf den 31.12.2006 i. H. von 48.000 € mit Bescheid vom 29.07.2011 gesondert festgestellt. Durch die Betriebsprüfung ergibt sich auch in der Bilanz zum 31.12.2006 folgende Änderung:

Variante A: Der Bilanzgewinn beträgt 485.000 €.

Variante B: Der Bilanzverlust beträgt nur noch 98.000 €.

Am 30.06.2012 stellt die A-GmbH den Antrag, den Körperschaftsteuererhöhungsbetrag in einer Summe zu entrichten.

Für die vorzeitigen Zahlungstermine von 2008 bis 2015 sind aufgrund der Abzinsung der noch nicht fälligen Jahresbeträge mit einem Zinssatz von 5,5 % die folgenden Vervielfältiger zugrunde zu legen:

Anzahl der Jahresraten, die mit Abzinsung in einer Summe zusammengefasst werden:

10:	VV 0,79522
9:	VV 0,81495
8:	VV 0,83537
7:	VV 0,85650
6:	VV 0,87838
5:	VV 0,90103
4:	VV 0,92448
3:	VV 0,94877
2:	VV 0,97393

Frage

1. Wie ermittelt sich der Körperschaftsteuererhöhungsbetrag nach § 38 Abs. 5 KStG?
2. Welchen Inhalt hat der Bescheid über die (erstmalige) Festsetzung des Körperschaftsteuererhöhungsbetrags nach § 38 Abs. 5 und 6 KStG und wie erfolgt die Entrichtung des Körperschaftsteuererhöhungsbetrags?
3. Wie ist die Verbindlichkeit „Körperschaftsteuererhöhung" in den Steuerbilanzen 31.12.2006 bis 31.12.2010 auszuweisen? Der Barwert ermittelt sich mit den folgenden Abzinsungsfaktoren:
   zum 31.12.2007: Abzinsungsfaktor 0,764
   zum 31.12.2008: Abzinsungsfaktor 0,783
   zum 31.12.2009: Abzinsungsfaktor 0,803
   zum 31.12.2010: Abzinsungsfaktor 0,823

4. Welche Korrekturen sind bei der Einkommensermittlung in den Jahren 2007 bis 2010 vorzunehmen?
5. Welche Auswirkungen ergeben sich in der Variante A durch die geänderte Feststellung des fortgeschriebenen Teilbetrags EK 02 auf den 31.12.2006 aufgrund der Außenprüfung? Gehen Sie davon aus, dass der geänderte Bescheid über die Festsetzung des Körperschaftsteuererhöhungsbetrags am 12.08.2011 bekanntgegeben wird. Zum 31.12.2011 beträgt der Abzinsungsfaktor 0,844.
6. Welche Auswirkungen ergeben sich aufgrund des Antrags auf Entrichtung des Körperschaftsteuererhöhungsbetrags in einer Summe?

Antwort

1. Der Körperschaftsteuererhöhungsbetrag beträgt nach § 38 Abs. 5 Satz 1 KStG grundsätzlich 3 % des auf den 31.12.2006 letztmalig festgestellten Endbetrags EK 02. § 38 Abs. 5 Satz 2 KStG begrenzt den Körperschaftsteuererhöhungsbetrag auf den Betrag, der sich nach § 38 Abs. 1 bis 3 KStG ergeben würde, wenn die GmbH ihr am 31.12.2006 bestehendes Eigenkapital lt. Steuerbilanz für eine Ausschüttung verwenden würde. Der Körperschaftsteuererhöhungsbetrag beträgt in der Variante A: 1.950 €, in der Variante B: 0 €.
2. Im Bescheid über die Festsetzung des Körperschaftsteuererhöhungsbetrags werden der Körperschaftsteuererhöhungsbetrag i. H. von 1.950 € sowie die Jahresbeträge i. H. von 195 € festgesetzt (Variante A).

   Die Entrichtung des Körperschaftsteuererhöhungsbetrags erfolgt in zehn gleichen Jahresbeträgen in den Jahren 2008 bis 2017. Der Jahresbetrag 2008 ist bis zum 30.11.2008 zu entrichten. Die weiteren Jahresbeträge sind jeweils am 30.09. jeden Jahres zu entrichten.
3. Die Verbindlichkeit „Körperschaftsteuererhöhungsbetrag" ist erstmals in der Bilanz 31.12.2007 mit dem nach § 6 Abs. 1 Nr. 3 EStG abgezinsten Wert der verbleibenden Verbindlichkeit auszuweisen. Es ergeben sich für die Variante A folgende Bilanzansätze:

31.12.2007:	1.490 €
31.12.2008:	1.374 €
31.12.2009:	1.253 €
31.12.2010:	1.123 €
4. Da nach § 38 Abs. 10 i. V. m. § 37 Abs. 7 KStG Aufwendungen und Gewinnerhöhungen der Körperschaft, die sich durch die Entrichtung des Körperschaftsteuererhöhungsbetrags ergeben, nicht zu den Einkünften i. S. des Einkommensteuergesetzes gehören, erfolgt bei der Einkommensermittlung eine außerbilanzielle Korrektur, soweit sich der Jahresüberschuss in den VZ 2006 bis 2010 durch die Einbuchung bzw. Aufzinsung der Verbindlichkeit Körperschaftsteuererhöhungsbetrag vermindert bzw. erhöht hat. Vergleiche Begründung zu Nr. 4.

5. Wird der Körperschaftsteuererhöhungsbetrag nachträglich geändert, so wird der geänderte Betrag, soweit er die Summe der bereits bezahlten Jahresbeträge übersteigt, auf die verbleibenden Fälligkeitstermine des Auszahlungszeitraums verteilt (§ 38 Abs. 10 i. V. m. § 37 Abs. 6 Satz 1 KStG). Ist der gesamte Körperschaftsteuererhöhungsbetrag nach der Änderung niedriger als die bereits bisher bezahlten Jahresbeträge oder greift die Kleinbetragsregelung des § 38 Abs. 5 Satz 3 KStG, muss der Unterschiedsbetrag innerhalb eines Monats nach Bekanntgabe des geänderten Bescheids vom Finanzamt erstattet werden (§ 38 Abs. 10 i. V. m. § 37 Abs. 6 Satz 3 KStG). Einzelheiten zu den Varianten A und B vgl. Begründung zu Nr. 5.
6. Aufgrund des Antrags auf Entrichtung des Körperschaftsteuererhöhungsbetrags in einer Summe sind die verbleibenden Jahresbeträge 2012 bis 2017 mit dem abgezinsten Betrag von rd. 643 € am 30.09.2012 zu entrichten. Der sich in 2012 ergebende Zinsaufwand zwischen der zum 31.12.2011 passivierten abgezinsten Verbindlichkeit von 619 € und dem zu zahlenden Betrag von 643 €, somit 24 €, ist gem. § 38 Abs. 10 i. V. m. § 37 Abs. 7 KStG außerbilanziell bei der Einkommensermittlung 2012 hinzuzurechnen.

Begründung

Allgemeines zur Entwicklung des positiven Teilbetrags EK 02 und zur Ermittlung des Körperschaftsteuererhöhungsbetrags bis zum 31.12.2006

Aufgrund des Übergangs vom Anrechnungsverfahren zum Halbeinkünfteverfahren durch das Steuersenkungsgesetz[1] wurde ein im Endbestand nach § 36 Abs. 7 KStG festgestelltes positives EK 02 auf den Schluss des folgenden Wirtschaftsjahres fortgeschrieben und gesondert festgestellt. Bei Körperschaften, deren Wirtschaftsjahr mit dem Kalenderjahr übereinstimmte, erfolgte die erstmalige gesonderte Feststellung des positiven Teilbetrags EK 02 auf den 31.12.2001. Bei Körperschaften mit abweichendem Wirtschaftsjahr, bei denen die Feststellung der Endbestände nach § 36 Abs. 7 KStG auf den abweichenden Abschlusszeitpunkt in 2001 erfolgte, wurde der positive Teilbetrag EK 02 erstmals auf den Schluss des abweichenden Wirtschaftsjahres in 2002 gesondert festgestellt.

Nach § 38 Abs. 1 Satz 3 KStG verringerte sich der Betrag des EK 02, soweit er als für Leistungen verwendet galt. Außerdem wurde der Endbetrag EK 02 auch um den Körperschaftsteuererhöhungsbetrag gemindert (§ 38 Abs. 2 Satz 2 KStG), der sich bei Verwendung des Endbetrags EK 02 i. H. von 3/7 des für die Leistung verwendeten EK 02 ergab. Eine Verwendung des EK 02 für Leistungen lag vor, soweit die Summe der im Wirtschaftsjahr erbrachten Leistungen den um den Bestand des EK 02 verminderten ausschüttbaren Gewinn (§ 27 KStG) überstieg. Für die Ermitt-

1 Steuersenkungsgesetz vom 23.10.2000, BStBl I S. 1428.

lung des verminderten ausschüttbaren Gewinns waren die Bestände zum Schluss des vorangegangenen Wirtschaftsjahres maßgebend.

Nach § 38 Abs. 1 Satz 1 KStG sollte der positive Endbetrag EK 02 während einer achtzehnjährigen Übergangsphase unter Berücksichtigung eventueller Verwendungen fortgeführt und jeweils auf den Schluss der jeweiligen Wirtschaftsjahre gesondert festgestellt werden.

Durch das JStG 2008[2] wurde die ausschüttungsabhängige Körperschaftsteuererhöhung aus dem Endbetrag EK 02 nach § 38 Abs. 1 bis 3 KStG durch ein ausschüttungsunabhängiges Nachzahlungssystem ersetzt (§ 38 Abs. 4 bis 10 KStG). Daher sind nach § 38 Abs. 4 Satz 4 KStG die Vorschriften des § 38 Abs. 1 bis 3 KStG letztmals auf Leistungen anzuwenden, die vor dem 01.01.2007 erfolgt sind.

Nach § 34 Abs. 16 KStG bestand für Wohnungsunternehmen von juristischen Personen des öffentlichen Rechts und für steuerbefreite Körperschaften bis zum 30.09.2008 ein **unwiderrufliches** Wahlrecht, § 38 KStG mit seinen bisherigen Regelungen (ausschüttungsbedingte Körperschaftsteuererhöhung nach § 38 Abs. 1 bis 3 KStG) weiterhin bis zum Ende der achtzehnjährigen Übergangsphase anzuwenden.

1. Emittlung des Körperschaftsteuererhöhungsbetrags

Nach § 38 Abs. 4 Satz 1 KStG ist der Endbetrag EK 02 letztmalig auf den 31.12.2006 zu ermitteln und gesondert festzustellen. Diese letztmalige Ermittlung und gesonderte Feststellung des Endbetrags EK 02 erfolgt auch bei Kapitalgesellschaften mit abweichendem Wirtschaftsjahr auf den 31.12.2006. Verfahrenstechnisch erfolgt die letztmalige Feststellung des Endbetrags EK 02 im Bescheid über die gesonderte Feststellung der Besteuerungsgrundlagen gem. § 27 Abs. 2, § 28 Abs. 1 Satz 3 und § 38 KStG auf den 31.12.2006 oder bei abweichendem Wirtschaftsjahr im Feststellungsbescheid auf den Schluss des abweichenden Wirtschaftsjahres in 2007.

Eine Verwendung des Endbetrags EK 02 und damit eine ausschüttungsabhängige Körperschaftsteuererhöhung nach Maßgabe des § 38 Abs. 1 und 2 KStG kommt nur noch für Leistungen in Betracht, die vor dem 01.01.2007 erfolgt sind.

Aus dem zum 31.12.2006 gesondert festgestellten Endbetrag EK 02 wird der Körperschaftsteuererhöhungsbetrag gem. § 38 Abs. 5 KStG berechnet. Er beträgt grundsätzlich 3 % des auf den 31.12.2006 festgestellten Endbetrags EK 02 (§ 38 Abs. 5 Satz 1 KStG). Nach § 38 Abs. 5 Satz 2 KStG wird der Körperschaftsteuererhöhungsbetrag jedoch begrenzt auf den Betrag, der sich nach § 38 Abs. 1 bis 3 KStG ergeben würde, wenn die GmbH ihr am 31.12.2006 bestehendes Eigenkapital lt. Steuerbilanz für eine Ausschüt-

2 Jahressteuergesetz 2008 vom 20.12.2007, BStBl 2008 I S. 218.

tung verwenden würde. Zum Eigenkapital i. S. des § 38 Abs. 5 Satz 2 KStG gehört auch das Nennkapital.[3] Für die Anwendung der Begrenzungsregelung nach § 38 Ab. 5 Satz 2 i. V. m. § 38 Abs. 1 Satz 4 KStG ist der zum 31.12.2006 fiktiv unterstellten Ausschüttung des vorhandenen Eigenkapitals der auf den 31.12.2006 ermittelte verminderte ausschüttbare Gewinn gegenüberzustellen.

Somit ergibt sich folgende Berechnung des Körperschaftsteuererhöhungsbetrags nach § 38 Abs. 5 KStG:

Variante A:

§ 38 Abs. 5 Satz 1 KStG:	3 % des zum 31.12.2006 festgestellten Endbetrags EK 02,	
	3 % von 65.000 €	= 1.950 €

§ 38 Abs. 5 Satz 2 KStG:
Ermittlung des verminderten ausschüttbaren Gewinns i. S. des § 38 Abs. 1 Satz 4 KStG zum 31.12.2006:

Eigenkapital lt. Bilanz 31.12.2006	592.000 €
./. Stammkapital	./. 100.000 €
./. Steuerliches Einlagekonto § 27 KStG	./. 0 €
Ausschüttbarer Gewinn i. S. des § 27 Abs. 1 Satz 5 KStG	492.000 €
./. Endbetrag EK 02	./. 65.000 €
Verminderter ausschüttbarer Gewinn i. S. des § 38 Abs. 1 Satz 4 KStG	427.000 €

Die fiktive Ausschüttung i. H. von	592.000 €
übersteigt den verminderten ausschüttbaren Gewinn von	427.000 €
um	165.000 €

Da sich der Endbetrag EK 02 sowohl um den Betrag vermindert, der als für eine Leistung verwendet gilt, als auch um die darauf ermittelte Körperschaftsteuererhöhung, kann eine Verwendung des Endbetrags EK 02 für eine Leistung max. i. H. von 7/10 seines Bestandes erfolgen. Daher beträgt die max. Verwendung für die fiktiv unterstellte Ausschüttung 7/10 von 65.000 € = 45.500 €.

Der Körperschaftsteuererhöhungsbetrag beträgt somit 3/7 von 45.500 € = 19.500 €.

Der nach § 38 Abs. 1 bis 3 KStG ermittelte Körperschaftsteuererhöhungsbetrag von 19.500 € ist höher als der nach § 38 Abs. 5 Satz 1 KStG ermittelte Körperschaftsteuererhöhungsbetrag von 1.950 €. Die Begrenzung nach § 38 Abs. 5 Satz 2 KStG greift nicht ein.

3 Nach dem Urteil des FG Hamburg vom 16.11.2010, EFG 2011 S. 832, ist für die Begrenzungsberechnung nach § 38 Abs. 5 Satz 2 KStG das Eigenkapital, für das eine fiktive Ausschüttung unterstellt wird, um das Nennkapital zu kürzen. Gegen das Urteil wurde Revision eingelegt (Az. des BFH: I R 107/10).

Variante B:

§ 38 Abs. 5 Satz 1 KStG:	3 % des zum 31.12.2006 festgestellten Endbetrags EK 02,	
	3 % von 65.000 €	= 1.950 €

§ 38 Abs. 5 Satz 2 KStG:

Das am 31.12.2006 vorhandene Eigenkapital beträgt ⁒ 4.000 € (Stammkapital 100.000 € ⁒ Bilanzverlust 104.000 €). Da bei einem negativen Eigenkapital die nach § 38 Abs. 5 Satz 2 KStG fiktiv anzusetzende Ausschüttung 0 € beträgt, ergibt sich nach dieser Begrenzungsregelung ein Körperschaftsteuererhöhungsbetrag von 0 €.

Somit ist in diesem Fall kein Körperschaftsteuererhöhungsbetrag festzusetzen.

2. Nach § 38 Abs. 6 Satz 1 KStG hat die A-GmbH den Körperschaftsteuererhöhungsbetrag i. H. von 1.950 € (Variante A), der gem. § 38 Abs. 6 Satz 3 KStG zum 01.01.2007 entsteht, innerhalb eines Zeitraums von 2008 bis 2017 in zehn gleichen Jahresbeträgen zu entrichten. Unabhängig von der Verteilung auf zehn Jahre wird der Körperschaftsteuererhöhungsbetrag mit einem Bescheid für den gesamten Zeitraum festgesetzt (§ 38 Abs. 6 Satz 4 KStG). Die Jahresbeträge sind jeweils zum 30.09. fällig. Erfolgt die Bekanntgabe des Bescheids nach dem 31.08.2008, so ist der Jahresbetrag für das Jahr der Bekanntgabe und die vorangegangenen Jahre innerhalb eines Monats nach Bekanntgabe des Bescheids fällig.

Im Bescheid über die Festsetzung des Körperschaftsteuererhöhungsbetrags für die A-GmbH wird der Körperschaftsteuererhöhungsbetrag von 1.950 € festgesetzt. Da der Bescheid am 30.10.2008 bekanntgegeben wird, ist der Jahresbetrag 2008 i. H. von ⅒ von 1.950 € = 195 € zum 30.11.2008 zu entrichten. Im Bescheid werden außerdem die weiteren Jahresbeträge für die Jahre 2009 bis 2017 ausgewiesen, die jeweils zum 30.09. jeden Jahres zu entrichten sind.

3. Der Anspruch auf den Körperschaftsteuererhöhungsbetrag entsteht nach § 38 Abs. 6 Satz 3 KStG zum 01.01.2007. Daher ist die Verbindlichkeit Körperschaftsteuererhöhung in der Bilanz zum 31.12.2006 noch nicht auszuweisen. Die Verbindlichkeit ist erstmals in der Bilanz 31.12.2007 zu passivieren. Die Verpflichtung zur Zahlung des Körperschaftsteuererhöhungsbetrags ist nach § 38 Abs. 6 Satz 8 KStG nicht verzinslich. In der Handelsbilanz hatte die Passivierung nach § 253 Abs. 1 HGB i. d. F. vor BilMoG mit dem Nennwert (Rückzahlungsbetrag) zu erfolgen. Ab 2010 oder wahlweise ab 2009 hat allerdings eine Abzinsung nach dem durchschnittlichen Marktzins der vergangenen sieben Geschäftsjahre zu erfolgen (§ 253 Abs. 2 HGB i. d. F. des BilMoG).

In der Steuerbilanz ist Verbindlichkeit nur mit dem abgezinsten Wert anzusetzen. Dabei ist die Abzinsung nach § 6 Abs. 1 Nr. 3 EStG mit 5,5 % vorzunehmen. Die Vervielfältiger, die im Falle der vorzeitigen Zahlung anzuwenden sind und auch einen Abzinsungsfaktor von 5,5 % berücksichtigen, sind für eine Abzinsung auf den Stichtag 30.09. berechnet. Bei Bilanzierung auf den 31.12. sind diese Abzinsungsfaktoren noch für 9 Monate abzuzinsen. Danach ergeben sich die in der Fragestellung angegebenen Abzinsungsfaktoren.

Die Bezahlung der Körperschaftsteuererhöhungs-Jahresbeträge in den Jahren ab 2008 bis 2017 wird mit der ausgewiesenen Verbindlichkeit Körperschaftsteuererhöhung verrechnet. Zum Bilanzstichtag ist die verbleibende Verbindlichkeit neu abzuzinsen, was zu einem jährlichen Zinsaufwand führt.

Es ergeben sich somit folgende Bilanzansätze (nur Variante A, da bei Variante B kein Körperschaftsteuererhöhungsbetrag festzusetzen ist):

	Ansatz in der Bilanz mit dem Barwert (gerundet)
31.12.2007: Körperschaftsteuererhöhungsbetrag, Nennwert 1.950 € Barwert: 1.950 € × VV 0,764 =	1.490 €
31.12.2008: Körperschaftsteuererhöhungsbetrag, verbleibender Nennwert: 1.755 € Barwert: 1.755 € × VV 0,783 =	1.374 €
31.12.2009: Körperschaftsteuererhöhungsbetrag, verbleibender Nennwert: 1.560 € Barwert: 1.560 € × VV 0,803 =	1.253 €
31.12.2010: Körperschaftsteuererhöhungsbetrag, verbleibender Nennwert: 1.365 € Barwert: 1.365 € × VV 0,823 =	1.123 €

4. Nach § 38 Abs. 10 i. V. m. § 37 Abs. 7 KStG gehören Aufwendungen und Gewinnerhöhungen der Körperschaft, die sich durch die Entrichtung des Körperschaftsteuererhöhungsbetrags ergeben, nicht zu den Einkünften i. S. des Einkommensteuergesetzes. Der Aufwand aus der Passivierung des Körperschaftsteuererhöhungsbetrags bzw. die Bezahlung des Körperschaftsteuererhöhungsbetrags ist nicht als Betriebsausgabe abzugsfähig. Entsprechendes gilt für den Zinsanteil bei der Bezahlung der Jahresraten. Eine Erstattung des Körperschaftsteuererhöhungsbetrags ist keine steuerpflichtige Betriebseinnahme.

Soweit sich der Jahresüberschuss in den VZ 2007 bis 2010 durch die Einbuchung bzw. Abzinsung der Verbindlichkeit Körperschaftsteuererhöhung vermindert hat, ist dieser Betrag bei der Einkommensermittlung nach § 38 Abs. 10 i. V. m. § 37 Abs. 7 KStG außerbilanziell hinzuzurechnen.

Im VZ 2007 führt die Passivierung der Verbindlichkeit mit dem Barwert zu einem Aufwand, der bei der Einkommensermittlung nach § 38 Abs. 10 i. V. m. § 37 Abs. 7 KStG hinzuzurechnen ist.

Die Bezahlung der ersten Jahresrate in 2008 vermindert zunächst die Verbindlichkeit um diesen Betrag. Da die Verbindlichkeit Körperschaftsteuererhöhungsbetrag in der Bilanz 31.12. mit dem dann maßgebenden Barwert auszuweisen ist, führt die Differenz zwischen Restforderung und Barwert zu einem Zinsaufwand.

In den Jahren ab 2009 ergibt sich jeweils das gleiche Berechnungsschema:

- Verrechnung des bezahlten Jahresbetrags mit der passivierten Verbindlichkeit.
- Die Differenz zwischen Restverbindlichkeit und höherem Barwert zum Bilanzstichtag ist als Zinsaufwand zu erfassen.

Somit ergeben sich folgende Einkommenskorrekturen nach § 38 Abs. 10 i. V. m. § 37 Abs. 7 KStG (Variante A):

		Auswirkung auf den Jahresüberschuss	Korrektur bei der Einkommensermittlung nach § 38 Abs. 10 KStG
31.12.2007 Einbuchung der Verbindlichkeit von 1.490 €		⁒ 1.490 €	+ 1.490 €
31.12.2008			
Verbindlichkeit am 31.12.2007	1.490 €		
Bezahlung des Jahresbetrags	⁒ 195 €		
verbleibende Verbindlichkeit	1.295 €		
Ansatz in der Bilanz 31.12.2008 mit dem Barwert von	1.374 €		
Aufzinsungsbetrag	79 €	⁒ 79 €	+ 79 €
31.12.2009			
Verbindlichkeit am 31.12.2008	1.374 €		
Bezahlung des Jahresbetrags	⁒ 195 €		
verbleibende Verbindlichkeit	1.179 €		
Ansatz in der Bilanz 31.12.2009 mit dem Barwert von	1.253 €		
Aufzinsungsbetrag	74 €	⁒ 74 €	+ 74 €
31.12.2010			
Verbindlichkeit am 31.12.2009	1.253 €		
Bezahlung des Jahresbetrags	⁒ 195 €		
verbleibende Verbindlichkeit	1.058 €		
Ansatz in der Bilanz 31.12.2010 mit dem Barwert von	1.123 €		
Aufzinsungsbetrag	65 €	⁒ 65 €	+ 65 €

5. Aufgrund der geänderten Festsetzung des fortgeschriebenen Endbetrags EK 02 auf den 31.12.2006 ist nach § 175 Abs. 1 Satz 1 Nr. 1 AO der Bescheid über die Festsetzung des Körperschaftsteuererhöhungsbetrags entsprechend zu ändern. Dabei ist für den Fall der Änderung des Festsetzungsbescheides des Körperschaftsteuererhöhungsbetrags die Vorschrift des § 37 Abs. 6 KStG zu beachten, die nach § 38 Abs. 10 KStG entsprechend anzuwenden ist. Hier ist geregelt, wie der höhere oder niedrigere Körperschaftsteuererhöhungsbetrag auf die restlichen Fälligkeitstermine des Nachzahlungszeitraums zu verteilen ist.

Wird der Körperschaftsteuererhöhungsbetrag nachträglich erhöht, so wird der Erhöhungsbetrag auf die noch verbleibenden Nachzahlungszeiträume gleichmäßig verteilt (§ 38 Abs. 10 i. V. m. § 37 Abs. 6 Satz 1 KStG). Entsprechendes gilt für eine Verminderung des Körperschaftsteuererhöhungsbetrags.

Ist der gesamte Körperschaftsteuererhöhungsbetrag nach der Änderung allerdings niedriger als die bereits bisher bezahlten Jahresbeträge oder greift die Kleinbetragsregelung des § 38 Abs. 5 Satz 3 KStG und es ist kein Körperschaftsteuererhöhungsbetrag mehr festzusetzen, muss der Unterschiedsbetrag innerhalb eines Monats nach Bekanntgabe des geänderten Bescheids vom Finanzamt erstattet werden (§ 38 Abs. 10 i. V. m. § 37 Abs. 6 Satz 3 KStG).

Zunächst ist aufgrund der geänderten Feststellung des fortgeschriebenen Endbetrags EK 02 und aufgrund des geänderten Eigenkapitals zum 31.12.2006 der sich nunmehr ergebende Körperschaftsteuererhöhungsbetrag zu ermitteln.

Variante A:

§ 38 Abs. 5 Satz 1 KStG:	3 % des zum 31.12.2006 festgestellten Endbetrags EK 02,	
	3 % von 48.000 €	= 1.440 €

§ 38 Abs. 5 Satz 2 KStG:

Ermittlung des verminderten ausschüttbaren Gewinns i. S. des § 38 Abs. 1 Satz 4 KStG zum 31.12.2006:

Geändertes Eigenkapital 31.12.2006 nach Bp	605.000 €
⁒ Stammkapital	⁒ 100.000 €
⁒ Steuerliches Einlagekonto § 27 KStG	⁒ 0 €
Ausschüttbarer Gewinn i. S. des § 27 Abs. 1 Satz 5 KStG	505.000 €
⁒ Endbetrag EK 02	⁒ 48.000 €
Verminderter ausschüttbarer Gewinn i. S. des § 38 Abs. 1 Satz 4 KStG	457.000 €

Die fiktive Ausschüttung i. H. von	605.000 €
übersteigt den verminderten ausschüttbaren Gewinn von	457.000 €
um	148.000 €

Da wiederum eine Verwendung des EK 02 in maximaler Höhe von $\frac{7}{10}$ von 48.000 € = 33.600 € erfolgen kann, beträgt der Körperschaftsteuererhöhungsbetrag $\frac{3}{7}$ von 33.600 € = 14.400 €. Damit greift auch nach der Änderung die Begrenzung nach § 38 Abs. 5 Satz 2 KStG nicht ein. Der Körperschaftsteuererhöhungsbetrag ändert sich auf 1.440 €. Aufgrund des verminderten Körperschaftsteuererhöhungsbetrags ergeht ein nach § 175 Abs. 1 Satz 1 Nr. 1 AO geänderter Bescheid über die Festsetzung des Körperschaftsteuererhöhungsbetrags, der am 12.08.2011 mit folgendem Inhalt bekanntgegeben wird:

Körperschaftsteuererhöhungsbetrag nach Änderung durch die Bp	1.440 €
Abzgl. bereits fälliger Beträge 2008 bis 2010 (3 × 195 €)	./. 585 €
Verbleibender Zahlungsbetrag	855 €
Zu verteilen auf die noch verbleibenden Nachzahlungsjahre 2011 bis 2017 (7 Jahre)	
Zu bezahlen jeweils am 30.09.	(rd.) 122 €

Bereits zum 30.09.2011 ist nur noch eine Jahresrate von 122 € zu entrichten. Somit verbleibt zum 31.12.2011 noch eine Verbindlichkeit im Nennwert von 733 €, die in der Bilanz mit dem abgezinsten Barwert von rd. 619 € (733 € × 0,844 Abzinsungsfaktor) auszuweisen ist. In der Bilanz 31.12.2010 war die Verbindlichkeit mit 1.123 € ausgewiesen. Nach Berücksichtigung der Bezahlung des Jahresbetrags von 122 € verbleibt zunächst eine Restverbindlichkeit i. H. von 1.001 €. Diese ist auf den Barwert von 619 € zu vermindern, sodass im Jahresabschluss 2011 noch eine Ertragsbuchung i. H. von 382 € vorzunehmen ist, die bei der Einkommensermittlung außerbilanziell nach § 38 Abs. 10 i. V. m. 37 Abs. 7 KStG wieder zu kürzen ist.

Variante B:

Nach der Änderung des Bilanzverlustes auf 98.000 € durch die Bp ergibt sich nun ein positives Eigenkapital i. H. von 2.000 €. Daher ist der Körperschaftsteuererhöhungsbetrag nach § 38 Abs. 5 KStG wie folgt zu ermitteln:

§ 38 Abs. 5 Satz 1 KStG: 3 % des zum 31.12.2006 festgestellten Endbetrags EK 02,
3 % von 48.000 € = 1.440 €

§ 38 Abs. 5 Satz 2 KStG:

Ermittlung des verminderten ausschüttbaren Gewinns i. S. des § 38 Abs. 1 Satz 4 KStG zum 31.12.2006:

Eigenkapital lt. Bilanz 31.12.2006	2.000 €
./. Stammkapital	./. 100.000 €
./. Steuerliches Einlagekonto § 27 KStG	./. 0 €
Ausschüttbarer Gewinn i. S. des § 27 Abs. 1 Satz 5 KStG	./. 98.000 €

⁄. Endbetrag EK 02	⁄. 48.000 €
Verminderter ausschüttbarer Gewinn i. S. des § 38 Abs. 1 Satz 4 KStG	⁄. 146.000 €

Da der verminderte ausschüttbare Gewinn negativ ist, wird dieser mit 0 € angesetzt. Somit wird der Endbetrag EK 02 für die fiktive Ausschüttung des Eigenkapitals i. H. von 2.000 € verwendet, die Körperschaftsteuererhöhung beträgt 3/7 von 2.000 € = 857 €.

Die Begrenzung nach § 38 Abs. 5 Satz 2 KStG greift in diesem Fall ein. Der Körperschaftsteuererhöhungsbetrag wäre somit i. H. von 857 € (statt 1.440 €) festzusetzen. Nach § 38 Abs. 5 Satz 3 KStG wird ein Körperschaftsteuererhöhungsbetrag aber nur dann festgesetzt, wenn er 1.000 € übersteigt. Somit wird auch nach der Änderung durch die Bp kein Körperschaftsteuererhöhungsbetrag nach § 38 Abs. 5 KStG festgesetzt.

6. Nach § 38 Abs. 7 Satz 1 KStG kann der Körperschaftsteuererhöhungsbetrag auf Antrag in einer Summe entrichtet werden. In diesem Fall sind anstelle des Jahresbetrags, der auf den Zeitpunkt der Antragstellung folgt, sowohl der an diesem Termin fällige Jahresbetrag als auch die noch nicht fälligen Jahresbeträge zu entrichten. Dabei werden die noch nicht fälligen Jahresbeträge mit einem Zinssatz von 5,5 % abgezinst (§ 38 Abs. 7 Satz 3 KStG). Die A-GmbH hat den Antrag am 30.06.2012 gestellt. Der nächste Zahlungstermin ist somit der 30.09.2012. Am 30.09.2012 sind der Jahresbetrag 2012 und die noch nicht fälligen Jahresbeträge 2013 bis 2017 mit ihren abgezinsten Werten zu entrichten. Zur Berechnung des am 30.09.2012 fälligen Betrags werden die Vervielfältiger angewandt, die die Abzinsung – je nach Anzahl der in einer Summe zusammengefassten Jahresraten – berücksichtigen.[4]

Es werden hier 6 Jahresraten zusammengefasst, somit berägt der Vervielfältiger 0,87838.

Die A-GmbH hat am 30.09.2012 folgenden abgezinsten Betrag zu entrichten:

6 × 122 € (Jahresrate nach geändertem Bescheid, vgl. Nr. 5) = 732 €
732 € × VV 0,87838 = 643 €

In der Bilanz 31.12.2011 wurde die Verbindlichkeit Körperschaftsteuererhöhungsbetrag mit dem abgezinsten Wert von 619 € passiviert. Durch die Bezahlung der restlichen Jahresbeträge am 30.09.2012 mit dem abgezinsten Wert von 643 € ergibt sich in der Gewinn-und-Verlust-Rechnung 2012 ein Aufwand „Körperschaftsteuererhöhungsbetrag" von 24 €. Bei der Einkommensermittlung ist dieser Körperschaftsteueraufwand von 24 € nach § 38 Abs. 10 i. V. m. § 37 Abs. 7 KStG hinzuzurechnen.

---

3 Vgl. Vordruck „Bescheid und Berechnungsbogen über die Ermittlung des abgezinsten Betrags nach § 38 Abs. 6 Satz 7, Abs. 7, 8 oder 9 KStG", KSt 3 E.

Fall 34

Organschaft – Besteuerung der Organgesellschaft

KStG §§ 8 b, 9, 10, 14, 15, 16, 17, 19, 23, 27, 37; EStG § 4 Abs. 5; SolZG 1995 § 3 Abs. 1 Nr. 1, § 4; InvZulG 2010 § 13

Sachverhalt

Die „Vechtaer Textilwerk GmbH" in Vechta (V-GmbH) hält seit Januar 04 einen Anteil von 90 % an der „Wuppertaler Band-Wirkerei GmbH" in Wuppertal (W-GmbH). Die restlichen 10 % der Beteiligung an der W-GmbH befinden sich im Privatvermögen des Gesellschafters Ernst Üllendahl. Die Stimmrechtsverhältnisse entsprechen den kapitalmäßigen Beteiligungsverhältnissen. Das Stammkapital der V-GmbH beträgt 500.000 €. Das Stammkapital der W-GmbH beträgt 350.000 €. Die V-GmbH produziert Damenunterwäsche. Die dabei benötigten Bänder, Gummibänder, Spitzen und Litzen werden von der W-GmbH hergestellt.

Die Leitung der W-GmbH ist der V-GmbH unterstellt. Diese trifft insbesondere alle Entscheidungen in personellen, rechtlichen und steuerlichen Angelegenheiten sowie in Buchführungs- und Bilanzierungsfragen.

Die V-GmbH hat im Januar 04 mit Wirkung ab 01.01.04 mit der W-GmbH einen schriftlichen Vertrag für zunächst 10 Jahre abgeschlossen, der im April 04 in das Handelsregister der W-GmbH eingetragen wurde. Hierin ist u. a. Folgendes vereinbart:

- Die W-GmbH führt ihren ganzen Jahresüberschuss an die V-GmbH ab, der nach Abzug von Ausgleichszahlungen an den Gesellschafter Ernst Üllendahl verbleibt.
- Der Gesellschafter Ernst Üllendahl erhält eine jährliche Ausgleichszahlung (garantierte Dividende) i. H. von 10 % des seiner Beteiligung entsprechenden Kapitals.
- Die V-GmbH gleicht die während der Vertragsdauer entstehenden Jahresfehlbeträge der W-GmbH nach den in § 302 AktG beschriebenen Grundsätzen aus.
- Die Abführung von Erträgen der W-GmbH aus der Auflösung von anderen Gewinnrücklagen i. S. des § 272 Abs. 3 HGB aus der Zeit vor Abschluss dieses Vertrags an die V-GmbH ist ausgeschlossen.

Der Vertrag, dem alle Gesellschafter der W-GmbH zugestimmt hatten (der Zustimmungsbeschluss wurde notariell beurkundet), wird seit dem 01.01.04 wie vereinbart durchgeführt.

Auch die Gesellschafterversammlung der V-GmbH hat dem Vertrag zugestimmt.

Aus den Wirtschaftsjahren vor Abschluss des Ergebnisabführungsvertrags existiert bei der W-GmbH ein Gewinnvortrag i. H. von 12.000 €.

Die W-GmbH hält eine Beteiligung i. H. von 30 % an der Zwirnfein-GmbH (Z-GmbH) mit Sitz und Geschäftsleitung in Hamburg, die eine Zulieferfirma der W-GmbH ist.

Die Z-GmbH beschließt im August 09 eine Gewinnausschüttung für das Wirtschaftsjahr 08 i. H. von insgesamt 40.000 €. Der auf die W-GmbH entfallende Dividendenanteil wird nach Abzug der Kapitalertragsteuer und des Solidaritätszuschlags am 10.09.09 i. H. von 8.835 € an die W-GmbH überwiesen. Die Dividende wurde i. H. von 12.000 € als Ertrag verbucht.

Für die W-GmbH wurde durch Bescheid vom 10.10.08 das Körperschaftsteuerguthaben i. H. von 5.500 € festgesetzt und der erste Jahresbetrag für das Jahr 08 i. H. von 550 € ausbezahlt. Das Körperschaftsteuerguthaben wurde in der Bilanz 31.12.08 ordnungsgemäß mit dem abgezinsten Wert von 4.140 € aktiviert. Am 30.09.09 wurde die zweite Rate i. H. von 550 € ausbezahlt. Die Auszahlung wurde mit dem aktivierten abgezinsten Körperschaftsteuerguthaben verrechnet. Zum 31.12.09 ist das Körperschaftsteuerguthaben mit dem abgezinsten Wert von 3.760 € ausgewiesen.

Die W-GmbH hat aus ihren Erträgen des Jahres 08 eine Gewinnrücklage für die Renovierung der Werkshalle A i. H. von 20.000 € gebildet. An den Gesellschafter Ernst Üllendahl wurde für das Wirtschaftsjahr 08 die Ausgleichszahlung von 3.500 € (= Bardividende) im Wirtschaftsjahr 09 geleistet. Die entsprechende Verbindlichkeit war in der Bilanz 31.12.08 ausgewiesen.

Im Wirtschaftsjahr 09 hat die W-GmbH einen Jahresüberschuss von 200.000 € (vor KSt) erwirtschaftet. In dem Jahresüberschuss ist sowohl die Gewinnausschüttung der Z-GmbH i. H. von 12.000 € sowie eine Investitionszulage gem. § 13 InvZulG 2010 i. H. von 8.000 € als Ertrag enthalten.

Als Aufwand sind die Kapitalertragsteuer von 3.000 € und der Solidaritätszuschlag zur Kapitalertragsteuer von 165 € sowie nicht abziehbare Betriebsausgaben gem. § 4 Abs. 5 EStG von 7.000 € gebucht.

Außerdem hat die W-GmbH 60.000 € an gemeinnützig anerkannte Einrichtungen gespendet und ebenfalls als Aufwand verbucht. Die Spenden sind alle durch ordnungsgemäße Zuwendungsbescheinigungen nachgewiesen. Die Summe der gesamten Umsätze und der im Kalenderjahr aufgewendeten Löhne und Gehälter beträgt 3.200.000 €.

Für den Erwerb der Beteiligung an der Z-GmbH im Jahr 06 wurde ein Kredit i. H. von 40.000 € aufgenommen. Die im Wirtschaftsjahr 09 für den Kredit angefallenen Schuldzinsen belaufen sich auf 3.600 € und sind ebenfalls in den Aufwendungen enthalten. An den Gesellschafter Ernst Üllendahl ist eine Ausgleichszahlung i. H. von 3.500 € zu leisten, die als Verbindlichkeit in der Bilanz 31.12.09 ausgewiesen wird. Die W-GmbH hat für das Jahr 09 eine Gewinnrücklage i. H. von 15.000 € für die Renovierung der Werkshalle B vorgesehen. Im Übrigen hat die W-GmbH zum 31.12.09 keine sonstigen Verbindlichkeiten.

Zum 31.12.08 wurden für die W-GmbH folgende gesonderte Feststellungen getroffen:

Steuerliches Einlagekonto gem. § 27 KStG	20.000 €

Frage

1. Liegt ein körperschaftsteuerlich anzuerkennendes Organschaftsverhältnis zwischen der V-GmbH und der W-GmbH vor?
2. Wie ermittelt sich das Einkommen der Organgesellschaft?
3. Welche Auswirkungen ergeben sich durch die Ausgleichszahlung an den außenstehenden Gesellschafter?
4. Wie hoch ist die Körperschaftsteuer für den VZ 09 bei der W-GmbH?
5. Wie hoch ist der Solidaritätszuschlag zur Körperschaftsteuer für den VZ 09?
6. Wie sieht die endgültige Steuerbilanz zum 31.12.09 der W-GmbH aus?
7. Wie sieht die endgültige Ermittlung des zu versteuernden Einkommens 09 aus?
8. In welcher Höhe wird ein verbleibender Zuwendungsvortrag zum 31.12.09 gesondert festgestellt?
9. Welche Werte werden dem Finanzamt des Organträger auf der Anlage MO mitgeteilt?
10. Wie entwickelt sich das steuerliche Einlagekonto gem. § 27 KStG?

Antwort

1. Das Organschaftsverhältnis zwischen der V-GmbH als Organträger und der W-GmbH als Organgesellschaft ist nach §§ 14 und 17 KStG körperschaftsteuerlich anzuerkennen.
2. Das Einkommen der Organgesellschaft ermittelt sich nach den allgemeinen Vorschriften des Einkommensteuergesetzes und des Körperschaftsteuergesetzes. Allerdings sind die Sonderregelungen der §§ 15 und 16 KStG zu beachten. Im Einzelnen wird auf die Begründung zu 2. hingewiesen.
3. Die Ausgleichszahlung ist i. H. von $^{20}/_{17}$ ihres Betrages als eigenes Einkommen der W-GmbH zu versteuern. Sie führt nicht zu einer Verwendung des steuerlichen Einlagekontos.
4. Die Körperschaftsteuer der W-GmbH für den VZ 09 beträgt 617 €.
5. Der Solidaritätszuschlag zur Körperschaftsteuer für den VZ 09 beträgt 33 €.
6. Vergleiche dazu die Begründung zu 6.
7. Vergleiche hierzu die Begründung zu 7.

8. Zum 31.12.09 ist der verbleibende Zuwendungsvortrag nach § 9 Abs. 1 Nr. 2 Satz 9 und 10 KStG i. V. m. § 10 d Abs. 4 EStG i. H. von 7.601 € gesondert festzustellen.
9. Vergleiche hierzu die Begründung zu 9.
10. Das steuerliche Einlagekonto ist zum 31.12.09 mit 35.000 € gesondert festzustellen.

Begründung

1. Zwischen der V-GmbH und der W-GmbH besteht ein Organschaftsverhältnis (sog. „Organschaft") i. S. von §§ 14 ff. KStG. Die V-GmbH ist Organträger, die W-GmbH ist Organgesellschaft (= Organ) i. S. von § 14 Abs. 1 Satz 1 KStG.

Die körperschaftsteuerliche Organschaft hat zur Folge, dass das Einkommen der Organgesellschaft dem Organträger zugerechnet wird. Hierdurch wird der Verlustausgleich zwischen den organschaftlich verbundenen Unternehmen ermöglicht. Die Organgesellschaft wird, soweit nicht in Sonderfällen ausnahmsweise eigenes Einkommen verbleibt, nicht mit Körperschaftsteuer belastet.

Die **Voraussetzungen der Organschaft** i. S. von §§ 14 ff. KStG sind im Verhältnis der W-GmbH zur V-GmbH erfüllt.

Organ kann nur eine Kapitalgesellschaft sein (§§ 14, 17 KStG), die ihren Sitz und ihre Geschäftsleitung im Inland hat.[1] Somit kann auch eine GmbH Organ sein (§ 17 KStG). Organträger kann jedes gewerbliche Unternehmen unabhängig von der Rechtsform sein (§ 14 Abs. 1 Satz 1 Nr. 2 KStG). Ist Organträger eine Kapitalgesellschaft, so muss es sich um eine nicht steuerbefreite unbeschränkt steuerpflichtige Kapitalgesellschaft i. S. des § 1 Abs. 1 Nr. 1 KStG mit Geschäftsleitung im Inland handeln.

Die V-GmbH als Organträger hat sowohl ihren Sitz als auch ihre Geschäftsleitung im Inland und ist damit unbeschränkt steuerpflichtig gem. § 1 Abs. 1 KStG, die W-GmbH als Organgesellschaft hat ebenfalls ihren Sitz und ihre Geschäftsleitung in Inland.

Es liegt eine **finanzielle Eingliederung** der W-GmbH i. S. von § 14 Abs. 1 Nr. 1 KStG vor, weil der V-GmbH die Mehrheit der Stimmrechte an der W-GmbH zusteht (vgl. R 57 KStR).

Die finanzielle Eingliederung der Organgesellschaft in den Organträger muss vom Beginn des Wirtschaftsjahrs an ununterbrochen bestehen.

Es ist auch ein **wirksamer Ergebnisabführungsvertrag** auf mindestens fünf Jahre geschlossen und während dieser Zeit tatsächlich durchgeführt wor-

1 Nach dem BMF-Schreiben vom 28.03.2011, BStBl I S. 300, ist es zwischenzeitlich auch ausreichend, wenn sich nur die Geschäftsleitung im Inland befindet (Wegfall des sog. doppelten Inlandsbezugs).

den (§ 14 Abs. 1 Satz 1 Nr. 3, § 17 Satz 1 KStG, R 60 und R 66 KStR). Dabei bemisst sich die fünfjährige Mindestlaufzeit nach Zeitjahren und nicht nach Wirtschaftsjahren.[2] Die Gesellschafter der Organgesellschaft haben dem Vertrag mit der erforderlichen Mehrheit durch notariell beurkundeten Beschluss zugestimmt. Auch die Gesellschafterversammlung der V-GmbH (des Organträgers) hat dem Ergebnisabführungsvertrag zugestimmt. Die erforderliche Verlustübernahme ist wirksam vereinbart worden (§ 17 Satz 2 Nr. 2 KStG, R 66 Abs. 3 KStR). Die Abführung von Erträgen aus der Auflösung vorvertraglicher anderer Gewinnrücklagen i. S. des § 272 Abs. 3 HGB ist nach der Vereinbarung im Ergebnisabführungsvertrag ausgeschlossen. Außerdem ergibt sich dies bereits durch § 17 Satz 2 Nr. 1 KStG, nach dem die Gewinnabführung den in § 301 AktG genannten Betrag nicht überschreiten darf. Dabei fordert § 17 Satz 1 Nr. 2 KStG allerdings nicht, dass diese Begrenzung der Gewinnabführung nach § 301 AktG ausdrücklich in den Gewinnabführungsvertrag aufgenommen werden muss.[3]

Der schriftlich geschlossene Vertrag wurde im April 04 in das Handelsregister der Organgesellschaft eingetragen. Damit war der Gewinnabführungsvertrag auch erstmals für das Wirtschaftsjahr 04 anzuwenden, da er mit der Eintragung im Handelsregister in 04 wirksam wurde (§ 14 Abs. 1 Satz 2 KStG). Die Organschaft ist ab dem Wirtschaftsjahr 04 steuerlich anzuerkennen.

Die Rechtsfolgen der Organschaft sind für die Einkommensermittlung in den Sondervorschriften der §§ 14, 15, 16, 17 und 19 KStG geregelt. Außerdem finden sich Regelungen in § 27 Abs. 6 KStG.

2. Das **Einkommen der** W-GmbH als **Organgesellschaft** ist zunächst nach den allgemeinen Vorschriften des Einkommensteuergesetzes und des Körperschaftsteuergesetzes zu ermitteln. Es setzt sich zusammen aus dem erwirtschafteten Gewinn, der an den Organträger abzuführen ist, und den außerhalb der Bilanz vorzunehmenden Zu- und Abrechnungen.

Für die von der Z-GmbH erhaltene Gewinnausschüttung legt die W-GmbH die folgende auszugsweise dargestellte **Steuerbescheinigung** über die Ausschüttung vor: [4]

Kapitalerträge i. S. des § 43 Abs. 1 Nr. 1 EStG	12.000 €
Summe Kapitalertragsteuer i. H. von 25 %	3.000 €
Summe Solidaritätszuschlag	165 €
Leistungen aus dem Einlagekonto (§ 27 Abs. 1 bis 7 KStG)	0 €

2 BFH-Urteil vom 12.01.2011, BFH/NV 2011 S. 928.

3 BMF-Schreiben vom 14.01.2010, BStBl I S. 65.

4 Das Muster der Steuerbescheinigung ist mit BMF-Schreiben vom 18.12.2009, BStBl 2010 I S. 79, bekannt gemacht worden.

Grundsätzlich fällt die von der Z-GmbH erhaltene Gewinnausschüttung unter die Steuerbefreiung gem. § 8 b Abs. 1 KStG. Bei der Einkommensermittlung der Organgesellschaft ist jedoch § 15 KStG zu beachten. Abweichend von den allgemeinen Vorschriften ist gem. § 15 Satz 1 Nr. 2 KStG die Vorschrift des § 8 b Abs. 1 bis 6 KStG bei der Organgesellschaft nicht anzuwenden. Somit bleibt die Gewinnausschüttung der Z-GmbH in dem Einkommen enthalten, das dem Organträger V-GmbH zugerechnet wird. Erst bei der Einkommensermittlung des Organträgers wird die Gewinnausschüttung der Z-GmbH nach § 8 b Abs. 1 KStG steuerfrei gestellt und die nach § 8 b Abs. 5 KStG nicht abzugsfähigen Betriebsausgaben hinzugerechnet. Hierzu wird die Gewinnausschüttung i. S. des § 8 b Abs. 1 KStG und die nach § 8 b Abs. 5 KStG nicht abzugsfähige Betriebsausgabe dem Finanzamt des Organträgers mitgeteilt. Diese Methode wird auch als sog. „Bruttomethode" bezeichnet.[5]

Die Schuldzinsen für den Kredit zum Erwerb der Beteiligung sind als Betriebsausgaben zu berücksichtigen. Sie sind dem Finanzamt des Organträgers zur Überprüfung der Zinsschranke nach § 4 h EStG mitzuteilen, da nach § 15 Satz 1 Nr. 3 KStG die Vorschrift des § 4 h EStG bei der Organgesellschaft nicht anzuwenden ist. Die Zinsaufwendungen und eventuellen Zinserträge der Organgesellschaft sind beim Organträger in die Berechnung der Zinsschranke einzubeziehen (§ 15 Satz 1 Nr. 3 Satz 3 KStG).

Die als Aufwand verbuchte Kapitalertragsteuer und der Solidaritätszuschlag zur Kapitalertragsteuer sind gem. § 10 Nr. 2 KStG nicht abziehbare Ausgaben, die bei der Einkommensermittlung der W-GmbH hinzuzurechnen sind.

Die Spenden der W-GmbH sind bei der Einkommensermittlung der Organgesellschaft im Rahmen der eigenen Spendenhöchstbeträge zu berücksichtigen. Die Spendenhöchstbeträge des § 9 Abs. 1 Nr. 2 KStG sind für die Organgesellschaft getrennt von den Verhältnissen des Organträgers zu ermitteln. Daher sind Spenden der Organgesellschaft, die den Spendenhöchstbetrag bei der Organgesellschaft übersteigen, nicht beim Organträger als Spenden abzugsfähig, auch wenn dieser seinen Spendenhöchstbetrag nicht ausgeschöpft hat. Für die Ermittlung des Spendenhöchstbetrags nach § 9 Abs. 1 Nr. 2 Satz 1 Nr. 1 KStG sind zunächst alle als Aufwand gebuchten Spenden bei der Einkommensermittlung hinzuzurechnen. Erst dann kann die 20 %-Grenze vom Einkommen i. S. des § 9 Abs. 2 KStG überprüft werden. Der Alternativhöchstbetrag von 4 ‰ der Summe der gesamten Umsätze und im Kalenderjahr aufgewendeten Löhne und Gehälter beträgt 4 ‰ von 3.200.000 € = 12.800 €.

Die W-GmbH hat ihren Anspruch auf Auszahlung des Körperschaftsteuerguthabens richtigerweise mit dem abgezinsten Wert in ihrer Bilanz erfasst.

---

5 BMF-Schreiben vom 26.08.2003, BStBl I S. 437, Rz. 22.

Der Ertrag, der sich durch die jährliche Aufzinsung des verbleibenden Körperschaftsteuerguthabens ergibt, erhöht das handelsrechtliche Ergebnis der Organgesellschaft und ist im Rahmen des Ergebnisabführungsvertrags an den Organträger abzuführen. Bei der Einkommensermittlung ist jedoch der Aufzinsungsbetrag nach § 37 Abs. 7 KStG steuerfrei zu belassen und somit außerbilanziell zu kürzen. Der in 09 gewinnerhöhend erfasste Ertrag aus der Aufzinsung des Körperschaftsteuerguthabens ermittelt sich wie folgt:

KSt-Guthaben zum 31.12.08	4.140 €
./. Auszahlung KSt-Guthaben	./. 550 €
Zwischensumme	3.590 €

Die Differenz zwischen dem aktivierten Körperschaftsteuerguthaben am 31.12.09 von 3.760 € und der Zwischensumme von 3.590 € ist der als Ertrag verbuchte Aufzinsungsbetrag von 170 €. Dieser wird bei der Einkommensermittlung nach § 37 Abs. 7 KStG gekürzt.

Hinsichtlich der von der W-GmbH gebildeten Gewinnrücklage für die Renovierung der Werkshalle B ist Folgendes zu beachten:

Nach dem Ergebnisabführungsvertrag muss die Organgesellschaft zwar ihren ganzen Jahresüberschuss unter Berücksichtigung des § 301 AktG an den Organträger abführen. Sie darf aber aus ihrem Jahresüberschuss Beträge in eine Gewinnrücklage i. S. des § 272 Abs. 3 HGB einstellen, soweit dies aus einem konkreten Anlass bei vernünftiger kaufmännischer Beurteilung begründet ist (§ 14 Abs. 1 Satz 1 Nr. 4 KStG). Das gilt auch dann, wenn im Ergebnisabführungsvertrag über die Bildung solcher Gewinnrücklagen nichts ausgesagt ist. Diese Gewinnrücklage braucht daher nicht an den Organträger abgeführt zu werden.

Allerdings wirkt sich die von der W-GmbH zulässigerweise vorgenommene Rücklagenbildung nicht auf die Einkommensermittlung der W-GmbH aus. Die W-GmbH hat insoweit kein eigenes Einkommen zu versteuern. Der Betrag der Rücklagenbildung ist in dem dem Organträger zuzurechnenden Einkommen enthalten, obwohl insoweit keine Ergebnisabführung an den Organträger erfolgt.

Für die W-GmbH ergibt sich somit zunächst die folgende Einkommensermittlung:

Jahresüberschuss (vor KSt, ohne Berücksichtigung der Gewinnabführungsverpflichtung)	200.000 €
+ nicht abziehbare Betriebsausgaben gem. § 4 Abs. 5 EStG	+ 7.000 €
+ nicht abziehbare Aufwendungen gem. § 10 Nr. 2 KStG	
KapSt	+ 3.000 €
SolZ	+ 165 €
./. nicht der KSt unterliegende Investitionszulage (§ 13 InvZulG 2010)	./. 8.000 €
./. KSt-Guthaben (Aufzinsungsertrag) § 37 Abs. 7 KStG	./. 170 €
+ sämtliche Spenden	+ 60.000 €
Einkommen i. S. des § 9 Abs. 2 KStG	261.995 €

Spendenabzug § 9 Abs. 1 Nr. 2 KStG		
steuerbegünstigte Zuwendungen	60.000 €	
max. 20 % von 261.995 € =	52.399 €	
oder 4 ‰ von 3.200.000 € =	12.800 €	
somit abzugsfähig		./. 52.399 €
Einkommen (vor Anwendung des § 16 KStG)		209.596 €

Dieses Einkommen der Organgesellschaft ist nach § 14 KStG dem Organträger zuzurechnen, soweit sich aus § 16 KStG nichts anderes ergibt.

3. Nach § 16 KStG hat die **Organgesellschaft** als **eigenes Einkommen** nur die geleisteten **Ausgleichszahlungen** zzgl. der hierauf entfallenden tariflichen Körperschaftsteuer selbst zu versteuern. § 16 KStG stellt sicher, dass die Ausgleichszahlungen, die an außenstehende Gesellschafter außerhalb des Organschaftsverhältnisses geleistet werden, wie normale Gewinnausschüttungen das Einkommen nicht mindern dürfen (vgl. auch § 4 Abs. 5 Nr. 9 EStG) und mit der Körperschaftsteuertarifbelastung von 15 % gem. § 23 Abs. 1 KStG (bis VZ 2007: 25 %) versteuert werden.

Die Ausgleichszahlungen werden von der Organgesellschaft selbst versteuert. Bemessungsgrundlage für die von der Organgesellschaft zu entrichtende Körperschaftsteuer ist $^{100}/_{85}$ = $^{20}/_{17}$ (bis VZ 2007: $^{100}/_{75}$ = $^{4}/_{3}$) des Betrags der Ausgleichszahlung. Dieses Einkommen, vermindert um die Körperschaftsteuer von 15 %, ergibt dann wiederum den Betrag der Ausgleichszahlung.

Somit hat die W-GmbH ein eigenes Einkommen in folgender Höhe:

Ausgleichszahlung 3.500 €, davon $^{20}/_{17}$ =	4.117 €
zu versteuerndes Einkommen 09	4.117 €

Das dem Organträger zuzurechnende zu versteuernde Einkommen beträgt:

bisheriges Einkommen	209.596 €
eigenes Einkommen der Organgesellschaft gem. § 16 KStG	./. 4.117 €
dem Organträger zuzurechnendes Einkommen 09	205.479 €

Für die Ausgleichszahlung von 3.500 € ist zu prüfen, ob sich eine Verwendung des steuerlichen Einlagekontos gem. § 27 KStG ergibt.

Die Ausgleichszahlung stellt eine Leistung i. S. des § 27 Abs. 1 KStG dar. Allerdings fließt die Ausgleichszahlung für das Wirtschaftsjahr 09 erst im Wirtschaftsjahr 10 ab und kann somit nicht zu einer Verwendung des steuerlichen Einlagekontos in 09 führen, denn nach § 27 Abs. 1 Satz 3 KStG kann das steuerliche Einlagekonto nur durch im Wirtschaftsjahr erbrachte Leistungen gemindert werden.

Im Wirtschaftsjahr 09 ist aber die Ausgleichszahlung für das Wirtschaftsjahr 08 i. H. von 3.500 € abgeflossen. Nach § 27 Abs. 1 Satz 3 KStG liegt eine Verwendung des steuerlichen Einlagekontos nur dann vor, wenn die im Wirtschaftsjahr 09 abgeflossene Leistung den auf den Schluss des Wirtschaftsjahrs 08 ermittelten ausschüttbaren Gewinn übersteigt. Der ausschüttbare Gewinn ermittelt sich gem. § 27 Abs. 1 Satz 5 KStG wie folgt:

Eigenkapital in der Steuerbilanz 31.12.08
⁒ gezeichnetes Kapital = Stammkapital
⁒ Bestand steuerliches Einlagekonto zum 31.12.08
= ausschüttbarer Gewinn

Im Falle einer Organgesellschaft erfolgt die Bilanzaufstellung unter Berücksichtigung der vollständigen Ergebnisverwendung, sodass das Eigenkapital zum 31.12.08 (ohne Stammkapital) neben der Gewinnrücklage (20.000 €) nur den Gewinnvortrag aus vororganschaftlicher Zeit (12.000 €) umfasst. Nach Abzug des steuerlichen Einlagekontos von 20.000 € ergibt sich somit ein ausschüttbarer Gewinn von 12.000 €. Die in 09 abgeflossene Ausgleichszahlung von 3.500 € übersteigt damit nicht den ausschüttbaren Gewinn i. S. des § 27 Abs. 1 Satz 5 KStG. Es wird kein steuerliches Einlagekonto für die Ausgleichszahlung verwendet.

4. Für die W-GmbH beträgt die Körperschaftsteuertarifbelastung (§ 23 Abs. 1 KStG) 15 % für das von ihr selbst zu versteuernde eigene Einkommen. Damit ergibt sich für den VZ 09 eine Körperschaftsteuertarifbelastung von:

15 % von 4.117 € =	617 €

Hinweis: Bis einschließlich VZ 2007 beträgt die Körperschaftsteuertarifbelastung 25 % von 4.666 € (4/3 von 3.500 €) = 1.166 €.

Die für die W-GmbH ermittelte Körperschaftsteuertarifbelastung wird nicht durch die auf die Gewinnausschüttung der Z-GmbH einbehaltene Kapitalertragsteuer gemindert. Nach § 19 Abs. 1 und 5 KStG sind sowohl tarifliche Steuerermäßigungen als auch Steueranrechnungsbeträge nicht bei der Organgesellschaft, sondern erst beim Organträger zu berücksichtigen. Die einbehaltene Kapitalertragsteuer wird damit auf die Körperschaftsteuer des Organträgers angerechnet.

Bei der W-GmbH wird die Höhe der Körperschaftsteuer nicht verändert. Die ermittelte Körperschaftsteuertarifbelastung entspricht der für den VZ 09 festzusetzenden Körperschaftsteuer. Da keine Vorauszahlungen entrichtet wurden, ist die festzusetzende Körperschaftsteuer in voller Höhe als Körperschaftsteuerrückstellung in der Steuerbilanz der W-GmbH auszuweisen.

5. Weil die W-GmbH als Organgesellschaft die Ausgleichszahlung an den außenstehenden Anteilseigner als eigenes Einkommen zu versteuern hat, fällt insoweit bei der W-GmbH auch der Solidaritätszuschlag zur Körperschaftsteuer an.

Bemessungsgrundlage für den i. H. von 5,5 % zu erhebenden Solidaritätszuschlag zur Körperschaftsteuer ist nach § 3 Abs. 1 Nr. 1 i. V. m. § 4 SolZG die für den VZ 09 festzusetzende Körperschaftsteuer i. H. von 617 €:

hierauf 5,5 % Solidaritätszuschlag zur Körperschaftsteuer (abgerundet)	33 €

Dieser festzusetzende Solidaritätszuschlag ist ebenfalls in voller Höhe als Rückstellung in der Steuerbilanz der W-GmbH auszuweisen, da keine Vorauszahlungen hierauf entrichtet wurden.

6. Bei der Aufstellung der **Steuerbilanz** der W-GmbH als **Organgesellschaft** ist Folgendes zu beachten:

Sowohl die Zuführung zur Gewinnrücklage 09 als auch die sich aufgrund der Ausgleichszahlung ergebende Körperschaftsteuer- und Solidaritätszuschlagrückstellung für 09, die jeweils der festzusetzenden Körperschaftsteuer und dem festzusetzenden Solidaritätszuschlag für 09 entsprechen, sind in der endgültigen Steuerbilanz der W-GmbH zu passivieren. Außerdem ist die Ergebnisabführungsverpflichtung an den Organträger V-GmbH sowie die Verpflichtung zur Leistung der Ausgleichszahlung in der Steuerbilanz zu erfassen.

Für das Wirtschaftsjahr 09 ergibt sich die folgende **Ergebnisabführungsverpflichtung:**

vorläufig erwirtschafteter Jahresüberschuss 09	200.000 €
⁒ Einstellung in die Gewinnrücklage	⁒ 15.000 €
⁒ Ausgleichszahlung an den außenstehenden Gesellschafter	⁒ 3.500 €
⁒ KSt-Rückstellung	⁒ 617 €
⁒ SolZ-Rückstellung	⁒ 33 €
Ergebnisabführung	180.850 €

Endgültige Steuerbilanz der W-GmbH zum 31.12.09
(= StB der Organgesellschaft)

A		P	
Verschiedene Aktivposten	566.240 €	Gezeichnetes Kapital	350.000 €
Forderung KSt-Guthaben	3.760 €	Gewinnrücklagen (20.000 € + 15.000 €)	35.000 €
		Ergebnisabführungsverpflichtung	180.850 €
		Verbindlichkeit Ausgleichszahlung 09	3.500 €
		KSt-Rückstellung	617 €
		Rückstellung SolZ zur KSt	33 €
	570.000 €		570.000 €

7. Die Ermittlung des zu versteuernden Einkommens stellt sich wie folgt dar (entspricht der Einkommensermittlung im maschinellen Körperschaftsteuerbescheid):

Jahresüberschuss		0 €
Hinzurechnung nach § 60 Abs. 2 Satz 1 EStDV (Zuführung zur Gewinnrücklage)		+ 15.000 €
Hinzurechnung der nicht abziehbaren Aufwendungen		
– nach § 10 Nr. 2 KStG:		
KSt für 09	617 €	
KapSt auf vereinnahmte Kapitalerträge	3.000 €	
SolZ für 09 (165 € + 33 €)	198 €	

– sonstige nicht abziehbare Aufwendungen nach § 4 Abs. 5 EStG	7.000 €	
– gezahlte Spenden und nicht als Betriebsausgaben abziehbare Beiträge	60.000 €	
Gesamtbetrag der nicht abziehbaren Aufwendungen	70.815 €	+ 70.815 €
Zwischensumme		85.815 €
Davon ab:		
Nicht der KSt unterliegende inländische Vermögensmehrungen:		
– Ertrag aus Auszahlung des KSt-Guthabens nach § 37 Abs. 7 KStG		⁒ 170 €
– Investitionszulage		⁒ 8.000 €
Zwischensumme		77.645 €
Als Organgesellschaft:		
an den Organträger abzuführender Jahresüberschuss		+ 180.850 €
Ausgleichszahlungen		+ 3.500 €
Summe der Einkünfte		261.995 €
Davon ab:		
verbleibender Zuwendungsvortrag zum 31.12.08	0 €	
im Kj. 09 geleistete Zuwendungen	60.000 €	
abziehbare Zuwendungen	⁒ 52.399 €	⁒ 52.399 €
Zwischensumme		209.596 €
Als Organgesellschaft:	209.596 €	
20/17 der von der Organgesellschaft geleisteten Ausgleichszahlungen an außenstehende Anteilseigner	⁒ 4.117 €	
dem Organträger zuzurechnendes Einkommen	205.479 €	⁒ 205.479 €
Gesamtbetrag der Einkünfte		4.117 €
Einkommen = zu versteuerndes Einkommen		4.117 €

8. Da die steuerbegünstigten Zuwendungen i. S. des § 9 Abs. 1 Nr. 2 KStG nicht in voller Höhe bei der Einkommensermittlung berücksichtigt werden konnten, ist zum 31.12.09 der verbleibende Zuwendungsvortrag nach § 9 Abs. 1 Nr. 2 Satz 9 und 10 KStG i. V. m. § 10 d Abs. 4 EStG wie folgt gesondert festzustellen:

verbleibender Zuwendungsvortrag zum 31.12.08	0 €
im Kj. 09 geleistete Zuwendungen	60.000 €
Zwischensumme	60.000 €
davon wurden nach § 9 Abs. 1 Nr. 2 KStG berücksichtigt	⁒ 52.399 €
verbleibender Zuwendungsvortrag zum 31.12.09	7.601 €

9. Auf der Mitteilung MO werden dem Finanzamt des Organträgers folgende Werte mitgeteilt:

Ergebnisübernahme durch den Organträger		180.850 €
Abweichungen zwischen Handels- und Steuerbilanz		
Minderabführung i. S. des § 27 Abs. 6 KStG		15.000 €
dem Organträger zuzurechnendes Einkommen der Organgesellschaft		205.479 €
Summe der Einkünfte		261.995 €
Anrechnung von KapSt und SolZ beim Organträger aufgrund von Kapitalerträgen i. S. des § 20 Abs. 1 Nrn. 1 und 2 oder Abs. 2 Nr. 2 a EStG, die die Organgesellschaft bezogen hat:		
anzurechnende KapSt (25 %)		3.000 €
anzurechnender SolZ		165 €
Anzusetzen beim Organträger, wenn dieser eine Körperschaft und nicht zugleich eine Organgesellschaft ist:		
Sachverhalte nach § 8 b EStG		
Korrektur des dem Organträger zuzurechnenden Einkommens der Organgesellschaft um Werte, die erst bei der Einkommensermittlung des Organträgers zu berücksichtigen sind:		
Einnahmen nach § 8 b Abs. 1 KStG	12.000 €	
nicht abziehbare Betriebsausgaben § 8 b Abs. 5 KStG (5 %)	600 €	
verbleiben	11.400 €	11.400 €
Zinsaufwendungen des laufenden Wj. i. S. des § 4 h Abs. 3 Satz 3 EStG		3.600 €

10. Das steuerliche Einlagekonto ist gem. § 27 Abs. 2 KStG unter Berücksichtigung der Zu- und Abgänge des Wirtschaftsjahrs jeweils zum Ende des Wirtschaftsjahrs gesondert festzustellen. Für die im Wirtschaftsjahr 09 abgeflossene Ausgleichszahlung von 3.500 € wurde das steuerliche Einlagekonto nicht gem. § 27 Abs. 1 KStG verwendet. Durch die bei der W-GmbH zulässigerweise durchgeführte Gewinnrücklagenbildung ergibt sich eine Minderabführung an den Organträger. Nach § 27 Abs. 6 KStG ist diese Minderabführung als Zugang auf dem steuerlichen Einlagekonto zu erfassen.[6]

Das steuerliche Einlagekonto entwickelt sich somit wie folgt:

		steuerliches Einlagekonto
Bestand gem. § 27 Abs. 2 Satz 2 zum 31.12.08		20.000 €
Minder- und Mehrabführungen nach § 27 Abs. 6 KStG:		
Einkommen der Organgesellschaft vor Zurechnung beim Organträger	209.596 €	
abzgl. Ausgleichszahlungen an außenstehende Anteilseigner	./. 3.500 €	

---

6 BMF-Schreiben vom 26.08.2003, BStBl I S. 437, Rz. 40.

außerbilanzielle Gewinn-/Einkommenskorrekturen (Hinzurechnung 70.815 € ⁄. steuerfreie Vermögensmehrungen 8.170 €)	⁄. 62.645 €	
zzgl. abziehbare Zuwendungen für steuerbegünstigte Zwecke	52.399 €	
Zwischensumme	195.850 €	
abzgl. Gewinnabführung an den Organträger	⁄. 180.850 €	
Minderabführung	15.000 €	+ 15.000 €
Bestand gem. § 27 Abs. 2 Satz 1 KStG am 31.12.09		35.000 €

Das steuerliche Einlagekonto i. S. des § 27 KStG wird zum 31.12.09 mit einem Bestand von 35.000 € gesondert festgestellt (§ 27 Abs. 2 KStG).

Fall 35

Organschaft – Besteuerung des Organträgers

KStG §§ 8 b, 10, 14, 16, 17, 19, 23, 37, 38; EStG § 3 Nr. 40, §§ 3 c, 4 Abs. 5 und 5 b, § 20, 51 a; SolZG 1995 § 3 Abs. 1 Nr. 1 und 2, § 4

Sachverhalt

Die in Fall 34 geschilderte V-GmbH hatte im Wirtschaftsjahr 08 einen Jahresüberschuss i. H. von 202.000 € erwirtschaftet.

Durch die Bildung des besonderen aktiven Ausgleichspostens i. H. von 18.000 € (= 90 % des aus dem Jahresüberschuss 08 von der Organgesellschaft nicht an den Organträger abgeführten, sondern in eine Gewinnrücklage eingestellten Betrags von 20.000 €) erhöhte sich beim Organträger in dessen Steuerbilanz 08 der Jahresüberschuss = Steuerbilanzgewinn um den gleichen Betrag auf 220.000 €.

Am 26.08.09 hatte die Gesellschafterversammlung der V-GmbH beschlossen, vom Jahresüberschuss von 220.000 € eine Gewinnausschüttung für das Wirtschaftsjahr 08 i. H. von 60.000 € vorzunehmen und den Restbetrag von 160.000 € auf neue Rechnung vorzutragen. Die Gewinnausschüttung erfolgte am 20.09.09.

Zum Schluss des Wirtschaftsjahrs 08 wurden für die V-GmbH folgende gesonderte Feststellungen getroffen:

Steuerliches Einlagekonto gem. § 27 KStG	0 €

Im Wirtschaftsjahr 09 hat die V-GmbH einen Jahresüberschuss von 519.085 € lt. folgender vorläufiger Steuerbilanz (vor Körperschaftsteuer) erwirtschaftet:

Bilanz (vor KSt) zum 31.12.09 der V-GmbH (= Bilanz des Organträgers)

A		P	
Verschiedene Aktivposten	1.195.144 €	Gezeichnetes Kapital	500.000 €
Forderung aus dem Ergebnisabführungsvertrag	180.850 €	Gewinnvortrag	160.000 €
Bes. Ausgleichsposten gem. § 14 Abs. 4 KStG für 08	18.000 €	Jahresüberschuss 09 (vor KSt)	519.085 €
		GewSt-Rückstellung	20.883 €
		Verbindlichkeiten	194.026 €
	1.393.994 €		1.393.994 €

Die V-GmbH hat nicht abziehbare Betriebsausgaben gem. § 4 Abs. 5 EStG i. H. von 8.000 €, Körperschaftsteuer-Vorauszahlungen i. H. von 80.000 € und Vorauszahlungen auf den Solidaritätszuschlag zur Körperschaftsteuer i. H. von 4.400 € sowie den Gewerbesteueraufwand für 09 i. H. von 90.883 € (VZ 70.000 €, Rückstellung 20.883 €) als Aufwand gebucht.

Aus Vereinfachungsgründen ist davon auszugehen, dass die Gewerbesteuer in der korrekten Höhe im Jahresabschluss 09 berücksichtigt ist. Zur gewerbesteuerlichen Organschaft vgl. § 2 Abs. 2 Satz 2 GewStG.

Aus diversem Aktienbesitz, der sich im Umlaufvermögen der V-GmbH befindet, wurden in 09 Dividendenerträge i. H. von insgesamt 20.000 € bezogen und als Ertrag verbucht. Die Kapitalertragsteuer i. H. von 5.000 € sowie der Solidaritätszuschlag i. H. von 275 € wurden als Aufwand verbucht.

Für die Ergebnisverwendung schlägt die Geschäftsführung vor, dass die Gesellschafterversammlung beschließt, Gewinn in Höhe einer Bardividende von 210.000 € auszuschütten.

Frage

1. Welche Auswirkung hat die von der Organgesellschaft zulässigerweise gebildete Gewinnrücklage in der Steuerbilanz des Organträgers?
2. Wie hoch ist das zu versteuernde Einkommen der V-GmbH im VZ 09?
3. Welche Auswirkungen haben die Gewinnausschüttungen für die Wirtschaftsjahre 08 und 09?
4. Wie hoch ist die verbleibende Körperschaftsteuer und die Körperschaftsteuer-Rückstellung sowie der verbleibende Solidaritätszuschlag und die Solidaritätszuschlag-Rückstellung der V-GmbH für den VZ 09?
5. Wie sieht die endgültige Steuerbilanz der V-GmbH zum 31.12.09 aus?
6. Wie entwickelt sich das steuerliche Einlagekonto zum 31.12.09?

Antwort

1. In der Steuerbilanz des Organträgers ist nach § 14 Abs. 4 KStG in Höhe des Teils der versteuerten Gewinnrücklage, der dem Verhältnis der Be-

teiligung des Organträgers am Nennkapital der Organgesellschaft entspricht, ein besonderer aktiver Ausgleichsposten zu bilden. Steuerlicher Ausgleichsposten somit 90 % von 15.000 € = 13.500 €.

2. Das zu versteuernde Einkommen der V-GmbH im VZ 09 beträgt 701.872 €.

3. Die im Wirtschaftsjahr 09 abfließende Gewinnausschüttung für das Wirtschaftsjahr 08 führt nicht zu einer Verwendung des steuerlichen Einlagekontos nach § 27 KStG.

   Die Gewinnausschüttung für das Wirtschaftsjahr 09 fließt erst im Wirtschaftsjahr 10 ab, sodass eine Verwendung des steuerlichen Einlagekontos grundsätzlich erst bei der Veranlagung für den VZ 10 zu überprüfen ist.

4. Für den VZ 09 betragen die verbleibende Körperschaftsteuer 97.280 € und die Körperschaftsteuer-Rückstellung 17.280 €, der verbleibende Solidaritätszuschlag beträgt 5.350 € und die Solidaritätszuschlags-Rückstellung 950 €.

5. Vergleiche dazu die Begründung zu 5.

6. Das steuerliche Einlagekonto gem. § 27 KStG wird zum 31.12.09 mit 0 € gesondert festgestellt.

Begründung

1. Bei der Aufstellung der **Steuerbilanz** zum 31.12.09 ist Folgendes zu beachten:

Aufgrund der Gewinnrücklage i. S. von § 272 Abs. 3 HGB, die die Organgesellschaft für das Wirtschaftsjahr 08 gebildet hatte (= 20.000 €), war nach § 14 Abs. 4 KStG in der Steuerbilanz des Organträgers zum 31.12.08 ein besonderer aktiver Ausgleichsposten zu bilden. Das Gleiche hat für die vom Organ aus dem Jahresüberschuss 09 gebildete Gewinnrücklage (= 15.000 €) zu geschehen.

Die vom Organ während der Dauer des Ergebnisabführungsvertrages gebildeten Gewinnrücklagen sind in dem dem Organträger zuzurechnenden Organeinkommen enthalten und werden von diesem versteuert. Diese Gewinnrücklagen vermehren das Reinvermögen der Organgesellschaft und haben somit eine Wertsteigerung der Beteiligung des Organträgers an der Organgesellschaft zur Folge. Diese Wertsteigerung führt aber beim Organträger nicht zu einer Änderung des steuerrechtlichen Wertansatzes der Beteiligung. Das wiederum hätte bei einer Veräußerung der Beteiligung durch den Organträger einen um den Wert der Gewinnrücklagen höheren Veräußerungsgewinn zur Folge, dem aber beim Organträger keine Anschaffungskosten gegenüberstünden. Der Organträger müsste somit die vom Organ nicht abgeführten, aber vom Organträger bereits versteuerten Gewinne im Rahmen des Veräußerungsgewinns nochmals versteuern.

Damit diese Doppelbesteuerung vermieden wird, schreibt § 14 Abs. 4 KStG vor, dass **in der Steuerbilanz** des Organträgers, in die der um die Gewinnrücklagen verminderte Jahresüberschuss der Organgesellschaft einging, ein besonderer aktiver Ausgleichsposten zu bilden ist. Sofern der Organträger eine Kapitalgesellschaft ist, würde der Veräußerungsgewinn nach § 8 b Abs. 2 KStG steuerfrei bleiben. Bei anderen Organträgern (natürliche Personen, Personengesellschaften mit natürlichen Personen als Gesellschafter) greift jedoch für den Veräußerungsgewinn nur die teilweise Steuerbefreiung nach § 3 Nr. 40 Satz 1 Buchst. a EStG (ab VZ 2009: 40 %; bis VZ 2008: 50 %), sodass zur Vermeidung einer wenn auch nur teilweisen Doppelbesteuerung die Bildung des steuerlichen Ausgleichspostens auf jeden Fall zu erfolgen hat. Allerdings ist die Bildung dieses Ausgleichspostens nur in Höhe des Teils der versteuerten Gewinnrücklagen vorzunehmen, der dem Verhältnis der Beteiligung des Organträgers am Nennkapital der Organgesellschaft entspricht.[1] Ein Erwerber der Beteiligung würde dem Organträger auch nur dessen Anteil an den Gewinnrücklagen der Organgesellschaft im Kaufpreis vergüten. Somit ist auch nur für diesen Anteil das Ausschalten der Doppelbesteuerung durch den besonderen aktiven Ausgleichsposten gerechtfertigt.[2]

Die Bildung dieses besonderen aktiven Ausgleichspostens in der Steuerbilanz des Organträgers hat nach R 63 Abs. 1 Satz 3 KStR „einkommensneutral" zu erfolgen. Durch das Einstellen dieses aktiven Ausgleichspostens wird im Rahmen der erforderlichen Gegenbuchung zunächst der Steuerbilanzgewinn erhöht. Diese Gewinnerhöhung wird dann aber bei der Einkommensermittlung des Organträgers außerhalb der Bilanz durch Kürzung dieses Betrages vom Steuerbilanzgewinn wieder „neutralisiert". Besteuert wird beim Organträger somit im Endeffekt allein der Betrag der vom Organ gebildeten Gewinnrücklage, der im Organeinkommen, das dem Organträger zugerechnet wurde, enthalten ist.

Zu beachten ist, dass dieser besondere aktive Ausgleichsposten nur in der Steuerbilanz gebildet werden darf. Er gehört auf keinen Fall in die Handelsbilanz!

Weil die V-GmbH zu 90 % an der W-GmbH beteiligt ist, darf der besondere aktive Ausgleichsposten nur 90 % der vom Organ gebildeten Gewinnrücklage betragen. Er darf also nur i. H. von 13.500 € (= 90 % von 15.000 € Gewinnrücklage) gebildet werden.

Der Jahresüberschuss lt. Steuerbilanz ist damit um 13.500 € höher als der Jahresüberschuss lt. Handelsbilanz. Sofern keine Steuerbilanz aufgestellt wird, wird der Betrag von 13.500 € als Hinzurechnung nach § 60 Abs. 2 Satz 1 EStDV bei der Einkommensermittlung berücksichtigt.

---

1 BFH-Urteil vom 24.07.1996, BStBl II S. 614.

2 BMF-Schreiben vom 26.08.2003, BStBl I S. 437, Rz. 43.

2. Bei der **Ermittlung des Einkommens** der V-GmbH **(= des Organträgers)** ist Folgendes zu beachten:

Nach den §§ 14 und 17 KStG ist steuerrechtlich das gesamte Einkommen des Organs (einschließlich der Ergebnisabführung) dem eigenen Einkommen des Organträgers zuzurechnen. Die Ergebnisabführung des Organs ist aber als Forderung in der Bilanz des Organträgers enthalten und hat den dort ausgewiesenen Jahresüberschuss 09 erhöht. Durch die Zurechnung des Einkommens der Organgesellschaft würde somit die Ergebnisabführung beim Organträger doppelt erfasst. Aus diesem Grund ist bei der Ermittlung des eigenen Einkommens des Organträgers (außerhalb der Bilanz) vom Jahresüberschuss lt. Bilanz die Ergebnisabführung abzuziehen, bevor dem eigenen Einkommen des Organträgers das Einkommen des Organs hinzugerechnet wird.

Die nicht abziehbaren Ausgaben des Organträgers müssen nach § 4 Abs. 5 und 5 b EStG sowie nach § 10 Nr. 2 KStG seinem Einkommen hinzugerechnet werden.

Für die erhaltenen Dividenden aus dem Aktienbesitz greift die Steuerbefreiung nach § 8 b Abs. 1 KStG. Allerdings sind 5 % der steuerfreien Dividenden nach § 8 b Abs. 5 KStG als nicht abziehbare Betriebsausgabe anzusetzen.

Das gesamte Einkommen der Organgesellschaft mit Ausnahme der vom Organ zu versteuernden Ausgleichszahlungen i. S. von § 16 KStG ist dem Einkommen des Organträgers hinzuzurechnen. Im zuzurechnenden Organeinkommen sind sämtliche nicht abziehbaren Ausgaben des Organs enthalten. Der Spendenabzug für die von der Organgesellschaft W-GmbH getätigten steuerbegünstigten Zuwendungen ist im Rahmen der Einkommensermittlung der Organgesellschaft nach § 9 Abs. 1 Nr. 2 KStG berücksichtigt worden. Dabei waren die Spendenhöchstbeträge für die Organgesellschaft getrennt von den Verhältnissen des Organträgers zu ermitteln. Daher sind Spenden der Organgesellschaft, die den Spendenhöchstbetrag bei der Organgesellschaft übersteigen, nicht beim Organträger als Spenden abzugsfähig, auch wenn dieser seinen Spendenhöchstbetrag nicht ausgeschöpft hat.

Die vom Organ gebildete Gewinnrücklage, die der Organträger mit versteuern muss (vgl. Fall 34, Begründung zu 2), ist ebenfalls Bestandteil des Organeinkommens und wird automatisch beim Organträger erfasst, wenn dieses Einkommen dem Einkommen des Organträgers zugerechnet wird.

Soweit steuerfreie Einnahmen der Organgesellschaft (Investitionszulage, Ertrag aus der Aufzinsung des Körperschaftsteuerguthabens) bereits bei der Einkommensermittlung der Organgesellschaft steuerfrei belassen wurden, wirken sich diese in dem dem Organträger zuzurechnenden Einkommensteil aus. Eine anteilige Berücksichtigung beim vom Organ selbst zu versteuernden Einkommen (den Ausgleichszahlungen) kommt nicht in Betracht.

Zu beachten ist allerdings die Vorschrift des § 15 KStG. Sofern die Organgesellschaft Einnahmen erzielte, die bei ihr unter die Steuerbefreiung nach § 8 b Abs. 1 bis 6 KStG fallen würden, wurde die Vorschrift des § 8 b KStG bei der Einkommensermittlung der Organgesellschaft nicht berücksichtigt. Nach § 15 Satz 1 Nr. 2 KStG sind diese Regelungen erst bei der Einkommensermittlung des Organträgers anzuwenden.[3]

Daher ist bei der Einkommensermittlung der V-GmbH die von der W-GmbH erhaltene Gewinnausschüttung der Z-GmbH i. H. von 12.000 € nach § 8 b Abs. 1 KStG steuerfrei zu belassen und die nach § 8 b Abs. 5 KStG nicht abziehbare Betriebsausgabe hinzuzurechnen. Dies geschieht dadurch, dass das dem Organträger hinzuzurechnende Einkommen der Organgesellschaft vorab um die Beträge nach § 8 b Abs. 1 bis 6 KStG korrigiert wird.

Hätte der Organträger die Ausgleichszahlungen geleistet – was im vorliegenden Sachverhalt jedoch nicht zutrifft –, so wären die Zahlungen dem Einkommen des Organträgers hinzuzurechnen (§ 4 Abs. 5 Nr. 9 EStG).

Danach ergibt sich folgende **Einkommensermittlung beim Organträger,** der V-GmbH:

Jahresüberschuss lt. vorläufiger Steuerbilanz		519.085 €
+ Ertrag aus der Einbuchung des aktiven steuerlichen Ausgleichspostens		+ 13.500 €
= korrigierter Jahresüberschuss lt. Steuerbilanz		532.585 €
+ Hinzurechnung nicht abziehbarer Aufwendungen		
KSt-VZ 09 (§ 10 Nr. 2 KStG)	80.000 €	
KapSt (§ 10 Nr. 2 KStG)	5.000 €	
SolZ 4.400 € + 275 € (§ 10 Nr. 2 KStG)	4.675 €	
GewSt-Aufwand 09 (§ 4 Abs. 5 b EStG)	90.883 €	
nicht abziehbare Betriebsausgaben (§ 4 Abs. 5 EStG)	8.000 €	
Summe der nicht abziehbaren Aufwendungen	188.558 €	+ 188.558 €
= Zwischensumme		721.143 €
⁒ inländische Bezüge i. S. des § 8 b Abs. 1 KStG		⁒ 20.000 €
+ nicht abziehbare Betriebsausgaben § 8 b Abs. 5 KStG		+ 1.000 €
= Zwischensumme		702.143 €
⁒ von der Organgesellschaft abgeführter Jahresüberschuss		⁒ 180.850 €
⁒ Ertrag aus der Bildung des aktiven Ausgleichspostens		⁒ 13.500 €
= Summe der Einkünfte		507.793 €

3 BMF-Schreiben vom 26.08.2003, BStBl I S. 437, Rz. 25.

+ zuzurechnendes Einkommen der Organgesellschaft (§ 14 KStG)		
lt. Mitteilung MO (vgl. Fall 34 Nr. 9)	205.479 €	
⁒ Bezüge der Organgesellschaft i. S. des § 8 b KStG bereits korrigiert um die Hinzurechnung nach § 8 b Abs. 5 KStG	⁒ 11.400 €	
zuzurechnen sind	194.079 €	+ 194.079 €
zu versteuerndes Einkommen des Organträgers		701.872 €

3. Sowohl bei der am 26.08.09 beschlossenen Gewinnausschüttung für das Wirtschaftsjahr 08 als auch bei der zu beschließenden Gewinnausschüttung für das Wirtschaftsjahr 09 handelt es sich um Gewinnausschüttungen, die auf einem den gesellschaftsrechtlichen Vorschriften entsprechenden Gewinnverteilungsbeschluss beruhen. Für diese Gewinnausschüttungen ist zu prüfen, ob und wann sich gem. § 27 Abs. 2 KStG eine Verwendung des steuerlichen Einlagekontos i. S. des § 27 KStG ergibt. Da das steuerliche Einlagekonto zum 31.12.08 mit 0 € gesondert festgestellt wurde, kann die in 09 abgeflossene Gewinnausschüttung für 08 nicht zu einer Verwendung des steuerlichen Einlagekontos führen.

Eine Verwendung des steuerlichen Einlagekontos ist nur für im Wirtschaftsjahr erbrachte Leistungen zu überprüfen. Daher erfolgt diese Überprüfung für die im Wirtschaftsjahr 10 beschlossene und dann auch abgeflossene Gewinnausschüttung für das Wirtschaftsjahr 09 im Rahmen der Veranlagung des VZ 10.

Für die Einkommensermittlung hat weder die in 09 abgeflossene Gewinnausschüttung für das Wirtschaftsjahr 08 noch die in 10 beschlossene Gewinnausschüttung für das Wirtschaftsjahr 09 Auswirkung, da es nach § 8 Abs. 3 KStG für die Einkommensermittlung ohne Bedeutung ist, ob das Einkommen verteilt wird.

4. Grundlage für die Ermittlung der für den Organträger für den VZ 09 festzusetzenden Körperschaftsteuer ist die Körperschaftsteuertarifbelastung nach § 23 Abs. 1 KStG, die 15 % des zu versteuernden Einkommens beträgt.

Auf die Körperschaftsteuertarifbelastung wird die auf die Dividendenerträge des Organträgers einbehaltene Kapitalertragsteuer nach § 31 Abs. 1 KStG i. V. m. § 36 Abs. 2 Nr. 2 EStG angerechnet. Ebenso wird der bereits einbehaltene Solidaritätszuschlag auf den festzusetzenden Solidaritätszuschlag angerechnet.

Bei der Organgesellschaft entstandene Steuerermäßigungen oder Steuerabzugsbeträge wirken sich nach § 19 KStG ebenfalls erst bei der Besteuerung des Organträgers aus. Daher wird die für die Gewinnausschüttung der Z-GmbH einbehaltene Kapitalertragsteuer i. H. von 3.000 € auf die Körperschaftsteuer des Organträgers angerechnet. Entsprechendes gilt für den einbehaltenen Solidaritätszuschlag i. H. von 165 € bei der Ermittlung des festzusetzenden Solidaritätszuschlags für den VZ 09.

Somit ergibt sich folgende Körperschaftsteuerberechnung beim Organträger V-GmbH:

KSt-Tarifbelastung: 15 % von 701.872 €	105.280 €
= festzusetzende KSt	
= Bemessungsgrundlage für den SolZ	105.280 €
⁒ anrechenbare KapSt (5.000 € + 3.000 €)	⁒ 8.000 €
verbleibende KSt 09	97.280 €
⁒ KSt-Vorauszahlungen	⁒ 80.000 €
KSt-Rückstellung	17.280 €

Hinweis: Bis einschließlich VZ 2007 beträgt die Körperschaftsteuertarifbelastung 25 % von 701.872 € = 175.468 € (abgerundet). Die festzusetzende und verbleibende Körperschaftsteuer sowie die Körperschaftsteuer-Rückstellung ändern sich entsprechend.

Bemessungsgrundlage für die Berechnung des für den VZ 09 i. H. von 5,5 % festzusetzenden Solidaritätszuschlags zur Körperschaftsteuer ist die festzusetzende Körperschaftsteuer. Da für die Festsetzung, die Erhebung und die Anrechnung des Solidaritätszuschlags als Zuschlagsteuer zur Einkommen- bzw. Körperschaftsteuer die einkommen- bzw. körperschaftsteuerlichen Vorschriften über die Anrechnung von durch Steuerabzug erhobenen Beträgen und von Steuervorauszahlungen (vgl. § 36 Abs. 2 Nr. 1 und 2 EStG) entsprechend anzuwenden sind (§ 31 Abs. 1 KStG i. V. m. § 51 a Abs. 1 EStG), sind sowohl der zur Kapitalertragsteuer einbehaltene Solidaritätszuschlag als auch die Solidaritätszuschlag-Vorauszahlungen anzurechnen.

Auf den bei der V-GmbH als Organträger zu erhebenden Solidaritätszuschlag zur Körperschaftsteuer wird allerdings nicht angerechnet der bei der W-GmbH als Organgesellschaft erhobene Solidaritätszuschlag zur Körperschaftsteuer auf die Ausgleichszahlung, denn insoweit handelt es sich um eine eigene Steuerschuld der W-GmbH.

Somit ergibt sich folgende Ermittlung des Solidaritätszuschlags:

5,5 % der festzusetzenden KSt = 5,5 % von 105.280 € = abgerundet	5.790 €
⁒ einbehaltener SolZ zur KapSt (275 € + 165 €)	⁒ 440 €
verbleibender SolZ 09	5.350 €
⁒ SolZ-Vorauszahlung	⁒ 4.400 €
SolZ-Rückstellung	950 €

5. Zur Ermittlung des Jahresüberschusses lt. endgültiger Steuerbilanz ist der bisherige Jahresüberschuss lt. vorläufiger Steuerbilanz um den Ertrag aus der Einbuchung des aktiven Ausgleichspostens i. S. von § 14 Abs. 4

KStG zu erhöhen sowie um die Körperschaftsteuer- und Solidaritätszuschlags-Rückstellung zu vermindern.

Der in der endgültigen Steuerbilanz auszuweisende **Jahresüberschuss** beträgt:

vorläufiger Jahresüberschuss		519.085 €
+ steuerlicher Ausgleichsposten	+	13.500 €
⁒ KSt-Rückstellung	⁒	17.280 €
⁒ SolZ-Rückstellung	⁒	950 €
endgültiger Jahresüberschuss		514.355 €

A	**Endgültige Steuerbilanz der V-GmbH zum 31. 12. 09**		P
Verschiedene Aktivposten	1.195.144 €	Gezeichnetes Kapital	500.000 €
Forderung aus dem Ergebnisabführungsvertrag	180.850 €	Gewinnvortrag	160.000 €
Bes. Ausgleichsposten	31.500 €	Jahresüberschuss = Steuerbilanzgewinn	514.355 €
		KSt-Rückstellung	17.280 €
		Rückstellung SolZ zur KSt	950 €
		GewSt-Rückstellung	20.883 €
		Verbindlichkeiten	194.026 €
	1.407.494 €		1.407.494 €

6. Das steuerliche Einlagekonto gem. § 27 KStG wird zum 31.12.09 wie folgt gesondert festgestellt:

Bestand steuerliches Einlagekonto zum 31.12.08	0 €
= Bestand steuerliches Einlagekonto am 31.12.09	0 €

Fall 36

Gescheiterte Organschaft

KStG § 8 Abs. 3, §§ 14, 17, 27; EStG § 15 Abs. 1 und 3; AktG §§ 301, 302

Sachverhalt

Die Gesellschafter Alfred Axt (A) und Zora Zimmermann (Z) sind zu jeweils 50 % Miteigentümer der Grundstücksgemeinschaft Axt und Zimmermann (GG AZ) in Freudenstadt. Seit ca. zehn Jahren verpachtet die GG AZ das Grundstück Hohle Gasse 15 mit Werkstätten, Lagerhallen und einem Verwaltungsgebäude an die Axt & Zimmermann Holz GmbH (AZ-Holz-GmbH), an der A und Z mit jeweils 50 % beteiligt sind. Die AZ-Holz-GmbH betreibt auf dem Grundstück einen Holz verarbeitenden Betrieb. Sie hat ihren Sitz und ihre Geschäftsleitung in Freudenstadt.

Am 03.05.08 gründen A und Z gemeinsam mit der AZ-Beteiligungs-GmbH die AZ-GmbH & Co. KG mit Sitz und Geschäftsleitung in Freudenstadt. Komplementärin ohne Vermögenseinlage wird die AZ-Beteiligungs-GmbH. Die Kommanditanteile halten A und Z mit jeweils 50 %. Alleinige Geschäftsführerin der AZ-GmbH & Co. KG ist die AZ-Beteiligungs-GmbH, an der wiederum A und Z mit jeweils 50 % beteiligt sind. A und Z sind auch die Geschäftsführer der AZ-Beteiligungs-GmbH, sie sind von den Beschränkungen des § 181 BGB befreit.

Die AZ-Beteiligungs-GmbH wird am 20.07.08 in das Handelsregister eingetragen, die Eintragung der AZ-GmbH & Co. KG erfolgt am 10.09.08.

Im Zuge der Gründung der KG übertragen A und Z durch notariell beurkundeten Vertrag vom 05.05.08 ihre Miteigentumsanteile an dem Grundstück Hohle Gasse 15 als Sacheinlage in das Gesamthandsvermögen der AZ-GmbH & Co. KG. Die AZ-GmbH & Co. KG tritt in den bestehenden Pachtvertrag ein und verpachtet das Grundstück Hohle Gasse weiterhin an die AZ-Holz-GmbH. Eine weitere gewerbliche Betätigung übt die AZ-GmbH & Co. KG nicht aus.

Mit notariell beurkundetem Vertrag vom 17.04.09 übertragen A und Z mit sofortiger Wirkung ihre Anteile an der AZ-Holz-GmbH unentgeltlich auf die AZ-GmbH & Co. KG. Den Kapitalkonten der Gesellschafter wird dabei der gemeine Wert der Anteile gutgeschrieben. In den Anteilen sind erhebliche stille Reserven enthalten. Noch am selben Tag schließt die AZ-GmbH & Co. KG mit der AZ-Holz-GmbH ab dem Jahr 09 einen schriftlichen Vertrag, in dem u. a. Folgendes vereinbart wurde:

- Die AZ-Holz-GmbH führt ihren ganzen Jahresüberschuss an die AZ-GmbH & Co. KG ab, wobei die Gewinnabführung den nach § 301 AktG genannten Betrag nicht überschreiten darf.
- Die AZ-GmbH & Co. KG gleicht die während der Vertragsdauer entstandenen Jahresfehlbeträge der AZ-Holz-GmbH nach den in § 302 AktG beschriebenen Grundsätzen aus.
- Der Vertrag ist bis zum 31.12.13 gültig. Wird er nicht innerhalb von drei Monaten vor diesem Stichtag gekündigt, verlängert er sich jeweils um ein weiteres Jahr.

Die Zustimmungsbeschlüsse der Gesellschafterversammlungen der AZ-GmbH & Co. KG und der AZ-Holz-GmbH werden am gleichen Tage notariell beurkundet und zur Eintragung im Handelsregister angemeldet. Die Eintragung des Gewinnabführungsvertrags und der Zustimmungsbeschlüsse der Gesellschafterversammlungen im Handelsregister erfolgen am 15.08.09.

In der Bilanz 31.12.09 hat die AZ-Holz-GmbH eine Gewinnabführungsverpflichtung i. H. von 60.000 € passiviert, entsprechend ist in der Bilanz 31.12.09 der AZ-GmbH & Co. KG die Forderung auf Gewinnübernahme

i. H. von 60.000 € aktiviert. Dieser Betrag wird im Juni 10 an die AZ-GmbH & Co. KG überwiesen.

In der Bilanz 31.12.10 weist die AZ-Holz-GmbH eine Forderung auf Verlustübernahme i. H. von 20.000 € aus. Die AZ-GmbH & Co. KG passiviert in der Bilanz 31.12.10 die entsprechende Verbindlichkeit und erfüllt die Verlustübernahme im Mai 11.

Frage

1. Kann die AZ-GmbH & Co. KG Organträgerin i. S. des § 14 KStG sein?
2. Kann die AZ-Holz-GmbH Organgesellschaft i. S. des § 14 KStG sein?
3. Liegt ein wirksamer Gewinnabführungsvertrag vor?
4. Kann die Organschaft ab dem VZ 09 körperschaftsteuerlich anerkannt werden?
5. Welche steuerlichen Konsequenzen ergeben sich bei der AZ-Holz-GmbH und der AZ-GmbH & Co. KG?

Antwort

1. Die AZ-GmbH & Co. KG gilt aufgrund der Betriebsaufspaltung mit der AZ-Holz-GmbH als aktives gewerbliches Unternehmen. Sie hat ihre Geschäftsleitung im Inland und kann damit Organträger i. S. des § 14 Abs. 1 Satz 1 KStG sein.
2. Die AZ-Holz-GmbH hat ihren Sitz und ihre Geschäftsleitung im Inland und kann somit nach § 17 KStG Organgesellschaft sein.
3. Der Gewinnabführungsvertrag erfüllt die Voraussetzungen des § 17 Satz 2 Nr. 1 und 2 KStG, er wurde durch Eintragung in das Handelsregister wirksam und ist ab dem Jahr der Eintragung auf mindestens fünf Jahre abgeschlossen. Somit liegt ein wirksamer Gewinnabführungsvertrag vor (§ 14 Abs. 1 Satz 1 Nr. 3 i. V. m. § 17 KStG).
4. Die finanzielle Eingliederung der AZ-Holz-GmbH in die AZ-GmbH Co. KG ist vom 01.01.09 gegeben, da zunächst die Gesellschafter A und Z 100 % der Anteile im Sonderbetriebsvermögen der AZ-GmbH & Co. KG halten und ab dem 17.04.09 die Anteile im Gesamthandsvermögen der AZ-GmbH & Co. KG gehalten werden. Da nach § 14 Abs. 1 Satz 1 Nr. 2 Satz 3 KStG die Anteile jedoch vom Beginn des Wirtschaftsjahrs zum Gesamthandsvermögen gehören müssen, ist die Organschaft für den VZ 09 nicht anzuerkennen.

   Eine Anerkennung der Organschaft ab dem VZ 10 ist nicht möglich, da der Gewinnabführungsvertrag ab 10 keine fünfjährige Mindestlaufzeit mehr erfüllt.
5. Aufgrund der gescheiterten Organschaft hat die AZ-Holz-GmbH ihr Einkommen im Jahr 09 und 10 selbst zu versteuern und ist nach den allgemeinen steuerrechtlichen Vorschriften zur Körperschaftsteuer zu ver-

anlagen. Die Gewinnabführungsverpflichtung in 09 wird wie eine andere Gewinnausschüttung behandelt, die das Einkommen des VZ 09 der AZ-Holz-GmbH nicht mindern darf (§ 8 Abs. 3 KStG). Im Abflussjahr 10 ist für die Ausschüttung die Verwendung des steuerlichen Einlagekontos i. S. des § 27 KStG zu überprüfen.

Die Verlustübernahme im VZ 10 ist als verdeckte Einlage zu beurteilen und somit bei der Einkommensermittlung des VZ 10 für die AZ-Holz-GmbH zu kürzen. Ein Zugang beim steuerlichen Einlagekonto i. S. des § 27 KStG ist bei tatsächlichem Zufluss der Verlustübernahme im VZ 11 zu erfassen.

Bei der AZ-GmbH & Co. KG ist die Forderung auf Gewinnabführung im VZ 09 als Kapitalertrag i. S. von § 20 Abs. 1 Nr. 1 EStG zu versteuern, der nach § 3 Nr. 40 Satz 1 Buchst. d und Satz 2 EStG zu 40 % steuerbefreit ist.

Im VZ 10 stellt die Verpflichtung zur Verlustübernahme eine verdeckte Einlage dar, die zu einer Erhöhung des Beteiligungswertansatzes AZ-Holz-GmbH in der Bilanz der AZ-GmbH & Co. KG führt und somit den Gewinn der AZ-GmbH & Co. KG nicht mindert.

Begründung

1. Der Organträger muss nach § 14 Abs. 1 Satz 1 KStG Inhaber eines gewerblichen Unternehmens sein, da nach dem Wortlaut des § 14 Abs. 1 Satz 1 KStG der „Gewinn an ein einziges anderes gewerbliches Unternehmen abzuführen ist“. Als Organträger kommt nach § 14 Abs. 1 Satz 1 Nr. 2 Satz 2 KStG auch eine Personengesellschaft i. S. des § 15 Abs. 1 Satz 1 Nr. 2 EStG in Betracht, die ihre Geschäftsleitung im Inland hat. Eine Personengesellschaft als Organträger muss allerdings selbst eine aktive gewerbliche Tätigkeit i. S. von § 15 Abs. 1 Satz 1 Nr. 1 EStG ausüben (§ 14 Abs. 1 Satz 1 Nr. 2 Satz 2 KStG). Eine fiktive Gewerblichkeit über die gewerbliche Prägung reicht nicht aus.

Die AZ-GmbH & Co. KG ist eine Personengesellschaft i. S. des § 15 Abs. 1 Satz 1 Nr. 2 EStG, die ihre Geschäftsleitung in Freudenstadt und damit im Inland hat. Es handelt sich hierbei um eine gewerblich geprägte Personengesellschaft nach § 15 Abs. 3 Nr. 2 EStG. Da die AZ-GmbH & Co. KG jedoch eine aktive gewerbliche Tätigkeit ausüben muss, um Organträger zu sein, muss überprüft werden, ob durch die Verpachtung des Grundstücks Hohle Gasse 15 eine solche aktive gewerbliche Tätigkeit vorliegt.

Aufgrund der Überlassung einer wesentlichen Betriebsgrundlage an die AZ-Holz-GmbH liegt eine sachliche Verflechtung zwischen der AZ-GmbH & Co. KG und der AZ-Holz-GmbH vor. Da sowohl an der AZ-GmbH & Co. KG die Personengruppe A und Z zu 100 % beteiligt ist und diese auch an der AZ-Holz-GmbH zu 100 % beteiligt ist (A und Z jeweils 50 %), liegt auch eine personelle Verflechtung vor , sodass zwischen der AZ-GmbH & Co. KG und der AZ-Holz-GmbH eine Betriebsaufspaltung besteht (H 15.7 Abs. 4 bis 6 EStH). Der AZ-GmbH & Co. KG als Besitzpersonengesellschaft wird die gewerbliche Tätigkeit i. S. des § 15 Abs. 1 Satz 1 Nr. 1 EStG der Betriebsgesellschaft AZ-Holz-GmbH zugerechnet. Damit liegt aufgrund der Betriebsaufspaltung eine aktive gewerbliche Tätigkeit der AZ-GmbH & Co. KG vor.[1]

Die AZ-GmbH & Co. KG kann damit Organträger i. S. des § 14 Abs. 1 Satz 1 KStG sein.

Hinweis: Es bestand bereits eine Betriebsaufspaltung zwischen der (bisherigen) GG AZ und der AZ-Holz-GmbH, da auch hier die personelle und sachliche Verflechtung gegeben war. Die GG AZ erzielte deshalb bereits in der Vergangenheit gewerbliche Einkünfte i. S. von § 15 Abs. 1 Satz 1 Nr. 2 EStG (vgl. R/H 15.7 Abs. 4 ff. EStR/EStH). Die Betriebsaufspaltung setzt sich nach der Einbringung des Grundstücks in die AZ-GmbH & Co. KG mit dieser fort.

Bei der Einbringung des bisherigen Besitzunternehmens (GG AZ) in die AZ-GmbH & Co. KG liegt ein zwingend steuerneutraler Rechtsformwechsel innerhalb der Rechtsformart „Personengesellschaften" vor.

2. Grundsätzlich kann nach § 14 Abs. 1 Satz 1 KStG Organgesellschaft nur eine Europäische Gesellschaft (SE), eine Aktiengesellschaft (AG) oder eine Kommanditgesellschaft auf Aktien (KGaA) sein, die sowohl ihren Sitz als auch ihre Geschäftsleitung im Inland hat. Durch § 17 Satz 1 KStG wird dieser Kreis auch auf „andere Kapitalgesellschaften" mit Sitz und Geschäftsleitung im Inland erweitert. Unter den Begriff „andere Kapitalgesellschaften" fällt insbesondere die GmbH. Nach dem BMF-Schreiben vom 28.03.2011[2] ist es zwischenzeitlich auch ausreichend, wenn sich nur die Geschäftsleitung im Inland befindet (Wegfall des sog. doppelten Inlandsbezugs).

Da die AZ-Holz-GmbH ihren Sitz und ihre Geschäftsleitung in Freudenstadt und damit im Inland hat, kann sie Organgesellschaft i. S. des § 14 Abs. 1 KStG sein.

3. Nach § 14 Abs. 1 Satz 1 KStG ist ein Gewinnabführungsvertrag i. S. des § 291 Abs. 1 AktG abzuschließen. Bei einer GmbH als Organgesellschaft ist für die Wirksamkeit des Gewinnabführungsvertrags § 17 KStG zu beachten. Die aktienrechtlichen Regelungen für den Gewinnabführungsvertrag können nicht ohne weiteres bei einer GmbH als Organgesellschaft angewandt werden. Da das GmbHG keine Regelungen zum Gewinnabführungsvertrag enthält, wurden die Voraussetzungen für die Anerkennung eines Gewinnabführungsvertrags in § 17 KStG geregelt. Durch den Ge-

1 BMF-Schreiben vom 10.11.2005, BStBl I S. 1038, Rz. 16.

2 BStBl 2011 I S. 300.

winnabführungsvertrag vom 17.04.09 hat sich die AZ-Holz-GmbH verpflichtet, ihren ganzen Gewinn an den Organträger AZ-GmbH & Co. KG abzuführen, wobei die Gewinnabführung den nach § 301 AktG genannten Betrag nicht überschreiten darf. Aufgrund dieser Regelung ist die Voraussetzung des § 17 Satz 2 Nr. 1 KStG erfüllt. Durch die Formulierung der Verlustübernahme „nach den in § 302 AktG beschriebenen Grundsätzen" liegt umfassend eine Bezugnahme auf die Vorschrift des § 302 AktG in seiner Gesamtheit vor.[3] Bestimmte Absätze dieser Vorschrift sind von der Einbeziehung in die Vereinbarung über die Verlustübernahme nicht ausgeschlossen. Damit ist auch die Voraussetzung des § 17 Satz 2 Nr. 2 KStG erfüllt und der Gewinnabführungsvertrag ist nach § 17 KStG steuerlich anzuerkennen.

Für die Wirksamkeit des Gewinnabführungsvertrags ist Voraussetzung, dass dieser im Handelsregister eingetragen wird. Nach § 14 Abs. 1 Satz 1 Nr. 3 KStG muss der Gewinnabführungsvertrag für die Dauer von mindestens fünf Jahren abgeschlossen sein und während seiner gesamten Geltungsdauer durchgeführt werden. Der 5-Jahres-Zeitraum beginnt mit dem Anfang des Wirtschaftsjahres, für das die Wirksamkeit des Gewinnabführungsvertrags erstmals eintritt (R 60 Abs. 2 Satz 2 KStR). Maßgebend ist somit die Eintragung im Handelsregister.

Der Gewinnabführungsvertrag der AZ-Holz-GmbH wurde am 15.08.09 im Handelsregister eingetragen und damit in 09 wirksam. Da der Vertrag bis zum 31.12.13 abgeschlossen wurde, ist die Mindestlaufzeit von fünf Jahren (09 bis 13) erfüllt. Der Gewinnabführungsvertrag wurde somit wirksam abgeschlossen, § 14 Abs. 1 Satz 1 Nr. 3 KStG ist erfüllt.

4. Eine körperschaftsteuerlich (und auch gewerbesteuerlich) anzuerkennende Organschaft ist nach § 14 KStG gegeben, wenn eine Kapitalgesellschaft (Organgesellschaft) finanziell in ein anderes gewerbliches Unternehmen (Organträger) eingegliedert ist und ein steuerlich anerkannter Gewinnabführungsvertrag abgeschlossen ist. Da bereits festgestellt wurde, dass die AZ-Holz-GmbH Organgesellschaft i. S. des § 14 KStG sein kann, die AZ-GmbH & Co. KG als gewerbliches Unternehmen die Voraussetzungen des Organträgers erfüllt und ein wirksam abgeschlossener Gewinnabführungsvertrag vorliegt, ist nun die finanzielle Eingliederung der AZ-Holz-GmbH in die AZ-GmbH & Co. KG zu überprüfen.

Finanzielle Eingliederung bedeutet, dass dem Organträger die Mehrheit der Stimmrechte an der Organgesellschaft vom Beginn ihres Wirtschaftsjahres zustehen muss (§ 14 Abs. 1 Satz 1 Nr. 1 KStG). Bis zum 16.04.09 halten die Gesellschafter A und Z alle Anteile an der AZ-Holz-GmbH und verfügen damit über die Mehrheit der Stimmrechte. Aufgrund der vorliegenden Betriebsaufspaltung gehören die GmbH-Anteile zum notwendigen Sonderbetriebsvermögen der AZ-GmbH & Co. KG. Ab dem 17.04.09 wer-

3 BMF-Schreiben vom 19.10.2010, BStBl I S. 836.

den alle Anteile von der AZ-GmbH & Co. KG direkt gehalten, da die Anteile in das Gesamthandsvermögen übertragen wurden. Die finanzielle Eingliederung in die AZ-GmbH & Co. KG ist damit ab dem 01.01.09 gegeben. Allerdings ist nach § 14 Abs. 1 Satz 1 Nr. 2 Satz 3 KStG Voraussetzung für die steuerliche Anerkennung der Organschaft, dass bei einer Personengesellschaft als Organträger die finanzielle Eingliederung im Verhältnis zur Personengesellschaft selbst erfüllt sein muss. Dies bedeutet, dass die Anteile der Organgesellschaft zum Gesamthandsvermögen des Organträgers gehören müssen, die Zugehörigkeit zum Sonderbetriebsvermögen der Gesellschafter reicht nicht aus.[4] Da die Anteile erst im Laufe des Jahres 09 in das Gesamthandsvermögen der AZ-GmbH & Co. KG übertragen wurden, ist die Voraussetzung nach § 14 Abs. 1 Satz 1 Nr. 1 i. V. m. Nr. 2 Satz 3 KStG nicht erfüllt. Eine rückwirkende Übertragung ist steuerlich nicht möglich.[5] Auf die Frage, ob die Übertragung der Anteile (nach § 6 Abs. 5 Satz 3 EStG) zum Buchwert erfolgen konnte bzw. musste oder nicht, kommt es hier nicht an. (Hinweis: Die Übertragung ist hier in vollem Umfang gegen Gewährung von Gesellschaftsrechten erfolgt; die Voraussetzungen für den – zwingenden – Buchwertansatz nach § 6 Abs. 5 Satz 3 EStG sind erfüllt; der Ansatz des gemeinen Wertes in der Gesamthandsbilanz muss über eine negative Ergänzungsbilanz für die Gesellschafter A und Z korrigiert werden).

Die Organschaftsvoraussetzungen liegen für 09 nicht vor, die Organschaft kann somit körperschaftsteuerlich (und gewerbesteuerlich) nicht anerkannt werden.

Ab dem VZ 10 ist die finanzielle Eingliederung nach § 14 Abs. 1 Satz 1 Nr. 1 und Nr. 2 Satz 3 KStG mit dem Beginn des Wirtschaftsjahres gegeben. Allerdings erfüllt nun der Gewinnabführungsvertrag nicht mehr die fünfjährige Mindestlaufzeit, da die Voraussetzungen für die Organschaft erstmals in 10 vorliegen und der Gewinnabführungsvertrag nur bis zum 31.12.13 abgeschlossen wurde. Damit kann das Organschaftsverhältnis auch nicht ab dem VZ 10 steuerlich anerkannt werden.

5. Aufgrund der Nichtanerkennung der Organschaft ergeben sich folgende steuerliche Konsequenzen:

AZ-Holz-GmbH

Das Einkommen der „Organgesellschaft" AZ-Holz-GmbH kann nicht dem „Organträger" AZ-GmbH & Co. KG zugerechnet werden. Die AZ-Holz-GmbH hat ihr Einkommen im Jahr 09 und 10 **selbst zu versteuern.** Sie ist nach den allgemeinen steuerrechtlichen Vorschriften zur Körperschaftsteuer zu veranlagen (R 60 Abs. 8 Satz 2 KStR).

4 BMF-Schreiben vom 10.11.2005, BStBl I S. 1038, Rz. 13.

5 BMF-Schreiben vom 10.11.2005, BStBl I S. 1038, Rz. 14, 21 und 22.

Die Gewinnabführung für 09 stellt eine (andere) Gewinnausschüttung (= Leistung) dar. Da der Gewinnabführungsvertrag nicht einem den gesellschaftsrechtlichen Vorschriften entsprechenden Gewinnverteilungsbeschluss gleichsteht,[6] wird die vorgenommene Gewinnabführung steuerlich der vGA gleichgestellt. Die in der Bilanz ausgewiesene Verbindlichkeit für die Gewinnabführung, die den Jahresüberschuss der AZ-Holz-GmbH gemindert hat, stellt somit eine Verbindlichkeit für eine in 2010 abfließende andere Gewinnausschüttung dar. Da es nach § 8 Abs. 3 KStG für die Einkommensermittlung ohne Bedeutung ist, ob das Einkommen verteilt wird und vGA das Einkommen nicht mindern dürfen, ist die Gewinnabführungsverpflichtung wie eine vGA bei der Einkommensermittlung der AZ-Holz-GmbH für den VZ 09 hinzuzurechnen. Somit ergibt sich für die AZ-Holz-GmbH ein zu versteuerndes Einkommen von 60.000 €. Im VZ 10 ist bei Abfluss der (anderen) Gewinnausschüttung die Verwendung des steuerlichen Einlagekontos i. S. des § 27 KStG zu überprüfen.

Die Verlustübernahme durch den „Organträger" AZ-GmbH & Co. KG, die als Ertrag in der Gewinn-und-Verlust-Rechnung für den VZ 10 erfasst ist, ist als verdeckte Einlage durch den Gesellschafter AZ-GmbH & Co. KG zu beurteilen. Damit stellt die in der Bilanz 31.12.10 ausgewiesene Forderung auf Verlustübernahme eine Forderung auf eine verdeckte Einlage dar. Nach § 8 Abs. 3 Satz 3 KStG erhöhen verdeckte Einlagen das Einkommen nicht. Aus diesem Grund ist ausgehend vom ausgewiesenen Jahresergebnis von 0 € die verdeckte Einlage im Rahmen der Einkommensermittlung 10 der AZ-Holz-GmbH zu kürzen. Es ergibt sich somit ein zu versteuerndes Einkommen von ./. 20.000 €. Ein Zugang beim steuerlichen Einlagekonto i. S. des § 27 KStG ist jedoch erst im VZ 11 bei tatsächlichem Zufluss der Verlustübernahme zu erfassen.

AZ-GmbH & Co. KG

Die AZ-GmbH & Co. KG hat in ihrer Bilanz 31.12.09 die Forderung auf Gewinnabführung aktiviert. Diese Gewinnabführung stellt aufgrund der gescheiterten Organschaft eine andere Gewinnausschüttung dar, sodass insoweit Kapitalerträge i. S. von § 20 Abs. 1 Nr. 1 EStG vorliegen. Hinsichtlich des Zeitpunkts der Erfassung dieser Gewinnausschüttung gelten Bilanzierungsgrundsätze, da es sich bei der Gewinnabführung richtigerweise um eine nicht ordnungsgemäße Gewinnausschüttung und nicht um eine vGA handelt.[7] Im VZ 09 ist der bisher als Gewinnabführungsanspruch erfasste Ertrag, der den Gewinn der AZ-GmbH & Co. KG erhöht hat, wie ein Kapitalertrag bei der Ermittlung des steuerlichen Gewinns der AZ-GmbH & Co. KG anzusetzen. Da die am Gewinn beteiligten Gesell-

6 Dötsch in Dötsch/Jost/Pung/Witt, Die Körperschaftsteuer, § 14 Rz. 572 u. a. mit Hinweis auf BFH-Urteil vom 13.09.1989, BStBl II S. 1990, und BFH-Beschluss vom 05.07.1990, BFH/NV 1991, S. 121.

7 Dötsch in Dötsch/Jost/Pung/Witt, Die Körperschaftsteuer, § 14 Rz. 572.

schafter der AZ-GmbH & Co. KG beide natürliche Personen sind, greift für diesen Kapitalertrag die Steuerbefreiung nach § 3 Nr. 40 Satz 1 Buchst. d und Satz 2 EStG i. H. von 40 %. Somit werden nur 60 % von 60.000 € = 36.000 € als steuerpflichtiger Ertrag erfasst. (Hinweis: Die AZ-Beteiligungs-GmbH ist Komplementärin ohne Vermögenseinlage und daher am Gewinn nicht beteiligt. Sie erhält eventuelle Geschäftsführervergütungen sowie die Haftungsvergütung als Sonderbetriebseinnahme.)

Im VZ 10 stellt die Verpflichtung zur Verlustübernahme i. H. von 20.000 €, die bisher als Aufwand den Gewinn der AZ-GmbH & Co. KG vermindert hat, aufgrund der gescheiterten Organschaft eine (verdeckte) Einlage der AZ-GmbH & Co. KG in die AZ-Holz-GmbH dar. Diese verdeckte Einlage führt zu einer Erhöhung des Beteiligungswertansatzes von 20.000 € und mindert nicht den Gewinn der AZ-GmbH Co. KG.

Fall 37

Spartentrennung

KStG § 1 Abs. 1, § 4 Abs. 3 und 6, §§ 7, 8 Abs. 1, 7 bis 9, §§ 24, 34;
EStG § 10 d

Sachverhalt

Die Trabanten-Stadt (T-Stadt) betreibt im Jahr 04 folgende Betriebe gewerblicher Art:

1. BgA Verkehrsbetrieb, der aufgrund nicht kostendeckender Fahrpreisentgelte Dauerverluste erwirtschaftet. Der Verlustvortrag zum 31.12.03 beträgt 120.000 €, der in 04 erwirtschaftete Verlust beträgt 40.000 €.
2. BgA Stadtwerke, die die Strom-, Gas- und Wasserversorgung betreiben. Für den VZ 04 wurde ein Gewinn von 90.000 € erzielt.
3. BgA Theater, Verlustvortrag zum 31.12.03: 34.000 €, in 04 erwirtschafteter Verlust 9.000 €.
4. BgA Konzerthaus, Verlustvortrag zum 31.12.03: 60.000 €, steuerlicher Verlust in 04: 24.000 €.
5. BgA Bäder, Verlustvortrag zum 31.12.03: 76.000 €, steuerlicher Verlust in 04: 33.000 €.

   Es handelt sich hierbei um einen zusammengefassten Betrieb gewerblicher Art, der ein kombiniertes Hallen- und Freibad sowie ein weiteres Freibad in einer Teilortgemeinde umfasst. Während das Hallen- und Freibad ganzjährig geöffnet ist, ist das Freibad nur in den Monaten Juni bis August geöffnet.
6. BgA Krematorium, Gewinn 04: 15.000 €.

7. BgA Duales System, Gewinn 04: 6.000 €.

8. BgA Entsorgung Elektroschrott, Gewinn 04: 5.000 €.

Die Verluste bei den BgA „Theater“, „Konzerthaus“ und „Bäder“ ergeben sich grundsätzlich aufgrund nicht kostendeckender Eintrittspreise.

In 05 errichtet der BgA Stadtwerke beim Hallenbad ein Blockheizkraftwerk zur Erweiterung der Stromversorgung. Gleichzeitig wird durch dieses Blockheizkraftwerk 70 % des Wärmebedarfs des Hallen- und Freibads gedeckt. Die T-Stadt möchte den BgA Stadtwerke mit dem BgA Bäder sowie dem BgA Verkehrsbetrieb zu einem Betrieb gewerblicher Art zusammenfassen und nimmt für diesen zusammengefassten Betrieb gewerblicher Art auch eine eigenständige Gewinnermittlung vor. Bei der Zusammenfassung der BgA Bäder und Stadtwerke geben die Stadtwerke – auch aufgrund der Größe des Blockheizkraftwerks – dem zusammengefassten Betrieb gewerblicher Art das Gepräge. In 05 werden folgende steuerliche Ergebnisse erzielt:

BgA Stadtwerke/Bäder/ Verkehrsbetrieb	60.000 €
davon entfallen auf:	
die Stadtwerke	120.000 €
die Bäder	./. 28.000 €
den Verkehrsbetrieb	./. 32.000 €
BgA Theater:	./. 12.000 €
BgA Konzerthaus:	./. 19.000 €
BgA Krematorium:	17.000 €
BgA Duales System:	8.000 €
BgA Entsorgung Elektroschrott:	4.000 €

Zum 01.01.06 gründet die T-Stadt die Trabanten-GmbH (T-GmbH) mit einem Stammkapital von 100.000 €, deren Anteile zu 100 % von der T-Stadt gehalten werden. In die T-GmbH werden sämtliche Betriebe gewerblicher Art nach § 20 UmwStG zu Buchwerten eingebracht mit dem Ziel einer besseren Verlustverrechnung untereinander. Die in der T-GmbH zusammengefassten Betriebe gewerblicher Art erzielen im VZ 06 folgende steuerliche Ergebnisse:

Verkehrsbetrieb:	./. 43.000 €
Stadtwerke:	140.000 €
Bäder:	./. 36.000 €
Theater:	./. 21.000 €
Konzerthaus:	./. 25.000 €
Krematorium:	23.000 €
Duales System:	16.000 €
Entsorgung Elektroschrott:	7.000 €

Im Februar 07 wird das von der T-GmbH errichtete Schulschwimmbad fertig gestellt und ab März 07 für das Schulschwimmen genutzt. Der im VZ 07 erzielte Verlust aus dieser Betätigung beläuft sich auf 120.000 €.

Außerdem wird in 07 erstmals eine EDV-Servicetätigkeit durch die T-GmbH ausgeübt, die im VZ 07 einen Anlaufverlust vom 3.000 € erzielt.

Das Konzerthaus konnte im VZ 07 aufgrund der Durchführung mehrerer großer Festspiele einen Gewinn von 3.000 € erzielen.

Alle übrigen in der T-GmbH zusammengefassten Tätigkeiten erzielen im VZ 07 folgende steuerliche Ergebnisse:

Verkehrsbetrieb:	./. 38.000 €
Stadtwerke:	130.000 €
Bäder:	./. 32.000 €
Theater:	./. 11.000 €
Krematorium:	28.000 €
Duales System:	15.000 €
Entsorgung Elektroschrott:	10.000 €

Frage

1. Liegen im VZ 04 bei den Betrieben gewerblicher Art mit Dauerverlustgeschäften vGA an die T-Stadt vor?
2. Wie hoch sind die zu versteuernden Einkommen im VZ 04 und die auf den 31.12.04 festzustellenden Verlustvorträge für die einzelnen Betriebe gewerblicher Art?
3. Ist die von der T-Stadt im VZ 05 vorgenommene Zusammenfassung mehrerer Betriebe gewerblicher Art zu einem Betrieb gewerblicher Art zulässig?
4. Wie hoch sind die zu versteuernden Einkommen im VZ 05 und die auf den 31.12.05 festzustellenden Verlustvorträge für die jeweiligen Betriebe gewerblicher Art?
5. Ist die Zusammenfassung aller Betriebe gewerblicher Art in der T-GmbH zulässig?
6. Führen die in der T-GmbH ausgeübten Verlusttätigkeiten zu einer vGA an die T-Stadt?
7. Wie ermittelt sich das zu versteuernde Einkommen für die T-GmbH im VZ 06 und VZ 07?
8. Welche Verlust-Feststellungen sind für die T-GmbH auf den 31.12.06 und 31.12.07 durchzuführen?

Antwort

1. Bei den BgA „Verkehrsbetriebe", „Theater", „Konzerthaus" und „Bäder" handelt es sich um „wirtschaftliche" Dauerverlustbetriebe i. S. des § 8 Abs. 7 Satz 2 1. Halbsatz KStG, da diese Betriebe gewerblicher Art aus verkehrspolitischen, kulturpolitischen und gesundheitspolitischen Gründen ohne kostendeckende Entgelte betrieben werden. Nach § 8 Abs. 7 Satz 1 Nr. 1 KStG sind daher keine vGA an die T-Stadt anzusetzen.

2. Bei der Ermittlung des zu versteuernden Einkommens für die einzelnen BgA ist der Freibetrag nach § 24 KStG zu berücksichtigen. Es ergeben sich folgende zu versteuernde Einkommen für den VZ 04:

BgA Verkehrsbetrieb:	./. 40.000 €
BgA Stadtwerke:	85.000 €
BgA Theater:	./. 9.000 €
BgA Konzerthaus:	./. 24.000 €
BgA Bäder:	./. 33.000 €
BgA Krematorium:	10.000 €
BgA Duales System:	1.000 €
BgA Entsorgung Elektroschrott:	0 €

Die verbleibenden Verlustvorträge auf den 31.12.04 werden in folgender Höhe gesondert festgestellt:

BgA Verkehrsbetrieb:	160.000 €
BgA Theater:	43.000 €
BgA Konzerthaus:	84.000 €
BgA Bäder:	109.000 €

3. Die Zusammenfassung des BgA Stadtwerke mit dem BgA Bäder ist nach § 4 Abs. 6 Nr. 2 KStG möglich, da aufgrund des Blockheizkraftwerks zumindest mit dem kombinierten Hallen- und Freibad als Teil des BgA Bäder eine technisch-wirtschaftliche Verflechtung besteht und diese zum zusammengefassten BgA Bäder nach der Gesamtschau von einigem Gewicht ist.

   Da die Stadtwerke dem zusammengefassten BgA Stadtwerke/Bäder das Gepräge geben, handelt es sich bei diesem zusammengefassten Betrieb gewerblicher Art um einen Versorgungsbetrieb. Daher ist nach § 4 Abs. 6 Nr. 3 KStG auch die weitere Zusammenfassung des BgA Stadtwerke/Bäder mit dem BgA Verkehrsbetrieb zulässig (sog. Kettenzusammenfassung).

4. Bei der Einkommensermittlung des zusammengefassten BgA Stadtwerke/ Bäder/Verkehrsbetriebe ist zu beachten, dass nach § 8 Abs. 8 KStG die Verlustvorträge der bisherigen einzelnen BgA „Verkehrsbetriebe" und „Bäder" nicht berücksichtigt werden dürfen. Durch die Zusammenfassung ist steuerlich ein neuer Betrieb gewerblicher Art und damit ein neues Steuerrechtssubjekt entstanden.

   Für die einzelnen Betriebe gewerblicher Art ergeben sich unter Berücksichtigung des Freibetrags nach § 24 KStG folgende zu versteuernde Einkommen für den VZ 05

BgA Stadtwerke/ Bäder/Verkehrsbetrieb:	55.000 €
BgA Theater:	./. 12.000 €
BgA Konzerthaus:	./. 19.000 €
BgA Krematorium:	12.000 €
BgA Duales System:	3.000 €
BgA Entsorgung Elektroschrott:	0 €

Die verbleibenden Verlustvorträge auf den 31.12.05 werden in folgender Höhe gesondert festgestellt:

BgA Theater:	55.000 €
BgA Konzerthaus:	103.000 €

5. Die Zusammenfassung aller Betriebe gewerblicher Art in der T-GmbH und damit die Ausübung dieser verschiedenen Tätigkeiten durch die T-GmbH ist zulässig, denn durch § 4 Abs. 6 KStG wird nur die Zusammenfassung von Betrieben gewerblicher Art eingeschränkt. Für die T-GmbH als Kapitalgesellschaft gibt es keine Einschränkungen hinsichtlich der Art ihrer Tätigkeiten. Damit ist die Einbringung der Betriebe gewerblicher Art zu Buchwerten nach § 20 UmwStG in die neu gegründete T-GmbH möglich und zulässig.
6. Bei den von der T-GmbH ausgeübten Verlusttätigkeiten handelt es sich um „wirtschaftliche" Dauerverlustgeschäfte i. S. von § 8 Abs. 7 Satz 2 1. Halbsatz, die nach § 8 Abs. 7 Satz 1 Nr. 2 KStG nicht zu einer vGA führen.
7. Bei der Einkommensermittlung der T-GmbH ist die Spartenregelung des § 8 Abs. 9 KStG zu beachten. Im VZ 06 werden die Tätigkeiten der T-GmbH folgenden Sparten zugeordnet, für die jeweils ein eigenständiger Gesamtbetrag der Einkünfte zu ermitteln ist:

– Sparte Stadtwerke/Bäder/Verkehrsbetriebe als aufgrund § 4 Abs. 6 Nr. 2 und 3 KStG zusammengefasster Tätigkeiten (140.000 € ⁄. 36.000 € ⁄. 43.000 €) = Sparte 1	Gewinn 61.000 €
– Sparte Theater als Dauerverlustgeschäft = Sparte 2	Verlust 21.000 €
– Sparte Konzerthaus als Dauerverlustgeschäft = Sparte 3	Verlust 25.000 €
– Sparte „übrige Tätigkeiten" bestehend aus der mit Gewinnerzielungsabsicht betriebenen Tätigkeit des Krematoriums (23.000 €), des Dualen Systems (16.000 €) und der Entsorgung Elektroschrott (7.000 €) = Sparte 4	Gewinn 46.000 €

Die Verluste der zwei Verlustsparten „Theater" und „Konzerthaus" sind gem. § 8 Abs. 9 Satz 8 KStG i. V. m. § 10 d Abs. 4 EStG gesondert festzustellen.

Die Gewinne aus den Sparten „Stadtwerke/Bäder/Verkehrsbetriebe" und „übrige Tätigkeiten" sind bei der Einkommensermittlung der T-GmbH für den VZ 06 anzusetzen. Somit ergibt sich für den VZ 06 ein zu versteuerndes Einkommen von 107.000 €.

Im VZ 07 übt die GmbH erstmals zwei weitere Tätigkeiten aus. Dabei ist nach § 8 Abs. 9 Satz 3 KStG zu beachten, dass die Aufnahme einer weiteren, nicht gleichartigen Tätigkeit zu einer neuen gesonderten Sparte führt.

Der Betrieb des Schulschwimmbades im VZ 07 führt zu einer neuen Sparte „hoheitliches Dauerverlustgeschäft" nach § 8 Abs. 9 Satz 1 Nr. 1 KStG. Die EDV-Servicetätigkeit gehört zu der Sparte i. S. des § 8 Abs. 9

Satz 1 Nr. 3 KStG „übrige Tätigkeiten", die dadurch in der veränderten Form fortgeführt wird.

Damit ergeben sich bei der T-GmbH im VZ 07 folgende Sparten mit folgenden Ergebnissen:

– Sparte Stadtwerke/Bäder/Verkehrsbetriebe als aufgrund § 4 Abs. 6 Nr. 2 und 3 KStG zusammengefasster Tätigkeiten (130.000 € ⁒ 32.000 € ⁒ 38.000 €) = Sparte 1	Gewinn 60.000 €
– Sparte Theater als Dauerverlustgeschäft = Sparte 2	Verlust 11.000 €
– Sparte Konzerthaus als Dauerverlustgeschäft = Sparte 3	Gewinn 3.000 €
– Sparte „übrige Tätigkeiten" bestehend aus der mit Gewinnerzielungsabsicht betriebenen Tätigkeit des Krematoriums (28.000 €), des Dualen Systems (15.000 €), der Entsorgung Elektroschrott (10.000 €) und der EDV-Servicetätigkeit (⁒ 3.000 €) = Sparte 4	Gewinn 50.000 €
– Sparte Schulschwimmbad als hoheitliches Dauerverlustgeschäft = Sparte 5	Verlust 120.000 €

Die Verluste der beiden Verlustsparten „Theater" und „Schulschwimmbad" werden gem. § 8 Abs. 9 Satz 8 KStG i. V. m. § 10 d Abs. 4 EStG gesondert festgestellt, wobei der zum 31.12.06 bereits festgestellte Verlustvortrag in der Sparte „Theater" fortgeschrieben wird.

Für die Sparte „Konzerthaus" wird der positive Gesamtbetrag der Einkünfte i. H. von 3.000 € um den zum 31.12.06 festgestellten Verlustvortrag dieser Sparte i. H. von 25.000 € bis auf 0 € gemindert.

Die Gewinne aus den Sparten „Stadtwerke/Bäder/Verkehrsbetriebe" und „übrige Tätigkeiten" sind bei der Einkommensermittlung der T-GmbH für den VZ 07 anzusetzen. Damit ergibt sich für den VZ 07 ein zu versteuerndes Einkommen von 110.000 €.

8. Für die einzelnen Sparten werden folgende verbleibende Verlustvorträge nach § 8 Abs. 9 Satz 8 KStG i. V. m. § 10 d Abs. 4 EStG gesondert festgestellt:

Zum 31.12.06:	
Sparte 2: Theater	21.000 €
Sparte 3: Konzerthaus	25.000 €
Zum 31.12.07:	
Sparte 2: Theater	32.000 €
Sparte 3: Konzerthaus	22.000 €
Sparte 5: Schulschwimmen	120.000 €

Begründung

1. Durch das JStG 2009[1] wurde die frühere Verwaltungsauffassung zur Frage, ob das Unterhalten eines dauerdefizitären Betriebs gewerblicher Art

1 Jahressteuergesetz 2009 vom 19.12.2008; BStBl 2009 I S. 74.

eine vGA an die Trägerkörperschaft sein kann, in § 8 Abs. 7 KStG gesetzlich geregelt. Dies war notwendig, nachdem der BFH entschieden hatte, dass die Übernahme einer dauerdefizitären Tätigkeit durch eine Kapitalgesellschaft, deren sämtliche Anteile einer juristischen Person des öffentlichen Rechts gehören (sog. Eigengesellschaft), ohne schuldrechtlichen Verlustausgleich zumindest in Höhe der laufenden Betriebsverluste zu einer vGA an die juristische Person des öffentlichen Rechts führt.[2] Die Finanzverwaltung hatte hierauf zunächst mit einem Nichtanwendungserlass[3] reagiert, d. h., sie blieb grundsätzlich bei ihrer großzügigeren Rechtsauffassung, die keine vGA annahm. Das genannte Urteil des BFH erging zwar zu dauerhaft defizitären Eigengesellschaften, allerdings wurde in der Rechtsprechung und Literatur darüber hinaus auch die Frage diskutiert, ob auch bei dauerhaft defizitären Betrieben gewerblicher Art (z. B. Bäder- und Verkehrsbetriebe) i. H. der Dauerverluste vGA anzunehmen sind.

Nach § 8 Abs. 7 Satz 1 Nr. 1 KStG sind die Rechtsfolgen einer vGA bei Betrieben gewerblicher Art nicht bereits deshalb zu ziehen, weil diese ein Dauerverlustgeschäft ausüben. Ein sog. „wirtschaftliches" Dauerverlustgeschäft i. S. des § 8 Abs. 7 Satz 2 1. Halbsatz KStG liegt vor, soweit aus verkehrs-, umwelt-, sozial-, kultur-, bildungs- oder gesundheitspolitischen Gründen eine wirtschaftliche Betätigung ohne kostendeckendes Entgelt unterhalten wird.[4] Diese gesetzliche Neuregelung ist grundsätzlich auch bereits für VZ vor 2009 anzuwenden (§ 34 Abs. 6 Satz 2 KStG), da sie insoweit als Klarstellung angesehen wird, um die o. g. BFH-Rechtsprechung auch rückwirkend „auszuhebeln".

Bei den Betrieben gewerblicher Art, für die zum 31.12.03 bereits verbleibende Verlustvorträge festgestellt sind und die im VZ 04 wiederum Verluste erzielen, ist zu überprüfen, ob es sich hierbei um „wirtschaftliche" Dauerverlustbetriebe i. S. des § 8 Abs. 7 Satz 2 KStG handelt.

Der BgA Verkehrsbetrieb wird aus verkehrspolitischen Gründen[5] betrieben, der BgA Theater sowie der BgA Konzerthaus werden aus kulturpolitischen Gründen[6] betrieben und der BgA Bäder wird aus gesundheitspolitischen Gründen[7] betrieben. Bei diesen Betrieben gewerblicher Art werden keine kostendeckende Entgelte erhoben. Somit handelt es sich bei allen Verlustbetrieben um Dauerverlustbetriebe i. S. des § 8 Abs. 7 Satz 2 KStG,[8] sodass nach § 8 Abs. 7 Satz 1 Nr. 1 KStG keine vGA anzusetzen ist.

2 BFH-Urteil vom 22.08.2007, BStBl II S. 961.

3 BMF-Schreiben vom 07.12.2007, BStBl I S. 905.

4 BMF-Schreiben vom 12.11.2009, BStBl I S. 1303, Rz. 36.

5 BMF-Schreiben vom 12.11.2009, BStBl I S. 1303, Rz. 41.

6 BMF-Schreiben vom 12.11.2009, BStBl I S. 1303, Rz. 44.

7 BMF-Schreiben vom 12.11.2009, BStBl I S. 1303, Rz. 46.

8 BMF-Schreiben vom 12.11.2009, BStBl I S. 1303, Rz. 36.

2. Die T-Stadt ist Steuerrechtssubjekt i. S. des § 1 Abs. 1 Nr. 6 KStG wegen jedes einzelnen von ihr unterhaltenen Betriebs gewerblicher Art (H 33 „Steuerrechtssubjekt" KStH). Daher ist für jeden Betrieb gewerblicher Art das Einkommen nach § 8 Abs. 1 KStG gesondert zu ermitteln. Bei der Ermittlung des zu versteuernden Einkommens ist der Freibetrag nach § 24 KStG i. H. von max. 5.000 € zu berücksichtigen (§ 7 Abs. 2 KStG). Die zu versteuernden Einkommen im VZ 04 betragen für die einzelnen Betriebe gewerblicher Art:

BgA Verkehrsbetrieb:	
Verlust = zu versteuerndes Einkommen	./. 40.000 €
BgA Stadtwerke:	
Gewinn	90.000 €
Freibetrag § 24 KStG	./. 5.000 €
zu versteuerndes Einkommen	85.000 €
BgA Theater:	
Verlust = zu versteuerndes Einkommen	./. 9.000 €
BgA Konzerthaus:	
Verlust = zu versteuerndes Einkommen	./. 24.000 €
BgA Bäder:	
Verlust = zu versteuerndes Einkommen	./. 33.000 €
BgA Krematorium:	
Gewinn	15.000 €
Freibetrag § 24 KStG	./. 5.000 €
zu versteuerndes Einkommen	10.000 €
BgA Duales System:	
Gewinn	6.000 €
Freibetrag § 24 KStG	./. 5.000 €
zu versteuerndes Einkommen	1.000 €
BgA Entsorgung Elektroschrott:	
Gewinn	5.000 €
Freibetrag § 24 KStG	./. 5.000 €
zu versteuerndes Einkommen	0 €

Auf den 31.12.04 sind für die folgenden Betriebe gewerblicher Art die verbleibenden Verlustvorträge nach § 10 d Abs. 4 EStG gesondert festzustellen:

BgA Verkehrsbetrieb:	
verbleibender Verlustvortrag zum 31.12.03	120.000 €
Verlust 04	+ 40.000 €
verbleibender Verlustvortrag zum 31.12.04	160.000 €
BgA Theater:	
verbleibender Verlustvortrag zum 31.12.03	34.000 €
Verlust 04	+ 9.000 €
verbleibender Verlustvortrag zum 31.12.04	43.000 €
BgA Konzerthaus:	
verbleibender Verlustvortrag zum 31.12.03	60.000 €

Verlust 04	+ 24.000 €
verbleibender Verlustvortrag zum 31.12.04	84.000 €
BgA Bäder:	
verbleibender Verlustvortrag zum 31.12.03	76.000 €
Verlust 04	+ 33.000 €
verbleibender Verlustvortrag zum 31.12.04	109.000 €

3. Grundsätzlich unterliegt eine juristische Person öffentlichen Rechts mit jedem einzelnen ihrer Betriebe gewerblicher Art der unbeschränkten Körperschaftsteuerpflicht nach § 1 Abs. 1 Nr. 6 KStG (H 33 „Steuerrechtssubjekt" KStH). Eine Zusammenfassung einzelner Betriebe gewerblicher Art ist nur nach den Grundsätzen des § 4 Abs. 6 KStG zulässig. Danach kann ein Betrieb gewerblicher Art mit anderen Betrieben gewerblicher Art zusammengefasst werden, wenn

- sie gleichartig sind (§ 4 Abs. 6 Nr. 1 KStG),
- zwischen ihnen nach dem Gesamtbild der tatsächlichen Verhältnisse objektiv eine enge wechselseitige technisch-wirtschaftliche Verflechtung von einigem Gewicht besteht (§ 4 Abs. 6 Nr. 2 KStG) oder
- Betriebe gewerblicher Art i. S. des § 4 Abs. 3 KStG (= Versorgungs- und Verkehrsbetriebe) vorliegen (§ 4 Abs. 6 Nr. 3 KStG).

Eigentlich handelt es sich sowohl bei dem BgA Hallen- und Freibad als auch bei dem BgA Freibad um jeweils eigenständige Betriebe gewerblicher Art, die aber bisher bereits aufgrund der Gleichartigkeit zulässigerweise zu einem BgA Bäder zusammengefasst wurden (§ 4 Abs. 6 Nr. 1 KStG).

Die Stadtwerke sind inklusive dem Blockheizkraftwerk ein Versorgungs-BgA. Aufgrund der Errichtung des Blockheizkraftwerkes beim Hallen- und Freibad und der damit verbundenen Wärmenutzung durch dieses Bad besteht eine enge wechselseitige technisch-wirtschafltiche Verflechtung von einigem Gewicht mit dem Hallen- und Freibad. Eine Zusammenfassung des BgA Stadtwerke mit dem zusammengefassten BgA Bäder ist nach § 4 Abs. 6 Nr. 2 KStG möglich, da zumindest mit dem kombinierten Hallen- und Freibad eine technisch-wirtschafltiche Verflechtung besteht und diese zum zusammengefassten BgA Bäder nach der Gesamtschau von einigem Gewicht ist.[9]

Fraglich ist nun, ob die Zusammenfassung des bereits zusammengefassten BgA Stadtwerke/Bäder mit dem BgA Verkehrsbetrieb nach § 4 Abs. 6 KStG zulässig ist. Es handelt sich hierbei um eine sog. „Kettenzusammenfassung". Eine Zusammenfassung des (alleinigen) BgA Stadtwerke mit dem BgA Verkehrsbetriebe wäre nach § 4 Abs. 6 Nr. 3 KStG problemlos möglich, da es sich hierbei um Betriebe gewerblicher Art i. S. von § 4 Abs. 3 KStG (Versorgungs- und Verkehrsbetriebe) handelt. Für die Zusammenfassung des bereits nach § 4 Abs. 6 Nr. 2 KStG zusammengefassten BgA Stadt-

9 BMF-Schreiben vom 12.11.2009, BStBl I S. 1303, Rz. 5 und 7.

werke/Bäder mit dem BgA Verkehrsbetriebe nach § 4 Abs. 6 Nr. 3 KStG ist Voraussetzung, dass der zusammengefasste BgA Stadtwerke/Bäder einen Versorgungsbetrieb darstellt. Hierzu muss der Teil-BgA Stadtwerke dem zusammengefassten BgA Stadtwerke/Bäder das Gepräge geben. Da diese Voraussetzung lt. Sachverhalt erfüllt ist, kann eine weitere Zusammenfassung des BgA Stadtwerke/Bäder mit dem BgA Verkehrsbetrieb nach § 4 Abs. 6 Nr. 3 KStG erfolgen.[10] Es wurde für den zusammengefassten Betrieb gewerblicher Art auch eine eigenständige Gewinnermittlung durchgeführt.[11]

Die von der T-Stadt vorgenommene Zusammenfassung der BgA Stadtwerke, Bäder und Verkehrsbetriebe zu einem Betrieb gewerblicher Art ist somit zulässig.

4. Bei der Ermittlung des zu versteuernden Einkommens für den zusammengefassten BgA Stadtwerke/Bäder/Verkehrsbetriebe ist die Vorschrift des § 8 Abs. 8 KStG zu beachten. Nach § 8 Abs. 8 KStG sind die Vorschriften des Verlustabzugs nach § 10 d EStG auf den jeweiligen Betrieb gewerblicher Art anzuwenden. Aus der zulässigen Zusammenfassung von Betrieben gewerblicher Art, die nicht gleichartig sind, entsteht ein neuer Betrieb gewerblicher Art. Verlustvorträge, die für die bisherigen Betriebe gewerblicher Art vor der Zusammenfassung gesondert festgestellt worden sind, können nicht bei dem durch die Zusammenfassung neuen Betrieb gewerblicher Art berücksichtigt werden (§ 8 Abs. 8 Satz 2 und 4 KStG). Diese Verlustvorträge werden „eingefroren". Sie sind erst wieder nutzbar, wenn die juristische Person des öffentlichen Rechts wieder einen solchen Betrieb gewerblicher Art unterhält, wie er bis zur Zusammenfassung bestand (§ 8 Abs. 8 Satz 3 KStG).[12]

Die für die (Einzel-)BgA Bäder und Verkehrsbetrieb zum 31.12.04 gesondert festgestellten Verlustvorträge i. H. von 109.000 € (Bäder) bzw. 160.000 € (Verkehrsbetriebe) können aufgrund der Zusammenfassung zum BgA Stadtwerke/Bäder/Verkehrsbetriebe bei der Einkommensermittlung des zusammengefassten Betriebs gewerblicher Art nach § 8 Abs. 8 KStG nicht berücksichtigt werden. Da die BgA Bäder und Verkehrsbetriebe ab 05 nicht mehr als Betriebe gewerblicher Art bestehen, erfolgt keine weitere Feststellung des verbleibenden Verlustvortrags.[13]

Die zu versteuernden Einkommen im VZ 05 ermitteln sich für die einzelnen Betriebe gewerblicher Art unter Berücksichtigung des Freibetrags nach § 24 KStG wie folgt:

---

10 BMF-Schreiben vom 12.11.2009, BStBl I S. 1303, Rz. 6.

11 BMF-Schreiben vom 12.11.2009, BStBl I S. 1303, Rz. 3.

12 BMF-Schreiben vom 12.11.2009, BStBl I S. 1303, Rz. 64.

13 BMF-Schreiben vom 12.11.2009, BStBl I S. 1303, Rz. 64 und 65; a. A Krämer in Dötsch/Jost/Pung/Witt, Die Körperschaftsteuer, § 8 Abs. 8 Rz. 6.

BgA Stadtwerke/Bäder/Verkehrsbetrieb:

Gewinn	60.000 €
Freibetrag § 24 KStG	⁒ 5.000 €
zu versteuerndes Einkommen	55.000 €

BgA Theater:

Verlust = zu versteuerndes Einkommen	⁒ 12.000 €

BgA Konzerthaus:

Verlust = zu versteuerndes Einkommen	⁒ 19.000 €

BgA Krematorium:

Gewinn	17.000 €
Freibetrag § 24 KStG	⁒ 5.000 €
zu versteuerndes Einkommen	12.000 €

BgA Duales System:

Gewinn	8.000 €
Freibetrag § 24 KStG	⁒ 5.000 €
zu versteuerndes Einkommen	3.000 €

BgA Entsorgung Elektroschrott:

Gewinn	4.000 €
Freibetrag § 24 KStG max.	⁒ 4.000 €
zu versteuerndes Einkommen	0 €

Auf den 31.12.05 sind für die folgenden Betriebe gewerblicher Art die verbleibenden Verlustvorträge nach § 10 d Abs. 4 EStG gesondert festzustellen:

BgA Theater:

verbleibender Verlustvortrag zum 31.12.04	43.000 €
Verlust 05	+ 12.000 €
verbleibender Verlustvortrag zum 31.12.05	55.000 €

BgA Konzerthaus:

verbleibender Verlustvortrag zum 31.12.04	84.000 €
Verlust 05	+ 19.000 €
verbleibender Verlustvortrag zum 31.12.05	103.000 €

5. Grundsätzlich steht es einer juristischen Person des öffentlichen Rechts frei, ihre Tätigkeiten in der Rechtsform einer Kapitalgesellschaft (z. B. GmbH) auszuüben. Sofern die juristische Person des öffentlichen Rechts 100 % der Anteile an der GmbH hält, spricht man von einer sog. **Eigengesellschaft.** Durch die Eigengesellschaft können die verschiedensten Tätigkeiten ausgeübt werden. Damit können in einer Eigengesellschaft auch Tätigkeiten ausgeübt werden, deren Zusammenfassung als Betriebe gewerblicher Art nach § 4 Abs. 6 KStG nicht möglich wäre. § 4 Abs. 6 KStG schränkt nur die Zusammenfassung von Betrieben gewerblicher Art, nicht aber die Ausübung der Tätigkeiten in der Rechtsform einer Kapitalgesellschaft ein. Damit ist die Einbringung aller Betriebe gewerblicher Art der

T-Stadt in die neu gegründete T-GmbH und damit die Zusammenfassung aller Tätigkeiten in der T-GmbH zulässig. Die Einbringung der Betriebe gewerblicher Art in die T-GmbH nach § 20 UmwStG zu Buchwerten ist steuerrechtlich möglich (zu den Voraussetzungen für die Anwendung von § 20 UmwStG vgl. Fall 44).

6. In der T-GmbH werden sowohl gewinnbringende Tätigkeiten als auch die Tätigkeiten ausgeübt, die nur Verluste erwirtschaften. Soweit die Verluste durch sog. Dauerverlustbetriebe erzielt werden, liegen nach § 8 Abs. 7 Nr. 2 KStG auch bei der Eigengesellschaft T-GmbH keine vGA an die T-Stadt vor. Da es sich bei den in der T-GmbH ausgeübten Verlusttätigkeiten um die Tätigkeiten handelt, die ursprünglich bei der Ausübung im Rahmen eines Betriebs gewerblicher Art sog. „wirtschaftliche" Dauerverlustgeschäfte i. S. des § 8 Abs. 7 Satz 2 1. Halbsatz KStG waren, handelt es sich auch bei der T-GmbH um Tätigkeiten im Rahmen von „wirtschaftlichen" Dauerverlustgeschäften.[14] Durch die Übernahme der Verluste liegt eine verhinderte Vermögensmehrung zugunsten der T-Stadt vor, die 100 % der Anteile an der T-GmbH hält. Nach § 8 Abs. 7 Satz 1 Nr. 2 KStG sind jedoch die Rechtsfolgen einer vGA aufgrund der Dauerverlustgeschäfte i. S. des § 8 Abs. 7 Satz 2 KStG nicht zu ziehen.

7. Da in der T-GmbH verschiedenartige Tätigkeiten ausgeübt werden, die bei einer juristischen Person des öffentlichen Rechts zu mehreren Betrieben gewerblicher Art führen würden und die nach § 4 Abs. 6 KStG als Betrieb gewerblicher Art nicht hätten zusammengefasst werden dürfen, ist bei der Einkommensermittlung der T-GmbH die Vorschrift des § 8 Abs. 9 KStG zu beachten.[15] Nach Verwaltungsauffassung[15] ist § 8 Abs. 9 KStG dann anzuwenden, wenn für eine Kapitalgesellschaft § 8 Abs. 7 Satz 1 Nr. 2 KStG zur Anwendung kommt und diese

- mehr als eine Tätigkeit ausübt, die bei einer juristischen Person des öffentlichen Rechts jeweils zu einem Betrieb gewerblicher Art führen würde, die ggf. aber nach § 4 Abs. 6 KStG zusammengefasst werden könnten,
- neben mindestens einer wirtschaftlichen Tätigkeit auch eine Tätigkeit i. S. des § 8 Abs. 7 Satz 2 letzter Halbsatz KStG ausübt oder
- mehrere Tätigkeiten i. S. des § 8 Abs. 7 Satz 2 KStG letzter Halbsatz KStG ausübt.

Im VZ 06 übt die T-GmbH verschiedene Tätigkeiten aus, die alle einen Betrieb gewerblicher Art darstellen würden und die teilweise nach § 4 Abs. 6 KStG zusammengefasst werden könnten. Insoweit wird auf die bei den Betrieben gewerblicher Art zulässige Zusammenfassung verwiesen (vgl. Begründung zu Nr. 3). Da sich hierunter auch Tätigkeiten befinden, die zur Anwendung des § 8 Abs. 7 Satz 1 Nr. 2 KStG führen (vgl. Begrün-

---

14 BMF-Schreiben vom 12.11.2009, BStBl I S. 1303, Rz. 36.

15 BMF-Schreiben vom 12.11.2009, BStBl I S. 1303, Rz. 66.

dung zu Nr. 6), ist bei der Einkommensermittlung der T-GmbH die sog. Spartentrennung nach § 8 Abs. 9 KStG zu beachten.[16]

Für die Spartentrennung sind

- zunächst Dauerverlustgeschäfte i. S. des § 8 Abs. 7 Satz 2 letzter Halbsatz KStG jeweils einer gesonderten Sparte zuzuordnen (Sparten i. S. des § 8 Abs. 9 Satz 1 Nr. 1 KStG = Sparten mit hoheitlichen Dauerverlustgeschäften). Eine Zusammenfassung dieser „hoheitlichen" Tätigkeiten scheidet aus;[17]
- danach Tätigkeiten, die entweder nach § 4 Abs. 6 Satz 1 KStG zusammenfassbar sind, unabhängig davon, ob es sich um Dauerverlustgeschäfte oder Gewinngeschäfte handelt, oder aus übrigen nicht zusammenfassbaren Dauerverlustgeschäften stammen, nach Maßgabe des § 4 Abs. 6 Satz 1 KStG jeweils einer gesonderten Sparte zuzuordnen (Sparten i. S. des § 8 Abs. 9 Satz 1 Nr. 2 KStG);[18]
- die danach verbleibenden Tätigkeiten einer gesonderten Sparte zuzuordnen (Sparte i. S. des § 8 Abs. 9 Satz 1 Nr. 3 KStG: „übrige Sparte"). In diese Sparte sind auch Geschäfte einzuordnen, die – ohne Dauerverlustgeschäfte zu sein – in einzelnen Wirtschaftsjahren Verluste bzw. Anlaufverluste erzielen.[19]

Damit sind die Tätigkeiten der T-GmbH im **VZ 06** zwingend folgenden Sparten zuzuordnen, für die jeweils nach Maßgabe der R 29 Abs. 1 Satz 2 KStR ein eigenständiger Gesamtbetrag der Einkünfte zu ermitteln ist:

– Sparte Stadtwerke/Bäder/Verkehrsbetriebe als aufgrund § 4 Abs. 6 Nr. 2 und 3 KStG zusammengefasster Tätigkeiten (140.000 € ./. 36.000 € ./. 43.000 €) = Sparte 1	Gewinn 61.000 €
– Sparte Theater als Dauerverlustgeschäft = Sparte 2	Verlust 21.000 €
– Sparte Konzerthaus als Dauerverlustgeschäft = Sparte 3	Verlust 25.000 €
– Sparte „übrige Tätigkeiten" bestehend aus der mit Gewinnerzielungsabsicht betriebenen Tätigkeit des Krematoriums (23.000 €), des Dualen Systems (16.000 €) und der Entsorgung Elektroschrott (7.000 €) = Sparte 4	Gewinn 46.000 €

Die hier ermittelten Gewinne bzw. Verluste entsprechen dem jeweiligen Gesamtbetrag der Einkünfte der jeweiligen Sparte.

Die Verluste der zwei Verlustsparten „Theater" und „Konzerthaus" sind gem. § 8 Abs. 9 Satz 8 KStG i. V. m. § 10 d Abs. 4 EStG gesondert festzustellen (vgl. Begründung zu Nr. 8). Dabei ist zu beachten, dass die bei

16 BMF-Schreiben vom 12.11.2009, BStBl I S. 1303, Rz. 68.

17 BMF-Schreiben vom 12.11.2009, BStBl I S. 1303, Rz. 69.

18 BMF-Schreiben vom 12.11.2009, BStBl I S. 1303, Rz. 70.

19 BMF-Schreiben vom 12.11.2009, BStBl I S. 1303, Rz. 71.

den eingebrachten Betrieben gewerblicher Art bestehenden Verlustvorträge nicht auf die T-GmbH übergehen.[20]

Die Gewinne aus den Sparten „Stadtwerke/Bäder/Verkehrsbetriebe" und „übrige Tätigkeiten" sind bei der Einkommensermittlung der T-GmbH für den VZ 06 anzusetzen. Eine Verrechnung der Verluste (= negativer Gesamtbetrag der Einkünfte) aus den beiden Verlustsparten mit dem positiven Gesamtbetrag der Einkünfte der beiden anderen Sparten ist nach § 8 Abs. 9 Satz 4 KStG nicht zulässig. Nur Sparten, deren Gesamtbetrag der Einkünfte nicht negativ ist, sind bei der Ermittlung des Einkommens der Eigengesellschaft T-GmbH zu berücksichtigen.[21] Damit ergibt sich für den VZ 06 folgende Einkommensermittlung:

Gewinn Bäder/Stadtwerke/Verkehrsbetriebe	61.000 €
Gewinn übrige Tätigkeiten	46.000 €
zu versteuerndes Einkommen	107.000 €

Bei der T-GmbH wird kein Freibetrag nach § 24 KStG berücksichtigt.

Im **VZ 07** übt die GmbH erstmals zwei weitere Tätigkeiten aus. Dabei ist nach § 8 Abs. 9 Satz 3 KStG zu beachten, dass die Aufnahme einer weiteren, nicht gleichartigen Tätigkeit zu einer neuen gesonderten Sparte führt.

Mit dem Betrieb des Schulschwimmbades betreibt die T-GmbH ein „hoheitliches" Dauerverlustgeschäft, da der Betrieb eines Schulschwimmbades zu den hoheitlichen Tätigkeiten einer Stadt gehört und keinen Betrieb gewerblicher Art i. S. des § 4 Abs. 1 KStG darstellen würde. Damit gehört der Betrieb des Schulschwimmbads zu der Sparte nach § 8 Abs. 9 Satz 1 Nr. 1 KStG und ist ab dem VZ 07 als weitere Sparte „hoheitliches Dauerverlustgeschäft" zu führen.

Bei der EDV-Servicetätigkeit handelt es sich nicht um ein Dauerverlustgeschäft i. S. des § 8 Abs. 7 Satz 2 KStG, sondern um eine mit Gewinnerzielungsabsicht betriebene Tätigkeit, die lediglich einen Anlaufverlust erlitten hat. Diese Tätigkeit gehört zu der Sparte i. S. des § 8 Abs. 9 Satz 1 Nr. 3 KStG „übrige Tätigkeiten". Sofern sich in dieser Sparte „übrige Tätigkeiten" i. S. des § 8 Abs. 9 Satz 1 Nr. 3 KStG Veränderungen ergeben, wird die Sparte in der veränderten Form fortgeführt.[22]

Damit ergeben sich bei der T-GmbH im VZ 07 folgende Sparten mit folgenden Ergebnissen:

– Sparte Stadtwerke/Bäder/Verkehrsbetriebe als aufgrund § 4 Abs. 6 Nr. 2 und 3 KStG zusammengefasster Tätigkeiten (130.000 € ⁒ 32.000 € ⁒ 38.000 €) = Sparte 1	Gewinn 60.000 €
– Sparte Theater als Dauerverlustgeschäft = Sparte 2	Verlust 11.000 €

20 Patt in Dötsch/Jost/Pung/Witt, Die Körperschaftsteuer, § 23 UmwStG (SEStEG), Rz. 36.

21 BMF-Schreiben vom 12.11.2009, BStBl I S. 1303, Rz. 87.

22 BMF-Schreiben vom 12.11.2009, BStBl I S. 1303, Rz. 74.

- Sparte Konzerthaus als Dauerverlustgeschäft = Sparte 3 — Gewinn 3.000 €
- Sparte „übrige Tätigkeiten" bestehend aus der mit Gewinnerzielungsabsicht betriebenen Tätigkeit des Krematoriums (28.000 €), des Dualen Systems (15.000 €), der Entsorgung Elektroschrott (10.000 €) und der EDV-Servicetätigkeit (⁒ 3.000 €) = Sparte 4 — Gewinn 50.000 €
- Sparte Schulschwimmbad als hoheitliches Dauerverlustgeschäft = Sparte 5 — Verlust 120.000 €

Die Verluste der beiden Verlustsparten „Theater" und „Schulschwimmbad" werden gem. § 8 Abs. 9 Satz 8 KStG i. V. m. § 10 d Abs. 4 EStG gesondert festgestellt, wobei der zum 31.12.06 bereits festgestellte Verlustvortrag in der Sparte „Theater" fortgeschrieben wird (vgl. Begründung zu Nr. 8).

Da für die Sparte „Konzerthaus" im VZ 07 ein positiver Gesamtbetrag der Einkünfte i. H. von 3.000 € erwirtschaftet wurde, mindert der zum 31.12.06 festgestellte Verlustvortrag dieser Sparte i. H. von 25.000 € den positiven Gesamtbetrag der Einkünfte bis auf 0 €. Bei der Einkommensermittlung der T-GmbH ist daher aus dieser Sparte kein Gewinn zu berücksichtigen. Der Verlustvortrag zum 31.12.07 für diese Sparte vermindert sich um den vorgenommenen Verlustabzug (Darstellung vgl. Begründung zu Nr. 8).

Die Gewinne aus den Sparten „Stadtwerke/Bäder/Verkehrsbetriebe" und „übrige Tätigkeiten" sind bei der Einkommensermittlung der T-GmbH für den VZ 07 anzusetzen. Damit ergibt sich für den VZ 07 folgende Einkommensermittlung:

Gewinn Konzerthaus	3.000 €	
zu berücksichtigender Verlustvortrag	⁒ 3.000 €	
verbleibender Gesamtbetrag der Einkünfte	0 €	0 €
Gewinn Bäder/Stadtwerke/Verkehrsbetriebe		60.000 €
Gewinn übrige Tätigkeiten		50.000 €
zu versteuerndes Einkommen		110.000 €

8. Die Ermittlung der für die einzelnen Sparten abziehbaren Verluste und des gesondert festzustellenden Verlustvortrags nach § 8 Abs. 9 Satz 8 KStG i. V. m. § 10 d Abs. 4 EStG wird in Anlehnung an den Vordruck Anlage ÖHK dargestellt:

Dabei handelt es sich um folgende Sparten:

Sparte Nr. 2: Theater
Sparte Nr. 3: Konzerthaus
Sparte Nr. 5: Schulschwimmen

Verlustfeststellung zum 31.12.06

	Summe	Sparte Nr. 2	Sparte Nr. 3	Sparte Nr. 5
	€	€	€	€
Verbleibender Verlustvortrag zum 31.12.05				
+ Steuerlicher Verlust 06	46.000	21.000	25.000	
Verbleibender Verlustvortrag zum 31.12.06	46.000	21.000	25.000	

Verlustfeststellung zum 31.12.07

	Summe	Sparte Nr. 2	Sparte Nr. 3	Sparte Nr. 5
	€	€	€	€
Verbleibender Verlustvortrag zum 31.12.06	46.000	21.000	25.000	
+ Steuerlicher Verlust 07	131.000	11.000		120.000
⁒ Verlustabzug in 07	3.000		3.000	
Verbleibender Verlustvortrag zum 31.12.07	174.000	32.000	22.000	120.000

Fall 38

Kapitalerhöhung aus Gesellschaftsmitteln und Kapitalherabsetzung

KStG §§ 8, 8 b, 10, 23, 27, 28; EStG § 3 Nr. 40, § 4 Abs. 5 und 5 b, §§ 17, 20, 32 d, 43; SolZG 1995 § 3 Abs. 1 Nr. 1 und § 4; KapErhStG § 3

Sachverhalt

Die im Wirtschaftsjahr 01 mit einem Stammkapital von 30.000 € gegründete Computertechnik Comfit-GmbH (C-GmbH) hat ihren Sitz und ihre Geschäftsleitung in Karlsruhe. Gesellschafter der C-GmbH ist zu 60 % Manni Mausklick (M), wohnhaft in Ettlingen, und zu 40 % Bruno Bildschirm (B), wohnhaft in Bruchsal. Beide Gesellschafter haben bei Gründung der C-GmbH ihre Gesellschaftsanteile zum Nennbetrag erworben und halten sie im Privatvermögen. Infolge verdeckter Einlagen betragen die Anschaffungskosten zum 31.12.04 für die Anteile des M 24.000 € und für die Anteile des B 17.000 €.

Zum 31.12.04 wird für die C-GmbH folgende Steuerbilanz erstellt:

A	Steuerbilanz der C-GmbH zum 31.12.04		P
Summe Aktiva	227.300 €	Stammkapital	30.000 €
		Gewinnrücklage	125.000 €
		Gewinnvortrag	12.000 €
		Jahresüberschuss	35.300 €
		Darlehen Mausklick	15.000 €
		Darlehen Bildschirm	10.000 €
	227.300 €		227.300 €

Zum 31.12.04 wird für die C-GmbH die folgenden gesonderten Feststellungen getroffen:

Steuerliches Einlagekonto (§ 27 KStG)	11.000 €

Am 15.06.05 beschließt die Gesellschafterversammlung der C-GmbH unter Beachtung der handelsrechtlichen Vorschriften eine Kapitalerhöhung aus Gesellschaftsmitteln i. H. von 50.000 €. Diese Kapitalerhöhung wird nach formgerechter Abänderung des Gesellschaftsvertrags in Bezug auf das erhöhte Stammkapital am 10.10.05 in das Handelsregister eingetragen.

Im Wirtschaftsjahr 05 erwirtschaftet die C-GmbH einen Jahresüberschuss von 28.125 €. Der Gewerbesteueraufwand für 05 beträgt 3.875 € (VZ und Rückstellung), Körperschaftsteuer- und Solidaritätszuschlags-Vorauszahlungen werden für 05 nicht geleistet und es wird auch noch keine Rückstellung gebildet. Die als Aufwand erfassten nicht abziehbaren Aufwendungen gem. § 4 Abs. 5 EStG betragen 10.000 €. Am 01.09.05 verzichtet M ohne Angabe von Gründen rechtswirksam auf die Rückzahlung des noch voll werthaltigen Darlehens. Der Darlehensverzicht wird als a. o. Ertrag gebucht und ist im Jahresüberschuss 05 enthalten.

Nach dem Gesellschafterbeschluss vom Mai 06 soll der Jahresüberschuss 05 auf neue Rechnung vorgetragen werden.

Im Wirtschaftsjahr 06 erzielt die C-GmbH nur einen Jahresüberschuss von 16.252 €. Der Gewerbesteueraufwand wird i. H. von 1.048 € als Aufwand berücksichtigt, Körperschaftsteuer- und Solidaritätszuschlagsaufwand werden nicht verbucht. Aufgrund der angespannten wirtschaftlichen Lage und da M im Jahr 05 auf die Rückzahlung seines Darlehens verzichtet hat, entscheidet sich auch B am 15.06.06, auf die Rückzahlung seines voll werthaltigen Darlehens rechtswirksam zu verzichten. Der Darlehensverzicht wird wie bereits im Vorjahr als a. o. Ertrag verbucht und ist im Jahresüberschuss 06 enthalten. Steuerfreie Einnahmen oder nicht abziehbare Aufwendungen sind im Wirtschaftsjahr 06 nicht angefallen.

Da eine geplante Expansion der GmbH aufgrund der Wirtschaftskrise nicht weiterverfolgt wird, beschließen die Gesellschafter im Wirtschaftsjahr 07, das Stammkapital handelsrechtlich wirksam um 40.000 € herabzusetzen und an die Gesellschafter auszubezahlen. Das zu versteuernde Einkommen für den VZ 07 beträgt 12.000 €.

Anmerkung: Aus Vereinfachungsgründen ist davon auszugehen, dass die Gewerbesteuer in den ausgewiesenen Ergebnissen bereits in zutreffender Höhe berücksichtigt ist.

Frage

1. Wie hoch ist das zu versteuernde Einkommen für den VZ 05?
2. Welche Auswirkungen ergeben sich durch die im Wirtschaftsjahr 05 durchgeführte Kapitalerhöhung bei der C-GmbH?
3. Wie hoch ist die Körperschaftsteuer und der Solidaritätszuschlag für den VZ 05?
4. Welche gesonderten Feststellungen sind zum 31.12.05 zu treffen?
5. Wie hoch ist das zu versteuernde Einkommen, die Körperschaftsteuer und der Solidaritätszuschlag für den VZ 06?
6. Welche gesonderten Feststellungen sind zum 31.12.06 durchzuführen?
7. Welche Auswirkungen ergeben sich durch die Kapitalherabsetzung im Wirtschaftsjahr 07 bei der C-GmbH?
8. Wie hoch ist die Körperschaftsteuer und der Solidaritätszuschlag für den VZ 07?
9. Welche gesonderten Feststellungen sind zum 31.12.07 durchzuführen?
10. Welche Auswirkung hat die Kapitalerhöhung im VZ 05 bei den Gesellschaftern?
11. Welche Auswirkungen ergeben sich durch die im VZ 07 durchgeführte Kapitalherabsetzung bei den Gesellschaftern?

Antwort

1. Das zu versteuernde Einkommen für den VZ 05 beträgt 27.000 €.
2. Die Kapitalerhöhung aus Gesellschaftsmitteln führt zu einer Verwendung des steuerlichen Einlagekontos vom Schluss des Wirtschaftsjahres 05 und zu einem Sonderausweis i. S. des § 28 Abs. 1 Satz 3 KStG i. H. von 24.000 €.
3. Für den VZ 05 beträgt die Körperschaftsteuer 4.050 € und der Solidaritätszuschlag 222 €.
4. Zum 31.12.05 sind gesondert festzustellen:

Steuerliches Einlagekonto (§ 27 KStG)	0 €
Sonderausweis gem. § 28 Abs. 1 Satz 3 KStG:	
Durch Umwandlung von Rücklagen entstandenes Nennkapital	24.000 €

5. Für den VZ 06 beträgt das zu versteuernde Einkommen 7.300 €, die Körperschaftsteuer 1.095 € und der Solidaritätszuschlag 60 €.

6. Zum 31.12.06 sind gesondert festzustellen:

Steuerliches Einlagekonto (§ 27 KStG)	0 €
Sonderausweis gem. § 28 Abs. 1 Satz 3 KStG:	
Durch Umwandlung von Rücklagen entstandenes Nennkapital	14.000 €

7. Die Kapitalherabsetzung führt zu einer Verwendung des Sonderausweises i. S. des § 28 KStG. Ein den Sonderausweis übersteigender Betrag ist als Zugang beim steuerlichen Einlagekonto zu erfassen. Bei Rückzahlung an die Gesellschafter liegt insoweit eine Rückzahlung aus dem steuerlichen Einlagekonto vor.
8. Für den VZ 07 beträgt die Körperschaftsteuer 1.800 € und der Solidaritätszuschlag 99 €.
9. Zum 31.12.07 sind gesondert festzustellen:

Steuerliches Einlagekonto (§ 27 KStG)	0 €
Sonderausweis gem. § 28 Abs. 1 Satz 3 KStG:	
Durch Umwandlung von Rücklagen entstandenes Nennkapital	0 €

10. Bei den Gesellschaftern liegen keine steuerpflichtigen Einkünfte vor. Die Anschaffungskosten sind auf die Alt- und Neuanteile aufzuteilen (§ 3 KapErhStG).
11. Die Rückzahlung des Nennkapitals unter Verwendung des Sonderausweises i. S. des § 28 KStG führt zu Einnahmen i. S. des § 20 Abs. 1 Nr. 2 EStG. Die Rückzahlung aus dem steuerlichen Einlagekonto führt zu einer Minderung der Anschaffungskosten. Im Einzelnen siehe Begründung.

Begründung

1. Das zu versteuernde Einkommen der C-GmbH ist gem. § 8 Abs. 1 KStG nach den Vorschriften des Einkommensteuergesetzes und des Körperschaftsteuergesetzes zu ermitteln. Die C-GmbH erzielt ausschließlich Einkünfte aus Gewerbebetrieb, da sie zu den unbeschränkt Steuerpflichtigen i. S. des § 1 Abs. 1 Nr. 1 KStG gehört (§ 8 Abs. 2 KStG). Ausgangsgröße für die Berechnung ist der Jahresüberschuss 05 i. H. von 28.125 €.

Der Verzicht des Gesellschafters M auf die Rückzahlung seines Darlehens erfolgt aus gesellschaftsrechtlichen Gründen, da ein nicht beteiligter Gläubiger der GmbH den Forderungsverzicht nicht ausgesprochen hätte. Der Verzicht stellt eine verdeckte Einlage dar (R 40 Abs. 1 KStR). Der Wegfall des Passivpostens bei der GmbH stellt einen einlagefähigen Vermögensvorteil dar. Die verdeckte Einlage ist mit dem Teilwert der Forderung im Zeitpunkt der Verzichts zu bewerten. Da die Forderung noch voll werthaltig war, entspricht der Teilwert dem Nennbetrag des Darlehens.

Die handelsrechtlich zutreffend als a. o. Ertrag ausgewiesene verdeckte Einlage ist steuerrechtlich abzuziehen, da nach § 8 Abs. 3 Satz 3 KStG verdeckte Einlagen das Einkommen nicht erhöhen. Der Abzug ist mit dem

Teilwert der Forderung vorzunehmen. Somit erfolgt eine Kürzung des Jahresüberschusses um 15.000 €.[1]

Die verdeckte Einlage ist als Zugang auf dem steuerlichen Einlagekonto gem. § 27 KStG zu erfassen (vgl. Begründung zu 2).

Die im Wirtschaftsjahr 05 durchgeführte Kapitalerhöhung aus Gesellschaftsmitteln hat sich auf den Jahresüberschuss nicht ausgewirkt und hat damit auch keine Auswirkung auf das zu versteuernde Einkommen für den VZ 05. In der Bilanz erfolgt aufgrund der Kapitalerhöhung lediglich ein Passivtausch vom Konto „Gewinnrücklage" auf das Konto „Stammkapital".

Somit ergibt sich folgende Einkommensermittlung für den VZ 05:

Jahresüberschuss	28.125 €
+ GewSt-Aufwand gem. § 4 Abs. 5 b EStG	+ 3.875 €
+ nicht abziehbare Aufwendungen gem. § 4 Abs. 5 EStG	+ 10.000 €
⁒ verdeckte Einlage gem. § 8 Abs. 3 Satz 3 KStG	⁒ 15.000 €
zu versteuerndes Einkommen	27.000 €

2. Kapitalerhöhung aus Gesellschaftsmitteln

Bei einer Kapitalerhöhung aus Gesellschaftsmitteln wird „freies" Eigenkapital (Rücklagen) in „gebundenes" Eigenkapital (Nennkapital) umgewandelt. Bei dieser Form der Kapitalerhöhung führen die Gesellschafter der Gesellschaft kein zusätzliches Kapital zu. Für die Kapitalerhöhung aus Gesellschaftsmitteln sind die § 57 c bis 57 f GmbHG zu beachten. Nach § 57 d Abs. 1 GmbHG müssen die Mittel für die Kapitalerhöhung als Kapital- oder Gewinnrücklage in der Bilanz ausgewiesen sein. Nicht zulässig ist die Umwandlung von Kapital- oder Gewinnrücklagen, soweit in der zugrunde zu legenden Bilanz ein Verlust einschließlich eines Verlustvortrags ausgewiesen wird (§ 57 d Abs. 2 GmbHG). Gewinnrücklagen, die für einen bestimmten Zweck vorgesehen sind, dürfen nur dann umgewandelt werden, wenn dies mit ihrer Zweckbestimmung vereinbar ist (§ 57 d Abs. 3 GmbHG).

Durch die im Wirtschaftsjahr 05 vorgenommene Umbuchung der 50.000 € vom Konto „Gewinnrücklage" auf das Konto „Stammkapital" wurde der Jahresüberschuss nicht beeinflusst. Somit hat die Kapitalerhöhung auf das Einkommen der C-GmbH keine Auswirkung.

Allerdings ist bei einer Kapitalerhöhung aus Gesellschaftsmitteln die Vorschrift des § 28 KStG zu beachten. Nach § 28 Abs. 1 Satz 1 KStG gilt bei der Kapitalerhöhung aus Gesellschaftsmitteln zunächst vorrangig der auf dem steuerlichen Einlagekonto nach § 27 KStG ausgewiesene Betrag als für die Kapitalerhöhung verwendet. Dabei mindert der Kapitalerhöhungsbetrag den positiven Bestand des steuerlichen Einlagekontos, der sich ohne die

1 Vgl. hierzu auch die Fälle 15, 18 und 19.

Kapitalerhöhung für den Schluss dieses Wirtschaftsjahres ergeben würde (§ 28 Abs. 1 Satz 2 KStG).[2]

Soweit auch eine Umwandlung von sonstigen Rücklagen – also nicht von den aus Einlagen der Gesellschafter stammenden Beträgen – erfolgt, ist dieser Teil des gezeichneten Kapitals getrennt auszuweisen und gesondert festzustellen. Es handelt sich hierbei um den Sonderausweis gem. § 28 Abs. 1 Satz 3 KStG (durch Umwandlung von Rücklagen entstandenes Nennkapital). Durch diesen Sonderausweis der in Nennkapital umgewandelten sonstigen Rücklagen soll sichergestellt werden, dass bei einer späteren Kapitalherabsetzung die Rückzahlung dieses Teils des Nennkapitals bei den Anteilseignern den Regelungen für Gewinnausschüttungen unterliegt. Bei natürlichen Personen liegen Einnahmen aus Kapitalvermögen i. S. des § 20 Abs. 1 Nr. 2 EStG vor, die ab dem VZ 2009 der Abgeltungssteuer von 25 % (§ 43 a Abs. 1 Nr. 1 EStG, § 32 d Abs. 1 EStG) bzw. in den Fällen des § 32 d Abs. 2 Nr. 3 EStG dem Teileinkünfteverfahren (§ 3 Nr. 40 Satz 1 Buchst. e EStG) unterliegen. Bis einschließlich VZ 2008 unterlagen die Einnahmen der Halbeinkünftebesteuerung (§ 20 Abs. 1 Nr. 2 EStG i. V. m. § 3 Nr. 40 Satz 1 Buchst. e EStG). Bei Körperschaften greift die Steuerbefreiung nach § 8 b Abs. 1 KStG unter Berücksichtigung der nicht abziehbaren Betriebsausgaben nach § 8 b Abs. 5 KStG.

Der Bestand des steuerlichen Einlagekontos wird im Wirtschaftsjahr 05 durch den als verdeckte Einlage zu behandelnden Darlehensverzicht des M erhöht. Verdeckte Einlagen sind Einlagen der Gesellschafter, die nicht auf das Stammkapital geleistet werden. Sie stellen einen Zugang zum steuerlichen Einlagekonto dar (§ 27 Abs. 2 KStG).

Die Auswirkungen der Kapitalerhöhung und die Entwicklung des steuerlichen Einlagekontos sowie des Sonderausweises gem. § 28 KStG stellen sich wie folgt dar:

2 BMF-Schreiben vom 04.06.2003, BStBl I S. 366, Rz. 35.

Ermittlung des steuerlichen Einlagekontos (§ 27 Abs. 2 Satz 1 KStG) und des durch Umwandlung von Rücklagen entstandenen Nennkapitals (§ 28 Abs. 1 Satz 3 KStG) zum 31.12.05

	Vorspalte €	Steuerliches Einlagekonto €	Sonderausweis €
Anfangsbestand Bestand gem. § 27 Abs. 2 Satz 1 KStG zum Schluss des vorangegangenen Wirtschaftsjahrs		11.000	
Im Wirtschaftsjahr geleistete Einlagen Einlagen, die in diesem Wirtschaftsjahr einkommensmindernd berücksichtigt worden sind		+ 15.000	
Zwischensumme		26.000	
Erhöhung des Nennkapitals durch Umwandlung von Rücklagen (§ 28 Abs. 1 KStG) – außerhalb einer Umwandlung i. S. des UmwStG Betrag der Erhöhung des Nennkapitals	50.000		
Hierfür Verwendung eines positiven steuerlichen Einlagekontos bis zu dessen Verbrauch	– 26.000	– 26.000	
Verbleibender Betrag: Nennkapitalerhöhung aus sonstigen Rücklagen	24.000		+ 24.000
Zwischensumme		0	24.000
Endbestände zum Schluss des Wirtschaftsjahrs		0	24.000

3. Die Körperschaftsteuer für den VZ 05 beträgt nach § 23 Abs. 1 KStG 15 % des zu versteuernden Einkommens (bis VZ 2007: 25 %). Somit ergibt sich folgende Körperschaftsteuer:

15 % von 27.000 € = 4.050 €

Der Solidaritätszuschlag wird mit 5,5 % der festzusetzenden Körperschaftsteuer ermittelt (§ 3 Abs. 1 Nr. 1 i. V. m. § 4 SolZG 1995):

5,5 % von 4.050 € = 222 € abgerundet

4. Im Wirtschaftsjahr 05 sind keine Gewinnausschüttungen abgeflossen; somit ist keine Verwendung des steuerlichen Einlagekontos zu überprüfen.

Zum 31.12.05 sind folgende Beträge gesondert festzustellen:

steuerliches Einlagekonto (§ 27 KStG)	0 €
Sonderausweis gem. § 28 Abs. 1 Satz 3 KStG: durch Umwandlung von Rücklagen entstandenes Nennkapital	24.000 €

5. Für die Einkommensermittlung des VZ 06 gelten die grundsätzlichen Ausführungen wie bei der Einkommensermittlung für den VZ 05 (vgl. Begründung zu 1).

Der Verzicht des Gesellschafters B auf die Rückzahlung des voll werthaltigen Darlehens ist durch das Gesellschaftsverhältnis veranlasst und stellt eine verdeckte Einlage dar (R 40 Abs. 1 KStR). Die verdeckte Einlage ist mit dem Teilwert der Forderung im Zeitpunkt der Verzichts zu bewerten. Da die Forderung noch voll werthaltig war, entspricht der Teilwert dem Nennbetrag des Darlehens.

Wie auch im VZ 05 (vgl. Begründung zu 1) ist die handelsrechtlich zutreffend als a. o. Ertrag ausgewiesene verdeckte Einlage steuerrechtlich abzuziehen (§ 8 Abs. 3 Satz 3 KStG). Der Abzug ist mit dem Teilwert der Forderung vorzunehmen. Somit erfolgt eine Kürzung des Jahresüberschusses um 10.000 €.

Die verdeckte Einlage ist wiederum als Zugang auf dem steuerlichen Einlagekonto gem. § 27 KStG zu erfassen.

Einkommensermittlung für den VZ 06:	
Jahresüberschuss	16.252 €
+ GewSt-Aufwand gem. § 4 Abs. 5 b EStG	1.048 €
⁒ verdeckte Einlage gem. § 8 Abs. 3 Satz 3 KStG	⁒ 10.000 €
zu versteuerndes Einkommen	7.300 €

Die Körperschaftsteuer für den VZ 06 beträgt nach § 23 Abs. 1 KStG 15 % des zu versteuernden Einkommens (bis VZ 2007: 25 %). Somit ergibt sich folgende Körperschaftsteuer:

15 % von 7.300 € = 1.095 €

Der Solidaritätszuschlag wird mit 5,5 % der festzusetzenden Körperschaftsteuer ermittelt (§ 3 Abs. 1 Nr. 1 i. V. m. § 4 SolZG 1995):

5,5 % von 1.095 € = 60 € abgerundet

6. Da im Wirtschaftsjahr 06 wiederum keine Gewinnausschüttungen abgeflossen sind und außerdem der Bestand des steuerlichen Einlagekontos nach § 27 KStG zum 31.12.05 mit 0 € gesondert festgestellt wurde, ist eine Verwendung des steuerlichen Einlagekontos nicht zu überprüfen.

Es ist jedoch der Zugang aufgrund der im Wirtschaftsjahr 06 erfolgten verdeckten Einlage i. H. von 10.000 € beim steuerlichen Einlagekonto i. S. des § 27 KStG zu berücksichtigen. Somit ergäbe sich zum Ende des Wirtschaftsjahres 06 ein Bestand im steuerlichen Einlagekonto von 10.000 €. Da aber zum 31.12.05 ein Sonderausweis gem. § 28 Abs. 1 Satz 3 KStG gesondert festgestellt wurde, ist in diesem Zusammenhang die Vorschrift des § 28 Abs. 3 KStG zu beachten. Danach wird der Sonderausweis zum Schluss eines jeden Wirtschaftsjahres um den positiven Bestand des steuerlichen Einlagekontos zum gleichen Stichtag vermindert; der Bestand des steuerlichen Einlagekontos vermindert sich entsprechend.[3] Durch diese Vorschrift werden auch erst nach der Kapitalerhöhung getätigte Einlagen der Gesellschafter für die Kapitalerhöhung aus Gesellschaftsmitteln verwendet. Die Entwicklung des steuerlichen Einlagekontos als auch des Sonderausweises i. S. des § 28 Abs. 1 Satz 3 KStG zum 31.12.06 stellen sie wie folgt dar.

Ermittlung des steuerlichen Einlagekontos (§ 27 Abs. 2 Satz 1 KStG) und des durch Umwandlung von Rücklagen entstandenen Nennkapitals (§ 28 Abs. 1 Satz 3 KStG) zum 31.12.06

	Vorspalte €	Steuerliches Einlagekonto €	Sonderausweis €
1	2	3	4
Anfangsbestand Bestand gem. § 27 Abs. 2 Satz 1 KStG zum Schluss des vorangegangenen Wirtschaftsjahrs		0	24.000
Im Wirtschaftsjahr geleistete Einlagen Einlagen, die in diesem Wirtschaftsjahr einkommensmindernd berücksichtigt worden sind		+ 10.000	
Zwischensumme		10.000	24.000
Verminderung des Sonderausweises und des steuerlichen Einlagekontos nach § 28 Abs. 3 KStG Abzug des Bestands „Sonderausweis" vom Bestand „Steuerliches Einlagekonto" max. in Höhe des positiven Betrags beim steuerlichen Einlagekonto (jeweils Kürzung der beiden Beträge)		– 10.000	– 10.000
Endbestände zum Schluss des Wirtschaftsjahrs		0	14.000

Zum 31.12.06 sind somit folgende gesonderte Feststellungen durchzuführen:

steuerliches Einlagekonto (§ 27 KStG)	0 €
Sonderausweis gem. § 28 Abs. 1 Satz 3 KStG: durch Umwandlung von Rücklagen entstandenes Nennkapital	14.000 €

3 BMF-Schreiben vom 04.06.2003, BStBl I S. 366, Rz. 44.

7. Kapitalherabsetzung mit Rückzahlung an die Anteilseigner

Bei der im Wirtschaftsjahr 07 vorgenommenen Kapitalherabsetzung handelt es sich um eine ordentliche Kapitalherabsetzung (§ 58 GmbHG) unter Verwendung von Nennkapital aus umgewandelten Rücklagen. Der Gesellschafterbeschluss über die Herabsetzung des Nennkapitals muss notariell beurkundet und in das Handelsregister eingetragen werden. Außerdem ist über die Verwendung des durch die Kapitalherabsetzung frei werdenden Kapitals von den Gesellschaftern gesondert zu beschließen, ob dieses den Rücklagen zugeführt, ggf. zum Ausgleich eines Verlustes verwendet oder an die Gesellschafter zurückgezahlt wird.

Bei der C-GmbH wird durch die Kapitalherabsetzung das Nennkapital um 40.000 € vermindert und an die Gesellschafter zurückbezahlt. Dieser Vorgang hat keine Auswirkung auf den Jahresüberschuss des Wirtschaftsjahrs 07 und damit auch nicht auf das zu versteuernde Einkommen der C-GmbH.

Da in den Jahren vor der ordentlichen Kapitalherabsetzung eine Kapitalerhöhung aus Gesellschaftsmitteln durchgeführt worden war, handelt es sich um eine Kapitalherabsetzung unter Verwendung von Nennkapital aus umgewandelten Rücklagen. Bei diesen Kapitalherabsetzungen ist die Vorschrift des § 28 Abs. 2 KStG zu beachten, die von einem zweistufigen Vorgang ausgeht.

In einem ersten Schritt wird das Nennkapital um den Betrag der Kapitalherabsetzung gemindert. Dabei wird zunächst der im Sonderausweis nach § 28 Abs. 1 Satz 3 KStG ausgewiesene Betrag des Nennkapitals für die Kapitalherabsetzung verwendet (§ 28 Abs. 2 Satz 1 1. Halbsatz KStG), sodass dieser im Sonderausweis repräsentierte Betrag des Nennkapitals in die „sonstigen Rücklagen" zurückfällt. Ein übersteigender Betrag ist dem steuerlichen Einlagekonto gutzuschreiben (§ 28 Abs. 2 Satz 1 2. Halbsatz KStG). Allerdings ist ein Zugang beim steuerlichen Einlagekonto nur insoweit zu erfassen, wie die Einlage in das Nennkapital geleistet ist.[4]

Wird das herabgesetzte Nennkapital an die Anteilseigner zurückgezahlt, so regelt § 28 Abs. 2 Satz 2 KStG den zweiten Schritt, nämlich die Auskehrung des herabgesetzten Kapitalbetrags an die Gesellschafter. Soweit für die Rückzahlung des Kapitalherabsetzungsbetrags der Sonderausweis gem. § 28 Abs. 1 Satz 3 KStG als verwendet gilt, handelt es sich um eine Gewinnausschüttung, die beim Anteilseigner zu Bezügen i. S. des § 20 Abs. 1 Nr. 2 EStG führt. Insoweit unterliegt die Rückzahlung des Nennkapitals der gleichen Besteuerung wie eine Ausschüttung. Ist der Anteilseigner eine natürliche Person, unterliegen die Einnahmen aus Kapitalvermögen i. S. des § 20 Abs. 1 Nr. 2 EStG ab dem VZ 2009 grundsätzlich der Abgeltungsteuer von 25 % (§ 43 a Abs. 1 Nr. 1 EStG, § 32 d Abs. 1 EStG) bzw. in den Fällen des

---

4 BMF-Schreiben vom 04.06.2003, BStBl I S. 366, Rz. 37 und 38.

§ 32 d Abs. 2 Nr. 3 EStG oder bei Beteiligungen im Betriebsvermögen dem Teileinkünfteverfahren (§ 3 Nr. 40 Satz 1 Buchst. e EStG). Bis einschließlich VZ 2008 unterlagen die Einnahmen der Halbeinkünftebesteuerung gem. § 3 Nr. 40 Satz 1 Buchst. e EStG. Bei einer Kapitalgesellschaft als Anteilseigner liegen nach § 8 b Abs. 1 KStG steuerfreie Einnahmen vor, unter Berücksichtigung der nicht abziehbaren Betriebsausgaben nach § 8 b Abs. 5 KStG.

Soweit die Rückzahlung des Nennkapitals den Sonderausweis i. S. des § 28 KStG übersteigt, ist der übersteigende Betrag vom positiven Bestand des steuerlichen Einlagekontos abzuziehen (§ 28 Abs. 2 Satz 3 KStG). Reicht der positive Bestand des steuerlichen Einlagekontos für den Abzug des den Sonderausweis übersteigenden Betrags der Kapitalrückzahlung nicht aus, so gilt die Rückzahlung des Nennkapitals insoweit ebenfalls als Gewinnausschüttung, die beim Anteilseigner zu Bezügen i. S. des § 20 Abs. 1 Nr. 2 EStG führt.

Für die C-GmbH wurde der Sonderausweis i. S. des § 28 Abs. 1 Satz 3 KStG zum 31.12.06 mit einem Betrag von 14.000 € gesondert festgestellt. Die Kapitalherabsetzung i. H. von 40.000 € führt somit i. H. von 14.000 € zu einer Minderung des Sonderausweises i. S. des § 28 Abs. 1 Satz 3 KStG und in Höhe des übersteigenden Betrags von 26.000 € zu einem Zugang beim steuerlichen Einlagekonto, da die Einlagen in das Stammkapital in vollem Umfang geleistet waren.

Die Rückzahlung des herabgesetzten Nennkapitals gilt in Höhe des verwendeten Sonderausweises i. S. des § 28 Abs. 1 Satz 3 KStG als Gewinnausschüttung, somit also i. H. von 14.000 €. Der den Sonderausweis übersteigende Betrag von 26.000 € wird gem. § 28 Abs. 2 Satz 3 KStG vom positiven Bestand des steuerlichen Einlagekontos i. H. von 26.000 € abgezogen.

Die Entwicklung des steuerlichen Einlagekontos und des Sonderausweises stellen sich wie folgt dar:

Ermittlung des steuerlichen Einlagekontos (§ 27 Abs. 2 Satz 1 KStG) und des durch Umwandlung von Rücklagen entstandenen Nennkapitals (§ 28 Abs. 1 Satz 3 KStG) zum 31.12.07

	Vorspalte €	Steuerliches Einlagekonto €	Sonderausweis €
1	2	3	4
Anfangsbestand Bestand gem. § 27 Abs. 2 Satz 1 KStG zum Schluss des vorangegangenen Wirtschaftsjahrs		0	14.000
Herabsetzung des Nennkapitals (außerhalb einer Umwandlung) oder Auflösung der Körperschaft; Rückzahlung des Nennkapitals (§ 28 Abs. 2 KStG) Betrag der Herabsetzung des Nennkapitals	40.000		
Im Wirtschaftsjahr ausgezahlte Beträge aufgrund der Herabsetzung des Nennkapitals: 40.000 € Abzug dieses Betrags vom Sonderausweis bis zu dessen Verbrauch (nur, soweit die Kapitalherabsetzung auf den eingezahlten Teil des Nennkapitals entfällt)	– 14.000		– 14.000
Wenn verbleibender Betrag positiv, Gutschrift beim steuerlichen Einlagekonto	26.000	+ 26.000	
Rückzahlung des Nennkapitals: Abzug vom positiven Bestand des steuerlichen Einlagekontos, soweit die Rückzahlung nicht aus der Minderung des Sonderausweises stammt, max. bis zur Höhe des Bestands im steuerlichen Einlagekonto		– 26.000	
Endbestände zum Schluss des Wirtschaftsjahrs		0	0

8. Die Körperschaftsteuer für den VZ 07 beträgt nach § 23 Abs. 1 KStG 15 % des zu versteuernden Einkommens (bis VZ 2007: 25 %). Somit ergibt sich folgende Körperschaftsteuer:

15 % von 12.000 € = 1.800 €

Der Solidaritätszuschlag wird mit 5,5 % der festzusetzenden Körperschaftsteuer ermittelt (§ 3 Abs. 1 Nr. 1 i. V. m. § 4 SolZG 1995).

5,5 % von 1.800 € = 99 €

9. Die Auswirkungen der Kapitalherabsetzung auf den Sonderausweis i. S. des § 28 KStG und auf das steuerliche Einlagekonto gem. § 27 KStG sind in der Begründung zu 7. ausführlich dargestellt. Die dort ermittelten Beträge sind zum 31.12.07 gesondert festzustellen.

Somit sind die folgenden gesonderten Feststellungen durchzuführen:

steuerliches Einlagekonto (§ 27 KStG)	0 €
Sonderausweis gem. § 28 Abs. 1 Satz 3 KStG:	
durch Umwandlung von Rücklagen entstandenes Nennkapital	0 €

10. Auswirkungen der Kapitalerhöhung aus Gesellschaftsmitteln auf Gesellschafterebene

Für die Auswirkungen einer Kapitalerhöhung aus Gesellschaftsmitteln auf Gesellschafterebene finden sich Regelungen im Gesetz über steuerliche Maßnahmen bei Erhöhung des Nennkapitals aus Gesellschaftsmitteln (KapErhStG). Nach § 1 KapErhStG gehört der Wert der neuen Anteilsrechte bei den Anteilseignern nicht zu den Einkünften i. S. des § 2 Abs. 1 EStG. Damit führt eine Kapitalerhöhung aus Gesellschaftsmitteln beim Anteilseigner nicht zu steuerpflichtigen Einnahmen i. S. des Einkommensteuergesetzes. Die Steuerfreiheit tritt allerdings nur dann ein, wenn die Kapitalerhöhung nach den Vorschriften der §§ 57 c bis 57 o GmbHG durchgeführt worden ist. Liegen diese Voraussetzungen nicht vor, ist die Ausgabe der neuen Anteile grundsätzlich als Ausschüttung steuerpflichtig. Eventuelle Verstöße gegen die §§ 57 c bis 57 o GmbHG sind jedoch unbeachtlich, wenn im Handelsregister eine Kapitalerhöhung aus Gesellschaftsmitteln eingetragen ist; denn diese Eintragung ist konstitutiv und für das Steuerrecht bindend.[5]

Durch die Kapitalerhöhung aus Gesellschaftsmitteln erhöhen sich auch nicht die Anschaffungskosten der Beteiligung. Vielmehr sind die Anschaffungskosten der bisherigen Anteile nach dem Verhältnis der Anteile am Nennkapital auf die alten und neuen Anteile zu verteilen (§ 3 KapErhStG). Zu den Anschaffungskosten der Anteile gehört der Betrag, den der Gesellschafter bei Erwerb der Anteile aufwenden musste. Durch verdeckte Einlagen der Gesellschafter in die GmbH tritt grundsätzlich eine Wertsteigerung der vorhandenen Anteile ein. Insoweit liegen ebenfalls Anschaffungskosten, und zwar nachträgliche Anschaffungskosten, für die Anteile vor.[6]

M hält vor der Kapitalerhöhung eine Beteiligung im Nennwert von 60 % von 30.000 € = 18.000 €. Die Anschaffungskosten dieser Beteiligung betragen – nach Erhöhung um die nachträglichen Anschaffungskosten i. H. von 15.000 € aufgrund der verdeckten Einlage in 05 – 39.000 €. Nach der Kapitalerhöhung hält M eine Beteiligung von 60 % von 80.000 € = 48.000 €. Die Anschaffungskosten von 39.000 € verteilen sich nach der Kapitalerhöhung anteilig auf die alten und neuen Anteile gem. § 3 KapErhStG. Für je 100 € GmbH-Anteil ergeben sich somit Anschaffungskosten von

$$\frac{39.000\text{ €} \times 100}{48.000\text{ €}} = 81,25\text{ €}.$$

5 BFH-Urteil vom 27.03.1979, BStBl II S. 560.

6 BFH-Urteil vom 12.02.1980, BStBl II S. 494.

Für B betragen die Anschaffungskosten seiner Beteiligung von 40 % von 30.000 € = 12.000 € (vor Kapitalerhöhung) zunächst 17.000 €. Durch die Kapitalerhöhung bleiben die Anschaffungskosten unverändert 17.000 € für die Kapitalbeteiligung von nunmehr 40 % von 80.000 € = 32.000 €. Hier ergeben sich nach § 3 KapErhStG Anschaffungskosten für je 100 € GmbH-Anteil von

$$\frac{17.000 \text{ €} \times 100}{32.000 \text{ €}} = 53,13 \text{ €}.$$

Durch die verdeckte Einlage von 10.000 € in 06 erhöhen sich die Anschaffungskosten von 17.000 € auf 27.000 €. Die anteiligen Anschaffungskosten für die Kapitalbeteiligung von 32.000 € betragen nunmehr

$$\frac{27.000 \text{ €} \times 100}{32.000 \text{ €}} = 84,37 \text{ €}.$$

Steuerliche Auswirkungen aufgrund der geänderten Anschaffungskosten für die GmbH-Anteile ergeben sich erst dann, wenn die Gesellschafter ihren Gesellschaftsanteil ganz oder teilweise veräußern, oder bei einer Liquidation der C-GmbH.

11. Auswirkungen der Kapitalherabsetzung mit Rückzahlung auf Gesellschafterebene

Für die Kapitalherabsetzung mit Rückzahlung an die Gesellschafter ist zu unterscheiden zwischen der Kapitalherabsetzung, für die der Sonderausweis i. S. des § 28 KStG verwendet wurde, und der Kapitalherabsetzung, die aus dem steuerlichen Einlagekonto erfolgte.

Soweit für die Kapitalherabsetzung der Sonderausweis i. S. des § 28 KStG verwendet wurde, liegen bei den Gesellschaftern Bezüge i. S. des § 20 Abs. 1 Nr. 2 EStG vor. Diese Einnahmen unterliegen ab dem VZ 2009 der Abgeltungsteuer von 25 % (§ 43 a Abs. 1 Nr. 1 EStG, § 32 d Abs. 1 EStG) bzw. in den Fällen des § 32 d Abs. 2 Nr. 3 EStG dem Teileinkünfteverfahren (§ 3 Nr. 40 Satz 1 Buchst. e EStG). Bis einschließlich VZ 2008 unterlagen die Einnahmen der Halbeinkünftebesteuerung gem. § 3 Nr. 40 Satz 1 Buchst. e EStG. Weitere Auswirkungen ergeben sich durch diesen Teil der Kapitalherabsetzung nicht, da dieser Teil der Kapitalherabsetzung wie eine Gewinnausschüttung behandelt wird. Insbesondere liegt insoweit keine Minderung der Anschaffungskosten der Beteiligung vor.

Für die Gesellschafter M und B ergeben sich somit im VZ 07 folgende Einkünfte:

	M	**B**
	60 %	40 %
Einkünfte gem. § 20 EStG:		
Einnahmen aus Kapitalvermögen gem. § 20 Abs. 1 Nr. 2 EStG		
insgesamt 14.000 €, jeweils anteilig	8.400 €	5.600 €
Nach § 32 d Abs. 1 EStG beträgt die Einkommensteuer 25 % und ist durch den Steuerabzug abgegolten.		

In den Fällen des § 32 d Abs. 2 Nr. 3 EStG greift die Steuerbefreiung gem. § 3 Nr. 40 Satz 1 Buchst. e EStG i. H. von 40 %	./. 3.360 €	./. 2.240 €
steuerpflichtige Einnahmen	5.040 €	3.360 €

Sofern die Einkommensteuer durch den Kapitalertragsteuerabzug abgegolten ist, kommt nach § 20 Abs. 9 EStG nur die Berücksichtigung des Sparer-Pauschbetrags von 801 € (bei Zusammenveranlagung 1.602 €) in Betracht.

In den Fällen des § 32 d Abs. 2 Nr. 3 EStG können nur die tatsächlich entstandenen Werbungskosten i. H. von 60 % nach § 3 c Abs. 2 EStG berücksichtigt werden (keine Berücksichtigung des Sparer-Pauschbetrags nach § 20 Abs. 9 EStG). Der Abzug eines Werbungskosten-Pauschbetrags (§ 9 a Satz 1 Nr. 2 EStG a. F.) oder Sparer-Freibetrags (§ 20 Abs. 4 EStG a. F.) entfällt ab dem VZ 2009.

Beide Gesellschafter halten ihre GmbH-Beteiligung im Privatvermögen. Es handelt sich jeweils um eine Beteiligung i. S. des § 17 Abs. 1 EStG. Die Rückzahlung des herabgesetzten Nennkapitals aus dem steuerlichen Einlagekonto führt zu einer Verminderung der Anschaffungskosten der Beteiligung, und zwar in voller Höhe des zurückbezahlten Betrags.[7] Durch die Minderung der Anschaffungskosten erhöht sich ein späterer Veräußerungsgewinn nach § 17 EStG (oder ein Verlust vermindert sich). Geht die Leistung aus dem Einlagekonto über die Anschaffungskosten des jeweiligen Anteilseigners hinaus, dann führt dies zu Einkünften nach § 17 Abs. 4 EStG. Danach gilt als Veräußerung i. S. des § 17 Abs. 1 EStG auch die Kapitalherabsetzung, wenn das Kapital zurückgezahlt wird und die Zurückzahlung aus dem steuerlichen Einlagekonto i. S. des § 27 KStG erfolgt. Allerdings liegen erst dann steuerpflichtige Einkünfte vor, wenn dem Rückzahlungsbetrag keine Anschaffungskosten in entsprechender Höhe mehr gegengerechnet werden können.

Sofern Einkünfte i. S. des § 17 Abs. 4 EStG vorliegen, greift hierfür die teilweise Steuerbefreiung nach § 3 Nr. 40 Satz 1 Buchst. c EStG. Für den sich danach ergebenden Veräußerungsgewinn gem. § 17 Abs. 4 EStG ist der Veräußerungsfreibetrag gem. § 17 Abs. 3 EStG zu berücksichtigen.

Gesellschafter M

Nach der Kapitalherabsetzung hält M noch eine GmbH-Beteiligung i. H. von 60 % von 40.000 € = 24.000 €. Die Anschaffungskosten für diese Beteiligung ermitteln sich wie folgt:

Anschaffungskosten bisher	39.000 €
Rückzahlung aus dem steuerlichen Einlagekonto 60 % von 26.000 €	./. 15.600 €
verbleibende Anschaffungskosten	23.400 €

7 BFH-Urteil vom 29.06.1995, BStBl II S. 725.

Gesellschafter B

Er hält nach der Kapitalherabsetzung noch eine Beteiligung i. H. von 40 % von 40.000 € = 16.000 €. Bei ihm ergibt sich folgende Anschaffungskostenermittlung:

Anschaffungskosten bisher:	27.000 €
Rückzahlung aus dem steuerlichen Einlagekonto 40 % von 26.000 €	⁒ 10.400 €
verbleibende Anschaffungskosten	16.600 €

Einkünfte nach § 17 Abs. 4 EStG liegen weder bei M noch bei B vor, da der Rückzahlungsbetrag aus dem steuerlichen Einlagekonto die Anschaffungskosten nicht übersteigt.

Fall 39

Liquidation einer Kapitalgesellschaft

KStG §§ 10, 11, 23, 27, 28; EStG § 3 Nr. 40, § 4 Abs. 5 und 5 b, §§ 17, 20, 32 d, § 43 Abs. 1, § 43 a Abs. 1; EStDV § 8 b; SolZG 1995 § 3 Abs. 1 Nr. 1 und 5, § 4; InvZulG 2010 § 13

Sachverhalt

Die im Jahr 01 mit einem Stammkapital von 30.000 € gegründete „Xylophon-Musikinstrumentenbau GmbH" in Xanten (X-GmbH), deren Stammkapital im Wirtschaftsjahr 04 durch eine Kapitalerhöhung aus Gesellschaftsmitteln um 20.000 € erhöht wurde, wird durch Beschluss ihres unbeschränkt steuerpflichtigen Alleingesellschafters Xaver Xylophon (XY) gem. § 60 Abs. 1 Nr. 2 GmbHG zum 01.08.07 aufgelöst. Das Wirtschaftsjahr der X-GmbH entsprach dem Kalenderjahr. Die X-GmbH bildet ein Rumpfwirtschaftsjahr vom 01.01.07 bis 31.07.07 und legt zum 31.07.07 die folgende Handels- und Steuerbilanz vor:

A **Steuerbilanz der X-GmbH zum 31.07.07** P

Anlagevermögen	296.300 €	Stammkapital	50.000 €
Umlaufvermögen	217.200 €	Gewinnrücklage	180.000 €
		Gewinnvortrag	68.500 €
		Jahresüberschuss	45.000 €
		übrige Passiva	170.000 €
	513.500 €		513.500 €

Zum 31.07.07 werden folgende gesonderte Feststellungen getroffen:

steuerliches Einlagekonto i. S. des § 27 KStG	0 €
Sonderausweis i. S. des § 28 Abs. 1 Satz 3 KStG: durch Umwandlung von Rücklagen entstandenes Nennkapital	18.000 €

Im Dezember 07 beschließt der Gesellschafter XY den Jahresüberschuss des Rumpfwirtschaftsjahres in voller Höhe, also i. H. von 45.000 €, auszuschütten. Die Auszahlung erfolgt im Januar 08.

Die Liquidation wird zum 31.10.09 beendet. Bis zu diesem Zeitpunkt werden die laufenden Geschäfte durch den Liquidator abgewickelt, sämtliche Gläubiger befriedigt (vgl. § 73 GmbHG – Sperrjahr) und die Gegenstände des Betriebsvermögens veräußert (versilbert).

Das zum 31.10.09 für die Verteilung an den Gesellschafter zur Verfügung stehende Vermögen (Abwicklungs-Endvermögen) beträgt 507.100 € vor Berücksichtigung der sich aufgrund der Abwicklung ergebenden Körperschaftsteuer und des Solidaritätszuschlags. In diesem Endvermögen ist die Nachzahlung einer Investitionszulage nach dem InvZulG 2010 i. H. von 8.000 € enthalten. In den Aufwendungen sind u. a. folgende Beträge enthalten:

nicht abziehbare Betriebsausgaben gem. § 4 Abs. 5 EStG	4.000 €
KSt-Vorauszahlungen für den Liquidationszeitraum	50.000 €
Solidaritätszuschlag zur KSt-Vorauszahlung	2.750 €
GewSt für Liquidationszeitraum	42.000 €

Aus Vereinfachungsgründen ist davon auszugehen, dass die auf den Abwicklungsgewinn zu entrichtende Gewerbesteuer, für deren Ermittlung der Gewerbeertrag nach § 16 Abs. 1 GewStDV auf die Erhebungszeiträume 07 bis 09 zu verteilen ist (vgl. R 7.1 Abs. 8 GewStR), bereits in zutreffender Höhe ermittelt worden ist. Außerdem ist davon auszugehen, dass die Gewerbesteuer für den gesamten Liquidationszeitraum nach § 4 Abs. 5 b EStG eine nicht abziehbare Betriebsausgabe ist (§ 52 Abs. 12 Satz 7 EStG).

Die Auszahlung der Schlussrate an den Gesellschafter XY erfolgt im Dezember 09.

XY hält die Anteile an der X-GmbH im Privatvermögen. Seine Anschaffungskosten für das gesamte Stammkapital belaufen sich auf 32.000 €.

Frage

1. Wie ist die steuerliche Behandlung der in Liquidation befindlichen X-GmbH hinsichtlich des Besteuerungszeitraums?
2. Wie hoch ist der steuerliche Abwicklungsgewinn (Liquidationsgewinn) der X-GmbH?
3. Welche Auswirkung ergibt sich durch die Gewinnausschüttung für das Rumpfwirtschaftsjahr 07?
4. Welche Auswirkungen ergeben sich durch die Schlussverteilung im Dezember 09, wie hoch ist die Körperschaftsteuer und der Solidaritätszuschlag auf den Abwicklungsgewinn der X-GmbH und wie hoch ist die endgültige Schlussauskehrung?

5. Wie ist das an den Gesellschafter XY verteilte Vermögen einkommensteuerrechtlich zu behandeln?

Antwort

1. Der Liquidationszeitraum vom 01.08.07 bis 31.10.09 ist gem. § 11 Abs. 1 KStG Besteuerungszeitraum und VZ. Für den Zeitraum vom Schluss des vorangegangenen Wirtschaftsjahrs bis zum Auflösungszeitpunkt hat die X-GmbH ein Rumpf-Wirtschaftsjahr gebildet, das nicht in den Liquidationszeitraum einbezogen wird.
2. Der steuerliche Abwicklungsgewinn beträgt 299.350 €.
3. Die Gewinnausschüttung für das Rumpf-Wirtschaftsjahr 07 führt nicht zu einer Verwendung des steuerlichen Einlagekontos i. S. des § 27 KStG.
4. Die Nennkapitalrückzahlung führt zu einer Verminderung des Sonderausweises i. S. des § 28 Abs. 1 Satz 3 KStG i. H. von 18.000 € und hinsichtlich des übersteigenden Betrags zu einem Zu- und Abgang beim steuerlichen Einlagekonto.

   Die Rückzahlung des übrigen Eigenkapitals führt nicht zu einer Verwendung des steuerlichen Einlagekontos i. S. des § 27 KStG.

   Die festzusetzende Körperschaftsteuer auf den Abwicklungsgewinn beträgt 44.902 €, der festzusetzende Solidaritätszuschlag 2.469 €.

   Die endgültige Schlussauskehrung beläuft sich auf 512.479 €.
5. Bei der Einkommensteuer-Veranlagung des XY sind Einnahmen aus Kapitalvermögen i. S. des § 20 Abs. 1 Nr. 2 EStG i. H. von 480.479 € zu erfassen, steuerpflichtige Einkünfte gem. § 17 Abs. 4 EStG fallen nicht an. Hinsichtlich der Besteuerung ist zwischen der Rechtslage ab dem VZ 2009 und der Rechtslage bis einschließlich VZ 2008 zu unterscheiden. Einzelheiten vgl. Begründung zu Nr. 5.

Begründung

1. Für die Besteuerung einer in Liquidation befindlichen unbeschränkt steuerpflichtigen Kapitalgesellschaft gelten die Regelungen des § 11 KStG. Durch diese Vorschrift soll der Gewinn erfasst und versteuert werden, der durch die Abwicklung und während der Abwicklungszeit erzielt wird. Hierbei handelt es sich um den Gewinn, der insbesondere durch die Auflösung der im Betriebsvermögen der GmbH enthaltenen stillen Reserven sowie durch die kurzzeitige und beschränkte Weiterführung des Betriebs entstanden ist.

Grundsätzlich ist Gewinnermittlungszeitraum nach § 7 Abs. 4 KStG das Wirtschaftsjahr. Bei der Liquidationsbesteuerung tritt nach § 11 Abs. 1 KStG an die Stelle des Wirtschaftsjahres der Abwicklungszeitraum (Liquidationszeitraum).[1] Dieser beginnt mit der Auflösung und endet mit der

1 BMF-Schreiben vom 26.08.2003, BStBl I S. 434, Rz. 1.

Schlussverteilung des Gesellschaftsvermögens. Somit stimmt der Abwicklungszeitraum i. d. R. weder vom Verlauf noch von der Dauer mit dem Kalenderjahr überein. Er kann kürzer als ein Kalenderjahr sein, meistens ist er aber länger als ein Kalenderjahr. Nach § 11 Abs. 1 Satz 2 KStG soll der Besteuerungszeitraum grundsätzlich drei Jahre nicht übersteigen. Dabei handelt es sich um drei Zeitjahre (36 Monate) und nicht um drei Wirtschaftsjahre.

Der Liquidationszeitraum ist nicht nur Ermittlungszeitraum, sondern auch VZ.

Erfolgt die Auflösung der GmbH – wie hier bei der X-GmbH – im Laufe eines Wirtschaftsjahrs, so kann in sinngemäßer Anwendung des § 8 b Nr. 1 EStDV ein Rumpfwirtschaftsjahr vom Schluss des vorangegangenen Wirtschaftsjahrs bis zum Auflösungszeitpunkt gebildet werden (R 51 Abs. 1 KStR). Dieses Rumpfwirtschaftsjahr ist nicht in den Abwicklungszeitraum einzubeziehen.

Bildet die Kapitalgesellschaft kein Rumpfwirtschaftsjahr, so ist der Zeitraum vom Schluss des vorangegangenen Wirtschaftsjahres bis zum Auflösungszeitpunkt in den Abwicklungsgewinn einzubeziehen. Die Kapitalgesellschaft hat insoweit ein Wahlrecht.

Die X-GmbH hat ihre Auflösung zum 01.08.07 beschlossen, somit im Laufe des Wirtschaftsjahres 07. Durch die Aufstellung der Bilanz auf den 31.07.07 hat die X-GmbH ein Rumpfwirtschaftsjahr für den Zeitraum 01.01.07 bis 31.07.07 gebildet, welches nicht in den Liquidationsbesteuerungszeitraum einbezogen wird. Das Ergebnis dieses Rumpfwirtschaftsjahres wird der Besteuerung für den VZ 07 zugrunde gelegt.

Der Liquidationszeitraum der X-GmbH umfasst den Zeitraum vom 01.08.07 bis 31.10.09 und übersteigt damit nicht drei Jahre. Nach § 11 Abs. 1 KStG wird der in diesem Liquidationszeitraum erzielte Gewinn der Besteuerung zugrunde gelegt. Es erfolgt eine Körperschaftsteuerveranlagung für diesen gesamten Liquidationszeitraum, wobei das im Abwicklungszeitraum erzielte Einkommen dem Steuertarif des Kalenderjahres unterliegt, in dem der Abwicklungszeitraum endet.

2. Ermittlung des Abwicklungsgewinns der X-GmbH

Nach § 11 Abs. 2 KStG wird der Liquidations-(Abwicklungs-)Gewinn wie folgt ermittelt:

	Abwicklungs-Endvermögen
⁒	Abwicklungs-Anfangsvermögen
=	steuerlicher Abwicklungsgewinn

Abwicklungs-Anfangsvermögen ist nach § 11 Abs. 4 Satz 1 KStG das Betriebsvermögen, das am Schluss des letzten dem Abwicklungszeitraum vorangegangenen Wirtschaftsjahrs (Rumpfwirtschaftsjahrs) der Veranlagung zur Körperschaftsteuer zugrunde lag. Da die Liquidationseröffnungsbilanz somit stets der letzten Schlussbilanz entsprechen muss, sind die Buchwerte der letzten Steuerbilanz maßgebend.

Das Abwicklungs-Anfangsvermögen ist um Gewinnausschüttungen zu kürzen, die im Abwicklungszeitraum für Wirtschaftsjahre vor der Auflösung vorgenommen worden sind (§ 11 Abs. 4 Satz 3 KStG). Dabei kann es sich auch um Gewinnausschüttungen handeln, die von der bereits in Liquidation befindlichen GmbH nach Eintritt in das Liquidationsstadium für Wirtschaftsjahre bzw. Rumpfwirtschaftsjahre beschlossen werden, die vor Beginn der Liquidation geendet haben.[2] Durch die Kürzungsvorschrift wird erreicht, dass die genannten Ausschüttungen den Abwicklungsgewinn nicht mindern.

Das **Abwicklungs-Endvermögen** ist das zur Verteilung kommende Vermögen (§ 11 Abs. 3 KStG). Hierzu gehören das im Rahmen der Schlussverteilung verteilte Vermögen (Abschlusszahlung, Übergabe von Wirtschaftsgütern) und die während des Liquidationszeitraums geleisteten Vorschüsse auf das Abwicklungsergebnis (Liquidationsraten und verdeckte Zuwendungen). Die Bewertung des Abwicklungs-Endvermögens erfolgt mit dem gemeinen Wert.

Das Abwicklungs-Endvermögen wird um die steuerfreien Vermögensmehrungen gemindert, die im Abwicklungszeitraum zugeflossen sind. Es handelt sich hierbei um die nach § 13 InvZulG 2010 steuerfreie Investitionszulage. Da nach § 11 Abs. 6 KStG auf die Gewinnermittlung im Übrigen die sonst geltenden (Gewinnermittlungs-)Vorschriften anzuwenden sind, gelten insbesondere die Vorschriften über die abziehbaren und nicht abziehbaren Aufwendungen.

Für die X-GmbH ergibt sich somit folgender Abwicklungsgewinn (= Liquidationsgewinn) vor Berücksichtigung der liquidationsbedingten Körperschaftsteuer:

Abwicklungs-Endvermögen zum 31.10.09		507.100 €
⁒ steuerfreie Investitionszulage (§ 13 InvZulG 2010)		⁒ 8.000 €
+ nicht abziehbare Betriebsausgaben (§ 4 Abs. 5 EStG)		+ 4.000 €
+ nicht abziehbare GewSt (§ 4 Abs. 5 b EStG)		+ 42.000 €
+ nicht abziehbare KSt-Vorauszahlung (§ 10 Nr. 2 KStG)		+ 50.000 €
+ nicht abziehbare SolZ-Vorauszahlung (§ 10 Nr. 2 KStG)		+ 2.750 €
= steuerliches Abwicklungs-Endvermögen		597.850 €
abzgl. Abwicklungs-Anfangsvermögen		
Abwicklungs-Anfangsvermögen am 01.08.07		
= Eigenkapital lt. Bilanz zum 31.07.07	343.500 €	
⁒ ausgeschütteter Gewinn für Rumpf-Wj. 07 (§ 11 Abs. 4 Satz 3 KStG)	⁒ 45.000 €	
= steuerliches Abwicklungs-Anfangsvermögen	298.500 €	⁒ 298.500 €
steuerlicher Abwicklungsgewinn		
= zu versteuerndes Einkommen für den Liquidationszeitraum		299.350 €

2 BFH-Urteil vom 22.10.1998, BFH/NV 1999 S. 829.

Auf dieses zu versteuernde Einkommen entfällt eine Körperschaftsteuertarifbelastung gem. § 23 Abs. 1 KStG i. H. von 15 %. Dies ergibt eine Körperschaftsteuer von 44.902 €.

3. Die für das Rumpfwirtschaftsjahr 07 beschlossene Gewinnausschüttung, die während des Liquidationszeitraums abgeflossen ist, ist eine auf einem den gesellschaftsrechtlichen Vorschriften entsprechenden Gewinnverteilungsbeschluss beruhende Gewinnausschüttung. Diese Gewinnausschüttung war nach § 11 Abs. 4 Satz 3 KStG vom Abwicklungs-Anfangsvermögen zu kürzen (vgl. Begründung zu Nr. 2).

Nach § 27 Abs. 1 KStG gilt das steuerliche Einlagekonto als für Leistungen verwendet, soweit die Summe der im Wirtschaftsjahr erbrachten Leistungen den ausschüttbaren Gewinn i. S. des § 27 Abs. 1 Satz 5 KStG übersteigt. Dabei sind die Bestände vom vorangegangenen Wirtschaftsjahr, hier also die Bestände zum Schluss des Rumpfwirtschaftsjahrs 31.07.07, maßgebend. Da das steuerliche Einlagekonto zum 31.07.07 mit 0 € gesondert festgestellt wurde, kann eine Verwendung des steuerlichen Einlagekontos nicht vorliegen. Die Gewinnausschüttung hat somit bei der GmbH keine weitere Auswirkung.

4. Die Schlussverteilung nach Beendigung der Liquidation setzt sich zusammen aus der Rückzahlung des Nennkapitals und der Rückzahlung des übrigen Eigenkapitals.

Dabei gilt bei Leistungen auf den Liquidationsüberschuss das übrige Eigenkapital als vor dem Nennkapital ausgezahlt.[3]

Bei einer Liquidation liegt keine fiktive Kapitalherabsetzung vor, da die Regelung des § 29 Abs. 1 KStG nicht analog auf Liquidationsfälle angewandt werden darf. Allerdings ist bei der Nennkapitalrückzahlung die Vorschrift des § 28 Abs. 2 KStG zu beachten. Danach wird zunächst (wie bei einer Kapitalherabsetzung) der Sonderausweis i. S. des § 28 Abs. 1 Satz 3 KStG gemindert. Insoweit gilt die Rückzahlung des Nennkapitals als Gewinnausschüttung, die beim Gesellschafter zu kapitalertragsteuerpflichtigen Bezügen i. S. des § 20 Abs. 1 Nr. 2 EStG führt (§ 28 Abs. 2 Satz 2 KStG). Soweit die Nennkapitalrückzahlung den Sonderausweis i. S. des § 28 Abs. 1 Satz 3 KStG übersteigt bzw. wenn ein Sonderausweis gar nicht besteht, führt der Nennkapitalrückzahlungsbetrag sowohl zu einem Zugang im steuerlichen Einlagekonto und gleichzeitig zu einer Verminderung des steuerlichen Einlagekontos. Hinsichtlich der Anwendung des § 28 Abs. 2 Satz 2 KStG ist davon auszugehen, dass das Nennkapital spätestens am Ende der Liquidation ausgekehrt wird.[4] Für die Nennkapitalrückzahlung, die aufgrund der Regelung in § 28 Abs. 2 Satz 3 KStG aus dem steuer-

---

3 BMF-Schreiben vom 26.08.2003, BStBl I S. 434, Rz. 12.

4 BMF-Schreiben vom 26.08.2003, BStBl I S. 434, Rz. 14 und 12.

lichen Einlagekonto erfolgt, ist keine Steuerbescheinigung i. S. des § 27 Abs. 3 KStG auszustellen.[5]

Bei der X-GmbH wird im Zuge der Nennkapitalrückzahlung, die zusammen mit der Schlussverteilung erfolgt, zunächst der Sonderausweis i. S. des § 28 Abs. 1 Satz 3 KStG i. H. von 18.000 € gemindert. Der übersteigende Betrag des Stammkapitals i. H. von 32.000 € wird dem Einlagekonto (§ 27 KStG) gutgeschrieben und gleichzeitig in dieser Höhe wieder beim Einlagekonto vermindert.

Die Rückzahlung des übrigen Eigenkapitals könnte grundsätzlich zu einer Verwendung des steuerlichen Einlagekontos gem. § 27 KStG führen, da die Vermögensverteilung, die nicht als Nennkapitalrückzahlung zu beurteilen ist, eine Leistung i. S. des § 27 Abs. 1 Satz 3 KStG darstellt. Für die Überprüfung der Verwendung des steuerlichen Einlagekontos für die Schlussauskehrung ist sowohl der Bestand des steuerlichen Einlagekontos als auch der ausschüttbare Gewinn i. S. des § 27 Abs. 1 Satz 5 KStG vor dieser Auskehrung maßgebend. Dies ist grundsätzlich der Zeitpunkt, auf den die Liquidationsschlussbilanz erstellt wird.

Da sich im Liquidationszeitraum 07 bis 09 keine Zugänge beim steuerlichen Einlagekonto ergeben, entspricht der Bestand des steuerlichen Einlagekontos zum 31.10.09 dem Bestand vom 31.07.07 und beträgt daher 0 €. Somit kann sich keine Verwendung des steuerlichen Einlagekontos nach § 27 KStG für die Schlussauskehrung (ohne Nennkapitalrückzahlung) ergeben.

Die Auswirkungen werden nach Ermittlung der endgültigen Schlussauskehrung dargestellt.

Die festzusetzende Körperschaftsteuer für den Liquidationszeitraum 07 bis 09 ermittelt sich wie folgt:

KSt-Tarifbelastung (§ 23 Abs. 1 KStG) 15 % von 299.350 € = zu versteuerndes Einkommen des Liquidationszeitraums	44.902 €
festzusetzende KSt für den Liquidationszeitraum 07 bis 09	44.902 €
⁒ KSt-Vorauszahlungen	⁒ 50.000 €
KSt-Erstattung für den Liquidationszeitraum 07 bis 09	5.098 €

Der Solidaritätszuschlag wird mit 5,5 % der festzusetzenden Körperschaftsteuer ermittelt (§ 3 Abs. 1 Nr. 1 i. V. m. § 4 SolZG 1995):

5,5 % von 44.902 € = festzusetzender SolZ	= 2.469 €	(abgerundet)
⁒ SolZ-Vorauszahlungen	⁒ 2.750 €	
SolZ-Erstattung	281 €	

5 BMF-Schreiben vom 26.08.2003, BStBl I S. 434, Rz. 15.

In der Liquidationsschlussbilanz zum 31.10.09 ergibt sich nach Berücksichtigung der Körperschaftsteuer-Erstattung und Solidaritätszuschlag-Erstattung für den Liquidationszeitraum 07 bis 09 das endgültige Abwicklungs-Endvermögen, welches gleichzeitig den Schlussauskehrungsbetrag darstellt.

vorläufiges Abwicklungs-Endvermögen 31.10.09	507.100 €
+ KSt-Erstattungsanspruch	+ 5.098 €
+ SolZ-Erstattungsanspruch	+ 281 €
endgültiges Abwicklungs-Endvermögen = Schlussauskehrung	512.479 €

Durch die Feststellung des endgültigen Abwicklungs-Endvermögens unter Berücksichtigung der liquidationsbedingten Körperschaftsteuer- und Solidaritätszuschlags-Erstattung ergibt sich kein anderer steuerlicher Abwicklungsgewinn, da die Körperschaftsteuer- und Solidaritätszuschlags-Erstattung als Steuern vom Einkommen und Ertrag i. S. des § 10 Nr. 2 KStG vom Abwicklungs-Endvermögen wieder abgezogen werden.

Ermittlung des steuerlichen Einlagekontos (§ 27 Abs. 2 Satz 1 KStG) und des durch Umwandlung von Rücklagen entstandenen Nennkapitals (§ 28 Abs. 1 Satz 3 KStG) zum 31.10.09

	Vorspalte €	Steuerliches Einlagekonto €	Sonderausweis €
1	2	3	4
Anfangsbestand Bestand gem. § 27 Abs. 2 Satz 1 KStG zum Schluss des vorangegangenen Wirtschaftsjahres		0	18.000
Endbestände zum Schluss des Wirtschaftsjahrs		0	18.000
Nachrichtlich bei Liquidation: Schlussverteilung des Vermögens, soweit diese als Nennkapitalrückzahlung zu beurteilen ist			
Nennkapitalrückzahlung	50.000		
Abzug dieses Betrags vom Sonderausweis bis zu dessen Verbrauch	– 18.000		– 18.000
Schlussverteilung des Vermögens, soweit diese <u>nicht</u> als Nennkapitalrückzahlung zu beurteilen ist:			
Eigenkapital lt. Liquidations-Schlussbilanz	512.479		
Nennkapital zu Beginn der Liquidation	– 50.000		
Steuerliches Einlagekonto zum Zeitpunkt der Liquidations-Schlussbilanz	– 0		
Ausschüttbarer Gewinn i. S. des § 27 Abs. 1 Satz 5 KStG zum Zeitpunkt der Liquidations-Schlussbilanz	462.479		

Schlussverteilung des Vermögens, soweit diese nicht als Nennkapitalrückzahlung zu beurteilen ist = Betrag lt. Liquidations-Schlussbilanz abzgl. Nennkapital	462.479		
Abzüglich ausschüttbarer Gewinn i. S. des § 27 Abs. 1 Satz 5 KStG	– 462.479		
Summe = Leistung, für die das steuerliche Einlagekonto als verwendet gilt, max.	0		
Bestand des steuerlichen Einlagekontos		0	

5. Auswirkungen beim Gesellschafter

Die Schlussauskehrung i. H. von insgesamt 512.479 € beinhaltet die Rückzahlung des Nennkapitals und die Rückzahlung des übrigen Eigenkapitals. Bei der Rückzahlung des Nennkapitals ist zu beachten, dass insoweit, wie der Sonderausweis i. S. des § 28 Abs. 1 Satz 3 KStG gemindert wurde, beim Gesellschafter Einkünfte i. S. des § 20 Abs. 1 Nr. 2 EStG vorliegen. Ab dem VZ 2009 unterliegen diese Einnahmen dem Kapitalertragsteuerabzug von 25 % gem. § 43 Abs. 1 Nr. 1 i. V. m. § 43 a Abs. 1 Nr. 1 EStG. Die Einkommensteuer beträgt für diese Einnahmen grundsätzlich nach § 32 d Abs. 1 EStG 25 %, sodass diese durch den Steuerabzug abgegolten ist.

Sofern der Anteilseigner XY einen Antrag nach § 32 d Abs. 2 Nr. 3 EStG gestellt hat, greift für die Einnahmen i. S. des § 20 Abs. 1 Nr. 2 EStG die Steuerbefreiung nach § 3 Nr. 40 Satz 1 Buchst. e EStG i. H. von 40 % (Teileinkünfteverfahren). Außerdem unterliegen in diesem Fall die Einkünfte aus Kapitalvermögen dem persönlichen Steuersatz (Anwendung der Grund- bzw. Splittingtabelle).

Bis einschließlich VZ 2008 unterlagen diese Einnahmen der Halbeinkünftebesteuerung, d. h. hälftige Steuerbefreiung nach § 3 Nr. 40 Satz 1 Buchst. e EStG.

In Höhe von 18.000 € wurde bei der X-GmbH der Sonderausweis i. S. des § 28 Abs. 1 Satz 3 KStG gemindert, sodass XY in dieser Höhe Einnahmen gem. § 20 Abs. 1 Nr. 2 EStG erzielt.

Der übersteigende Betrag der Nennkapitalrückzahlung wurde vom Bestand des steuerlichen Einlagekontos abgezogen und stellt für den Gesellschafter XY die Rückzahlung des Nennkapitals dar (die X-GmbH hat insoweit keine Steuerbescheinigung mit Verwendung des steuerlichen Einlagekontos ausgestellt;[6] vgl. Begründung zu 4). Insoweit liegen keine Einnahmen gem. § 20 Abs. 1 Nr. 1 oder 2 EStG vor und es besteht bei der X-GmbH auch keine Verpflichtung zur Einbehaltung der Kapitalertragsteuer.

Die Rückzahlung des Nennkapitals i. H. von 32.000 € vermindert die Anschaffungskosten der GmbH-Beteiligung des XY i. H. von ebenfalls

6 BMF-Schreiben vom 26.08.2003, BStBl I S. 434, Rz. 15.

32.000 €. Es handelt sich zwar um eine Beteiligung i. S. des § 17 Abs. 1 EStG, da aber die Rückzahlung des Nennkapitals die Anschaffungskosten nicht übersteigt, liegen keine Einkünfte i. S. des § 17 Abs. 4 EStG vor.

Die das Nennkapital übersteigende Schlussauskehrung i. H. von 462.479 € führt beim Gesellschafter XY zu Einkünften gem. § 20 Abs. 1 Nr. 2 EStG. Hinsichtlich der Besteuerung dieser Einnahmen gelten die Ausführungen zur Rückzahlung des Sonderausweises i. S. des § 28 Abs. 1 Satz 3 KStG entsprechend, d. h. ab dem VZ 2009 grundsätzlich Abgeltungsteuer von 25 % (§ 32 d Abs. 1 EStG) bzw. in den Fällen des § 32 d Abs. 2 Nr. 3 EStG Teileinkünftebesteuerung nach § 3 Nr. 40 Satz 1 Buchst. e EStG; bis einschließlich VZ 2008 hälftige Steuerbefreiung nach § 3 Nr. 40 Satz 1 Buchst. e EStG.

Insgesamt hat der Gesellschafter XY folgende Einnahmen nach § 20 Abs. 1 Nr. 2 EStG zu versteuern:

Rückzahlung des Nennkapitals, soweit der Sonderausweis i. S. des § 28 Abs. 1 Satz 3 KStG gemindert wurde	18.000 €
Rückzahlung des übrigen Eigenkapitals	+ 462.479 €
Summe	480.479 €

Für diese Einnahmen aus Kapitalvermögen ergibt sich ab dem **VZ 2009** Folgendes:

Soweit beim Gesellschafter XY Einnahmen i. S. des § 20 Abs. 1 Nr. 2 EStG anfallen, somit i. H. von 480.479 €, hat die X-GmbH die Kapitalertragsteuer i. H. von 25 % = 120.119,75 € (§ 43 Abs. 1 Nr. 1 i. V. m. § 43 a Abs. 1 Nr. 1 EStG) sowie den darauf entfallenden Solidaritätszuschlag von 5,5 % = 6.606,58 € (§ 3 Abs. 1 Nr. 5 i. V. m. § 4 SolZG 1995) einzubehalten und an das Finanzamt abzuführen.

Diese Kapitalertragsteuer hat grundsätzlich Abgeltungswirkung gem. § 32 d Abs. 1 EStG. Gegebenenfalls ist im Rahmen der Veranlagung noch der Sparer-Pauschbetrag nach § 20 Abs. 9 EStG zu berücksichtigen, ein Abzug von tatsächlichen Werbungskosten ist ausgeschlossen (§ 32 d Abs. 4 EStG).

Sofern XY einen Antrag nach § 32 d Abs. 2 Nr. 3 EStG gestellt hat, werden im Rahmen der Einkommensteuerveranlagung folgende Einkünfte angesetzt:

Einkünfte gem. § 20 Abs. 1 Nr. 2 EStG	480.479 €
davon steuerfrei gem. § 3 Nr. 40 Satz 1 Buchst. e EStG: 40 %	./. 192.192 €
steuerpflichtige Einnahmen aus Kapitalvermögen	288.287 €

Hiervon können nur tatsächliche Werbungskosten i. H. von 60 % gem. § 3 c Abs. 2 EStG abgezogen werden. Die Berücksichtigung des Sparer-Pauschbetrags ist ausgeschlossen (§ 32 d Abs. 2 Nr. 3 Satz 2 EStG).

Die Anrechnung der einbehaltenen Kapitalertragsteuer beim Gesellschafter XY auf die festzusetzende Einkommensteuer gem. § 36 Abs. 2 Nr. 2

EStG erfolgt nur in den Fällen der Berücksichtigung eines nicht ausgeschöpften Sparer-Pauschbetrags (§ 32 d Abs. 4 EStG), im Rahmen der Günstigerprüfung (§ 32 d Abs. 6 EStG) oder im Falle des § 32 d Abs. 2 Nr. 3 EStG (Anwendung des Teileinkünfteverfahrens). Entsprechendes gilt für die Anrechnung des Solidaritätszuschlags zur Kapitalertragsteuer auf den bei XY festzusetzenden Solidaritätszuschlag zur Einkommensteuer.

Bis einschließlich **VZ 2008** hatte die GmbH einen Kapitalertragsteuerabzug i. H. von 20 % vorzunehmen, 20 % von 480.479 € = 96.095,80 € (§ 43 Abs. 1 Nr. 1 i. V. m. § 43 a Abs. 1 Nr. 1 EStG a. F.). Der Solidaritätszuschlag betrug somit 5,5 % = 5.285,26 €.

Beim Gesellschafter XY ergaben sich die folgenden einkommensteuerrechtlich zu berücksichtigenden Beträge:

Einkünfte gem. § 20 Abs. 1 Nr. 2 EStG:	480.479 €
davon steuerfrei gem. § 3 Nr. 40 Satz 1 Buchst. e EStG 50 %	./. 240.240 €
steuerpflichtige Einnahmen aus Kapitalvermögen	240.239 €

Hiervon waren noch die Werbungskosten (§ 9 EStG) bzw. der Werbungskosten-Pauschbetrag gem. § 9 a Satz 1 Nr. 2 EStG sowie der Sparer-Freibetrag gem. § 20 Abs. 4 EStG abzuziehen.

Die einbehaltene Kapitalertragsteuer war dann beim Gesellschafter XY auf die festzusetzende Einkommensteuer gem. § 36 Abs. 2 Nr. 2 EStG anzurechnen; ebenso wurde der einbehaltene Solidaritätszuschlag auf den bei XY festzusetzenden Solidaritätszuschlag angerechnet.

Fall 40

Liquidation einer Kapitalgesellschaft mit Körperschaftsteuerguthaben und Körperschaftsteuererhöhung (Liquidationsbeginn nach dem 31.12.2006)

KStG §§ 10, 11, 23, 27, 28, 37, 38; EStG § 3 Nr. 40, § 4 Abs. 5 und 5 b, §§ 11, 17, 20, 32 d; § 36 Abs. 2, § 43 Abs. 1, § 43 a Abs. 1, § 45 a Abs. 2; EStDV § 8 b; SolZG 1995 § 3 Abs. 1 Nr. 1 und 5, § 4

Sachverhalt

An der Uhrenfabrikations-GmbH „Tick-Tack" in Tuttlingen (TT-GmbH) mit einem Stammkapital von 100.000 € sind die Gesellschafter Uwe Ührli (Ü) und Alfons Armband (A) zu je 50 % beteiligt. Das Wirtschaftsjahr der TT-GmbH entspricht dem Kalenderjahr.

Sowohl Ü als auch A halten ihre GmbH-Beteiligung im Privatvermögen. Beide haben ihre Anteile von 50.000 € bei Gründung der TT-GmbH zum

Nennwert von 50.000 € übernommen. Für Ü sind aufgrund einer verdeckten Einlage im VZ 02 nachträgliche Anschaffungskosten i. H. von 30.000 € angefallen.

Durch Beschluss der Gesellschafterversammlung vom 15.08.09 wird die TT-GmbH gem. § 60 Abs. 1 Nr. 2 GmbHG zum 01.09.09 aufgelöst. Die TT-GmbH bildet ein Rumpfwirtschaftsjahr zum 31.08.09.

Zum 31.08.09 wird die folgende Handels- und Steuerbilanz vorgelegt:

A	**Steuerbilanz der TT-GmbH zum 31.08.09**		P
Anlagevermögen	280.300 €	Stammkapital	100.000 €
Umlaufvermögen	184.700 €	Rücklagen	60.000 €
Forderung		Gewinnvortrag	73.000 €
KSt-Guthaben	31.900 €	Jahresüberschuss	45.000 €
		Verbindlichkeit Gewinnausschüttung für das Wj. 08	84.000 €
		Verbindlichkeiten KSt-Erhöhungsbetrag	6.718 €
		übrige Passiva	128.182 €
	496.900 €		496.900 €

Zum 31.08.09 werden folgende gesonderte Feststellungen getroffen:

steuerliches Einlagekonto i. S. des § 27 KStG	30.000 €

Im August 09 beschließt die Gesellschafterversammlung eine Gewinnausschüttung für das Wirtschaftsjahr 08 i. H. von 84.000 €, die Auszahlung erfolgt im September 09.

Die Liquidation wird zum 30.11.12 beendet. Bis zu diesem Zeitpunkt werden die laufenden Geschäfte durch den Liquidator abgewickelt, sämtliche Gläubiger befriedigt (vgl. § 73 GmbHG – Sperrjahr) und die Gegenstände des Betriebsvermögens veräußert (versilbert).

Bereits im November 09 erhalten die beiden Gesellschafter eine Liquidationsrate i. H. von jeweils 7.500 €. Der Betrag von insgesamt 15.000 € wird zulasten des Steuerbilanzgewinns gebucht.

Im Dezember 11 wird an die Gesellschafter eine weitere Liquidationsrate i. H. von insgesamt 60.000 € ausbezahlt. Das zum 30.11.12 für die Verteilung an die Gesellschafter zur Verfügung stehende Vermögen beträgt 434.000 € vor Berücksichtigung der liquidationsbedingten Körperschaftsteuer und des Solidaritätszuschlags. Bei der Ermittlung des Endvermögens werden lediglich die Körperschaftsteuer-Vorauszahlungen i. H. von 30.000 € sowie der hierauf entfallende Solidaritätszuschlag i. H. von 1.650 € als Aufwand erfasst. Die Gewerbesteuer für den Liquidationszeitraum wird für die Erhebungszeiträume des Liquidationszeitraums bereits in der richtigen Höhe von 41.490 € als Aufwand berücksichtigt.

Außerdem werden während des Liquidationszeitraums nicht abziehbare Betriebsausgaben i. H. von 7.000 € getätigt, die ebenfalls als Aufwand verbucht werden.

Für die TT-GmbH wird mit Bescheid vom 25.07.08 ein Körperschaftsteuerguthaben nach § 37 KStG i. H. von 43.500 € festgesetzt und in den Jahren 08 bis 12 jeweils am 30.09. mit dem Jahresbetrag von 4.350 € ausbezahlt. Damit die Liquidation beendet und die TT-GmbH im Handelsregister gelöscht werden kann, tritt die TT-GmbH am 20.11.12 das restliche Körperschaftsteuerguthaben von 21.750 € zum abgezinsten Barwert von 19.600 € an ihren Gesellschafter A ab. Sowohl die Verbuchung der ausbezahlten Liquidationsraten als auch die Abtretung des Körperschaftsteuerguthabens an den Gesellschafter A werden korrekt durchgeführt.

Ebenfalls mit Bescheid vom 25.07.08 wird für die TT-GmbH ein Körperschaftsteuererhöhungsbetrag nach § 38 KStG i. H. von 9.200 € festgesetzt. Die TT-GmbH entrichtet am 30.09.08 den Jahresbetrag von 920 €. Aufgrund der Eröffnung des Liquidationsverfahrens und der Erstellung der Liquidationseröffnungsbilanz auf den 31.08.09 werden nach § 38 Abs. 8 KStG alle entstandenen und festgesetzten Körperschaftsteuererhöhungsbeträge am 30.09.09 fällig. Die TT-GmbH entrichtet daher am 30.09.09 den abgezinsten Körperschaftsteuererhöhungsbetrag i. H. von 6.747 € (Vervielfältiger bei Zusammenfassung von 9 Raten: 0,81495).

Die Schlussauskehrung an die Gesellschafter erfolgt im Dezember 12.

Frage

1. Wie ist die steuerliche Behandlung der in Liquidation befindlichen TT-GmbH hinsichtlich des Besteuerungszeitraums?
2. Welche Auswirkungen ergeben sich aufgrund des Körperschaftsteuerguthabens?
3. Welche Auswirkungen ergeben sich aufgrund des Körperschaftsteuererhöhungsbetrags?
4. Wie hoch ist der steuerliche Abwicklungsgewinn für den Liquidationszeitraum?
5. Wie hoch ist die Körperschaftsteuer und der Solidaritätszuschlag auf den Abwicklungsgewinn und wie hoch ist die endgültige Schlussverteilung?
6. Welche Auswirkung hat die im Liquidationszeitraum abgeflossene Gewinnausschüttung für das Wirtschaftsjahr 08?
7. Welche Auswirkungen haben die Liquidationsraten vom November 09 und Dezember 11?
8. Welche Auswirkungen ergeben sich durch die Schlussverteilung im November 12?
9. Wie entwickelt sich das steuerliche Einlagekonto i. S. des § 27 KStG und welche Feststellungen sind auf den Stichtag der Liquidationsschlussbilanz durchzuführen?

10. Was hat die TT-GmbH bei der Auszahlung der Gewinnausschüttung für 08, der Liquidationsraten und der Schlussverteilung zu beachten und welche Steuerbescheinigungen sind zu erstellen?
11. Wie ist die Gewinnausschüttung 08 sowie das an die Gesellschafter Ü und A verteilte Vermögen (Abschlagszahlungen und Schlussverteilung) einkommensteuerrechtlich zu behandeln?
12. Welche Auswirkung ergibt sich beim Gesellschafter A aufgrund der Abtretung des Körperschaftsteuerguthabens?

Antwort

1. Der Liquidationszeitraum vom 01.09.09 bis 30.11.12 ist gem. § 11 Abs. 1 KStG Besteuerungszeitraum und VZ. Für den Zeitraum vom Schluss des vorangegangenen Wirtschaftsjahrs bis zum Auflösungszeitpunkt hat die TT-GmbH ein Rumpf-Wirtschaftsjahr gebildet, das nicht in den Liquidationszeitraum einbezogen wird. Da der Liquidationszeitraum die 3-Jahres-Grenze nach § 11 Abs. 1 KStG nur kurzfristig überschreitet, wird dieser Zeitraum als Besteuerungszeitraum berücksichtigt.
2. Die Erträge, die sich durch die vorzunehmende Aufzinsung des Körperschaftsteuerguthabens sowie durch die Abtretung des restlichen Körperschaftsteuerguthabens ergeben, haben das Abwicklungs-Endvermögen erhöht. Da diese Erträge nach § 37 Abs. 7 KStG nicht zu den Einkünften gehören, ist das Abwicklungs-Endvermögen um diese steuerfreien Beträge zu vermindern.
3. Aufgrund der Liquidation werden nach § 38 Abs. 8 KStG alle entstandenen und festgesetzten Körperschaftsteuererhöhungsbeträge an dem 30.09. fällig, der auf den Zeitpunkt der Erstellung der Liquidationseröffnungsbilanz folgt. Dabei sind die Körperschaftsteuererhöhungsbeträge mit dem nach Maßgabe des § 38 Abs. 7 KStG abgezinsten Betrag zu entrichten. Die Schlussbilanz zum 31.08.09 entspricht der Liquidationseröffnungsbilanz, sodass die noch nicht entrichteten Körperschaftsteuererhöhungsbeträge der Jahre 09 bis 17 am 30.09.09 zu entrichten sind. Die Differenz zwischen dem zu entrichtenden Betrag von 6.747 € und der ausgewiesenen Verbindlichkeit in der Schlussbilanz 31.08.09 i. H. von 6.718 € hat das Abwicklungs-Endvermögen gemindert. Dieser Aufwand ist nach § 38 Abs. 10 i. V. m. § 37 Abs. 7 KStG bei der Ermittlung des Abwicklungsgewinns hinzuzurechnen.
4. Der steuerliche Abwicklungsgewinn beträgt 299.069 €.
5. Die für den Liquidationszeitraum festzusetzende Körperschaftsteuer beträgt 44.860 € und der festzusetzende Solidaritätszuschlag 2.467 €. Die endgültige Schlussauskehrung beläuft sich auf 418.323 €.
6. Die Gewinnausschüttung für das Wirtschaftsjahr 08 führt nicht zu einer Kürzung des Abwicklungs-Anfangsvermögens nach § 11 Abs. 4 Satz 3 KStG, da sie bereits vor Eintritt in das Liquidationsstadium im August 09

beschlossen wurde und als Verbindlichkeit in der Schlussbilanz 31.08.09 ausgewiesen ist. Für die Gewinnausschüttung ist die Verwendung des steuerlichen Einlagekontos nach § 27 Abs. 1 Satz 3 KStG zu überprüfen. Vergleiche Begründung zu Nr. 6.

7. Für beide Liquidationsraten ist die Verwendung des steuerlichen Einlagekontos nach § 27 Abs. 1 Satz 3 KStG zu überprüfen. Vergleiche Begründung zu Nr. 7.

8. Die Nennkapitalrückzahlung führt zu einem identischen Zu- und Abgang beim steuerlichen Einlagekonto. Hierfür ist keine Steuerbescheinigung nach § 27 Abs. 3 KStG auszustellen.

   Für die Rückzahlung des übrigen Eigenkapitals ist die Verwendung des steuerlichen Einlagekontos nach § 27 Abs. 1 Satz 3 KStG zu überprüfen. Vergleiche Begründung zu Nr. 8.

9. Die Gewinnausschüttung für 08 sowie die beiden Liquidationsraten vom November 09 und Dezember 11 führen zu einer Verwendung des steuerlichen Einlagekontos i. H. von 11.000 €.

   Zum 30.11.12 wird das steuerliche Einlagekonto i. S. des § 27 KStG i. H. von 19.000 € gesondert festgestellt.

   Die Schlussauskehrung führt zu einer Verwendung des steuerlichen Einlagekontos i. H. von 19.000 €.

10. Soweit bei den Anteilseignern Einnahmen aus Kapitalvermögen i. S. des § 20 Abs. 1 Nr. 1 oder 2 EStG vorliegen, hat die TT-GmbH die Kapitalertragsteuer i. H. von 25 % sowie den darauf entfallenden Solidaritätszuschlag von 5,5 % einzubehalten und an das Finanzamt abzuführen. Für die kapitalertragsteuerpflichtigen Einnahmen sind Steuerbescheinigungen gem. § 45 a Abs. 2 EStG auszustellen, auf denen auch die Verwendung des steuerlichen Einlagekontos i. S. des § 27 KStG nach § 27 Abs. 3 KStG bescheinigt wird. Für die Nennkapitalrückzahlung, die aus dem steuerlichen Einlagekonto erfolgt, ist keine Steuerbescheinigung auszustellen. Vergleiche Begründung zu Nr. 10.

11. Die Gesellschafter Ü und A haben mit Zufluss der Gewinnausschüttung für 08 sowie der Liquidationsrate vom November 09 im VZ 09 Einnahmen aus Kapitalvermögen gem. § 20 Abs. 1 Nr. 1 bzw. 2 EStG zu versteuern. Die Liquidationsrate vom Dezember 11 ist im VZ 11 als Einnahme aus Kapitalvermögen nach § 20 Abs. 1 Nr. 2 EStG zu erfassen, soweit sie nicht in der Rückzahlung des steuerlichen Einlagekontos besteht. Die Schlussauskehrung, die nicht in der Nennkapitalrückzahlung und nicht in der Rückzahlung des steuerlichen Einlagekontos besteht, ist im VZ 12 eine Einnahme aus Kapitalvermögen i. S. des § 20 Abs. 1 Nr. 2 EStG. Die Einkünfte aus Kapitalvermögen unterliegen grundsätzlich der Abgeltungsteuer von 25 % gem. § 32 d Abs. 1 EStG. Sofern ein Antrag nach § 32 d Abs. 2 Nr. 3 EStG gestellt wird, unterliegen

die Einnahmen aus Kapitalvermögen dem Teileinkünfteverfahren (§ 3 Nr. 40 Satz 1 Buchst. d und e EStG).

Die Nennkapitalrückzahlung und die Leistungen aus dem steuerlichen Einlagekonto führen bei den Gesellschaftern zu Einkünften i. S. des § 17 Abs. 4 EStG, für die die Steuerbefreiung gem. § 3 Nr. 40 Satz 1 Buchst. c EStG i. H. von 40 % eingreift.

Im Übrigen wird auf die Begründung zu Nr. 11 hingewiesen.

12. A erhält mit der Auszahlung des Körperschaftsteuerguthabens in den Jahren 13 bis 17 sowohl einen Tilgungsanteil des Körperschaftsteuerguthabens als auch einen Zinsanteil. Dieser Zinsanteil ist beim Abtretungsempfänger A nicht nach § 37 Abs. 7 KStG steuerbefreit. A hat in den Jahren 13 bis 17 den Zinsanteil, der sich durch Anwendung der Zinsstaffelmethode ermittelt, nach § 20 Abs. 2 Satz 1 Nr. 7 i. V. m. Satz 2 EStG zu versteuern. Hinsichtlich der Berechnung vgl. Begründung zu Nr. 12.

Begründung

1. Für die Besteuerung einer in Liquidation befindlichen unbeschränkt steuerpflichtigen Kapitalgesellschaft gelten die Regelungen des § 11 KStG. Durch diese Vorschrift soll der Gewinn erfasst und versteuert werden, der durch die Abwicklung und während der Abwicklungszeit erzielt wird. Hierbei handelt es sich um den Gewinn, der insbesondere durch die Auflösung der im Betriebsvermögen der GmbH enthaltenen stillen Reserven sowie durch die kurzzeitige und beschränkte Weiterführung des Betriebs entstanden ist.

Grundsätzlich ist Gewinnermittlungszeitraum nach § 7 Abs. 4 KStG das Wirtschaftsjahr. Bei der Liquidationsbesteuerung tritt nach § 11 Abs. 1 KStG an die Stelle des Wirtschaftsjahres der Abwicklungszeitraum (Liquidationszeitraum).[1] Dieser beginnt mit der Auflösung und endet mit der Schlussverteilung des Gesellschaftsvermögens. Somit stimmt der Abwicklungszeitraum i. d. R. weder vom Verlauf noch von der Dauer mit dem Kalenderjahr überein. Er kann kürzer als ein Kalenderjahr sein, meistens ist er aber länger als ein Kalenderjahr. Nach § 11 Abs. 1 Satz 2 KStG soll der Besteuerungszeitraum grundsätzlich drei Jahre nicht übersteigen. Dabei handelt es sich um drei Zeitjahre (36 Monate) und nicht um drei Wirtschaftsjahre.

Der Liquidationszeitraum ist nicht nur Ermittlungszeitraum, sondern auch VZ.

Erfolgt die Auflösung der GmbH – wie hier bei der TT-GmbH – im Laufe eines Wirtschaftsjahres, so kann in sinngemäßer Anwendung des § 8 b Satz 2 Nr. 1 EStDV ein Rumpfwirtschaftsjahr vom Schluss des vorange-

1 BMF-Schreiben vom 26.08.2003, BStBl I S. 434, Rz. 1.

gangenen Wirtschaftsjahrs bis zum Auflösungszeitpunkt gebildet werden (R 51 Abs. 1 KStR). Dieses Rumpfwirtschaftsjahr ist nicht in den Abwicklungszeitraum einzubeziehen.

Bildet die GmbH kein Rumpfwirtschaftsjahr, so ist der Zeitraum vom Schluss des vorangegangenen Wirtschaftsjahres bis zum Auflösungszeitpunkt in den Abwicklungsgewinn einzubeziehen. Die Kapitalgesellschaft hat insoweit ein Wahlrecht.

Die TT-GmbH hat ihre Auflösung zum 01.09.09 beschlossen, somit im Laufe des Wirtschaftsjahres 09. Durch die Aufstellung der Bilanz auf den 31.08.09 hat die TT-GmbH ein Rumpfwirtschaftsjahr für den Zeitraum 01.01.09 bis 31.08.09 gebildet, welches nicht in den Liquidationsbesteuerungszeitraum einbezogen wird. Das Ergebnis dieses Rumpfwirtschaftsjahres wird der Besteuerung für den VZ 09 zugrunde gelegt.

Der Liquidationszeitraum der TT-GmbH umfasst den Zeitraum vom 01.09.09 bis 30.11.12. Der Liquidationszeitraum übersteigt somit den in § 11 Abs. 1 KStG genannten 3-Jahres-Zeitraum. Da es sich hier aber nur um eine kurzfristige Überschreitung von 2 Monaten handelt, wird der gesamte Liquidationszeitraum als Besteuerungszeitraum berücksichtigt. Nach § 11 Abs. 1 KStG wird der in diesem Liquidationszeitraum erzielte Gewinn der Besteuerung zugrunde gelegt. Es erfolgt eine Körperschaftsteuerveranlagung für diesen gesamten Liquidationszeitraum, wobei das im Abwicklungszeitraum erzielte Einkommen dem Steuertarif des Kalenderjahres unterliegt, in dem der Liquidationszeitraum endet.

2. Auswirkungen aufgrund des Körperschaftsteuerguthabens

Das durch Bescheid vom 25.07.08 festgesetzte Körperschaftsteuerguthaben i. H. von 43.500 € ist in der Bilanz 31.08.09 mit dem abgezinsten Barwert i. H. von 31.900 € als Forderung ausgewiesen. Das Körperschaftsteuerguthaben wird nach § 37 Abs. 5 KStG in zehn gleichen Jahresbeträgen (von 2008 bis 2017) ausbezahlt.[2] Auch im Fall einer Liquidation erfolgt keine sofortige Auszahlung des Körperschaftsteuerguthabens. Damit eine Löschung der liquidierten GmbH im Handelsregister erfolgen kann, ist es zweckmäßig den Anspruch auf Auszahlung des Körperschaftsteuerguthabens abzutreten. Dies wurde in diesem Fall auch gemacht.

Die während des Liquidationszeitraums in den Jahren 09 bis 12 ausbezahlten Jahresbeträge des Körperschaftsteuerguthabens konnten erfolgsneutral mit dem aktivierten Körperschaftsteuerguthaben verrechnet werden. Danach ergab sich eine Restforderung auf Auszahlung der Körperschaftsteuerguthabens (ohne Berücksichtigung einer jährlichen Aufzinsung) i. H. von 14.500 € (Barwert 31.900 € ./. 4 × 4.350 €). Durch die Abtretung des Körperschaftsteuerguthabens mit einem abgezinsten Wert von 19.600 €

2 Vgl. hierzu auch Fall 32.

wurde somit ein Ertrag i. H. von 5.100 € (19.600 € ⁒ 14.500 €) aus dem Körperschaftsteuerguthaben erfasst. Dieser hat das Abwicklungs-Endvermögen erhöht. Da die als Ertrag erfassten Beträge des Körperschaftsteuerguthabens nach § 37 Abs. 7 KStG nicht zu den Einkünften gehören, ist das Abwicklungs-Endvermögen zur Ermittlung des steuerlichen Abwicklungsgewinns um diese steuerfreien Beträge zu vermindern (vgl. Tz. 4).

3. Auswirkungen aufgrund des Körperschaftsteuererhöhungsbetrags

Der gem. § 38 Abs. 5 KStG festgestellte Körperschaftsteuererhöhungsbetrag i. H. von 9.200 € ist grundsätzlich in zehn gleichen Jahresbeträgen (von 2008 bis 2017) zu entrichten (§ 38 Abs. 6 KStG).[3] Nach § 38 Abs. 8 KStG werden im Falle einer Liquidation, die nach dem 31.12.2006 beginnt, alle entstandenen und festgesetzten Körperschaftsteuererhöhungsbeträge an dem 30.09. fällig, der auf den Zeitpunkt der Erstellung der Liquidationseröffnungsbilanz folgt. Dabei sind die Körperschaftsteuererhöhungsbeträge mit dem nach Maßgabe des § 38 Abs. 7 KStG abgezinsten Betrag zu entrichten. Da die TT-GmbH ein Rumpfwirtschaftsjahr zum 31.08.2009 gebildet hat, entspricht diese Schlussbilanz der Liquidationseröffnungsbilanz. Somit sind die noch nicht entrichteten Körperschaftsteuererhöhungsbeträge der Jahre 09 bis 17 am 30.09.09 zu entrichten, allerdings nur mit dem abgezinsten Betrag. Der Faktor für die Abzinsung beträgt unter Zugrundelegung des Zinssatzes von 5,5 % für die restlichen neun Raten 0,81495. Somit ist am 30.09.09 ein Betrag i. H. von 6.747 € zu entrichten (920 € × 9 × 0,81495). In der Bilanz zum 31.08.09 war die Verbindlichkeit „Körperschaftsteuererhöhungsbetrag" i. H. von 6.718 € passiviert. Bei der Bezahlung ergibt sich ein Aufwand von 29 €, der das Abwicklungs-Endvermögen vermindert. Da die aufgrund der Entrichtung des Körperschaftsteuererhöhungsbetrags als Aufwand erfassten Beträge sich nicht auf das zu versteuernde Einkommen auswirken dürfen, ist der Betrag von 29 € bei der Ermittlung des Abwicklungsgewinns nach § 38 Abs. 10 i. V. m. § 37 Abs. 7 KStG hinzuzurechnen (vgl. Tz. 4).

4. Ermittlung des Abwicklungsgewinns der TT-GmbH

Nach § 11 Abs. 2 KStG wird der Liquidationsgewinn wie folgt ermittelt:

Abwicklungs-Endvermögen
⁒ Abwicklungs-Anfangsvermögen
= steuerlicher Abwicklungsgewinn

Das **Abwicklungs-Anfangsvermögen** ist nach § 11 Abs. 4 Satz 1 KStG das Betriebsvermögen, das am Schluss des letzten dem Abwicklungszeitraum vorangegangenen Wirtschaftsjahres (Rumpfwirtschaftsjahres) der Veranlagung zur Körperschaftsteuer zugrunde lag. Da die Liquidationseröffnungsbilanz somit stets der letzten Schlussbilanz entsprechen muss, sind die Buchwerte der letzten Steuerbilanz maßgebend.

---

3 Vgl. hierzu auch Fall 33.

Das Abwicklungs-Anfangsvermögen ist um Gewinnausschüttungen zu kürzen, die im Abwicklungszeitraum für Wirtschaftsjahre vor der Auflösung vorgenommen worden sind (§ 11 Abs. 4 Satz 3 KStG). Die Gewinnausschüttung für das Wirtschaftsjahr 08 wurde zwar im Liquidationszeitraum ausbezahlt, sie war jedoch noch vor Eintritt in das Liquidationsstadium beschlossen worden, nämlich im Rumpfwirtschaftsjahr 01.01.09 – 31.08.09. Aus diesem Grund ist die Auszahlungsverpflichtung bereits in der Bilanz des Rumpfwirtschaftsjahres 31.08.09 als Verbindlichkeit erfasst. Da diese Ausschüttung somit den Abwicklungsgewinn nicht mindert, ist in diesem Fall auch keine Kürzung des Abwicklungs-Anfangsvermögens vorzunehmen.

Das **Abwicklungs-Endvermögen** ist das zur Verteilung kommende Vermögen (§ 11 Abs. 3 KStG). Hierzu gehören das im Rahmen der Schlussverteilung verteilte Vermögen (Abschlusszahlung, Übergabe von Wirtschaftsgütern) und die während des Liquidationszeitraums geleisteten Vorschüsse auf das Abwicklungsergebnis (Liquidationsraten und verdeckte Zuwendungen). Die Bewertung des Abwicklungs-Endvermögens erfolgt mit dem gemeinen Wert.

Nach § 11 Abs. 6 KStG sind auf die Gewinnermittlung im Übrigen die sonst geltenden (Gewinnermittlungs-)Vorschriften anzuwenden, somit gelten insbesondere die Vorschriften über die abziehbaren und nicht abziehbaren Aufwendungen.

Wie in Tz. 2 ausgeführt, hat die Abtretung des Körperschaftsteuerguthabens das Abwicklungs-Endvermögen i. H. von 5.100 € erhöht. Nach § 37 Abs. 7 KStG gehören die als Ertrag erfassten Beträge des Körperschaftsteuerguthabens nicht zu den Einkünften. Daher ist das Abwicklungs-Endvermögen zur Ermittlung des steuerlichen Abwicklungsgewinns um diesen steuerfreien Betrag i. H. von 5.100 € zu vermindern.

Die Bezahlung der Körperschaftsteuerhöhungsbeträge hat sich auf das Abwicklungs-Endvermögen mindernd ausgewirkt (vgl. Tz. 3), und zwar in Höhe der Differenz zwischen der passivierten (abgezinsten) Verbindlichkeit von 6.718 € und dem zu zahlenden Betrag von 6.747 €, somit i. H. von 29 €. Nach § 38 Abs. 10 i. V. m. § 37 Abs. 7 KStG ist dieser Betrag bei der Ermittlung des Abwicklungs-Endvermögens hinzuzurechnen.

Für die TT-GmbH ergibt sich folgender Abwicklungsgewinn (= Liquidationsgewinn) vor Berücksichtigung der liquidationsbedingten Körperschaftsteuer:

Abwicklungs-Endvermögen zum 30.11.12	434.000 €
+ Liquidationsrate November 09	+ 15.000 €
+ Liquidationsrate Dezember 11	+ 60.000 €
+ nicht abziehbare Steuern gem. § 10 Nr. 2 KStG:	
KSt-Vorauszahlungen	+ 30.000 €
SolZ-Vorauszahlungen	+ 1.650 €

+ nicht abzugsfähige GewSt gem. § 4 Abs. 5 b EStG	+ 41.490 €
+ § 38 Abs. 10 KStG: Aufwand KSt-Erhöhungsbetrag	+ 29 €
./. § 37 Abs. 7 KStG: Ertrag KSt-Guthaben	./. 5.100 €
= steuerliches Abwicklungs-Endvermögen	577.069 €
abzgl. Abwicklungs-Anfangsvermögen	
Abwicklungs-Anfangsvermögen am 01.09.09	
= Eigenkapital lt. Bilanz 31.08.09	./. 278.000 €
steuerlicher Abwicklungsgewinn	
= zu versteuerndes Einkommen für den Liquidationszeitraum	299.069 €

5. Die festzusetzende Körperschaftsteuer sowie die Körperschaftsteuer-Rückstellung für den Liquidationszeitraum 09 bis 12 ermittelt sich wie folgt:

KSt-Tarifbelastung § 23 Abs. 1 KStG	
zu versteuerndes Einkommen 299.069 €, davon 15 %	44.860 €
= festzusetzende KSt für den Liquidationszeitraum 09 bis 12	44.860 €
./. KSt-Vorauszahlungen	./. 30.000 €
KSt-Rückstellung für den Besteuerungszeitraum 09 bis 12	14.860 €

Der Solidaritätszuschlag wird mit 5,5 % der festzusetzenden Körperschaftsteuer ermittelt (§ 3 Abs. 1 Nr. 1 i. V. m. § 4 SolZG 1995).

5,5 % von 44.860 €	= 2.467 € (abgerundet)
= festzusetzender SolZ	
./. SolZ-Vorauszahlungen	./. 1.650 €
SolZ-Rückstellung	817 €

Feststellung der endgültigen Schlussauskehrung

In der Liquidationsschlussbilanz zum 30.11.12 ergibt sich nach Berücksichtigung der Körperschaftsteuer-Rückstellung und Solidaritätszuschlags-Rückstellung für den Liquidationszeitraum 09 bis 12 das endgültige Abwicklungs-Endvermögen, welches gleichzeitig den Schlussauskehrungsbetrag darstellt.

vorläufiges Abwicklungs-Endvermögen 30.11.12	434.000 €
./. KSt-Rückstellung	./. 14.860 €
./. SolZ-Rückstellung	./. 817 €
endgültiges Abwicklungs-Endvermögen = Schlussauskehrung	418.323 €

Durch die Feststellung des endgültigen Abwicklungs-Endvermögens unter Berücksichtigung der liquidationsbedingten Körperschaftsteuer- und Solidaritätszuschlags-Rückstellung ergibt sich kein anderer steuerlicher Abwicklungsgewinn, da die Körperschaftsteuer und der Solidaritätszuschlag als nicht abziehbare Ausgaben gem. § 10 Nr. 2 KStG dem Abwicklungs-Endvermögen wieder hinzugerechnet werden.

6. Die im September 09 abgeflossene **Gewinnausschüttung für das Wirtschaftsjahr 08** ist eine auf den gesellschaftsrechtlichen Vorschriften beruhende Gewinnausschüttung. Die steuerliche Auswirkung dieser Gewinnausschüttung auf die Ermittlung des steuerlichen Abwicklungsgewinns wurde bereits in Tz. 4 erläutert. Da die Gewinnausschüttung für das Wirtschaftsjahr 08 bereits vor Eintritt in das Liquidationsstadium im August 09 beschlossen wurde und als Verbindlichkeit in der Schlussbilanz 31.08.09 ausgewiesen ist, führt sie nicht zu einer Kürzung des Abwicklungs-Anfangsvermögens nach § 11 Abs. 4 Satz 3 KStG.

Da zum 31.08.09 ein Bestand im steuerlichen Einlagekonto festgestellt wurde, ist nach § 27 Abs. 1 KStG zu überprüfen, ob die Gewinnausschüttung zu einer Verwendung des steuerlichen Einlagekontos führt. Nach § 27 Abs. 1 Satz 3 KStG wird das Einlagekonto aufgrund von Leistungen insoweit gemindert, wie die Leistungen den auf den Schluss des vorangegangenen Wirtschaftsjahres ermittelten ausschüttbaren Gewinn übersteigen. Dabei ist auf den Zeitpunkt des Abflusses der Gewinnausschüttung und nicht auf die Beschlussfassung abzustellen. Die Gewinnausschüttung ist im September 09 und damit im Liquidationszeitraum 09 – 12 erfolgt, somit ist für die Feststellung, ob und in welcher Höhe eine Verwendung des steuerlichen Einlagekontos erfolgt, der ausschüttbare Gewinn auf den 31.08.09 maßgebend. Die Berechnungen hierzu sind in Tz. 9 dargestellt.

7. Bei den während des Liquidationszeitraums ausbezahlten **Liquidationsraten** ist zunächst zu überprüfen, ob es sich hierbei um die Rückzahlung des Nennkapitals oder des übrigen Kapitals handelt. Da bei Leistungen auf den Liquidationsüberschuss das übrige Eigenkapital als vor dem Nennkapital ausgezahlt gilt,[4] stellen beide Liquidationsraten noch keine Nennkapitalrückzahlung dar. Die Vermögensverteilung, die nicht als Nennkapitalrückzahlung zu beurteilen ist, ist eine Leistung i. S. des § 27 Abs. 1 Satz 3 KStG. Somit können die Liquidationsraten zu einer Verwendung des steuerlichen Einlagekontos führen.

Für die Überprüfung, ob eine Verwendung des steuerlichen Einlagekontos vorliegt, ist für die im Liquidationszeitraum abgeflossenen Liquidationsraten auf den ausschüttbaren Gewinn zum Schluss des vorangegangenen Wirtschaftsjahres bzw. Besteuerungszeitraums abzustellen (§ 27 Abs. 1 Satz 3 KSt). Es ist daher – wie auch für die Gewinnausschüttung 08 – der ausschüttbare Gewinn auf den 31.08.09 maßgebend. Die Feststellung, ob und in welcher Höhe eine Verwendung des steuerlichen Einlagekontos erfolgt, wird in Tz. 9 dargestellt.

8. Die **Schlussverteilung** nach Beendigung der Liquidation im November 12 setzt sich zusammen aus der Rückzahlung des Nennkapitals und der Rückzahlung des übrigen Kapitals. Dabei gilt bei Leistungen auf den Liquidationsüberschuss das übrige Eigenkapital als vor dem Nennkapital ausgezahlt.[4]

Bei einer Liquidation liegt keine fiktive Kapitalherabsetzung vor, da die Regelung des § 29 Abs. 1 KStG nicht analog auf Liquidationsfälle ange-

---

4 BMF-Schreiben vom 26.08.2003, BStBl I S. 434, Rz. 12.

wandt werden darf. Allerdings ist bei der Nennkapitalrückzahlung die Vorschrift des § 28 Abs. 2 KStG zu beachten. Danach wird zunächst der Sonderausweis i. S. des § 28 Abs. 1 Satz 3 KStG gemindert. Insoweit gilt die Rückzahlung des Nennkapitals als Gewinnausschüttung, die bei den Gesellschaftern zu kapitalertragsteuerpflichtigen Bezügen i. S. des § 20 Abs. 1 Nr. 2 EStG führt (§ 28 Abs. 2 Satz 2 KStG). Soweit die Nennkapitalrückzahlung den Sonderausweis i. S. des § 28 Abs. 1 Satz 3 KStG übersteigt bzw. wenn kein Sonderausweis i. S. des § 28 Abs. 1 Satz 3 KStG vorhanden ist, führt der Nennkapitalrückzahlungsbetrag sowohl zu einem Zugang zum steuerlichen Einlagekonto als auch gleichzeitig zu einer Verminderung des steuerlichen Einlagekontos. Hinsichtlich der Anwendung des § 28 Abs. 2 Satz 2 KStG ist davon auszugehen, dass das Nennkapital spätestens am Ende der Liquidation ausgekehrt wird.[5] Für die Nennkapitalrückzahlung, die aufgrund der Regelung in § 28 Abs. 2 Satz 3 KStG aus dem steuerlichen Einlagekonto erfolgt, ist keine Steuerbescheinigung i. S. des § 27 Abs. 3 KStG auszustellen.[6]

Da ein Sonderausweis i. S. des § 28 Abs. 1 Satz 3 KStG nicht vorhanden ist, kann die Nennkapitalrückzahlung auch nicht zu einer Verwendung des Sonderausweises i. S. des § 28 Abs. 1 Satz 3 KStG führen. Die Nennkapitalrückzahlung i. H. von insgesamt 100.000 € wird daher dem steuerlichen Einlagekonto (§ 27 KStG) gutgeschrieben und gleichzeitig in dieser Höhe wieder beim Einlagekonto gekürzt. Die Auswirkungen werden unter Nr. 9 dargestellt.

Die Rückzahlung des übrigen Eigenkapitals kann zu einer Verwendung des steuerlichen Einlagekontos gem. § 27 KStG führen, da die Vermögensverteilung, die nicht als Nennkapitalrückzahlung zu beurteilen ist, eine Leistung i. S. des § 27 Abs. 1 Satz 3 KStG darstellt. Für die Überprüfung der Verwendung des steuerlichen Einlagekontos für die Schlussauskehrung ist sowohl der Bestand des steuerlichen Einlagekontos als auch der ausschüttbare Gewinn i. S. des § 27 Abs. 1 Satz 5 KStG vor dieser Auskehrung maßgebend. Dies ist grundsätzlich der Zeitpunkt, auf den die Liquidationsschlussbilanz erstellt wird.

Somit ist zunächst der Bestand des steuerlichen Einlagekontos zum 30.11.12 festzustellen. Diese Berechnungen sind unter Nr. 9 dargestellt und erläutert.

9. Entwicklung des steuerlichen Einlagekontos i. S. des § 27 KStG

Nach § 27 Abs. 2 KStG ist das steuerliche Einlagekonto unter Berücksichtigung der Zu- und Abgänge des Wirtschaftsjahres bzw. Besteuerungszeitraumes auf den Schluss des Wirtschaftsjahres bzw. Besteuerungszeitraumes gesondert festzustellen. Wie unter Nr. 6 und 7 ausgeführt, ist sowohl für die Gewinnausschüttung 08 als auch für die im Liquidationszeitraum abgeflos-

5 BMF-Schreiben vom 26.08.2003, BStBl I S. 434, Rz. 1.

6 BMF-Schreiben vom 26.08.2003, BStBl I S. 434, Rz. 15.

senen Liquidationsraten zu überprüfen, ob und ggf. in welcher Höhe das steuerliche Einlagekonto als verwendet gilt. Hierfür ist der ausschüttbare Gewinn zum Schluss des vorangegangenen Wirtschaftsjahres, somit der ausschüttbare Gewinn zum 31.08.09, maßgebend. Dieser ermittelt sich nach § 27 Abs. 1 Satz 5 KStG wie folgt:

Eigenkapital am 31.08.09	278.000 €
⁒ Stammkapital	⁒ 100.000 €
⁒ Bestand steuerliches Einlagekonto am 31.08.09	⁒ 30.000 €
ausschüttbarer Gewinn (§ 27 Abs. 1 Satz 5 KStG)	148.000 €

Die im Liquidationszeitraum abgeflossenen Leistungen i. S. des § 27 Abs. 1 Satz 3 KStG betragen:

Gewinnausschüttung für das Wj. 08	84.000 €
Liquidationsrate November 09	15.000 €
Liquidationsrate Dezember 11	60.000 €
Summe	159.000 €

Die Summe der Leistungen i. H. von	159.000 €
übersteigen den ausschüttbaren Gewinn von	148.000 €
um	11.000 €

Somit liegt eine Verwendung des steuerlichen Einlagekontos i. H. von 11.000 € vor.

Hierbei stellt sich allerdings die Frage, bei welcher Ausschüttung bzw. Auszahlung die Verwendung des Einlagekontos zu bescheinigen ist.

Geht man davon aus, dass die Verwendung des steuerlichen Einlagekontos jeweils im Auszahlungszeitpunkt überprüft wurde und dementsprechend die Kapitalertragsteuer einbehalten und die Steuerbescheinigung erteilt wurde, so ergibt sich aufgrund der Verwendungsfestschreibung des § 27 Abs. 5 KStG Folgendes:

Die Gewinnausschüttung für das Wirtschaftsjahr 08 i. H. von 84.000 € hat den ausschüttbaren Gewinn von 148.000 € nicht überstiegen. Somit wird hier keine Verwendung des steuerlichen Einlagekontos bescheinigt.

Auch die Liquidationsrate vom November 09 i. H. von 15.000 € führt unter Berücksichtigung der Gewinnausschüttung für 08 noch nicht zu einer Verwendung des steuerlichen Einlagekontos, da die Summe der Leistungen nur 99.000 € beträgt. Auch hierfür wird keine Verwendung des steuerlichen Einlagekontos bescheinigt.

Erst durch die Liquidationsrate vom Dezember 11 i. H. von 60.000 € übersteigt die Summe der Leistungen den ausschüttbaren Gewinn. Die für die Gewinnausschüttung 08 und die Liquidationsrate 09 ausgestellten Steuerbescheinigungen, in denen keine Verwendung des steuerlichen Einlagekontos bescheinigt wurde, dürfen aufgrund der Verwendungsfestschreibung nach § 27 Abs. 5 Satz 1 KStG nicht mehr geändert werden. Die Verwendung des steuerlichen Einlagekontos ist daher bei der Liquidationsrate Dezember 11 zu bescheinigen.

Da im Liquidationszeitraum keine verdeckten Einlagen durch die Gesellschaft getätigt wurden, ergeben sich keine Zugänge zum steuerlichen Einlagekonto. Zum 30.11.12 ist das steuerliche Einlagekonto wie folgt gesondert festzustellen:

Bestand 31.08.09		30.000 €
Abgang aufgrund von Leistungen	./.	11.000 €
Zugänge	+	0 €
Bestand 30.11.12		19.000 €

Da auf den Zeitpunkt der Liquidationsschlussbilanz ein steuerliches Einlagekonto i. H. von 19.000 € festzustellen ist, ist für die Schlussauskehrung (ohne Nennkapitalrückzahlung) die Verwendung des steuerlichen Einlagekontos zu überprüfen. Hierzu ist zunächst der ausschüttbare Gewinn auf den 30.11.12 (Zeitpunkt der Liquidationsschlussbilanz) zu ermitteln. Das am 30.11.12 vorhandene Eigenkapital entspricht der Höhe der Schlussauskehrung. Der ausschüttbare Gewinn ermittelt sich wie folgt:

endgültige Schlussauskehrung	418.323 €
./. Stammkapital	100.000 €
./. steuerliches Einlagekonto zum 30.11.12	19.000 €
ausschüttbarer Gewinn § 27 Abs. 1 Satz 5 KStG	299.323 €

Die Summe der Schlussauskehrung ohne Rückzahlung des Nennkapitals beträgt 318.323 € und übersteigt den ausschüttbaren Gewinn um 19.000 €. Somit liegt eine Verwendung des steuerlichen Einlagekontos i. H. von 19.000 € vor.

Die Verwendung des steuerlichen Einlagekontos ist auf der Steuerbescheinigung zu bescheinigen.

Die Ermittlung des steuerlichen Einlagekontos und des Sonderausweises i. S. des § 28 Abs. 1 Satz 3 KStG zum 30.11.12 sowie die weitere Verrechnung mit der Schlussauskehrung wird nachfolgend in Anlehnung an den Vordruck KSt 1 F – 27/28 dargestellt.

Ermittlung des steuerlichen Einlagekontos (§ 27 Abs. 2 Satz 1 KStG) und des durch Umwandlung von Rücklagen entstandenen Nennkapitals (§ 28 Abs. 1 Satz 3 KStG) zum 30.11.12.

	Vorspalte €	Steuerliches Einlagekonto €	Sonderausweis €
Anfangsbestand Bestand gem. § 27 Abs. 2 Satz 1 KStG zum Schluss des vorangegangenen Wirtschaftsjahres, hier Bestand vom 31.08.09		30.000	0
Verrechnung von Leistungen mit dem steuerlichen Einlagekonto Im Wirtschaftsjahr erbrachte Leistungen (einschließlich Abschlagszahlungen bei Liquidation, soweit diese nicht als Nennkapitalrückzahlung zu beurteilen sind)	159.000		
Ausschüttbarer Gewinn i. S. des § 27 Abs. 1 Satz 5 KStG	– 148.000		
Summe	11.000		
Abzug vom steuerlichen Einlagekonto: positive Summe, höchstens Bestand des steuerlichen Einlagekontos		– 11.000	
Endbestände zum Schluss des Wirtschaftsjahres 30.11.12		19.000	0
Nachrichtlich bei Liquidation: **Schlussverteilung des Vermögens, soweit diese als Nennkapitalrückzahlung zu beurteilen ist** Nennkapitalrückzahlung	100.000		
Abzug des Betrags vom Sonderausweis bis zu dessen Verbrauch	0		0
Schlussverteilung des Vermögens, soweit diese nicht als Nennkapitalrückzahlung zu beurteilen ist: Eigenkapital lt. Liquidations-Schlussbilanz	418.323		
Nennkapital zu Beginn der Liquidation	– 100.000		
Steuerliches Einlagekonto zum Zeitpunkt der Liquidations-Schlussbilanz	– 19.000		
= ausschüttbarer Gewinn i. S. des § 27 Abs. 1 Satz 5 KStG zum Zeitpunkt der Liquidations-Schlussbilanz	= 299.323		
Schlussverteilung des Vermögens, soweit diese **nicht** als Nennkapitalrückzahlung zu beurteilen ist = Betrag lt. Liquidations-Schlussbilanz abzgl. Nennkapital	318.323		
Abzüglich ausschüttbarer Gewinn i. S. des § 27 Abs. 1 Satz 5 KStG	– 299.323		
Summe	19.000		
Summe = Leistung, für die das steuerliche Einlagekonto als verwendet gilt, max. Bestand des steuerlichen Einlagekontos		19.000	

10. Bei den Anteilseignern liegen hinsichtlich der Gewinnausschüttung für das Wirtschaftsjahr 08 Einnahmen gem. § 20 Abs. 1 Nr. 1 EStG und bei den Liquidationsraten Einnahmen gem. § 20 Abs. 1 Nr. 2 EStG vor, für die die TT-GmbH Kapitalertragsteuer i. H. von 25 % sowie den darauf entfallenden Solidaritätszuschlag von 5,5 % einzubehalten hat (§ 43 Abs. 1 Nr. 1 i. V. m. § 43 a Abs. 1 Nr. 1 EStG, § 3 Abs. 1 Nr. 5 i. V. m. § 4 SolZG 1995). Allerdings ist bei der Liquidationsrate vom Dezember 11 zu beachten, dass nur insoweit Einnahmen i. S. des § 20 Abs. 1 Nr. 2 EStG vorliegen, wie keine Leistung aus dem steuerlichen Einlagekonto i. S. des § 27 KStG erfolgt ist (§ 20 Abs. 1 Nr. 2 i. V. m. Nr. 1 Satz 3 EStG). Da für die Liquidationsrate i. H. von 60.000 € das steuerliche Einlagekonto i. H. von 11.000 € als verwendet gilt, betragen die Einnahmen aus Kapitalvermögen, die dem Kapitalertragsteuerabzug unterliegen, nur 49.000 €. Die Rückzahlung aus dem steuerlichen Einlagekonto führt zu einer Minderung der Anschaffungskosten der Beteiligung und ggf. zu Einkünften i. S. des § 17 Abs. 4 EStG. Es ergeben sich im Einzelnen folgende Auszahlungsbeträge:

	Gewinnausschüttung	Liquidationsraten	
		09	11
Einnahmen gem. § 20 Abs. 1 Nr. 1 EStG	84.000 €		
Einnahmen gem. § 20 Abs. 1 Nr. 2 EStG (ohne Rückzahlung aus dem steuerlichen Einlagekonto)		15.000 €	49.000 €
./. KapSt 25 %	21.000 €	3.750 €	12.250 €
./. SolZ 5,5 % (gerundet)	1.155 €	206 €	674 €
+ Rückzahlung aus dem steuerlichen Einlagekonto	– €	– €	11.000 €
Auszahlungsbetrag	61.845 €	11.044 €	47.076 €

Die TT-GmbH hat für jeden Gesellschafter eine Steuerbescheinigung gem. § 45 a Abs. 2 EStG auszustellen, die nachfolgend auszugsweise dargestellt wird (Muster II):[7]

Gewinnausschüttung für das Wirtschaftsjahr 08

Kapitalerträge im Sinne des § 43 Abs. 1 Nr. 1 EStG	42.000 €
Summe Kapitalertragsteuer in Höhe von 25 %	10.500,00 €
Summe Solidaritätszuschlag	577,50 €
Summe ___% Kirchensteuer zu Kapitalertragsteuer	....
Höhe des in Anspruch genommenen Sparer-Pauschbetrages	....
Leistungen aus dem steuerlichen Einlagekonto (§ 27 KStG)	0 €

7 Das Muster der Steuerbescheinigung ist mit BMF-Schreiben vom 18.12.2009, BStBl 2010 I S. 79, bekannt gemacht worden.

Liquidationsrate November 09

Kapitalerträge im Sinne des § 43 Abs. 1 Nr. 1 EStG	7.500 €
Summe Kapitalertragsteuer in Höhe von 25 %	1.875,00 €
Summe Solidaritätszuschlag	103,12 €
Summe ___% Kirchensteuer zu Kapitalertragsteuer	....
Höhe des in Anspruch genommenen Sparer-Pauschbetrages	....
Leistungen aus dem steuerlichen Einlagekonto (§ 27 KStG)	0 €

Liquidationsrate Dezember 11

Kapitalerträge im Sinne des § 43 Abs. 1 Nr. 1 EStG	24.500 €
Summe Kapitalertragsteuer in Höhe von 25 %	6.125,00 €
Summe Solidaritätszuschlag	336,87 €
Summe ___% Kirchensteuer zu Kapitalertragsteuer	....
Höhe des in Anspruch genommenen Sparer-Pauschbetrages	....
Leistungen aus dem steuerlichen Einlagekonto (§ 27 KStG)	5.500 €

Die Schlussauskehrung von insgesamt 418.323 € beinhaltet die Rückzahlung des Nennkapitals und die Rückzahlung des übrigen Eigenkapitals.

Die Nennkapitalrückzahlung i. H. von 100.000 € wurde gem. § 28 Abs. 2 Satz 3 KStG vom Bestand des steuerlichen Einlagekontos abgezogen und stellt für die Gesellschafter die Rückzahlung des Stammkapitals dar. Die TT-GmbH hat insoweit keine Steuerbescheinigung mit Verwendung des steuerlichen Einlagekontos ausgestellt;[8] vgl. Begründung zu 8. Diese Rückzahlung des Nennkapitals stellt bei den Gesellschaftern keine Einnahme gem. § 20 Abs. 1 Nr. 1 oder 2 EStG dar und es besteht bei der TT-GmbH auch keine Verpflichtung zur Einbehaltung der Kapitalertragsteuer.

Für die das Nennkapital übersteigende Schlussauskehrung i. H. von 318.323 € liegt i. H. von 19.000 € eine Verwendung des steuerlichen Einlagekontos i. S. des § 27 KStG vor, die auf der Steuerbescheinigung entsprechend zu bescheinigen ist. Soweit eine Ausschüttung aus dem steuerlichen Einlagekonto erfolgt, liegen keine Einnahmen aus Kapitalvermögen vor (§ 20 Abs. 1 Nr. 2 i. V. m. Nr. 1 Satz 3 EStG). Dieser Betrag unterliegt damit auch nicht der Kapitalertragsteuerpflicht. Die Rückzahlung aus dem steuerlichen Einlagekonto führt wiederum zu einer Minderung der Anschaffungskosten und ggf. zu Einkünften i. S. des § 17 Abs. 4 EStG.

Die restliche Schlussauskehrung i. H. von 299.323 € führt bei den Gesellschaftern zu Einnahmen gem. § 20 Abs. 1 Nr. 2 EStG, für die die TT-GmbH Kapitalertragsteuer i. H. von 25 % (§ 43 Abs. 1 Nr. 1 i. V. m. § 43 a Abs. 1 Nr. 1 EStG) sowie den darauf entfallenden Solidaritätszuschlag von 5,5 % (§ 3

8 BMF-Schreiben vom 26.08.2003, BStBl I S. 434, Rz. 15.

Abs. 1 Nr. 5 i. V. m. § 4 SolZG 1995) einzubehalten und an das Finanzamt abzuführen hat.

Damit ergibt sich folgender Auszahlungsbetrag:

Einnahmen gem. § 20 Abs. 1 Nr. 2 EStG:	
Schlussauskehrung (ohne Rückzahlung Nennkapital)	299.323,00 €
KapSt 25 %	74.830,75 €
SolZ 5,5 %	4.115,69 €
Auszahlungsbetrag	220.376,56 €

Die TT-GmbH hat für jeden Gesellschafter eine Steuerbescheinigung gem. § 45 a Abs. 2 EStG auszustellen, die nachfolgend auszugsweise dargestellt wird (Muster II):[9]

Kapitalerträge im Sinne des § 43 Abs. 1 Nr. 1 EStG	149.661,50 €
Summe Kapitalertragsteuer in Höhe von 25 %	37.415,38 €
Summe Solidaritätszuschlag	2.057,85 €
Summe ____% Kirchensteuer zu Kapitalertragsteuer	....
Höhe des in Anspruch genommenen Sparer-Pauschbetrages	....
Leistungen aus dem steuerlichen Einlagekonto (§ 27 KStG)	9.500 €

11. Auswirkungen bei den Gesellschaftern

Die Gesellschafter Ü und A halten ihre Beteiligung jeweils im Privatvermögen. Somit haben sie die Einnahmen aus Kapitalvermögen gem. § 11 Abs. 1 EStG im VZ des Zuflusses zu versteuern.

Sowohl die Gewinnausschüttung 08 als auch die Liquidationsrate vom November 09 sind den Gesellschaftern in 09 zugeflossen. Für beide Gesellschafter ergeben sich somit im VZ 09 jeweils folgende Einnahmen aus Kapitalvermögen:

Einnahmen gem. § 20 Abs. 1 Nr. 1 EStG: Gewinnausschüttung	42.000 €
Einnahmen gem. § 20 Abs. 1 Nr. 2 EStG: Liquidationsrate	7.500 €
Summe	49.500 €

Im VZ 11 ist die im Dezember 11 zugeflossene Liquidationsrate als Einnahme aus Kapitalvermögen anzusetzen. Soweit bei dieser Liquidationsrate die Verwendung des steuerlichen Einlagekontos bescheinigt wurde, liegt keine Einnahme aus Kapitalvermögen vor. Somit ist bei jedem Gesellschafter als Einnahme aus Kapitalvermögen 24.500 € anzusetzen.

Die Schlussauskehrung fließt im VZ 12 zu, sodass bei beiden Gesellschaftern Einnahmen gem. § 20 Abs. 1 Nr. 2 EStG i. H. von jeweils 149.661,50 € vorliegen. Auch hier wird nur der Betrag ohne die Rückzahlung aus dem steuerlichen Einlagekonto erfasst.

9 Das Muster der Steuerbescheinigung ist mit BMF-Schreiben vom 18.12.2009, BStBl 2010 I S. 79, bekannt gemacht worden.

Die Einkünfte aus Kapitalvermögen unterliegen gem. § 32 d Abs. 1 EStG grundsätzlich der Einkommensteuer mit einem Steuersatz von 25 %, sodass diese durch den Steuerabzug bereits abgegolten ist. Bei der Ermittlung der Einkünfte ist noch der Sparer-Pauschbetrag gem. § 20 Abs. 9 EStG abzuziehen, soweit dieser nicht bereits bei anderen Einnahmen aus Kapitalvermögen berücksichtigt wurde. Ein Abzug tatsächlicher Werbungskosten ist ausgeschlossen.

Da die Gesellschafter zu mindestens 25 % an der TT-GmbH beteiligt waren, besteht aber auch die Möglichkeit, einen Antrag nach § 32 d Abs. 2 Nr. 3 EStG zu stellen. In diesem Fall greift für die Einnahmen i. S. des § 20 Abs. 1 Nr. 1 EStG die Steuerbefreiung nach § 3 Nr. 40 Satz 1 Buchst. d EStG und für die Einnahmen i. S. des § 20 Abs. 1 Nr. 2 EStG die Steuerbefreiung nach § 3 Nr. 40 Satz 1 Buchst. e EStG jeweils i. H. von 40 % (Teileinkünfteverfahren). Es ist nur ein tatsächlicher Werbungskostenabzug möglich, der nach § 3 c Abs. 2 EStG zu 60 % erfolgt. Eine Berücksichtigung des Sparer-Pauschbetrags nach § 20 Abs. 9 EStG ist in diesem Fall ausgeschlossen. Außerdem unterliegen diese Einkünfte aus Kapitalvermögen dem persönlichen Steuersatz (Anwendung der Grund- bzw. Splittingtabelle), die bereits einbehaltene Kapitalertragsteuer wird nach § 36 Abs. 2 Nr. 2 EStG auf die Einkommensteuer angerechnet. Ebenso wird der bereits einbehaltene Solidaritätszuschlag auf den festgesetzten Solidaritätszuschlag angerechnet.

Vergleich (dargestellt jeweils für einen Gesellschafter):

VZ 09 (Gewinnausschüttung 08 und Liquidationsrate November 09)
Versteuerung nach **§ 32 d Abs. 1 EStG:**

Einnahmen gem. § 20 Abs. 1 Nr. 1 EStG: Gewinnausschüttung	42.000 €
Einnahmen gem. § 20 Abs. 1 Nr. 2 EStG: Liquidationsrate	7.500 €
Summe	49.500 €

ggf. noch Berücksichtigung des Sparer-Pauschbetrags gem. § 20 Abs. 9 EStG, soweit noch nicht ausgenutzt

ESt 25 %, die durch den Steuerabzug abgegolten ist

Versteuerung nach **§ 32 d Abs. 2 Nr. 3 EStG:**

Einnahmen gem. § 20 Abs. 1 Nr. 1 und 2 EStG	49.500 €
davon steuerfrei gem. § 3 Nr. 40 Satz 1 Buchst. d und e EStG: 40 %	⁒ 19.800 €
steuerpflichtige Einnahmen aus Kapitalvermögen	29.700 €

Es können nur tatsächlich angefallene Werbungskosten zu 60 % abgezogen werden (§ 3 c Abs. 2 EStG).

Auf die festzusetzende Einkommensteuer 09 ist gem. § 36 Abs. 2 Nr. 2 EStG die Kapitalertragsteuer i. H. von 12.375 € (10.500 € + 1.875 €) anzurechnen; auf den Solidaritätszuschlag sind insgesamt 680,62 € (577,50 € + 103,12 €) anzurechnen.

VZ 11 (Liquidationsrate Dezember 11)
Versteuerung nach **§ 32 d Abs. 1 EStG:**

Einnahmen nach § 20 Abs. 1 Nr. 2 EStG	24.500 €

ggf. noch Berücksichtigung des Sparer-Pauschbetrags gem. § 20 Abs. 9 EStG, soweit noch nicht ausgenutzt

ESt 25 %, die durch den Steuerabzug abgegolten ist

Versteuerung nach **§ 32 d Abs. 2 Nr. 3 EStG:**

Einnahmen gem. § 20 Abs. 1 Nr. 2 EStG	24.500 €
davon steuerfrei gem. § 3 Nr. 40 Satz 1 Buchst. e EStG: 40 %	./. 9.800 €
steuerpflichtige Einnahmen aus Kapitalvermögen	14.700 €

Es können nur tatsächlich angefallene Werbungskosten zu 60 % abgezogen werden (§ 3 c Abs. 2 EStG).

Auf die festzusetzende Einkommensteuer wird gem. § 36 Abs. 2 Nr. 2 EStG die einbehaltene Kapitalertragsteuer i. H. von 6.125 € angerechnet, auf den Solidaritätszuschlag sind 336,87 € anzurechnen.

VZ 12 (Schlussauskehrung):
Versteuerung nach **§ 32 d Abs. 1 EStG:**

Einnahmen nach § 20 Abs. 1 Nr. 2 EStG	149.661 €

ggf. noch Berücksichtigung des Sparer-Pauschbetrags gem. § 20 Abs. 9 EStG, soweit noch nicht ausgenutzt

ESt 25 %, die durch den Steuerabzug abgegolten ist

Versteuerung nach **§ 32 d Abs. 2 Nr. 3 EStG:**

Einnahmen gem. § 20 Abs. 1 Nr. 2 EStG	149.661 €
davon steuerfrei gem. § 3 Nr. 40 Satz 1 Buchst. e EStG: 40 %	./. 59.865 €
steuerpflichtige Einnahmen aus Kapitalvermögen	89.796 €

Es können nur tatsächlich angefallene Werbungskosten zu 60 % abgezogen werden (§ 3 c Abs. 2 EStG).

Auf die festzusetzende Einkommensteuer wird gem. § 36 Abs. 2 Nr. 2 EStG die einbehaltene Kapitalertragsteuer i. H. von 37.415,38 € angerechnet, auf den Solidaritätszuschlag sind 2.057,85 € anzurechnen.

Beide Gesellschafter halten eine Beteiligung i. S. des § 17 Abs. 1 EStG an der TT-GmbH. Sowohl die Ausschüttungen aus dem steuerlichen Einlagekonto als auch die Rückzahlung des Nennkapitals, die den Sonderausweis i. S. des § 28 Abs. 1 Satz 3 KStG übersteigt, stellen Einnahmen i. S. des § 17 Abs. 4 EStG dar. Hierfür greift die Steuerbefreiung gem. § 3 Nr. 40 Satz 1 Buchst. c EStG i. H. von 40 %. Den Einnahmen nach § 17 Abs. 4 EStG sind die Anschaffungskosten der Anteile gegenzurechnen. Allerdings dürfen diese nach § 3 c Abs. 2 EStG nur mit 60 % berücksichtigt werden. Sofern nach Abzug der Anschaffungskosten ein Veräußerungsgewinn verbleibt, ist der Veräußerungsfreibetrag nach § 17 Abs. 3 EStG zu berücksichtigen.

Für die zeitliche Erfassung der Einkünfte gem. § 17 Abs. 4 EStG gilt nicht das Zuflussprinzip (§ 11 Abs. 1 EStG), sodass es auf den Zufluss von Liquidationsraten beim Anteilseigner grundsätzlich nicht ankommt. Der Zeitpunkt der Entstehung des Auflösungsgewinns oder -verlustes richtet sich nach den Grundsätzen ordnungsgemäßer Buchführung.[10] Damit ist der Zeitpunkt der Gewinnrealisierung für den Anteilseigner der Zeitpunkt, zu dem gesellschaftsrechtlich der Anspruch auf Auszahlung des Abwicklungsguthabens entsteht, das ist i. d. R. mit dem Abschluss der Liquidation (Schlussverteilung).[11] Dieser Zeitpunkt ist wiederum i. d. R. identisch mit der Auskehrung der Vermögens an die Anteilseigner. Sofern das Vermögen bereits vor der Beendigung der Liquidation an die Anteilseigner ausgekehrt wird, entsteht der Auflösungsgewinn bereits zu diesem früheren Zeitpunkt.[12]

Die Rückzahlung aus dem steuerlichen Einlagekonto, die mit der Liquidationsrate im Dezember 11 zufließt, übersteigt nicht die Anschaffungskosten der Anteile. Somit liegt in 11 lediglich eine Verminderung der Anschaffungskosten der GmbH-Anteile vor. Erst mit der Schlussauskehrung im Dezember 12 ergeben sich Einkünfte nach § 17 EStG. Die Verminderung der Anschaffungskosten durch die Rückzahlung aus dem steuerlichen Einlagekonto im VZ 11 wird rechnerisch bei der Ermittlung der Einkünfte nach § 17 EStG im VZ 12 mit berücksichtigt. Somit ergeben sich folgende Einkünfte nach § 17 EStG:

a) für den Gesellschafter Ü

Einnahmen i. S.des § 17 Abs. 4 EStG aufgrund der Liquidation	
Leistungen aus dem steuerlichen Einlagekonto (5.500 € + 9.500 €)	15.000 €
Rückzahlung Nennkapital	50.000 €
Summe der Einnahmen	65.000 €
davon steuerfrei gem. § 3 Nr. 40 Satz 1 Buchst. c EStG 40 %	⁒ 26.000 €
steuerpflichtige Einnahmen	39.000 €
⁒ Anschaffungskosten der Anteile	
50.000 € + 30.000 € = 80.000 €	
Ansatz gem. § 3 c Abs. 2 EStG zu 60 %	⁒ 48.000 €
Einkünfte i. S. des § 17 Abs. 4 EStG	⁒ 9.000 €

b) für den Gesellschafter A

Einnahmen i. S. des § 17 Abs. 4 EStG aufgrund der Liquidation	
Leistungen aus dem steuerlichen Einlagekonto (5.500 € + 9.500 €)	15.000 €
Rückzahlung Nennkapital	50.000 €
Summe der Einnahmen	65.000 €
davon steuerfrei gem. § 3 Nr. 40 Satz 1 Buchst. c EStG 40 %	⁒ 26.000 €
steuerpflichtige Einnahmen	39.000 €
⁒ Anschaffungskosten der Anteile 50.000 €	
Ansatz gem. § 3 c Abs. 2 EStG zu 60 %	⁒ 30.000 €
Einkünfte i. S. des § 17 Abs. 4 EStG	9.000 €

10 BFH-Urteil vom 25.01.2000, BStBl II S. 343.

11 BFH-Urteil vom 03.06.1993, BStBl 1994 II S. 162; OFD Berlin, Vfg. vom 28.08.2000, DB 2000 S. 2246.

12 Pung/Dötsch in Dötsch/Jost/Pung/Witt, Die Körperschaftsteuer, § 17 EStG, Rz. 516.

Veräußerungsfreibetrag § 17 Abs. 3 EStG:
50 % von 9.060 € = 4.530 €
Der Veräußerungsgewinn von 9.000 € übersteigt nicht den anteiligen Grenzbetrag von 50 % von 36.100 € = 18.050 €

Veräußerungsfreibetrag somit 4.530 €	./. 4.530 €
steuerpflichtige Einkünfte gem. § 17 Abs. 4 EStG	4.470 €

12. Auswirkungen beim Gesellschafter A durch die Auszahlung des abgetretenen Körperschaftsteuerguthabens

A hat am 20.11.12 im Wege der Abtretung den Anspruch auf Auszahlung des restlichen Körperschaftsteuerguthabens im Nennwert von 21.750 € für 19.600 € (abgezinster Barwert) erworben. Hier erhält A in den Jahren 13 bis 17 jeweils zum 30.09. vom Finanzamt einen Betrag von 4.350 € ausbezahlt. Dieser Betrag beinhaltet jeweils sowohl einen Tilgungsanteil des Körperschaftsteuerguthabens als auch einen Zinsanteil.[13] Die Steuerbefreiung des § 37 Abs. 7 KStG für die Erträge, die sich aus der Auszahlung des Körperschaftsteuerguthabens ergeben, gilt nur für die Körperschaft, bei der das Körperschaftsteuerguthaben entstanden ist und gegenüber der der Anspruch nach § 37 Abs. 5 Satz 3 KStG festgesetzt wurde. Sie ist daher nicht beim Abtretungsempfänger A anwendbar. Die Zinsanteile unterliegen beim Abtretungsempfänger der Besteuerung nach § 20 Abs. 2 Satz 1 Nr. 7 i. V. m. Satz 2 EStG und sind nach § 43 Abs. 1 Nr. 10 EStG grundsätzlich kapitalertragsteuerpflichtig. Allerdings ist das Finanzamt als Schuldner der Kapitalerträge nicht zum Steuerabzug verpflichtet, da es insoweit lediglich seiner Tilgungsverpflichtung als Schuldner der Kapitalforderung nachkommt (§ 44 Abs. 1 Satz 4 Nr. 1 b EStG). Die Steuer ist infolgedessen gem. § 32 d Abs. 3 EStG im Rahmen des Veranlagungsverfahrens – unter Anwendung des Steuersatzes von 25 % – zu erheben.

Die Ermittlung des Zinsanteils kann durch Anwendung der sog. Zinsstaffelmethode erfolgen. Bei der Zinsstaffelmethode gilt folgende Formel:

$$\frac{\text{Gesamter Zinsanteil (Nennwert ./. Barwert)}}{\text{Summe der Zahlenreihe aller Raten (S)}} \times \text{(Anzahl der restlichen Raten + 1)}$$

Die Summe der Zahlenreihe aller Raten (S) ist wie folgt zu ermitteln:

$$S = \frac{\text{Zahl der Raten}}{2} \times \text{(Zahl der Raten + 1)}$$

A erhält noch fünf Raten (Jahr 13 bis 17). Somit ergibt sich folgende Summe der Zahlenreihe aller Raten:

$$5 : 2 \times (5 + 1) = 15$$

13 A. A. Dötsch in Dötsch/Jost/Pung/Witt, § 37 KStG, Rz. 130, wonach die Versteuerung eines Zinsertrags erst erfolgen muss, wenn die addierten jährlichen Auszahlungsraten die Anschaffungskosten des Anzahlungsanspruchs übersteigen.

Der gesamte Zinsanteil für A beträgt 21.750 € ./. 19.600 € = 2.150 €. Für die erste Rate im VZ 13 ergibt sich nach der Zinsstaffelmethode folgender (gerundeter) Zinsanteil:

$$\frac{2.150\ €}{15} \times (4 + 1) = 717\ €$$

Für die folgenden Raten ergeben sich nach derselben Formel folgende (gerundeten) Zinsanteile:

2. Rate (VZ 14): 573 €
3. Rate (VZ 15): 430 €
4. Rate (VZ 16): 287 €
5. Rate (VZ 17): 143 €

Diese Zinsbeträge werden in den Jahren 13 bis 17 als Einnahmen aus Kapitalvermögen im Rahmen der Einkommensteuerveranlagung erfasst. Gegebenenfalls wird ein noch nicht ausgenutzter Sparer-Pauschbetrag gem. § 20 Abs. 9 EStG berücksichtigt. Die Besteuerung erfolgt gem. § 32 d Abs. 1 EStG mit dem Steuersatz von 25 %.

Fall 41

Umwandlung einer Kapitalgesellschaft in eine Personengesellschaft

UmwG §§ 2–9, 13, 17, 20, 24, 37, 38, 40, 46, 50; UmwStG §§ 1–9, 18, 20, 21; KStG §§ 27, 28, 29, 37; EStG § 3 Nr. 39 und Nr. 40, §§ 6, 8, 15, 17, 19, 20, 49, 50; EStG 1997 § 50 c; DBA-Schweiz Art. 7, 10, 13, 24

Sachverhalt

An der Mannheimer Maschinen-GmbH (M-GmbH) mit einem Stammkapital von 1.000.000 € sind folgende Gesellschafter beteiligt:

- Max Motor **(M)** mit 55 %; M ist Gründungsgesellschafter der GmbH. Seine Einlage im Januar 00 hatte M durch Einbringung seines früheren Einzelunternehmens erbracht. Ihm war seinerzeit für die mit dem Buchwert angesetzte Sacheinlage das Stammkapital i. H. von 550.000 € gewährt worden. Da das Buchkapital des eingebrachten Betriebs 900.000 € betragen hatte, wurde außerdem ein Betrag i. H. von 150.000 € in die Kapitalrücklage der M-GmbH eingestellt. Den Differenzbetrag i. H. von 200.000 € erhielt M auf einem Darlehenskonto gutgeschrieben.

  M verpachtet seit dem 1. Juli 04 ein Fabrikgrundstück an die M-GmbH. Die GmbH-Anteile hält er im Betriebsvermögen seines Besitzunternehmens. Das frühere Fabrikgrundstück hatte er im Jahr 01 mit in die GmbH eingebracht. Es war jedoch zu klein geworden, wurde von der M-GmbH aber (zusätzlich zu dem von M angepachteten Grundstück) weiter genutzt.

- Frieda Motor **(F)**, die Ehefrau des M mit 5 %. F war im Zusammenhang mit der Sachgründung der GmbH in das Unternehmen eingetreten. Da die Ehegatten streng auf eine Trennung ihrer Vermögenswerte bedacht sind, musste sich F seinerzeit neben ihrer Bareinlage von 50.000 € verpflichten, zur Abgeltung der stillen Reserven auf ihre gegenüber dem Einzelunternehmen des M bestehende stille Beteiligung i. H. von 30.000 € zu verzichten. Eine Beteiligung der F an den stillen Reserven des Einzelunternehmens war nicht vereinbart. F hält ihre GmbH-Anteile im Privatvermögen.

- Armin Aktiv **(A)** mit 20 %. A war im Rahmen einer Barkapitalerhöhung im Dezember 04 zum Gesellschafterkreis gestoßen. Seit GmbH-Gründung hatte sich das Unternehmen florierend entwickelt. A musste deshalb für seine Nominalbeteiligung von 200.000 € ein Agio i. H. von 800.000 € erbringen. A hat seinen Wohnsitz in der Schweiz und hält die Anteile an der M-GmbH in seinem gewerblichen Einzelunternehmen in Zürich.

- Auch die Elektro-AG **(E-AG)**, München, ein bedeutender Zulieferer der M-GmbH, hatte vom wirtschaftlichen Aufschwung des Unternehmens erfahren. Um sich auch in Zukunft den Absatzmarkt zu sichern, beteiligte sich auch die E-AG im Rahmen der Kapitalerhöhung im Dezember 04 mit 16 % an der GmbH (nominal 160.000 €; Aufgeld 640.000 €).

- Fünf leitende **Arbeitnehmer** der Firma mit jeweils 0,8 %. Die Arbeitnehmer hatten ihre Anteile im Zuge eines Mitarbeiterbeteiligungsprogramms ebenfalls im Zuge der im Jahr 04 durchgeführten Kapitalerhöhung erhalten. Ein Entgelt mussten sie für die Anteile nicht entrichten. Die lohnsteuerlichen Konsequenzen wurden seinerzeit zutreffend gezogen.

Im September 06 fand bei der M-GmbH eine weitere Kapitalerhöhung statt. Das Stammkapital wurde dabei aus Gesellschaftsmitteln von bisher 1.000.000 € auf 3.000.000 € erhöht.

Im Sommer 08 überlegten sich die Gesellschafter, die GmbH möglichst rückwirkend zum Jahresanfang 08 in eine GmbH & Co. KG umzuwandeln. Als Umwandlungsweg wurde die Verschmelzung zur Aufnahme auf die kurz zuvor gegründete Motor-GmbH & Co. KG (M-KG) festgelegt. Die notwendigen Verträge und Vereinbarungen wurden Anfang August 08 geschlossen. Als zukünftige Komplementär-GmbH wurde eine Vorratsgesellschaft bestimmt, deren Firma in Motor Verwaltungs-GmbH (MV-GmbH) geändert wurde. Sie ist vermögensmäßig nicht an der M-KG beteiligt. Die Anmeldung der Verschmelzung zum Handelsregister erfolgte am 25.08.08. Die Verschmelzung wurde am 02.10.08 in das Handelsregister eingetragen.

Lediglich die fünf beteiligten Arbeitnehmer waren von der Idee der Umwandlung nicht begeistert. Sie beschlossen deshalb, ihre Anteile noch vor der Anmeldung der Umwandlung im Handelsregister an die E-AG zu veräußern. Für den Nominalanteil von 8.000 € (je beteiligtem Arbeitnehmer) zahlte die E-AG für die am 10.08.08 vereinbarte Anteilsabtretung jeweils 50.000 €.

Der mehrheitlich beteiligte Gesellschafter M war gleichzeitig Geschäftsführer der M-GmbH. Für seine Geschäftsführungstätigkeit war ein (angemessenes) monatliches Gehalt von 6.000 € vereinbart. Bis August 08 wurde dieses Gehalt unter Abzug von Lohnsteuer usw. auf ein Privatkonto des M ausbezahlt. Außerdem war M im Jahr 01 eine Pensionszusage auf das 65. Lebensjahr erteilt worden. Zum 31.12.07 hatte der sich daraus ergebende Rückstellungsbetrag nach § 6 a EStG – zutreffend – 200.000 € betragen. Die Pensionszusage ist nicht rückgedeckt.

Zum 31.12.07 hatte die M-GmbH folgende Steuerbilanz erstellt (die sich ggf. aus der Verschmelzung ergebenden Folgen sind dabei noch nicht berücksichtigt):

Schlussbilanz M-GmbH zum 31.12.07

Aktiva		Passiva	
A. Anlagevermögen		A. Eigenkapital	
I. Sachanlagen		I. Gezeichnetes Kapital	3.000.000 €
1. Grund und Boden	400.000 €	II. Gewinnrücklagen	300.000 €
2. Gebäude	680.000 €	III. Jahresüberschuss	400.000 €
3. Betriebsvorrichtungen	150.000 €	B. Rückstellungen	
4. Maschinen	200.000 €	I. Pensionsrückstellungen	200.000 €
5. Einrichtungen	150.000 €	II. Steuerrückstellungen	60.000 €
B. Umlaufvermögen		III. Sonstige Rückstellungen	50.000 €
I. Vorräte	640.000 €	C. Verbindlichkeiten	360.000 €
II. Forderungen	990.000 €		
III. Geldkonten	1.160.000 €		
	4.370.000 €		4.370.000 €

In den folgenden Bilanzpositionen sind stille Reserven enthalten:

Grund und Boden	200.000 €
Gebäude	320.000 €
Maschinen	40.000 €
Vorräte	40.000 €
insgesamt	600.000 €

Die Darlehensforderung des M aus der Einbringung seines früheren Einzelunternehmens im Jahr 01 besteht auch im Jahr 08 noch in unveränderter Höhe fort und wird marktüblich verzinst. Die Anschaffungskosten/Restwerte für das von M an die M-GmbH überlassene Fabrikgrundstück betragen 300.000 € für den Grund und Boden und 900.000 € für das Gebäude.

Im Jahr 07 hat die M-GmbH keine Ausschüttungen vorgenommen.

Das zuständige Finanzamt hat zum 31.12.07 für die M-GmbH folgende Beträge gesondert festgestellt:

Steuerliches Einlagekonto i. S. von § 27 KStG:	0 €
Sonderausweis i. S. von § 28 Abs. 1 Satz 3 KStG:	380.000 €

Aus dem Körperschaftsteuerguthaben i. S. von § 37 Abs. 5 KStG war zum 31.12.07 ein Restbetrag von 30.000 € noch nicht an die M-GmbH ausgezahlt. Dieses Körperschaftsteuerguthaben ist in der oben dargestellten Schlussbilanz zum 31.12.07 mit dem zutreffend ermittelten Barwert von 25.348 € aktiviert (unter „Forderungen").

Da in dem übertragenen Vermögen der M-GmbH Grundstücke enthalten waren, hat das zuständige Finanzamt im Dezember 08 gegenüber der übernehmenden M-KG Grunderwerbsteuer i. H. von 50.000 € festgesetzt.

Frage

1. Welche handelsrechtlichen Voraussetzungen sind für die Umwandlung der M-GmbH zu beachten?
2. Ist das UmwStG auf den Vorgang anwendbar?
3. Kann die Umwandlung mit steuerlicher Rückwirkung erfolgen?
4. Wie sind die Wirtschaftsgüter in der Schlussbilanz der M-GmbH anzusetzen?
5. Welche Rechtsfolgen ergeben sich aus der Umwandlung für das steuerliche Einlagekonto der M-GmbH und das am 31.12.07 noch vorhandene Körperschaftsteuerguthaben?
6. Wie sind die Wirtschaftsgüter bei der übernehmenden M-KG anzusetzen?
7. Welche Folgen ergeben sich bei den Gesellschaftern der übernehmenden M-KG?
8. Welche Folgen aus der Umwandlung ergeben sich für die bei der M-GmbH gegenüber M erteilte Pensionszusage und aus dem von M gewährten Darlehen?
9. Welche weiteren Folgen ergeben sich bei der M-KG und ihren Gesellschaftern?

Hinweis: Auswirkungen auf den Solidaritätszuschlag bleiben aus Vereinfachungsgründen jeweils außer Betracht.

Antwort

1. Die Umwandlung kann handelsrechtlich durch eine Verschmelzung zur Aufnahme erfolgen.
2. Für die Verschmelzung ist das Umwandlungsteuergesetz anwendbar.
3. Für die Umwandlung wird steuerlich der 31.12.07 als Umwandlungsstichtag zugrunde gelegt; eine Rückwirkung ist also zulässig.

4. Die M-GmbH kann in ihrer Schlussbilanz die Buchwerte ansetzen. Ein darüber hinausgehender Wertansatz kommt nach Auffassung der Finanzverwaltung i. d. R. nicht in Betracht.
5. Das noch vorhandene Körperschaftsteuerguthaben i. H. von 30.000 € geht bei der Umwandlung auf die M-KG über und wird in den Folgejahren vom Finanzamt an die M-KG ausgezahlt. Die in den Auszahlungsbeträgen enthaltenen Zinsanteile sind bei der M-KG allerdings nicht nach § 37 Abs. 7 KStG steuerfrei. Dies gilt auch insoweit, wie an der M-KG eine Kapitalgesellschaft beteiligt ist.
6. Die M-KG hat die auf sie übergegangenen Wirtschaftsgüter mit den in der steuerlichen Schlussbilanz der M-GmbH enthaltenen Werten (also den Buchwerten) zu übernehmen (§ 4 Abs. 1 UmwStG).
7. Die Gesellschafter M, F, A und E-AG nehmen an der Ermittlung des Übernahmeergebnisses nach §§ 4, 5 UmwStG teil. Für M ergibt sich ein Übernahmegewinn i. H. von 741.000 €, bei F ein Übernahmegewinn i. H. von 51.000 €. Die Übernahmegewinne sind nach § 4 Abs. 7 Satz 2 UmwStG zu 60 % steuerpflichtig. Für A entsteht ein Übernahmeverlust i. H. von 476.000 €. Dieser wirkt sich jedoch im Inland nicht aus. Für die E-AG wird ein Übernahmeverlust i. H. von 526.000 € ermittelt. Dieser bleibt aber nach § 4 Abs. 6 UmwStG außer Ansatz.
8. Weder für die erteilte Pensionszusage noch das Darlehen des M ergibt sich ein Übernahmefolgegewinn i. S. von § 6 UmwStG. Sowohl die Pensionsrückstellung als auch die Darlehensschuld sind von der M-KG weiterhin zu passivieren.
9. Vergleiche Begründung zu Frage 9.

Begründung

1. Handelsrecht

Handelsrechtlich kann die M-GmbH durch Verschmelzung auf die M-KG umgewandelt werden. Dabei geht das Vermögen der M-GmbH unter Ausschluss der Abwicklung im Wege der Gesamtrechtsnachfolge auf die M-KG über (§ 2 Nr. 2 UmwG; Verschmelzung durch Aufnahme; vgl. auch § 4 ff. UmwG).

Sowohl die übertragende M-GmbH als auch die übernehmende M-KG sind verschmelzungsfähige Rechtsträger i. S. von § 3 UmwG (Kapitalgesellschaft bzw. Personenhandelsgesellschaft).

Voraussetzung für die Verschmelzung ist ein zwischen den Vertretungsorganen der M-GmbH und der M-KG abgeschlossener Verschmelzungsvertrag. Der Verschmelzungsvertrag wird zwischen den an der Verschmelzung beteiligten Rechtsträgern geschlossen (§ 4 Abs. 1 UmwG). Der notwendige Vertragsinhalt ergibt sich aus den §§ 5, 40 und 46 UmwG. Nach § 8 Abs. 1 UmwG ist ein ausführlicher Verschmelzungsbericht zu erstatten. Der Verschmelzungsbericht ist aber dann nicht erforderlich, wenn alle Anteilseigner auf seine Erstattung verzichten; die Verzichtserklärung ist notariell zu beurkunden (§ 8 Abs. 3 UmwG). Ebenso kann auf die Prüfung des Verschmelzungsvertrags verzichtet werden (§ 9 Abs. 1 und 2 UmwG). Der Verschmelzungsvertrag bedarf der notariellen Beurkundung (§ 6 UmwG) und wird nur wirksam, wenn die Anteilsinhaber der beteiligten Rechtsträger ihm durch Verschmelzungsbeschluss zustimmen (§ 13 Abs. 1 UmwG). Der Verschmelzungsbeschluss der M-GmbH bedarf einer Mehrheit von ¾ der abgegebenen Stimmen (§ 50 Abs. 1 UmwG).

Die Vertretungsorgane jedes der an der Verschmelzung beteiligten Rechtsträger haben die Verschmelzung zur Eintragung in das Handelsregister des Sitzes ihres Rechtsträgers anzumelden. Das Vertretungsorgan des übernehmenden Rechtsträgers ist berechtigt, die Verschmelzung auch zur Eintragung in das Register des Sitzes des übertragenden Rechtsträgers anzumelden (§ 16 Abs. 1 UmwG).

Der Anmeldung ist der Verschmelzungsvertrag, die Niederschriften über die Verschmelzungsbeschlüsse, ggf. die Erklärungen über den Verzicht auf den Verschmelzungsbericht und die Prüfung des Verschmelzungsvertrags sowie eine nach den Vorschriften über die Jahresbilanz und deren Prüfung aufgestellte Schlussbilanz beizufügen (§ 17 Abs. 1 und 2 UmwG).

Für die Erstellung der Schlussbilanz i. S. von § 17 Abs. 2 UmwG gelten die Vorschriften über die Jahresbilanz. Ein über dem Buchwert liegender Wertansatz ist danach handelsrechtlich nur sehr eingeschränkt möglich. Er kommt nur in Betracht, wenn in früheren (Handels-)Bilanzen außerplanmäßige Abschreibungen vorgenommen wurden und im Umwandlungszeitpunkt der Grund für diese Sonderabschreibungen entfallen ist (§ 280 Abs. 1 HGB). Davon betroffen sind z. B. Sonderabschreibungen nach § 7 g EStG oder auch Teilwertabschreibungen.

Das Handelsregister darf die Verschmelzung nur eintragen, wenn die Bilanz auf einen höchstens acht Monate vor der Umwandlung liegenden Stichtag aufgestellt worden ist (§ 17 Abs. 2 Satz 4 UmwG). Diese Voraussetzung ist hier erfülllt.

Mit der Eintragung der Verschmelzung in das Handelsregister geht das Vermögen der M-GmbH mit allen Aktiva und Passiva auf die übernehmende M-KG über (§ 20 Abs. 1 Nr. 1 UmwG). Die M-GmbH erlischt mit der Eintragung der Verschmelzung. Einer besonderen Löschung der M-GmbH bedarf es nicht (§ 20 Abs. 1 Nr. 2 UmwG). Die Anteilsinhaber der M-GmbH werden Anteilsinhaber der M-KG (§ 20 Abs. 1 Nr. 3 UmwG).

Die übernehmende M-KG hat hinsichtlich des Wertansatzes der von der M-GmbH übernommenen Vermögensgegenstände in ihrer Jahresbilanz ein Ansatzwahlrecht. Sie kann die Wirtschaftsgüter mit den tatsächlichen Anschaffungskosten ansetzen oder die in der Schlussbilanz der M-GmbH angesetzten Werte als Anschaffungskosten i. S. von § 253 Abs. 1 HGB übernehmen (§ 24 UmwG).

2. Anwendbarkeit des UmwStG

Für die Verschmelzung der M-GmbH auf die M-KG findet das UmwStG Anwendung, weil die Verschmelzung nach den Vorschriften des UmwG erfolgt ist und das Vermögen der M-GmbH im Wege der Gesamtrechtsnachfolge auf die M-KG übergegangen ist (§ 2 Nr. 2, § 20 Abs. 1 Nr. 1 UmwG). Die handelsrechtlichen Voraussetzungen für die Verschmelzung sind erfüllt. Nach § 1 Abs. 1 Satz 1 Nr. 1 UmwStG gelten für Verschmelzungen i. S. von § 2 UmwG der 2. bis 5. Teil des Umwandlungsteuergesetzes. Nach § 1 Abs. 2 Nr. 1 UmwStG gilt dies aber nur dann, wenn übertragender und übernehmender Rechtsträger jeweils eine Gesellschaft ist, die nach den Rechtsvorschriften eines Mitgliedstaats der Europäischen Union oder eines Staates, auf den das Abkommen über den Europäischen Wirtschaftsraum (EWR) Anwendung findet, gegründet wurde und deren Sitz und Ort der Geschäftsleitung sich innerhalb des Hoheitsgebiets eines dieser Staaten befinden. Diese Voraussetzungen sind hier aber problemlos erfüllt. Die Verschmelzung der M-GmbH wird somit von §§ 3 – 9, 18 UmwStG erfasst.

3. Steuerliche Rückwirkung

Der steuerliche Übertragungsstichtag ist nicht mit dem handelsrechtlichen Umwandlungsstichtag identisch, sondern liegt immer einen Tag vor diesem. Steuerlicher Übertragungsstichtag ist somit der 31.12.07, weil die auf diesen Stichtag aufgestellte Bilanz der M-GmbH dem Vermögensübergang auf die M-KG zugrunde liegt (§ 2 Abs. 1 UmwStG). Dieser Stichtag ist auch zulässig, weil der Bilanzstichtag nicht mehr als acht Monate vor der Anmeldung der Verschmelzung zur Eintragung in das Handelsregister am 25.08.08 liegt.

Das Einkommen der übertragenden M-GmbH sowie der übernehmenden M-KG bzw. deren Gesellschafter ist so zu ermitteln, als ob das Vermögen der M-GmbH mit Ablauf des steuerlichen Übertragungsstichtags (31.12.07) auf die M-KG übergegangen und die M-GmbH gleichzeitig zu diesem Zeitpunkt aufgelöst worden wäre (§ 2 Abs. 1 und 2 UmwStG). Dies gilt auch für die Gewerbesteuer.

Ein eventueller Übertragungs- und Übernahmegewinn wäre noch im Jahr 07 zu erfassen, weil der Verschmelzung die Schlussbilanz zum 31.12.07 zugrunde gelegt wird.

Die Rückwirkung gilt allerdings nicht für die im Rückwirkungszeitraum ausgeschiedenen Anteilseigner. Dies bedeutet z. B., dass die ausgeschiedenen Arbeitnehmer im vorliegenden Sachverhalt noch Anteile an einer Kapitalgesellschaft veräußert haben, obwohl diese Kapitalgesellschaft steuerlich im Übrigen bereits zum 31.12.07 als umgewandelt und damit als Personengesellschaft gilt. Dies ist hier ein bedeutender Unterschied, denn der Verkauf von Anteilen an einer Personengesellschaft würde nach § 16 Abs. 1 Nr. 2 EStG unabhängig von der Beteiligungshöhe der Besteuerung unterliegen.

Hätte die M-GmbH im Rückwirkungszeitraum noch eine Ausschüttung vorgenommen (was im vorliegenden Sachverhalt aber nicht der Fall ist), hätten die ausgeschiedenen Arbeitnehmer noch Einnahmen aus Kapitalvermögen erzielt. Bei der M-GmbH würde dieser Teil der Ausschüttung als zum Umwandlungsstichtag abgeflossen gelten (31.12.07); zu diesem Zeitpunkt wären dann bei der M-GmbH auch die Folgen aus § 27 KStG zu prüfen. In der steuerlichen Übertragungsbilanz zum 31.12.07 hätte die M-GmbH in Höhe der Gewinnausschüttung an die ausgeschiedenen Anteilseigner einen passiven Korrekturposten einzustellen. Mit diesem Korrekturposten wäre die Ausschüttung dann im Auszahlungszeitpunkt zu verrechnen. Demgegenüber wäre eine solche Ausschüttung bei den verbleibenden Anteilseignern als Entnahme aus einem Personenunternehmen zu behandeln (Buchung gegen das Kapitalkonto).

4. Ansatz der Wirtschaftsgüter in der Schlussbilanz der M-GmbH

Nach § 3 Abs. 1 Satz 1 UmwStG sind die übergehenden Wirtschaftsgüter in der steuerlichen Schlussbilanz der übertragenden Körperschaft grundsätzlich mit dem **gemeinen Wert** anzusetzen. Dies gilt auch für nicht entgeltlich erworbene und selbst geschaffene immaterielle Wirtschaftsgüter (also insbesondere für einen selbst geschaffenen Geschäftswert). Pensionsrückstellungen sind nach § 6 a EStG zu bewerten (§ 3 Abs. 1 Satz 2 UmwStG).

Allerdings lässt es § 3 Abs. 2 UmwStG auf Antrag zu, die übergehenden Wirtschaftsgüter abweichend davon einheitlich mit dem Buchwert oder einem Zwischenwert anzusetzen. Dies setzt aber voraus,

1. dass die Wirtschaftsgüter Betriebsvermögen der übernehmenden Personengesellschaft werden und sichergestellt ist, dass sie später der Besteuerung mit Einkommensteuer oder Körperschaftsteuer unterliegen,
2. das Recht der Bundesrepublik Deutschland hinsichtlich der Besteuerung des Gewinns aus der Veräußerung der übertragenen Wirtschaftsgüter bei den Gesellschaftern der übernehmenden Personengesellschaft nicht ausgeschlossen oder beschränkt wird und
3. eine Gegenleistung nicht gewährt wird oder in Gesellschaftsrechten besteht.

Im vorliegenden Fall sind sämtliche **Voraussetzungen für das Wahlrecht zum Buch- oder Zwischenwertansatz** gegeben. Da die übernehmende M-KG gewerblich tätig ist, werden die übergehenden Wirtschaftsgüter zwingend Betriebsvermögen. Das Besteuerungsrecht für die übertragenen Wirtschaftsgüter wird auch weder ausgeschlossen noch beschränkt. Dies gilt auch insoweit, wie A an der übernehmenden M-KG beteiligt ist. A ist zwar (nur) in der Schweiz ansässig und somit in Deutschland nicht unbeschränkt steuerpflichtig. Er ist aber mit seinen Gewinnanteilen aus der M-KG beschränkt steuerpflichtig (§ 49 Abs. 1 Nr. 2 Buchst. a EStG; der Mitunternehmeranteil gilt als Betriebsstätte in diesem Sinne). Das DBA-Schweiz schränkt dieses deutsche Besteuerungsrecht auch nicht ein; nach Art. 7 Abs. 1 DBA-Schweiz steht das Besteuerungsrecht für Unternehmensgewinne dem Staat zu, in dem das Unternehmen ansässig ist (hier: Deutschland). Etwas Anderes würde nur dann gelten, wenn die M-KG in einem anderen Staat (z. B. in der Schweiz) eine Betriebsstätte unterhalten würde (was hier nicht der Fall ist). Die Schweiz stellt die deutschen Unternehmensgewinne des A nach Art. 24 Abs. 2 Nr. 1 DBA-Schweiz von der Steuer frei. Der Sachverhalt gibt auch keine Anhaltspunkte, dass den Gesellschaftern neben ihren Mitunternehmeranteilen an der M-KG eine andere Gegenleistung gewährt worden wären (eine solche Gegenleistung könnte z. B. die Einräumung von Darlehensansprüchen sein).

Für einen (freiwilligen) Wertansatz über dem Buchwert besteht im vorliegenden Fall keine Veranlassung, da bei der M-GmbH insbesondere kein vortragsfähiger Verlust i. S. von § 10 d EStG i. V. m. § 8 Abs. 1 KStG / § 10 a GewStG besteht. Die M-GmbH wird somit einen entsprechenden Antrag stellen und die **Buchwerte** ansetzen.

Der **Antrag** für den Buchwertansatz ist spätestens bis zur erstmaligen Abgabe der steuerlichen Schlussbilanz bei dem für die Besteuerung der übertragenden Körperschaft zuständigen Finanzamt zu stellen (§ 3 Abs. 2 Satz 2 UmwStG).

Die im Sachverhalt dargestellte Schlussbilanz der M-GmbH zum 31.12.07 kann somit auch der Umwandlung als Umwandlungsbilanz zugrunde gelegt werden.

Die dargestellten Grundsätze gelten auch für Zwecke der Gewerbesteuer (§ 18 Abs. 1 UmwStG).

Nach § 29 Abs. 1 KStG gilt das Nennkapital der M-GmbH (hier: 3.000.000 €) als in vollem Umfang nach § 28 Abs. 2 Satz 1 KStG herabgesetzt. Durch die Herabsetzung wird nach § 28 Abs. 2 Satz 1 KStG zunächst der Sonderausweis i. S. von § 28 Abs. 1 Satz 3 KStG aus der früheren Kapitalerhöhung gemindert (hier: 380.000 €). Dieser beträgt anschließend 0 €. Der übersteigende Betrag von 2.620.000 € ist dem steuerlichen Einlagekonto der M-GmbH gutzuschreiben. Dieses beträgt anschließend 2.620.000 €.

Im Vordruck KSt 1 F – 27/28 sind in diesem Zusammenhang folgende Eintragungen vorzunehmen:

Zeile	Sp. 1	Vorspalte € Sp. 2	Steuerliches Einlagekonto € Sp. 3	Sonderausweis € Sp. 4
	A. Anfangsbestände Bestand gem. § 27 Abs. 2 Satz 1 KStG zum Schluss des vorangegangenen Wirtschaftsjahres		0	380.000
	H. Im Falle einer Umwandlung beim übertragenden Rechtsträger **Veränderung durch Verschmelzung, Auf- oder Abspaltung** Fiktive Herabsetzung des Nennkapitals (§ 29 Abs. 1 KStG): Betrag des Nennkapitals			
42	am Übertragungsstichtag	3.000.000		
43	Abzug des Sonderausweises	– 380.000		– 380.000
44	Ausstehende Einlagen in das Nennkapital	– 0		
45	Verbleibender Betrag: Gutschrift beim steuerlichen Einlagekonto	2.620.000	+ 2.620.000	
46	**Zwischensumme**		2.620.000	0
56	**K. Endbestände zum Schluss des Wirtschaftsjahres** (Übertrag nach Zeilen 5 bzw. 6 des Vordrucks KSt 1 F)		2.620.000	0

5. Noch vorhandenes Körperschaftsteuerguthaben

Das Körperschaftsteuerguthaben der bisherigen GmbH stammt noch aus der Zeit des früheren Anrechnungsverfahrens. Es handelt sich dabei um potenzielle Körperschaftsteuerminderungen, die sich im Anrechnungsverfahren bei einer späteren Ausschüttung von zunächst thesaurierten Gewinnen ergeben hätten.[1] Dieses Körperschaftsteuerguthaben wird nach § 37 Abs. 5 KStG innerhalb eines Auszahlungszeitraums von 2008 bis 2017 an die Körperschaften ausgezahlt (mit jährlich jeweils $\frac{1}{10}$). Aufgrund der Umwandlung ist eine Auszahlung an die M-GmbH nun aber nicht mehr möglich, da sie nach dem steuerlichen Übertragungsstichtag (31.12.07) nicht mehr besteht.

Das noch nicht ausgezahlte Körperschaftsteuerguthaben ist durch die Umwandlung aber nicht verloren. Die übernehmende M-KG tritt vielmehr auch insoweit nach § 4 Abs. 2 Satz 1 UmwStG in die Rechtsstellung der übertragenden M-GmbH ein. Das zum 31.12.07 noch vorhandene Körperschaftsteuerguthaben geht somit auf die M-KG als Gesamtrechtsnachfolgerin über. Die Auszahlung der restlichen Raten erfolgt dann jährlich am

1 Näheres dazu vgl. Fall 32.

30.09. an die M-KG. Der Übergang dieser Forderung erfolgt zum 31.12.07 mit dem Barwert des Anspruchs, da das Körperschaftsteuerguthaben vom Finanzamt nicht verzinst wird (= zinslose Forderung; § 37 Abs. 5 Satz 7 KStG). Mit diesem Wert wird die Forderung auch von der M-KG übernommen.

In den künftig an die M-KG ausgezahlten Raten sind somit aufgrund der vorherigen Abzinsung auch Zinsanteile enthalten (der jährliche Auszahlungsbetrag ist höher als der sich aus der Verminderung der Forderung ergebende Ertrag). Bei der M-GmbH waren diese Zinsanteile nach § 37 Abs. 7 KStG steuerfrei und wären es ohne die Umwandlung auf die M-KG auch weiterhin gewesen. Nach dem Gesetzeswortlaut wird diese Steuerbefreiung aber nur „der Körperschaft" gewährt. Gemeint ist damit die Körperschaft, bei der das Körperschaftsteuerguthaben entstanden ist. Für die sich bei der M-KG ergebenden Zinsanteile wird die Steuerbefreiung des § 37 Abs. 7 KStG für die künftigen Auszahlungen deshalb nicht mehr gewährt.[2]

Durch die Aktivierung des Körperschaftsteuerguthabens bei der M-GmbH wirkt sich das (abgezinste) Guthaben im Ergebnis erhöhend auf die Bezüge i. S. von § 7 UmwStG bzw. auf den Übernahmegewinn i. S. von § 4 Abs. 4 UmwStG aus (Näheres dazu vgl. unten).

6. Ansatz bei der übernehmenden M-KG

Die M-KG hat die auf sie übergegangenen Wirtschaftsgüter mit den in der steuerlichen Schlussbilanz der M-GmbH enthaltenen Werten (also den Buchwerten) zu übernehmen (§ 4 Abs. 1 UmwStG). Dies gilt auch für Zwecke der Gewerbesteuer (§ 18 Abs. 1 UmwStG).

7. Folgen bei den Gesellschaftern

Auch beim Ansatz der steuerlichen Buchwerte können sich bei der Umwandlung einer Körperschaft in ein Personenunternehmen Steuerbelastungen ergeben. Dies hängt vor allem damit zusammen, dass die Besteuerungssysteme für Gewinne von Körperschaften und Personenunternehmen voneinander abweichen. Bisher nicht ausgeschüttete Gewinne der M-GmbH würden bei einer künftigen Ausschüttung bei den Anteilseignern der Abgeltungsteuer oder dem Teileinkünfteverfahren unterliegen (wären also steuerpflichtig). Nach der Umwandlung kann es zu dieser Rechtsfolge nicht mehr kommen, da (Geld-)Entnahmen aus einem Personenunternehmen kein Besteuerungstatbestand sind. Aus diesem Grund wird nun für die bisher nicht ausgeschütteten Gewinne nach § 7 UmwStG eine Art „Schlussbesteuerung" durchgeführt. Faktisch handelt es sich dabei um eine Ausschüttungsfiktion. Außerdem muss noch die Beteiligungsebene „abgehandelt" werden. Dies erfolgt mit der Ermittlung eines sog. „Übernahmeergebnisses" in § 4 Abs. 4 UmwStG.

Für die Durchführung dieser Rechtsfolgen ist wie folgt vorzugehen:

2 BMF-Schreiben vom 14.01.2008, BStBl I S. 280.

a) Zunächst ist zu prüfen, welche Gesellschafter an der Ermittlung des sog. Übernahmeergebnisses teilnehmen.

b) Anschließend werden die steuerpflichtigen Bezüge i. S. von § 7 UmwStG ermittelt.

c) Danach ist für bestimmte Gesellschafter ein Übernahmeergebnis zu ermitteln.

Prüfung, welche Gesellschafter an der Ermittlung des Übernahmeergebnisses teilnehmen:

Hierbei sind vor allem die Regelungen in § 5 UmwStG zu beachten. Das UmwStG geht in seiner Grundkonzeption für die Umwandlung einer Kapitalgesellschaft auf ein Personenunternehmen davon aus, dass sich die Anteile der übertragenden Körperschaft bereits vor der Umwandlung im Betriebsvermögen des übernehmenden Rechtsträgers befinden. Nur so ist nämlich die Berechnung in § 4 Abs. 4 Satz 1 UmwStG erklärbar, wonach die Werte der übergegangenen Wirtschaftsgüter mit dem Buchwert der (wegfallenden) Anteile an der übertragenden Körperschaft zu vergleichen sind (vereinfachter Buchungssatz: „Übergegangene Wirtschaftsgüter an Beteiligung an übertragender Körperschaft"; die Differenz ist ein Übernahmegewinn oder -verlust). Um zu dieser Vorgehensweise kommen zu können, müssen aber die Anteile an der übertragenden Körperschaft im Betriebsvermögen des übernehmenden Rechtsträgers sein. Da diese Grundannahme jedoch meistens in der Praxis nicht den tatsächlichen Verhältnissen entspricht (die Anteile an der übertragenden Körperschaft sind nämlich eher selten im Betriebsvermögen des übernehmenden Personenunternehmens), wird diese Situation zunächst durch die Sonderregelungen des § 5 UmwStG (fiktiv) geschaffen. Das Gesetz sorgt also dafür, dass es mittels Fiktionen zu seinem gesetzlichen Grundfall kommt und sich die Anteile an der übertragenden Körperschaft doch (fiktiv zumindest für eine logische Sekunde) im Betriebsvermögen des übernehmenden Personenunternehmens befinden. Dies ist allerdings nicht bei allen Gesellschaftern so. Es ist also notwendig, sich für diese Frage die Anteile der einzelnen Gesellschafter näher zu betrachten:

Die Anteile des M gehörten vor der Umwandlung zu einem Betriebsvermögen des M, da seit dem 1. Juli 04 eine (unechte) Betriebsaufspaltung vorliegt. Zwischen M und der M-GmbH ist seit diesem Zeitpunkt eine personelle und sachliche Verflechtung gegeben. Daran hat sich auch durch die späteren Kapitalerhöhungen nichts geändert. Die Anteile mussten seinerzeit (mit den Anschaffungskosten) in das Betriebsvermögen des neuen Besitzunternehmens eingelegt werden (§ 6 Abs. 1 Nr. 5 Buchst. b EStG).

Das Übernahmeergebnis ist deshalb so zu ermitteln, als seien die Anteile am Übertragungsstichtag zum Buchwert in das Betriebsvermögen der Personengesellschaft überführt worden (§ 5 Abs. 3 Satz 1 UmwStG = sog. Überführungsfiktion). Aus dem Sachverhalt ergeben sich keine Anhaltspunkte dafür, dass auf die Anteile des M an der M-GmbH zu einem früheren Zeitpunkt eine Teilwertabschreibung vorgenommen worden sein könnte oder die Übertragung einer Rücklage nach § 6 b EStG auf diese Anteile erfolgt ist. Für eine in § 5 Abs. 3 Satz 1 UmwStG dargestellte vorherige Wertaufholung besteht also keine Veranlassung.

Der Buchwert der Anteile im bisherigen Besitzunternehmen deckt sich mit den Anschaffungskosten des M. Diese haben im Zeitpunkt der Einbringung 700.000 € betragen (550.000 € aus der erhaltenen Stammeinlage und 150.000 € aus der Kapitalrücklage). Der dem Darlehenskonto des M gutgeschriebene Betrag von 200.000 € ist bei Ermittlung der Anschaffungskosten der Anteile abzuziehen bzw. nicht zu berücksichtigen; vgl. § 20 Abs. 3 Satz 3 UmwStG. Die Kapitalerhöhung aus Gesellschaftsmitteln im September 06 hat nicht zu einer Erhöhung der Anschaffungskosten bzw. des Buchwerts des M geführt.

Die Beteiligung der **F** an der M-GmbH ist nicht im Rahmen einer Einbringung nach § 20 UmwStG erfolgt. Es lag zuvor eine typisch stille Beteiligung der F an dem Einzelunternehmen vor. Dabei handelt es sich nicht um einen Betrieb, Teilbetrieb oder Mitunternehmeranteil. Unabhängig davon ergibt sich durch den Verzicht auf die Beteiligung als stille Gesellschafterin keine Gewinnrealisierung; die Beteiligung gehörte bei F zuvor zum Privatvermögen (Einkünfte nach § 20 Abs. 1 Nr. 4 EStG). Zwar stellt die Einbringung einer stillen Beteiligung gegen Gewährung neuer Anteile einen Veräußerungstatbestand dar, der nach § 20 Abs. 2 Nr. 4 EStG der Besteuerung unterliegt. Zu einer tatsächlichen Besteuerung dürfte es hier jedoch nicht gekommen sein, da der gemeine Wert der stillen Beteiligung i. d. R. ihrem Nennwert entsprechen wird, wenn – wie hier – keine Beteiligung an den stillen Reserven gegeben ist (es sich also um eine typisch stille Beteiligung handelt). Somit erhöhen sich die Anschaffungskosten der erhaltenen Anteile der F nur um den Nominalwert der eingebrachten stillen Beteiligung (und betragen somit 80.000 €, die sich aus der Bareinlage von 50.000 € und dem Nominalwert der stillen Beteiligung zusammensetzen). Allerdings hält F eine Beteiligung i. S. von § 17 EStG, sodass die Anteile nach § 5 Abs. 2 UmwStG als mit den Anschaffungskosten in das Betriebsvermögen der übernehmenden M-KG eingelegt gelten (= sog. Einlagefiktion). F nimmt damit an der Ermittlung des Übernahmeergebnisses teil.

Die Anschaffungskosten der F für die Anteile an der M-GmbH haben 80.000 € betragen (50.000 € aus der Bareinlage und 30.000 € aus dem Verzicht auf die stille Beteiligung).

A ist im Inland nicht unbeschränkt steuerpflichtig, da er weder Wohnsitz noch gewöhnlichen Aufenthalt im Inland hat. Er erzielt mit seiner bisherigen Beteiligung an der M-GmbH – vorbehaltlich des DBA-Schweiz – beschränkt steuerpflichtige Einkünfte i. S. von § 49 Abs. 1 Nr. 2 Buchst. e bzw. Nr. 5 Buchst. a EStG. Das Besteuerungsrecht für die Veräußerung der

Anteile an der M-GmbH stand jedoch bisher nach Art. 13 Abs. 3 DBA-Schweiz dem Ansässigkeitsstaat des A zu (also der Schweiz). Dennoch gilt auch in diesem Fall die Überführungsfiktion des § 5 Abs. 3 Satz 1 UmwStG. Auch die Anteile des A gelten also als zum Buchwert von seinem Schweizer Einzelunternehmen in das Betriebsvermögen der deutschen M-KG überführt. Der Gesetzestext unterscheidet nicht danach, ob eine Veräußerung dieser Anteile bei dem Anteilseigner im Rahmen der unbeschränkten oder der beschränkten Steuerpflicht zu erfassen wäre bzw. ob ein Besteuerungsrecht der Bundesrepublik Deutschland aufgrund eines DBA ausgeschlossen ist. Es ist allerdings anschließend (nämlich bei der Anwendung der Regelungen in §§ 4 und 7 UmwStG) zu prüfen, ob und in welchem Umfang sich für den Anteilseigner Auswirkungen auf das in der Bundesrepublik Deutschland zu versteuernde Übernahmeergebnis und die Besteuerung der offenen Rücklagen ergeben.

Die **E-AG** hielt die Anteile an der M-GmbH in ihrem Betriebsvermögen. Ihre bisherigen Anteile gelten nach § 5 Abs. 3 Satz 1 UmwStG als zum Buchwert (800.000 €) in das Betriebsvermögen der übernehmenden M-KG überführt. Das entrichtete Agio gehört zu den Anschaffungskosten der E-AG und hat deshalb im Zeitpunkt der Beteiligung den Buchwert erhöht.

Die von den ausgeschiedenen Arbeitnehmern erworbenen Anteile gelten für die Ermittlung des Übernahmeergebnisses als am steuerlichen Übertragungsstichtag angeschafft und (ebenfalls) in das Betriebsvermögen der übernehmenden M-KG überführt (§ 5 Abs. 1, 3 UmwStG). Die Anschaffungskosten dieser Anteile betragen (5 × 50.000 € =) 250.000 €.

Der für die Ermittlung des Übernahmeergebnisses maßgebliche Buchwert der Anteile der E-AG beträgt deshalb 1.050.000 €; die Beteiligung der E-AG umfasst 20 % (bisher 16 % zzgl. 5 × 0,8 % aus dem Erwerb von den Arbeitnehmern).

Die **Arbeitnehmer** waren vor der Umwandlung weder i. S. von § 17 EStG beteiligt noch gehörten ihre Anteile zu einem Betriebsvermögen. Dass die Arbeitnehmer für ihre Beteiligung im Jahr 04 kein Entgelt entrichten mussten, hat auf die Umwandlung keine Auswirkung. Die unentgeltliche Beteiligung der Arbeitnehmer im Rahmen des Mitarbeiterprogramms führte im Jahr 04 zu einem steuerpflichtigen geldwerten Vorteil (Sachbezug = Arbeitslohn). Der Sachbezug war seinerzeit mit dem üblichen Endpreis am Abgabeort (§ 8 Abs. 2 Satz 1 EStG) zu bewerten (= grundsätzlich gemeiner Wert der Anteile im Zeitpunkt der Beteiligung; § 3 Nr. 39 EStG ist aber zu berücksichtigen). In Höhe des versteuerten oder auch des ggf. nach § 3 Nr. 39 EStG steuerfreien Arbeitslohns sind bei den Arbeitnehmern Anschaffungskosten für die Anteile anzunehmen.

Die Arbeitnehmer nehmen aber auch deshalb nicht an der Ermittlung des Übernahmeergebnisses teil, weil sie noch im Rückwirkungszeitraum ausgeschieden sind. Solche Anteilseigner sind von der Rückwirkung der

Umwandlung ausgenommen. Es wird deshalb – unabhängig von der ansonsten geltenden Rückwirkungsfiktion – so getan, als hätten die Arbeitnehmer im August 08 ihre Anteile an der M-GmbH an die E-AG veräußert (was ja auch den vertraglichen Gegebenheiten entspricht; zu diesem Zeitpunkt war die M-GmbH zivilrechtlich tatsächlich noch existent).

Die Veräußerung unterliegt bei den Arbeitnehmern nicht der Besteuerung nach § 17 EStG, da sie in den letzten fünf Jahren nicht mit mindestens 1 % an der M-GmbH beteiligt waren. Allerdings könnte sich ein Besteuerungstatbestand nach § 20 Abs. 2 Nr. 1 EStG ergeben, der auch – unabhängig von der Haltedauer – Kleinanteile unter 1 % betrifft. Dies gilt allerdings nur für nach dem 31.12.2008 erworbene Anteile (§ 52 a Abs. 10 Satz 1 EStG). (Nachträglicher) Arbeitslohn liegt nicht vor; die Wertsteigerungen nach der Beteiligung im Jahr 04 sind nicht mehr Ausfluss des Dienstverhältnisses (anders als in den Fällen, in denen an die Arbeitnehmer zunächst nur Optionsrechte auf eine Beteiligung ausgegeben werden und die Option dann später ausgeübt wird; hier fließt der Arbeitslohn erst bei Ausübung der Option zu und umfasst deshalb auch die zwischenzeitlichen Wertsteigerungen).

Ermittlung der steuerpflichtigen Bezüge nach § 7 UmwStG:

Nach § 7 UmwStG ist dem Anteilseigner der Teil des in der Steuerbilanz ausgewiesenen Eigenkapitals abzgl. des Bestands des steuerlichen Einlagekontos i. S. des § 27 KStG, der sich nach Anwendung des § 29 Abs. 1 KStG ergibt, in dem Verhältnis der Anteile zum Nennkapital der übertragenden Körperschaft als Einnahmen aus Kapitalvermögen i. S. des § 20 Abs. 1 Nr. 1 EStG zuzurechnen.

Mit dieser Regelung will der Gesetzgeber die Besteuerung bisher nicht ausgeschütteter Gewinne der übertragenden Körperschaft sicherstellen. Eine spätere Entnahme dieser Gewinne aus dem übernehmenden Personenunternehmen führt nämlich nicht mehr zu einem Besteuerungstatbestand.

Nach § 7 Satz 2 UmwStG ist die Besteuerung nach dieser Regelung unabhängig davon vorzunehmen, ob für den Anteilseigner ein Übernahmegewinn oder Übernahmeverlust nach § 4 oder § 5 UmwStG ermittelt wird. Es ist aber trotzdem notwendig, die Frage vorab zu prüfen, welche Gesellschafter an der Ermittlung des Übernahmeergebnisses teilnehmen. Die Finanzverwaltung geht nämlich davon aus, dass die Bezüge i. S. von § 7 UmwStG bei diesen Gesellschaftern immer zu gewerblichen Betriebseinnahmen bei der übernehmenden Personengesellschaft führen. Nach ihrer Auffassung geht die Einlage- und Überführungsfiktion des § 5 Abs. 2 und 3 UmwStG der Anwendung von § 7 UmwStG immer voraus. Diese sog. „weite Einlagefiktion" ist allerdings nicht unstrittig. [3]

---

3 A. A. mit beachtlichen Gründen z. B. Förster/Felchner, DB 2008 S. 2445.

Somit führen die Bezüge i. S. von § 7 UmwStG bei M, F, A und der E-AG zu gewerblichen Betriebseinnahmen i. S. von § 15 EStG (und werden deshalb noch im Jahr 07 in der einheitlichen und gesonderten Feststellung der Einkünfte der M-KG erfasst). Da die noch vor der tatsächlichen Umwandlung ausgeschiedenen **Arbeitnehmer** nicht an der Rückwirkungsfiktion des § 2 UmwStG teilnehmen, ist für diese § 7 UmwStG nicht anzuwenden. Die Arbeitnehmer haben noch – unabhängig von der rückwirkenden Umwandlung – GmbH-Anteile veräußert. Ihnen ist tatsächlich keine Ausschüttung zugeflossen; Umwandlungsfolgen treten für sie nicht ein. Deren Anteile sind – auch für Zwecke des § 7 UmwStG – bereits der übernehmenden Gesellschafterin E-AG zuzurechnen und werden nach deren Besteuerungskriterien versteuert (§ 8 b Abs. 1 und 5 KStG).

Es ergibt sich folgende Berechnung der Bezüge i. S. von § 7 UmwStG:

gesamtes Eigenkapital lt. Steuerbilanz der M-GmbH zum 31.12.07			3.700.000 €
⁒ Einlagekonto nach Anwendung des § 29 KStG bisher festgestellt („alte Einlagen“ wurden zur Reduzierung des Sonderausweises verwendet; vgl. § 28 Abs. 3 KStG)		0 €	
Gutschrift nach § 29 Abs. 1 KStG			
gesamtes Nennkapital	3.000.000 €		
⁒ Sonderausweis	⁒ 380.000 €		
Gutschrift	2.620.000 €	+ 2.620.000 €	
Einlagekonto		2.620.000 €	⁒ 2.620.000 €
Bezüge i. S. von § 7 UmwStG			1.080.000 €

Soweit die Bezüge auf M und F entfallen, unterliegen sie dem Teileinkünfteverfahren. Sie sind also nach § 3 Nr. 40 Satz 1 Buchst. d EStG zu 40 % steuerbefreit. Für die auf die E-AG entfallenden Bezüge greift die Steuerbefreiung des § 8 b Abs. 1 KStG; allerdings gelten nach § 8 b Abs. 5 Satz 1 KStG 5 % der steuerfreien Bezüge als nicht abzugsfähige Betriebsausgaben. Die Bezüge verteilen sich auf die einzelnen Gesellschafter entsprechend dem Beteiligungsverhältnis wie folgt:

	M (55 %) **€**	**F (5 %)** **€**	**A (20 %)** **€**	**E-AG (20 %)** **€**
Anteilige Bezüge (insg. 1.080.000 €)	594.000	54.000	216.000	216.000
⁒ steuerfrei (bei M und F 40 % nach § 3 Nr. 40 EStG; 100 % für E-AG nach § 8 b Abs. 1 KStG)	⁒ 237.600	⁒ 21.600	Abgeltung mit KapSt	⁒ 216.000
Nicht abzugsfähige Ausgaben (5 % für E-AG)	–	–	–	+ 10.800
Zu versteuern	356.400	32.400	216.000	10.800

Die Bezüge gelten bereits mit Ablauf des steuerlichen Übertragungsstichtags als zugeflossen (§ 2 Abs. 1 UmwStG). Sie sind in dem VZ zu besteuern, in dem das Wirtschaftsjahr endet, in das der steuerliche Übertragungsstichtag fällt. Ist Übernehmerin eine Personengesellschaft, sind die Bezüge im Rahmen der gesonderten und einheitlichen Feststellung der Einkünfte zu erfassen, wenn für den betreffenden Anteilseigner ein Übernahmeergebnis zu ermitteln ist.

Hinweis: Zwar gilt – wie oben dargestellt – auch für A die Überführungsfiktion des § 5 Abs. 3 UmwStG, sodass die Bezüge i. S. von § 7 UmwStG eigentlich auch (anteilig mit 20 %) zu gewerblichen Betriebseinnahmen des A aus der M-KG führen. Allerdings können die Beteiligungserträge nicht funktional der M-KG zugerechnet werden, sodass insoweit keine Unternehmensgewinne i. S. von Art. 7 Abs. 1 DBA-Schweiz vorliegen. Es handelt sich vielmehr um Dividendenerträge i. S. von Art. 10 DBA-Schweiz, die nach dessen Abs. 1 grundsätzlich nur im Ansässigkeitsstaat des Gesellschafters besteuert werden können. Dies ist hier die Schweiz. Deutschland hat allerdings nach Art. 10 Abs. 2 Buchst. c DBA-Schweiz ein Quellenbesteuerungsrecht von 15 %.

Die Bezüge unterliegen nach § 43 Abs. 1 Satz 1 Nr. 1 und Nr. 6 EStG dem **Kapitalertragsteuerabzug** von 25 % (insgesamt 25 % von 1.080.000 € = 270.000 €). Die Kapitalertragsteuer entsteht erst im Zeitpunkt der zivilrechtlichen Wirksamkeit der Umwandlung und ist von dem übernehmenden Rechtsträger bei dem zuständigen Finanzamt anzumelden und abzuführen. Ein Absehen von der Erhebung der Kapitalertragsteuer nach § 43 b EStG kommt nicht in Betracht (§ 43 b Abs. 1 Satz 4 EStG). Diese Kapitalertragsteuer wird bei M und F auf die Einkommensteuer und bei der E-AG auf die Körperschaftsteuer angerechnet. Bei A ist die beschränkte Steuerpflicht mit dem Kapitalertragsteuerabzug abgegolten. Für ihn wird der Kapitalertragsteuerabzug von 25 % auf 15 % ermäßigt.

Im **Vordruck KSt 1 F – 27/28** sind die Bezüge i. S. von § 7 UmwStG wie folgt zu erklären:

<table>
<tr><th colspan="4">Zusätzliche Angaben bei Vermögensübertragung auf eine Personengesellschaft oder auf eine natürliche Person oder beim Formwechsel auf eine Personengesellschaft</th></tr>
<tr><td>Zeile</td><td colspan="2"></td><td>€</td></tr>
<tr><td>68</td><td colspan="2">Zum Übertragungsstichtag ausgewiesenes Eigenkapital lt. Steuerbilanz</td><td>3.700.000</td></tr>
<tr><td>69</td><td colspan="2">Betrag aus Zeile 46 Spalte 3 (vgl. Antwort zu Frage 4)</td><td>⁒ 2.620.000</td></tr>
<tr><td>70</td><td colspan="2">Verbleibender Betrag</td><td>1.080.000</td></tr>
<tr><td></td><td>Vom Betrag aus Zeile 70 entfallen auf eine Vermögensübertragung auf eine Personengesellschaft oder auf eine natürliche Person oder auf einen Formwechsel in eine Personengesellschaft</td><td>100 %</td><td></td></tr>
</table>

Zusätzliche Angaben bei Vermögensübertragung auf eine Personengesellschaft oder auf eine natürliche Person oder beim Formwechsel auf eine Personengesellschaft		
Zeile		
71	= Bezüge des Anteilseigners i. S. des § 20 Abs. 1 Nr. 1 EStG Die Kapitalertragsteueranmeldung ☐ liegt dem Finanzamt vor. ☐ ist beigefügt.	1.080.000

Bezüge i. S. von § 7 UmwStG aus Anteilen i. S. von § 5 Abs. 2 UmwStG (also aus Anteilen, für die zuvor die Einlagefiktion galt; hier: Anteile der F) sind bei der **Gewerbesteuer** nicht zu erfassen (§ 18 Abs. 2 Satz 2 UmwStG). Für die Prüfung der Voraussetzungen des § 9 Nr. 2 a GewStG sind im Übrigen die Verhältnisse zu Beginn des Erhebungszeitraums beim übernehmenden Rechtsträger maßgebend. Da die Gewerbesteuerpflicht der M-KG hier erst am 31.12.07 beginnt, kommt es für den ersten Erhebungszeitraum auf die Höhe der Beteiligung zu Beginn der Steuerpflicht an (R 9.3 Satz 5 GewStR; Beginn des abgekürzten Erhebungszeitraums).

Berechnung des Übernahmeergebnisses:

Nach § 4 Abs. 4 Satz 1 UmwStG ergibt sich infolge des Vermögensübergangs ein Übernahmegewinn oder Übernahmeverlust in Höhe des Unterschiedsbetrags zwischen dem Wert, mit dem die übergegangenen Wirtschaftsgüter zu übernehmen sind, abzgl. der Kosten für den Vermögensübergang und dem Wert der Anteile an der übertragenden Körperschaft. Dieses sog. Übernahmeergebnis ist für jeden Gesellschafter gesondert zu berechnen, da die Anschaffungskosten der Anteile an der übertragenden Körperschaft voneinander abweichen. Eine Korrektur nach § 4 Abs. 4 Satz 2 UmwStG hat hier nicht zu erfolgen, da die M-GmbH keine ausländische Betriebsstätte hatte. Auch § 4 Abs. 4 Satz 3 UmwStG kommt hier nicht zur Anwendung, da alle Anteile an der Ermittlung des Übernahmeergebnisses teilnehmen. Ebenso erfolgt keine Korrektur nach § 4 Abs. 5 Satz 1 UmwStG, da ein Sperrbetrag nach § 50 c EStG a. F. nicht vorhanden ist (solche Sperrbeträge konnten bei Anteilserwerben bis zum Jahr 2002 entstehen und wirken dann noch 10 Jahre nach). Allerdings sind nach § 4 Abs. 5 Satz 2 UmwStG die nach § 7 UmwStG angesetzten Bezüge bei der Ermittlung des Übernahmeergebnisses mindernd zu berücksichtigen. Damit wird eine Doppelbesteuerung dieser Beträge vermieden.

Für die an der Ermittlung des Übernahmeergebnisses teilnehmenden Anteile (hier: alle Anteile) ergibt sich somit folgende Berechnung:

	M (55 %) €	F (5 %) €	A (20 %) €	E-AG (20 %) €
(Anteiliger) Wert der übergegangenen Wirtschaftsgüter (insgesamt 3.700.000 €)	2.035.000	185.000	740.000	740.000
⁒ Buchwert/Anschaffungskosten der Anteile	⁒ 700.000	⁒ 80.000	⁒ 1.000.000	⁒ 1.050.000
Vorläufiges Übernahmeergebnis	1.335.000	105.000	⁒ 260.000	⁒ 310.000
Bereits nach § 7 UmwStG angesetzt (§ 4 Abs. 5 Satz 2 UmwStG)	⁒ 594.000	⁒ 54.000	⁒ 216.000	⁒ 216.000
Verbleibendes Übernahmeergebnis	741.000	51.000	⁒ 476.000	⁒ 526.000

Nach § 4 Abs. 4 Satz 1 UmwStG mindern zwar Kosten des Vermögensübergangs das Übernahmeergebnis. Nach Verwaltungsauffassung soll dies aber nur für nicht objektbezogene Kosten gelten. Objektbezogene Kosten, zu denen vor allem die Grunderwerbsteuer gehört, sollen das Übernahmeergebnis nicht mindern. Sie sind vielmehr bei dem übergehenden Wirtschaftsgut, dem sie zuzuordnen sind, zu aktivieren (hier: beim Grundstück; allerdings erst im Jahr des Anfalls der Grunderwerbsteuer, also im Jahr 08).

Hinweis: Die Entstehung der Grunderwerbsteuer hätte sich vermeiden lassen, wenn man als Umwandlungsform statt einer Verschmelzung einen Formwechsel gewählt hätte.[4] Bei der hier vorliegenden Verschmelzung lässt sich die Entstehung der Grunderwerbsteuer auch nicht nach § 6 a GrEStG vermeiden, da diese Regelung nur dann anwendbar ist, wenn an dem Umwandlungsvorgang ausschließlich ein herrschendes Unternehmen und ein oder mehrere von diesem herrschenden Unternehmen abhängige Gesellschaften oder mehrere von einem herrschenden Unternehmen abhängige Gesellschaften beteiligt sind.[5] Dies ist hier nicht der Fall.

Steuerliche Behandlung des Übernahmeergebnisses:

Das Übernahmeergebnis wird bei den einzelnen Gesellschaftern wie folgt versteuert:

Bei **M und F** unterliegt der Übernahmegewinn nach § 4 Abs. 7 Satz 2 UmwStG zu 60 % der Besteuerung. Somit entsteht ein gewerblicher Gewinn i. H. von 444.600 € (bei M) bzw. 30.600 € (bei F). Die Steuerpflicht tritt mit dem steuerlichen Übertragungsstichtag ein (also noch im Jahr 07). Der Übernahmeverlust des **A** ist nach § 4 Abs. 6 Satz 7 UmwStG nicht abzugsfähig, da A die Anteile an der übertragenden M-GmbH erst inner-

4 Vgl. BFH-Beschluss vom 07.09.2007, BFH/NV 2007 S. 2351, m. w. N.

5 Gleichlautende Ländererlasse vom 01.12.2010, BStBl I S. 1321.

halb der letzten fünf Jahre erworben hat. Es kann deshalb dahingestellt bleiben, ob A als Steuerausländer nach dem DBA-Schweiz überhaupt einen Übernahmeverlust nach § 4 Abs. 6 Satz 4 UmwStG bis zu 60 % der Bezüge geltend machen könnte (u. E. ist dies nicht der Fall, da das Übernahmeergebnis nicht funktional der Beteiligung an der neuen Personengesellschaft zugeordnet werden kann und somit das Besteuerungsrecht für das Übernahmeergebnis nach dem DBA-Schweiz bei der Schweiz liegt).

Der Übernahmeverlust der **E-AG** bleibt außer Ansatz (§ 4 Abs. 6 Satz 1 UmwStG). Unabhängig davon wird das Kapitalkonto der E-AG bei der M-KG (nur) mit den anteiligen übergegangenen Wirtschaftsgütern angesetzt (also mit 740.000 €; siehe oben).

Gewerbesteuerlich ist ein Übernahmegewinn oder -verlust für alle Gesellschafter generell nicht zu erfassen (§ 18 Abs. 2 UmwStG).

8. Übernahmefolgegewinn (§ 6 UmwStG)

Die Pensionsrückstellung für die Pensionsverpflichtung gegenüber M führt nicht zu einem Übernahmefolgegewinn. Die gebildete Pensionsrückstellung ist nämlich von der M-KG zu übernehmen und nicht aufzulösen. Nach der BFH-Rechtsprechung ist die Pensionsrückstellung bei der M-KG fortzuführen (Bewertung mit dem Teilwert nach § 6 a Abs. 3 Satz 2 Nr. 1 EStG). Bei der M-KG sind auch weiterhin Zuführungen zur Pensionsrückstellung möglich. Neue Ansprüche aus der Tätigkeit bei der M-KG sind allerdings bei M als Anspruch in seiner Sonderbilanz zu aktivieren.[6]

Ebenso ergibt sich kein Übernahmefolgegewinn aus dem Darlehen, das dem M im Rahmen der Sachgründung der M-GmbH im Jahr 00 gewährt wurde. Das Darlehen gehörte nämlich seinerzeit zum Privatvermögen; es wurde auch bei Beginn der Betriebsaufspaltung im Juli 04 nicht notwendiges Betriebsvermögen im Besitzunternehmen des M. Das Darlehen steht nämlich nicht in einem unmittelbaren wirtschaftlichen Zusammenhang mit der Überlassung wesentlicher Betriebsgrundlagen (H 15.7 Abs. 4 „Notwendiges Betriebsvermögen" EStH). Im Übrigen ergibt sich durch die Umwandlung auch keine Konfusion, da die Darlehensverpflichtung bei der M-KG nicht weggefallen ist. Sie ist weiterhin zu passivieren; die Forderung stellt bei M aber Sonderbetriebsvermögen dar. Die Darlehensforderung wird mit dem Teilwert, der hier dem Nennwert entspricht, in das Sonderbetriebsvermögen eingelegt.

9. Folgen bei der M-KG und deren Gesellschaftern

Die M-KG hat zum 31.12.07 folgende **Eröffnungsbilanz** zu erstellen:

---

6 BMF-Schreiben vom 29.01.2008, BStBl I S. 317, und BFH-Urteile vom 02.12.1997, BStBl 2008 II S. 174 und S. 177 sowie vom 14.02.2006, BStBl 2008 II S. 182.

Aktiva	Gesamthandsbilanz M-KG zum 31.12.07		Passiva
A. Anlagevermögen		A. Kapitalkonten	
I. Sachanlagen		I. Kapitalkonto MV-GmbH	0 €
1. Grund und Boden	400.000 €	II. Kapitalkonto M	2.035.000 €
2. Gebäude	680.000 €	III. Kapitalkonto F	185.000 €
3. Betriebsvorrichtungen	150.000 €	IV. Kapitalkonto A	740.000 €
4. Maschinen	200.000 €	V. Kapitalkonto E-AG	740.000 €
5. Einrichtungen	150.000 €	B. Rückstellungen	
B. Umlaufvermögen		I. Pensionsrückstellungen	200.000 €
I. Vorräte	640.000 €	II. Steuerrückstellungen	60.000 €
II. Forderungen	990.000 €	III. Sonstige Rückstellungen	50.000 €
III. Geldkonten	1.160.000 €	C. Verbindlichkeiten	360.000 €
	4.370.000 €		4.370.000 €

Das von M an die Gesellschaft überlassene Grundstück wird **Sonderbetriebsvermögen** des M in der M-KG; eine mitunternehmerische Betriebsaufspaltung liegt bei unmittelbarer Überlassung durch einen beteiligten Gesellschafter an eine Personengesellschaft nicht vor.[7] Die Wirtschaftsgüter (Grund und Boden und Gebäude) werden nach § 6 Abs. 5 Satz 2 EStG (zwingend) zum Buchwert vom Betriebsvermögen des bisherigen Besitzunternehmens in das Sonderbetriebsvermögen bei der M-KG überführt.

Wie bereits unter Tz. 8 dargelegt, wird die von der M-GmbH übernommene Pensionsrückstellung aus der Pensionszusage gegenüber M nicht aufgelöst, sondern bei der M-KG fortgeführt. Auch anschließende Zuführungen sind möglich. Der Pensionsanspruch des M ist grundsätzlich in seiner Sonderbilanz zu aktivieren. Dies gilt allerdings nicht für den Pensionsanspruch, soweit er in der Zeit der M-GmbH entstanden ist. Insoweit erfolgt keine Aktivierung in der Sonderbilanz; die späteren Pensionszahlungen an M führen insoweit nicht zu Sonderbetriebseinnahmen, sondern stellen Einkünfte aus nichtselbständiger Arbeit dar (= Versorgungsbezüge i. S. von § 19 Abs. 2 EStG).

Ebenfalls in der Sonderbilanz zu aktivieren ist der aus der Einbringung im Jahr 00 herrührende **Darlehensanspruch** i. H. von 200.000 €. Eine Tilgung ist lt. Sachverhalt noch nicht erfolgt. Der Darlehensanspruch wird zum Nennwert aus dem Privatvermögen in das Sonderbetriebsvermögen des M eingelegt. Die Zinsen stellen nach der Umwandlung Sonderbetriebseinnahmen dar.

7 BFH-Urteil vom 24.03.1999, BStBl 2000 II S. 399.

Für M ergibt sich damit folgende **(Eröffnungs-)Sonderbilanz**:

Aktiva	**Sonderbilanz M zum 31.12.07**		Passiva
Grund und Boden	300.000 €	Kapital	1.400.000 €
Gebäude	900.000 €		
Darlehensforderung	200.000 €		
	1.400.000 €		1.400.000 €

Die **Geschäftsführervergütungen** an M, die im Rückwirkungszeitraum als Arbeitslohn (mit Lohnsteuerabzug) behandelt wurden, stellen rückwirkend Sonderbetriebseinnahmen i. S. von § 15 Abs. 1 Nr. 2 2. Halbsatz EStG dar. Die einbehaltene Lohnsteuer kann entweder bei M auf dessen Einkommensteuer angerechnet werden (obwohl kein Arbeitslohn mehr vorliegt = pragmatische Lösung) oder die Lohnsteueranmeldungen für den Rückwirkungszeitraum werden rückwirkend berichtigt (= systematische Lösung).

Wird der Betrieb der M-KG innerhalb von fünf Jahren nach der Umwandlung (also bis zum 31.12.12) aufgegeben oder veräußert, unterliegt ein Auflösungs- oder Veräußerungsgewinn der Gewerbesteuer (§ 18 Abs. 3 Satz 1 UmwStG). Entsprechendes gilt, soweit ein Teilbetrieb oder ein **Anteil an der Personengesellschaft** aufgegeben oder **veräußert** wird (§ 18 Abs. 3 Satz 2 UmwStG). Für die dabei entstehende Gewerbesteuer wird eine Steuerermäßigung bei der Einkommensteuer nach § 35 EStG nicht gewährt (§ 18 Abs. 3 Satz 3 UmwStG).

Fall 42

Verschmelzung von Kapitalgesellschaften

UmwG §§ 3, 4, 5, 8, 9, 11, 13, 16, 17, 19, 20, 24, 29, 46, 48, 49, 50, 54, 125, 207; UmwStG §§ 1, 2, 4, 11, 12, 13, 19; KStG §§ 27, 28, 29, 37, 38; EStG §§ 6, 17

Sachverhalt

Die Bielefelder Bierbrauer GmbH (B-GmbH) wurde mit Verschmelzungsvertrag vom 16.07.04 zum 01.01.04 auf die Münsteraner Getränke GmbH (M-GmbH) verschmolzen. An der B-GmbH waren bis zur Verschmelzung Gerda Gerste (G) und Hugo Hopfen (H) mit 70 % bzw. 30 % als Gründungsgesellschafter am Stammkapital von insgesamt 100.000 € beteiligt. Die Anschaffungskosten von G und H für ihre Anteile entsprachen bei Gründung dem Nominalwert des Stammkapitals. Im Jahr 02 haben G und H nach einem entsprechenden Gesellschafterbeschluss Einlagen i. H. von insgesamt 150.000 € in die Kapitalrücklage der B-GmbH geleistet. Die Anteile an der M-GmbH (Stammkapital 200.000 €) wurden von Michael Malz (M) alleine gehalten. Er hatte bei Erwerb der Anteile an der M-GmbH im Jahr 01 Anschaffungskosten i. H. von 600.000 € aufgewendet.

Beide Gesellschaften haben als Wirtschaftsjahr das Kalenderjahr.

Schaubild (Situation vor der Verschmelzung):

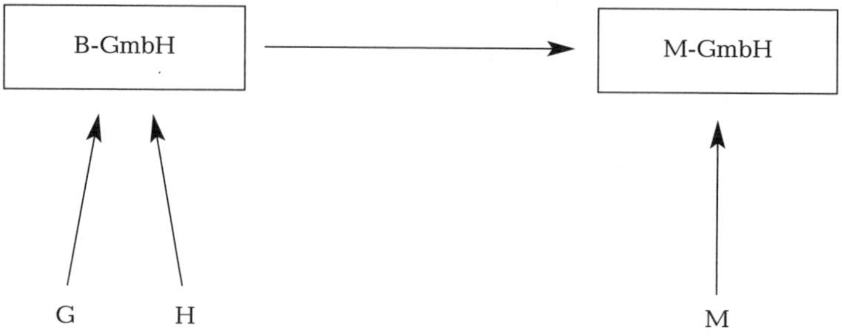

Die Umwandlung der B-GmbH wurde nach § 46 UmwG als Verschmelzung zur Aufnahme gestaltet. Das Nennkapital der M-GmbH wurde im Zuge der Verschmelzung um 50.000 € auf 250.000 € erhöht. Die neuen Anteile übernahmen G (35.000 €) und H (15.000 €). Nach der Verschmelzung sind an der aufnehmenden M-GmbH somit die Gesellschafter G mit 14 %, H mit 6 % und M mit 80 % beteiligt.

Die B-GmbH hat zum 31.12.03 folgende (vereinfacht dargestellte) Schlussbilanz aufgestellt:

Aktiva	Schlussbilanz B-GmbH zum 31.12.03		Passiva
A. Anlagevermögen	1.000.000 €	A. Eigenkapital	
B. Umlaufvermögen	350.000 €	I. Gezeichnetes Kapital	100.000 €
		II. Kapitalrücklagen	150.000 €
		III. Gewinnrücklagen	10.000 €
		IV. Jahresüberschuss 03	40.000 €
		B. Rückstellungen	200.000 €
		C. Verbindlichkeiten	850.000 €
	1.350.000 €		1.350.000 €

Im bilanzierten Anlagevermögen der B-GmbH sind stille Reserven i. H. von 200.000 € enthalten. Der selbst geschaffene Firmenwert der B-GmbH beträgt ebenfalls 200.000 €.

Das steuerliche Einlagekonto der B-GmbH i. S. von § 27 KStG weist zum 31.12.03 einen Bestand i. H. von 150.000 € aus. Zum 31.12.03 war aus dem Körperschaftsteuerguthaben i. S. von § 37 Abs. 5 KStG ein Betrag von

7.000 € noch nicht ausgezahlt. Ebenso stand zu diesem Stichtag noch ein Körperschaftsteuererhöhungsbetrag i. S. von § 38 Abs. 6 KStG i. H. von 10.000 € aus, der noch nicht an das Finanzamt entrichtet war. In der o. g. Schlussbilanz sind diese Beträge mit dem zutreffend abgezinsten Betrag aktiviert (unter „Umlaufvermögen") bzw. passiviert (unter „Verbindlichkeiten").

Für die aufnehmende M-GmbH ergab sich zum 31.12.03 folgende (vereinfacht dargestellte) Schlussbilanz:

Aktiva — Schlussbilanz M-GmbH zum 31.12.03 — Passiva

Aktiva		Passiva	
A. Anlagevermögen	5.000.000 €	A. Eigenkapital	
B. Umlaufvermögen	2.300.000 €	I. Gezeichnetes Kapital	200.000 €
		II. Gewinnrücklagen	480.000 €
		III. Jahresüberschuss 03	220.000 €
		B. Rückstellungen	920.000 €
		C. Verbindlichkeiten	5.480.000 €
	7.300.000 €		7.300.000 €

Das bilanzierte Anlage- und Umlaufvermögen der M-GmbH enthält stille Reserven i. H. von 780.000 €; der nicht aktivierte selbst geschaffene Geschäftswert wird auf 1.120.000 € geschätzt.

Ein Bestand im steuerlichen Einlagekonto ist zum 31.12.03 bei der M-GmbH nicht vorhanden.

Frage

1. Wie ist die Verschmelzung der beiden Gesellschaften handelsrechtlich durchzuführen?
2. Wie ist die Verschmelzung bei der übertragenden B-GmbH zu behandeln?
3. Welche steuerlichen Folgen ergeben sich bei der übernehmenden M-GmbH?
4. Welche Auswirkungen hat die Verschmelzung bei den Gesellschaftern der B-GmbH und der M-GmbH?

Antwort

1. Es liegt eine Verschmelzung zur Aufnahme vor. Das Verschmelzungsverfahren gliedert sich in die drei Abschnitte Vorbereitungsphase, Beschlussphase und Vollzugsphase.
2. Die B-GmbH kann in ihrer Übertragungsbilanz zum 31.12.03 auf Antrag die Buchwerte ansetzen. Eine Realisierung der stillen Reserven ist nicht erforderlich.
3. Die M-GmbH tritt hinsichtlich der übernommenen Wirtschaftsgüter in die Rechtsstellung der B-GmbH ein. Ein Übernahmegewinn oder -verlust ergibt sich nicht.

4. Bei den Gesellschaftern vollzieht sich die Verschmelzung auf Antrag ebenfalls erfolgsneutral. Nach § 13 Abs. 2 UmwStG gelten die Anteile von G und H an der B-GmbH als zu Anschaffungskosten veräußert.

Begründung

1. Handelsrechtliche Vorgehensweise

Die Verschmelzung der beiden Gesellschaften ist nach § 3 Abs. 1 UmwG zulässig. Für die Verschmelzung ist ein Ablaufplan zu erstellen. Im vorliegenden Fall handelt es sich um eine Verschmelzung zur Aufnahme. Das Verschmelzungsverfahren gliedert sich in die drei Abschnitte

- Vorbereitungsphase,
- Beschlussphase und
- Vollzugsphase.

a) Vorbereitungsphase

Nach § 4 Abs. 1 UmwG muss zwischen der B-GmbH und der M-GmbH ein Verschmelzungsvertrag geschlossen werden. Inhalt und Form des Verschmelzungsvertrages sind in §§ 5 Abs. 1 und 6 UmwG geregelt. Nach § 5 Abs. 3 UmwG ist der Verschmelzungsvertrag den Betriebsräten beider Unternehmen vorzulegen. Auf die nach § 8 Abs. 1 UmwG eigentlich notwendige Erstellung eines Verschmelzungsberichts kann unter den Voraussetzungen des § 8 Abs. 3 UmwG verzichtet werden. Der Verschmelzungsvertrag ist nach § 9 Abs. 1 UmwG zu prüfen. Auf die Prüfung kann allerdings auch insoweit verzichtet werden (§ 9 Abs. 2 UmwG). Ebenso ist eine Prüfung bei der B-GmbH entbehrlich (§ 48 UmwG).

Nach § 54 Abs. 1 Satz 3 UmwG darf die übernehmende Gesellschaft (hier: die M-GmbH) auch von der Gewährung von Geschäftsanteilen absehen, wenn alle Anteilsinhaber eines übertragenden Rechtsträgers darauf verzichten; die Verzichtserklärungen sind notariell zu beurkunden. Im vorliegenden Fall ist dies aber nicht machbar, da G und H natürlich einen Ausgleich dafür haben wollen, dass sie mit der Verschmelzung ihre Anteile an der B-GmbH verlieren. Als Ausgleich erhalten sie dafür Anteile an der übernehmenden M-GmbH. Ein Verzicht auf eine Kapitalerhöhung ist also nur sinnvoll, wenn beteiligungsidentische (Schwester-)Gesellschaften miteinander verschmolzen werden (was hier nicht der Fall ist).

b) Beschlussphase

Die Gesellschafterversammlungen der beiden Gesellschaften müssen der Verschmelzung zustimmen (§ 13 Abs. 1 UmwG). Hierfür ist jeweils eine Mehrheit von 75 % der Stimmen erforderlich (§§ 49, 50 UmwG).

c) Vollzugsphase

Die Verschmelzung ist nach § 16 UmwG zur Eintragung in das Handelsregister anzumelden (zu den notwendigen Anlagen, die der Anmeldung beizufügen sind, vgl. § 17 UmwG). Der Anmeldung kann dabei eine Bilanz zugrunde gelegt werden, die auf einen höchstens acht Monate vor der Anmeldung liegenden Stichtag aufgestellt worden ist (§ 17 Abs. 2 Satz 4 UmwG).

Der handelsrechtliche Umwandlungsstichtag ist der Zeitpunkt, von dem an die Handlungen des übertragenden Rechtsträgers als für Rechnung des übernehmenden Rechtsträgers vorgenommen gelten. Der übertragende Rechtsträger hat auf den Schluss des Tages, der dem Umwandlungsstichtag vorangeht, eine Schlussbilanz aufzustellen (§ 17 Abs. 2 UmwG). Handelsrechtlicher Umwandlungsstichtag ist im vorliegenden Fall der 01.01.04. Die Umwandlungsbilanz ist somit zum 31.12.03 zu erstellen.

Die Verschmelzung wird zuerst bei der übertragenden B-GmbH und dann bei der übernehmenden M-GmbH eingetragen (§ 19 Abs. 1 Satz 1 UmwG). Mit der Eintragung der Verschmelzung treten deren Wirkungen ein (§ 20 Abs. 1 UmwG); die übertragende B-GmbH erlischt. Das Vermögen der B-GmbH geht einschließlich der Verbindlichkeiten auf die M-GmbH über. G und H, die Gesellschafter der bisherigen B-GmbH, werden Anteilsinhaber der übernehmenden M-GmbH.

2. Steuerliche Behandlung bei der B-GmbH

Auch steuerlich kann die Verschmelzung nach § 2 Abs. 1 UmwStG mit einer Rückwirkung von bis zu acht Monaten durchgeführt werden. Das Einkommen der übertragenden Körperschaft ist so zu ermitteln, als ob das Vermögen mit Ablauf des Stichtags der Bilanz, die dem Vermögensübergang zugrunde liegt (steuerlicher Übertragungsstichtag), ganz oder teilweise auf die M-GmbH übergegangen wäre. Das Gleiche gilt für die Ermittlung der Bemessungsgrundlagen für die Gewerbesteuer.

Steuerlicher Übertragungsstichtag ist der Tag, auf den der übertragende Rechtsträger (hier: B-GmbH) die Schlussbilanz aufzustellen hat. Dies ist hier der 31.12.03. Der steuerliche Übertragungsstichtag liegt damit immer einen Tag vor dem handelsrechtlichen Stichtag.

Der steuerliche Übertragungsstichtag 31.12.03 ändert allerdings nichts daran, dass die B-GmbH ihr Einkommen 03, das ausgehend vom Jahresüberschuss 03 i. H. von 40.000 € ermittelt wird, noch selbst zu versteuern hat. Steuerlicher Verschmelzungsstichtag ist nämlich erst der 31.12.03 und nicht der 01.01.03. Eine einheitliche Versteuerung des Einkommens der beiden Gesellschaften im Jahr 03 kommt demnach noch nicht in Betracht.[1] Die B-GmbH (bzw. für sie die M-GmbH als Gesamtrechtsnachfolgerin) hat für das Jahr 03 auch noch eigenständige Steuer- und Feststellungserklärungen abzugeben.

---

1 BFH-Urteil vom 13.02.2008, BFH/NV 2008 S. 1538.

Nach § 11 Abs. 1 Satz 1 UmwStG hat die B-GmbH die übergehenden Wirtschaftsgüter in der steuerlichen Schlussbilanz grundsätzlich mit dem gemeinen Wert anzusetzen. Dies gilt auch für nicht entgeltlich erworbene oder selbst geschaffene immaterielle Wirtschaftsgüter. Lediglich für Pensionsrückstellungen gilt eine Sonderregelung (§ 11 Abs. 1 Satz 2 UmwStG); ihre Bewertung hat nach § 6 a EStG zu erfolgen.

Die B-GmbH kann allerdings nach § 11 Abs. 2 UmwStG die übergehenden Wirtschaftsgüter nach § 11 Abs. 2 UmwStG auf Antrag aber auch mit den Buchwerten oder einem höheren Wert ansetzen (höchstens mit dem gemeinen Wert). Dieses **Wahlrecht** zum Ansatz eines niedrigeren Werts für die übergehenden Wirtschaftsgüter gilt allerdings nur, soweit

- sichergestellt ist, dass sie später bei der übernehmenden Körperschaft der Besteuerung mit Körperschaftsteuer unterliegen und
- das deutsche Besteuerungsrecht hinsichtlich des Gewinns aus der Veräußerung der übertragenen Wirtschaftsgüter bei der übernehmenden Körperschaft nicht ausgeschlossen oder beschränkt wird und
- eine Gegenleistung nicht gewährt wird oder in Gesellschaftsrechten besteht.

Diese Voraussetzungen sind im vorliegenden Fall erfüllt. Zum einen unterliegen die übergehenden Wirtschaftsgüter bei der übernehmenden M-GmbH der Besteuerung mit Körperschaftsteuer (eine andere Lösung könnte sich z. B. bei Verschmelzung auf eine steuerbefreite Körperschaft ergeben). Bei einer reinen Inlandsverschmelzung, wie sie hier vollzogen wird, besteht auch nicht die Gefahr, dass das deutsche Besteuerungsrecht hinsichtlich des Gewinns aus der Veräußerung der übertragenen Wirtschaftsgüter bei der übernehmenden Körperschaft ausgeschlossen oder beschränkt werden könnte. Zum anderen wird den Gesellschaftern der übertragenden B-GmbH als Gegenleistung für den Wegfall ihrer Anteile an der untergehenden Gesellschaft keine andere Gegenleistung als die (neuen) Anteile an der aufnehmenden M-GmbH gewährt. Eine schädliche Gegenleistung, die nicht in Gesellschaftsrechten besteht, wäre dann gegeben, wenn die M-GmbH als übernehmende Körperschaft im Rahmen des Verschmelzungsvertrages bare Zuzahlungen (z. B. einen Spitzenausgleich) oder andere Vermögenswerte an die übertragende Körperschaft oder deren Anteilseigner gewähren würde. Ein solcher Fall liegt jedoch hier nicht vor.

Die Verschmelzung kann demnach zu Buchwerten erfolgen. Dies gilt nach § 19 Abs. 1 UmwStG auch für die Gewerbesteuer.

Es wäre auch der Ansatz eines **höheren Wertes** zulässig. Die gemeinen Werte der einzelnen Wirtschaftsgüter dürfen aber nicht überschritten werden. Dieses gesetzliche Wahlrecht wird nicht mehr durch die **Maßgeblichkeit der Handelsbilanz** eingeschränkt. Handelsrechtlich gelten für die Übertragungsbilanz die Vorschriften über die Jahresbilanz und deren Prüfung entsprechend (§ 17 Abs. 2 Satz 2 UmwG). Ein über dem Buchwert liegender Wertansatz ist dabei nur möglich, wenn und soweit zuvor für ein Wirtschaftsgut außerplanmäßige Abschreibungen vorgenommen worden sind. Dies ist i. d. R. jedoch nicht der Fall. Steuerlich kann man aber dennoch die gemeinen Werte ansetzen.[2]

Im vorliegenden Fall bestehen aber keine Anhaltspunkte, die ein Abweichen vom Buchwertansatz als sinnvoll erscheinen lassen (insbesondere besteht bei der B-GmbH kein steuerlicher Verlustvortrag, der nicht auf die M-GmbH übertragen werden könnte). In der Übertragungsbilanz der B-GmbH werden deshalb die **Buchwerte** angesetzt, wie sie bereits in der im Sachverhalt dargestellten Schlussbilanz zum 31.12.03 ausgewiesen sind.

Nach § 29 Abs. 1 KStG gilt das Nennkapital der übertragenden Kapitalgesellschaft in Umwandlungsfällen i. S. des § 1 UmwG als in vollem Umfang nach § 28 Abs. 2 Satz 1 KStG herabgesetzt. Da bei der übertragenden B-GmbH ein Sonderausweis i. S. von § 28 Abs. 1 Satz 3 KStG nicht vorhanden ist, wird das bisherige Nennkapital dabei in vollem Umfang dem steuerlichen Einlagekonto i. S. von § 27 KStG gutgeschrieben. Der Bestand im steuerlichen Einlagekonto der B-GmbH entwickelt sich dabei wie folgt:

Stand im Einlagekonto der B-GmbH vor der Verschmelzung	150.000 €
Zugang aus fiktiver Kapitalherabsetzung nach § 29 Abs. 1 i. V. m. § 28 Abs. 2 Satz 1 KStG	+ 100.000 €
Stand des Einlagekontos im Verschmelzungszeitpunkt	250.000 €

Auf dem Vordruck KSt 1 F – 27/28 (2010) stellt sich der Verschmelzungsvorgang für die B-GmbH wie folgt dar:

2 BFH-Urteile vom 05.06.2007, BStBl 2008 II S. 650, und vom 28.05.2008, BStBl II S. 916; noch ergangen zur Rechtslage vor der Neufassung des UmwStG durch das SEStEG; im zeitlichen Anwendungsbereich des SEStEG ist nicht mehr streitig, dass das Maßgeblichkeitsprinzip für Umwandlungsfälle nicht gilt.

Zeile	Sp. 1	Vorspalte € Sp. 2	Steuer-liches Einlage-konto € Sp. 3	Sonder-ausweis € Sp. 4
1a	**A. Anfangsbestände** Bestand gem. § 27 Abs. 2 Satz 1 KStG zum Schluss des vorangegangenen Wirtschaftsjahres		150.000	
	H. Im Falle einer Umwandlung beim übertragenden Rechtsträger **Veränderung durch Verschmelzung, Auf- oder Abspaltung** Fiktive Herabsetzung des Nennkapitals (§ 29 Abs. 1 KStG): Betrag des Nennkapitals			
42	am Übertragungsstichtag	100.000		
43	Abzug des Sonderausweises	– 0		
44	Ausstehende Einlagen in das Nennkapital	– 0		
45	Verbleibender Betrag: Gutschrift beim steuerlichen Einlagekonto	100.000	+ 100.000	
46	**Zwischensumme**		250.000	
56	**K. Endbestände zum Schluss des Wirtschaftsjahres** (Übertrag nach Zeilen 5 bzw. 6 des Vordrucks KSt 1 F)		250.000	

Nach § 29 Abs. 2 KStG ist der Bestand des steuerlichen Einlagekontos der übertragenden Körperschaft (hier: der B-GmbH) dem steuerlichen Einlagekonto der übernehmenden Körperschaft hinzuzurechnen. Die Einlagekonten der an der Verschmelzung beteiligten Rechtsträger werden also grundsätzlich addiert (vgl. unten Antwort zu Frage 3).

Der zum 31.12.03 noch nicht ausgezahlte Anspruch der B-GmbH auf Auszahlung eines Körperschaftsteuerguthabens geht auf die M-GmbH als Gesamtrechtsnachfolgerin über. Dies ergibt sich aus § 12 Abs. 3 UmwStG, wonach die übernehmende Körperschaft in die Rechtsstellung der übertragenden Körperschaft eintritt. Die Auszahlung der noch ausstehenden Beträge erfolgt dann in der Folge (jeweils zum 30.09.) an die M-GmbH. Entsprechendes gilt für den noch ausstehenden Körperschaftsteuererhöhungsbetrag i. S. von § 38 Abs. 5 und 6 KStG i. H. von 10.000 €. Auch insoweit tritt die M-GmbH in die Rechtsstellung der B-GmbH ein und muss die noch ausstehenden Raten jeweils zum 30.09. an das Finanzamt entrichten.

Anders als bei einer Umwandlung auf eine Personengesellschaft (vgl. dazu Fall 41, Antwort zu Frage 5) sind die in den ausgezahlten Raten des Körperschaftsteuerguthabens enthaltenen Zinsanteile auch bei der übernehmden M-GmbH nach § 37 Abs. 7 KStG steuerfrei.[3]

3. Steuerliche Behandlung der Verschmelzung bei der übernehmenden M-GmbH

Die M-GmbH hat nach § 12 Abs. 1 UmwStG i. V. m. § 4 Abs. 1 UmwStG die Buchwerte der B-GmbH für die übernommenen Wirtschaftsgüter fortzuführen. Die M-GmbH tritt bezüglich der weiteren steuerlichen Behandlung der übernommenen Wirtschaftsgüter in die Rechtsstellung der B-GmbH ein (§ 12 Abs. 3 UmwStG).

Ein Übernahmegewinn oder -verlust i. S. von § 12 Abs. 2 UmwStG ergibt sich bei der M-GmbH nicht. Ein solcher kann grundsätzlich nur entstehen, wenn die Anteile an der übertragenden Körperschaft vor der Verschmelzung beim übernehmenden Rechtsträger aktiviert waren und diese Beteiligung nun im Rahmen der Verschmelzung wegfällt. Ein Übernahmegewinn oder -verlust ergibt sich in einem solchen Fall aus der Differenz zwischen dem Buchwert der untergehenden Anteile und den Werten, mit denen die übergegangenen Wirtschaftsgüter (per saldo) anzusetzen sind. Eine solche Differenz ergibt sich hier jedoch nicht, da die M-GmbH nicht zuvor an der B-GmbH beteiligt war. Einlage- und Überführungsfiktionen wie in § 5 UmwStG für die Umwandlung einer Körperschaft in ein Personenunternehmen gibt es in § 12 UmwStG nicht.

Da die Kapitalerhöhung im Zuge der Verschmelzung (50.000 €) nicht dem vollen Betrag des zuvor bei der B-GmbH vorhandenen Stammkapitals (100.000 €) entspricht, wird der Differenzbetrag in der Übernahmebilanz der M-GmbH den Kapitalrücklagen gutgeschrieben.

Nach der Verschmelzung ergibt sich für die M-GmbH folgende Bilanz zum 31.12.03:

Aktiva	**Schlussbilanz M-GmbH zum 31.12.03**		Passiva
A. Anlagevermögen	6.000.000 €	A. Eigenkapital	
B. Umlaufvermögen	2.650.000 €	I. Gezeichnetes Kapital	250.000 €
		II. Kapitalrücklagen	250.000 €
		III. Gewinnrücklagen	480.000 €
		IV. Bilanzgewinn	220.000 €
		B. Rückstellungen	1.120.000 €
		C. Verbindlichkeiten	6.330.000 €
	8.650.000 €		8.650.000 €

Buchungstechnisch erfolgt die Einbuchung der Wirtschaftsgüter der B-GmbH bei der M-GmbH wie folgt:

3 Vgl. BMF-Schreiben vom 14.01.2008, BStBl I S. 280.

Anlagevermögen	1.000.000 €	an	Gezeichnetes Kapital	50.000 €
Umlaufvermögen	350.000 €		Kapitalrücklagen	250.000 €
			Rückstellungen	200.000 €
			Verbindlichkeiten	850.000 €

Die Gutschrift des Eigenkapitals der B-GmbH in den Kapitalrücklagen der übernehmenden Gesellschaft (= Buchwert, der über den Nominalwert der neu ausgegebenen Anteile hinausgeht) wird auch als (steuerfreier) Agiogewinn bezeichnet. Dieser ermittelt sich hier wie folgt:

Buchwerte des übergegangenen Vermögens der B-GmbH	300.000 €
⁒ gewährte neue Anteile (= Nominalbetrag der Kapitalerhöhung)	⁒ 50.000 €
Agiogewinn	250.000 €

Wie die obige Buchung zeigt, ist dieser Agiogewinn bereits in der laufenden Buchhaltung erfolgsneutral. Einer außerbilanziellen Korrektur bedarf es demnach nicht. Der Vorgang ist vergleichbar mit der Vereinbarung eines Aufgelds (Agio) für einen im Rahmen einer Gründung oder Kapitalerhöhung neu eintretenden Gesellschafter. Auch in diesem Fall werden Einlagen des neuen Gesellschafters, die seinen Anteil am Nennkapital übersteigen, den Kapitalrücklagen gutgeschrieben.

Nach § 29 Abs. 2 Satz 1 KStG ist der Bestand des steuerlichen Einlagekontos der B-GmbH (nach dessen Erhöhung im Rahmen der fiktiven Kapitalherabsetzung nach § 29 Abs. 1 KStG) dem steuerlichen Einlagekonto der übernehmenden M-GmbH hinzuzurechnen. Ein Sonderfall des § 29 Abs. 2 Satz 2 KStG, in dem die Hinzurechnung unterbleibt (= Fall der Verschmelzung einer Tochter- auf ihre Muttergesellschaft; sog. „up-stream merger"), oder des § 29 Abs. 2 Satz 3 KStG, in dem der Bestand des Einlagekontos der Übernehmerin gemindert wird (= Fall der Verschmelzung einer Mutter- auf eine Tochtergesellschaft; sog. „down-stream merger"), liegt hier nicht vor.

Nach Anwendung von § 29 Abs. 2 KStG (Addition der steuerlichen Einlagekonten) sind nach § 29 Abs. 4 KStG die Regelungen in § 28 Abs. 1 und 3 KStG anzuwenden. Es ist also zu prüfen, ob sich im Rahmen der Verschmelzung eine Erhöhung des Nennkapitals durch Umwandlung von (sonstigen) Rücklagen ergeben hat, sodass ein Sonderausweis i. S. von § 28 Abs. 1 Satz 3 KStG entsteht.

Im Vordruck KSt 1 F – 27/28 (2010) stellen sich diese Vorgänge für die übernehmende M-GmbH im (steuerlichen) Umwandlungsjahr 03 wie folgt dar:

Zeile	Sp. 1	Vorspalte € Sp. 2	Steuerliches Einlagekonto € Sp. 3	Sonderausweis € Sp. 4
	A. Anfangsbestände			
1a	Bestand gem. § 27 Abs. 2 Satz 1 KStG zum Schluss des vorangegangenen Wirtschaftsjahres		0	0
	F. Im Falle einer Umwandlung beim übernehmenden Rechtsträger			
	Zugänge durch Verschmelzung, Auf- oder Abspaltung			
23	Hinzurechnung des steuerlichen Einlagekontos des übertragenden Rechtsträgers		+ 250.000	
31	**Zwischensumme**		250.000	
	Anpassung an das Nennkapital des übernehmenden Rechtsträgers (§ 29 Abs. 4 KStG):			
32	Betrag der Erhöhung des Nennkapitals	50.000		
33	Ausstehende Einlagen in das Nennkapital	– 0		
34	**Zwischensumme**	50.000		
35	Hierfür Verwendung eines positiven steuerlichen Einlagekontos bis zu dessen Verbrauch	– 50.000	– 50.000	
36	Verbleibender Betrag: Nennkapitalerhöhung aus sonstigen Rücklagen	0		+ 0
	K. Endbestände zum Schluss des Wirtschaftsjahres			
56	(Übertrag nach Zeilen 5 bzw. 6 des Vordrucks KSt 1 F)		200.000	0

Zum 31.12.03 ergibt sich somit bei der übernehmenden M-GmbH ein festzustellender Bestand im steuerlichen Einlagekonto i. S. von § 27 KStG i. H. von 200.000 €. Ein Sonderausweis i. S. von § 28 Abs. 1 Satz 3 KStG war vor der Verschmelzung nicht vorhanden und ist auch durch die Verschmelzung nicht entstanden.

4. Steuerliche Behandlung der Verschmelzung bei den Gesellschaftern

Die steuerlichen Auswirkungen der Verschmelzung bei den Gesellschaftern der übertragenden Gesellschaft (B-GmbH) sind in § 13 UmwStG geregelt. Im vorliegenden Fall halten die Gesellschafter G und H ihre Anteile im Privatvermögen. Es handelt sich bei beiden Gesellschaftern um Anteile i. S. von § 17 EStG (Beteiligung jeweils mindestens 1 %). In diesem Fall gelten die Anteile an der (bisherigen) B-GmbH nach § 13 Abs. 1 UmwStG als zum gemeinen Wert veräußert und die an ihre Stelle tretenden Anteile von G und H an der M-GmbH (14 bzw. 6 %) als mit diesem Wert angeschafft. Danach ergibt sich für G und H also grundsätzlich ein Veräußerungsgewinn i. S. von § 17 EStG.

Allerdings lässt es § 13 Abs. 2 UmwStG u. U. zu, die Versteuerung eines Veräußerungsgewinns zu vermeiden. Danach sind abweichend von § 13 Abs. 1 UmwStG auf Antrag die Anteile an der übernehmenden Körperschaft (hier: M-GmbH) mit dem Buchwert der Anteile an der übertragenden Körperschaft (hier B-GmbH) anzusetzen, wenn

1. das Recht der Bundesrepublik Deutschland hinsichtlich der Besteuerung des Gewinns aus der Veräußerung der Anteile an der übernehmenden Körperschaft nicht ausgeschlossen oder beschränkt wird oder
2. die Mitgliedstaaten der Europäischen Union bei einer Verschmelzung Art. 8 der Richtlinie 90/434/ EWG (= sog. Fusionsrichtlinie) anzuwenden haben; in diesem Fall ist der Gewinn aus einer späteren Veräußerung der erworbenen Anteile ungeachtet der Bestimmungen eines DBA in der gleichen Art und Weise zu besteuern, wie die Veräußerung der Anteile an der übertragenden Körperschaft zu besteuern wäre.

Die Voraussetzung der Nr. 1 ist im vorliegenden Fall erfüllt; Deutschland hat auch nach der Verschmelzung das Besteuerungsrecht an den Anteilen der übernehmenden M-GmbH. Die Anteile an der übernehmenden Körperschaft (M-GmbH) treten somit steuerlich an die Stelle der Anteile an der übertragenden Körperschaft (B-GmbH). Die Anschaffungskosten der Anteile an der B-GmbH setzen sich also als Anschaffungskosten der neuen Anteile von G und H an der M-GmbH fort.

Damit wird auch auf Gesellschafterebene die Erfolgsneutralität des Verschmelzungsvorgangs doch sichergestellt. Zu einer Gewinnrealisierung nach § 17 EStG kommt es nicht. Die stillen Reserven in den Anteilen der übertragenden Gesellschaft (B-GmbH) werden im Ergebnis auf die erhaltenen Anteile an der übernehmenden Gesellschaft (M-GmbH) übertragen. Der in der Begründung zu Frage 3 dargestellte Agiogewinn führt bei den Gesellschaftern nicht zu zusätzlichen Anschaffungskosten für die erhaltenen Anteile an der aufnehmenden M-GmbH.

Keine Aussage enthält das UmwStG zu den Steuerfolgen bei den Gesellschaftern der übernehmenden Kapitalgesellschaft (hier: Gesellschafter M der M-GmbH). Eine solche Regelung ist auch nicht notwendig; die Verschmelzung führt bereits nach allgemeinen Grundsätzen bei diesen Gesellschaftern nicht zu einer Gewinnrealisierung. Sie halten nach wie vor ihre bisherigen Anteile an der übernehmenden Gesellschaft; sie wurden nicht gegen andere Anteile hingegeben. Die Anteile sind im Privatvermögen auch regelmäßig noch nach § 17 EStG steuerverhaftet. Sollte im Zuge der

Verschmelzung aus einer Beteiligung i. S. von § 17 EStG eine solche werden, die die Beteiligungsgrenze von 1 % unterschreitet (was hier bei M allerdings nicht der Fall ist), wirkt die bisherige Steuerverhaftung nach § 17 EStG noch fünf Jahre nach (vgl. § 17 Abs. 1 Satz 1 EStG: „. . . innerhalb der letzten fünf Jahre am Kapital der Gesellschaft unmittelbar oder mittelbar zu mindestens 1 % beteiligt war"). Die Anschaffungskosten der (bisherigen) Gesellschafter der übernehmenden Kapitalgesellschaft für ihre Anteile verändern sich durch die Verschmelzung nicht.

Fall 43

Spaltung einer Kapitalgesellschaft – Abspaltung – Trennung von Gesellschafterstämmen

UmwG §§ 1, 17, 123, 125, 126, 127, 131, 136, 137, 138; UmwStG §§ 1, 2, 11, 12, 13, 15, 19; KStG §§ 27, 28, 29, 37, 38; GmbHG § 5

Sachverhalt

Die Stuttgarter Süßigkeiten GmbH (S-GmbH) wurde im Jahr 01 von den Gesellschaftern Siegfried Süß (S) und Zita Zucker (Z) gegründet. S war seit Gründung am Stammkapital der S-GmbH von insgesamt 1.000.000 € mit 60 % (nominal 600.000 €) und Z mit 40 % (nominal 400.000 €) beteiligt. Die Anteile wurden jeweils im Privatvermögen gehalten. Die Z-GmbH unterhielt in den letzten Jahren jeweils eine selbständig geführte Betriebsstätte in Stuttgart und in Freiburg. In der Produktionsstätte in Stuttgart wurden hochwertige Marzipanpralinen hergestellt, deren Vertrieb ausschließlich über Cafés und Restaurants der gehobenen Gastronomie erfolgte. Die Freiburger Betriebsstätte produzierte und vertrieb demgegenüber preisgünstige Süßigkeiten („Massenware"), die über Discountgeschäfte verkauft wurden. Von Anfang an hatten die Gesellschafter auf getrennte Buchungskreise für die beiden Geschäftsbereiche Wert gelegt, um einen besseren Überblick über die jeweilige Ertragslage und die Kostenstruktur in Stuttgart und Freiburg zu haben. Die Bankguthaben wurden jedoch für beide Betriebsstätten gemeinsam und einheitlich geführt. S und Z sind jeweils allein vertretungsberechtigte Geschäftsführer der S-GmbH.

Von Anfang an hatte sich S vorrangig den Belangen der Stuttgarter Betriebsstätte gewidmet, während Z überwiegend in Freiburg tätig war. Im Jahr 08 ergaben sich erhebliche Meinungsverschiedenheiten zwischen S und Z über die zukünftige Geschäftspolitik der Gesellschaft. Diese gipfelten darin, dass die Gesellschafter im Frühjahr 09 übereinkamen, die Tätigkeitsbereiche der S-GmbH zu trennen. Eine weitere gemeinsame Zukunft unter dem Dach der S-GmbH war nicht mehr möglich.

Aufgrund des Preisdrucks der Discountketten konnte die Freiburger Betriebsstätte in den letzten drei Jahren keine positiven Ergebnisse mehr erzielen. Im Jahr 07 war es zwar aufgrund der weiterhin positiven Erträge in Stuttgart noch möglich gewesen, insgesamt ein ausgeglichenes Ergebnis zu erreichen. Im Jahr 08 erhöhte sich jedoch der Freiburger Verlust nochmals, sodass sich für die S-GmbH insgesamt ein Jahresfehlbetrag i. H. von 400.000 € ergab. Aufgrund des Nullergebnisses im Jahr 07 kam ein steuerlicher Verlustrücktrag von 08 nach 07 nicht in Betracht.

Zum 31.12.08 wurde für die S-GmbH folgende (vereinfacht dargestellte) Bilanz aufgestellt:

Aktiva		**Schlussbilanz S-GmbH zum 31.12.08**	Passiva
Anlage- und Umlaufvermögen Betriebsstätte Stuttgart	4.000.000 €	A. Eigenkapital	
		I. Gezeichnetes Kapital	1.000.000 €
Anlage- und Umlaufvermögen Betriebsstätte Freiburg	4.000.000 €	II. Kapitalrücklagen	300.000 €
		III. Gewinnrücklagen	300.000 €
Bankguthaben	1.000.000 €	IV. Jahresfehlbetrag 08	./. 400.000 €
		Rückstellungen und Verbindlichkeiten Betriebsstätte Stuttgart	4.680.000 €
		Rückstellungen und Verbindlichkeiten Betriebsstätte Freiburg	3.120.000 €
	9.000.000 €		9.000.000 €

In der Betriebsstätte Stuttgart sind stille Reserven i. H. von 1.000.000 € enthalten (davon 400.000 € in den aktivierten Wirtschaftsgütern und 600.000 € im selbst geschaffenen Geschäftswert der nach wie vor gewinnträchtigen Betriebsstätte). Demgegenüber sind für die Freiburger Betriebsstätte keine stillen Reserven vorhanden; insbesondere ist aufgrund der Verlustsituation kein Geschäftswert zu verzeichnen.

Zum 31.12.08 bestand bei der S-GmbH noch ein Anspruch auf Auszahlung eines Körperschaftsteuerguthabens i. S. von § 37 KStG i. H. von 80.000 €, ein Körperschaftsteuererhöhungsbetrag i. S. von § 38 Abs. 5 und 6 KStG i. H. von 23.000 € sowie ein Bestand im steuerlichen Einlagekonto i. S. von § 27 KStG i. H. von 300.000 €. Der Bestand im steuerlichen Einlagekonto war durch eine Einlage der Gesellschafterin Z im Jahr 07 entstanden, die damit die Verluste „ihrer" Freiburger Betriebsstätte teilweise abdecken wollte. S hat keine vergleichbare Einlage erbracht.

Die Aufteilung der S-GmbH sollte durch eine Abspaltung erfolgen. Nach dem im Mai 09 abgeschlossenen Spaltungsplan sollte das Umtauschverhältnis 60 : 40 betragen; somit sollten 60 % des Vermögens der S-GmbH in dieser zurückbleiben, während – entsprechend der Beteiligung der Z – 40 % auf die Z-GmbH übergehen sollten. Dementsprechend wurde vereinbart, dass die Betriebsstätte Stuttgart in der S-GmbH zurückbleibt, während die Betriebsstätte Freiburg rückwirkend zum 01.01.09 auf die neue Z-GmbH abgespalten wurde. Das Bankguthaben verblieb in voller Höhe bei der S-GmbH. Durch diese Zuordnung des Bankguthabens wurde die Notwendigkeit eines zusätzlichen Ausgleichs zwischen den an der Spaltung beteiligten Gesellschaften bzw. deren Gesellschaftern vermieden. Außerdem wurde vereinbart, dass sowohl der Anspruch auf Auszahlung des Körperschaftsteuerguthabens als auch die Verpflichtung zur Entrichtung des Körperschaftsteuererhöhungsbetrags jeweils in vollem Umfang bei der S-GmbH zurückbleiben sollten. Die Anteile an der S-GmbH hält S nach der Abspaltung alleine; Z wurde Alleingesellschafterin der Z-GmbH. Die Z-GmbH hat Sitz und Geschäftsleitung in Freiburg.

Das Stammkapital der S-GmbH wurde im Rahmen der Spaltung nicht verändert. Die neue Z-GmbH weist ein Stammkapital i. H. von 100.000 € aus.

Die Spaltung wurde im Juni 09 zur Eintragung in das Handelsregister angemeldet. Die Eintragung erfolgte dann am 25.07.09.

Eine steuerliche Gewinnrealisierung sollte im Rahmen der Spaltung möglichst vermieden werden.

Frage

1. Welche handelsrechtlichen Möglichkeiten der Spaltung einer Körperschaft gibt es?
2. Welche steuerlichen Voraussetzungen bestehen, um die Spaltung einer Körperschaft erfolgsneutral durchführen zu können, und liegen diese hier vor?
3. Welche weiteren steuerlichen Folgen ergeben sich aus der Abspaltung?
4. Wie wäre es, wenn die S-GmbH erst im Jahr 06 von S und Z gegründet worden wäre?

Antwort

1. Die Spaltung einer Körperschaft kann als Aufspaltung, Abspaltung oder Ausgliederung ausgestaltet werden.
2. Die Voraussetzungen einer steuerneutralen Spaltung liegen vor. Insbesondere ist die Teilbetriebseigenschaft sowohl des übergehenden als auch des zurückbleibenden Vermögens gegeben und es greift keine der Missbrauchsregelungen des § 15 Abs. 1 und 2 UmwStG ein.
3. Steuerlicher Übertragungsstichtag ist der 31.12.08. Die S-GmbH setzt für den übertragenen Teilbetrieb auf Antrag die Buchwerte an. Der Bestand im steuerlichen Einlagekonto i. S. von § 27 KStG wird anteilig der übertragenden S-GmbH und der übernehmenden Z-GmbH zugeordnet. Die Z-GmbH übernimmt die Buchwerte des Teilbetriebs Freiburg, den sie von der S-GmbH übernommen hat. Bei den Gesellschaftern vollzieht sich die Spaltung auf Antrag erfolgsneutral.

4. In diesem Fall ist die Voraussetzung des § 15 Abs. 2 Satz 5 UmwStG nicht erfüllt. Somit kann die Spaltung nicht zu Buchwerten erfolgen. Eine praktische Auswirkung hat dies in diesem Fall jedoch nicht, da in dem auf die Z-GmbH übergegangenen Vermögen keine stillen Reserven enthalten sind.

Begründung

1. Handelsrechtliche Möglichkeiten der Spaltung

Bei der Spaltung handelt es sich um den umgekehrten Fall der Verschmelzung. Durch §§ 123 ff. UmwG wird die Möglichkeit eingeräumt, Teile des Vermögens eines übertragenden Rechtsträgers als Gesamtheit im Wege der Sonderrechtsnachfolge (= partielle Gesamtrechtsnachfolge) ganz oder teilweise auf andere bestehende oder neu gegründete Rechtsträger übergehen zu lassen. Die Anteilseigner der übertragenden Gesellschaft erhalten hierbei Anteile an der übernehmenden Gesellschaft. An der Spaltung können die gleichen Rechtsträger beteiligt sein wie an der Verschmelzung. Damit ist z. B. auch die Spaltung einer GmbH auf eine KG und eine andere GmbH möglich.

Das Gesetz unterscheidet drei Formen der Spaltung:

a) Aufspaltung (§ 123 Abs. 1 UmwG)

Hierbei wird das Vermögen der Ursprungsgesellschaft auf zwei oder mehr Nachfolgegesellschaften verteilt. Die bisherige Gesellschaft wird ohne Liquidation aufgelöst.

b) Abspaltung (§ 123 Abs. 2 UmwG)

Bei der Abspaltung bleibt die bisherige Gesellschaft bestehen; nur ein Teil des Vermögens geht auf andere Rechtsträger über.

c) Ausgliederung (§ 123 Abs. 3 UmwG)

Die Ausgliederung entspricht im Wesentlichen der Abspaltung. Allerdings fallen die Anteile an dem übernehmenden Rechtsträger nicht den Anteilseignern der Ursprungsgesellschaft, sondern der bisherigen Gesellschaft selbst zu. Diese Form der Spaltung eignet sich somit nicht dafür, die Gesellschafter zu trennen und damit die Voraussetzungen für ein zukünftiges getrenntes Wirtschaften zu schaffen.

Jede der drei Spaltungsformen kann sowohl zur Aufnahme (also Spaltung auf eine bestehende Gesellschaft) oder aber zur Neugründung (also auf eine im Rahmen der Spaltung neu zu gründende Gesellschaft) erfolgen.

Im vorliegenden Fall haben sich die Gesellschafter für die Durchführung einer Abspaltung zur Neugründung entschieden. Die S-GmbH bleibt damit bestehen; ein Teil des Vermögens wird auf die neue Z-GmbH abgespalten (= Abspaltung zur Neugründung).

Der handelsrechtliche Ablauf einer Spaltung wird unterteilt in drei Phasen:

- **Vorbereitungsphase**

  Es muss ein Spaltungs- und Übernahmevertrag abgeschlossen (bei Spaltungen zur Aufnahme; §§ 125, 126 UmwG) bzw. ein Spaltungsplan erstellt werden (bei Spaltungen zur Neugründung; § 136 UmwG).

- **Beschlussphase**

  Die Anteilseigner aller an der Spaltung beteiligten Gesellschaften haben auf der Grundlage des Spaltungsvertrags bzw. -plans über die Spaltung zu beschließen. Der Beschluss ist notariell zu beurkunden.

  Der Spaltungs- und Übernahmevertrag ist von den Vertretungsorganen der beteiligten Rechtsträger zu unterzeichnen. Auch dies ist notariell zu beurkunden.

- **Vollzugsphase**

  Die Spaltung ist zur Eintragung in das Handelsregister anzumelden. Dabei ist eine auf den Übertragungsstichtag zu erstellende Schlussbilanz beizufügen. Vom Handelsregister wird zuerst der übernehmende Rechtsträger eingetragen; erst anschließend erfolgt dann die Eintragung der Veränderungen beim übertragenden Rechtsträger. Mit der Eintragung des übernehmenden Rechtsträgers wird die Spaltung wirksam.

Im Einzelnen gilt Folgendes:

Nach § 125 UmwG sind die Regelungen zur Verschmelzung (Zweites Buch des UmwG = §§ 2 - 122 UmwG) für Spaltungen weitgehend entsprechend anzuwenden. Eine Ausnahme gilt lediglich für die in § 125 UmwG genannten Vorschriften des Zweiten Buches des UmwG und soweit sich aus dem Dritten Buch des UmwG (Spaltungsvorschriften = §§ 123 - 173 UmwG) nichts anderes ergibt.

Nach § 136 UmwG ist von den Geschäftsführern der übertragenden Gesellschaft für den Fall einer Spaltung zur Neugründung ein Spaltungsplan zu erstellen. Der Inhalt des Spaltungsplans richtet sich nach § 126 UmwG (= Regelung zum Inhalt des Spaltungs- und Übernahmevertrags für den Fall einer Spaltung zur Aufnahme). Dabei muss u. a. auch das sog. Umtauschverhältnis festgelegt werden. Es ist zu bestimmen, welche Vermögensteile bei der S-GmbH zurückbleiben und welche auf die neu gegründete übernehmende Z-GmbH übergehen. Ebenso ist das Umtauschverhältnis der Anteile und ggf. die Höhe der baren Zuzahlung zu regeln. Der Spaltungsstichtag muss festgelegt werden (hier: 01.01.09). § 127 UmwG verlangt außerdem die Erstattung eines ausführlichen Spaltungsberichts. Ebenso wird in § 138 UmwG bei Spaltungen zur Neugründung stets ein Sachgründungsbericht verlangt (Hinweis auf § 5 Abs. 4 GmbHG).

Wollen sich die Gesellschafter im Zuge der Spaltung trennen – wie dies hier der Fall ist –, wird sich die Zuordnung des Vermögens auf die an der Spaltung beteiligten Gesellschaften und damit das Umtauschverhältnis an dem bisherigen Beteiligungsverhältnis orientieren. Vor der Abspaltung waren an der S-GmbH der Gesellschafter S mit 60 % und die Gesellschafterin Z mit 40 % beteiligt. Damit stehen dem Gesellschafter S (und damit „seiner" zukünftigen verkleinerten S-GmbH) 60 % des realen Vermögens (einschließlich stiller Reserven) der bisherigen Gesellschaft zu, während der Z und ihrer zukünftigen Z-GmbH wirtschaftlich 40 % „gehören".

Somit ergibt sich folgendes Umtauschverhältnis:

Wert der S-GmbH vor Spaltung (Buchwerte i. H. von 1.200.000 € zzgl. stiller Reserven i. H. von 1.000.000 €)		2.200.000 €
Davon	Anteil S 60 % =	1.320.000 €
	Anteil Z 40 % =	880.000 €

Diese Zuordnung wird dadurch erreicht, dass in der **S-GmbH** folgende Wirtschaftsgüter zurückbleiben:

Anlage- und Umlaufvermögen Betriebsstätte Stuttgart	4.000.000 €
+ darin enthaltene stille Reserven	+ 1.000.000 €
+ Bankguthaben	+ 1.000.000 €
⁒ Rückstellungen und Verbindlichkeiten Betriebsstätte Stuttgart	⁒ 4.680.000 €
zurückbleibende (reale) Werte	1.320.000 €

Auf die **Z-GmbH** gehen folgende Werte über:

Anlage- und Umlaufvermögen Betriebsstätte Freiburg	4.000.000 €
+ darin enthaltene stille Reserven	+ 0 €
⁒ Rückstellungen und Verbindlichkeiten Betriebsstätte Freiburg	⁒ 3.120.000 €
übergehende Vermögenswerte	880.000 €

Durch die Zuordnung des Bankguthabens zur S-GmbH konnte somit erreicht werden, dass ein weiter gehender Ausgleich zwischen den Gesellschaften bzw. deren Gesellschaftern nicht erforderlich ist.

Die bisherigen Anteile der Z an der S-GmbH werden nach der Abspaltung der Freiburger Betriebsstätte vom Gesellschafter S übernommen. S ist damit anschließend alleiniger Gesellschafter der S-GmbH, während Z alle Anteile an der neuen Z-GmbH hält (§ 128 UmwG).

Die Abspaltung kann handelsrechtlich mit einer bis zu achtmonatigen Rückwirkung erfolgen. Der Anmeldung der Spaltung zum Handelsregister kann nämlich eine Bilanz zugrunde gelegt werden, die auf einen Zeitpunkt aufgestellt wurde, der höchstens acht Monate vor dem Zeitpunkt der Anmeldung der Spaltung zur Eintragung in das Handelsregister liegt (§ 125 i. V. m. § 17 Abs. 2 Satz 4 UmwG).

Die Geschäftsführer der S-GmbH haben die Z-GmbH zur Eintragung in das Handelsregister anzumelden (§ 137 Abs. 1 UmwG). Ebenso ist die Spaltung nach § 137 Abs. 2 UmwG zur Eintragung in das Register des Sitzes des übertragenden Rechtsträgers anzumelden (Sitz der S-GmbH = Stuttgart).

Mit der Eintragung geht der abgespaltene Teil des Vermögens der S-GmbH als Gesamtheit (= partielle Gesamtrechtsnachfolge) auf die Z-GmbH über (§ 131 Abs. 1 Nr. 1 UmwG).

2. Steuerliche Voraussetzungen für eine erfolgsneutrale Spaltung

Nach § 1 Abs. 1 und 2 UmwStG ist das UmwStG für die hier vorliegende Abspaltung anwendbar. Es liegt nämlich eine Umwandlung i. S. von §§ 2 und 123 Abs. 2 UmwG vor (§ 1 Abs. 1 Nr. 1 UmwStG); bei den an der Spaltung beteiligten Körperschaften handelt es sich um Rechtsträger, die nach den Rechtsvorschriften eines Mitgliedstaats der Europäischen Union gegründet wurden (§ 1 Abs. 2 Satz 1 Nr. 1 UmwStG).

§ 15 Abs. 1 UmwStG verweist für die steuerliche Behandlung einer Auf- oder Abspaltung auf die Regelungen in den §§ 11 bis 13 UmwStG (also auf die Vorschriften zur Verschmelzung von Körperschaften). Somit hat die S-GmbH die übergehenden Wirtschaftsgüter in der steuerlichen Schlussbilanz grundsätzlich mit dem **gemeinen Wert** anzusetzen (§ 15 Abs. 1 i. V. m. § 11 Abs. 1 UmwStG). Allerdings können nach § 15 Abs. 1 i. V. m. § 11 Abs. 2 UmwStG die übergehenden Wirtschaftsgüter auf Antrag aber auch mit den Buchwerten oder einem höheren Wert angesetzt werden (höchstens mit dem gemeinen Wert). Dieses **Wahlrecht** zum Ansatz eines niedrigeren Werts für die übergehenden Wirtschaftsgüter gilt allerdings nur, soweit

- sichergestellt ist, dass sie später bei der übernehmenden Körperschaft der Besteuerung mit Körperschaftsteuer unterliegen und
- das deutsche Besteuerungsrecht hinsichtlich des Gewinns aus der Veräußerung der übertragenen Wirtschaftsgüter bei der übernehmenden Körperschaft nicht ausgeschlossen oder beschränkt wird und
- eine Gegenleistung nicht gewährt wird oder in Gesellschaftsrechten besteht.

Ergänzend regelt § 15 Abs. 1 Satz 2 UmwStG, dass § 11 Abs. 2 UmwStG nur anzuwenden ist, wenn auf die Übernehmerin (hier: Z-GmbH) ein **Teilbetrieb** übertragen wird und im Falle der Abspaltung oder Teilübertragung bei der übertragenden Körperschaft (hier: S-GmbH) ein Teilbetrieb verbleibt.

Diese Voraussetzungen sind hier gegeben. Die übergehenden Wirtschaftsgüter unterliegen bei der Z-GmbH der Besteuerung mit Körperschaftsteuer. Auch das deutsche Besteuerungsrecht an den übertragenen Wirtschaftsgütern wird bei der übernehmenden Körperschaft nicht ausgeschlossen oder beschränkt. Gegenleistungen außerhalb der Gewährung von Gesellschaftsrechten wurden nicht vereinbart. Z verzichtete auf ihre Anteile an der S-GmbH (40 %) und erhielt dafür die Anteile an der im Rahmen der Spaltung neu entstehenden Z-GmbH (100 %).

Sowohl die abgespaltene Betriebsstätte in Freiburg als auch die zurückbleibende Betriebsstätte in Stuttgart stellen **Teilbetriebe** dar. Ein Teilbetrieb ist ein mit einer gewissen Selbständigkeit ausgestatteter, organisch geschlossener Teil des Gesamtbetriebs, der für sich betrachtet alle Merkmale eines Betriebs i. S. des Einkommensteuergesetzes aufweist und für sich lebensfähig ist. Eine völlig selbständige Organisation mit eigener Buchführung ist nicht erforderlich. Die Betriebsstätten in Stuttgart und Freiburg wurden bereits vor der Abspaltung weitgehend selbständig geführt. Sie verfügen über ein eigenständiges Produktsortiment und einen unterschiedlichen Kundenkreis. Auch in der Buchführung fand eine Trennung in Form gesonderter Buchungskreise statt. Eine völlig getrennte Buchhaltung für die potenziellen Teilbetriebe vor der Spaltung ist zur Erfüllung der Teilbetriebsvoraussetzungen nicht erforderlich.

Konstitutiv für die Teilbetriebsvoraussetzung sind jeweils nur die wesentlichen Betriebsgrundlagen. Im vorliegenden Fall bleiben sämtliche wesentlichen Betriebsgrundlagen des Teilbetriebs Stuttgart in der S-GmbH zurück, während sämtliche wesentlichen Betriebsgrundlagen des Teilbetriebs Freiburg auf die Z-GmbH übergehen. Das Bankguthaben, das vor der Spaltung beiden Teilbetrieben gedient hat, stellt keine wesentliche Betriebsgrundlage dar. Es ist damit im Rahmen der Spaltung frei zuordenbar und kann zum Wertausgleich zwischen den Betriebsstätten genutzt werden.

Neben diesen Grundvoraussetzungen für den Buchwertansatz enthält § 15 UmwStG zusätzliche Missbrauchsregelungen, die in Spaltungsfällen zu prüfen und zu beachten sind:

a) Bei Zuordnung von **Mitunternehmeranteilen und Beteiligungen** tritt nach § 15 Abs. 2 Satz 1 UmwStG keine Steuerneutralität ein, wenn diese innerhalb eines Zeitraums von drei Jahren vor der Spaltung durch die Übertragung von Wirtschaftsgütern, die kein Teilbetrieb sind, erworben oder aufgestockt worden sind **(Missbrauchsklausel I).** Diese Einschränkung kann hier nicht eingreifen, da den beiden beteiligten Körperschaften jeweils „echte" Teilbetriebe und nicht nur Mitunternehmeranteile und/oder Beteiligungen an Kapitalgesellschaften zugeordnet wurden.

b) Die Steuerneutralität wird versagt, wenn durch die Spaltung eine **Veräußerung an außenstehende Personen** vollzogen wird. Entsprechendes gilt, wenn durch die Spaltung die Voraussetzungen für eine Veräußerung an nahestehende Personen geschaffen werden. Davon ist auszugehen, wenn innerhalb von fünf Jahren nach der Spaltung eine Anteilsveräußerung erfolgt **(Missbrauchsklausel II).** Allerdings besteht eine Bagatellgrenze für Veräußerungen, die nicht mehr als 20 % der vor der Spaltung an der

Ursprungskörperschaft bestehenden Anteile ausmachen (§ 15 Abs. 2 Satz 2 – 4 UmwStG).

Im Rahmen des Spaltungsvorgangs wurden hier keine Anteilsveräußerungen vollzogen. An der S-GmbH und der Z-GmbH sind nach der Spaltung noch dieselben Gesellschafter beteiligt, die auch zuvor schon die Anteile an der S-GmbH hielten. Es bestehen auch keine Anhaltspunkte, dass eine Anteilsveräußerung durch S oder Z in nächster Zeit geplant ist. Allerdings muss diese Voraussetzung auch nach der Abspaltung im Auge behalten werden, da eine Anteilsveräußerung innerhalb eines Zeitraums von fünf Jahren die Erfolgsneutralität der Spaltung u. U. rückwirkend zunichtemachen würde. Bestandskräftige Steuer- und Feststellungsbescheide des Spaltungsjahres wären ggf. nach § 175 Abs. 1 Satz 1 Nr. 2 AO (Veräußerung = Ereignis mit steuerlicher Rückwirkung für die Vergangenheit) wieder zu ändern; die stillen Reserven wären zu realisieren. Dies gilt unabhängig davon, welcher Gesellschafter eine Anteilsveräußerung tätigt, die mehr als 20 % der vor Wirksamwerden der Spaltung an der Körperschaft bestehenden Anteile ausmacht. So würde z. B. auch eine Veräußerung von Anteilen durch Z an der Z-GmbH die Steuerneutralität der Abspaltung nachträglich insgesamt gefährden, obwohl auf die Z-GmbH im Rahmen der Spaltung überhaupt keine stillen Reserven übergegangen sind. Allerdings könnte Z steuerunschädlich 50 % ihrer Anteile veräußern, nachdem im Rahmen der Spaltung (nur) 40 % des gesamten Vermögens auf die Z-GmbH übergegangen sind (50 % von 40 % = 20 %; die Bagatellgrenze von 20 % wäre damit noch nicht überschritten). Die Rechtsfolgen einer schädlichen Veräußerung treffen steuerrechtlich immer die übertragende Gesellschaft und damit mittelbar auch die übrigen Gesellschafter.

Allerdings gilt dies für den Fall einer Abspaltung nur für das auf die übernehmende Gesellschaft übergegangene Vermögen. Im vorliegenden Fall wäre deshalb eine Veräußerung der Anteile an der S-GmbH oder an der Z-GmbH innerhalb von fünf Jahren nach der Spaltung im Ergebnis doch nicht (rückwirkend) schädlich für die steuerliche Erfolgsneutralität der Abspaltung.

c) Bei einer **Trennung von Gesellschafterstämmen** ist darüber hinaus Voraussetzung, dass die Beteiligungen an der übertragenden Körperschaft mindestens fünf Jahre vor dem Übertragungsstichtag bestanden haben (§ 15 Abs. 2 Satz 5 UmwStG; **Missbrauchsklausel III**).

Eine Trennung von Gesellschafterstämmen liegt im Falle einer Abspaltung vor, wenn an der übernehmenden und der übertragenden Körperschaft nach der Abspaltung jeweils nicht mehr alle Anteilsinhaber der übertragenden Körperschaft beteiligt sind. Im hier vorliegenden Sachverhalt handelt es sich deshalb um den typischen Fall einer Trennung von Gesellschafterstämmen.

Da die S-GmbH bereits im Jahr 01 gegründet und somit die 5-Jahres-Frist eingehalten wurde, ist die Voraussetzung dieser Regelung jedoch erfüllt. Die Trennung der Gesellschafterstämme steht der Erfolgsneutralität der Spaltung nicht entgegen.

Somit sind sämtliche Voraussetzungen für eine steuerneutrale Spaltung gegeben. Insbesondere liegt die Teilbetriebseigenschaft sowohl des übergehenden als auch des zurückbleibenden Vermögens vor und es greift keine der Missbrauchsregelungen des § 15 Abs. 1 und 2 UmwStG ein.

Durch den Verweis auf die §§ 11 – 13 UmwStG steht der übertragenden Körperschaft (S-GmbH) das Wahlrecht des § 11 Abs. 2 UmwStG zu. Es könnten demnach für die übergehenden Wirtschaftsgüter auch die Buchwerte oder Zwischenwerte angesetzt werden.

Auch für Zwecke der Gewerbesteuer ist der Buchwertansatz möglich (§ 19 Abs. 1 UmwStG).

3. Weitere steuerliche Folgen der Spaltung

3.1 Rückwirkung

Auch Spaltungen von Körperschaften i. S. von § 15 UmwStG können nach § 2 UmwStG mit bis zu achtmonatiger Rückwirkung vorgenommen werden. Als Spaltungsstichtag wurde der 01.01.09 festgelegt. Die Anmeldung zum Handelsregister ist bis zum 31.08.09 erfolgt, sodass eine Rückwirkung auf den 01.01.09 möglich ist. Maßgebende Schlussbilanz ist damit die Bilanz zum 31.12.08. Somit ist steuerlicher Übertragungsstichtag ebenfalls der 31.12.08 (ein Tag vor dem handelsrechtlichen Umwandlungsstichtag). Die steuerlichen Folgen der Abspaltung treten demnach noch im Jahr 08 ein.

3.2 Steuerliche Folgen bei der übertragenden S-GmbH

Wie bereits dargestellt, führt die Abspaltung bei der übertragenden S-GmbH nach § 15 i. V. m. § 11 UmwStG auf Antrag nicht zu einer Realisierung der stillen Reserven. Auch für die bei ihr verbleibenden Wirtschaftsgüter (bisherige Betriebsstätte Stuttgart) führt sie die Buchwerte fort. Ein Übertragungsgewinn entsteht nicht. Dies gilt auch für Zwecke der Gewerbesteuer (§ 19 Abs. 1 UmwStG).

Für die S-GmbH stellt sich hier allerdings das Problem, dass das gesamte Eigenkapital nach der Abspaltung die Höhe des Stammkapitals i. H. von 1.000.000 € nicht mehr abdecken kann. Das Buchkapital nach der Abspaltung beträgt nämlich nur noch 320.000 €. Eine Verpflichtung zur Herabsetzung des Stammkapitals ergibt sich dadurch jedoch nicht. Zur Abdeckung des vollen Stammkapitals sind in ausreichender Höhe stille Reserven vorhanden (1 Mio. € in der zurückbleibenden Betriebsstätte Stuttgart). Zum Ausgleich des Eigenkapitals wird auf der Aktivseite der Bilanz der S-GmbH ein Ausgleichsposten i. H. von 680.000 € aktiviert, der einen Korrekturposten zum auf der Passivseite ausgewiesenen gezeichneten Kapital

i. H. von 1.000.000 € darstellt.[1] Dieser Ausgleichsposten ist nicht abschreibungsfähig.

Nach der Abspaltung ergibt sich damit für die S-GmbH folgende vereinfacht dargestellte Bilanz zum 31.12.08 (nach Spaltung = Eröffnungsbilanz zum 01.01.09):

Aktiva	**Bilanz S-GmbH zum 31.12.08 nach Abspaltung**		Passiva
Anlage- u. Umlaufvermögen	4.000.000 €	A. Eigenkapital	
Bankguthaben	1.000.000 €	I. Gezeichnetes Kapital	1.000.000 €
Ausgleichsposten	680.000 €	Rückstellungen und Verbindlichkeiten	4.680.000 €
	5.680.000 €		5.680.000 €

Für das **steuerliche Einlagekonto** ist § 29 KStG zu beachten. Auch bei einer Abspaltung gilt das Nennkapital der übertragenden Kapitalgesellschaft zunächst nach § 29 Abs. 1 KStG als in vollem Umfang herabgesetzt. Nach § 29 Abs. 3 KStG ist dann der Bestand des steuerlichen Einlagekontos der übertragenden Körperschaft (hier: S-GmbH) der übernehmenden Körperschaft (Z-GmbH) im Verhältnis der übergehenden Vermögensteile zu dem bei der übertragenden Kapitalgesellschaft vor dem Übergang bestehenden Vermögen zuzuordnen, wie es i. d. R. in den Angaben zum Umtauschverhältnis der Anteile im Spaltungs- und Übernahmevertrag oder im Spaltungsplan zum Ausdruck kommt. Im vorliegenden Fall ist eine Aufteilung im Verhältnis 60 (S-GmbH) zu 40 (Z-GmbH) vorzunehmen.

Diese Aufteilung des Bestands im steuerlichen Einlagekonto hat unabhängig davon zu erfolgen, dass der Zugang im Einlagekonto zuvor ausschließlich durch eine Einlage der Gesellschafterin Z im Jahr 07 entstanden ist und S keine vergleichbare Einlage erbracht hat. Die Bestände im steuerlichen Einlagekonto werden nicht gesellschafterbezogen geführt und können deshalb auch im Falle einer Spaltung nicht abweichend vom normalen Umtauschverhältnis zugeordnet werden.

Von dem Bestand im steuerlichen Einlagekonto der S-GmbH bleiben somit 60 % bei ihr zurück; 40 % gehen auf die Z-GmbH über. Im Vordruck KSt 1 F – 27/28 (2010) stellt sich dies wie folgt dar:

1 Vgl. Schmitt/Hörtnagl/Stratz, UmwG/UmwStG, 3. Auflage, § 15 UmwStG, Rz. 256 i. V. m. § 11 UmwStG, Rz. 73 und § 12 UmwStG, Rz. 30.

Zeile	Sp. 1	Vorspalte € Sp. 2	Steuerliches Einlagekonto € Sp. 3	Sonderausweis € Sp. 4
	A. Anfangsbestände			
1a	Bestand gem. § 27 Abs. 2 Satz 1 KStG zum Schluss des vorangegangenen Wirtschaftsjahres		300.000	0
	H. Im Falle einer Umwandlung beim übertragenden Rechtsträger			
	Veränderungen durch Verschmelzung, Auf- oder Abspaltung			
	Fiktive Herabsetzung des Nennkapitals (§ 29 Abs. 1 KStG):			
42	Betrag des Nennkapitals am Übertragungsstichtag	1.000.000		
43	Abzug des Sonderausweises	– 0		
44	Ausstehende Einlagen in das Nennkapital	– 0		
45	Verbleibender Betrag: Gutschrift beim steuerlichen Einlagekonto	1.000.000	+ 1.000.000	
46	**Zwischensumme**		1.300.000	
	Bei Abspaltung:			
47	Verringerung des steuerlichen Einlagekontos i. H. von 40 %		– 520.000	
48	**Zwischensumme**		780.000	
	Bei Abspaltung:			
	Anpassung an das Nennkapital des übertragenden Rechtsträgers (§ 29 Abs. 4 KStG)			
49	Höhe des Nennkapitals nach der Übertragung	1.000.000		
50	Ausstehende Einlagen in das Nennkapital	– 0		
51	**Zwischensumme**	1.000.000		
52	Hierfür Verwendung eines positiven steuerlichen Einlagekontos bis zu dessen Verbrauch	– 780.000	– 780.000	
53	Verbleibender Betrag: Nennkapitalerhöhung aus sonstigen Rücklagen	220.000		+ 220.000
	K. Endbestände zum Schluss des Wirtschaftsjahres			
56	(Übertrag nach Zeilen 5 bzw. 6 des Vordrucks KSt 1 F)		0	220.000

Somit ist nach der Abspaltung aufgrund der Beibehaltung der bisherigen Höhe des Nennkapitals (1.000.000 €) ein Sonderausweis i. S. von § 28 Abs. 1 Satz 3 KStG i. H. von 220.000 € entstanden. Das Einlagekonto der S-GmbH ist zum 31.12.08 mit 0 € festzustellen.

Der noch bestehende Anspruch auf Auszahlung des **Körperschaftsteuerguthabens** (§ 37 KStG) soll nach den vertraglichen Vereinbarungen in voller Höhe bei der S-GmbH verbleiben. Eine solche Vereinbarung ist zulässig. Gesetzliche Regelungen zur Behandlung des Auszahlungsanspruchs in Spaltungsfällen bestehen nicht. Eine (zwangsweise) Aufteilung des Auszahlungsanspruchs auf die beiden Gesellschaften ist nicht vorzunehmen. Genauso wie eine Abtretung des Anspruchs an einen Dritten zulässig ist, kann auch i. S. eines Zurückbleibens des Anspruchs bei der übertragenden Körperschaft über die Forderung verfügt werden. Genauso wäre eine vollständige Übertragung auf die übernehmende Z-GmbH möglich. Entsprechendes gilt auch für die Verpflichtung zur Entrichtung des noch ausstehenden **Körperschaftsteuererhöhungsbetrags.**

Die S-GmbH hat im Jahr der Spaltung (also 08) einen Verlust i. H. von 400.000 € erzielt. Da aufgrund des Nullergebnisses im Jahr 07 ein Verlustrücktrag nicht möglich ist, bestand zum 31.12.08 ein vortragsfähiger Verlust i. S. von § 10 d EStG i. H. von 400.000 €. Nach § 15 Abs. 3 UmwStG mindern sich bei einer Abspaltung verrechenbare Verluste, verbleibende Verlustvorträge, nicht ausgeglichene negative Einkünfte, ein Zinsvortrag nach § 4 h Abs. 1 Satz 5 EStG und ein EBITDA-Vortrag nach § 4 h Abs. 1 Satz 3 EStG der übertragenden Körperschaft in dem Verhältnis, in dem bei Zugrundelegung des gemeinen Werts das Vermögen auf eine andere Körperschaft übergeht. Somit wird der Verlustabzug im Verhältnis 60 : 40 der S-GmbH und der Z-GmbH zugeteilt. 60 % des Verlustabzugs (= 240.000 €) bleiben bei der S-GmbH zurück. Dies gilt unabhängig davon, dass der Verlustabzug in voller Höhe durch die Freiburger Betriebsstätte verursacht wurde, die nunmehr in der Z-GmbH weitergeführt wird. Die übrigen 40 % des Verlustes (= 160.000 €) sind allerdings steuerlich verloren; sie gehen nicht auf die Z-GmbH über. Insoweit gilt § 12 Abs. 3 i. V. m. § 4 Abs. 2 Satz 2 UmwStG auch für Spaltungen entsprechend. Danach gehen verbleibende Verlustvorträge nicht auf die übernehmende Körperschaft über.

3.3 Steuerliche Folgen bei der übernehmenden Z-GmbH

Die Z-GmbH führt für die auf sie übergegangenen Wirtschaftsgüter die Buchwerte fort; sie tritt insoweit in die Rechtsstellung der übertragenden S-GmbH ein (§ 15 Abs. 1 UmwStG i. V. m. § 12 Abs. 3 UmwStG i. V. m. § 4 Abs. 2 UmwStG). Dies gilt auch für die Gewerbesteuer (§ 19 Abs. 1 UmwStG).

Da die Z-GmbH nicht an der übertragenden S-GmbH beteiligt war, kann bei ihr auch kein steuerfreier Übernahmegewinn i. S. von § 12 Abs. 2 Satz 1 UmwStG entstehen. Auch ein Übernahmegewinn zweiter Stufe nach § 6 UmwStG kommt aufgrund der Neugründung der Übernehmerin nicht in Betracht.

Die Einbuchung des von der S-GmbH übernommenen Vermögens erfolgt bei der Z-GmbH erfolgsneutral. Ein über das Nennkapital von 100.000 €

hinausgehender Betrag an Eigenkapital ist den Kapitalrücklagen gutzuschreiben (= steuerfreier Agiogewinn). Ein Zugang auf dem steuerlichen Einlagekonto i. S. von § 27 KStG folgt daraus jedoch nicht.

Somit ergibt sich für die Z-GmbH folgende Eröffnungsbilanz zum 31.12.08:

Aktiva	**Eröffnungsbilanz Z-GmbH zum 31.12.08**		Passiva
Anlage- u. Umlaufvermögen	4.000.000 €	A. Eigenkapital	
		I. Gezeichnetes Kapital	100.000 €
		II. Kapitalrücklagen	780.000 €
		Rückstellungen und Verbindlichkeiten	3.120.000 €
	4.000.000 €		4.000.000 €

Das steuerliche Einlagekonto der übernehmenden Z-GmbH entwickelt sich im Zuge der Spaltung wie folgt (dargestellt anhand des Vordrucks KSt 1 F – 27/28):

Zeile	Sp. 1	Vorspalte € Sp. 2	Steuerliches Einlagekonto € Sp. 3	Sonderausweis € Sp. 4
1a	**A. Anfangsbestände** Bestand gem. § 27 Abs. 2 Satz 1 KStG zum Schluss des vorangegangenen Wirtschaftsjahres		0	0
	F. Im Falle einer Umwandlung beim übernehmenden Rechtsträger **Zugänge durch Verschmelzung, Auf- oder Abspaltung**			
30	Hinzurechnung des steuerlichen Einlagekontos des übertragenden Rechtsträgers		+ 520.000	
31	**Zwischensumme**		520.000	
32	Anpassung an das Nennkapital des übernehmenden Rechtsträgers (§ 29 Abs. 4 KStG): Betrag der Erhöhung des Nennkapitals	100.000		
33	Ausstehende Einlagen in das Nennkapital	– 0		
34	**Zwischensumme**	100.000		
35	Hierfür Verwendung eines positiven steuerlichen Einlagekontos bis zu dessen Verbrauch	– 100.000	– 100.000	
36	Verbleibender Betrag: Nennkapitalerhöhung aus sonstigen Rücklagen	0		+ 0
56	**K. Endbestände zum Schluss des Wirtschaftsjahres** (Übertrag nach Zeilen 5 bzw. 6 des Vordrucks KSt 1 F)		420.000	0

Zum 31.12.08 ergibt sich somit bei der übernehmenden Z-GmbH ein festzustellender Bestand im steuerlichen Einlagekonto i. S. von § 27 KStG i. H. von 420.000 €. Ein Sonderausweis i. S. von § 28 Abs. 1 Satz 3 KStG ist bei der Z-GmbH im Zuge der Abspaltung nicht entstanden.

3.4 Steuerliche Folgen bei den Anteilseignern S und Z

Beide Gesellschafter hielten vor der Abspaltung Beteiligungen i. S. des § 17 EStG an der S-GmbH. Die 40 %ige Beteiligung der Z an der S-GmbH geht mit der Abspaltung auf S über. Dafür erhält sie die 100 %ige Beteiligung an der Z-GmbH.

Diesen Vorgang behandelt § 13 Abs. 1 UmwStG grundsätzlich als gewinnrealisierenden Anteilstausch. Die Anteile an der S-GmbH gelten danach nämlich als zum gemeinen Wert veräußert und die an ihre Stelle tretenden Anteile an der Z-GmbH gelten als mit diesem Wert angeschafft. Abweichend davon kann Z nach § 13 Abs. 2 UmwStG allerdings auch den Antrag stellen, die Anteile an der Z-GmbH mit dem Buchwert bzw. den Anschaffungskosten der Anteile an der übertragenden S-GmbH anzusetzen. Dies setzt aber voraus, dass

a) das Recht der Bundesrepublik Deutschland hinsichtlich der Besteuerung des Gewinns aus der Veräußerung der Anteile an der übernehmenden Körperschaft nicht ausgeschlossen oder beschränkt wird oder

b) die Mitgliedstaaten der Europäischen Union bei einer Verschmelzung Art. 8 der Richtlinie 90/434/ EWG (= sog. Fusionsrichtlinie) anzuwenden haben; in diesem Fall ist der Gewinn aus einer späteren Veräußerung der erworbenen Anteile ungeachtet der Bestimmungen eines DBA in der gleichen Art und Weise zu besteuern, wie die Veräußerung der Anteile an der übertragenden Körperschaft zu besteuern wäre.

Die Voraussetzung der Nr. 1 ist im vorliegenden Fall erfüllt; Deutschland hat auch nach der Abspaltung das Besteuerungsrecht an den Anteilen der übernehmenden Z-GmbH. Die Anteile an der übernehmenden Körperschaft (Z-GmbH) treten somit steuerlich an die Stelle der Anteile an der übertragenden Körperschaft (S-GmbH). Die Anschaffungskosten der Anteile an der S-GmbH setzen sich also als Anschaffungskosten der neuen Anteile der Z an der Z-GmbH fort.

Bei S fand kein Anteilstausch i. S. von § 13 Abs. 2 UmwStG statt. Er hat zwar die übrigen 40 % der Anteile an der S-GmbH im Zuge der Spaltung von Z zusätzlich erhalten. Eine Gegenleistung hat er dafür jedoch nicht erbracht. Der Ausgleich erfolgte über die Vermögensabgabe der S-GmbH an die Z-GmbH. Wirtschaftlich betrachtet repräsentieren die 100 % der Anteile des S an der S-GmbH nach der Abspaltung denselben Wert, wie dies vor der Abspaltung für die 60 % der Anteile der Fall war.

4. Gründung der S-GmbH erst im Jahr 06

Nach § 15 Abs. 2 Satz 5 UmwStG setzt die Anwendung des § 11 Abs. 2 UmwStG (Buchwertansatz auf Antrag) bei der Trennung von Gesellschafterstämmen voraus, dass die Beteiligungen an der übertragenden Körperschaft (S-GmbH) mindestens fünf Jahre vor dem steuerlichen Übertragungsstichtag bestanden haben. Eine Trennung von Gesellschafterstämmen ist im hier vorliegenden Fall gegeben. Wurde die S-GmbH erst im Jahr 06 gegründet, sind bis zur Abspaltung zum 31.12.08 noch nicht mindestens fünf Jahre vergangen. Somit wird das Wahlrecht des § 11 Abs. 2 UmwStG nicht eingeräumt; ein Buchwertansatz ist nicht möglich.

Eine praktische Auswirkung hat die Versagung des Buchwertansatzes hier jedoch nicht. Zu einer Gewinnrealisierung kommt es bei einer Abspaltung, die nicht die Voraussetzungen für den Buchwertansatz erfüllt, nämlich nur für die auf die übernehmende Körperschaft übergegangenen Wirtschaftsgüter. Diese Rechtsfolge trifft im Falle der Abspaltung also nur den abgespaltenen Teil des Betriebsvermögens. Im hier vorliegenden Fall sind in den Wirtschaftsgütern der Betriebsstätte Freiburg, die auf die Z-GmbH übergeht, keine stillen Reserven enthalten. Die stillen Reserven im zurückbleibenden Teilbetrieb „Betriebsstätte Stuttgart" sind unabhängig vom Vorliegen der Voraussetzungen des § 15 UmwStG nicht zu realisieren.

Fall 44

Einbringung eines Einzelunternehmens in eine Kapitalgesellschaft – verschleierte Sachgründung – Begründung einer Betriebsaufspaltung

GmbHG §§ 5, 7, 8, 9, 56; UmwG §§ 17, 123, 124, 125; UmwStG §§ 1, 2, 20, 22, 23, 25; KStG § 27; EStG § 3 Nr. 40, §§ 6, 16, 17, 34; GrEStG §§ 1, 6 a; UStG § 1 Abs. 1 a; AO § 175

Sachverhalt

Der 50-jährige Rudolf Rohr (R) ist seit sieben Jahren Inhaber eines Heizungsinstallationsbetriebs in Regensburg. Er hat dieses Unternehmen bisher als Einzelunternehmen geführt. Das Betriebsgrundstück, das mit einer Lagerhalle, einer Werkstatt sowie einem Bürotrakt bebaut ist, gehört dem R allein. Der Handwerksbetrieb ist nicht im Handelsregister eingetragen.

Im Juni 08 überlegt sich R, den Betrieb aus Haftungsgründen in eine GmbH einzubringen. Die Umwandlung soll möglichst rückwirkend zum Jahresbeginn 08 erfolgen. Das Unternehmen soll unter der Bezeichnung „Rohr-GmbH" (R-GmbH) weitergeführt werden. Sämtliche Anteile an der R-GmbH will R alleine halten.

Zum 31.12.07 hat R für sein Einzelunternehmen die folgende Schlussbilanz erstellt:

Aktiva	**Schlussbilanz R zum 31.12.07**		Passiva
A. Anlagevermögen		A. Eigenkapital	360.000 €
I. Sachanlagen		B. Rückstellungen	
1. Grund und Boden	250.000 €	Steuerrückstellungen	20.000 €
2. Gebäude	610.000 €	C. Verbindlichkeiten	
3. Bewegliches Anlagevermögen	280.000 €	1. Bankverbindlichkeit Grundstück	420.000 €
B. Umlaufvermögen	360.000 €	2. Sonstige Verbindlichkeiten	700.000 €
	1.500.000 €		1.500.000 €

In den verschiedenen Wirtschaftsgütern sind folgende stille Reserven enthalten:

– Grund und Boden:	150.000 €
– Gebäude:	90.000 €
– Bewegliches Anlagevermögen:	60.000 €
– selbst geschaffener Firmenwert:	300.000 €
zusammen	600.000 €

Abwandlung 1

Wie Grundfall, das Einzelunternehmen weist jedoch zum 31.12.07 aufgrund hoher Entnahmen des R in den Vorjahren ein negatives Eigenkapital i. H. von 150.000 € aus.

Abwandlung 2

Wie Grundfall; R möchte jedoch die höheren Kosten der Sachgründung sparen und gründet die R-GmbH deshalb zunächst bar. Anschließend überträgt er die Wirtschaftsgüter des bisherigen Einzelunternehmens auf die R-GmbH. In Höhe der Differenz zwischen den Buchwerten des übernommenen Aktivvermögens und den Verbindlichkeiten weist die R-GmbH eine Gesellschafterverbindlichkeit an R aus.

Abwandlung 3

Wie Grundfall; R behält jedoch das Betriebsgrundstück des Unternehmens zurück und verpachtet es anschließend an die GmbH. Ebenso werden die mit dem Grundstück zusammenhängende Bankverbindlichkeit (420.000 €) und die Steuerschuld (20.000 €) nicht auf die R-GmbH übertragen.

Abwandlung 4

Wie Grundfall; an der R-GmbH soll jedoch neben R auch dessen Ehefrau Sabrina Schulz-Rohr (S) mit 20 % beteiligt werden. S soll dabei den Nominalwert ihrer Beteiligung im Rahmen einer Bareinlage erbringen. R hält dann 80 % der GmbH-Anteile.

Frage

1. Welche zivilrechtlichen Möglichkeiten bestehen, den Handwerksbetrieb in eine GmbH zu überführen?
2. Kann die Umwandlung rückwirkend vollzogen werden?
3. Welche Voraussetzungen sind zu erfüllen, um die Steuerneutralität der Umwandlung zu gewährleisten?
4. Welche Konsequenzen ergeben sich, wenn R die im Zuge der Einbringung erhaltenen Anteile im März 10 an Bernd Brause (B) zu einem Preis von 1.000.000 € veräußert?
5. Welche steuerlichen Unterschiede ergeben sich in der Abwandlung 1 gegenüber dem Grundfall?
6. Kommt im Fall der Abwandlung 2 eine Buchwertübertragung in Betracht?
7. Steht die Zurückbehaltung des Betriebsgrundstücks in der Abwandlung 3 der Steuerneutralität des Vorgangs entgegen?
8. Welche Folgen ergeben sich aus der Beteiligung der Ehefrau S an der R-GmbH in der Abwandlung 4?

Antwort

1. Da R nicht als Kaufmann im Handelsregister eingetragen war, kann die Umwandlung nur im Rahmen einer Einzelrechtsnachfolge vollzogen werden. Dabei kommt sowohl eine Sachgründung als auch eine Sachkapitalerhöhung in Betracht.
2. Die Umwandlung kann steuerlich mit einer achtmonatigen Rückwirkung vollzogen werden (§ 20 Abs. 5 und 6 UmwStG).
3. Die Voraussetzungen des § 20 UmwStG sind erfüllt. Die Einbringung erfolgt zwar grundsätzlich zum gemeinen Wert. Auf Antrag kommt jedoch auch der Ansatz der Buchwerte oder von Zwischenwerten in Betracht. Bei Buchwertansatz entsteht bei R kein Veräußerungsgewinn.
4. Aufgrund der Veräußerung der Anteile innerhalb von sieben Jahren entsteht bei R ein rückwirkender Einbringungsgewinn I im Jahr 07 i. H. von 428.571 €. Die Einbringung kann also rückwirkend doch nicht zum Buchwert erfolgen. Der Einbringungsgewinn I führt bei der R-GmbH im Jahr 10 zu zusätzlichen Anschaffungskosten für die übernommenen Wirtschaftsgüter i. H. von 428.571 € und bei R zu zusätzlichen Anschaffungskosten auf seine Anteile an der R-GmbH in entsprechender Höhe. Durch die Anteilsveräußerung entsteht bei R im März 10 ein Veräußerungsgewinn i. S. von § 17 EStG i. H. von 211.429 €, der im Teileinkünfteverfahren zu versteuern ist (steuerpflichtiger Teil: 126.857 €).
5. Eine Einbringung zu Buchwerten ist in diesem Fall nach § 20 Abs. 2 Satz 2 Nr. 2 UmwStG nicht möglich. Die R-GmbH muss das eingebrachte Betriebsvermögen mindestens mit 0 € ansetzen (= Zwischenwertansatz).

Der dabei entstehende Einbringungsgewinn ist nicht nach §§ 16, 34 EStG begünstigt.

6. Bei einer solchen sog. verschleierten Sachgründung kommt das Ansatzwahlrecht des § 20 UmwStG nicht zur Anwendung, da die Einbringung nicht gegen Gewährung neuer Gesellschaftsrechte erfolgt. Die stillen Reserven sind in voller Höhe aufzudecken.
7. Aufgrund der Zurückbehaltung des Betriebsgrundstücks liegen die Voraussetzungen des § 20 UmwStG nicht vor. Für die auf die R-GmbH übergehenden Wirtschaftsgüter ist eine Gewinnrealisierung vorzunehmen. Die stillen Reserven in dem anschließend an die R-GmbH verpachteten Grundstück sind allerdings nicht aufzudecken, da durch die Verpachtung ein gewerbliches Besitzunternehmen im Rahmen einer (echten) Betriebsaufspaltung entsteht.
8. Die Beteiligung der S an der GmbH steht der Möglichkeit der Buchwerteinbringung nach § 20 UmwStG nicht entgegen. Allerdings sind die Anteile der S an der R-GmbH teilweise sperrfristbehaftet i. S. von § 22 UmwStG.

Begründung

1. Zivilrechtliche Möglichkeiten der Umwandlung

Das bisherige Einzelunternehmen des R ist als Handwerksbetrieb bisher (zu Recht) nicht im Handelsregister eingetragen. Somit sind die Regelungen des UmwG auf die vorgesehene Umwandlung nicht anwendbar. Insbesondere kommt eine Ausgliederung nach § 123 Abs. 3 UmwG nicht in Betracht. Nach § 124 Abs. 1 UmwG kommen nämlich natürliche Personen als Beteiligte einer Ausgliederung nur dann in Betracht, wenn es sich bei ihnen um Einzelkaufleute handelt. Dies ist bei R jedoch nicht der Fall. Die Umwandlung im Wege einer (partiellen) Gesamtrechtsnachfolge ist demnach nicht möglich.

Die Einbringung in die R-GmbH kann somit nur in Form der Einzelrechtsnachfolge erfolgen. Dabei kommt zum einen eine Sachgründung nach § 5 Abs. 4 GmbHG in Betracht. Der Gegenstand der Sacheinlage und der Betrag der Sacheinlage, auf den sich die Sacheinlage bezieht, müssen dabei im Gesellschaftsvertrag festgesetzt werden. Die Gesellschafter haben in einem Sachgründungsbericht die für die Angemessenheit der Leistungen für Sacheinlagen wesentlichen Umstände darzulegen und beim Übergang des Unternehmens auf die Gesellschaft die Jahresergebnisse der beiden letzten Geschäftsjahre anzugeben. Nach § 8 Abs. 1 Nr. 5 GmbHG sind der Anmeldung der Gesellschaft zum Handelsregister Unterlagen darüber beizufügen, dass der Wert der Sacheinlage den Betrag der dafür übernommenen Stammeinlage erreicht. Erreicht der Wert einer Sacheinlage im Zeitpunkt der Anmeldung der Gesellschaft zur Eintragung in das Handelsregister nicht den Betrag der dafür übernommenen Stammeinlage, hat der Gesellschafter in Höhe des Fehlbetrags eine Einlage in Geld zu leisten (§ 9 Abs. 1 GmbHG).

Eine weitere Möglichkeit besteht darin, die GmbH zunächst im Rahmen einer Bargründung zu errichten. Die Einbringung des Betriebs des R könnte anschließend im Rahmen einer Sachkapitalerhöhung erfolgen (§ 56 Abs. 1 GmbHG). Dabei müssen der Gegenstand und der Betrag der Stammeinlage, auf die sich die Sacheinlage bezieht, im Beschluss über die Erhöhung des Stammkapitals festgesetzt werden. Auch in diesem Fall hat der Gesellschafter in Höhe des Fehlbetrags eine Einlage in Geld zu leisten, wenn der Wert einer Sacheinlage im Zeitpunkt der Anmeldung der Gesellschaft zur Eintragung in das Handelsregister nicht den Betrag der dafür übernommenen Stammeinlage erreicht (§ 56 Abs. 2 i. V. m. § 9 Abs. 1 GmbHG). Die Erstellung eines Sachgründungsberichts ist bei einer Sachkapitalerhöhung allerdings nicht notwendig.

Bei beiden Varianten ist es nicht erforderlich, dass der Buchwert des eingebrachten Betriebs in voller Höhe als Stammkapital ausgewiesen wird. Es besteht die Möglichkeit, dass ein Differenzbetrag zum vorgesehenen Stammkapital entweder

a) in die Kapitalrücklage eingestellt oder

b) dem Gesellschafter als zusätzliche Gegenleistung (z. B. in Form eines eingeräumten Darlehensanspruchs) gewährt wird.

Im vorliegenden Fall wird nachfolgend davon ausgegangen, dass R und S für die R-GmbH eine Sachgründung vornehmen. Die R-GmbH soll ein Stammkapital i. H. von 100.000 € haben.

Die Gesellschaft ist nach § 7 Abs. 1 GmbHG bei dem Gericht, in dessen Bezirk sie ihren Sitz hat, zur Eintragung in das Handelsregister anzumelden (hier: Amtsgericht Regensburg). Neben dem Gesellschaftsvertrag sind der Anmeldung bei einer Sachgründung u. a. der Sachgründungsbericht sowie Unterlagen darüber beizufügen, dass der Wert der Sacheinlage den Betrag der dafür übernommenen Stammeinlage erreicht (§ 8 Abs. 1 GmbHG).

2. Steuerliche Rückwirkung

Zivilrechtlich entsteht die Gesellschaft mit der Eintragung in das Handelsregister.[1] Anders als im Fall einer Ausgliederung i. S. von § 123 Abs. 3 UmwG, die nach § 125 UmwG i. V. m. § 17 Abs. 2 Satz 2 UmwG mit bis zu achtmonatiger Rückwirkung erfolgen könnte, wirkt die Sachgründung handelsrechtlich nicht zurück.

§ 2 UmwStG ist für Einbringungen nach §§ 20 ff. UmwStG zwar nicht anwendbar. Nach ihrem Wortlaut gilt die Vorschrift nur für „übertragende Körperschaften".

---

1 Zu näheren Einzelheiten im Zusammenhang mit der Gründung einer Kapitalgesellschaft vgl. Fall 6.

Allerdings enthält § 20 UmwStG in seinen Absätzen 5 und 6 eigenständige Rückwirkungsregelungen für Einbringungen in Kapitalgesellschaften. Nach § 20 Abs. 6 Satz 3 UmwStG darf die Einbringung in anderen Fällen der Sacheinlage (also neben der Verschmelzung i. S. von § 2 UmwG oder der Aufspaltung, Abspaltung oder Ausgliederung i. S. von § 123 UmwG) auf einen Tag zurückbezogen werden, der höchstens acht Monate vor dem Tag des Abschlusses des Einbringungsvertrags liegt und höchstens acht Monate vor dem Zeitpunkt liegt, an dem das eingebrachte Betriebsvermögen auf die Kapitalgesellschaft übergeht.

Die Einbringung kann demnach mit achtmonatiger Rückwirkung zum 31.12.07 erfolgen; ihr kann somit die Schlussbilanz des R zu diesem Stichtag zugrunde gelegt werden.

Die Rückbeziehung des Umwandlungsstichtags auf den 31.12.07 hat zur Folge, dass auf Antrag das Einkommen des R und der R-GmbH so zu ermitteln ist, als sei das Einzelunternehmen mit Ablauf des Umwandlungsstichtags (31.12.07) in die R-GmbH eingebracht worden. Ab dem 01.01.08 werden die Geschäfte des Betriebs der GmbH zugerechnet (§ 20 Abs. 5 Satz 1 UmwStG).

Die Rückwirkung gilt allerdings nicht, soweit nach dem steuerlichen Umwandlungsstichtag noch Entnahmen oder Einlagen der Gesellschafter erfolgt sind (§ 20 Abs. 5 Satz 2 UmwStG). Nach § 20 Abs. 5 Satz 3 UmwStG sind in diesem Fall die Anschaffungskosten der durch die Sacheinlage erlangten Gesellschaftsanteile (vgl. § 20 Abs. 3 UmwStG) um die nach dem Umwandlungsstichtag getätigten Einlagen zu erhöhen und um den Buchwert der getätigten Entnahmen zu mindern.

Die Rückwirkung der Umwandlung hat allerdings nicht zur Folge, dass Verträge der Kapitalgesellschaft mit ihren Gesellschaftern als bereits im Zeitpunkt des Wirksamwerdens der Umwandlung abgeschlossen gelten. So ist es für R z. B. nicht möglich, im Juli 08 mit steuerlicher Rückwirkung zum 01.01.08 mit der R-GmbH einen Anstellungsvertrag zu schließen, nach dem rückwirkend für die Zeit ab Januar 08 ein Geschäftsführergehalt an R gezahlt wird. Der Zeitpunkt, ab dem Dienstverträge, Miet- und Pachtverträge, Darlehensverträge usw. steuerlich wirksam werden, richtet sich vielmehr nach den allgemeinen Grundsätzen. Danach ist eine Rückwirkung nicht möglich.

3. Steuerneutralität des Einbringungsvorgangs

Die Einbringung von Betriebsvermögen in eine Kapitalgesellschaft ist aus ertragsteuerlicher Sicht ein veräußerungs- bzw. tauschähnlicher Vorgang, bei dem die übernehmende Kapitalgesellschaft als Gegenleistung für das eingebrachte Betriebsvermögen neue Gesellschaftsanteile gewährt. Dies müsste grundsätzlich zu einer Gewinnrealisierung, also zu einer Aufdeckung der stillen Reserven, führen. Zu prüfen ist allerdings, ob sich diese

Gewinnrealisierung durch die Regelung des § 20 UmwStG verhindern lässt. Da alle Beteiligten Inländer sind, ist die Vorschrift nach § 1 Abs. 3 Nr. 4 und Abs. 4 UmwStG dem Grunde nach unproblematisch anwendbar. Auch die Grundvoraussetzung des § 20 Abs. 1 UmwStG ist erfüllt, nämlich dass ein (vollständiger) Betrieb gegen Gewährung neuer Anteile an der aufnehmenden Gesellschaft (Sacheinlage) eingebracht wird.

Der Heizungsinstallationsbetrieb stellt einen Betrieb dar, der mit allen wesentlichen Betriebsgrundlagen auf die R-GmbH übergeht. Die Einbringung ist auch gegen Gewährung neuer Anteile erfolgt. Das Vorliegen dieser Voraussetzungen ändert aber nichts daran, dass § 20 Abs. 2 Satz 1 UmwStG zunächst festlegt, dass die übernehmende Gesellschaft das eingebrachte Betriebsvermögen mit dem gemeinen Wert anzusetzen hat (Ausnahme für Pensionsrückstellungen; insoweit gilt § 6 a EStG). Der Ansatz des gemeinen Wertes gilt dann auch nach § 20 Abs. 3 Satz 1 UmwStG für den Einbringenden als Veräußerungspreis.

Allerdings kann abweichend davon das übernommene Betriebsvermögen auf Antrag auch einheitlich mit dem Buchwert oder einem höheren Wert (also mit einem Zwischenwert) angesetzt werden, soweit

1. sichergestellt ist, dass es später bei der übernehmenden Körperschaft der Besteuerung mit Körperschaftsteuer unterliegt,
2. die Passivposten des eingebrachten Betriebsvermögens die Aktivposten nicht übersteigen (dabei ist das Eigenkapital nicht zu berücksichtigen),
3. das Recht der Bundesrepublik Deutschland hinsichtlich der Besteuerung des Gewinns aus der Veräußerung des eingebrachten Betriebsvermögens bei der übernehmenden Gesellschaft nicht ausgeschlossen oder beschränkt wird.

Diese Voraussetzungen liegen hier vor. Die R-GmbH kann also die eingebrachten Wirtschaftsgüter auf Antrag auch mit dem Buchwert ansetzen. Der Antrag ist spätestens bis zur erstmaligen Abgabe der steuerlichen Schlussbilanz bei dem für die Besteuerung der R-GmbH zuständigen Finanzamt zu stellen.

Der Möglichkeit der Buchwerteinbringung würde es nicht entgegenstehen, wenn R für die Einbringung seines Einzelunternehmens nicht nur neue Gesellschaftsanteile an der R-GmbH, sondern zusätzlich noch andere Wirtschaftsgüter gewährt werden. Es wäre z. B. möglich, dass R für den Teil des Buchwerts des eingebrachten Einzelunternehmens, der seinen Anteil am Stammkapital der R-GmbH (100.000 €) übersteigt, eine Darlehensforderung gegenüber der R-GmbH erhalten würde (hier: 360.000 € ⁒ 100.000 € = 260.000 €). In diesem Fall ist allerdings zu beachten, dass die aufnehmende GmbH das eingebrachte Betriebsvermögen mindestens mit dem Wert der begründeten Darlehensforderung anzusetzen hat (§ 20 Abs. 2 Satz 4 UmwStG). Der Buchwert des eingebrachten Betriebsvermögens (360.000 €)

liegt hier allerdings über dem gemeinen Wert der Darlehensforderung (260.000 €), sodass die zusätzliche Gegenleistung dem Buchwertansatz nicht entgegenstehen würde. Allerdings vermindern sich in diesem Fall die Anschaffungskosten des einbringenden Gesellschafters für die gewährten Anteile um den gemeinen Wert dieser eingebrachten Wirtschaftsgüter (§ 20 Abs. 3 Satz 3 UmwStG).

Wird ein Buchwertansatz gewünscht (= Regelfall), hat die R-GmbH somit folgende Möglichkeiten zum Ansatz ihres Eigenkapitals:

a) Gezeichnetes Kapital (in voller Höhe des Buchwerts des Einzelunternehmens)	360.000 €
b) Gezeichnetes Kapital (z. B.; mindestens 25.000 €)	100.000 €
Kapitalrücklage	260.000 €
c) Gezeichnetes Kapital (z. B.; mindestens 25.000 €)	100.000 €
Darlehensverbindlichkeit gegenüber R	260.000 €

In der Variante b) ergibt sich bei der R-GmbH ein Zugang auf dem steuerlichen Einlagekonto i. S. von § 27 KStG i. H. von 260.000 €. Nachfolgend wird davon ausgegangen, dass die R-GmbH diese Variante wählt.

Das Bewertungswahlrecht des § 20 Abs. 2 Satz 2 UmwStG ist als ausgeübt anzusehen, wenn die R-GmbH die steuerliche Schlussbilanz für das Wirtschaftsjahr, in dem die Einbringung stattgefunden hat, beim Finanzamt eingereicht hat (§ 20 Abs. 2 Satz 3 UmwStG). Aus der Bilanz oder der Steuererklärung muss sich ergeben, welchen Einbringungszeitpunkt die GmbH wählt, inwieweit die in dem eingebrachten Vermögen ruhenden stillen Reserven aufgelöst werden und mit welchem Wert die eingebrachten Wirtschaftsgüter und Schulden demnach anzusetzen sind. Für die Besteuerung der GmbH und des einbringenden R ist die tatsächliche Bilanzierung bei der R-GmbH maßgebend.

Bei Buchwertansatz tritt die R-GmbH in die steuerliche Rechtsstellung des bisherigen Einzelunternehmens ein. Dies gilt auch und vor allem bezüglich der AfA (§ 23 Abs. 1 UmwStG i. V. m. § 12 Abs. 3 UmwStG). Die AfA ist deshalb nach der Bemessungsgrundlage des Rechtsvorgängers R methodisch wie zuvor im Einzelunternehmen vorzunehmen. Die Bemessungsgrundlage erhöht sich allerdings um Aufwendungen, die aus Anlass der Umwandlung entstehen und die den jeweiligen Wirtschaftsgütern zuzurechnen sind. Hiervon betroffen ist vor allem die entstehende Grunderwerbsteuer (siehe unten).

Nach § 20 Abs. 3 Satz 1 UmwStG gilt der Wert, mit dem die Kapitalgesellschaft das auf sie übertragene Betriebsvermögen angesetzt hat, für den Einbringenden als Veräußerungspreis. Über die Ausübung des Wahlrechts wird somit durch den Wertansatz bei der aufnehmenden Gesellschaft entschieden. Bei Buchwertansatz ergibt sich bei R kein Veräußerungsgewinn:

Veräußerungspreis (Buchwert Betriebsvermögen)	360.000 €
⁄. Buchwert des Betriebsvermögens bei Umwandlung	⁄. 360.000 €
Veräußerungsgewinn	0 €

Der Wert, mit dem die R-GmbH das eingebrachte Betriebsvermögen in ihrer Bilanz angesetzt hat, gilt gleichzeitig als Anschaffungskosten des erlangten Gesellschaftsanteils. In den oben dargestellten Varianten a) und b) betragen die Anschaffungskosten des R damit grundsätzlich 360.000 €. In der Variante c) betragen die Anschaffungskosten des R für die Anteile an der R-GmbH lediglich 100.000 €.

Alternativ hätte die R-GmbH auch die Möglichkeit, die gemeinen Werte des übernommenen Betriebs anzusetzen. Dabei wäre auch der bestehende originäre Firmenwert des bisherigen Einzelunternehmens anzusetzen, da der Teilwert des übertragenen Betriebsvermögens auch den selbst geschaffenen Firmenwert umfasst. Bei R würde sich in diesem Fall folgender Veräußerungsgewinn i. S. von § 16 EStG ergeben:

Veräußerungspreis (gemeiner Wert Betriebsvermögen)	960.000 €
⁄. Buchwert des Betriebsvermögens bei Umwandlung	⁄. 360.000 €
Veräußerungsgewinn	600.000 €

Die Einbringung des Einzelunternehmens steht bei Ansatz der gemeinen Werte einer Betriebsveräußerung gleich. Der Veräußerungsgewinn ist nach § 34 EStG begünstigt, da R eine natürliche Person ist (§ 20 Abs. 4 Satz 1 UmwStG). Da R noch nicht das 55. Lebensjahr vollendet hat, kommt allerdings nur die sog. Fünftelregelung nach § 34 Abs. 1 EStG in Betracht; § 34 Abs. 3 EStG ist nicht anwendbar. Auch ein Freibetrag nach § 16 Abs. 4 EStG kommt nicht in Betracht; dieser wäre wegen der Höhe des Veräußerungsgewinns im Ergebnis aber sowieso nicht zu gewähren.

Hinweis: Unabhängig von der Ausübung des ertragsteuerlichen Wahlrechts unterliegt die Einbringung des bebauten Grundstücks der Grunderwerbsteuer (§ 1 Abs. 1 Nr. 3 GrEStG).[2] Die Steuervergünstigung des § 6 a GrEStG („Umstrukturierungen im Konzern") ist auf die Einbringung schon deshalb nicht anwendbar, weil der Vorgang nicht unter § 1 Abs. 1 Nr. 1 bis 3 UmwG fällt. Umsatzsteuer fällt für die Einbringung demgegenüber nicht an, da eine nicht steuerbare Geschäftsveräußerung im Ganzen vorliegt (§ 1 Abs. 1 a UStG).

4. Veräußerung der Anteile durch R

Bei Veräußerung der erhaltenen Anteile innerhalb eines Zeitraums von sieben Jahren nach dem Einbringungszeitpunkt ist der Gewinn aus der Einbringung rückwirkend im Wirtschaftsjahr der Einbringung als Gewinn des Einbringenden i. S. von § 16 EStG zu versteuern (§ 22 Abs. 1 Satz 1 UmwStG). Die Anteile unterliegen also bis zum Ablauf von sieben Jahren

2 Vgl. dazu BFH-Beschluss vom 26.02.2003, GmbHR 2003 S. 669.

seit der Einbringung einer Sperrfristbehaftung. Man nennt sie deshalb **sperrfristbehaftete Anteile** (der frühere Begriff der „einbringungsgeborenen Anteile" ist für Umwandlungen im zeitlichen Anwendungsbereich des SEStEG nicht mehr gebräuchlich; er gilt für Anteile aus Einbringungen vor dem 13.12.2006 allerdings weiter). Erfolgt eine Veräußerung innerhalb dieser 7-Jahres-Frist, wird die Einbringung rückwirkend doch nicht zum Buchwert zugelassen. Die vorherige Einbringung wird also nachträglich wieder aufgerollt; es entsteht trotz des vorherigen Buchwertansatzes nun ein Einbringungsgewinn (= sog. **Einbringungsgewinn I**). Die Veräußerung der erhaltenen Anteile ist also ein rückwirkendes Ereignis; die Steuerbescheide des Einbringungsjahres sind nach § 175 Abs. 1 Satz 1 Nr. 2 AO zu ändern. Die Begünstigungen der §§ 16 Abs. 4 und 34 EStG sind für den Einbringungsgewinn nicht anwendbar.

Mit dieser Regelung will der Gesetzgeber **missbräuchliche Gestaltungen verhindern.** Bei einer geplanten Veräußerung könnte man ansonsten die Überlegung anstellen, den (Teil-)Betrieb zunächst nach § 20 UmwStG in eine Kapitalgesellschaft einzubringen und die erhaltenen Anteile dann zeitnah unter Nutzung der Steuerbefreiungsregelungen in § 8 b Abs. 2 KStG (für Körperschaften als Anteilseigner) oder § 3 Nr. 40 EStG (für natürliche Personen) zu veräußern (Umgestaltung eines weitgehend voll steuerpflichtigen „asset deals" in einen begünstigten „share deal"). Vor der Neufassung des UmwStG durch das SEStEG wurde diese Gestaltung durch eine „Bestrafung" der Anteilsveräußerung „bekämpft" (vgl. die inzwischen aufgehobenen Einschränkungen in § 8 b Abs. 4 KStG a. F. bzw. § 3 Nr. 40 Satz 3 ff. EStG a. F.).

Bei der Berechnung des Einbringungsgewinns I werden die auf die Kapitalgesellschaft übergegangenen Wirtschaftsgüter nach § 22 Abs. 1 Satz 3 UmwStG rückwirkend mit den gemeinen Werten angesetzt. Dies gilt auch für die selbst geschaffenen immateriellen Wirtschaftsgüter des Anlagevermögens (z. B. einen Firmenwert). Diesen gemeinen Werten werden die Buchwerte der Wirtschaftsgüter sowie die Kosten des Vermögensübergangs gegenübergestellt. Der verbleibende Betrag wird um jeweils ein Siebtel für jedes seit dem Einbringungszeitpunkt abgelaufene Zeitjahr vermindert. Der zu versteuernde Einbringungsgewinn I wird also umso niedriger, je mehr Zeit seit der vorherigen Einbringung vergangen ist (Gedanke des Gesetzgebers: „Zeit kommt – Missbrauch geht").

Im vorliegenden Fall ergibt sich folgende Berechnung des steuerpflichtigen Einbringungsgewinns I:

Gemeiner Wert des Betriebsvermögens des Einzelunternehmens bei Einbringung	960.000 €
./. Buchwert des Einzelunternehmens bei Einbringung	./. 360.000 €
Einbringungsgewinn I vor Siebtelregelung	600.000 €

./. ²⁄₇ von 600.000 € für zwei abgelaufene Zeitjahre (08 und 09)	./. 171.429 €
Zu versteuernder Einbringungsgewinn I	428.571 €

Der Einbringungsgewinn I ist ein gewerblicher Gewinn des R, für den kein Freibetrag nach § 16 Abs. 4 EStG und keine Begünstigung nach § 34 EStG gewährt wird. Bei einer einbringenden natürlichen Person (hier: R) unterliegt dieser Gewinn aber nicht der Gewerbesteuer. Im Ergebnis führt die rückwirkende Einbringungsgewinnbesteuerung zu einem nachträglichen Zwischenwertansatz.

Der zu versteuernde Einbringungsgewinn muss deshalb auch folgerichtig die **Anschaffungskosten der erhaltenen Anteile des R** erhöhen (§ 22 Abs. 1 Satz 4 UmwStG); der Einbringungsgewinn I gilt also als nachträgliche Anschaffungskosten der GmbH-Anteile des R. Diese zusätzlichen Anschaffungskosten vermindern den sich bei R für die Veräußerung im Jahr 10 ergebenden Veräußerungsgewinn nach § 17 EStG. Dieser Gewinn ermittelt sich somit wie folgt:

Veräußerungspreis	1.000.000 €
./. ursprüngliche AK der Anteile	./. 360.000 €
./. nachträgliche AK wegen zu versteuerndem Einbringungsgewinn I	./. 428.571 €
Gewinn i. S. von § 17 EStG	211.429 €
./. davon steuerfrei nach § 3 Nr. 40 Satz 1 Buchst. c EStG (Teileinkünfteverfahren)	./. 84.572 €
Steuerpflichtiger Teil des Veräußerungsgewinns	126.857 €

Auf der Ebene der übernehmenden Gesellschaft (R-GmbH) kommt es auf Antrag zu einer **Buchwertaufstockung** in Höhe des versteuerten Einbringungsgewinns I (§ 23 Abs. 2 UmwStG). Auch dies ist eine Konsequenz, die sich ebenso beim sofortigen Zwischenwertansatz ergeben hätte. Die Aufstockung führt auch gleichzeitig zu einer Erhöhung des steuerlichen Einlagekontos der R-GmbH. Zu einer Aufstockung kommt es allerdings nur, wenn der Einbringende R die auf den Einbringungsgewinn entfallende Steuer auch tatsächlich entrichtet hat. Die Steuerzahlung muss durch die Vorlage einer Bescheinigung des für den Einbringenden zuständigen Finanzamts nachgewiesen werden. Die Aufstockung selbst ist erfolgsneutral (bilanziell Ertrag, der aber außerbilanziell zu korrigieren ist), führt aber zu zusätzlichem AfA-Potenzial („step-up"). Dies gilt aber nicht rückwirkend, sondern erst ab dem Jahr der schädlichen Veräußerung (§ 23 Abs. 2 UmwStG). Somit verändern sich die laufenden Gewinne der R-GmbH in der Zeit zwischen der Einbringung und der späteren Veräußerung der Anteile nicht nachträglich. Insoweit besteht also ein Unterschied zu Fällen, in denen von vornherein Zwischenwerte angesetzt wurden. Eine weitere Einschränkung ergibt sich aus § 23 Abs. 2 Satz 2 UmwStG. Danach ist für ein Wirtschaftsgut, das im Jahr der Aufstockung nicht mehr vorhanden ist, grundsätzlich keine Buchwertaufstockung möglich. Für veräußerte Wirtschaftsgüter kann der anteilige Aufstockungsbetrag zu einer sofort abzugsfähigen Betriebsausgabe führen.

Hinweis: Neben einer Veräußerung enthält § 22 Abs. 1 Satz 6 UmwStG weitere Tatbestände, die zu einer rückwirkenden Einbringungsgewinnbesteuerung führen. Teilweise erhalten diese Ersatztatbestände wieder Ausnahmetatbestände, in denen die Einbringungsgewinnbesteuerung doch nicht greift:

Nr.	Schädlicher Tatbestand	Ausnahmetatbestand
1	Unentgeltliche Übertragung der erhaltenen Anteile auf eine Kapitalgesellschaft oder Genossenschaft (verdeckte Einlage usw.).	Keine Ausnahme.
2	Entgeltliche Übertragung der erhaltenen Anteile.	Einbringung zu Buchwerten nach § 20 Abs. 1 oder § 21 Abs. 1 UmwStG oder vergleichbarer ausländischer Vorgänge.
3	Auflösung der Kapitalgesellschaft, an der die Anteile bestehen; Kapitalherabsetzung mit Auszahlung; Ausschüttung/Rückzahlung von Beträgen aus dem steuerlichen Einlagekonto.	–
4	Einbringung der erhaltenen Anteile nach § 20 Abs. 1 oder § 21 Abs. 1 UmwStG oder vergleichbarer ausländischer Vorgänge zum Buchwert (vgl. Ausnahmetatbestand zu Nr. 2) und anschließende Veräußerung der eingebrachten Anteile oder Weiterübertragung durch Vorgang i. S. der Nr. 1 oder 2.	Nachweis, dass Einbringungen zu Buchwerten erfolgten (Ketteneinbringung).
5	Einbringung der erhaltenen Anteile nach § 20 Abs. 1 oder § 21 Abs. 1 UmwStG oder vergleichbarer ausländischer Vorgänge zum Buchwert (vgl. Ausnahmetatbestand zu Nr. 2) und anschließende Veräußerung der erhaltenen Anteile oder Weiterübertragung durch Vorgang i. S. der Nr. 1 oder 2.	Nachweis, dass Einbringungen zu Buchwerten erfolgten (Ketteneinbringung).
6	Für den Einbringenden oder für die übernehmende Kapitalgesellschaft sind die Voraussetzungen von § 1 Abs. 4 UmwStG nicht mehr erfüllt (z. B. Wegzug aus der Europäischen Union).	–

Ergänzend ist zu beachten, dass der Einbringende in den folgenden sieben Jahren nach der Einbringung jährlich den **Nachweis** darüber zu erbringen hat, wem die erhaltenen Anteile i. S. von § 22 Abs. 1 UmwStG zuzurechnen sind (§ 22 Abs. 3 UmwStG). Dieser Nachweis ist jeweils jährlich bis zum 31.05. zu führen. Wird der Nachweis nicht erbracht, gelten die Anteile als veräußert (Folge: rückwirkende Entstehung eines Einbringungsgewinns I!).

Die Nichtabgabe dieses Nachweises stellt also einen weiteren Ersatztatbestand dar.[3]

5. Abwandlung 1 – Einbringung eines bilanziell überschuldeten Betriebs

Handelsrechtlich ist die Sachgründung trotz des negativen Buchkapitals zulässig, da in dem Betrieb genügend stille Reserven vorhanden sind, um das Stammkapital von 100.000 € abzudecken.

Auch die Voraussetzungen des § 20 UmwStG sind dem Grunde nach wie im Grundfall gegeben.

Allerdings ist die Regelung des § 20 Abs. 2 Satz 2 Nr. 2 UmwStG zu beachten. Danach hat die aufnehmende Kapitalgesellschaft (hier: die R-GmbH) das eingebrachte Betriebsvermögen mindestens so anzusetzen, dass sich die Aktivposten und Passivposten ausgleichen. Das Eigenkapital ist dabei nicht zu berücksichtigen. Eine Einbringung mit einem negativen Buchwert ist demnach nicht zulässig; der Wertansatz muss immer mindestens mit 0 € erfolgen. Hintergrund dieser Regelung ist, dass der angesetzte Wert des Betriebsvermögens nach § 20 Abs. 3 UmwStG als Anschaffungskosten für die erhaltenen Anteile gilt; negative Anschaffungskosten von Anteilen sind jedoch vom Gesetzgeber ausdrücklich nicht gewollt.

Somit kommt eine Buchwerteinbringung in diesem Fall nicht in Betracht. Der Ansatz mit 0 € ist ein Zwischenwert, der bei R zur Entstehung eines Veräußerungsgewinns i. S. von § 16 EStG führt:

Veräußerungspreis (Zwischenwert)	0 €
⁒ Buchwert des Betriebsvermögens bei Umwandlung (negativ)	⁒ 150.000 €
Veräußerungsgewinn	150.000 €

Ein Freibetrag nach § 16 Abs. 4 EStG kommt beim Zwischenwertansatz nicht in Betracht (§ 20 Abs. 4 Satz 1 UmwStG; unabhängig vom Alter des Einbringenden). Ebenso ist eine Begünstigung des Einbringungsgewinns nach § 34 Abs. 1 oder 3 EStG bei Zwischenwertansatz nicht möglich (§ 20 Abs. 4 Satz 2 UmwStG).

Unabhängig vom steuerlichen Wertansatz von 0 € muss handelsrechtlich eine höhere Aufstockung erfolgen, da mindestens das Mindeststammkapital i. H. von 25.000 € als Eigenkapital abgebildet werden muss. Der Ansatz mit dem (Zwischen-)Wert von 0 € ist für steuerliche Zwecke aber auch dann zulässig, wenn das eingebrachte Betriebsvermögen nach handelsrechtlichen Vorschriften mit einem höheren Wert angesetzt werden muss.

Setzt die R-GmbH demnach ihr Stammkapital auf 25.000 € fest, steht der handelsrechtlich höhere Wertansatz dem steuerlichen Wertansatz mit 0 € nicht entgegen.

---

3 Zu weiteren Einzelheiten im Zusammenhang mit dieser Nachweispflicht vgl. BMF-Schreiben vom 04.09.2007, BStBl I S. 698.

Bei einem angesetzten Stammkapital i. H. von 25.000 € ist in der Steuerbilanz ein entsprechender Ausgleichsposten zu bilden. Dieser Ausgleichsposten (hier: 25.000 €) ist kein Bestandteil des Betriebsvermögens i. S. des § 4 Abs. 1 EStG. Er nimmt als bloßer „Luftposten" am Betriebsvermögensvergleich nicht teil. Er hat demzufolge auch auf die spätere Auflösung und Versteuerung der im eingebrachten Betriebsvermögen enthaltenen stillen Reserven keinen Einfluss. Mindert sich die durch den Ausgleichsposten gedeckte Differenz zwischen Aktiv- und Passivseite der Bilanz, insbesondere durch Aufdeckung stiller Reserven, so fällt der Ausgleichsposten in entsprechender Höhe erfolgsneutral fort.

Die Anschaffungskosten des R für die erhaltenen Anteile betragen 0 € (= Wert, mit dem die aufnehmende Kapitalgesellschaft das eingebrachte Betriebsvermögen ansetzt; § 20 Abs. 3 Satz 1 UmwStG). Bei einer späteren Veräußerung sind dem erhaltenen Veräußerungspreis demnach Anschaffungskosten von 0 € gegenüberzustellen.

6. Abwandlung 2 – Bargründung mit anschließender Übertragung des Betriebs

In diesem Fall liegen die Voraussetzungen des § 20 UmwStG nicht vor. R hat zwar wie im Grundfall einen Betrieb mit allen wesentlichen Betriebsgrundlagen in die R-GmbH eingebracht. Allerdings ist die Einbringung nicht gegen Gewährung von Gesellschaftsrechten erfolgt.

Die Gründung der R-GmbH erfolgte vielmehr gegen eine Bareinlage; die Anteile wurden dem R damit nicht als Gegenleistung für die Übertragung des Betriebs erteilt.

Ob die Übertragung des Betriebs anschließend im Rahmen einer verdeckten Einlage oder entgeltlich erfolgt und dabei das eingezahlte Stammkapital ganz oder teilweise wieder zurückgezahlt wird (verschleierte/verdeckte Sachgründung), ist steuerlich nicht entscheidend. In beiden Fällen liegt keine Einbringung i. S. von § 20 UmwStG vor.

R hat sein Einzelunternehmen mit allen Aktiva und Passiva gegen Einräumung einer Darlehensforderung an die R-GmbH veräußert. Durch den Verkauf und die Fortführung des gesamten Unternehmens durch die R-GmbH ist auch der selbst geschaffene Geschäftswert i. H. von 300.000 € auf diese übergegangen. Als Kaufpreis wurde jedoch nur der sich aus der Differenz zwischen den tatsächlich bilanzierten Aktiva und Passiva ergebende Betrag vereinbart. Die stillen Reserven sowie der selbst geschaffene Firmenwert sind damit ohne Gegenleistung auf die R-GmbH übergegangen.

Die Übertragung auf die R-GmbH ist demnach teilweise entgeltlich und teilweise unentgeltlich erfolgt. Soweit eine unentgeltliche Übertragung vorliegt, ist diese als verdeckte Einlage zu behandeln. Dies gilt auch für den selbst geschaffenen Firmenwert (H 40 „Einlagefähiger Vermögensvorteil" KStH). Das Aktivierungsverbot des § 5 Abs. 2 EStG steht der Aktivierung des Firmenwerts in der R-GmbH nicht entgegen.[4] Diese muss den Geschäftswert (und die übrigen stillen Reserven) in ihrer Steuerbilanz mit dem Teilwert aktivieren. In gleicher Höhe ist auf der Passivseite der Bilanz eine Kapitalrücklage auszuweisen (§ 272 Abs. 2 Nr. 4 HGB). Alternativ kommt auch eine Einbuchung über Ertrag in Betracht. In diesem Fall wird der Ertrag außerbilanziell als verdeckte Einlage korrigiert.

Bei R führt die Veräußerung/verdeckte Einlage des Betriebs zu einer Realisierung sämtlicher stiller Reserven. Auch soweit die Übertragung unentgeltlich erfolgte, muss vor der Übertragung auf die R-GmbH zunächst eine Entnahme aus dem Einzelunternehmen des R erfolgt sein (§ 6 Abs. 6 Satz 2 EStG).[5] Bei R ergibt sich somit ein Gewinn i. S. von § 16 EStG i. H. von 600.000 €. Die Fünftelregelung nach § 34 Abs. 1, 2 Nr. 1 EStG ist zu gewähren. Ein Freibetrag nach § 16 Abs. 4 EStG sowie der ermäßigte Steuersatz nach § 34 Abs. 3 EStG kommen nicht in Betracht, da R das 55. Lebensjahr noch nicht vollendet hat. Gewerbesteuer fällt für den entstehenden Gewinn allerdings nicht an (R 7.1 Abs. 3 Satz 1 Nr. 1 GewStR).

Da die Voraussetzungen des § 20 UmwStG nicht gegeben sind, kommt auch die Rückwirkungsregelung des § 20 Abs. 5 und 6 UmwStG nicht zur Anwendung. Der Übergang auf die R-GmbH vollzieht sich demnach in diesem Fall nicht rückwirkend zum 31.12.07, sondern erst im Lauf des Jahres 08 mit der tatsächlichen Übertragung auf die GmbH.

Sperrfristbehaftete Anteile entstehen bei einer solchen verschleierten Sachgründung nicht; die Anteile des R an der R-GmbH sind aber nach § 17 EStG steuerverhaftet. Seine Anschaffungskosten für die Anteile ermitteln sich wie folgt:

Bareinlage	100.000 €
+ nachträgliche Anschaffungskosten aus verdeckter Einlage (= übergegangene stille Reserven; in Höhe der Buchwerte hat eine entgeltliche Übertragung stattgefunden, die nicht zu nachträglichen Anschaffungskosten führt)	+ 600.000 €
Zusammen	700.000 €

Nach der neueren BFH-Rechtsprechung hätte R allerdings eine **andere Möglichkeit** gehabt, sein Einzelunternehmen außerhalb einer handelsrechtlichen Sachgründung oder Sachkapitalerhöhung nach § 20 UmwStG zum Buchwert in die R-GmbH einzubringen. Der BFH nimmt nämlich auch dann eine Einbringung gegen Gewährung neuer Anteile an, wenn sich der Gesellschafter bei einer Bargründung oder Barkapitalerhöhung gleichzeitig verpflichtet, als Aufgeld (Agio) einen Betrieb, Teilbetrieb oder Mitunter-

4 BFH-Urteil vom 01.07.1992, BStBl 1993 II S. 131.

5 BFH-Urteile vom 18.12.1990, BStBl 1991 II S. 512, vom 14.01.1993, BFH/NV 1993 S. 525, und vom 24.07.1996, BFH/NV 1997 S. 214.

nehmeranteil in die Kapitallgesellschaft einzubringen.[6] Nach Auffassung des BFH setzt die Anwendung von § 20 UmwStG also nicht voraus, dass gleichzeitig die gesellschaftsrechtlichen Vorschriften über Sacheinlagen Anwendung finden. § 20 Abs. 1 Satz 1 UmwStG enthält vielmehr eine eigenständige Legaldefinition des umwandlungssteuerrechtlichen Begriffs der „Sacheinlage", die nicht in jedem Fall deckungsgleich mit dem gesellschaftsrechtlichen Sacheinlagebegriff sein muss. Nach Auffassung des BFH ist es notwendig, aber auch ausreichend, dass der Einbringende als Gegenleistung („dafür") für die Einbringung des Betriebsvermögens neue Gesellschaftsanteile erhält. Diese Voraussetzung sieht der BFH auch als gegeben an, wenn der Einbringungsgegenstand (im Urteilsfall: KG-Anteil) **nur als reines Aufgeld neben einer Bareinlage** zu übertragen ist.

Diese Rechtsprechung ändert aber nichts daran, dass verschleierte Sachgründungen/verdeckte Sacheinlagen, wie sie im hier vorliegenden Fall erfolgt sind, weiterhin nicht nach § 20 UmwStG begünstigt sind.

7. Abwandlung 3 – Zurückbehaltung des Betriebsgrundstücks

Auch in diesem Fall sind die Voraussetzungen des § 20 UmwStG nicht gegeben. R hat nämlich keinen vollständigen Betrieb mit allen wesentlichen Betriebsgrundlagen in die R-GmbH eingebracht. Das zurückbehaltene Grundstück stellt eine wesentliche Betriebsgrundlage dar. Die Überlassung an die Kapitalgesellschaft kann nicht mit der notwendigen Einbringung gleichgestellt werden. Für die auf die R-GmbH übertragenen Wirtschaftsgüter ist § 20 UmwStG demnach nicht anwendbar.

Durch die Verpachtung wird eine (echte) Betriebsaufspaltung begründet. Das Betriebsgrundstück stellt eine wesentliche Betriebsgrundlage dar, sodass eine sachliche Verflechtung gegeben ist. Auch die Voraussetzungen der personellen Verflechtung zwischen R und der R-GmbH liegen vor (einheitlicher geschäftlicher Betätigungswille). Das verpachtete Grundstück wird deshalb weiterhin im Rahmen eines Gewerbebetriebs des R genutzt. Eine Gewinnrealisierung ergibt sich insoweit nicht. Allerdings tritt eine Gewinnrealisierung insoweit ein, wie R Wirtschaftsgüter auf die R-GmbH überträgt. Teilweise liegt hinsichtlich dieser Wirtschaftsgüter eine entgeltliche Übertragung vor (gegen Gewährung von Gesellschaftsrechten sowie gegen Übernahme der betrieblichen Verbindlichkeiten des bisherigen Einzelunternehmens = Tausch i. S. von § 6 Abs. 6 Satz 1 EStG); im Übrigen erfolgt die Übertragung unentgeltlich, sodass auch eine verdeckte Einlage gegeben ist (§ 6 Abs. 6 Satz 2 EStG). Die stillen Reserven sind aufzudecken und zu versteuern.

Fraglich ist in diesem Zusammenhang aber, ob auch der selbst geschaffene Firmenwert des R als in die R-GmbH überführt anzusehen ist. Gegebenenfalls müssten nämlich auch insoweit die stillen Reserven aufgedeckt wer-

6 BFH-Urteil vom 07.04.2010, BStBl II S. 1094.

den (300.000 €). Der BFH hat hierzu entschieden, dass ein Firmenwert bei Begründung einer Betriebsaufspaltung auf die Betriebsgesellschaft übergehen kann.[7] Danach ist eine schematische Zuordnung des Geschäftswerts zum Besitzunternehmen nicht möglich.

Der BFH legt dar, dass der Firmen-/Geschäftswert unmittelbar mit dem Betrieb als solchem verwoben ist, sodass er grundsätzlich nicht ohne diesen veräußert oder entnommen werden kann. Wird ein Betrieb von einem anderen Unternehmen (hier: Betriebs-GmbH) ganz oder teilweise übernommen und gehen dabei geschäftswertbildende Faktoren von dem übertragenden Unternehmen auf das übernehmende über, geht der Geschäftswert weder notwendigerweise unter noch verbleibt er immer bei dem übertragenden Unternehmen. Vielmehr folgt er denjenigen geschäftswertbildenden Faktoren, die durch ihn verkörpert werden.

Nach Auffassung des BFH kann der Geschäftswert zumindest dann auf die Betriebsgesellschaft übergehen, wenn diese

- ihrer Organisation und Struktur nach eigenständig am Wirtschaftsleben teilnehmen kann und
- die Nutzungsmöglichkeit (des Geschäftswerts) auf Dauer angelegt ist und ihr nicht vorzeitig entzogen werden kann.

In der Regel werden diese Voraussetzungen bei einer Betriebsaufspaltung vorliegen. Allerdings legt der BFH dar, dass bei Verpachtung sämtlicher wesentlicher Betriebsgrundlagen (= Betriebsverpachtung im Ganzen) i. d. R. nur eine Nutzungsüberlassung und keine (isolierte) Übertragung des Geschäftswerts des Firmenwerts auf die Betriebsgesellschaft in Betracht kommt. Die Voraussetzungen einer Betriebsverpachtung im Ganzen liegen hier aber nicht vor, da das bewegliche Anlagevermögen, das i. d. R. – zumindest teilweise – ebenfalls als wesentliche Betriebsgrundlagen anzusehen ist, auf die R-GmbH übergeht.

Wird – wie hier – nur ein (zurückbehaltenes) Grundstück überlassen, ist regelmäßig von einem Übergang des Geschäftswerts auf die neue Betriebskapitalgesellschaft auszugehen. Somit sind aufgrund des Übergangs auf die R-GmbH folgende stillen Reserven zu realisieren:

Bewegliches Anlagevermögen	60.000 €
Selbst geschaffener Firmenwert	300.000 €
Zusammen	360.000 €

Bei dem entstehenden Gewinn handelt es sich um einen laufenden Gewinn des R, der nicht nach §§ 16, 34 EStG begünstigt ist und der auch der Gewerbesteuer unterliegt. Für die entstehende Gewerbesteuerschuld ergibt sich allerdings bei R eine Steuerermäßigung im Rahmen des § 35 EStG.

7 BFH-Urteil vom 27.03.2001, BStBl II S. 771.

Die Rückwirkungsregelung des § 20 Abs. 5, 6 UmwStG ist auch in diesem Fall nicht anwendbar. Der Aufgabegewinn i. S. von § 16 EStG entsteht deshalb nicht rückwirkend zum 31.12.07, sondern erst im Lauf des Jahres 08 mit der tatsächlichen Übertragung auf die GmbH.

Die R-GmbH aktiviert die stillen Reserven im Jahr 08 hinzu und schreibt die erhöhten Werte entsprechend der (Rest-)Nutzungsdauer ab. Für den Firmenwert ergibt sich nach § 7 Abs. 1 Satz 3 EStG eine Abschreibung auf 15 Jahre (20.000 € jährlich).

Die Anschaffungskosten des R für die Anteile an der R-GmbH ermitteln sich wie folgt:

Buchwerte der auf die R-GmbH übertragenen aktiven Wirtschaftsgüter	640.000 €
+ stille Reserven in diesen Wirtschaftsgütern	+ 360.000 €
Zusammen	1.000.000 €
./. Wert der von der R-GmbH übernommenen Verbindlichkeiten	./. 700.000 €
Verbleibende Gegenleistung (= Anschaffungskosten der Anteile)	300.000 €

8. Abwandlung 4 – Beteiligung der Ehefrau S an der R-GmbH

Die Anwendbarkeit des § 20 UmwStG wird durch den (verbilligten) Eintritt der Ehefrau S in die R-GmbH nicht berührt. R bringt auch in diesem Fall (wie im Grundfall) einen Betrieb mit allen wesentlichen Betriebsgrundlagen gegen Gewährung von Gesellschaftsrechten in eine unbeschränkt steuerpflichtige Kapitalgesellschaft ein. Die R-GmbH kann somit nach § 20 Abs. 2 UmwStG für den eingebrachten Betrieb auf Antrag auch die Buchwerte ansetzen.

Es ist allerdings zu beachten, dass die Ehefrau S „verbilligt" in die GmbH eingetreten ist. Von einem fremden Gesellschafter hätte R für den Eintritt ein Aufgeld zur Abgeltung der offenen und stillen Reserven verlangt. Bei einer angestrebten Beteiligung des Dritten i. H. von 20 % hätte die Einlage des Dritten 240.000 € betragen müssen. Berechnung:

Buchkapital des von R eingebrachten Betriebs	360.000 €
+ stille Reserven	+ 600.000 €
Gesamtwert des von R eingebrachten Betriebs	960.000 €
==> entspricht einem Wertanteil von 80 % nach Eintritt des Dritten (bei einem angestrebten Anteil des R von 80 % und einem „Zielstammkapital" von 100.000 €)	
Gesamtwert der GmbH nach Einlage (mit Aufgeld) des Dritten = 100 %	1.200.000 €
Einlageverpflichtung des Dritten	240.000 €
Davon anteiliges Stammkapital (20 % von 100.000 €)	20.000 €
Notwendiges Aufgeld für vollständigen Wertausgleich	220.000 €

Kontrollrechnung:	
Wert der GmbH nach Einbringung und Einlage des Dritten (960.000 € Sacheinlage des R und 240.000 € Bareinlage des Dritten)	1.200.000 €
Anteil R 80 % =	960.000 €
Anteil Dritter 20 % =	240.000 €

Die Ehefrau S muss das angemessene Aufgeld i. H. von 220.000 € jedoch nicht entrichten.

In dem Verzicht auf das Aufgeld gegenüber S ist keine vGA zu sehen. Der Verzicht hat sich nicht auf das Einkommen der R-GmbH ausgewirkt (auch die Einbuchung des Aufgeldes wäre erfolgsneutral gewesen); er ist auch nicht als fingierte Doppelmaßnahme (fiktive Einlage mit anschließender Wiederausschüttung) zu sehen.[8]

Allerdings führt der Verzicht auf ein Ausgabeaufgeld zu einer Verschiebung der stillen Reserven von den Anteilen des R hin zu den Anteilen der S, da sog. nichtverhältniswahrende Einlagen vorliegen. Dadurch tritt zwar keine Gewinnverwirklichung ein; die Anteile der S werden jedoch ebenfalls von der Sperrfristbehaftung des § 22 UmwStG erfasst (§ 22 Abs. 7 UmwStG).

Hinsichtlich des Umfangs der Sperrfristbehaftung der Anteile der S und der Entwicklung der jeweiligen Anschaffungskosten sind folgende Berechnungen anzustellen:

Verkehrswert des eingebrachten Betriebs des R	960.000 €
Anschaffungskosten der Anteile des R (vor Berücksichtigung des verbilligten Eintritts der S)	360.000 €
Verkehrswert der R-GmbH nach Einlage der S (20.000 €)	980.000 €
Davon entfallen auf R (80 %)	784.000 €
auf S (20 %)	196.000 €
Übergesprungene stille Reserven (196.000 € ./. 20.000 € =)	176.000 €
Damit ist der Anteil der S zu 176/196 nach § 22 UmwStG sperrfristbehaftet =	89,8 %

Da in dem Eintritt der S in die R-GmbH ein (teilweise) unentgeltlicher Vorgang zu sehen ist, sind S anteilig die Anschaffungskosten ihres Rechtsvorgängers R zuzurechnen. Dieser Anteil beträgt:

360.000 € × 176.000 €/960.000 € =	66.000 €

Die Anschaffungskosten des R vermindern sich entsprechend auf 294.000 € (360.000 € ./. 66.000 €).

Würde S ihren Anteil z. B. im Jahr 10 für 200.000 € veräußern, ergäben sich folgende Konsequenzen:

8 Vfg. der OFD Frankfurt am Main vom 23.11.2007, DStR 2008 S. 202, zum vergleichbaren Problem beim Verzicht auf ein Ausgabeaufgeld im Rahmen einer effektiven Kapitalerhöhung.

a) Soweit die Sperrfristbehaftung auf die Anteile der S übergegangen ist (89,8 %), führt die Veräußerung (anteilig) zur Entstehung eines Einbringungsgewinns I i. S. von § 22 Abs. 1 UmwStG. Die Rechtsfolge ist insoweit nicht anders, als wenn R alle Anteile übernommen und davon dann im Jahr 10 veräußert hätte. Dieser Veräußerungsgewinn ist konsequenterweise auch von R zu versteuern, da er Einbringender bei der Einbringung im Jahr 07 war. Durch die Versteuerung des Einbringungsgewinns bei R ergeben sich zusätzliche Anschaffungskosten auf die Anteile an der R-GmbH, die im Anschluss bei S insoweit zu einer Verminderung ihres Veräußerungsgewinns i. S. von § 17 EStG führen. Zur Berechnung des Einbringungsgewinns I und den weiteren sich aus der rückwirkenden Besteuerung ergebenden Rechtsfragen vgl. im Übrigen Antwort zu Frage 4.

b) Für den übrigen Teil der Anteile (10,2 %) ist keine Sperrfristbehaftung übergegangen. Insoweit liegt deshalb eine „normale" Anteilsveräußerung i. S. von § 17 EStG vor, der Gewinn ist wie folgt zu berechnen:

Anteiliger Veräußerungspreis 200.000 € × 10,2 % =	20.400 €
./. Anschaffungskosten für diesen Teil der Anteile (= Bareinlage der S)	./. 20.000 €
Veräußerungsgewinn i. S. von § 17 EStG	400 €

Dieser Veräußerungsgewinn unterliegt nach § 3 Nr. 40 Satz 1 Buchst. c EStG dem Teileinkünfteverfahren. Es sind also 40 % (= 160 € steuerfrei) und 60 % steuerpflichtig (240 €).

Eine gesonderte Feststellung hinsichtlich der Verschiebung der stillen Reserven ist nicht mehr vorgesehen (anders als für die sog. einbringungsgeborenen Anteile aus Umwandlungen im zeitlichen Anwendungsbereich des UmwStG vor der Neufassung durch das SEStEG; für diese Fälle gilt § 10 der Verordnung zu § 180 Abs. 2 AO weiter).

Der Verzicht auf ein angemessenes Ausgabeaufgeld gegenüber der Ehefrau des „Hauptgesellschafters" R kann einen schenkungsteuerpflichtigen Tatbestand darstellen (H 18 Abs. 3 ErbStH i. d. F. der gleichlautenden Ländererlasse vom 20.10.2010, BStBl I S. 1207).

Fall 45

Einbringung einer Beteiligung in eine Kapitalgesellschaft – Anteilstausch

UmwStG §§ 1, 2, 20, 21, 22, 23; KStG §§ 8 b, 8 c, 27, 34; EStG § 3 Nr. 40, §§ 17, 34; AO §§ 175, 233 a

Sachverhalt

Klaus Kleine (K) ist seit dem Jahr 01 alleiniger Gesellschafter der Klaus Kleine GmbH (K-GmbH). K hatte diese Gesellschaft im Jahr 01 im Wege einer Bargründung mit einem Stammkapital von 200.000 € errichtet. Die Anteile wurden im Privatvermögen gehalten. Nach ihrer Gründung hat sich die K-GmbH, die einen Internethandel mit Gartenartikeln betreibt, zunächst positiv entwickelt. In den letzten beiden Jahren hatten sich jedoch wirtschaftliche Schwierigkeiten eingestellt. K, der auch gleichzeitig alleiniger Geschäftsführer der K-GmbH ist, war klar, dass die GmbH ohne erhebliche Neuinvestitionen in ein neues und wesentlich größeres Logistikzentrum nicht wieder in die Gewinnzone kommen konnte. Allein für K waren die dafür erforderlichen Beträge aber nicht aufzubringen. Er nahm deshalb im Jahr 06 Kontakt mit der Geschäftsleitung der Garten-AG (G-AG) auf, die ein großes Produktionsunternehmen für Gartenmöbel betreibt. Die K-GmbH hatte schon zuvor recht erfolgreich einige Produktreihen der G-AG vertrieben.

Die G-AG bot K an, sämtliche Anteile an der K-GmbH zu übernehmen und ihm dafür im Wege einer Kapitalerhöhung 5 % der Anteile an der G-AG zu überlassen. Außerdem sollte K einen Darlehensanspruch i. H. von 150.000 € erhalten. K ging auf dieses Angebot unter der Bedingung ein, Geschäftsführer der K-GmbH bleiben zu dürfen. Dem stimmte die G-AG zu, behielt sich allerdings gewisse Weisungsrechte gegenüber dem K vor. Die Kapitalerhöhung bei der G-AG wurde dann im Juni 07 beschlossen und in das Handelsregister eingetragen.

Trotz der in den Jahren 05 und 06 erlittenen Verluste i. H. von jeweils 100.000 € (Verlustvortrag zum 31.12.06 bei der Körperschaft- und Gewerbesteuer i. H. von 200.000 €) gingen die Beteiligten einvernehmlich und zutreffend davon aus, dass die K-GmbH Anfang des Jahres 07 einen gemeinen Wert von 600.000 € hatte. In ihrer Bilanz zum 31.12.06 konnte die K-GmbH neben ihrem Stammkapital von 200.000 € kein weiteres Eigenkapital ausweisen. Zumindest hatte sie die Jahresfehlbeträge der Jahre 05 und 06 aber mit den teilweise stehen gelassenen Gewinnen der Vorjahre abdecken können.

Nach der Einbringung der K-GmbH entwickelte sich deren Geschäftsergebnis wieder positiv, da sich durch die Zusammenarbeit mit der G-AG umfangreiche Synergieeffekte ergaben und die G-AG das Kapital für die notwendigen Neuinvestitionen zur Verfügung stellen konnte. Im Jahr 07 konnte deshalb insgesamt zumindest ein Nullergebnis erzielt werden; ab dem Jahr 08 ergaben sich wieder Gewinne.

Dennoch gab es schon nach kurzer Zeit Streitigkeiten über die Geschäftspolitik der K-GmbH. K schied deshalb bereits im März 09 aus der Geschäftsführung der K-GmbH aus.

Im Februar 10 veräußerte die G-AG die Anteile an der K-GmbH für 500.000 € an ein Konkurrenzunternehmen, da sie die Produktion der zuvor über die K-GmbH vertriebenen Produktlinien einstellte. Der Konkurrent war jedoch sehr am Kundenstamm der K-GmbH interessiert und deshalb bereit, den vereinbarten Preis für die Anteile zu bezahlen.

Frage

1. Konnte die Einbringung der Anteile an der K-GmbH in die G-AG im Jahr 07 bei K ohne Gewinnrealisierung erfolgen?
2. Welche Folgen ergeben sich aus der Anteilsübertragung auf die G-AG für den Verlustvortrag der K-GmbH?
3. Welche Folgen hat die Veräußerung der Anteile an der K-GmbH durch die G-AG im Jahr 10?
4. Was ändert sich am Ergebnis zu Frage 3, wenn K bereits im März 09 seine Aktien an der G-AG für 800.000 € an einen Dritten veräußert hätte?

Antwort

1. Die Einbringung der Anteile an der K-GmbH in die G-AG führt bei K auf Antrag nicht zu einer Gewinnrealisierung. Die G-AG kann die Anteile an der K-GmbH mit den Anschaffungskosten des K ansetzen.
2. Mit der Anteilsübertragung auf die G-AG wird grundsätzlich ein Anwendungsfall von § 8 c Abs. 1 Satz 2 KStG realisiert. Aufgrund der vorhandenen stillen Reserven sind die bis zur Einbringung der Anteile aufgelaufenen steuerlichen Verluste dennoch steuerlich nicht verloren.
3. Die Veräußerung der Anteile an der K-GmbH im Jahr 10 ist bei der G-AG nach § 8 b Abs. 2 KStG steuerfrei. Die Veräußerung führt jedoch zu einem Anwendungsfall von § 22 Abs. 2 UmwStG. Die Einbringung kann nachträglich doch nicht zum Buchwert erfolgen. Bei K entsteht rückwirkend im Jahr 07 ein steuerpflichtiger Einbringungsgewinn II i. H. von 171.429 €.
4. Die Veräußerung der Aktien an der G-AG im Jahr 09 führt bei K zu einem Veräußerungsgewinn i. S. von § 17 EStG i. H. von 450.000 €. Rückwirkende Folgen auf die Einbringung der Anteile im Jahr 07 ergeben sich aus dieser Veräußerung nicht. Auch die anschließende Veräußerung der Anteile an der K-GmbH durch die G-AG im Jahr 10 hat dann – anders als

bei der Antwort zu Frage 3 – keine rückwirkende Auswirkung auf die Einbringung im Jahr 07 mehr. Es entsteht in diesem Fall kein Einbringungsgewinn II.

Begründung

1. Folgen der Einbringung der Anteile an der K-GmbH in die G-AG im Jahr 07

K war seit der Gründung der K-GmbH i. S. von § 17 EStG an dieser Gesellschaft beteiligt (zu mindestens 1 %). Hätte er seine Anteile veräußert, wäre der Veräußerungsgewinn deshalb im Teileinkünfteverfahren steuerpflichtig gewesen. Die Übertragung der Anteile auf die G-AG gegen Gewährung von (neuen) Aktien an dieser Gesellschaft und gegen Einräumung eines Darlehensanspruchs stellt grundsätzlich ebenfalls eine Veräußerung in diesem Sinne dar (nämlich einen Tausch).

Es ist allerdings zu prüfen, ob das UmwStG hiervon eine Ausnahme zulässt. Es liegt nämlich ein sog. **Anteilstausch** vor, für den § 21 UmwStG Regelungen enthält. Für den Anteilstausch ist das UmwStG grundsätzlich anwendbar (vgl. § 1 Abs. 3 Nr. 5 i. V. m. Abs. 4 UmwStG).

Nach § 21 Abs. 1 Satz 1 UmwStG ist bei einem solchen Anteilstausch (Einbringung von Anteilen an einer Kapitalgesellschaft gegen Ausgabe neuer Anteile an der aufnehmenden Kapitalgesellschaft) aber grundsätzlich ebenfalls der gemeine Wert anzusetzen. Abweichend davon kann nach § 21 Abs. 1 Satz 2 UmwStG jedoch bei einem sog. **qualifizierten Anteilstausch** auch der Buchwert oder ein Zwischenwert angesetzt werden. Ein solcher qualifizierter Anteilstausch liegt vor, wenn die übernehmende Gesellschaft (hier: G-AG) nach der Einbringung aufgrund ihrer Beteiligung einschließlich der eingebrachten Anteile nachweisbar unmittelbar die Mehrheit der Stimmrechte an der erworbenen Gesellschaft (hier: K-GmbH) hat. Diese Voraussetzung ist hier erfüllt; die G-AG hält nach der Einbringung sogar 100 % der Anteile an der K-GmbH (und damit zweifellos die Mehrheit). Die Einbringung ist auch gegen Gewährung neuer Anteile an der G-AG erfolgt (Ausgabe neuer Aktien im Rahmen einer Kapitalerhöhung). Bei einer Einbringung aus dem Privatvermögen (die hier vorliegt) treten an die Stelle des Buchwerts die Anschaffungskosten (§ 21 Abs. 2 Satz 5 UmwStG).

Zur Vermeidung der Gewinnrealisierung bei einem qualifizierten Anteilstausch sind allerdings noch **weitere Voraussetzungen** zu erfüllen:

- Nach § 21 Abs. 1 Satz 3 UmwStG hat die übernehmende Gesellschaft die eingebrachten Anteile **mindestens mit dem gemeinen Wert der anderen Wirtschaftsgüter** anzusetzen, wenn der Einbringende neben den Gesellschaftsanteilen auch andere Wirtschaftsgüter erhält, deren gemeiner Wert den Buchwert der eingebrachten Anteile übersteigt. Im vorliegenden Fall erhält K zwar in Form des eingeräumten Darlehensanspruchs neben den gewährten Anteilen auch andere Wirtschaftsgüter. Deren gemeiner Wert (= Nennwert der eingeräumten Darlehensforderung) übersteigt aber nicht die Anschaffungskosten der eingebrachten Anteile (Darlehensanspruch: 150.000 €/frühere Anschaffungskosten der Anteile des K: 200.000 €).

- Außerdem setzt § 21 Abs. 2 Satz 2 UmwStG zur Vermeidung einer Gewinnrealisierung grundsätzlich voraus, dass für die eingebrachten Anteile nach der Einbringung das Recht der Bundesrepublik Deutschland hinsichtlich der **Besteuerung des Gewinns aus der Veräußerung dieser Anteile nicht ausgeschlossen** oder beschränkt ist; außerdem darf auch das Recht der Bundesrepublik Deutschland hinsichtlich der Besteuerung des Gewinns aus der Veräußerung der erhaltenen Anteile nicht ausgeschlossen oder beschränkt sein. § 21 Abs. 2 Satz 3 UmwStG enthält davon zwar wieder Ausnahmeregelungen, auf die es vorliegend aber nicht ankommt, weil ein Ausschluss oder eine Beschränkung des deutschen Steuerrechts hier weder für die eingebrachten noch für die erhaltenen Anteile gegeben ist (reiner Inlandsfall).

Die Anteile an der K-GmbH können somit bei der G-AG **mit den Anschaffungskosten** des K angesetzt werden. Hierzu ist erforderlich, dass die G-AG spätestens bis zur erstmaligen Abgabe der Steuererklärung bei dem für sie zuständigen Finanzamt einen entsprechenden Antrag stellt (§ 21 Abs. 1 Satz 2 i. V. m. § 20 Abs. 2 Satz 3 UmwStG). Dieses Wahlrecht kann von der G-AG unabhängig von der Handelsbilanz ausgeübt werden; das Maßgeblichkeitsprinzip ist nicht anwendbar.

Vorsicht: Die in § 21 Abs. 2 Satz 4 UmwStG geregelte Stellung des Antrags beim Finanzamt des Einbringenden gilt nur in den Fällen des § 21 Abs. 2 Satz 2 UmwStG, in denen nach der Einbringung kein deutsches Besteuerungsrecht für die eingebrachten Anteile mehr gegeben ist. Hier geht es um Einbringungen in ausländische (EU-)Kapitalgesellschaften. § 21 Abs. 2 Satz 3 Nr. 1 UmwStG lässt für diese Fälle den Buchwertansatz dennoch zu, wenn zumindest das Besteuerungsrecht an den erhaltenen Anteilen erhalten bleibt (hier gibt es dann ausnahmsweise kein Korrespondenzprinzip). Auf einen Antrag der aufnehmenden Gesellschaft kann hier nicht abgestellt werden, da diese im Ausland ansässig ist.

Aufgrund des Korrespondenzprinzips in § 21 Abs. 2 Satz 1 UmwStG gilt der Wert, mit dem die übernehmende Gesellschaft (G-AG) die Anteile ansetzt, beim Einbringenden K als Veräußerungspreis der eingebrachten Anteile und gleichzeitig als **Anschaffungskosten** der im Gegenzug erhaltenen Anteile. Bei Ansatz der Anschaffungskosten durch die G-AG entsteht bei K also kein Veräußerungsgewinn i. S. von § 17 EStG. Hinsichtlich der Höhe der Anschaffungskosten des K für die erhaltenen Aktien an der G-AG ist allerdings noch die Regelung in § 20 Abs. 3 Satz 3 UmwStG zu beachten, die über den Verweis in § 21 Abs. 2 Satz 6 UmwStG auch für einen Anteilstausch gilt. Die Anschaffungskosten des K für die erhaltenen Aktien berechnen sich also wie folgt:

Angesetzter Wert bei der G-AG (frühere Anschaffungskosten des K für die Anteile an der K-GmbH)	200.000 €
./. erhaltene sonstige Gegenleistung (eingeräumter Darlehensanspruch)	./. 150.000 €
Anschaffungskosten des K für seine Aktien an der G-AG	50.000 €

Anders als § 20 UmwStG enthält § 21 UmwStG **keine Regelung zur Rückwirkung** des Anteilstauschs. Für die Bestimmung des Zeitpunkts des Anteilstauschs ist deshalb auf den Zeitpunkt der Übertragung des zivilrechtlichen oder – sofern abweichend – des wirtschaftlichen Eigentums der eingebrachten Anteile auf die übernehmende Gesellschaft abzustellen (hier: Juni 07). § 2 UmwStG ist auf den Anteilstausch ebenso wenig anzuwenden wie § 20 Abs. 5 und 6 UmwStG.

2. Folgen für den Verlustvortrag der K-GmbH

Durch die Einbringung der Anteile an der K-GmbH sind im Juni 07 mehr als die Hälfte von deren Anteilen auf einen anderen Anteilseigner, nämlich auf die G-AG übergegangen (hier 100 %). Damit wurde durch den (qualifizierten) Anteilstausch ein **Anwendungsfall von § 8 c Abs. 1 Satz 2 KStG** verwirklicht. Ein Beteiligungserwerb in diesem Sinne kann auch durch einen Anteilstausch verwirklicht werden. Die bis zu diesem Zeitpunkt nicht genutzten Verluste der K-GmbH sind somit nach dem Anteilstausch vollständig nicht mehr abziehbar. Die Finanzverwaltung lässt selbst einen Verlustausgleich aus dem zum 31.12.06 festgestellten Verlustvortrag i. S. von § 10 d EStG mit einem ggf. in den ersten Monaten den Jahres 07 (anteilig) erzielten Gewinn nicht zu.[1]

Am Wegfall des Verlustvortrags der K-GmbH ändert auch die sog. **Konzernklausel** in § 8 c Abs. 1 Satz 5 KStG nichts. Danach liegt ein schädlicher Beteiligungserwerb nicht vor, wenn an dem übertragenden und an dem übernehmenden Rechtsträger dieselbe Person zu jeweils 100 % mittelbar oder unmittelbar beteiligt ist. Diese Voraussetzung ist hier nicht erfüllt. Übertragender Rechtsträger der Anteile an der K-GmbH ist nämlich K; an einer natürlichen Person kann aber kein anderer Rechtsträger zu 100 % beteiligt sein.

Allerdings sind in der K-GmbH **erhebliche stille Reserven** enthalten. Nach § 8 c Abs. 1 Satz 6 KStG kann ein eigentlich nicht abziehbarer Verlust doch abgezogen werden, soweit er die gesamten zum Zeitpunkt des schädlichen Beteiligungserwerbs vorhandenen, im Inland steuerpflichtigen stillen Reserven des Betriebsvermögens der Körperschaft nicht übersteigt. Diese stillen Reserven ermitteln sich als Unterschiedsbetrag zwischen dem in der Bilanz ausgewiesenen Eigenkapital (hier: 200.000 €; aufgrund des Nullergebnisses im Jahr 07 ändert sich dieser Betrag zwischen dem 31.12.06 und dem Zeitpunkt des Anteilstauschs nicht) und dem gemeinen Wert der Anteile an

1 Vgl. BMF-Schreiben vom 04.07.2008, BStBl I S. 736, Rz. 31 Satz 2.

der Körperschaft (hier: 600.000 €; vgl. § 8 c Abs. 1 Satz 7 KStG). Somit betragen die stillen Reserven hier 400.000 € und sind höher als der vorhandene Verlustvortrag. Der körperschaftsteuerliche Verlustvortrag bleibt deshalb doch in voller Höhe erhalten. Dies gilt auch für den gewerbesteuerlichen Verlustvortrag, da § 10 a Satz 10 GewStG auf § 8 c KStG verweist (und damit auch auf die „Stille-Reserven-Klausel" in § 8 c Abs. 1 Satz 6 ff. KStG).

3. Folgen aus der Veräußerung der Anteile an der K-GmbH durch die G-AG im Jahr 10

Nach § 8 b Abs. 2 Satz 1 KStG ist die Veräußerung eines Anteils an einer Körperschaft durch eine andere Körperschaft steuerfrei; der Veräußerungsgewinn „bleibt außer Ansatz". Dies gilt auch für die hier vorliegende Veräußerung. Die frühere Einschränkung der Steuerbefreiung für die Veräußerung eingebrachter Anteile in § 8 b Abs. 4 Satz 1 Nr. 2 KStG wurde durch das SEStEG abgeschafft; sie gilt aber u. U. für Anteile aus Einbringungen vor dem 13.12.2006 bis zum Ablauf der 7-Jahres-Frist in § 8 b Abs. 4 Satz 2 Nr. 1 KStG weiter (vgl. § 34 Abs. 7 a KStG). Ein Veräußerungsverlust ist nach § 8 b Abs. 3 Satz 3 KStG nicht abzugsfähig.

Allerdings entsteht durch die Veräußerung der eingebrachten Anteile ein sog. **Einbringungsgewinn II.** Die Veräußerung im Jahr 10 erfolgt nämlich innerhalb von sieben Jahre nach dem vorherigen Anteilstausch, bei dem die Anteile unter dem gemeinen Wert (nämlich zu den Anschaffungskosten des K) eingebracht wurden. Nach § 22 Abs. 2 Satz 1 UmwStG ist der Gewinn aus der Einbringung im Wirtschaftsjahr der Einbringung (hier: 07) rückwirkend als Gewinn des Einbringenden aus der Veräußerung von Anteilen zu versteuern, soweit im Rahmen einer Sacheinlage (§ 20 Abs. 1 UmwStG) oder eines Anteilstausches (§ 21 Abs. 1 UmwStG) unter dem gemeinen Wert eingebrachte Anteile innerhalb eines Zeitraums von sieben Jahren nach dem Einbringungszeitpunkt durch die übernehmende Gesellschaft unmittelbar oder mittelbar veräußert werden und soweit beim Einbringenden der Gewinn aus der Veräußerung dieser Anteile im Einbringungszeitpunkt nicht nach § 8 b Abs. 2 KStG steuerfrei gewesen wäre. Diese Voraussetzungen sind hier gegeben. Die Veräußerung erfolgt eindeutig innerhalb von sieben Jahren seit der Einbringung; der Gewinn aus der Veräußerung der eingebrachten Anteile wäre auch nicht nach § 8 b Abs. 2 KStG steuerfrei gewesen (K als natürliche Person hätte diese Steuerbefreiung nicht erhalten können; diese Ausnahme greift also nur, wenn die Einbringung durch eine Körperschaft erfolgt wäre).

Einbringungsgewinn II ist der Betrag, um den der gemeine Wert der eingebrachten Anteile (hier: an der K-GmbH) im Einbringungszeitpunkt nach Abzug der Kosten für den Vermögensübergang den Wert, mit dem der Einbringende (K) die erhaltenen Anteile angesetzt hat, übersteigt, vermindert um jeweils ein Siebtel für jedes seit dem Einbringungszeitpunkt abgelaufene Zeitjahr (§ 22 Abs. 2 Satz 3 UmwStG). Es entsteht dabei (rückwirkend) bei K ein steuerpflichtiger Veräußerungsgewinn i. S. von § 17 EStG, der dem Teileinkünfteverfahren unterliegt. Somit ergibt sich hier folgende Berechnung:

Gemeiner Wert der eingebrachten Anteile an der K-GmbH bei Einbringung	600.000 €
⁄. angesetzter Wert der Anteile bei Einbringung	⁄. 200.000 €
Einbringungsgewinn II vor Siebtelregelung	400.000 €
⁄. 2/7 von 400.000 € für zwei abgelaufene Zeitjahre (Juni 07 bis Februar 10)	⁄. 114.285 €
Einbringungsgewinn II nach Siebtelregelung	285.715 €
⁄. davon 40% steuerfrei nach § 3 Nr. 40 Satz 1 Buchst. c EStG (Teileinkünfteverfahren)	⁄. 114.286 €
Steuerpflichtiger Teil des Einbringungsgewinns II im Jahr 07	171.429 €

Eine weitere einkommensteuerliche Begünstigung dieses Gewinns gibt es nicht. Ein Freibetrag nach § 17 Abs. 3 EStG kommt wegen der Höhe des Veräußerungsgewinns nämlich nicht in Betracht; die Anwendung von §§ 16 und 34 EStG ist gesetzlich ausgeschlossen (§ 22 Abs. 2 Satz 1 UmwStG). Eine Gewerbesteuerpflicht kann bereits deshalb nicht entstehen, weil K die Anteile an der K-GmbH im Privatvermögen gehalten hatte.

Die Steuerbescheide des Jahres 07 werden nach § 175 Abs. 1 Satz 1 Nr. 2 AO geändert; die Anteilsveräußerung durch die G-AG im Jahr 10 stellt ein rückwirkendes Ereignis für die Besteuerung des K im Jahr 07 dar.

Der Einbringungsgewinn II (nach Siebtelregelung, aber vor Anwendung des § 3 Nr. 40 EStG) führt bei K zu **nachträglichen Anschaffungskosten** der erhaltenen Aktien an der G-AG (§ 22 Abs. 2 Satz 4 UmwStG).

Der Einbringungsgewinn II erhöht aber nicht nur nachträglich die Anschaffungskosten des K für die erhaltenen Aktien an der G-AG, sondern auch die **Anschaffungskosten der G-AG für die eingebrachten Anteile an der K-GmbH** (§ 23 Abs. 2 Satz 3 UmwStG). Dies gilt allerdings nur dann, soweit der Einbringende (hier: K) die auf den Einbringungsgewinn II entfallenden Steuern entrichtet hat. Das für den Einbringenden zuständige Finanzamt bescheinigt der übernehmenden Gesellschaft für diesen Zweck auf Antrag die Höhe des zu versteuernden Einbringungsgewinns, die darauf entfallende festgesetzte Steuer und den darauf entrichteten Betrag (§ 22 Abs. 5 UmwStG). Geht man hiervon aus, ergibt sich für die G-AG folgende Berechnung für den Veräußerungsgewinn aus dem Verkauf der Anteile an der K-GmbH:

Veräußerungspreis für den Verkauf der Anteile an der K-GmbH	500.000 €
⁄. ursprünglicher Buchwert (= fortgeführte Anschaffungskosten des K)	⁄. 200.000 €
⁄. nachträgliche Anschaffungskosten aus dem Einbringungsgewinn II	⁄. 285.715 €
Veräußerungsgewinn	14.285 €

Dieser Veräußerungsgewinn ist nach § 8 b Abs. 2 Satz 1 KStG steuerfrei. Allerdings gelten 5 % dieses Gewinns nach § 8 b Abs. 3 Satz 3 KStG als nicht abziehbare Ausgaben (714 €).

Der versteuerte Einbringungsgewinn II führt bei der G-AG auch noch zu einem Zugang beim steuerlichen **Einlagekonto** i. S. von § 27 KStG (genau so, wie wenn von vornherein ein Zwischenwertansatz erfolgt wäre).

Auch bei einem Anteilstausch ist im Übrigen die **Nachweispflicht** des § 22 Abs. 3 UmwStG zu beachten. Danach muss der Einbringende (hier: K) in den folgenden sieben Jahren nach der Einbringung jährlich den Nachweis darüber erbringen, wem die eingebrachten Anteile i. S. von § 22 Abs. 2 UmwStG zuzurechnen sind. Dieser Nachweis ist jeweils jährlich bis zum 31. Mai zu führen. Wird der Nachweis nicht erbracht, gelten die Anteile als veräußert (Folge: rückwirkende Entstehung eines Einbringungsgewinns II). Die Nichtabgabe dieses Nachweises stellt also einen weiteren Ersatztatbestand zu den in § 22 Abs. 2 Satz 6 i. V. m. Abs. 1 Satz 6 UmwStG genannten Vorgängen dar.[2] Im vorliegenden Sachverhalt wird allerdings davon ausgegangen, dass die jeweilige Nachweispflicht bis zur tatsächlichen Veräußerung der Anteile an der K-GmbH erfüllt worden ist.

Im Ergebnis führt die Anwendung des § 22 Abs. 2 UmwStG nach einem vorherigen Anteilstausch zu einer Verschiebung der Gewinne: Der steuerfreie Gewinn der übernehmenden Kapitalgesellschaft (hier: G-AG) wird niedriger (nur noch 14.285 €; ohne Anwendung von § 22 Abs. 2 UmwStG hätte sich ein – steuerfreier – Gewinn i. H. von 300.000 € ergeben). Dafür entsteht im Jahr 07 bei dem Einbringenden K ein zu versteuernder Gewinn i. H. von 171.429 € (60 % von 285.715 €). Bei einer späteren Veräußerung der Aktien an der G-AG durch K gleicht sich dies jedoch wieder aus, da der Einbringungsgewinn II bei K zu nachträglichen Anschaffungskosten für seine Aktien führt.

4. Folgen aus der (vorherigen) Veräußerung der Aktien an der G-AG durch K im Jahr 09

4.1 Besteuerung der Anteilsveräußerung im Jahr 09

K erzielt durch die Veräußerung seiner Aktien an der G-AG im Jahr 09 einen Veräußerungsgewinn i. S. von § 17 EStG; er war bis zur Veräußerung mit mindestens 1 % an der G-AG beteiligt.

Es ist allerdings zu prüfen, ob auch diese Veräußerung eine negative Wirkung für die Erfolgsneutralität des Anteilstausches im Jahr 07 hat. Sie erfolgt nämlich innerhalb der 7-Jahres-Frist des § 22 UmwStG. Es könnte deshalb ein sog. (rückwirkender) Einbringungsgewinn II entstehen. Dies ist aber nicht der Fall. § 22 Abs. 2 UmwStG greift nämlich nur für die einge-

2 Zu weiteren Einzelheiten im Zusammenhang mit dieser Nachweispflicht vgl. BMF-Schreiben vom 04.09.2007, BStBl I S. 698.

brachten Anteile ein (vgl. dazu Antwort zu Frage 3). Die bei einem Anteilstausch erhaltenen Anteile (hier: Aktien an der G-AG) sind demgegenüber nicht nach § 22 UmwStG sperrfristbehaftet; unter § 22 Abs. 1 UmwStG fallen nur erhaltene Anteile aus einer Sacheinlage i. S. von § 20 UmwStG (und nicht erhaltene Anteile nach einem Anteilstausch i. S. von § 21 UmwStG). Dieses Ergebnis ist auch schlüssig. Die Regelung in § 22 Abs. 2 UmwStG will nämlich verhindern, dass geplante Anteilsveräußerungen durch eine natürliche Person, für die es eigentlich nur die 40 %ige Steuerbefreiung des Teileinkünfteverfahrens gibt, durch einen zwischengeschalteten Anteilstausch in die Steuerbefreiung des § 8 b Abs. 2 KStG „umgepolt" werden können. Diese Gefahr besteht jedoch für die bei einem Anteilstausch erhaltenen Anteile nicht. K hätte nämlich auch bereits seine vorherigen Anteile an der K-GmbH mit einer Steuerbefreiung von 40 % veräußern können. Er erhält nun auch diese Steuerbefreiung von 40 %; bei ihm ist also keine sog. „Statusverbesserung" eingetreten. Es bestand für den Gesetzgeber somit auch keine Veranlassung, diese Veräußerung durch eine rückwirkende Versagung des Buchwertansatzes für den früheren Anteilstausch zu bestrafen.

Der Veräußerungsgewinn des K berechnet sich wie folgt:

Veräußerungspreis für den Verkauf der Aktien an der G-AG	800.000 €
⁒ Anschaffungskosten des K (siehe obige Antwort zu Frage 1)	⁒ 50.000 €
Veräußerungsgewinn	750.000 €
⁒ davon 40 % steuerfrei nach § 3 Nr. 40 Satz 1 Buchst. c EStG	⁒ 300.000 €
Steuerpflichtiger Veräußerungsgewinn	450.000 €

Eine Begünstigung nach § 34 EStG ergibt sich für den steuerpflichtigen Teil des Veräußerungsgewinns nicht. Gewerbesteuerpflicht kann nicht eintreten, da K seine Aktien im Privatvermögen hielt.

4.2 Auswirkungen auf die Anwendbarkeit von § 22 Abs. 2 UmwStG für die Anteilsveräußerung durch die G-AG im Jahr 10

Wie bereits in der Anwort zu Frage 3 dargelegt, sind die Anteile an der K-GmbH bei der G-AG sperrfristbehaftet. Die Veräußerung müsste deshalb eigentlich auch hier zur rückwirkenden Entstehung eines Einbringungsgewinns II im Jahr 07 führen, da die übernehmende Gesellschaft die bei der Einbringung (unter dem gemeinen Wert) erhaltenen Anteile innerhalb von sieben Jahren seit der Einbringung veräußert hat.

Allerdings sind die Sätze 1 bis 4 in § 22 Abs. 2 UmwStG **nicht anzuwenden,** soweit der Einbringende (hier: K) die **erhaltenen Anteile** (hier: an der G-AG) **veräußert** hat (§ 22 Abs. 2 Satz 5 UmwStG). Der Gesetzgeber sieht also dann keine Notwendigkeit, einen rückwirkenden Einbringungsgewinn II entstehen zu lassen, soweit die stillen Reserven in den erhaltenen Anteilen bei Veräußerung der eingebrachten Anteile bereits realisiert sind. Dies ist auch schlüssig. Würde man nämlich einen Einbringungsgewinn II entstehen lassen (mit 285.715 € wie bei Antwort zu Frage 3), würden sich bei K in dieser Höhe nachträgliche Anschaffungskosten für die erhaltenen Anteile ergeben. Der Veräußerungsgewinn im Jahr 09 wäre dann entsprechend niedriger. Im Ergebnis ergäbe sich nur eine teilweise Verschiebung des Veräußerungsgewinns aus dem Jahr 09 in das Jahr 07. Diese hätte nicht einmal Auswirkungen auf die Verzinsung nach § 233 a AO, da der Zinslauf bei rückwirkenden Ereignissen i. S. von § 175 Abs. 1 Satz 1 Nr. 2 AO sowieso erst 15 Monate nach Ablauf des Kalenderjahres beginnt, in dem das rückwirkende Ereignis eingetreten ist (§ 233 a Abs. 2 a AO). Bei der übernehmenden Körperschaft würde sich sogar noch die Bemessungsgrundlage für die 5 %-Pauschale des § 8 b Abs. 3 Satz 3 KStG reduzieren und damit die Körperschaft- und Gewerbesteuer der G-AG reduzieren (5 % aus 14.285 € statt aus 300.000 €).

Da in diesem Fall kein rückwirkender Einbringungsgewinn II entsteht, erhöhen sich auch die Anschaffungskosten des K für die Aktien an der G-AG nicht. Es bleibt also bei der oben unter Tz. 4.1 dargestellten Berechnung seines Veräußerungsgewinns im Jahr 09.

Fraglich ist allerdings, ob die Nachweispflicht des § 22 Abs. 3 UmwStG unabhängig von der Veräußerung der Aktien durch K im Jahr 09 weiterhin zu beachten ist. Im Grundsatz ist dies nach dem Gesetzeswortlaut des § 22 Abs. 3 UmwStG eigentlich der Fall. Eine praktische Auswirkung hat diese Frage jedoch nicht. Unterstellt man im vorliegenden Fall nämlich, dass K seine Nachweispflicht nach der Veräußerung seiner Aktien im Jahr 09 nicht mehr erbringen würde (ohne dass die G-AG die erhaltenen Anteile bereits verkauft hätte), würde dies zwar grundsätzlich dazu führen, dass die Anteile an der K-GmbH als durch die G-AG veräußert gelten würden. Auf diese (fiktive) Veräußerung wäre jedoch wiederum § 22 Abs. 2 Satz 5 UmwStG anzuwenden. Es käme deshalb auch in diesem Fall nicht zu einem (rückwirkenden) Einbringungsgewinn II, da K seine erhaltenen Anteile (Aktien an der G-AG) bereits zuvor in vollem Umfang veräußert hatte.

Abkürzungen

a. a. O.	am angegebenen Ort
Abs.	Absatz
Abschn.	Abschnitt
abzgl.	abzüglich
a. E.	am Ende
a. F.	alte Fassung
AfA	Absetzung für Abnutzung
AG	Aktiengesellschaft
AktG	Aktiengesetz
AO	Abgabenordnung
Ap	Außenprüfung
Art.	Artikel
AStG	Außensteuergesetz
AuslInvestmG	Auslandinvestmentgesetz
BB	Betriebsberater
BewG	Bewertungsgesetz
BFH	Bundesfinanzhof
BFH-GS	BFH – Großer Senat
BFH-NV	Sammlung der nicht veröffentlichten BFH-Urteile (Zeitschrift)
BGB	Bürgerliches Gesetzbuch
BGBl	Bundesgesetzblatt
BGHZ	Bundesgerichtshof in Zivilsachen (Band/Seite)
BMF	Bundesminister der Finanzen
Bp	Betriebsprüfung
BStBl	Bundessteuerblatt
Buchst.	Buchstabe
BV	Betriebsvermögen
BVerfG	Bundesverfassungsgericht
bzw.	beziehungsweise
DB	Der Betrieb
DBA	Abkommen zur Vermeidung der Doppelbesteuerung
d. h.	das heißt
d. i.	das ist
DStR	Deutsches Steuerrecht
DStRE	Deutsches Steuerrecht Entscheidungsdienst
EAV	Ergebnisabführungsvertrag
endg.	endgültig
€	Euro
EG	Europäische Gemeinschaft
EK	Eigenkapital
ErbStG	Erbschaftsteuergesetz
ESt	Einkommensteuer
EStH	Einkommensteuer-Hinweise
EStDV	Einkommensteuer-Durchführungsverordnung
EStG	Einkommensteuergesetz
EStR	Einkommensteuer-Richtlinien
EU	Europäische Union
EuGH	Europäischer Gerichtshof
e. V.	eingetragener Verein
EZ	Erhebungszeitraum
f. (ff.)	folgende
FG	Finanzgericht
FinBeh	Finanzbehörde
FinMin	Finanzministerium
Fn.	Fußnote
FR	Finanzrundschau
GAV	Gewinnabführungsvertrag
GbR	Gesellschaft des bürgerlichen Rechts
gem.	gemäß
GenG	Genossenschaftsgesetz
GewSt	Gewerbesteuer
GewStDV	Gewerbesteuer-Durchführungsverordnung
GewStG	Gewerbesteuergesetz
GewStH	Gewerbesteuer-Hinweise
GewStR	Gewerbesteuer-Richtlinien
ggf.	gegebenenfalls
GmbH	Gesellschaft mit beschränkter Haftung
GmbHG	Gesetz betreffend die Gesellschaften mit beschränkter Haftung
GmbHR	GmbH-Rundschau
GmbH-StB	Der GmbH-Steuerberater (Zeitschrift)
GrEStG	Grunderwerbsteuergesetz
GStB	Gestaltende Steuerberatung (Zeitschrift)
H	Hinweis
HGB	Handelsgesetzbuch
HS	Halbsatz
i. d. F.	in der Fassung
i. d. R.	in der Regel
i. H.	in Höhe
InvG	Investmentgesetz
InvStG	Investmentsteuergesetz
InvZulG	Investitionszulagengesetz
i. S.	im Sinne
i. V. m.	in Verbindung mit
JStG 2007	Jahressteuergesetz 2007 vom 13.12.2006, BStBl 2007 I S. 28
JStG 2008	Jahressteuergesetz 2008 vom 20.12.2007, BStBl 2008 I S. 218

JStG 2009	Jahressteuergesetz 2009 vom 19.12.2008, BStBl 2009 I S. 74
JStG 2010	Jahressteuergesetz 2010 vom 08.12.2010, BStBl I S. 1374
KAGG	Gesetz über Kapitalanlagegesellschaften
KapErhStG	Gesetz über steuerrechtliche Maßnahmen bei Erhöhung des Nennkapitals aus Gesellschaftsmitteln und bei Überlassung von eigenen Aktien an Arbeitnehmer
KapSt	Kapitalertragsteuer
KG	Kommanditgesellschaft
KGaA	Kommanditgesellschaft auf Aktien
Kj.	Kalenderjahr
KSt	Körperschaftsteuer
KStG	Körperschaftsteuergesetz
KStG 1999	Körperschaftsteuergesetz 1999 i. d. F. vor Änderung durch das StSenkG und seine Folgegesetze
KStH	Körperschaftsteuer-Hinweise
KStR	Körperschaftsteuer-Richtlinien
lt.	laut
max.	maximal
m. E.	meines Erachtens
MoMiG	Gesetz zur Modernisierung des GmbH-Rechts und zur Bekämpfung von Missbräuchen vom 23.10.2008, BGBl I S. 2026
m. w. N.	mit weiteren Nachweisen
nabz.	nicht abziehbar
n. F.	neue Fassung
Nr.	Nummer (Ziffer)
o. a.	oben angeführt
OFD	Oberfinanzdirektion
OHG	offene Handelsgesellschaft
OWiG	Ordnungswidrigkeitengesetz
PrIStB	Praxis der internationalen Steuerberatung (Zeitschrift)
PV	Privatvermögen
R	Richtlinie
rd.	rund
Rdnr.	Randnummer
Rz.	Randziffer
S.	Seite
SEStEG	Gesetz über steuerliche Begleitmaßnahmen zur Einführung der Europäischen Gesellschaft und zur Änderung weiterer steuerrechtlicher Vorschriften vom 07.12.2006, BStBl 2007 I S. 4
SE	Societas Europaea (= Europäische Aktiengesellschaft)
sog.	so genannt
SolZ	Solidaritätszuschlag
SolZG	Solidaritätszuschlaggesetz
Sp.	Spalte
StB	Steuerbilanz
StEntlG	Steuerentlastungsgesetz 1999/2000/2002 vom 24.03.1999, BStBl I S. 304
Stpfl.	Steuerpflichtiger
StSenkG	Steuersenkungsgesetz vom 23.10.2000, BStBl I S. 1428
StVergAbG	Steuervergünstigungsabbaugesetz vom 16.05.2003, BStBl I S. 321
Tz.	Textziffer
u. a.	unter anderem
u. E.	unseres Erachtens
UG	Unternehmergesellschaft
UmwG	Umwandlungsgesetz
UmwR	Umwandlungsrecht
UmwSt-Erlass	Umwandlungssteuer-Erlass
UmwStG	Umwandlungssteuergesetz
UntStRefG 2008	Unternehmensteuerreformgesetz 2008 vom 14.08.2007, BStBl I S. 630
USt	Umsatzsteuer
UStAE	Anwendungserlass zur Umsatzsteuer
UStG	Umsatzsteuergesetz
UStR	Umsatzsteuer-Richtlinien
u. U.	unter Umständen
VAG	Versicherungsaufsichtsgesetz
Vfg.	Verfügung
vGA	verdeckte Gewinnausschüttung
vgl.	vergleiche
vorl.	vorläufig
VZ	Veranlagungszeitraum
WachstumsBG	Wachstumsbeschleunigungsgesetz vom 22.12.2009, BStBl 2010 I S. 2
Wj.	Wirtschaftsjahr
Wpg	Die Wirtschaftsprüfung (Zeitschrift)
z. B.	zum Beispiel
zzgl.	zuzüglich

Paragraphenschlüssel

§	Seite
AktG	
278 ff.	24
302	321
AO	
2	30
10	29, 31
11	29, 31
12	31
13	31
14	25, 42, 45, 49
41	36
52	40, 44, 68
55	51
64	39, 46, 49
65	39, 45, 49
67	39
67 a	48, 50
68	45
141	46
175	460
180	36
233 a	463
235	67
BetrAVG	
1 b	106
BGB	
21	25
54	25
80	25
181	89
271	97
397	124
705	34
1914	26
ErbStG	
1	254
1, 3, 7	20
EStDV	
8 c	57
60	64
EStG	
2	58
3 c	57
3 c Abs. 2	141, 194, 255, 256, 258, 260
3 Nr. 40	24, 141, 194, 253, 352, 362
3 Nr. 66	137
4 Abs. 1	64
4 Abs. 3	46
4 Abs. 5	60, 67, 205, 215
4 Abs. 5 b	214
4 Abs. 6	54, 60, 67
4 a	57
4 d	137
4 e	137
4 h	83
5 Abs. 2	447
6	449
6 Abs. 1	117,143, 178, 182, 186
6 Abs. 5	406
6 Abs. 6	121
6 a	104, 109, 134, 137
7	451
8	99
8 Abs. 3	96
10 b	98
10 d	57, 60, 156, 160, 172, 240
11	99, 381
12	256, 259
13	57
15	18, 24, 34, 193
16	36, 194, 393
17	127, 353, 363, 383, 398, 418, 433, 456
19	406
20	24, 91, 97, 107, 111, 140, 207
20 Abs. 1	91, 229, 247, 256, 352
20 Abs. 1 Nr. 10	54, 261
20 Abs. 2	385
20 Abs. 5	184
21	58
21 Abs. 2	257
22 Nr. 5	137
23	58, 117, 247
32 d	113, 256, 362, 382
34	19, 135, 194, 442
34 c	57, 60
35	200, 253
36	201
36 Abs. 2	57, 61, 315
38 a	97

§	Seite
43	32, 54, 178, 201
43 a	54, 265
44	208
44 Abs. 5	33
44 Abs. 6	265
44 a Abs. 7	264
45 a	64, 208
49	31, 32, 398
51 a	33
GenG	
1	25
GewStG	
2	19, 59, 213, 309
5	193
7	142, 197
7 Satz 4	197
8 Nr. 1	85, 187, 217, 252, 255
8 Nr. 5	65, 142, 145, 181, 187, 188, 219
9	28, 64
9 Nr. 2	202
9 Nr. 2 a	65, 142, 194, 197, 254
9 Nr. 7	187, 219
10 a	459
11	19, 219
GmbHG	
1	24
2	34
5	437
11	34, 35
43 a	94
52	62
57 d	343
58	348
GrEStG	
1	20
1 Abs. 1	442
5	20
6 a	442
HGB	
123	35
161 ff.	24
272	448
272 Abs. 3	296, 300, 302, 310
InvZulG 2010	
13	62, 65, 205

§	Seite
KapErhStG	
1	351
3	351
KStG	
1	23, 29, 32, 35
1 Abs. 1 Nr. 1	38, 63, 213
1 Abs. 1 Nr. 4	56
1 Abs. 1 Nr. 5	53
1 Abs. 1 Nr. 6	37
2	31, 32
3	23, 25
4	37, 262
4 Abs. 2	39
4 Abs. 3	39, 332
4 Abs. 4	41
4 Abs. 5	40
4 Abs. 6	332
5	32
5 Abs. 1 Nr. 5	53
5 Abs. 1 Nr. 9	44, 49
5 Abs. 1 Nr. 14	25, 57
7	56, 57, 60, 64, 213
7 Abs. 4	64
8 Abs. 1	31, 56, 58, 64, 204, 213, 240, 342
8 Abs. 2	59, 64, 204, 213, 342
8 Abs. 3	56, 60, 91, 100, 109, 141, 185, 233, 245
8 Abs. 3 Satz 3	117, 134
8 Abs. 4 a. F.	125, 161, 164
8 Abs. 5	57
8 Abs. 6	33, 58
8 Abs. 7	330, 335
8 Abs. 8	333
8 Abs. 9	335
8 a	83
8 b	28, 60, 144, 176, 301, 313, 459
8 b Abs. 1	28, 145, 178, 194, 216
8 b Abs. 2	181, 183, 188, 193, 201
8 b Abs. 3	178, 182, 188, 189
8 b Abs. 4	182
8 b Abs. 5	180, 216
8 b Abs. 6	201
8 c	125, 147, 150, 458
8 c Abs. 1	164
9 Abs. 1	24, 205
9 Abs. 1 Nr. 2	54, 61, 67, 73, 95, 205
9 Abs. 2	67, 69
10	60
10 Nr. 2	66, 186, 205, 206, 214, 312

§	Seite
11	356, 369
13	34
14	28, 183, 260, 299, 312
15	300, 301, 313
16	303, 312
17	28, 299, 312
18	28
19	300, 304, 314
22	25
23	51, 206, 304, 345, 350, 359, 360
24	47, 51, 52, 54, 57, 59, 205
25	25
26	57, 61, 216
27	92, 111, 117, 124, 126, 141, 144, 206, 215, 217, 229, 246, 303, 307, 343, 413, 441
27 Abs. 1	264
27 Abs. 3	230
27 Abs. 7	264
28	343, 348, 359
28 Abs. 1	430
28 Abs. 2	413
29	416
29 Abs. 1	413
31	315
32	32, 33
32 a	249
34	162
37	92, 275, 276, 314
37 Abs. 4	275
37 Abs. 5	276
37 Abs. 6	282
37 Abs. 7	280
37 Abs. 10	291
38	288
38 Abs. 5	288
38 Abs. 6	290
38 Abs. 7	295

SolZG

3 Abs. 1 Nr. 1	304, 345, 350, 360
4	304, 345, 350, 360

UmwG

2	390
3	390, 410
4	390, 410
5	390, 410
6	391
8	391, 410
9	391, 410

§	Seite
13	391, 410
16	410
17	391, 411, 424, 438
19	411
20	391, 411
24	392
40	390
46	390
48	410
49	410
50	391, 410
123	422, 437
124	437
125	423
126	423
127	423
128	424
136	423
138	423

UmwStG

1 Abs. 1	392
1 Abs. 3	456
2	392, 411
3	393
4	415
5	397
6	405
7	400
11	412
13	417, 433
18	403
19 Abs. 1	412, 428
20	183, 439, 447
21	456
22	452
22 Abs. 2	459
22 Abs. 3	461
23	460

UStG

1 Abs. 1 Nr. 1	41, 68, 92
1 Abs. 1 a	442
2	20
3	92
3 Abs. 1 b	68, 75
3 Abs. 9 a	76
10	92, 96
10 Abs. 4	68, 75, 76
12	50
15 Abs. 1 a	67, 215
23 a	44

VAG

15	25

Stichwortverzeichnis

(Die Zahlen sind Seitenzahlen)

A

Abgeltungsteuer 16, 113, 207, 243
Abwicklung 357, 371
– Anfangsvermögen 357, 372
– Endvermögen 358
– Gewinn 358, 372
Anteilstausch 454
Aufsichtsratsvergütung 60, 67
Aufwendungen
– nicht abziehbare – 60, 66, 312
Aufwendungen auf die Beteiligung 187
– Pauschalierungsregelung 187
Ausgleichsposten 309, 311
Ausgleichszahlungen 296, 303
Ausschüttbarer Gewinn 232

B

Befreiungen 43
Berufsverband 52
– Einkommensermittlung 54
– Parteispenden 53
Besserungsschein 63, 67
Besteuerungsgrenze 44, 49
Beteiligung 64
– Anschaffungskosten der – 351
Beteiligung an einer Personengesellschaft 189
– Gewerbesteuer 202
Beteiligungserträge 173
– Aufwendungen auf Beteiligungen 180, 194
– ausländische Beteiligungen 180
– ausschüttungsbedingte Teilwertabschreibung 178
– Schuldzinsen 178
– Steuerbefreiung 176, 178
Betriebe gewerblicher Art 36, 261, 330
– Dauerverlustgeschäfte 330
– Eigenbetriebe 43, 263, 271
– Kapitalertragsteuerpflicht 261
– Regiebetriebe 263
– Steuerbefreiung 44
– Verpachtung eines – 41
– Zusammenfassung von – 332
Betriebsaufspaltung 250, 320, 397, 449
– disquotale Nutzungsüberlassung 254, 259
– Organschaft 260
– Pachtzahlungen 252
– unentgeltliche Nutzungsüberlassung 252, 253
Bürgerinitiative 26

D

Doppelbesteuerungsabkommen 30, 214

E

Eigenbetrieb 42
Eigengesellschaft 334
Einbringung 437
– Aufgeld 451
– Bargründung 447
– eines bilanziell überschuldeten Betriebs 446
– verschleierte Sachgründung 447
Eingliederung
– finanzielle – 299
Einkommen 55
Einkommensermittlung 55, 62, 69, 88, 92, 157, 245, 312, 343
– bei Berufsverband 54
– bei gemeinnützigen Vereinen 46, 50
– bei Liquidation 357, 371
– bei Vereinen 47, 59
– beim Organträger 312
– Beiratsvergütung 215
– Bußgeld 205
– Forderungsverzicht 215
– Geldbußen 214
– Geschenke 215
– Investitionszulage 205
– KSt-Aufwand 214
– Schema zur – 60
– SolZ-Aufwand 214
Einkommenszurechnung 312
Einlagekonto 126, 206, 217, 226, 229, 246, 375
– ausschüttbarer Gewinn 234
– bei Liquidation 375
– bei Organgesellschaft 307
– Ermittlung des – 345, 347
– Umwandlung 413

– Verrechnung mit dem Sonderausweis gem. § 28 KStG 346
– Verwendung des – 234
– Zugang bei Kapitalherabsetzung 348
Einlagen 230
– offene – 230
Einmann-GmbH 35
Erbschaftsteuer 20, 254
Ergebnisabführungsvertrag 299, 310

F

Familienstiftung 25
Feststellung des verbleibenden Verlustvortrags 156, 172
– bei Spartentrennung 338
Forderungsverzicht 63, 95, 122, 124, 226, 238
– Bewertung 239
– Einlagekonto 126
– Finanzplandarlehen 129
– kapitalersetzende Gesellschafterdarlehen 127
– krisenbestimmte Darlehen 128
– mit Besserungsschein 122
– stehen gelassene Darlehen 128
– Verlustvortrag 125
Freianteile 98
Freibetrag 47, 51, 52, 54, 56, 59
Funk-Taxi-Zentrale 25

G

Gehaltsbezüge 97
Geldbuße 67
Gemeinnützigkeit 43, 48
Genossenschaften 25
– Berufsgenossenschaften 25
– Erwerbs- und Wirtschaftsgenossenschaft 25
– Molkereigenossenschaft 25
– Winzergenossenschaft 25
Geschäftsführer 91, 97
Geschäftsleitung 31
Geschenke an Geschäftsfreunde 67
Gewerbesteuer 19
– Beteiligung an einer Personengesellschaft 197
Gewerbesteuer-Rückstellung 96, 217
Gewinnausschüttung 93, 206, 207, 216, 233, 359, 373
– bei Liquidation 359, 373
– inkongruente – 231
– phasengleiche Aktivierung 178
– Rückzahlung 236
Gewinnrücklagen 302, 310, 312
– aktiver Ausgleichsposten bei Organträgern 310
– Bildung bei Organschaft 302
Gewinntantiemen 100
– Bemessungsgrundlage 101
Gewinnvortrag 64
GmbH & Co. KG 24
Grunderwerbsteuer 20

H

Handelsregister 35
Hinterziehungszinsen 63, 67
Hoheitsbetrieb 37, 40

I

Investitionszulage 60, 65, 205
Investment-Klub 25
Investmentfonds 26

J

Juristische Person des öffentlichen Rechts 36

K

Kapitalerhöhung aus Gesellschaftsmitteln 339, 343
– Auswirkungen beim Gesellschafter 351
– Sonderausweis gem. § 28 KStG 344
Kapitalertragsteuer 32, 33, 203, 262
Kapitalherabsetzung 339, 348
– Auswirkungen beim Gesellschafter 352
– mit Rückzahlung an die Anteilseigner 348
– ordentliche – 348
– Verwendung des Sonderausweises nach § 28 KStG 348
KGaA 24
Körperschaftsteuer 55
– auf Parteizuwendungen 55
– Berechnung der – 61
– besondere – 55
Körperschaftsteuerberechnung 315
– bei Liquidation 360
– beim Organträger 315
Körperschaftsteuererhöhung
– Änderung des Körperschaftsteuererhöhungsbetrags 293
– bei Liquidation 371

– Berechnung des Körperschaftsteuererhöhungsbetrags nach § 38 Abs. 5 KStG 289
– Bilanzierung der – 290
– Entrichtung des Körperschaftsteuererhöhungsbetrags 290, 295
– Ermittlung der – bis zum 31.12.2006 287
– ratierliche Nachzahlung der – 284
– Wahlrecht für steuerbefreite Körperschaften 288
Körperschaftsteuerguthaben 272, 395
– Abtretung des – 385
– Änderung des – 282
– ausschüttungsunabhängige Auszahlung des – 275
– bei Liquidation 370
– Bilanzierung des Auszahlungsanspruchs 277
– der Organgesellschaft 301
– Entwicklung des – bis zum 31.12.2006 274
– Kleinbetragsregelung 276
– letztmalige Ermittlung des – 275
Körperschaftsteuerpflicht 23
– beschränkte – 30, 32
– Ein-Mann-GmbH 24
– unbeschränkte – 29
Körperschaftsteuerrückstellung 204, 315
Körperschaftsteuertarifbelastung 304
– bei Organgesellschaft 304

L

Liquidation 354, 364
– Auswirkungen beim Gesellschafter 362, 381
– Ermittlung des Abwicklungsgewinns 357, 371
– Liquidationsraten 374
– mit Körperschaftsteuererhöhungsbetrag 371
– mit Körperschaftsteuerguthaben 370
– Nennkapitalrückzahlung 359
– Rückzahlung bei Liquidation 374
– Schlussauskehrung 359, 373
Liquidationsschlussbilanz 361
Liquidationszeitraum 356, 369

M

Mantelkauf 161
Mitgliedsbeiträge 49, 57, 74

N

Nachzahlungsverbot 93
Nennkapital 311, 343, 374
– Rückzahlung bei Liquidation 359, 362
– Sonderausweis der in Nennkapital umgewandelten sonstigen Rücklagen (§ 28 KStG) 344

O

Organgesellschaft 28, 296, 299
– Ausgleichszahlungen 303
– Einkommensermittlung 300
– Minderabführung 307
– Rücklagenbildung 302
Organschaft 28, 296, 308
– Ergebnisabführungsvertrag 299, 320
– finanzielle Eingliederung 299, 321
– gescheiterte – 316, 322
– Voraussetzungen der – 299
Organträger 28, 308
– aktiver Ausgleichsposten 310
– Einkommensermittlung 312
– Körperschaftsteuerberechnung 315

P

Parteien 25
Pensionszusagen 104, 109
– Angemessenheitsprüfung 107
– arbeitnehmerfinanzierte – 106
– Auflösung der Pensionsrückstellung 111
– Erdienbarkeit 105, 109
– Ernsthaftigkeit 104
– Nebenrechnung 110
– Probezeit 104
– Rückdeckungsversicherung 107
– Überversorgung 106
Personengesellschaften 15, 18, 34, 193
– GmbH & Co. KG 24

R

Rangrücktritt 122, 130, 226
Rechtsform 24, 59
Rechtsformwahl
– Zweckmäßigkeit der Rechtsform 15
Rücklagen 302
– Bildung bei Organschaft 302
– freie – 310
– in Nennkapital umgewandelte sonstige – 344

S

Sachkapitalerhöhung 438
Sachspende 68, 75
Säumniszuschlag 66
Schachtelbeteiligung 28, 64
SE 28
Sitz 31
Solidaritätszuschlag 304, 315
– zu Ausgleichszahlungen 304
– zur Kapitalertragsteuer 64
Sonderausweis gem. § 28 KStG 344
– Ermittlung des – 347
– gesonderte Feststellung des – 346, 347
– Kapitalherabsetzung 348
– Minderung bei Liquidation 359
Spaltung 419
– Abspaltung 422, 429
– Aufspaltung 422
– Ausgliederung 422
– bei den Anteilseignern 433
– Beschlussphase 423
– einer Kapitalgesellschaft 419
– Einlagekonto 429
– Missbrauchsklausel 426
– Rückwirkung 428
– Spaltungsbericht 423
– Spaltungsplan 423
– Trennung von Gesellschafterstämmen 427
– Umtauschverhältnis 424
– Veräußerung an außenstehende Personen 426
– Vollzugsphase 423
– Vorbereitungsphase 423
Spartentrennung 324, 336
– gesonderte Verlustfeststellung bei – 336, 338
Spenden 45, 49, 57, 60, 67, 95, 98, 205
Spendenabzug 69, 70
– Mitgliedsbeiträge 74
– Sachspende 75
– Spendenhöchstbetrag 77
– Spendenvortrag 81
– Zuwendung von Leistungen 76
Spendenvortrag 70, 81
Sportverein 48
Ständiger Vertreter 31
Steuer, ausländische 57, 60
Steuerabzug 32
Steuerbefreiung 44, 48, 52
– nach § 5 Abs. 1 Nr. 5 KStG 53
– nach § 5 Abs. 1 Nr. 9 KStG 49
– nach § 8 b Abs. 1 KStG 65
Steuerbescheinigung 64, 234
Steuerbilanz
– endgültige – 316, 340, 354, 365
– vorläufige – 310
Steuerpflicht 53
– Beginn 33
– beschränkte – 30, 32
– Betriebsstätte 31
– Gemeinde 32
– Geschäftsleitung 29
– Gründung einer GmbH 34
– Handelsregistereintragung 35
– partielle – 53
– Sitz einer Gesellschaft 29
– ständiger Vertreter 31
– unbeschränkte – 29
– Vorgesellschaft 35
– Vorgründungsgesellschaft 34
Stiftung 25

T

Tarifbelastung 245
Teileinkünfteverfahren 16, 243, 250
– Betriebsaufspaltung 250

U

Umwandlung 386
– Agiogewinn 416
– Anteilstausch 454
– Ausgliederung 437
– Betriebsaufspaltung 449
– Bewertungswahlrecht 441
– Einbringung 437
– Einbringungsgewinn I 443
– Einbringungsgewinn II 459
– Einbringung eines Einzelunternehmens 434
– einer Kapitalgesellschaft in eine Personengesellschaft 386
– Einlagekonto 429
– Geschäftsführervergütungen 407
– Gewinnausschüttung 393
– Handelsrecht 390
– Körperschaftsteuererhöhung 396
– Nachweispflicht 461
– Pensionsrückstellung 405
– Rückwirkung 411, 428
– Sachgründung 437
– Sachkapitalerhöhung 438
– Sonderbetriebsvermögen 406
– Spaltung 419
– sperrfristbehaftete Anteile 443

- steuerliche Rückwirkung 392, 438
- steuerlicher Übertragungsstichtag 411
- Steuerneutralität des Einbringungsvorgangs 439
- Übernahmebilanz 415
- Übernahmeergebnis 397
- Übernahmefolgegewinn 405
- Übernahmegewinn 415
- Übertragungsstichtag 392
- verschleierte Sachgründung 447
- Verschmelzung 390

Unternehmergesellschaft haftungsbeschränkt 27

V

Veräußerungsgewinne 173, 182
- eingebrachte Anteile 183
- Einlagekonto 188
- Liquidation 188
- mittelbare Beteiligung über eine Personengesellschaft 193
- persönliche Sperre 183
- Steuerbefreiung 176
- Veräußerung von Beteiligungen 193
- verbilligte Veräußerung 185

Veräußerungsverlust 183

Verdeckte Einlage 95, 99, 115, 122, 127, 133, 138, 186, 226, 342, 346
- Anschaffungskosten auf die Beteiligung 127
- bei Schwestergesellschaften 138
- Darlehensgewährung 230
- Finanzplandarlehen 239
- Forderungsverzicht 95, 238
- Grundstück 115
- krisenbestimmtes Darlehen 239
- privates Veräußerungsgeschäft 117
- Rangrücktritt 130
- Verzicht auf einen Pensionsanspruch 133

Verdeckte Gewinnausschüttung 88, 91, 138, 226, 245
- Anstellungsvertrag 103
- bei Schwestergesellschaften 138
- Ertragsteuerbelastung 248
- Fiktionstheorie 142
- Gehaltserhöhungen 93
- Gewinntantiemen 100
- Kapitalerhöhung aus Gesellschaftsmitteln 95
- Korrektur einer vGA außerhalb der Steuerbilanz 108
- Pensionszusagen 104, 109
- rückwirkende Vereinbarungen 93
- Tantiemen 101
- Tantiemezahlung 233
- verbilligte Warenüberlassung 96
- verbilligter Grundstücksverkauf 141
- Verbrauchstheorie 247
- Vorteilsverbrauch 247
- zinslose Darlehensgewährung 141

Verein 25, 43, 44, 48, 55
- ideeller Tätigkeitsbereich 45, 49
- Sportveranstaltungen 50
- Vermögensverwaltung 49
- Zweckbetrieb 45

Verlustabzug 57, 60, 157
- bei Zusammenfassung von Betrieben gewerblicher Art 333
- gesonderte Feststellung des – 147, 156
- Voraussetzungen für den – nach § 8 Abs. 4 KStG a. F. 161
- Voraussetzungen für den – nach § 8 c KStG 162

Verlustabzugsbeschränkung nach § 8 Abs. 4 KStG a. F. 157
- Sanierungsprivileg 166

Verlustabzugsbeschränkung nach § 8 c KStG 147, 157
- erstmalige Anwendung 162
- Konzernklausel 151
- schädlicher Beteiligungserwerb 150
- Verschonungsregelung bei stillen Reserven 152

Verlustrücktrag 160, 226, 240

Verlustübernahme 300

Verlustvortrag 172
- bei Spartentrennung 338
- gesonderte Feststellung des – 172, 331, 334

Vermögensmehrungen 60

Verschleierte Sachgründung 434

Verschmelzung 390, 407
- Ablaufplan 410
- bei den Gesellschaftern 417
- Verschmelzungsbericht 410
- Verschmelzungsvertrag 390
- von Kapitalgesellschaften 407

Versicherungsverein auf Gegenseitigkeit 25

Vorgesellschaft 35

Vorgründungsgesellschaft 34

W

Wirtschaftlicher Geschäftsbetrieb 43, 45, 46, 53

Wirtschaftsjahr 64

Z

Zinsschranke 81
– Ausnahmetatbestände 83
– Berechnung 84
– EBITDA 83
– EBITDA-Vortrag 85
– Escape-Klausel 84
– Freigrenze 83
– Gesellschafterfremdfinanzierung 87
– Grundprinzip 83
– Konzernklausel 84
– Organschaftsfälle 86
Zweckbetrieb 48
– Sportveranstaltungen 50
Zweckbetriebsgrenze 49
Zweckvermögen 26